Springer-Lehrbuch

Springer-Verlag Berlin Heidelberg GmbH

Jürgen Breiler

Zwangsvollstreckungsrecht im Assessorexamen und in der Praxis

 Springer

Jürgen Breiler
juergen.breiler@lg-bielefeld.nrw.de

ISBN 978-3-540-43543-3   ISBN 978-3-642-17143-7 (eBook)
DOI 10.1007/978-3-642-17143-7

Bibliografische Information Der Deutschen Bibliothek
Die Deutsche Bibliothek verzeichnet diese Publikation in der Deutschen Nationalbibliografie; detaillierte bibliografische Daten sind im Internet über <http://dnb.ddb.de> abrufbar.

http://www.springer.de

© Springer-Verlag Berlin Heidelberg 2004
Ursprünglich erschienen bei Springer-Verlag Berlin Heidelberg New York 2004

Umschlaggestaltung: Design & Production GmbH, Heidelberg

SPIN 10876657   64/3130-5 4 3 2 1 0 - Gedruckt auf säurefreiem Papier

Für Tanja in Dankbarkeit und Liebe

Vorwort

Braucht die Welt wirklich noch ein weiteres Lehrbuch für Zwangsvollstreckungsrecht? Nach meiner Erfahrung als Leiter von Referendararbeitsgemeinschaften und
aus der richterlichen Praxis ist diese Frage eindeutig zu bejahen. Trotz vorhandener
breiter Auswahl an Lehrlektüre besteht noch immer Bedarf nach einer strukturier-
ten Vermittlung des Grundwissens und der Methodik des vermeintlich unübersicht-
lichen Zwangsvollstreckungsrechts, um dem Rechtsanwender in der Ausbildung
und Praxis einen sicheren und verständnisvollen Umgang mit dieser Rechtsmaterie
zu ermöglichen. Einen entsprechenden Versuch mit betont methodischen Ansatz
bietet dieses Buch.

Dieses Buch richtet sich in erster Linie an den Rechtsreferendar in der Ausbildung
und im Examen, dem es eine solide Basis von Examenswissen und Klausurtechnik
im Bereich des Zwangsvollstreckungsrechts vermitteln soll. Methodische Hinweise
zum Umgang mit Klausurproblemen werden durch eine Fülle praktischer Formulierungsbeispiele abgerundet. Das Buch versteht sich aber auch als Grundlagen-
und Detailinformation für den Praktiker, insbesondere den Rechtsanwalt, der die
Zwangsvollstreckung eines Titels für oder gegen seinen Mandanten betreiben oder
abwenden will, oder den Zivilrichter, der über eine Vollstreckungsabwehrklage,
Drittwiderspruchsklage oder einen Antrag im einstweiligen Rechtsschutz befinden
muss.

Mit Blick auf den Adressatenkreis ist es das Anliegen dieses Buches, nicht nur das
systematisch geordnete Wissen, sondern auch methodisches Verständnis und das
handwerkliche Rüstzeug zu vermitteln, vollstreckungsrechtliche Fallkonstellationen eigenständig zu lösen. Neben der Darstellung des reinen Stoffwissens liegt ein
Schwerpunkt dieses Buches daher auf der Vermittlung von Strukturwissen. Denn
das Begreifen der Grundstruktur erleichtert nicht nur ein nachhaltiges Erlernen der
Detailprobleme, sondern gewährleistet den sicheren Umgang mit selbst unbekann-
ten Fallproblemen sowie das eigenständige Lösen dieser Probleme. Dies ist in Anbetracht der kaum zu schaffenden Menge des Lernstoffs für das zweite Staatsexa-
men gerade für Referendare von erheblicher Bedeutung, wobei der Referendar sich
natürlich auch den Mut zur eigenständigen Falllösung aneignen muss.

Was das Wissen über Zwangsvollstreckungsrecht angeht, geht dieses Buch sozusagen von Null aus. Es beginnt mit einer allgemeinen Definition der Zwangsvollstreckung, um hieraus die allgemeinen Verfahrensgrundsätze des deutschen Zwangsvollstreckungsrechts und aus diesen wiederum die allgemeinen Rechtmäßigkeitsvoraussetzungen jeder Zwangsvollstreckung herzuleiten. Das so vor dem Leser
erarbeitete Prüfungsraster der Rechtmäßigkeit jeder Vollstreckungsmaßnahme wird
sodann um die besonderen Zugriffsvoraussetzungen der gesetzlichen Vollstreckungsarten ergänzt.

Nachdem auf diese Weise das Instrumentarium, also das „Wie" der Zwangsvollstreckung als Grundlage feststeht, folgt die erschöpfende Darstellung des Systems der

Rechtsbehelfe in der Zwangsvollstreckung, systematisiert nach ihrem Rechtsschutzziel. Die Zusammenhänge zwischen verschiedenen Rechtsbehelfen sowie
zwischen den unterschiedlichen Vollstreckungsarten, ihr Ineinandergreifen und Zusammenspiel werden dargestellt und anschaulich gemacht.

Knappe Beispielsfälle machen ständig die jeweilige Fragestellung und den zu ver-
mittelnden Sachstoff anschaulich. Fundstellen werden möglichst auf die für den Referendar und Praktiker wichtigsten – gebräuchlichen – Quellen beschränkt. Streit-
fragen werden regelmäßig unter Zugrundlegung des Standpunkts der – im Examen
und in der Praxis maßgeblichen – Rechtsprechung beantwortet.

Examensrelevante Fragen werden hervorgehoben; im Rahmen der vollstreckungsrechtlichen Rechtsbehelfe werden Darstellungs- und Formulierungshilfen angeboten. Ergänzend folgen schließlich gesondert allgemeine Hinweise für die Bearbeitung einer C-Examensklausur.

Die Darstellung wird am Ende eines jeden Abschnitts durch eine Zusammenfas-
sung in Gestalt eines einprägsamen Schemas abgerundet, das dem Leser in der
Lernphase zur Wiederholung des Abschnitts und Verständnisvertiefung sowie darüber hinaus als Prüfraster dienen soll.

Wie jedes Lehrbuch kommt auch dieses nicht ohne den Hinweis auf die erforderliche Mitarbeit des Lesers aus. Die Kenntnis des Wortlauts gesetzlicher Vorschriften
wird vorausgesetzt. Der wiederholte Blick in das Gesetz, sprich das Lesen der genannten gesetzlichen Vorschriften ist daher zum Verständnis dieses Buches nicht
nur erforderlich, sondern fördert – wie die Erfahrung zeigt – das nachhaltige Mer-
ken und Begreifen. Von Wichtigkeit für den nachhaltigen Lernerfolg ist des weiteren das Wiederholen des Stoffs, beispielsweise anhand der detaillierten Prüfungsschemata.

Bielefeld im Juli 2003   *Jürgen Breiler*

Inhaltsverzeichnis

Teil 3
Übersicht über das Klauselverfahren und die Rechtsbehelfe
im Klauseverfahren

Anhang

Literaturverzeichnis

mit Ausnahme der zitierten Literatur aus Zeitschriften und Zeitungen
(in Klammern angefügt wird auf die in dem vorliegenden Buch verwendete, abge-
kürzte Zitierweise verwiesen)

Baumbach, Adolf / Lauterbach, Wolfgang / Albers, Jan / Hartmann, Peter, Zivilprozessordnung, 58. Aufl., München 2000 (Baumbach/Lauterbach-(Bearbeiter),
§...Rn. ...)

Baur, Fritz / Stürner, Rolf, Zwangsvollstreckungs-, Konkurs- und Vergleichsrecht,
Band I Einzelvollstreckungsrecht, 12. Aufl., Heidelberg 1995 (Baur/Stürner, Rn. ...)

Brox, Hans / Walker, Wolf-Dietrich, Zwangsvollstreckungsrecht, 6. Aufl., Köln,
Berlin, Bonn, München 1999 (Brox/Walker, Rn. ...)

Lackmann, Rolf, Zwangsvollstreckungsrecht, 4. Aufl., München 1999 (Lackmann,
Rn. ...)

Münchener Kommentar zur Zivilprozessordnung, München 1992 (MK-(Bearbeiter), § ... Rn. ...)

Palandt, Bürgerliches Gesetzbuch, 61. Aufl., München 2002 (Palandt-(Bearbeiter),
§ ... Rn. ...)

Paulus, Christoph G., Zivilprozessrecht, 2. Aufl., Berlin, Heidelberg, New York
2000 (Paulus, Rn. ...)

Thomas, Heinz / Putzo, Hans, Zivilprozessordnung, 22. Aufl., München 1999 (Tho-
mas/Putzo, § ... Rn. ...)

Zöller, Richard, Zivilprozessordnung, 23. Aufl., Köln 2002 (Zöller-(Bearbeiter),
§ ... Rn. ...)

Einführung:
Grundbegriffe der Zwangsvollstreckung

I. Definition des Begriffs „Zwangsvollstreckung"

Was bedeutet Zwangsvollstreckung?

Zwang bedeutet Druck, der durch Androhung oder Anwendung von Gewalt entsteht und bewirkt, dass der Betroffene etwas tut, was er nicht will.

Vollstreckung ist das staatliche Verfahren zur Durchsetzung oder Verwirklichung einer verbindlichen Rechtsfolge.

Zwangsvollstreckung ist also – allgemein formuliert – die Durchsetzung einer Rechtsfolge unter Androhung oder Anwendung von staatlicher Gewalt gegen jemanden, der dieser für ihn verbindlichen Rechtsfolge nicht freiwillig nachkommt.

Die Rechtsbeziehung privater Rechtssubjekte zueinander wird durch den Anspruch gestaltet. Anspruch ist das Recht von einem anderen ein Tun oder Unterlassen verlangen zu können (§ 194 Abs. 1 BGB). Warum kann ein privates Rechtssubjekt gegen ein anderes einen privatnützigen Anspruch mithilfe staatlicher Gewalt bzw. Gewaltandrohung durchsetzen?

Soziales Zusammenleben und Wirtschaften führt unweigerlich zum Streit um Ansprüche. Rechtsfrieden und Rechtssicherheit erfordern es, die Konfliktlösung nicht der Selbsthilfe zu überlassen, sondern Instrumente für die streitige Konfliktlösung zur Verfügung zu stellen. Dies geschieht durch die **staatliche Monopolisierung der Rechtsfindung und Rechtsdurchsetzung** und stellt sich für das Privatrecht vereinfacht wie folgt dar:

■ Die **Rechtsordnung**
Das materielle Recht regelt die Verhaltensweisen von einzelnen untereinander. Die normative Regelung ist abstrakt und generell, das heißt sie knüpft an eine allgemein beschriebene Fallgruppe von Verhaltensweisen eine bestimmte Rechtsfolge. Durch Subsumtion des konkreten Streitfalles unter die abstrakte Regelung muss jeweils festgestellt werden, welche der streitenden Parteien im Einzelfall etwas von der anderen begehren darf, also wer – materiell – Recht hat.

■ Das **Erkenntnisverfahren**
Will die Rechtsordnung eine Selbsthilfe weitgehend verdrängen, muss sie dem einzelnen ein Rechtsschutzverfahren zur Verfügung stellen, um seine – materiellen – Rechte zu verwirklichen.
Die Subsumtion oder Rechtsanwendung geschieht daher durch Einigung oder im Streitfall durch eine staatlich berufene dritte unparteiische Person, dem Richter nach Maßgabe eines hierfür vom Gesetzgeber vorgeschriebenen Verfahrens.
Das Erkenntnisverfahren ist also das Forum der Konfliktlösung. Es endet mit der verbindlichen (materiell rechtskräftigen) Entscheidung über den materiellen Anspruch, in der Regel in Gestalt des Urteils.

Der Oberbegriff der verbindlichen Feststellung des materiellen Anspruchs ist der Vollstreckungstitel oder kurz Titel. Darunter versteht man eine Urkunde über den Anspruch des Gläubigers, aus der kraft ausdrücklicher gesetzlicher Vorschrift die Zwangsvollstreckung betrieben werden darf.

▪ Das Zwangsvollstreckungsverfahren

Das Urteil oder allgemein der Vollstreckungstitel stellt also den Anspruch des Gläubigers gegen den Schuldner regelmäßig nur fest; der Schuldner muss dem noch nachkommen. Tut er dies nicht, besteht der Konflikt fort. Staatlicher Rechtsschutz muss also weiter gehen und auch die Durchsetzung des bereits titulierten Anspruchs des Gläubigers gewährleisten. Hier liegt die Aufgabe des Zwangsvollstreckungsrechts. Der titulierte Rechtszustand ist gegebenenfalls mit Zwangsmitteln gegen den Schuldner herbeizuführen. Um auch insoweit eine Selbsthilfe auszuschließen, sind staatliche Organe mit der zwangsweisen Durchsetzung des Rechtsanspruchs des Gläubigers zu beauftragen.

Die Definition des Begriffs Zwangsvollstreckung im Bereich des deutschen Privatrechts muss daher zusammengefasst lauten:

> **Die Zwangsvollstreckung ist die Durchsetzung titulierter privater (materiell-rechtlicher) Ansprüche durch staatliche Organe mit staatlichen Machtmitteln.**[1]

II. Standort des Zwangsvollstreckungsrechts im deutschen Privatrecht

Wo ist die Zwangsvollstreckung geregelt?

Das Erkenntnisverfahren wird durch die Klage eingeleitet (§ 253 ff ZPO) und endet mit dem Endurteil (§ 300 ZPO). Seine Verbindlichkeit und Unanfechtbarkeit für die am Prozess beteiligten Parteien heißt Rechtskraft. Gegenstand dieses Verfahrensteils ist die Entscheidung über die Streitsache, das Erkennen des materiellen Anspruchs.

Das Endurteil ist nun auf zweiter Stufe gemäß § 704 Abs. 1 ZPO, wenn es vorläufig vollstreckbar ist oder rechtskräftig ist, Grundlage der **Zwangsvollstreckung**. Gegenstand dieses Verfahrensteils ist die Durchsetzung des titulierten Anspruchs.

Die Zwangsvollstreckung im weiteren Sinne kann in zwei sich ausschließende Verfahrensweisen geschehen:

In der sog. **Einzelvollstreckung** vollstreckt der einzelne Gläubiger auf Grund seines titulierten Anspruchs in einzelne Vermögenswerte des Schuldners mit dem Ziel, wegen seines Anspruchs vollständige Befriedigung zu erlangen. Vollstreckt wird nach dem **Prioritätsgrundsatz**: Vollstrecken mehrere Gläubiger gegen den selben Schuldner, so erhalten sie in der zeitlichen Reihenfolge ihres Zugriffs auf das

---

[1] Vgl. Lackmann, Rz. 1.

Schuldnervermögen das Recht, wegen ihrer Forderung aus dem Erlös Befriedigung zu erlangen (§ 804 Abs. 3 ZPO). Reicht das Vermögen des Schuldners nicht aus, alle vollständig zu befriedigen, geht der jeweils nachrangige Gläubiger insoweit – teilweise – leer aus.

Soweit in der ZPO der Begriff „Zwangsvollstreckung" gebraucht wird, ist regelmäßig die Einzelvollstreckung gemeint. Das **Zwangsvollstreckungsverfahren** in diesem Sinn ist als Verfahrensordnung im **8. Buch der ZPO (§§ 704 – 945 ZPO)** geregelt.

Davon zu unterscheiden ist die sog. **Gesamtvollstreckung:** wenn das Vermögen des Schuldners nicht zur Befriedigung aller Gläubiger ausreicht, kann auf Antrag des Schuldners oder eines Gläubigers die gleichmäßige – dann regelmäßig auch nur anteilige – Verteilung des Schuldnervermögens an alle Gläubiger angeordnet werden. Die Gesamtvollstreckung tritt dann an die Stelle der Einzelvollstreckung, die unzulässig wird. Dieses Verfahren ist in der **Insolvenzordnung** geregelt.

Im folgenden wird das Zwangsvollstreckungsverfahren (im Sinne der Einzelvollstreckung) näher erläutert.

III. Funktionsweise der Zwangsvollstreckung

Wie funktioniert die Zwangsvollstreckung?

1. Der Grundgedanke

Die römische Gesetzgebung der republikanischen Zeit sah zur Erzwingung der Geldschuld die persönliche Gefangenschaft des Schuldners und schließlich, wenn sich Schuldner und Gläubiger während dessen binnen einer Frist nicht über die Vollstreckung des Urteils einigten, den Verkauf des Schuldners in die Sklaverei vor[2]. Der Begriff der Obligation, also der Bindung des Schuldners an den Gläubiger, entstammt wohl dem lateinischen ligare / obligare, was binden bzw. festbinden bedeutet und seinen Sinn in den Fesseln dieser Schuldgefangenschaft haben dürfte[3]. Demgegenüber erlaubt das deutsche Recht gnädigerweise sofort die **Vollstreckung in das für den Anspruch haftende Vermögen des Schuldners,** indem ohne die persönliche Beteiligung des Schuldners aber auf seine Kosten der geschuldete wirtschaftliche Erfolg herbeigeführt wird: **Der geschuldete Gegenstand wird – im Prinzip – dem Schuldner weggenommen und dem Gläubiger gegeben.**

2. Systematik des 8. Buchs der ZPO

Die verfahrensmäßige Ausgestaltung dieses Grundgedankens muss berücksichtigen, dass es verschiedene Arten geschuldeter und durch die Vollstreckung herbei-

---

[2] Wesel, Geschichte des Rechts, 1997, Seite 160 f.
[3] Wesel, Geschichte des Rechts, 1997, Seite 161.

zuführender Erfolge gibt und diese Unterschiede auch differenzierte Vorgehensweisen der Vollstreckung gebieten:

Wird beispielsweise die Herausgabe einer Sache nach § 985 BGB geschuldet, kann diese durch ein Vollstreckungsorgan leicht dem Schuldner weggenommen und dem Gläubiger übergeben werden. Im Fall der Geldschuld gibt es jedoch kein von vornherein bestimmtes Objekt, das dem Schuldner weggenommen werden kann; denkbar ist hier

■ dem Schuldner Geld wegzunehmen und es dem Gläubiger zu übereignen, oder

■ dem Geldschuldner die Verfügungsgewalt über andere Vermögensbestandteile von Wert (Sachen oder Rechte) zu nehmen und durch Versteigerung oder freihändigen Verkauf des Gegenstandes diese zu versilbern, sodann den Erlös bis zur Höhe des geschuldeten Betrages an den Gläubiger auszuhändigen; der Überschuss gebührt wieder dem Schuldner.

Wiederum anders muss der Grundgedanke umgesetzt werden, wenn nicht ein Gegenstand, sondern ein Handeln, Tun oder Unterlassen erreicht werden soll: Hier muss der Schuldner zum Handeln oder Unterlassen gezwungen werden oder man erlaubt dem Gläubiger anstelle des Schuldners zu handeln.

Mithin hat jede Zwangsvollstreckung je nach Gestalt des titulierten Anspruchs unterschiedliche Verfahrensanforderungen.

Die ZPO regelt in ihrem 8. Buch daher – und zwar enumerativ – unterschiedliche Arten der Zwangsvollstreckung (Vollstreckungsmaßnahmen), deren Verfahren und die Zuständigkeit des staatlichen Vollstreckungsorgans sowie den Rechtsschutz gegen Vollstreckungsmaßnahmen.

■ Zunächst enthält das Gesetz **allgemeine Regeln**, die für jede Zwangsvollstreckung Geltung haben. Es handelt sich um Vorschriften insbesondere zur vorläufigen Vollstreckbarkeit von Urteilen vor formeller Rechtskraft, dem Klauselverfahren, stets zu beachtende Vollstreckungsvoraussetzungen und besondere Rechtsschutzmöglichkeiten.

■ Sodann folgen die Vorschriften zu den **einzelnen Vollstreckungsmaßnahmen.** Hier differenziert die ZPO in erster Linie nach dem Inhalt oder besser der Rechtsfolge des zu vollstreckenden Anspruchs und regelt die „Vollstreckung wegen" des jeweiligen Leistungsinhalts.

■ Sodann unterscheidet die ZPO danach, in welchen Vermögensgegestand des Schuldners die Vollstreckung betrieben werden soll (Zugriffsobjekt der Vollstreckung).

■ Der Aufbau im einzelnen ist der Inhaltsübersicht zur ZPO Achtes Buch im Schönfelder zu entnehmen und stellt sich in der Übersicht schematisch wie folgt dar:

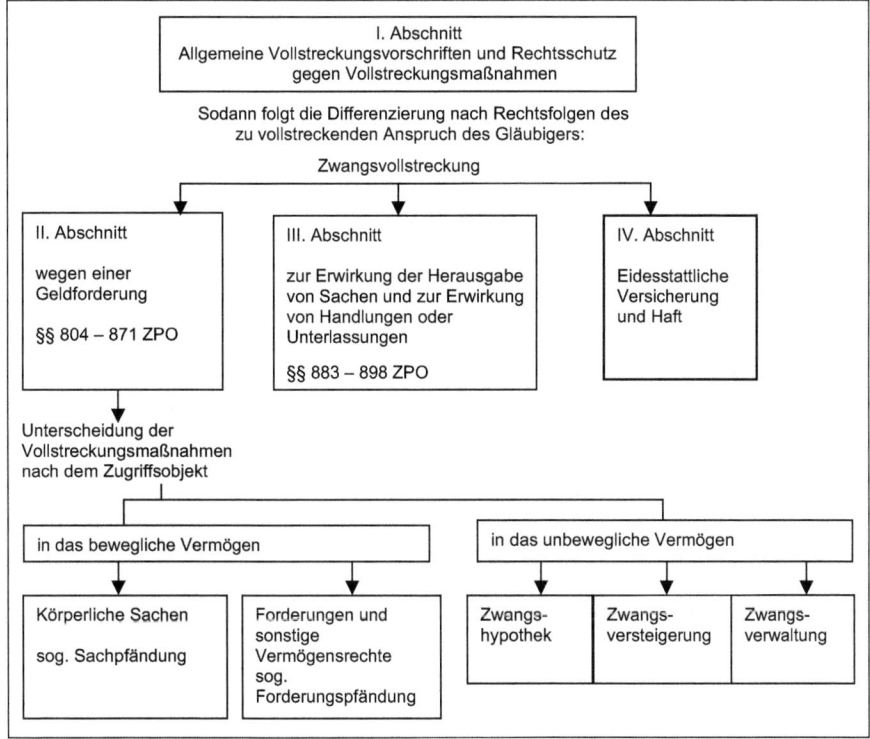

3. Die Beteiligten des Zwangsvollstreckungsverfahrens

a) Ausgestaltung als Parteiverfahren

Die Aufgabe des Zwangsvollstreckungsrechts ist es, zur Wahrung des Rechtsfriedens ein hoheitliches Verfahren zur Durchsetzung privater Ansprüche zur Verfügung zu stellen. Dem Zwangsvollstreckungsverfahren liegt jedoch ein privater Streit zwischen Gläubiger und Schuldner zugrunde. Die staatlichen Vollstreckungsorgane handeln allein im Interesse des Gläubigers. Folgerichtig gestaltet die ZPO das Vollstreckungsverfahren als Streit zwischen Gläubiger und Schuldner aus (sog. Parteiverfahren). **Nur Gläubiger und Schuldner sind Parteien des Vollstreckungsverfahrens.**

Wegen seiner kontradiktorischen Ausgestaltung ist natürlich auch der Streit um die Rechtmäßigkeit einzelner Vollstreckungsmaßnahmen zwischen diesen beiden Parteien auszutragen. Grundsätzlich können nur Gläubiger und Schuldner Kläger oder Beklagter eines vollstreckungsrechtlichen Rechtsbehelfs sein. Die Vollstreckungsorgane haben weder im Vollstreckungsverfahren noch im Rahmen der vollstreckungsrechtlichen Rechtsbehelfe die Rechtsstellung einer Partei. Dementsprechend kann der Schuldner gegenüber einem verfahrensfehlerhaften Handeln des Vollstreckungsorgans kein verwaltungsgerichtliches Verfahren anstrengen; er hat die Fehlerhaftigkeit und sein Begehren auf Beseitigung der fehlerhaften Vollstreckungsmaßnahme ausschließlich gegen den Gläubiger geltend zu machen. Allenfalls amtshaftungsrechtliche Ansprüche auf Schadensersatz gegen den Staat wegen Verletzung einer Amtspflicht durch das Vollstreckungsorgan sind denkbar.

b) Gläubiger und Schuldner

Es gilt der formelle Parteibegriff:

■ Vollstreckungsgläubiger oder kurz Gläubiger kann nur derjenige sein, der im Titel als solcher bezeichnet ist und die Zwangsvollstreckung aus dem im Titel bezeichneten vollstreckbaren Anspruch betreiben kann.

■ Vollstreckungsschuldner oder kurz Schuldner kann nur derjenige sein, der im Titel als solcher bezeichnet ist und gegen den der im Titel enthaltene vollstreckbare Anspruch vollstreckt werden darf.

Die Rechtsstellung als Gläubiger oder Schuldner kann auf Dritte nur im Wege eines von der ZPO dafür vorgesehen Verfahrens (Klauselverfahren) übergehen, indem die der Vollstreckung zugrundeliegende Urkunde für oder gegen den Betreffenden umgeschrieben wird.

c) Nicht am Verfahren beteiligte Dritte

Wer weder Gläubiger noch Schuldner des Vollstreckungsverfahrens ist, aber dennoch durch das Vollstreckungsverfahren in seiner Rechtsstellung betroffen ist, muss ebenfalls geschützt werden. Daher sieht die ZPO besondere vollstreckungsrechtliche Rechtsbehelfe für nicht am Vollstreckungsverfahren beteiligte Dritte zum Schutz eigener Rechte vor, worauf im einzelnen noch einzugehen sein wird.

d) Vollstreckungsorgane

Effektiver Rechtsschutz des Gläubigers in Hinsicht auf die Durchsetzung seines Vollstreckungstitels macht einen zügigen und wirksamen Vollstreckungszugriff erforderlich. Dies wird gewährleistet, indem die Verfahrensordnung neben spezifischen Vollstreckungsarten auch verschiedenartige, auf die einzelnen Vollstreckungsarten zugeschnittene Vollstreckungsorgane gewährleistet[4]. Das 8. Buch der ZPO sieht daher für verschiedene Vollstreckungsmaßnahmen auch verschiedene Vollstreckungsorgane vor:

■ Der vom Gesetz gedachte Prototyp eines Vollstreckungsorgans ist der **Gerichtsvollzieher**. Seine Zuständigkeit ist in den allgemeinen Vollstreckungsvorschriften des I. Abschnitts geregelt. Demgegenüber sind die Zuständigkeiten anderer Vollstreckungsorgane nur im Rahmen konkreter Vollstreckungsarten festgelegt. Der Gerichtsvollzieher ist daher zuständig, wenn die Vollstreckung nicht (ausdrücklich) den Gerichten zugewiesen ist, § 753 Abs. 1 ZPO. Praktisch ist er damit mit der Durchführung der Vollstreckung wegen einer Geldforderung in körperliche Sachen und wegen eines Anspruchs auf Herausgabe von Sachen betraut.

---

[4] vgl. Thomas/Putzo, Vorbem § 704 Rn. 32.

Mit diesem Aufgabenbereich ist der Gerichtsvollzieher ein Beamter, § 154 GVG. Streitig ist jedoch, ob er als selbständiges Organ der Rechtspflege (sog. Amtstheorie[5]) oder Vertreter bzw. Erfüllungsgehilfe des Gläubigers handelt. Ansatzpunkt für die Entscheidung in diesem – letztlich kaum folgeschweren – Meinungsstreit ist die Frage, ob durch den Auftrag des Gläubigers an den Gerichtsvollzieher (§ 753 ZPO) ein öffentlich-rechtliches oder ein privatrechtliches Rechtsverhältnis zustande kommt. Zwar kann für eine privatrechtliche Einordnung das gesetzliche Erfordernis eines Auftrags und die einseitige Interessennützigkeit des Vollstreckungsverfahrens angeführt werden. Diese Argumente sind jedoch ambivalent; auch das Verwaltungsverfahren kennt das Antragsverfahren und ist nicht nur interessenausgleichend orientiert. Vielmehr ist zu bedenken, dass der Gerichtsvollzieher gegenüber dem Schuldner mit staatlichen Zwangsmitteln, also hoheitlich vorgeht. Der Gläubiger, dem die Selbsthilfe verwehrt wird, ist auf die Durchführung seines Auftrages angewiesen und hat daher gegen den Staat einen Vollstreckungsanspruch, soweit die Voraussetzungen der Zwangsvollstreckung vorliegen und die gewünschte Vollstreckungsmaßnahme zulässig ist. Dies spricht dafür, die Rechtsbeziehung zwischen Gläubiger und Staat/Vollstreckungsorgan als öffentlich-rechtlich einzuordnen.

■ Die ZPO sieht für bestimmte Vollstreckungsmaßnahmen die Zuständigkeit des **Vollstreckungsgerichts** vor. § 828 Abs. 1 ZPO beispielsweise weist dem Vollstreckungsgericht die Aufgaben im Bereich der Zwangsvollstreckung in Forderungen und andere Vermögensrechte zu. Eine gesetzliche Definition des Vollstreckungsgerichts ergibt sich aus den allgemeinen Vollstreckungsvorschriften:
 – **Sachlich** zuständig als Vollstreckungsgericht ist nach § 764 Abs. 1 ZPO das **Amtsgericht**[6];
 – die **örtliche Zuständigkeit** bestimmt sich gemäß § 764 Abs. 2 ZPO grundsätzlich **nach dem Ort, an dem die Vollstreckungsmaßnahme stattgefunden hat oder stattfinden soll**; im Rahmen der gesetzlichen Regelung der jeweiligen Vollstreckungsmaßnahme kann hiervon abweichend eine andere örtliche Zuständigkeit vorgesehen sein (z. B. § 828 Abs. 2 ZPO).
 – **Funktionell zuständig** ist der **Rechtspfleger** (§ 20 Nr. 17 RPflG).

■ Das Gericht kann aber auch als **Prozessgericht des ersten Rechtszuges** für Vollstreckungsmaßnahmen zuständig sein (z. B. § 887 ZPO). Dies ist das Gericht, bei dem das Erkenntnisverfahren im ersten Rechtszug anhängig gewesen ist, welches also den Titel, aus dem die Vollstreckung betrieben wird, geschaffen hat. Zu beachten ist immer der Zusatz „des ersten Rechtszuges": Selbst wenn der Rechtsstreit, in dem ein – vorläufig – vollstreckbarer Titel geschaffen worden ist, inzwischen in höherer Instanz anhängig ist, bleibt das erstinstanzliche Gericht **sachlich und örtlich** für Vollstreckungsmaßnahmen zuständig.

---
[5] Baumbach/Lauterbach-Hartmann, § 753 Rn. 1 m. w. N
[6] mit der Ausnahme des § 930 Abs. 1 Satz 3 ZPO: Die Pfändung einer Forderung im Wege des Arrestes erfolgt durch das Arrestgericht als Vollstreckungsgericht; Arrestgericht kann nach § 919 ZPO sowohl das Gericht der Hauptsache, also das nach §§ 23, 71 GVG zuständige Gericht, oder das Amtsgericht der belegenen Sache bzw. des Aufenthaltsortes sein.

Hierauf wird im einzelnen noch im Rahmen der Erörterungen zur Zwangsvollstreckung zur Erwirkung von Handlungen, Unterlassen und Abgabe einer Willenserklärung einzugehen sein.

■ Schließlich ist das **Grundbuchamt** Vollstreckungsorgan, wenn es um die Eintragung einer Zwangshypothek geht (§ 71 GBO).

Bei dem Stichwort „Zuständigkeit" ist immer an die Regelung des **§ 802 ZPO** zu denken. Hiernach ist die nach §§ 704 – 945 ZPO angeordnete Zuständigkeit des Vollstreckungsgerichts oder Prozessgerichts des ersten Rechtszuges **ausschließlich**. Dies bedeutet, dass nur dieses eine Gericht sachlich und örtlich zuständig sein kann. Soweit eine gesetzliche Regelung des 8. Buches der ZPO nur die örtliche Zuständigkeit bestimmt, bestimmt sich die sachliche nach §§ 23 ff., 71 GVG mit der Folge, dass die sachliche Zuständigkeit nicht ausschließlich ist.

IV. Schematische Zusammenfassung „Grundbegriffe der Zwangsvollstreckung"

Die Verwirklichung privater Rechte, die sich aus dem materiellen Recht ergeben, geschieht in zwei Schritten:

Schritt 1

Erkenntnisverfahren
Verfahrensgegenstand: verbindliche Entscheidung über den Streit zwischen privaten Rechtssubjekten; Produkt: Titel

Schritt 2

Zwangsvollstreckungsverfahren
(Einzelvollstreckung)

Verfahrensgegenstand: Durchsetzung des titulierten Anspruchs des einzelnen Gläubigers gegen den Schuldner durch staatliche Zwangsmittel mit dem Ziel der vollständigen Befriedigung des Gläubigers

Zugriffsobjekt: einzelne Vermögenswerte aus dem gesamten schuldnerischen Vermögen

Verhältnis der Gläubiger untereinander: Prinzip des ersten Zugriffs, d. h. Gläubigerkonkurrenz

daher abzugrenzen von der Gesamtvollstreckung (Insolvenz: anteilige und gleichmäßige Befriedigung aller Gläubiger des Schuldners durch Verwertung dessen gesamten Vermögens)

Regelungsort: 8. Buch der ZPO (§§ 704 – 945 ZPO)

Im 8. Buch der ZPO werden verschiedene Arten der Zwangsvollstreckung normiert, die sich unterscheiden

■ in erster Linie nach dem Inhalt der laut Titel geschuldeten Leistung (→ „Zwangsvollstreckung wegen ...")

■ und innerhalb der Zwangsvollstreckung wegen einer Geldforderung, die in das gesamte Vermögen des Schuldners betrieben werden kann, nach dem einzelnen Zugriffsobjekt, also danach, in welchen Bestandteil des Vermögens des Schuldners (bewegliches / unbewegliches Vermögen; körperliche Sache/Forderung bzw. vermögenswerte Rechte) die Zwangsvollstreckung erfolgen soll.

Die ZPO normiert Verfahrensvoraussetzungen für den einzelnen Vollstreckungsakt, wobei zu unterscheiden ist zwischen

■ allgemeinen Verfahrensvoraussetzungen für jede Zwangsvollstreckung (quasi im AT des 8. Buchs)

■ und den von der jeweiligen Vollstreckungsart abhängigen Verfahrensvoraussetzungen (quasi im BT des 8. Buchs der ZPO).

Des Weiteren sieht das 8. Buch der ZPO ein System von Rechtsbehelfen im Zwangsvollstreckungsverfahren vor, wobei es im Wesentlichen unterscheidet nach dem Ziel des Rechtsschutzes (Beseitigung der Vollstreckung wegen formeller Fehler im Vollstreckungsverfahren oder wegen Widerspruchs gegen die Vollstreckung aufgrund materieller Gegenrechte gegen den titulierten Anspruch).

Das Zwangsvollstreckungsverfahren ist als Parteiverfahren ausgestaltet, d. h. der Streit um die Rechtmäßigkeit einer Vollstreckungsmaßnahme ist zwischen Gläubiger und Schuldner bzw. Gläubiger und durch die Maßnahme betroffene Dritter auszufechten; nur diese und nicht das staatliche Vollstreckungsorgan sind Parteien der Rechtsbehelfe des 8. Buchs der ZPO.

Teil 1

**Die Rechtmäßigkeit der Vollstreckungsmaßnahme:
Allgemeine und von der jeweiligen Vollstreckungsart abhängige
Verfahrensvoraussetzungen der Zwangsvollstreckung**

§ 1
Allgemeine Voraussetzungen jeder Zwangsvollstreckung

I. Die Verfahrensgrundsätze der Zwangsvollstreckung

Das Verfahren der Zwangsvollstreckung wird im Wesentlichen durch sechs Verfahrensgrundsätze gestaltet, die sich aus der Definition des Begriffs Zwangsvollstreckung ergeben.

■ **Keine Vollstreckung ohne Titel**
   Dies ergibt sich bereits aus der Unterscheidung zwischen Erkenntnisverfahren und Zwangsvollstreckungsverfahren. Die Zwangsvollstreckung dient der Durchsetzung titulierter Ansprüche.

■ **Antragsgrundsatz**
   Die Zwangsvollstreckung dient dem Gläubigerinteresse. Sie wird daher ausschließlich auf Antrag des Gläubigers und nie von Amts wegen eingeleitet. Im Gesetz wird dies beispielsweise durch das Erfordernis eines Vollstreckungsauftrags in § 753 Abs. 1 ZPO ausgestaltet.

■ **Dispositionsmaxime**
   Das Zwangsvollstreckungsverfahren ist als kontradiktorisches **Parteiverfahren** zwischen Gläubiger und Schuldner ausgestaltet. Daher gilt der **Grundsatz der Parteiherrschaft**[7], der im Rahmen der Zwangsvollstreckung in erster Linie die Parteiherrschaft des Gläubigers bezeichnet: er entscheidet insbesondere durch das Antragserfordernis über den Beginn; auf sein Verlangen ist die Zwangsvollstreckung zu beenden; er wählt im Rahmen des gesetzlich normierten Instrumentariums die Vollstreckungsart aus und kann eingeschränkt dem Vollstreckungsorgan Weisungen erteilen.

   Der Schuldner kann das Vollstreckungsverfahren beispielsweise durch den Nachweis der Erfüllung oder Stundung (§ 775 Ziffer 4 und 5 ZPO) oder durch Vollstreckungsschutzanträge (§ 765 a ZPO) beeinflussen. In den Grenzen der dem öffentlichen Interesse (Schuldnerschutz) dienenden Vorschriften können die Parteien auch einvernehmlich durch Vollstreckungsvereinbarungen die Zwangsvollstreckung in Art, Zeit oder Umfang beschränken.[8]

■ **Verhandlungsgrundsatz**
   Eine weitere Konsequenz des Parteiverfahrens ist der **Beibringungs- oder Verhandlungsgrundsatz**[9], der jedoch Einschränkungen erfährt.

■ **Grundsatz des hoheitlichen Verfahrens**
   Auch wenn das Zwangsvollstreckungsverfahren im Wesentlichen nur dem Gläubigerinteresse dient und nur auf Antrag des Gläubigers eingeleitet wird,

---

[7] Thomas/Putzo, Vorbem § 704 Rn. 30
[8] vgl. Thomas/Putzo a.a.O.; Lackmann Rn. 4
[9] Thomas/Putzo, Vorbem § 704 Rn. 31

handelt der Staat gegen den Schuldner als Staatsmacht und damit **hoheitlich**[10], indem ein mit hoheitlichen Rechten ausgestattetes Organ im Wege des Eingriffs in die Rechtssphäre des Schuldners den wirtschaftlichen Erfolg herbeiführt, den der Schuldner schuldet. Zwischen ihm und den jeweiligen Beteiligten besteht immer ein öffentlich-rechtliches Verhältnis (**Grundsatz des hoheitlichen Verfahrens**).

Dies bedeutet:
Fehler seiner Organe können Amtshaftungsansprüche auslösen.
Da der Staat das Monopol der Zwangsvollstreckung inne hat und der Gläubiger auf das Zwangsvollstreckungsverfahren angewiesen ist, besteht ein **Vollstreckungsanspruch des Gläubigers** gegen den Staat bzw. dessen Organe auf Durchführung der beantragten Zwangsvollstreckung unter deren gesetzlichen Voraussetzungen[11] mit der Folge, dass das Handeln des Staates insoweit gerichtlich erzwungen werden kann (z.B. § 766 Abs. 2 ZPO). Der Vollstreckungsanspruch ist zu unterscheiden von dem zu vollstreckenden Anspruch des Gläubigers gegen den Schuldner.

Das Vollstreckungsorgan unterliegt des Weiteren den verfassungsrechtlichen Gewährleistungen aus Grundrechten und Rechtsstaatsprinzip; insbesondere hat die gesetzliche Ausgestaltung des Vollstreckungsverfahrens und die Handlung des Vollstreckungsorgans dem Verhältnismäßigkeitsgrundsatz zu genügen[12]. Dies bedeutet praktisch, dass die gesetzlichen Vorschriften zum Verfahren und Zugriffsbereich der Zwangsvollstreckung Eingriffe in grundrechtlich geschützte Bereiche nur im Rahmen der verfassungsrechtlichen Schranken erlauben darf; dies ist beispielsweise durch Schuldnerschutzvorschriften umgesetzt worden. Des Weiteren muss dem Schuldner effektiver Rechtsschutz gewährt werden. Die Verhältnismäßigkeit gebietet eine Beschränkung von Eingriffen zum Beispiel in das Eigentum des Schuldners auf das Notwendige.[13]

■ **Grundsatz der strengen Formalisierung**
Die Zulässigkeit sowie die Art und Weise der Zwangsvollstreckung und der Gegenstand des Vollstreckungszugriffs sind durch formale Voraussetzungen bestimmt. Das Vollstreckungsorgan soll die Zulässigkeit und den zulässigen Umfang seines Handelns an äußerlich leicht und sicher feststellbaren Umständen überprüfen können, ohne die materielle Rechtslage prüfen zu müssen. Dies ist der **Grundsatz der strengen Formalisierung des Zwangsvollstreckungsverfahrens**[14]. Dem liegen folgende Erwägungen zugrunde:
– Die Vollstreckung ist die zweite Stufe einer umfassenden Rechtsschutzgewährleistung: Verfahrensgegenstand dieses Verfahrensteils ist die Umsetzung eines bereits zuvor erwirkten Vollstreckungstitels. Dessen inhaltliche Richtigkeit und

---

[10] Lackmann, Rn. 3; Zöller-Stöber, Vor § 704 Rn. 1
[11] Thomas/Putzo, Vorbem § 704 Rn. 3
[12] Zöller-Stöber, Vor § 704 Rn. 29
[13] Zöller-Stöber, Vor § 704 Rn. 29
[14] vgl. Zöller-Stöber, Vor § 704 Rn. 22; Thomas/Putzo, Vorbem § 704 Rn. 3

Rechtmäßigkeit ist Gegenstand des Erkenntnisverfahrens gewesen und braucht daher im Zwangsvollstreckungsverfahren nicht mehr geprüft zu werden.

- Im Sinne der Rechtssicherheit ist ein zügiges und energisches Vollstreckungsverfahren zu gewährleisten[15]. Die Belange des Gläubigers sind schon durch die Aufspaltung des Rechtsschutzes stark belastet; der Schuldner erscheint nach verbindlicher Feststellung der Forderung nicht besonders schutzbedürftig.

- Ein möglichst großer Grad der Förmlichkeit des Verfahrens gewährleistet unter weitestgehendem Verzicht auf Gestaltungsfreiheit den bestmöglichen Ausgleich der Interessen von Gläubiger und Schuldner[16].

Aufgrund dessen verlangt beispielsweise § 808 Abs. 1 ZPO für die Pfändung einer Sache nur, dass sich diese im – leicht prüfbaren – Gewahrsam des Schuldners befindet; das Gesetz verlangt vom Vollstreckungsorgan (Gerichtsvollzieher) hier keine – unter Umständen schwierige – Prüfung der materiellen Eigentumslage. Materielle Rechte Dritter am Gegenstand wie auch neue materiell-rechtliche Einwendungen des Schuldners gegen den titulierten Anspruch sind im Wege der besonderen Rechtsbehelfe geltend zu machen, so dass dieser Streit vor das hierfür qualifiziertere Forum, das Gericht getragen wird.

II. Die allgemeinen Voraussetzungen jeder Zwangsvollstreckung

Aus diesen Verfahrensgrundsätzen folgen Voraussetzungen, die bei jeder Art der Zwangsvollstreckung zu verlangen sind:

1. Allgemeine Verfahrensvoraussetzungen

Die Zwangsvollstreckung ist als Parteiverfahren zwischen Gläubiger und Schuldner in der ZPO geregelt. Daher gelten für die Zulässigkeit dieses Verfahrens in erster Linie die Vorschriften des 8. Buchs der ZPO und, soweit diese keine Regelungen treffen, die allgemeinen Vorschriften und die Bestimmungen über das gerichtliche Verfahren[17]. Daher müssen die sog. Allgemeinen Prozessvoraussetzungen vorliegen,[18] die – da die Zwangsvollstreckung eben kein auf eine richterliche Entscheidung gerichtetes Verfahren und damit kein Prozess ist – hier besser als allgemeine Verfahrensvoraussetzungen bezeichnet werden:

a) Deutsche Gerichtsbarkeit (§§ 18–20 GVG)

b) Zulässigkeit des Rechtsweges

Die Zwangsvollstreckung nach dem 8. Buch der ZPO ist nur aus Titeln zulässig, die

■ in der ZPO als Vollstreckungstitel bezeichnet werden (§§ 704, 794 ZPO), oder

■ für die kraft ausdrücklicher gesetzlicher Anordnung die Vorschriften des 8. Buchs der ZPO Anwendung finden (z. B. § 62 ArbGG).

---

[15] Zöller-Stöber, Vor § 704 Rn. 22

[16] Paulus, Rn. 460

[17] Zöller-Stöber, Vor § 704 Rn. 5

[18] Zöller-Stöber, Vor § 704 Rn. 15 ff; Thomas/Putzo, Vorbem § 704 Rn. 40

c) *Vollstreckungsantrag des Gläubigers (Antragsgrundsatz)*

Der Antrag des Gläubigers ist Prozesshandlung[19] und grundsätzlich formlos[20] an das Vollstreckungsorgan zu richten. Grundsätzlich besteht auch kein Anwaltszwang. Ist zuständiges Vollstreckungsorgan allerdings das Landgericht als Prozessgericht, gelten die §§ 78, 129 ZPO.

d) *Zuständigkeit des Vollstreckungsorgans*

Die Grundsätze des hoheitlichen Handelns und des formalisierten Verfahrens erfordern eine eindeutige Zuständigkeitszuordnung, die strikt einzuhalten ist. Die Zuständigkeit wird dreifach bestimmt:

(1) Die **funktionelle Zuständigkeit** bezieht sich darauf, welches Vollstreckungsorgan tätig zu werden hat. Dies hängt von der beantragten Art der Zwangsvollstreckung und der gesetzlichen Zuweisung der einzelnen Vollstreckungstätigkeit zu einem Vollstreckungsorgan ab:

- Der Gerichtsvollzieher ist zuständig
  - nach § 753 Abs. 1 ZPO für die Zwangsvollstreckung wegen einer Geldforderung in bewegliche Sachen (§§ 803 – 827) sowie für die Pfändung von Forderungen aus Wechseln und indossablen Papieren gemäß § 831 ZPO,
  - für die Zwangsvollstreckung wegen Ansprüchen auf Herausgabe beweglicher (§§ 883 f ZPO) und unbeweglicher Sachen (§ 885 ZPO).

- Das Vollstreckungsgericht ist zuständig
  - nach §§ 828 Abs. 1 ZPO für die Zwangsvollstreckung wegen einer Geldforderung in Forderungen und andere Vermögensrechte (§§ 828 ff ZPO) sowie
  - nach § 869 ZPO i. V. m. § 1 ZVG für die Zwangsversteigerung und Zwangsverwaltung eines Grundstücks.

- Das Prozessgericht erster Instanz ist funktionell zuständig
  - für die Zwangsvollstreckung zur Erwirkung vertretbarer Handlungen nach § 887 Abs. 1 ZPO und unvertretbarer Handlungen nach § 888 Abs. 1 ZPO,
  - sowie gemäß § 890 Abs. 1 ZPO für die Zwangsvollstreckung zur Erwirkung von Unterlassungen und Duldungen und
  - gemäß § 894 Abs. 1 ZPO im Erkenntnisverfahren für die Vollstreckung der Verurteilung zur Abgabe einer Willenserklärung.

- Das Grundbuchamt ist das funktionell zuständige Vollstreckungsorgan für die Eintragung einer Zwangshypothek.

(2) Die **sachliche Zuständigkeit** betrifft die erstinstanzliche Zuweisung der Vollstreckungssache an das Amtsgericht oder Landgericht. Da nach § 764 Abs. 1 ZPO die dem Vollstreckungsgericht zugewiesenen Aufgaben zur Zuständigkeit der Amtsgerichte gehören (Ausnahme: § 930 Abs. 1 Satz 3 ZPO), spielt die sachliche

---

[19] Thomas/Putzo, Vorbem § 704 Rn. 39
[20] Lackmann, Rn. 29

Zuständigkeit im Wesentlichen nur für die Zuständigkeit des Prozessgerichts erster Instanz eine Rolle.

(3) Die **örtliche Zuständigkeit** bestimmt, welches – funktionell und sachlich zuständige – Vollstreckungsorgan wegen seines örtlichen Sitzes die Sache zu erledigen hat.

Grundsätzlich ist das Vollstreckungsorgan örtlich zuständig, in dessen Bezirk der Ort der beantragten Vollstreckungshandlung liegt.

(4) Schematische Übersicht:

Vollstreckungs-organ	Vollstreckungsart	Zuständigkeit	
		funktionell	sachlich und örtlich
Gerichts-vollzieher	Zwangsvollstreckung wegen einer Geldforderung in bewegliche Sachen (§§ 803–827)	§ 754 Abs. 1 ZPO	Je nach zugewiesenem Gerichtsvollzieherbezirk, §§ 16 ff GVO
	Zwangsvollstreckung wegen einer Geldforderung in Forderungen aus Wechseln und indossablen Papieren	§ 831 ZPO	
	Zwangsvollstreckung wegen Ansprüchen auf Herausgabe – beweglicher – unbeweglicher Sachen	§ 883 Abs. 1 ZPO § 885 Abs. 1 ZPO	
Vollstreckungs-gericht	Zwangsvollstreckung wegen einer Geldforderung in Forderungen und andere Vermögensrechte (§§ 828 ff ZPO).	§ 828 Abs. 1 ZPO	sachlich: das Amtsgericht, § 764 Abs. 1 ZPO; örtlich: § 764 Abs. 2 ZPO; in dessen Bezirk das Vollstreckungs-verfahren stattfinden soll oder statt-gefunden hat; Sonderregelung insbesondere in § 828 II; ZPO[21]; ausschließlich, § 802 ZPO
	Zwangsversteigerung und Zwangsverwaltung eines Grundstücks	§ 869 ZPO i. V. m. § 1 ZVG	

---

[21] weitere Ausnahmen bei Thomas/Putzo, § 764 Rn. 3

Prozessgericht erster Instanz	Zwangsvollstreckung zur Erwirkung – vertretbarer – unvertretbarer Handlungen	§ 887 Abs. 1 ZPO § 888 Abs. 1 ZPO	sachlich: §§ 523 ff., 71 GVO; örtlich: §§ 12 ff ZPO; ausschließlich § 802 ZPO
	Zwangsvollstreckung zur Erwirkung von Unterlassungen und Duldungen	§ 890 Abs. 1 ZPO	
	Vollstreckung der Verurteilung zur Abgabe einer Willenserklärung	§ 894 Abs. 1 ZPO	
Grundbuchamt	Eintragung einer Zwangshypothek	GBA	§ 1 I 2 GBO

e) Parteifähigkeit

Die am Vollstreckungsverfahren beteiligten Parteien, nämlich Gläubiger und Schuldner (formeller Parteibegriff!) müssen parteifähig im Sinne des § 50 ZPO sein.

Allerdings ist dem Vollstreckungsorgan eine Prüfung insoweit verwehrt, wenn das Prozessgericht bereits im Erkenntnisverfahren die Parteifähigkeit als Zulässigkeitsvoraussetzung bejaht hat, wovon auszugehen ist, wenn die Klage als zulässig behandelt worden ist. Die Bindungswirkung für das Vollstreckungsorgan besteht selbst dann, wenn das Prozessgericht diese Frage erkennbar falsch entschieden hat. Sie entfällt erst, wenn neue Tatsachen betreffend die Parteifähigkeit nach Schluss der mündlichen Verhandlung im Erkenntnisverfahren eingetreten sind.

Der Verlust der Parteifähigkeit nach Beginn der Zwangsvollstreckung beeinflusst den Fortgang des Vollstreckungsverfahrens grundsätzlich nicht. Im Fall der Rechtsnachfolge auf der einen oder der anderen Seite bietet § 727 ZPO die Möglichkeit der Umschreibung des Titels auf die nunmehr beteiligte Person, für oder gegen die der Titel im Wege der Rechtsnachfolge nun Verbindlichkeit besitzt. Eine solche Umschreibung erfolgt als amtlicher Vermerk, genannt – qualifizierte – Klausel auf dem Titel.

Daher gilt:

- Verlust der Parteifähigkeit des Gläubigers nach Vollstreckungsantrag ist unerheblich solange im Vollstreckungsverfahren keine weitere Mitwirkung des Gläubigers erforderlich ist. In diesem Fall muss seine Parteifähigkeit positiv festgestellt werden.

- Stirbt der Schuldner, wird – selbst wenn seine Mitwirkung erforderlich ist – die Zwangsvollstreckung in seinen Nachlass fortgesetzt, § 779 ZPO.

Das Vollstreckungsorgan prüft also die Parteifähigkeit grundsätzlich zu Beginn der Zwangsvollstreckung

■ bei der Vollstreckung aus Urteilen nur, wenn neue Tatsachen in Bezug auf die Parteifähigkeit nach Schluss der mündlichen Verhandlung im Erkenntnisverfahren eingetreten sind, sowie

■ immer bei allen Vollstreckungstiteln, die kein Urteil sind.

f) Prozessfähigkeit

Prozessfähigkeit ist die Fähigkeit, einen Prozess selbst oder durch einen selbst bestellten Vertreter vorzunehmen oder entgegenzunehmen[22]. Prozessfähig ist nach §§ 51, 52 ZPO jede geschäftsfähige Person. Da die Prozessfähigkeit demnach Wirksamkeitsvoraussetzung für die Vornahme von Prozesshandlungen ist, stellt sich die Frage, wer in der Zwangsvollstreckung prozessfähig sein muss und wann:

■ Grundvoraussetzung eines Zwangsvollstreckungsverfahrens ist eine Prozesshandlung des Gläubigers, nämlich sein Vollstreckungsantrag. Folglich muss der Gläubiger prozessfähig sein.

■ Der Schuldner hat im Regelfall der Zwangsvollstreckung diese nur zu erdulden und muss nicht aktiv mitwirken. Daher ist streitig, ob er immer prozessfähig sein muss.

Z. T. wird dies abgelehnt, soweit die Beteiligung des Schuldners im Zwangsvollstreckungsverfahren auf diese passive Rolle beschränkt bleibt; eine Ausnahme soll nur anzunehmen sein, soweit er selbst aktiv mitwirken muss oder ihm gegenüber eine Zustellung vorzunehmen ist (z. B. § 829 II ZPO)[23]; darüberhinaus ist seine Parteifähigkeit auch nach dieser Auffassung immer dann zu verlangen, wenn im Rahmen eines gerichtlichen Verfahrens sein rechtliches Gehör zwingend vorgeschrieben ist, wie z. B. bei der Vollstreckung nach §§ 887, 890 ZPO und natürlich wenn er einen Rechtsbehelf gegen die Vollstreckungsmaßnahme einlegt.

Nach anderer – wohl vorherrschender – Auffassung muss der Schuldner immer prozessfähig sein und zwar in jedem Stadium des Vollstreckungsverfahrens[24]. Für diese Ansicht spricht, dass der Schuldner immer entscheiden muss, ob er gegen die Zwangsvollstreckung vorgehen und Rechtsbehelfe einlegen will oder nicht. Diese Entscheidung kann nur effektiv getroffen werden, wenn ihm der Weg zum Rechtsbehelf offen steht, er mithin prozessfähig ist[25].

Bei der Zwangsvollstreckung aus Urteilen ist weiter zu beachten, dass das Vollstreckungsorgan an die – ausdrückliche oder auch nur stillschweigende – Feststellung

---

[22] Thomas/Putzo, § 51 Rn. 2
[23] Baumbach/Lauterbach- Hartmann, Grundz. § 704 Rn. 40
[24] Brox/Walker, Rn. 25 m. w. N.
[25] vgl. Lackmann, Rn. 35

der Prozessfähigkeit der Parteien gebunden ist, soweit sich nicht neue Tatsachen in Bezug hierauf ergeben. Insoweit gilt das zur Parteifähigkeit Gesagte entsprechend[26].

g) Prozessführungsbefugnis

Das Zwangsvollstreckungsverfahren muss zwischen den richtigen Parteien betrieben werden. Dies ist letztlich gemeint, wenn von Prozessführungsbefugnis der beteiligten Parteien die Rede ist[27].

Wer Vollstreckungsgläubiger und wer Vollstreckungsschuldner ist, ergibt sich grundsätzlich aus dem Titel oder im Fall der Rechtsnachfolge aus der auf den Titel gesetzten Klausel nach § 727 ZPO.

Mitunter ergeben sich jedoch (examensrelevante) Problemfälle in Bezug auf die Prozessführungsbefugnis:

■ Mehrere Streitgenossen haben den Titel erwirkt, aber nur einer von ihnen will daraus vollstrecken. Dieser eine ist prozessführungsbefugt, wenn er nach materiellem Recht allein die Forderung – wenn auch auf Leistung an alle – geltend machen darf.

> Beispiel: Nur einer von mehreren Miterben einer ungeteilten Miterbengemeinschaft, die einen Leistungstitel gegen den Schuldner erstritten hat, beantragt die Vollstreckungsmaßnahme; da nach § 2039 BGB auch der einzelne Miterbe im eigenen Namen den fälligen Nachlaßanspruch gegen den Schuldner außergerichtlich und gerichtlich geltend machen darf[28], ist er im Vollstreckungsverfahren prozessführungsbefugt, auch wenn er laut Titel nicht alleiniger Gläubiger ist.[29]

■ Der Kläger hat im Wege der sog. Prozessstandschaft im eigenen Namen einen Titel über ein fremdes Recht erwirkt.

> Beispiel: Der Kläger hat die streitbefangene Sache während des Erkenntnisverfahrens veräußert, was ihm gemäß § 265 I ZPO nicht verwehrt ist. Jedoch bleibt der Veräußerer gemäß § 265 II ZPO Kläger im Erkenntnisverfahren. Führt er den Prozess in Prozessstandschaft nach dieser Norm fort, wirkt das Urteil gemäß § 325 ZPO für und gegen den Rechtsnachfolger[30]. Der Prozessstandschafter hat lediglich seinen Klageantrag der geänderten materiellen Rechtslage anzupassen und muss ihn auf Leistung an den Erwerber/Rechtsnachfolger umstellen[31].

In der Zwangsvollstreckung ist nun zu beachten, dass der Titel nicht den Rechtsträger sondern den Prozessstandschafter als Partei ausweist. Nach dem in der Zwangsvollstreckung geltenden formellen Parteibegriff findet die Zwangsvollstreckung für und gegen die im Titel bezeichnete Partei statt; der Prozessstandschafter kann also – was nur folgerichtig erscheint – aufgrund des im eigenen

---

[26] Lackmann a.a.O.
[27] vgl. Thomas/Putzo, Vorbem. § 704 Rn. 44
[28] Palandt-Edenhofer, § 2039 Rz. 6 f
[29] vgl. Lackmann, Rn. 36
[30] BGH NJW 84, 806
[31] BGH NJW 79, 924; im einzelnen: Thomas/Putzo, § 265 Rn. 13

Namen erwirkten Titels auf Leistung an einen Dritten auch im eigenen Namen die Zwangsvollstreckung betreiben[32].

Kann auch der Rechtsträger die für den Prozessstandschalter titulierte, materiellrechtlich aber ihm zustehende Forderung vollstrecken? Ausgehend vom formellen Parteibegriff kann er das Zwangsvollstreckungsverfahren nur unter der Voraussetzung des § 727 ZPO betreiben, das heißt er muss den Titel zunächst auf sich umschreiben lassen, indem er die amtliche Beurkundung, dass er nun die Zwangsvollstreckung aus dem Titel betreiben darf (sog. titelumschreibende Vollstreckungsklausel), erwirkt. Hierbei ist § 727 ZPO
– unmittelbar anzuwenden, wenn ein Fall echter Rechtsnachfolge vorliegt (wie z. B. im obigen Beispiel), oder
– entsprechend anzuwenden, wenn ein Fall der gesetzlichen oder gewillkürten Prozessstandschaft ohne Rechtsnachfolge vorliegt[33].

Allerdings ist der Schuldner davor zu schützen, dass nun sowohl der im Titel genannte Gläubiger in Prozessstandschaft als auch der Rechtsträger gleichzeitig gegen ihn vollstrecken. Die Lösung des Problems ist – wie die Lösung zur Frage der Vollstreckungsbefugnis des Rechtsträgers überhaupt – im sog. Klauselverfahren zu suchen: die Vollstreckungsklausel nach § 727 ZPO – unmittelbar oder entsprechend – darf dem Rechtsträger nur erteilt werden, wenn der Prozessstandschafter die Vollstreckung ablehnt oder verzögert oder die Vollstreckung aus dem von ihm erwirkten Titel aus sonstigen Gründen nicht durchgeführt werden kann[34].

■ Was ist aber, wenn sich die Prozessstandschaft nicht im Erkenntnisverfahren sondern erst im Vollstreckungsverfahren ergibt?

Für den Testamentvollstrecker ergibt sich seine isolierte, d. h. nur auf das Vollstreckungsverfahren bezogene Prozessstandschaft bereits aus § 749 i. V. m. § 727 ZPO analog.

Ermächtigt der im Titel bezeichnete Gläubiger einen Dritten, der nicht Rechtsinhaber ist, aus dem Titel zu vollstrecken, so ist diese gewillkürte Prozessstandschaft unzulässig[35].

Hat der im Titel bezeichnete Gläubiger seinen Anspruch auf einen Dritten übertragen, und ermächtigt der neue Rechtsinhaber nun seinerseits wiederum den im Titel bezeichneten Gläubiger, aus dem Titel auf Rechnung des neuen Rechtsinhabers zu vollstrecken, so gilt folgendes: Nach dem formalen Parteibegriff ist der im Titel bezeichnete Gläubiger trotz Rechtsverlustes immer noch Vollstreckungsgläubiger; er ist daher für die Zwangsvollstreckung ohnehin prozessfüh-

---

[32] vgl. Thomas/Putzo, § 51 Rn. 44; BGHZ 92, 347, 349; Zöller-Vollkommer, vor § 50 Rn. 40 und 56

[33] vgl. Thomas/Putzo, § 51 Rn. 44 und § 727 Rn. 3; Zöller-Vollkommer, vor § 50 Rn. 40 und 56

[34] Zöller-Vollkommer, vor § 50 Rn. 40 m. w. N.

[35] BGHZ 92, 347; a. A. LG Dresden NJW RR 96, 444

rungsbefugt; der Schuldner ist auf die Vollstreckungsgegenklage nach § 767 ZPO zu verweisen, in der er gegen den titulierten Anspruch den Rechtsübergang auf den Rechtsnachfolger gegen den Gläubiger geltend machen kann. [36]

h) Allgemeines Rechtsschutzbedürfnis

Wegen des staatlichen Vollstreckungsmonopols muss dem Gläubiger selbst für sog. Bagatelleforderungen die Möglichkeit der Zwangsvollstreckung eröffnet sein. Daher ist ein Rechtsschutzbedürfnis in Bezug auf die Zwangsvollstreckung immer schon dann zu bejahen, wenn ein Vollstreckungstitel und damit ein mögliches Vollstreckungsinteresse besteht.

Ausnahmsweise kann das Rechtsschutzbedürfnis fehlen, wenn

- das Zwangsvollstreckungsverfahren offensichtlich verfahrensfremden Zielen dient, z. B. wenn der Gläubiger die Zwangsvollstreckung als Druckmittel gegen den Schuldner zur Durchsetzung weiterer Ziele als die Realisierung der zu vollstreckenden Forderung mißbraucht, oder

- dem Gläubiger ein einfacherer und billigerer Weg zur Durchsetzung seiner Forderung offen steht.

2. Allgemeine Vollstreckungsvoraussetzungen

Nach Prüfung des Antragerfordernisses, seiner Zuständigkeit und der persönlichen allgemeinen Verfahrensvoraussetzungen der Parteien des Vollstreckungsverfahrens muss das Vollstreckungsorgan feststellen, ob die Grundvoraussetzungen einer Zwangsvollstreckung überhaupt vorliegen.

Die erste Grundvoraussetzung folgt schon aus der Definition des Begriffs Zwangsvollstreckung und dem Grundsatz der Trennung zwischen Erkenntnis- und Vollstreckungsverfahren: Der zu vollstreckende Anspruch muss tituliert sein. Die Prüfung des Vollstreckungsorgans befasst sich nach dem Verfahrensgrundsatz der strengen Formalisierung des Verfahrens nur noch mit der Frage, **ob ein Vollstreckungstitel vorliegt**.

Hat das Vollstreckungsorgan diese Frage bejaht, ist immer noch offen, ob der Titel – noch immer – Bestand hat und – schon oder noch immer oder für den beantragenden Gläubiger – vollstreckbar ist. Denn das Vollstreckungsorgan bekommt in der Regel das Original des Titels nicht zu Gesicht. Das Urteil oder das gerichtliche Protokoll über den Prozessvergleich wird im Original zur Gerichtsakte genommen. Der Notar verwahrt das Original der notariellen Urkunde. Im Rechtsverkehr wird die Urschrift durch eine beglaubigte Abschrift, der sog. Ausfertigung ersetzt. Wegen der strengen Formalisierung des Vollstreckungsverfahrens muss das Vollstreckungsorgan nun schnell und sicher an äußeren Formalien den Bestand und die Vollstreckbarkeit des Titels erkennen können. Dies geschieht am besten dadurch,

---

[36] BGHZ 92, 347, 349, 350; ausnahmsweise keine Klagemöglichkeit, wenn der neue Rechtsinhaber den Formalgläubiger zur Geltendmachung des Anspruchs im eigenen Namen ermächtigt hat: BGHZ 120, 387, 395

dass das Organ der Rechtspflege, welchem das Original zugänglich ist, auf der Ausfertigung, die dem Vollstreckungsorgan vorgelegt wird, Bestand und Vollstreckbarkeit bescheinigt. Diese amtliche Bescheinigung über Bestand und Vollstreckbarkeit auf der Ausfertigung heißt **Klausel**.

Schließlich gebietet es im Rahmen des hoheitlichen Verfahrens der Grundsatz der Verhältnismäßigkeit, dass Zwang zur Durchsetzung der titulierten Forderung erst angewendet wird, wenn der Schuldner nicht freiwillig leistet. Hierzu muss er aber nachweislich von dem Titel und damit von seiner Leistungspflicht Kenntnis bzw. die Möglichkeit der Kenntnisnahme haben. Daher ist dritte Grundvoraussetzung jeder Zwangsvollstreckung, dass **der Vollstreckungstitel dem Schuldner zugestellt worden ist**.

Das Vollstreckungsorgan hat somit unabhängig von der Art der beantragten Zwangsvollstreckung immer als allgemeine Vollstreckungsvoraussetzungen zu prüfen:

> **Titel**
>
> **Klausel**
>
> **Zustellung**

a) Titel

Ein Vollstreckungstitel wird durch zwei Erfordernisse bestimmt: Vollstreckungstitel ist

- eine öffentliche Urkunde, aus der kraft ausdrücklicher gesetzlicher Vorschrift die Zwangsvollstreckung betrieben werden darf[37] (hierzu (aa)),

- und die Inhalt, Art und Umfang sowie die Parteien des Anspruchs und damit der Zwangsvollstreckung hinreichend erkennen lässt[38] (hierzu (bb)).

aa) Arten des Titels

(1) Endurteile, § 704 ZPO

Die Zwangsvollstreckung findet aus Endurteilen statt, die rechtskräftig oder für vorläufig vollstreckbar erklärt sind, § 704 I ZPO.

- Ein Endurteil ist gemäß § 300 ZPO die eine Klage oder das Rechtsmittel in der Instanz abschließende Entscheidung des inländischen Gerichts.

Dem stehen gleich:

- – Teilurteile (§ 301 ZPO), also das nur einen selbständigen Teil des Streitgegenstandes abschließend betreffende Endurteil,
- – Versäumnisurteile (§ 331 ZPO),

---

[37] Lackmann, Rn. 38
[38] Thomas/Putzo, Vorbem § 704 Rn. 16

– Anerkenntnisurteile (§ 307 ZPO), da dieses ebenfalls für die Instanz
eine abschließende Entscheidung darstellt,
– Vorbehaltsurteile (§§ 302 III, 599 III ZPO).

■ Rechtskräftig ist das Endurteil, wenn es mit ordentlichen Rechtsmitteln unangreifbar ist. Gemeint ist die formelle Rechtskraft im Sinne des § 705 ZPO[39]. Der Rechtsweg muss erschöpft oder die Rechtsmittelfristen ohne Einlegung eines Rechtsmittels abgelaufen sein.

■ Vor Eintritt der formellen Rechtskraft ist eine Zwangsvollstreckung nur aus Urteilen, die nach §§ 708 – 717 ZPO für vorläufig vollstreckbar erklärt worden sind, zulässig. Nach §§ 708, 709 ZPO ist grundsätzlich jedes Urteil für vorläufig vollstreckbar zu erklären, nur ist immer zu prüfen, ob dies ohne oder gegen Anordnung einer Sicherheit zu geschehen hat[40]. Die Entscheidung hierüber gehört aber zum Erkenntnisverfahren und hat für das Zwangsvollstreckungsverfahren nur insoweit Bedeutung, dass eine entsprechende Erklärung des erkennenden Gerichts im Tenor des Urteils enthalten sein muss.

(2) Titel nach § 794 Abs. 1 ZPO

Die ZPO behandelt in § 704 das Endurteil als den typischen Fall eines Vollstreckungstitels. Die weiteren Vorschriften der §§ 704 bis 793 ZPO sind auf die Zwangsvollstreckung aus Endurteilen zugeschnitten. Für die weiteren Urkunden, aus denen kraft des § 794 I ZPO die Zwangsvollstreckung betrieben werden darf, gelten nach § 795 ZPO zunächst die Vorschriften der §§ 795 a bis 800 ZPO und, sofern diese keine Regelung enthalten subsidiär die §§ 724 bis 793 ZPO entsprechend. Liegt ein Titel nach § 794 ZPO vor, fehlt einer Leistungsklage entsprechenden Inhalts das Rechtsschutzbedürfnis, weil das Produkt des Erkenntnisverfahrens, nämlich ein Titel bereits besteht.

Aus dem Katalog des § 794 I ZPO sind hervorzuheben:

■ **Prozessvergleiche** (§ 794 I Ziff. 1 ZPO), die in einem anhängigen und noch nicht rechtskräftig abgeschlossenen Verfahren vor einem deutschen Gericht oder einer Güte- bzw. Schlichtungsstelle zur Beilegung des Rechtsstreits abgeschlossen, nach § 160 ZPO protokolliert und nach § 162 ZPO vorgelesen und genehmigt worden sind[41];

■ **Kostenfestsetzungsbeschlüsse** (§ 794 I Ziff. 2 ZPO) im Sinne des § 104 ZPO;

■ **Vollstreckungsbescheide** (§ 794 I Ziff. 4 ZPO) im Sinne des § 699 ZPO;

■ **Anwaltsvergleiche** nach § 796 a ZPO, die durch Beschluss des im Falle streitiger Rechtsverfolgung zuständigen Prozessgerichts gemäß § 796 b ZPO für vollstreckbar erklärt worden sind (§ 794 I Ziffer 4 b);

---

[39] Thomas/Putzo, § 704 Rn. 2
[40] Übersicht zu diesem Komplex bei Paulus, Rn. 474 – 479
[41] zur Rechtsnatur des Vergleichs, den Voraussetzungen seines Abschlusses und seinen Wirkungen im einzelnen siehe Thomas/Putzo, § 794 Rn. 3–42

■ gerichtliche oder **notarielle Urkunden** (§ 794 I Ziff. 5 ZPO). Hierbei muss das Vollstreckungsorgan allerdings die fragliche Urkunde unter die Merkmale der notariellen Urkunde im Sinne des § 794 I Ziff. 5 ZPO subsumieren. Die Vorschrift kann infolge der 2. Zwangsvollstreckungsnovelle dabei in unterschiedlichen Fassungen Geltung finden.

– Nach beiden Fassungen muss die Urkunde vor einem deutschen Notar innerhalb der Grenzen seiner Amtsbefugnisse im Beurkundungsverfahren nach BeUrkG aufgenommen worden sein. Jedoch unterscheiden sich die Fassungen darin, was mit Wirkung eines Vollstreckungstitels beurkundet werden kann.

– Nach der bis zum 31.12.1998 geltenden Fassung (§ 794 I Ziff. 5 a. F.) kann eine vollstreckungsfähige notarielle Urkunde nur über einen **Zahlungsanspruch** oder Anspruch auf Leistung einer bestimmten Menge vertretbarer Sachen oder Wertpapiere erstellt werden und der Schuldner sich insoweit in der Urkunde der sofortigen Zwangsvollstreckung unterwerfen (sog. **Unterwerfungsklausel**).

– Nach der seit dem 01.01.1999 geltenden Fassung (§ 794 I Ziff. 5 n. F.) kann Gegenstand einer vollstreckbaren notariellen Urkunde **jeder Anspruch** sein, sofern er nur einer vergleichsweisen Regelung zugänglich ist, nicht auf Abgabe einer Willenserklärung gerichtet ist und nicht den Bestand eines Mietverhältnisses über Wohnraum betrifft; auch nach dieser Fassung ist eine **Unterwerfungsklausel**, die den Anspruch konkret bezeichnet, erforderlich.

Maßgeblich für die Frage, welche Fassung Anwendung findet, ist das Datum, unter dem die Urkunde errichtet wurde. Auf notarielle Urkunden, die **bis zum 31.12.1998** errichtet worden sind, ist § 794 I Ziff. 5 **a. F.** anzuwenden, auch wenn die Zwangsvollstreckung aus dieser Urkunde erst nach dem 01.01.1999 erfolgt (Art. 3 IV 2. ZwVollstrNov)[42].

Die **Unterwerfung unter die sofortige Zwangsvollstreckung** ist eine unanfechtbare und nur mit Zustimmung des Gläubigers widerufbare Erklärung des Schuldners. Sie ist Prozesshandlung, so dass zu ihrer Wirksamkeit die allgemeinen Prozesshandlungsvoraussetzungen vorliegen müssen. Sie muss sich auf die konkret in der Urkunde bezeichnete Forderung beziehen.[43]

(3) Sonstige Titel

außerhalb der ZPO sind insbesondere:

■ Zuschlagbeschluss in der Zwangsversteigerung nach § 93 ZVG

■ Insolvenztabelle nach § 201 II 1 InsO und Insolvenzplan i. V. m. der Eintragung in die Tabelle nach § 257 I 1 InsO

■ arbeitsgerichtliche Entscheidungen bzw. Vergleiche nach §§ 62, 85, 109 ArbGG

■ Vollstreckbare Urkunden des Jugendamtes nach § 60 I SGB VIII

---

[42] Dies ergibt sich auch aus der Fußnote 1 zu § 794 ZPO im Schönfelder, Deutsche Gesetze
[43] weitere Einzelheiten zur Unterwerfungsklausel bei Thomas/Putzo, § 794 Rn. 52–65

■ Für Entscheidungen oder Vergleiche aus anderen (deutschen) Gerichtsbarkeiten kommt es darauf an, ob und inwieweit die jeweilige Verfahrensordnung für die Zwangsvollstreckung ausdrücklich auf die Vorschriften der ZPO verweist. Beispiel: § 284 AO

■ Ausländische Urteile, die gemäß § 722 ZPO durch ein deutsches Gericht für vollstreckbar erklärt worden sind.

bb) Vollstreckungsfähiger Inhalt des Titels

Denknotwendig kann der titulierte Anspruch nur dann durch ein am Erkenntnisverfahren nicht beteiligtes Vollstreckungsorgan zwangsweise durchgesetzt werden, wenn sich aus dem Titel eindeutig ergibt, **wer was von wem** verlangen darf. Weitere Informationsquellen als den Titel heranzuziehen, widerspricht dem Grundsatz der strengen Formalisierung: Das Vollstreckungsorgan soll zügig und sicher erkennen können, was und wie zu vollstrecken ist; es soll sich nicht mit der eventuell schwierigen oder umfangreichen Prüfung materieller Fragen aufhalten müssen. Des weiteren folgt dies auch aus dem Grundsatz des hoheitlichen Verfahrens: Rechtsstaatliches Verfahren und Verhältnismäßigkeit machen es erforderlich, dass der hoheitliche Eingriff klar umrissen und daher sicher handhabbar ist.

Der Vollstreckungstitel muss daher hinreichend bestimmt

■ **Art** sowie **Inhalt** und **Umfang** des zu vollstreckenden **Anspruchs**

■ und die **Parteien** des Schuldverhältnis und damit des Vollstreckungsverfahrens

bezeichnen.

(1) Ein Vollstreckungstitel muss sich über einen Anspruch verhalten, der seiner Art und seinem Inhalt nach überhaupt vollstreckbar ist. Begrifflich bedeutet zwangsweise Durchsetzung eben, den Schuldner zu einem Tun oder Unterlassen zu zwingen oder den von ihm geschuldeten Erfolg durch ein Vollstreckungsorgan herbeiführen zu lassen. Erforderlich ist also **ein auf eine Leistung (§ 241 BGB) des Schuldners gerichteter Titel**. Daher muss der Titel Art und Inhalt des Anspruchs bezeichnen. Wo der Schuldner nichts – mehr – zu tun oder zu unterlassen hat, ist auch für eine zwangsweise Durchsetzung kein Raum.

Daher haben keinen vollstreckungsfähigen Inhalt:

■ Gestaltungsurteile, da diese mit Rechtskraft unmittelbar zu einer Veränderung des Rechtszustandes führen,

> Beispiele.: „Die Zwangsvollstreckung aus ... ist unzulässig." – § 767 ZPO; „Die ... OHG ist aufgelöst." – § 133 HGB

■ Feststellungsurteile, die keinen Leistungsbefehl enthalten, sondern sich auf rechtsbezeugende Festellungen des Bestehens oder Nichtbestehens eines Rechtsverhältnisses oder der Echtheit oder Unechtheit einer Urkunde beschränken (typische Urteilsformel: „Es wird festgestellt, dass ...").

Soweit ein solches Urteil im Tenor für vorläufig vollstreckbar erklärt ist, hat dies im Wesentlichen wegen § 103 I ZPO nur für die Kosten des Rechtsstreits Bedeutung.

Merke: **Vollstreckungsfähig sind nur auf eine Leistung des Schuldners gerichtete Titel (Leistungstitel, wie z. B. das Leistungsurteil).**

(2) Der Leistungstitel ist aber nur dann vollstreckbar, wenn er hinreichend bestimmt **Art, Inhalt und Umfang** des zu vollstreckenden Anspruchs bezeichnet, also präzise genug beschreibt, was der Schuldner zu leisten, unterlassen oder dulden hat[44]. Dies ist der Fall, wenn der Titel aus sich selbst heraus verständlich ist und für jeden Dritten erkennen lässt, was der Gläubiger vom Schuldner verlangen kann[45] (wer will was von wem!).

Dies schließt nicht aus, dass die notwendigen Informationen erst im Wege der **Auslegung** des Titels durch das Vollstreckungsorgan gewonnen werden. Jedoch gebietet es der Grundsatz der strengen Formalisierung, dass das Vollstreckungsorgan hierbei grundsätzlich nur solche Umstände zur Auslegung heranzieht, die sich aus dem Titel selbst ergeben. Außerhalb des Titels liegende Umstände sind regelmäßig nicht zu berücksichtigen[46]. Ist auch durch Auslegung der Inhalt des Titels nicht zu klären, ist dieser nicht der materiellen Rechtskraft fähig und somit nicht vollstreckbar.[47]

Im Rahmen der Auslegung darf das Vollstreckungsorgan

■ berücksichtigen:
 – gesetzliche (Auslegungs-)Vorschriften,
 – beim Urteil: Tatbestand und Entscheidungsgründe zur Auslegung der Urteilsformel, da beides nach § 313 ZPO notwendiger Inhalt des Urteils (= Titel) ist;
 – Grundbuch: umstritten; contra: Grundsatz der strengen Formalisierung; pro: das Grundbuch wie auch beispielsweise das BGBl. sind leicht und allgemein zugängliche Quellen, ihre Informationen offenkundig und daher leicht und sicher ermittelbar; der ZPO ist der Rückgriff des Vollstreckungsorgans auf offenkundige Informationsquellen wie z. B. dem Kalender (§ 751 I 2 ZPO: der Gerichtsvollzieher prüft den Ablauf der kalendermäßig berechenbaren Befristung des Anspruchs) nicht fremd;
 – Lebenshaltungsindex: umstritten[48]; siehe Stichwort Grundbuch

■ nicht berücksichtigen:
 – Gerichtsakten, Gutachten, Schriftsätze;
 – gebräuchliche Unterhaltstabellen;
 – weitere Privaturkunden.

---

[44] vgl. Thomas/Putzo, Vorbem § 704 Rn. 16
[45] Thomas/Putzo, Vorbem § 704 Rn. 16
[46] OLG Hamm Rechtspfleger 74, 28
[47] BGHZ 122, 16, 17 f.
[48] pro: OLG Düsseldorf NJW 71, 436, 437; contra: OLG Karlsruhe OLGZ 91, 227

Merke: **Der Titel ist hinreichend bestimmt und damit vollstreckbar, wenn er allein aus sich selbst heraus für einen Dritten erkennen lässt, was der Schuldner zu leisten, unterlassen oder dulden hat (Art, Inhalt und Umfang des zu vollstreckenden Anspruchs).**

Das Vollstreckungsorgan darf zur zulässigen Auslegung des Titels neben den gesetzlichen Vorschriften grundsätzlich nur solche Umstände heranziehen, die sich aus dem Titel selbst ergeben.

Typische Problemfälle der Bestimmtheit von Titeln sind:

- Ein Zahlungstitel ist nur dann vollstreckbar ist, wenn insbesondere der zu zahlende Betrag entweder im Titel beziffert ist oder allein aus dem Titel bezifferbar, also berechenbar ist.

- Der sog. Bruttolohntitel ist hinreichend bestimmt[49]. Ein Bruttolohntitel liegt vor, wenn der Titel einen Anspruch auf Lohnzahlung einschließlich Steuern und Sozialabgaben betrifft. Denn dieser Bruttolohn ist zivilrechtlich geschuldet; hat der Schuldner bereits die Abgaben abgeführt, muss er über § 775 Nr. 4 und 5 ZPO die Einstellung oder Beschränkung der Zwangsvollstreckung erwirken.

- Wertsicherungsklauseln sind hinreichend bestimmt, wenn das Vollstreckungsorgan die Leistung anhand allgemein zugänglicher Berechnungsunterlagen, wie beispielsweise der im Bundesgesetzblatt veröffentlichte Basiszins der EZB, leicht ermitteln kann.[50]

- Wird der Schuldner Zug-um-Zug verurteilt, muss auch die Gegenleistung dem Bestimmtheitserfordernis genügen. Hierauf wird aber noch später einzugehen sein.

- Wird der Schuldner zur Vornahme einer vertretbaren Handlung verurteilt, muss der Titel hinreichend präzise bezeichnen, welcher Erfolg geschuldet ist (z.B. Beseitigung eines konkret bezeichneten Werkmangels).

- Herauszugebende Kraftfahrzeuge sind nach Farbe, Marke, Typ, Baujahr und Fahrgestellnummer zu bezeichnen.

(3) Grundsätzlich bestimmt die Bezeichnung der **Parteien** im Titel auch die Parteien des Vollstreckungsverfahrens, § 750 I 1 ZPO. Andere Personen können nur im Wege der Titelumschreibung nach § 727 ZPO eine Gläubiger- oder Schuldnerstellung im Vollstreckungsverfahren erlangen. Die Bezeichnung der Parteien im Titel oder in der titelumschreibenden Klausel muss so präzise sein, dass das Vollstreckungsorgan seiner Pflicht zur Prüfung der Identität zwischen den Personen, für und gegen die die Zwangsvollstreckung betrieben werden soll, und den im Titel bezeichneten Personen nachkommen kann. Hierbei ist eine Auslegung des Titels wiederum zulässig.[51] Insbesondere zu berücksichtigen ist:

---

[49] Lackmann, Rn. 57
[50] vgl. OLG Düsseldorf Rechtspfleger 77, 67
[51] Zöller-Stöber, § 750 Rn. 3

■ Bei natürlichen Personen ist regelmäßig die Benennung des Vor- und Familiennamens (falsche Schreibweise schadet nicht), der Wohnanschrift sowie – soweit erforderlich – weiterer individualisierender Merkmale geboten[52].

■ Problematisch wird dies insbesondere, wenn der Titel als Gläubiger oder Schuldner eine im einzelnen namentlich nicht näher individualisierte Gemeinschaft unter einer **Sammelbezeichnung** benennt.

> Beispiel: Berechtigt bzw. verpflichtet aus dem Titel ist eine Erbengemeinschaft.

Zum Teil wird dies für zulässig gehalten, soweit das Vollstreckungsorgan unter Hinzuziehung öffentlicher Urkunden leicht und zweifelsfrei die Identität feststellen könne und der Kreis der unter der Sammelbezeichnung erfassten Personen sich bis zum Beginn der Zwangsvollstreckung nicht verändert habe[53].

Der Grundsatz der strengen Formalisierung spricht jedoch dafür, eine Sammelbezeichnung im Titel mit wohl herrschender Meinung als unbestimmt abzulehnen[54]. Daher muss der Titel für oder gegen eine Erbengemeinschaft, Wohnungseigentümergemeinschaft, Partnergemeinschaft (z. B. „Rechtsanwalt XY und Partner") und vergleichbaren Gemeinschaften stets die **namentliche Bezeichnung aller Mitglieder der Gemeinschaft nebst Angabe des Gemeinschaftsverhältnisses und des die Gemeinschaft vertretenden Verwalters enthalten**.

> Beispiele:
> „die Erbengemeinschaft nach dem verstorbenen X, bestehend aus 1. Frau Y – Wohnanschrift –, 2. Herrn Z – Wohnanschrift –..."
> „die Wohnungseigentümergemeinschaft Landstrasse 2 in Bielefeld, bestehend aus 1. Frau X – ebenda –, 2. Herrn Y – ev. abweichende Wohnanschrift – und 3. Herrn Z..., vertreten durch den Verwalter Herrn A –Anschrift – ...").

■ Titel gegen namentlich unbekannte Personen

> Beispiel: Räumungstitel gegen nach Zahl und Namen unbekannte Hausbesetzer individualisiert mit der Formulierung „die sich zur Zeit der Zustellung dieses Titels im Haus aufhalten"[55])

sind nicht nur praktisch kaum handhabbar, sondern auch mit den gesetzlichen Anforderungen an die Individualisierung der Parteien im Klageantrag und im Titel (§§ 253 II Ziff. 1, 313 I Ziff. 1, 750 I ZPO) nicht vereinbar.[56] Nach anderer Ansicht ist darauf abzustellen, ob das Vollstreckungsorgan aufgrund anderer im Titel bezeichneter Konkretisierungsmerkmale oder durch außerhalb des Titels (!) liegende Umstände (z. B. in Hinsicht auf das Beispiel: bei Zustellung des Titels Feststellung der Personalien der im Haus anwesenden Besetzer durch die Polizei) den Schuldner individualisieren kann.[57]

---

[52] Thomas/Putzo, § 750 Rn. 3
[53] MK-Arnold, § 750 Rn. 53
[54] Zöller-Stöber, § 750 Rn 4 m.w.N.
[55] so nach Lackmann, Rn. 65
[56] vgl. MK-Arnold, § 750 Rn. 54 m.w.N., Lackmann, Rn. 65
[57] vgl. LG Kassel NJW-RR 91, 381; LG Krefeld NJW 82, 289 f.

■ Die **Angabe gesetzlicher Vertreter der Partei** im Titel ist entbehrlich.[58] Dies ergibt sich zum einen aus dem schlichten Umstand, dass § 750 ZPO diese Angabe nicht verlangt. Zum anderen folgt dies auch aus den eingangs dieses Unterabschnitts genannten Erwägungen, die zum Erfordernis der Parteibezeichnung im Titel führen: Die Partei des Schuldverhältnisses und damit des Vollstreckungsverfahrens wird nicht durch ihren gesetzlichen Vertreter individualisiert; der gesetzliche Vertreter kann wechseln oder fortfallen; auch ohne seine Bezeichnung muss feststehen, wer gegen wen die Zwangsvollstreckung betreibt. Daher hat das Vollstreckungsorgan von Amts wegen zu ermitteln, ob es gegebenenfalls einen gesetzlichen Vertreter einer Partei zu berücksichtigen hat (z. B. bei der Frage der ordnungsgemäßen Zustellung des Titels).

■ Im kaufmännischen Bereich genügt die **Bezeichnung der Firma** des Einzelkaufmanns, unter der dieser klagen und verklagt werden kann, § 17 II HGB. Partei des Vollstreckungsverfahrens ist folgerichtig die Person, die zum Zeitpunkt des Eintritts der Rechtshängigkeit des Anspruchs im Erkenntnisverfahren unter dieser Firma tätig war[59]. Das Vollstreckungsorgan hat von Amts wegen die unter der Firma bezeichnete Person festzustellen, hierzu offenkundige äußere Umstände zu berücksichtigen und gegebenenfalls auch das Handelsregister in zumutbarem Rahmen (am selben Ort) einzusehen. Allerdings sind der Ermittlung insoweit Grenzen gesetzt, als dass die Feststellung leicht und ohne große Schwierigkeiten möglich sein muss.[60]

Hat der Inhaber der Firma nach Abschluss des Erkenntnisverfahrens gewechselt und haftet der Erwerber für die zu vollstreckende Forderung im Wege der Firmenfortführung gemäß § 25 HGB für frühere Geschäftsverbindlichkeiten oder im Wege der Einzelrechtsnachfolge nach § 325 ZPO, ist der Erwerber Rechtsnachfolger des früheren Inhabers[61], so dass eine Titelumschreibung nach §§ 729, 727 ZPO erforderlich ist.

Zu beachten ist schließlich, dass der gegen unter einer Firma bezeichneten Einzelkaufmann gerichtete Titel die Zwangsvollstreckung in das Geschäfts- aber auch das Privatvermögen des Kaufmanns erlaubt, und zwar auch nach Erlöschen der Firma.[62]

Titel gegen einen Inhaber einer nicht eingetragenen Firma genügen den Anforderungen des § 750 ZPO nur, wenn aus ihnen eine Identifizierung des Firmen-

---

[58] vgl. Thomas/Putzo, § 750 Rn. 6
[59] Zöller-Stöber, § 750 Rn. 10; Thomas/Putzo, § 750 Rn. 4; a. A. offenbar Lackmann, Rn. 64, der auf den Zeitpunkt des Titelerlasses abstellt; die unterschiedlichen Auffassungen kommen erst zum Tragen, wenn aus der bei Rechtshängigkeit noch bestehenden Einzelfirma während des Erkenntnisverfahrens eine Handelsgesellschaft wurde; stellt man zutreffend auf den Eintritt der Rechtshängigkeit ab, bleibt der frühere Firmeninhaber Partei des Erkenntnis- und Vollstreckungsverfahrens (Thomas/Putzo a.a.O.).
[60] vgl. hierzu insgesamt: Zöller-Stöber, § 750 Rn. 10
[61] vgl. Zöller-Stöber, § 750 Rn. 10
[62] Zöller-Stöber, § 750 Rn. 10

inhabers zweifelsfrei möglich ist, auch wenn das Geschäft schon nicht mehr betrieben wird.[63]

■ Will der Gläubiger in das Vermögen einer **GbR** vollstrecken, so ist nach § 736 ZPO ein Titel gegen alle Gesellschafter erforderlich.

Dazu musste er bislang
- entweder einen Titel, in dem alle Gesellschafter der GbR namentlich als Schuldner benannt sind,
- oder jeweils einen Titel gegen jeden einzelnen Gesellschafter der GbR als Gesamtschuldner aus demselben Rechtsgrund erwirken.

Der BGH (NJW 2001,1056, 1060) hat nun klargestellt, dass auch die GbR aktive und passive Parteifähigkeit besitzt sowie unter ihrer Bezeichnung als GbR mit Haftung ihres Gesellschaftsvermögens klagen und verklagt werden kann. Dies bedeutet, dass ein namentlich gegen die „GbR" gerichteter Titel für alle Gesellschafter in ihrer treuhänderischen Bindung verbindlich ist. Dies wiederum bedeutet nichts anderes, als dass ein Titel namentlich gegen die GbR auch ohne namentliche Bezeichnung der Gesellschafter ein Titel gegen alle Gesellschafter im Sinne des § 736 ZPO ist. Es kann jedoch nur in das im Gewahrsam der Gesellschafter befindliche Gesellschaftsvermögen vollstreckt werden.[64]

Lautet der Titel namentlich gegen alle Gesellschafter, kann der Gläubiger aufgrund des Titels in das gesamte Gesellschaftsvermögen und daneben auch in das Privatvermögen der Gesellschafter vollstrecken.[65]

■ Da eine **OHG oder KG** nur unter ihrer Firma im Rechtsverkehr auftritt sowie klagen und verklagt werden kann, ist zur Zwangsvollstreckung in das Gesellschaftsvermögen auch ein ausdrücklich gegen die Gesellschaft lautender Titel erforderlich ohne dass es der Bezeichnung der Gesellschafter bedarf.

■ Zur Zwangsvollstreckung in das Vermögen eines **nicht rechtsfähigen Vereins** genügt ein gegen den Verein ergangener Titel, § 735 ZPO. Denn der nichtrechtsfähige Verein ist passiv parteifähig und kann daher mit seinem Vereinsvermögen unter seiner Vereinsbezeichnung Schuldner im Vollstreckungsverfahren sein. Ein solcher Titel erlaubt jedoch nur die Zwangsvollstreckung in solche Gegenstände, die sich in Verwahrung eines Organs des Vereins befinden. Will der Gläubiger Vereinsvermögen, welches sich in der Verwahrung eines anderen Vereinsmitgliedes befindet, vollstrecken, bedarf er eines auf alle Mitglieder des Vereins lautenden Titels.[66]

---

[63] Zöller-Stöber, § 750 Rn. 11
[64] Zöller-Stöber, § 736 Rn. 2
[65] Thomas/Putzo, § 736 R. 2
[66] Thomas/Putzo, § 735 Rn. 1 und 2

cc) Bestand und Wirksamkeit des Titels

Voraussetzung der Zwangsvollstreckung ist in Hinsicht auf den Titel schließlich, dass dieser bei Vollstreckung besteht und wirksam ist. [67]

b) Klausel

Die Zwangsvollstreckung wird auf Grund einer mit der Vollstreckungsklausel versehenen Ausfertigung des Urteils durchgeführt, § 724 Abs. 1 ZPO.

Die Vollstreckungsklausel oder kurz Klausel ist ein Zeugnis des für die Verwahrung der Urschrift des Titels zuständigen Organs der Rechtspflege über den Bestand und die Vollstreckungsreife des Titels für und gegen die darin genannten Personen sowie gegebenenfalls für und / oder gegen andere Personen, die im Titel nicht genannt sind. [68] Sie wird auf die beglaubigte Abschrift (= Ausfertigung) des Titels gesetzt, die der Gläubiger zur Zwangsvollstreckung ausgehändigt erhält und die er mit seinem Vollstreckungsantrag dem Vollstreckungsorgan vorlegen muss.

Die mit der Klausel versehene Ausfertigung heißt **vollstreckbare Ausfertigung** (§ 724 Abs. 1 ZPO).

Eine vollstreckbare Ausfertigung darf grundsätzlich nur einmal erteilt werden. Durch diesen Grundsatz soll der Schuldner vor wiederholter Zwangsvollstreckung geschützt werden. [69] Daher sieht § 733 ZPO vor erneuter Erteilung die Anhörung des Schuldners oder die Rückgabe der früher erteilten vollstreckbaren Ausfertigung sowie die Mitteilung einer Zweiterteilung an den Gegner vor.

Die Klausel hat somit den zweifachen Sinn,

- zum einen im streng formalisierten Verfahren dem Vollstreckungsorgan als Nachweis der Wirksamkeit und Vollstreckungsreife zu dienen (ist die Klausel vorhanden, geht das Vollstreckungsorgan ohne weitere Prüfung hiervon aus!)

- und zum anderen den Schuldner vor mehrfacher Zwangsvollstreckung zu schützen.

Sie ist daher wesentliche und grundsätzlich unverzichtbare Voraussetzung jeder Zwangsvollstreckung und notwendiger Bestandteil der vollstreckbaren Ausfertigung. Ihre Entbehrlichkeit muss gesetzlich ausdrücklich geregelt sein (z.B. in der ZPO §§ 795 a; 796 Abs. 1; 929 Abs. 1, 936).

Merke: **Ist die Klausel erteilt, ist das Vollstreckungsorgan hieran gebunden, auch wenn die Klausel – erkennbar – zu Unrecht erteilt wurde.**

Wie bekommt der Gläubiger die vollstreckbare Ausfertigung bzw. die Klausel und wie sieht sie aus?

---

[67] Thomas/Putzo, Vorbem § 704 Rn. 14
[68] Thomas/Putzo, Vorbem § 704 Rn. 25
[69] Thomas/Putzo, Vorbem § 733 Rn. 1

Die Klausel wird im sog. **Klauselverfahren** erteilt. Da die Klausel eine Voraussetzung der Zwangsvollstreckung ist und die Schaffung einer Voraussetzung eines Verfahrens begrifflich nicht selbst Teil dieses Verfahrens sein kann, ist das Klauselverfahren ein eigenständiges Verfahren mit eigener gesetzlicher Ausgestaltung der Zuständigkeiten, des Verfahrens und der Rechtsschutzmöglichkeiten.

> **Merke:** **Die Erteilung der Klausel bzw. der vollstreckbaren Ausfertigung gehört nicht zum Zwangsvollstreckungsverfahren.**

Für das Klauselverfahren und den Inhalt der Klausel ist zwischen der sog. einfachen Klausel und den sog. qualifizierten Klauseln sowie der Klausel auf vollstreckbaren Urkunden und Anwaltsvergleichen zu unterscheiden.

aa) Die einfache Klausel

Die sog. einfache Klausel ist im Normalfall erforderlich, wenn der im Titel bezeichnete Gläubiger einer nicht aufschiebend bedingten und unbetagten Forderung gegen den im Titel bezeichneten Schuldner vollstrecken will. Hier geht es allein um die Nachweisfunktion gegenüber dem Vollstreckungsorgan in Bezug auf Bestand und Vollstreckungsreife sowie um den Schutz des Schuldners vor wiederholter Zwangsvollstreckung.

Nur ausnahmsweise erlaubt das Gesetz zugunsten einer Verfahrensbeschleunigung die Vollstreckung ohne sie
- bei Vollstreckungsbescheiden, § 796 I ZPO und
- bei Entscheidungen im einstweiligen Rechtsschutz, §§ 929 I, 936.

(1) Voraussetzungen der einfachen Klausel:

Zuständig für die Erteilung der vollstreckbaren Ausfertigung mit einfacher Klausel ist nach § 724 II ZPO der Urkundsbeamte der Geschäftsstelle (UdG) des erkennenden Prozessgerichts.

Dieser erteilt die vollstreckbare Ausfertigung, wenn folgende Voraussetzungen vorliegen:

- (formloser) **Antrag** dessen, der aus dem Titel in der Hauptsache oder wegen der Kosten vollstrecken kann und als Partei im Titel bezeichnet ist;
- **formgültiger Titel mit vollstreckungsfähigem Inhalt**
- **Identität**
   - des Antragstellers mit dem im Titel bezeichneten Gläubiger der zu vollstreckenden Leistung oder – wenn der Titel nur wegen der Kosten vollstreckbar ist – mit der im Titel bezeichneten Partei, welche ihre Kosten erstattet verlangen darf, und
   - des Vollstreckungsschuldners mit dem im Titel bezeichneten Schuldner der Leistung bzw. Kostenschuldner (fehlt die Identität der Parteien des – künftigen – Vollstreckungsverfahrens und denen des Erkenntnisverfahrens, so kommt anstatt der einfachen nur die titelumschreibende Klausel nach § 727 ZPO in Betracht, für deren Erteilung nicht der UdG zuständig ist);

■ **Vollstreckungsreife des Titels**, d. h. der Titel ist
- formell rechtskräftig (Verstreichen der Rechtsmittelfristen)
- oder ausdrücklich für vorläufig vollstreckbar erklärt (§§708 – 717 ZPO);

■ kein Fall, der eine qualifizierte Klausel nach § 726 ZPO notwendig macht.

Eine Anhörung des Schuldners unterbleibt[70] (Umkehrschluss aus § 730 Abs. 1 ZPO). Es besteht kein Anwaltszwang.[71]

(2) Inhalt der einfachen Klausel

Der Inhalt der einfachen Klausel muss sinngemäß der Vorgabe des § 725 ZPO entsprechen.

Plastisch wird man sich die vollstreckbare Ausfertigung also wie folgt vorstellen müssen:

■ Es handelt sich um eine Abschrift des Urteils, d. h. in der Regel des Urteilskopfes, Rubrums und Tenors.

■ Auf diese Abschrift hat die Geschäftsstelle des erkennenden Gerichts einen unterschriebenen Beglaubigungsvermerk gesetzt, durch den die Übereinstimmung der Abschrift mit der Urschrift bezeugt wird.

■ Die beglaubigte Abschrift erhält die Überschrift „vollstreckbare Ausfertigung".

■ Am Ende des Urteils wird auf die beglaubigte Abschrift die Klausel mit dem – sinngemäßen – Inhalt nach § 725 ZPO gesetzt, vom Urkundsbeamten der Geschäftsstelle mit Orts- und Datumangabe unterschrieben und gesiegelt.

■ Beispiel:

```
                                    (Beglaubigungsvermerk)

              Vollstreckbare Ausfertigung
Amtsgericht Bielefeld
Az. :..
                          Urteil
In dem Rechsstreit
der Fa. X GmbH ...,
                     Klägerin,
gegen
Herrn Y, ...,
                     Beklagten,
hat das Amtsgericht Bielefeld durch den Richter am
Amtsgericht A auf die mündliche Verhandlung vom ... für
Recht erkannt:
              Der Beklagte wird verurteilt, ...

Unterschrift des Richters
(maschinenschriftlich erwähnt)

Vorstehende Ausfertigung wird der Klägerin zum
Zweck der Zwangsvollstreckung erteilt.

Ort, Datum, Unterschrift des UdGs   Dienstsiegel ☺
```

---

[70] Thomas/Putzo, ZPO, 21. Aufl., § 724 Rn. 5
[71] Thomas/Putzo, ZPO, 21. Aufl., § 724 Rn. 5

bb) Die titelergänzende Klausel, § 726 ZPO

Ist die zu vollstreckende Forderung mit einer Bedingung verbunden, so ist zu unterscheiden:

Die Vollstreckung eines Leistungsanspruchs ist unproblematisch, wenn dieser Anspruch **auflösend bedingt** ist: Hier ist der Anspruch des Gläubigers ohne weiteres fällig und der Schuldner muss beweisen, dass der titulierte Anspruch durch Eintritt der Bedingung untergegangen ist. Bis zu diesem Nachweis hat der Gläubiger einen vollstreckbaren Anspruch, so dass ihm eine vollstreckbare Ausfertigung nach §§ 724, 725 ZPO zu erteilen und seinem Antrag auf Zwangsvollstreckung nachzukommen ist. Den Nachweis hat der Schuldner im Wege der Vollstreckungsgegenklage zu führen.

Ist der Anspruch aber **aufschiebend bedingt**, entsteht der Anspruch erst mit Eintritt der Bedingung. Da die tatsächlichen Umstände, aus denen sich der Eintritt der Bedingung ergeben, anspruchsbegründend sind, hat der Gläubiger ihr Vorliegen zu beweisen. Bis zu dem ihm obliegenden Nachweis besteht der Anspruch nicht und ist daher auch noch nicht vollstreckbar.

Im streng formalisierten Zwangsvollstreckungsverfahren soll das Vollstreckungsorgan aber nur schnell und sicher feststellbare Voraussetzungen der Zwangsvollstreckung prüfen müssen. Dies ist regelmäßig nicht der Fall, wenn das Vollstreckungsorgan über den Eintritt der vom Gläubiger zu beweisenden Bedingung Beweis erheben müsste. Darüber hinaus ist es gerade Aufgabe der Vollstreckungsklausel, die Vollstreckbarkeit des Titels zu bescheinigen.

Daher weist § 726 ZPO diese Prüfung dem Klauselverfahren zu: Hängt die Zulässigkeit der Vollstreckung von einer vom Gläubiger zu beweisenden Tatsache ab, darf schon die vollstreckbare Ausfertigung nur erteilt werden, wenn der Gläubiger im Klauselverfahren mit – aus Gründen der Vereinfachung und Beschleunigung des Verfahrens – eingeschränkten Beweismitteln den Eintritt dieser Bedingung nachweist (Abs.1).

Wird die Klausel erteilt, bescheinigt sie dem Vollstreckungsorgan verbindlich, dass der titulierte bedingte Anspruch nunmehr vollstreckbar ist; das Vollstreckungsorgan prüft den Eintritt der Bedingung seinerseits nicht mehr, selbst wenn deren Fehlen offensichtlich ist.

Allerdings gelten für bestimmte typischerweise schnell und sicher feststellbare Umstände wie beispielsweise die in § 726 Abs. 1 ZPO genannte Sicherheitsleistung Ausnahmen. Hierauf wird sogleich im einzelnen einzugehen sein.

Indem die Klausel nach § 726 Abs. 1 ZPO dem Vollstreckungsorgan also bindend bescheinigt, dass die auch außerhalb des Titels liegenden Vollstreckungsvoraussetzungen vorliegen, ergänzt sie den Titel. Daher erklärt sich die allgemein gebräuchliche Bezeichnung „titelergänzende Klausel".

(1) Voraussetzungen der titelergänzenden Klausel

Zuständig für die Erteilung der titelergänzenden Klausel ist gemäß § 20 Nr. 12 RPflG der Rechtspfleger des Prozessgerichts. Die vom Urkundsbeamten der Geschäftsstelle anstelle des Rechtspflegers erteilte Klausel ist unwirksam.[72]

Der Rechtspfleger prüft zunächst die Voraussetzungen, die für die Erteilung der Klausel nach § 724 ZPO erforderlich sind:

- ■ (formloser) **Antrag** des Gläubigers
- ■ **formgültiger Titel mit vollstreckungsfähigem Inhalt und Bestimmtheit**
- ■ **Identität** der im Titel bezeichneten Parteien des Erkenntnisverfahrens mit denen des Vollstreckungsverfahrens (sonst § 727 ZPO)
- ■ **Vollstreckungsreife des Titels**

Darüber hinaus sind nach § 726 ZPO weitere Voraussetzungen für die Erteilung der titelergänzenden Klausel:

- ■ Aus dem Titel ergibt sich, dass die Vollstreckung **vom Eintritt einer Tatsache abhängig** ist.

Dies ist der Fall wenn die formelle Zulässigkeit der Vollstreckung oder die Vollstreckbarkeit des im Titel festgestellten Anspruchs **bedingt** oder **befristet** ist. Allerdings behandelt § 751 Abs. 1 ZPO die Prüfung des Fristablaufs bei einer kalendarisch bestimmten oder bestimmbaren Befristung als eine vom Vollstreckungsorgan zu beachtende Vollstreckungsvoraussetzung. In diesem Fall ist die einfache Vollstreckungsklausel ohne Nachweis im Sinne des § 726 Abs. 1 ZPO zu erteilen.[73] Die Erfordernisse des § 726 Abs. 1 ZPO gelten nur für **ungewisse Befristungen**, die kalendarisch weder bestimmt oder bestimmbar sind.

Ist der Titel nur gegen Sicherheitsleistung vorläufig vollstreckbar, so ist auch deren Stellung eine künftige Tatsache, von deren Eintritt die Vollstreckung abhängt. Aber nach §§ 751 Abs. 2, 726 Abs. 1 ZPO ist die Leistung der Sicherheit wiederum ein vom Vollstreckungsorgan zu prüfendes Erfordernis. Es ist die einfache Klausel zu erteilen.

Hat der Schuldner laut Titel lediglich Zug-um-Zug zu leisten, ist seine Leistung erst fällig, wenn der Gläubiger die ihm obliegende Gegenleistung erbracht oder zumindest in einer den Annahmeverzug begründenden Art und Weise angeboten hat. Letzteres ist also ebenfalls eine Tatsache, von deren Eintritt die Vollstreckung des Leistungsanspruchs abhängt. Dennoch ist nach § 726 Abs. 2 ZPO die qualifizierte Klausel nach § 726 ZPO nur erforderlich, wenn die dem Schuldner obliegende Leistung in der Abgabe einer Willenserklärung besteht. Bei anderen Zug-um-Zug-Titeln ist es wiederum Aufgabe des Vollstreckungsorgans zu prüfen, ob der Gläubiger seine Leistung erbracht oder verzugsbegründend angeboten hat, § 756 Abs. 1 ZPO. In diesen Fällen ist die einfache Klausel zu erteilen.

---

[72] OLG Hamm NJW-RR 1987, 957; Thomas/Putzo, ZPO, § 724 Rn. 5; a. A.: OLG Zweibrücken OLG-Report 1997, 176
[73] Thomas/ Putzo, ZPO, 21. Aufl., § 751 Rn. 1, § 726 Rn. 2

■ Der Gläubiger hat den Eintritt dieser Tatsache zu beweisen (**Beweislast des Gläubigers**).

Der Gläubiger trägt nach den allgemeinen Beweislastregeln grundsätzlich die Beweislast für den Eintritt einer **aufschiebenden Bedingung** oder den Ablauf einer ungewissen Frist.

Ausnahme: Die aufschiebende Bedingung liegt in der Nichterfüllung eines Anspruchs. Praktisches Beispiel ist die sog. Verfallklausel im Prozessvergleich: „Kommt der Schuldner mit der Zahlung der Raten in Verzug, so ist sofort der gesamte geschuldete Betrag fällig." In diesen Fällen geht es letztlich um die Frage, ob der Schuldner – rechtzeitig – erfüllt hat oder nicht. Die Beweislast für die Erfüllung eines Anspruchs trägt jedoch grundsätzlich der Schuldner.[74]

■ Der Eintritt der vom Gläubiger zu beweisenden Tatsache muss **durch öffentliche oder öffentlich beglaubigte Urkunden nachgewiesen** werden.

Der Nachweis in dieser Form ist entbehrlich, wenn
– die fragliche Tatsache **offenkundig** (§ 291 ZPO, analog § 727 ZPO)
– oder **zugestanden** (§ 288 ZPO) ist[75] (Vorsicht: § 138 Abs. 3 ZPO findet im Fall der Gewährung rechtlichen Gehörs nach § 730 ZPO im Klauselverfahren keine Anwendung[76])
– oder die Parteien in einem gerichtlichen Vergleich[77] oder einer vollstreckbaren Urkunde[78] eine **erleichterte Beweisführung vereinbart** haben.
Es gilt der Begriff der öffentlichen Urkunde nach §§ 415, 417, 418 ZPO.

(2) Inhalt der titelergänzenden Klausel

Inhaltlich hat sich die Formulierung der titelergänzenden Klausel wiederum an § 725 ZPO zu orientieren. Zusätzlich aufzunehmen ist die Bezeichnung der Nachweisurkunde oder das sie ersetzende Zugeständnis bzw. die Offenkundigkeit des Bedingungseintritts / Fristablaufs.[79]

cc) Die titelumschreibende Klausel, § 727 ZPO

Die Zwangsvollstreckung darf nur begonnen oder fortgesetzt werden, wenn das Vollstreckungsorgan sicher und zuverlässig feststellen kann, wer gegen wen vollstrecken darf.

Wer Vollstreckungsgläubiger und Vollstreckungsschuldner ist, ergibt sich in erster Linie aus dem Inhalt des Titels, im Fall des Urteils also aus Rubrum und gegebenenfalls Tatbestand/Entscheidungsgründe. Was geschieht aber im Fall der Rechtsnachfolge auf Seiten des Gläubigers und/oder Schuldners nach Entstehen des Titels?

---

[74] Thomas/Puzo, ZPO, 21. Aufl., § 726 Rn. 3
[75] Thomas/Puzo, ZPO, 21. Aufl., § 726 Rn. 6
[76] Thomas/Puzo, ZPO, 21. Aufl., § 726 Rn. 6
[77] OLG Stuttgart NJW-RR 86,549
[78] Zöller-Stöber, § 726 Rn. 6
[79] Thomas/Putzo, § 726 Rn. 7

Nach § 727 ZPO kann die Rechtsnachfolge in einer sogenannten **titelumschreiben-den Klausel** auf der vollstreckbaren Ausfertigung beurkundet werden. Dies ermöglicht einen schnellen und einfachen Weg zur Zwangsvollstreckung, ohne eine zeitraubende neue Entscheidung im Erkenntnisverfahren für oder gegen den Rechtsnachfolger herbeiführen zu müssen. Bedenken der materiellen Gerechtigkeit bestehen nicht, denn immerhin ist in der Sache ja bereits entschieden worden. Für das Vollstreckungsorgan ist auf diese Weise zuverlässig klargestellt, wer neue Partei des Vollstreckungsverfahren ist.

§ 750 Abs. 1 ZPO erlaubt daher den Beginn oder auch die Fortsetzung[80] der Zwangsvollstreckung nur, wenn Vollstreckungsgläubiger und Vollstreckungs-schuldner **im Titel oder in der Vollstreckungsklausel** bezeichnet sind.

| Beachte: | Da die titelumschreibende Klausel eine neue Klage vermeidet, fehlt andererseits einer solchen neuen Klage das Rechtsschutzbedürfnis, so-weit die Klausel nach § 727 Abs. 1 ZPO als einfacherer und billigerer Weg möglich ist.

Auch im Rahmen des § 727 Abs. 1 ZPO sieht das Gesetz wieder eine einge-schränkte Beweisführung hinsichtlich der Rechtsnachfolge vor (öffentliche oder öf-fentlich beglaubigte Urkunden). Ist die Klausel erteilt worden, muss das Vollstre-ckungsorgan von der Rechtsnachfolge ausgehen, selbst wenn es diese als unzutreffend erkannt hat.

(1) Voraussetzungen der titelumschreibenden Klausel

Zuständig für die Erteilung der Klausel ist gemäß § 20 Nr. 12 RPflG der Rechts-pfleger des Prozessgerichts. Die vom Urkundsbeamten der Geschäftsstelle anstelle des Rechtspflegers erteilte Klausel ist <u>unwirksam.</u>

Der Rechtspfleger prüft im Rahmen des § 727 Abs. 1 ZPO – eventuell nach der in sein Ermessen gestellten Anhörung des Schuldners, § 730 ZPO – zunächst die all-gemeinen Voraussetzungen für die Klauselerteilung, nämlich

- ■ (formloser) **Antrag** (auf Erteilung einer titelumschreibenden Klausel),
- ■ **formgültiger Titel mit vollstreckungsfähigem Inhalt und Bestimmtheit,**
- ■ **Vollstreckungsreife des Titels**

und sodann die besonderen Erfordernisse des § 727 Abs. 1 ZPO:

- ■ **Rechtsnachfolge auf Gläubiger- und/oder Schuldnerseite nach Rechtshän-gigkeit** mit der Wirkung des § 325 ZPO.
  - – Es muss sich um eine **echte Rechtsnachfolge** im Sinne eines tatsächlichen Per-sonenwechsels handeln. Unerheblich ist, ob es sich um Einzel- (z.B. Zessionar) oder Gesamtrechtsnachfolge (z.B. Erbe) handelt. § 727 ZPO gilt auch im Fall der mehrfachen Rechtsnachfolge.
  - – <u>Maßgeblicher Zeitpunkt</u>: Die Rechtsnachfolge muss, wie aus dem Verweis in § 727 Abs. 1 ZPO auf § 325 ZPO folgt, **nach Eintritt der Rechtshängigkeit**

---

[80] BGH DNotZ 63, 673, 674

eingetreten sein.[81] Die vollstreckbare Ausfertigung muss für oder gegen eine Person beantragt werden, die nach Rechtshängigkeit Rechtsnachfolger des im Titel bezeichneten Gläubigers oder Schuldners wurde und auf die sich die Rechtskraft des Titels nach § 325 ZPO erstreckt.

Bei Titeln, die außerhalb eines Rechtsstreits entstehen, kommt es allein auf den Zeitpunkt ihrer Entstehung an.[82] Ist die Rechtsnachfolge vor diesem Zeitpunkt eingetreten, ist dem Rechtsnachfolger der Weg über § 727 ZPO verwehrt; insoweit sind jedoch die §§ 407 Abs. 2, 408 BGB zu beachten.

∎ **Beweis der Rechtsnachfolge nach Rechtshängigkeit durch öffentliche oder öffentlich beglaubigte Urkunden**
Hier gilt das bereits zu § 726 Gesagte entsprechend. Die Entbehrlichkeit des Nachweises im Falle einer Offenkundigkeit der Rechtsnachfolge ist in § 727 Abs. 1 ZPO ausdrücklich genannt.

∎ Gegebenenfalls sind auch die besonderen Voraussetzungen des § 726 ZPO zu prüfen, wenn neben der Rechtsnachfolge auch ein dort genannter Fall in Betracht kommt.

Solange der Rechtsnachfolger nicht die Erteilung der titelumschreibenden Klausel beantragt, ist dem im Titel bezeichneten Gläubiger (Rechtsvorgänger) allein kraft dessen formaler Parteistellung im Erkenntnisverfahren auf seinen Antrag hin eine einfache Klausel nach § 724 ZPO durch den Urkundsbeamten der Geschäftsstelle zu erteilen.[83]

> Beispiel: Tritt der Kläger nach Rechtshängigkeit die streitbefangene Forderung ab, so wird der Prozess gemäß § 265 Abs. 2 ZPO von ihm in gesetzlicher Prozessstandschaft weitergeführt; jedoch hat er seinen Klageantrag der materiellen Rechtslage anzupassen und nunmehr auf Leistung an den Zessionar zu klagen. Ergeht nun das Urteil entsprechend diesem angepassten Klageantrag, so kann der Kläger wegen seiner formalen Parteistellung die einfache Klausel beantragen, auch wenn aus dem Urteil ersichtlich nicht an ihn, sondern nur an den Zessionar mit befreiender Wirkung zu leisten ist.
>
> Der Zessionar kann eine titelumschreibende Klausel nach § 727 ZPO beantragen. Nur ist eine doppelte Vollstreckung durch den Rechtsvorgänger sowie den Rechtsnachfolger zu vermeiden:
>
> Ist dem Rechtsvorgänger noch keine einfache Klausel erteilt worden, schließt die Erteilung der titelumschreibenden Klausel zugunsten des Rechtsnachfolgers eine künftige Erteilung der einfachen Klausel zugunsten des Rechtsvorgängers aus. Hat der Rechtsvorgänger aber bereits eine vollstreckbare Ausfertigung erhalten, muss entweder nach § 733 ZPO verfahren oder die Klausel nach § 727 ZPO auf die bereits erteilte vollstreckbare Ausfertigung gesetzt werden[84], wozu der Rechtsvorgänger die erhaltene vollstreckbare Ausfertigung dem Rechtsnachfolger auszuhändigen hat.

---

[81] Thomas/Putzo, ZPO, § 727 Rn. 11
[82] Thomas/Putzo, ZPO, § 727 Rn. 11
[83] BGH Z 92, 347, 349; Thomas/Putzo, ZPO, 21. Aufl., § 727 Rn. 8
[84] vgl. Thomas/Putzo, ZPO, 21. Aufl., § 727 Rn. 8

(2) Weitere Anwendungsfälle des § 727 ZPO

Entsprechende Anwendung findet § 727 ZPO im Fall

- der Nacherbschaft und Erbschaft, §§ § 728 i. V. m. 326, 327 ZPO,
- der Firmenübernahme, § 729 Abs. 2 ZPO,
- des Nießbrauchs, § 738 ZPO,
- der Gütergemeinschaft, §§ 742, 744, 745 ZPO und
- der Testamentsvollstreckung, § 749 ZPO.

(3) Inhalt der titelumschreibenden Klausel

Der Inhalt der titelumschreibenden Klausel hat sich wiederum an § 725 ZPO zu orientieren, wobei unter Bezeichnung des Grundes der Rechtsnachfolge und der sie belegenden Nachweisurkunde (bzw. Vermerk des Zugeständnisses bzw. der Offenkundigkeit der Rechtsnachfolge) die Klausel dem Rechtsnachfolger zu erteilen ist.

> **Formulierungsbeispiel:**
> „**Vorstehende Ausfertigung wird dem ... (Name etc. des Rechtsnachfolgers) zum Zweck der Zwangsvollstreckung erteilt. Der Kläger hat mit öffentlich beglaubigter Urkunde des Notars ... (Name, Dienstsitz des Notars) vom ... UrkRNr. ... den im Urteil festgestellten Anspruch an ... (Rechtsnachfolger) abgetreten.**
>
> **(Ort/Datum/Siegel/Unterschrift des Rechtspflegers)"**

dd) Die Klausel zu Urkunden i.S.d. § 794 Abs. 1 Nr. 5 ZPO

Die Zwangsvollstreckung aus vollstreckbaren Urkunden im Sinne des § 794 Abs. 1 Nr. 5 ZPO wird ebenfalls aufgrund einer vollstreckbaren Ausfertigung durchgeführt. Dies ergibt sich daraus, dass auf die Titel im Sinne des § 794 ZPO gemäß § 795 Satz 1 ZPO die Vorschrift des § 724 ZPO Anwendung findet und das Gesetz keine Entbehrlichkeit der Klausel insoweit vorsieht.

Grundsätzlich gilt daher für die Klauselerteilung das oben ausgeführte, allerdings mit einer abweichenden Regelung der Zuständigkeit des Klauselorgans in § 797 ZPO:

- Für die Erteilung vollstreckbarer Ausfertigungen gerichtlicher Urkunden ist der Urkundsbeamte der Geschäftsstelle des verwahrenden Gerichts zuständig, § 797 Abs. 1 ZPO. Da § 794 Abs. 1 ZPO deutlich unterscheidet zwischen dem Prozessvergleich (Nr. 1) und gerichtlichen Urkunden (Nr. 5), kann § 797 ZPO mit seiner ausdrücklichen Bezugnahme auf gerichtliche Urkunden nicht für den Prozessvergleich gelten.[85] Ist eine qualifizierte Klausel erforderlich, ist der Rechtspfleger zuständig (§ 20 Nr. 12 RPflG).[86]

---

[85] vgl. Zöller-Stöber, § 797 Rn. 1
[86] Zöller-Stöber, § 797 Rn. 3

■ Für die Erteilung vollstreckbarer Ausfertigungen notarieller Urkunden ist der verwahrende Notar zuständig, § 797 Abs. 2 ZPO.

c) Zustellung

Nach § 750 Abs. 1 ZPO ist das Urteil vor oder zumindest gleichzeitig mit Beginn der Zwangsvollstreckung zuzustellen. Über § 795 Satz 1 ZPO findet diese Vorschrift auch auf die weiteren Titel im Sinne des § 794 ZPO Anwendung.

Zustellung ist der in gesetzlicher Form zu bewirkende und zu beurkundende Vorgang, durch den einem Zustellungsempfänger Gelegenheit zur Kenntnisnahme vom Inhalt des zuzustellenden Schrifstücks verschafft wird.

Warum ist zuzustellen?
Das Verhältnismäßigkeitsprinzip gebietet es, vor Anwendung staatlichen Zwangs dem Schuldner die Möglichkeit zur freiwilligen Leistung zu geben, um die Zwangsvollstreckung abzuwenden. Freiwillig leisten kann der Schuldner nur, wenn er von der Existenz des Titels Kenntnis hat oder zumindest die Möglichkeit zur Kenntnisnahme hat. Dies sicherzustellen ist Zweck der Zustellung.

An wen ist zuzustellen?
Zustellungsempfänger ist
– der im Titel bezeichnete Schuldner, ggfs. dessen gesetzlicher Vertreter (§171 ZPO) oder Prozessvertreter (§§ 176, 178, 87 ZPO),
– im Fall der Titelumschreibung auf Schuldnerseite der in der Vollstreckungsklausel bezeichnete Rechtsnachfolger des im Titel genannten Schuldners.

Was ist zuzustellen?
Dies hängt davon ab, welche Klausel erteilt worden ist:
– Ist die **einfache Klausel** erteilt worden, genügt die Zustellung einer (einfachen) Ausfertigung oder **beglaubigten Abschrift** des Titels, § 750 Abs. 1 ZPO. Es bedarf nicht der Zustellung der vollstreckbaren Ausfertigung. Hierdurch wird dem Zweck genügt, den Schuldner hinsichtlich seiner titulierten Leistungspflicht zu informieren.
– Ist eine **qualifizierte Klausel** erteilt worden, so muss der Schuldner informiert werden, dass seine Leistungspflicht nach Eintritt einer aufschiebenden Bedingung nunmehr besteht (§ 726 ZPO) oder dass er als Rechtsnachfolger des im Titel bezeichneten Schuldners nun in Anspruch genommen werden kann bzw. dass er nunmehr an den Vollstreckungsgläubiger als Rechtsnachfolger des im Titel bezeichneten Gläubigers zu leisten hat (§ 727 ZPO). Diese Information verschafft ihm nur die Klausel. Daher ist in diesen Fällen gem. § 750 Abs. 2 ZPO die **vollstreckbare Ausfertigung sowie Abschriften der zu Beweiszwecken dem Klauselorgan vorgelegten öffentlichen oder öffentlich beglaubigten Urkunden** zuzustellen.

Wie ist zuzustellen?
Die Zustellung wird bei Urteilen im Regelfall **von Amts wegen** (§§ 166 – 190 ZPO) durchgeführt, § 317 Abs. 1 Satz 1 ZPO. Die Zustellung von Amts wegen wird auf dem Titel durch **Zustellungsvermerk** nachgewiesen. Der Zustellungsvermerk ist

eine amtliche Zustellungsbescheinigung im Sinne des § 169 Abs. 1 ZPO; die Zustellungsurkunde (§ 182 ZPO) braucht dem Vollstreckungsorgan dann nicht mehr zum Nachweis vorgelegt werden.[87]

Die nach § 750 Abs. 1 Satz 2 zulässige Zustellung im Parteibetrieb (§§ 191 -195 ZPO) erfolgt über den mit der Zustellung dann zu beauftragenden Gerichtsvollzieher, der dem Gläubiger eine Zustellungsurkunde (öffentliche Urkunde) zum Nachweis der Zustellung ausstellt (§ 193 Abs. 3 ZPO).

Zustellungsmängel führen nicht zur Nichtigkeit, sondern lediglich zur Anfechtbarkeit des Vollstreckungsakts.

<u>Wann ist zuzustellen?</u>
Grundsätzlich vor oder zumindest gleichzeitig mit Beginn der Zwangsvollstreckung.

Ausnahmen:
- Mindestens zwei Wochen vor der Zwangsvollstreckung sind Beschlüsse nach § 798 ZPO zuzustellen. Ebenfalls eine Wartefrist von zwei Wochen zwischen Zustellung und Beginn der Zwangsvollstreckung ist bei der Sicherungsvollstreckung nach §§ 720 a, 750 Abs. 3 ZPO einzuhalten.
Wird vor Ablauf der Wartefrist vollstreckt, wird die Vollstreckungsmaßnahme erst mit Ablauf der First wirksam, so dass sich der Rang des Pfändungspfandrechts nach diesem Zeitpunkt richtet.
- Wegen ihrer Eilbedürftigkeit können die den Arrest oder einstweilige Verfügung anordnenden Entscheidungen auch noch nach Beginn der Zwangsvollstreckung zugestellt werden, § 929 Satz 3, 936 ZPO.
- Bei der Vorpfändung ist nach § 845 Abs. 1 Satz 3 ZPO die Zustellung des Schuldtitels vor oder gleichzeitig mit Beginn der Vorpfändung (§ 845 Abs. 1 Satz 1 ZPO) nicht erforderlich.

3. Besondere Vollstreckungsvoraussetzungen

Der Titel kann ausdrücklich anordnen, dass seine Vollstreckbarkeit von weiteren Umständen außerhalb des Titels abhängt, deren Prüfung das Gesetz dem Vollstreckungsorgan auferlegt. Diese **besonderen Vollstreckungsvoraussetzungen** muss das <u>Vollstreckungsorgan</u> **vor Beginn der Zwangsvollstreckung** feststellen. Es handelt sich um drei besondere Vollstreckungsvoraussetzungen, nämlich

■ bei einem kalendermäßig befristeten Anspruch der **Eintritt des Kalendertages**,

■ bei der Vollstreckung gegen Sicherheitsleistung der **Nachweis der Leistung der angeordneten Sicherheit** und

■ bei der Zwangsvollstreckung eines Titels über eine Zug-um-Zug-Leistung der **Nachweis, die Gegenleistung erbracht oder zumindest in annahmeverzugbegründender Weise angeboten zu haben.**

---

[87] Zöller-Stöber, § 750 Rn. 17

a) Eintritt eines Kalendertages (§ 751 Abs. 1 ZPO)

Die Fälligkeit eines Anspruchs kann zeitlich auf einen im Titel bezeichneten künftigen Termin hinausgeschoben oder durch eine im Titel bezeichnete Frist aufgeschoben sein. In diesen Fällen darf die Vollstreckung nicht vor dem Fälligkeitstermin beginnen.

Ist der Fälligkeitstermin **nach dem Kalender bestimmt**

Der Tag der Fälligkeit ist im Titel mit Datum genau bezeichnet oder auf einen Kalendertag unmittelbar festgelegt.

> Beispiel.: Der Beklagte ist verpflichtet,
> - an den Kläger 2000,00 Euro in monatlichen Raten zu je 200,00 Euro, fällig jeweils am 03. eines jeden Monats, zu zahlen.
> - die Wohnung ... (genau bezeichnet) bis zum 15.12.2002 zu räumen und an den Kläger herauszugeben.

oder **nach dem Kalender bestimmbar**

Der Tag der Fälligkeit oder des Fristablaufs kann anhand allein des Titels und eines Kalenders mittelbar bestimmt werden.

> Beispiel: Der Beklagte ist verpflichtet,
> - bis spätestens Ende des Monats Juli 2002
> - (oder) zu Beginn der 40. KW des Jahres 2002
> - (oder) eine Woche nach Weihnachten 2002
> zu zahlen.

wird die Vollstreckungsklausel nach §§ 724, 725 ZPO durch den Urkundsbeamten der Geschäftsstelle erteilt. Die Zwangsvollstreckung darf erst an dem auf den Tag des Fristablaufs oder den Stichtag folgenden Tag beginnen, § 751 Abs. 1 ZPO. Dies muss das Vollstreckungsorgan also beachten.

Ist die Fälligkeit <u>nicht</u> kalendermäßig bestimmt oder bestimmbar

> Beispiel: Die Zahlung ist
> - 2 Wochen nach Lieferung
> - 14 Tage nach Rechnungserhalt
> zu zahlen.
> In diesen Fällen ist der Fälligkeitstag nicht allein aus dem Kalender und dem Titel zu ermitteln. Es bedarf vielmehr der Kenntnis eines zeitlich ungewissen Ereignisses außerhalb des Kalenders, welches den Beginn der Frist kennzeichnet (im Beispiel: wann wurde geliefert bzw. wann ging die Rechnung zu?).

hängt die Fälligkeit und damit die Vollstreckbarkeit eben von einer anderen Tatsache im Sinne des § 726 Abs. 1 ZPO ab. Dies zu prüfen obliegt also dem Rechtspfleger im Klauselverfahren.

b) Nachweis der Sicherheitsleistung (§ 751 Abs. 2 ZPO)

Ist das noch nicht rechtskräftige Urteil gegen Sicherheitsleistung für vorläufig vollstreckbar erklärt (§ 709 ZPO), darf die Zwangsvollstreckung aus dem Urteil nicht beginnen, solange die Sicherheitsleistung nicht erbracht ist. Die Leistung der Sicherheit wird nach § 726 Abs. 1 ZPO nicht im Klauselverfahren, sondern durch das

Vollstreckungsorgan vor Beginn der Vollstreckung geprüft: das Vollstreckungsorgan darf nach § 751 Abs. 2 ZPO mit der Zwangsvollstreckung nur beginnen, wenn der Gläubiger die Leistung der Sicherheit durch öffentliche oder öffentlich beglaubigte Urkunden nachgewiesen hat und vollständige Abschriften hiervon dem Schuldner bereits zugestellt wurden oder zugleich mit Beginn der Zwangsvollstreckung zugestellt werden.

aa) Die Leistung einer Sicherheit wird typischerweise nur bei der Vollstreckung von Urteilen eine maßgebliche Rolle spielen. Der Tenor des Urteils muss die Höhe (§ 709 Abs. 1 ZPO) und kann die Art der Sicherheitsleistung bestimmen. Die in der Praxis regelmäßig vorkommenden Arten der Sicherheitsleistung sind

- die schriftliche, unwiderrufliche, unbedingte und unbefristete Bürgschaft eines im Inland zum Geschäftsbetrieb befugten Kreditinstituts mit der Wirkung des § 765 BGB (unmittelbarer Anspruch des Gläubigers gegen den Bürgen) und

- die Hinterlegung von Geld oder Wertpapieren bei der Hinterlegungsstelle des Amtsgerichts mit der Wirkung des § 233 BGB (Pfandrecht des Gläubigers an der hinterlegten Sache).

Fehlt im Urteil eine ausdrückliche Bestimmung, so hat der Gläubiger nach § 108 Abs. 1 Satz 2 ZPO die Wahl zwischen diesen beiden Arten der Sicherheitsleistung.

Allerdings ist zu beachten, dass das Prozessgericht auch nach Verkündung des Urteils die Art der Sicherheitsleistung durch Beschluss bestimmen, ergänzen oder ändern darf.[88] Praktisch bedeutsam ist dies beispielsweise, wenn das Urteil die Sicherheitsleistung durch eine bestimmte Bank bestimmt und diese Bank nachträglich geändert werden soll.

Schließlich können die Parteien auch außerprozessual durch Prozessvertrag jederzeit die Art der Sicherheitsleistung festlegen.

bb) Im Fall der Hinterlegung stellt die Hinterlegungsstelle des Amtsgerichts eine Bescheinigung (§ 6 HinterlO) aus. Hierbei handelt es sich um eine öffentliche Urkunde im Sinne des § 415 ZPO. Diese ist dem Schuldner vor der Zwangsvollstreckung zuzustellen.

cc) Bei der Sicherheitsleistung durch Bürgschaft ist zu beachten, dass diese einen **Bürgschaftsvertrag** zwischen bürgendem Kreditinstitut und dem sicherungsberechtigten Vollstreckungsschuldner voraussetzt (§ 765 Abs. 1 BGB).

Der Gläubiger muss demnach zunächst die **Bürgschaftserklärung des Kreditinstituts** beschaffen. Diese bedarf nach § 766 BGB der – privatschriftlichen – Schriftform.

Des Weiteren bedarf es grundsätzlich einer Annahmeerklärung des Sicherungsberechtigten (Vollstreckungsschuldner). Hier liegt jedoch die Schwachstelle: Wenn der Schuldner die Bürgschaftserklärung nicht annimmt, hat der Gläubiger keine Si-

---

[88] Thomas/Putzo, ZPO, § 108 Rn. 2

cherheit geleistet, so dass wegen § 751 Abs. 2 ZPO die Zwangsvollstreckung gegen den Schuldner nicht beginnen dürfte. Aus diesem Grunde geht die herrschende Theorie des Zwangsvertrages[89] davon aus, dass die Annahmeerklärung des Schuldners durch die gerichtliche Anordnung der Sicherheitsleistung ersetzt wird. Allerdings kommt der Bürgschaftvertrag erst mit Zugang der Bürgschaftserklärung beim Sicherungsberechtigten zustande.[90] Dem Schuldner ist daher eine beglaubigte Abschrift der Bürgschaftserklärung oder, wenn die Bürgschaft ihrem Inhalt nach mit der Rückgabe der Originalurkunde erlischt, das Original zu übergeben.[91]

Besteht aber erst bei Zugang der Bürgschaftserklärung beim Schuldner eine wirksame Bürgschaft, ist die Sicherheit auch erst in diesem Moment geleistet. Folglich ist die besondere Nachweisform des § 751 Abs. 2 ZPO nur hinsichtlich des Zugangs der Bürgschaftserklärung erforderlich, d. h. nur die Übergabe der privaten Bürgschaftsurkunde (Bürgschaftserklärung des Kreditinstituts in der Form nach § 766 BGB) ist durch eine öffentliche Urkunde nachzuweisen, für die Bürgschaftserklärung genügt die Privaturkunde nach § 766 BGB.[92]

Eine Nachweisführung gegenüber dem Vollstreckungsorgan insoweit erübrigt sich, wenn der Gerichtsvollzieher zugleich als Vollstreckungsorgan vor der Zwangsvollstreckung selbst die Zustellung der Bürgschafturkunde nach §§ 192 ff. ZPO besorgt.

Ansonsten ist der Nachweis in der Regel durch Zustellungsurkunden oder bei Zustellung von Anwalt zu Anwalt durch das schriftliche anwaltliche Empfangsbekenntnis nach § 195 Abs. 2 ZPO zu führen.

Da der Schuldner an der Leistung der Sicherheit insoweit mitgewirkt hat, als dass ihm die Bürgschaftsurkunde übergeben worden ist, hat er auch Kenntnis, dass diese besondere Vollstreckungsvoraussetzung erfüllt ist. Ihm nochmals diese Kenntnis zu verschaffen, indem die öffentlichen Urkunden über die Zustellung der Bürgschaftserklärung ihm in Abschrift zugestellt werden, ist nicht notwendig und als bloßer Formalismus verzichtbar.

dd) Nach § 752 ZPO ist es dem Gläubiger möglich, lediglich einen Teil der festgesetzten Sicherheit zu leisten, wenn er nur einen entsprechenden Teil des titulierten Anspruchs vollstrecken will.

ee) Erwächst das Urteil in Rechtskraft, erübrigt sich die Sicherheitsleistung.

ff) Die Ausnahme zum Grundsatz „keine Zwangsvollstreckung vor Leistung der Sicherheit" ist die **Sicherungsvollstreckung nach § 720 a ZPO**:

---

[89] OLG Hamm MDR 1975, 763; Zöller-Herget, § 108 Rn. 10 mit Verweis auf OLG Hamburg WM 82, 915, Thomas/Putzo, ZPO, § 108 Rn. 13 m. w. N.

[90] Zöller-Herget, §108 Rn. 11m. w. N.; vgl. Thomas/Putzo, § 108 Rn. 13

[91] Thomas/Putzo, § 751 Rn. 6

[92] OLG Hamburg MDR 82, 588; OLG Hamm NJW 75, 2025; Thomas/Putzo, § 751 Rn. 6

Bei einem gegen Sicherheitsleistung für vorläufig vollstreckbar erklärten Titel auf

- Zahlung oder

- auf Duldung der Zwangsvollstreckung in das unbewegliche Vermögen wegen einer Geldforderung

darf der Gläubiger, soweit die Voraussetzungen der Zwangsvollstreckung vorliegen und die zweiwöchige Wartefrist nach § 750 Abs. 3 ZPO seit Zustellung des Titels verstrichen ist, die Zwangsvollstreckung mit Ausnahme der Verwertung betreiben.

Verwertet werden darf der so gesicherte Vollstreckungsgegenstand erst nach Leistung der Sicherheit.

Der Schuldner seinerseits kann die Sicherungsvollstreckung durch Sicherheitsleistung abwenden, § 720 a Abs. 3 ZPO.

c) Zwangsvollstreckung bei Leistung Zug um Zug (§§ 756, 765 ZPO)

Ist der Schuldner nur Zug-um-Zug gegen eine Gegenleistung des Gläubigers zur Leistung verpflichtet, so ist seine Leistung nur fällig und damit vollstreckbar, wenn der Gläubiger die ihm obliegende Gegenleistung gleichzeitig ausführt.

Wie sich bereits aus § 726 Abs. 2 ZPO ergibt, bedarf der Gläubiger aus einem Zug-um-Zug-Titel grundsätzlich keiner titelergänzenden Klausel, es sei denn, dass bei der Vollstreckung aus einem Urteil der Schuldner Zug-um-Zug gegen die Leistung des Gläubigers eine Willenserklärung abzugeben hat. Die vollstreckbare Ausfertigung wird ihm nach § 724 ZPO ohne Nachweis der Gegenleistung erteilt.

Die Befriedigung des Schuldners oder zumindest das den Annahmeverzug des Schuldners begründende Angebot der Gegenleistung ist nach ausdrücklicher Regelung in den §§ 756, 765 ZPO eine besondere Voraussetzung der Zwangsvollstreckung, die das Vollstreckungsorgan **vor** Beginn der Zwangsvollstreckung zu prüfen hat.

Es bietet sich folgende Prüfungsreihenfolge an:

aa) Hat der Gläubiger vor Beginn der Zwangsvollstreckung die ihm obliegende Gegenleistung

- erfüllt oder
- zumindest in einer den Annahmeverzug begründenden Art und Weise (§§ 294 bis 299 BGB) dem Schuldner angeboten?

Bei der Zwangsvollstreckung durch den Gerichtsvollzieher sieht § 756 Abs. 1 ZPO im Regelfall vor, dass der Gerichtsvollzieher für den Gläubiger dessen Gegenleistung dem Schuldner vor Beginn der Zwangsvollstreckung in Annahmeverzug begründender Weise anbietet. Der Gläubiger kann jedoch auch selbst vorher seine Gegenleistung anbieten.

Im Fall der Zwangsvollstreckung durch das Vollstreckungsgericht muss der Gläubiger selbst vor Beginn der Vollstreckung seine Gegenleistung anbieten.

Der Gläubiger bzw. der Gerichtsvollzieher muss die Gegenleistung grundsätzlich so, wie sie laut Titel geschuldet ist, anbieten (tatsächliches Angebot, § 294 BGB). Dies bedeutet:

Die geschuldete Gegenleistung wird

– vollständig
– am rechten Ort (§§ 269, 270 BGB),
– zur rechten Zeit (§ 271 BGB)
– und in der rechten Art und Weise
– dem Schuldner oder einem Empfangsberechtigten angeboten,

so dass dieser die Gegenleistung nur noch annehmen muss.

Das wörtliche Angebot genügt

– unter den Voraussetzungen des § 295 BGB soweit der Gläubiger vor der Vollstreckung selbst die Gegenleistung angeboten hat;
– nach § 756 Abs. 2 ZPO soweit der Gerichtsvollzieher nach § 751 Abs. 1 ZPO für den Gläubiger dem Schuldner die Gegenleistung anbietet, wenn der Schuldner hierauf erklärt, dass er sie nicht annehmen werde;
– nach § 765 Ziffer 2 ZPO, wenn zuvor der Gerichtsvollzieher bereits vollstreckt hat und hierbei nach § 756 Abs. 2 ZPO vorgegangen ist; dies ist durch Vorlage des Protokolls des Gerichtsvollziehers über die Vollstreckung dem Gericht nachzuweisen. Zum besseren Verständnis dieser Norm sei darauf hingewiesen, dass dieser Fall praktisch denkbar ist, wenn eine vorangegangene Gerichtsvollziehervollstreckung nicht – vollständig – zur Befriedigung des Gläubigers geführt hat.

Das Vollstreckungsorgan prüft mithin materiell-rechtlich, ob die Voraussetzungen des Annahmeverzuges vorliegen.

bb) Hat der Gläubiger die Befriedigung oder den Annahmeverzug des Schuldners durch öffentliche oder öffentlich beglaubigte Urkunden nachgewiesen?

Der Nachweis ist nur im Rahmen der Gerichtsvollziehervollstreckung entbehrlich, wenn der Gerichtsvollzieher vor Beginn der Vollstreckung die Gegenleistung dem Schuldner

– tatsächlich (§ 756 Abs. 1 ZPO) oder
– wörtlich (§ 756 Abs. 2 ZPO)
angeboten hat.

cc) Eine vollständige Abschrift der Beweisurkunden ist dem Schuldner vor oder gleichzeitig mit Beginn der Zwangsvollstreckung zuzustellen.

Dieses Erfordernis ist natürlich in den Fällen entbehrlich, in denen schon kein Nachweis erforderlich ist.

4. Fehlen von Vollstreckungshindernissen

Vollstreckungshindernisse sind besondere Umstände, welche die Einstellung des Vollstreckungsverfahrens und eventuell die Aufhebung bereits geschehener Vollstreckungsmaßnahmen zur Folge haben können. Das Vollstreckungsorgan hat Vollstreckungshindernisse nur zu beachten, wenn sie ihm dienstlich bekannt geworden oder von den Vollstreckungsparteien vorgetragen und nachgewiesen worden sind.

Zu unterscheiden ist zwischen

- allgemeinen Vollstreckungshindernisse, die in jedem Vollstreckungsverfahren dessen Beginn oder Fortsetzung hindern, und

- besondere Vollstreckungshindernisse, die das Gesetz bei bestimmten Vollstreckungsarten vorsieht.

Darstellungshinweis: *Im Folgenden werden zunächst die allgemeinen Vollstreckungshindernisse dargestellt. Die besonderen Vollstreckungshindernisse werden später im Rahmen der jeweiligen Vollstreckungsart erörtert.*

Allgemeine Vollstreckungshindernisse sind

- gesetzliche Gründe der Einstellung oder Beschränkung der Zwangsvollstreckung nach § 775 ZPO,

- Vollstreckungsverträge und

- die Gesamtvollstreckung.

a) Gründe für die Einstellung oder Beschränkung der Zwangsvollstreckung nach § 775 ZPO

§ 775 ZPO regelt abschließend die Voraussetzungen für die Frage, **ob** das Zwangsvollstreckungsverfahren

- eingestellt (= nicht fortgesetzt) oder

- beschränkt (= nur bestimmte Vollstreckungsmaßnahmen sind unzulässig) wird.

Die Frage, was mit bis zur Einstellung oder Beschränkung bereits erfolgten Vollstreckungsmaßnahmen zu geschehen hat, regelt § 776 ZPO.

Ein Antrag des Schuldners auf Einstellung/Beschränkung der Zwangsvollstreckung ist nicht erforderlich. Er muss die in § 775 Nr. 1 bis 5 ZPO genannten Ausfertigungen oder Urkunden lediglich dem Vollstreckungsorgan vorlegen oder – soweit sich diese Urkunden bereits in den Akten des Vollstreckungsorgans befinden – darauf Bezug nehmen.

Im einzelnen:

aa) § 775 **Nr. 1** betrifft in der Praxis insbesondere

- Berufungsurteile, welche die zu vollstreckende vorinstanzliche Entscheidung aufheben,

- gerichtliche Entscheidungen (Urteile oder Beschlüsse), die – beispielsweise – auf eine Vollstreckungserinnerung (§ 766 ZPO), Vollstreckungsgegenklage

(§ 767 ZPO) oder Drittwiderspruchsklage (§ 771 ZPO) die Zwangsvollstreckung aus dem zu vollstreckenden Urteil für unzulässig erklären und – soweit es sich um Urteile handelt – selbst rechtskräftig oder für vorläufig vollstreckbar erklärt sind.

Soweit bereits Vollstreckungsmaßnamen getroffen worden wurden, sind diese aufzuheben (§ 776 ZPO Satz 1 ZPO).

bb) § 775 **Nr. 2** bezieht sich auf gerichtliche Entscheidungen, welche

■ **(Nr. 2 1. Alt.)** die einstweilige (vorläufige) Einstellung der Zwangsvollstreckung anordnen (insbesondere nach §§ 707, 719, 732 Abs. 2, 765a, 766, 769, 770 ZPO) oder

■ **(Nr. 2 2. Alt.)** die Fortsetzung der Zwangsvollstreckung nur gegen Leistung einer Sicherheit durch den Gläubiger erlauben (insbesondere nach §§ 707, 709 Satz 2, 719, 732 Abs. 2, 769 Abs. 2 ZPO). Im letztgenannten Fall darf die Zwangsvollstreckung nur nach Nachweis der Sicherheitsleistung seitens des Gläubigers fortgesetzt werden.

Vollstreckungsmaßnahmen, die bis zur gerichtlichen Entscheidung bereits getroffen waren, bleiben grundsätzlich bestehen, es sei denn, die gerichtliche Entscheidung ordnet zugleich ausdrücklich die Aufhebung bisheriger Vollstreckungsmaßnahmen an (§ 776 Satz 2 ZPO).

cc) § 775 **Nr. 3** bezieht sich insbesondere auf die Anordnung einer Abwendungsbefugnis nach §§ 711, 712 Abs. 1 und 720a Abs. 3 ZPO. Hat der Schuldner die Leistung der ihm nachgelassenen Sicherheit durch eine öffentliche Urkunde (nach dem Wortlaut der Vorschrift genügt die öffentlich beglaubigte Urkunde nicht) dem Vollstreckungsorgan nachgewiesen, ist die Zwangsvollstreckung einzustellen/zu beschränken. Bereits getroffene Vollstreckungsmaßnahmen sind nach § 776 Satz 1 ZPO aufzuheben. Zum Nachweis der Sicherheitsleistung wird der Schuldner in der Praxis regelmäßig die Bescheinigung der Hinterlegungsstelle über die Hinterlegung oder bei Bankbürgschaft entweder das Gerichtsvollzieherprotokoll über die Übergabe der originalen Bürgschaftserklärung an den Gläubiger oder das Empfangsbekenntnis des Anwalts bei der Zustellung von Anwalt zu Anwalt nach § 195 ZPO vorlegen.

dd) § 775 **Nr. 4** betrifft typischerweise die privatschriftliche Quittung des Gläubigers.

Weist der Schuldner die Erfüllung des titulierten Anspruchs, dessen Erlass oder dessen Stundung nach, ist die Zwangsvollstreckung einzustellen. Bereits getroffene Vollstreckungsmaßnahmen bleiben allerdings in diesem Fall bestehen (§ 776 Satz 2 ZPO).

Wenn der Gläubiger die Befriedigung bestreitet und die Fortsetzung der Zwangsvollstreckung verlangt, muss das Vollstreckungsorgan dem trotz des vom Schuldner geführten Erfüllungs- bzw. Stundungsnachweises nachkommen. Denn Streitkeiten zwischen den Vollstreckungsparteien über die nachträgliche Erfüllung des zu vollstreckenden Anspruchs hat der Schuldner mit dem dafür vorgesehenen Rechtsbehelf (§ 767 ZPO), dem in Bezug auf die Vollstreckung keine aufschiebende Wirkung zukommt, zu verfolgen.[93] Eine einstweilige Einstellung kann er in diesem Fall nur über § 769 ZPO erreichen.

ee) § 775 **Nr. 5** (in der ab 01.01.99 geltenden Fassung) erweitert die Regelung in Nr. 4 auf den Zahlungsnachweis mittels Bank- oder Sparkassenbeleg (z. B. Kontoauszug des Schuldners). Wenn der Gesetzeswortlaut auch keine zeitliche Schranke in Bezug auf die Zahlung vorsieht, ist in Anlehnung an die Nr. 4 nur ein Beleg aus der Zeit nach Erlass des Titels zu berücksichtigen.[94] Wegen des einstweiligen Charakters der Einstellung/Beschränkung sowie des Schicksals bereits getroffener Vollstreckungsmaßnahmen (§ 776 Satz 2 ZPO!) gilt das bereits zu Nr. 4 Gesagte entsprechend.

Eine analoge Anwendung des § 775 ZPO verbietet sich.[95]

b) Vollstreckungsverträge

Die Parteien des Vollstreckungsverfahrens dürfen – in gewissen Grenzen – durch Vereinbarung

- die Vollstreckungsvoraussetzungen,

- das Vollstreckungsverfahren und

- den Vollstreckungsgegenstand

regeln.

Dies ergibt sich aus dem Verfahrensgrundsatz des Antrags- und Parteiverfahrens: Der Gläubiger bestimmt

- durch den Vollstreckungsantrag schon das Ob und die Art der Zwangsvollstreckung,

- durch Antragsrücknahme, Freigabe der Pfandsache oder Verzicht auf aus der Zwangsvollstreckung erlangten Rechte den Gang des Verfahrens,

- im Rahmen der gesetzlichen Verfahrensvorschriften den Gegenstand des Vollstreckungszugriffs.

Soweit die Zwangsvollstreckung der Disposition des Gläubigers unterliegt, kann er den Inhalt seiner Dispositionsgewalt auch durch Vereinbarung mit dem Schuldner gestalten (Grundsatz der Vertragsfreiheit). Der Vereinbarung kommt dann wie der entsprechenden Prozesshandlung des Gläubigers unmittelbare vollstreckungsrechtliche Wirkung zu[96], d. h. das Vollstreckungsorgan hat diese Vollstreckungsverein-

---

[93] vgl. Thomas/Putzo, § 775 Rn. 17
[94] Thomas/Putzo, § 775 Rn. 15
[95] Thomas/Putzo, § 775 Rn. 1
[96] Thomas/Putzo, § 766 Rn. 24

barung – natürlich nur, soweit sie ihm dienstlich bekannt oder in Schriftform nachgewiesen ist – zu beachten.

Allerdings beschreibt die Dispositionsbefugnis des Gläubigers zugleich die Grenzen vollstreckungsrechtlicher Vereinbarungen der Parteien. Soweit das Verfahren nicht der Parteiherrschaft unterliegt und Verfahrensvorschriften nicht disponibel sind, können die Parteien selbst bei anderslautendem übereinstimmendem Willen das Vollstreckungsverfahren nicht gestalten.

Dies führt zu folgendem Grundsatz:

Zulässig sind Parteivereinbarungen, welche das Vollstreckungsverfahren oder den Zugriffsbereich der Vollstreckung gegenüber den gesetzlichen Vorschriften lediglich einschränken oder ausschließen.

Unzulässig sind Parteivereinbarungen, welche die Zulässigkeit des Vollstreckungsverfahrens an geringere als die gesetzlichen Verfahrensvoraussetzungen knüpfen oder dem Gläubiger gegenüber den gesetzlichen Vorschriften einen größeren Zugriff in das Schuldnervermögen erlauben.

Unwirksam sind daher Vereinbarungen,

■ die eine vom Gesetz abweichende Vollstreckungsart vorsehen (die gesetzlichen Vollstreckungsarten sind nicht disponibel),

■ welche die Voraussetzungen der Zwangsvollstreckung abweichend vom Gesetz gestalten (das vom Vollstreckungsorgan zu beachtende gesetzliche Verfahren ist nicht disponibel),

■ die den Zugriffsbereich der Zwangsvollstreckung gegenüber der gesetzlichen Regelung erweitern.

Die Parteien können auch nicht durch Vereinbarung die Vollstreckung in einen Gegenstand freigeben, der ansonsten nach gesetzlichen Verfahrensvorschriften nicht der Vollstreckung unterliegt. Der Schuldner kann insoweit nicht auf den Schuldnerschutz, den ihm das Gesetz gewährt, verzichten. Denn gesetzliche Vorschriften zum Schuldnerschutz setzen die grundgesetzlichen Gewährleistungen der Menschenwürde und des Sozialstaatsprinzips um: Durch das Handeln des Staates darf die Existenz des Schuldners nicht gefährdet werden. Diese Vorschriften sind daher nicht disponibel.[97]

Zum Teil wird jedoch unter Hinweis darauf, dass der Schuldner auch dem Vollstreckungsschutz unterliegende Gegenstände veräußern kann und nach dem Grundgedanken der Zwangsvollstreckung der Gläubiger auf das veräußerbare Gut des Schuldners zugreifen können muss, der vorherige Verzicht des Schuldners auf Vollstreckungsschutz für zulässig erachtet.[98]

---

[97] vgl. BayObLG NJW 50, 697 ff
[98] vgl. Baumbach/Lauterbach- Hartmann, § 811 Rn. 5

Wirksam sind Vereinbarungen,

- die eine Zwangsvollstreckung ganz oder teilweise ausschließen, soweit die Vereinbarung nach Entstehung des Titels getroffen worden ist[99]

  (Streitig ist, ob der vorherige Verzicht des Gläubigers ebenfalls zulässig ist. Exemplarisch für die Positionen: – gegen die Zulässigkeit – BGH NJW 68, 700; -für die Zulässigkeit-Brox/Walker, Zwangsvollstreckungsrecht, 6. Aufl., Rn. 202);

- die eine Vollstreckungsbefugnis des Gläubigers zeitlich einschränken[100];

- die den Zugriffsbereich der Zwangsvollstreckung einengen (Vereinbarung, nicht in bestimmte Gegenstände oder nur in bestimmte Vermögensmassen zu vollstrecken u. ä.).

Examensrelevant ist in diesem Zusammenhang schließlich die umstrittene Frage, mit welchem Rechtsbehelf der Schuldner einen Verstoß gegen den Vollstreckungsvertrag geltend machen kann:

- Vollstreckungserinnerung nach § 766 ZPO analog[101]

  Durch die Nichtbeachtung der Vereinbarung werde das Verfahren an sich fehlerhaft und rechtswidrig. Daher sei dies nach § 766 ZPO analog geltend zu machen (analog, weil § 766 originär nur die Nichtbeachtung des gesetzlichen Verfahrens betrifft).

- Vollstreckungsgegenklage nach § 767 ZPO analog[102]

  Die gesetzlichen Verfahrensvorschriften würden durch die abredewidrige Vollstreckung nicht verletzt; daher komme nicht die Vollstreckungserinnerung in Betracht. Die Vereinbarung sei eine materielle Einwendung in Bezug auf die Vollstreckbarkeit, so dass § 767 ZPO analog (da originär auf materiell-rechtliche Einwendungen gegen den im Titel festgestellten Anspruch zugeschnitten) anzuwenden sei, allerdings ohne die Einschränkung des § 767 Abs. 2 ZPO.

- Vollstreckungserinnerung oder Vollstreckungsgegenklage, je nach dem, ob die Vereinbarung nur das zu beachtende Verfahren oder den Anspruch selbst betrifft[103]

  Der Anspruch selbst ist beispielsweise betroffen, wenn seine Zwangsvollstreckung vollständig ausgeschlossen sein soll[104].

- Grundsätzlich Vollstreckungserinnerung nach § 766 ZPO analog (da es sich um ein das Verfahren betreffendes Vollstreckungshindernis handelt), jedoch Vollstreckungsgegenklage nach § 767 ZPO analog, wenn die Vereinbarung streitig ist (da das Erkenntnisverfahren gegenüber dem Erinnerungsverfahren den besseren Weg biete, das Bestehen der Vereinbarung festzustellen)[105]

---

[99] BGH NJW 91, 2295 m. w. N.

[100] BGH NJW 68, 700; NJW 91, 2295

[101] OLG Karlsruhe NJW 74, 2242; OLG Hamm MDR 77, 675

[102] BGH NJW 68, 700; OLG Hamburg MDR 72, 335

[103] Brox/Walker, Rn. 208

[104] Thomas/Putzo, § 766 Rn. 26

[105] Lackmann, Rn. 109

c) Gesamtvollstreckung

Das tragende Prinzip der Gesamtvollstreckung ist die gleichmäßige und anteilige Befriedigung aller Gläubiger eines Schuldners. Dies schließt schon seiner Natur nach die Einzelvollstreckung während der Gesamtvollstreckung aus.

Dies ergibt sich für das Insolvenzverfahren aus dem Vollstreckungsverbot des § 89 Abs. 1 InsO, der allerdings nur die Einzelvollstreckung von Insolvenzforderungen betrifft. Dementsprechend unterliegen weiterhin der Einzelvollstreckung

■ Ansprüche von Absonderungsberechtigten, aussonderungsberechtigten und Massegläubigern (Achtung: ggfs. Titelumschreibung gegen den Insolvenzverwalter nach § 727 ZPO notwendig) und

■ Ansprüche von Gläubigern, die keine Insolvenzgläubiger sind, in das Vermögen des Schuldners, das nicht zur Masse gehört.

Das Vollstreckungsorgan hat diese Einschränkungen von Amts wegen zu berücksichtigen.

§ 89 InsO verbietet die Einzelvollstreckung **nach Eröffnung des Insolvenzverfahrens**.

Zuvor sind folgende Vorschriften von Bedeutung:

■ § 88 InsO

■ § 131 InsO

■ § 21 Abs. 2 Nr. 3 InsO.

III. Schema „Die allgemeinen Voraussetzungen jeder Zwangsvollstreckung"

(Darstellungshinweis: *die in der Klausur und in der Praxis stets zu prüfenden Voraussetzungen sind hervorgehoben, im übrigen nur bei konkretem Anlass zur Prüfung ansprechen)*

1. **Allgemeine Verfahrensvoraussetzungen**
   1) **Vollstreckungsantrag** des Gläubigers
   2) Deutsche Gerichtsbarkeit (§§ 18 – 20 GVG)
   3) Zulässigkeit des Rechtsweges
   4) **Zuständigkeit** des angerufenen Vollstreckungsorgans
   5) Parteifähigkeit (§ 50 ZPO)
   6) Prozessfähigkeit (§ 52 ZPO)
   7) Prozessführungsbefugnis (§ 51 ZPO)
   8) Allgemeines Rechtsschutzbedürfnis
2. **Allgemeine Vollstreckungsvoraussetzungen**
   1) formgültiger und wirksamer sowie vollstreckbarer **Titel**
   2) **Klausel**
   3) **Zustellung, § 750 ZPO**
3. Besondere Vollstreckungsvoraussetzungen
   1) „Eintritt eines Kalendertages" (§ 751 Abs. 1 ZPO)
   2) Nachweis der Sicherheitsleistung (§ 751 Abs. 2 ZPO)
   3) Zwangsvollstreckung bei Leistung Zug um Zug (§§ 756, 765 ZPO)
4. Fehlen von Vollstreckungshindernissen
   1) Gründe für die Einstellung oder Beschränkung der Zwangsvollstreckung nach § 775 ZPO
   2) die Zwangsvollstreckung einschränkende Vollstreckungsverträge
   3) Verbot der Einzelvollstreckung bei Vorrang der Gesamtvollstreckung (§§ 88, 89 InsO)
5. Sodann folgt die Prüfung der Voraussetzungen der konkreten Vollstreckungsmaßnahme.

§ 2
Die Zwangsvollstreckung wegen einer Geldforderung in körperliche Sachen (Sachpfändung)

I. Allgemeine Grundsätze der Pfändung

1. Was kann vollstreckt werden?

Wegen einer **Geldforderung** erfolgt die Zwangsvollstreckung, wenn die titulierte Forderung des Gläubigers auf Leistung (Übereignung) einer bestimmten Geldsumme gerichtet ist, also insbesondere Ansprüche auf

– Zahlung eines bestimmten Geldbetrages in- oder auch ausländischer[106] Währung,
– Entrichtung einer Geldleistung aus dem Grundstück und daher auf Duldung der Zwangsvollstreckung in das Grundstück wegen einer Geldforderung (Hypothek, Grundschuld),
– Haftung für eine Geldleistung (Pfandrechte, Titel auf Duldung der Zwangsvollstreckung wegen Anfechtung nach Anfechtungsgesetz).

2. Was unterliegt dem Vollstreckungszugriff?

Die Zwangsvollstreckung wegen einer Geldforderung (2. Abschnitt des 8. Buchs der ZPO) kann

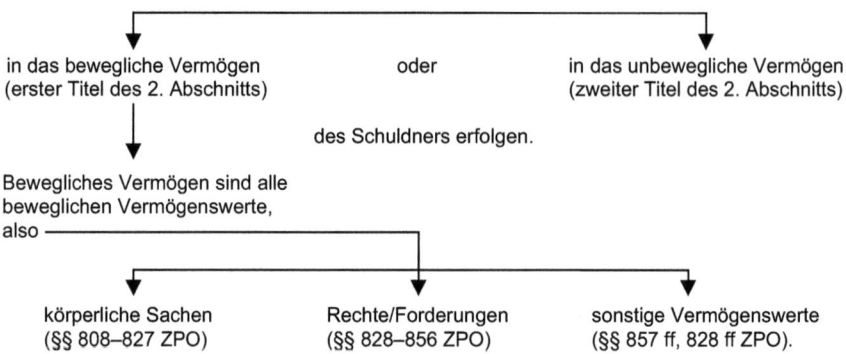

3. Wie wird vollstreckt?

Die Zwangsvollstreckung geschieht immer in zwei streng zu unterscheidenden Schritten:

Schritt 1: Pfändung des Vollstreckungsgegenstandes

Die Zwangsvollstreckung wegen eines Zahlungsanspruchs in das bewegliche Vermögen erfolgt durch die **Pfändung**, § 803 Abs. 1 Satz 1 ZPO. Pfändung bedeutet –

---

[106] Thomas/Putzo, Vorbemerkung zu § 803, Rn. 2

untechnisch aber anschaulich erklärt – die zwangsweise Wegnahme eines Vermögenswertes des Schuldners durch das Vollstreckungsorgan dergestalt, dass nicht mehr der Schuldner, sondern anstatt seiner nur noch das Vollstreckungsorgan wirksam über diesen Gegenstand verfügen kann.

Die Rechtmäßigkeit der Pfändung ist regelmäßig dreistufig zu prüfen:

- **Allgemeinen Voraussetzungen jeder Zwangsvollstreckung** (§ 1 II.)

- (sodann:) die **besonderen Zugriffsvoraussetzungen für die Pfändung:** Unter welchen Voraussetzungen darf die Pfändung in welche Vermögensgegenstände betrieben werden?

  Nur wenn auch diese zu bejahen sind, darf der Gerichtsvollzieher tätig werden und den Pfändungsakt durchführen.

- (schließlich:) **ordnungsgemäßer Pfändungsakt:** die Einhaltung der gesetzlichen Verfahrensvorschriften für die Durchführung der Pfändung

Schritt 2: **Verwertung** des gepfändeten Gegenstandes, d. h. die Realisierung des Wertes des Gegenstandes durch das Vollstreckungsorgan (regelmäßig durch die Veräußerung des Gegenstandes), um aus dem Erlös den vollstreckenden Gläubiger hinsichtlich seines Zahlungsanspruchs zu befriedigen. Die Verwertung setzt die wirksame Pfändung voraus.

4. Die in den §§ 804 bis 827 ZPO geregelte **Sachpfändung** betrifft die Pfändung und Verwertung körperlicher (= beweglicher) Sachen. Vollstreckungsorgan ist der Gerichtsvollzieher, § 753 ZPO. Im einzelnen:

II. Besonderheiten der Sachpfändung in Bezug auf die Allgemeinen Voraussetzungen jeder Zwangsvollstreckung

1. Vollstreckungsantrag

§ 753 ZPO stellt das Erfordernis eines „Auftrages des Gläubigers" fest, was nichts anderes als das Antragserfordernis meint.

Der Antrag ist eine **formlose** (mündliche oder schriftliche) empfangsbedürftige **Prozesserklärung** des Gläubigers gegenüber dem Gerichtsvollzieher und **frei widerrufbar**.

Inhaltlich
- <u>muss</u> der Antrag **den Vollstreckungstitel bezeichnen** (Mindestinhalt),
- <u>kann</u> der Antrag die begehrte Vollstreckungsart – hier also Sachpfändung – eindeutig erkennen lassen (denn nur dann kann die funktionelle Zuständigkeit des Gerichtsvollziehers festgestellt werden; Auslegung ist zulässig)
- und <u>kann</u> auf einen Teilbetrag der titulierten Forderung beschränkt werden (Argument: § 752 ZPO geht von der Zulässigkeit der Teilvollstreckung aus).

Der Antrag begründet zwischen dem Gerichtsvollzieher und dem Gläubiger keinen privatrechtlichen Geschäftsbesorgungsvertrag, sondern ein **öffentlich-rechtliches Rechtsverhältnis**[107]: Kommt der Gerichtsvollzieher dem Antrag nicht nach, liegt darin eine Amtspflichtverletzung.

Der Gerichtsvollzieher handelt hoheitlich. **Weisungen** des Gläubigers binden ihn nur insoweit, wie diese sich im Rahmen der gesetzlichen Verfahrensvorschriften und der Dienstanweisung für Gerichtsvollzieher (GVGA) bewegen. Daher sind zulässige Weisungen in der Regel:

– eine bestimmte Sache <u>nicht</u> zu pfänden,
– eine bestimmte Sache zu pfänden nur soweit diese nicht vom Pfändungsschutz umfasst wird,
– zu einem bestimmten Zeitpunkt frühestens mit der Vollstreckung zu beginnen.

2. Zuständigkeit

Die **funktionelle Zuständigkeit** des Gerichtsvollziehers, die insoweit der sachlichen Zuständigkeit entspricht, ergibt sich aus §§ 753, 808 Abs. 1 ZPO. Handelt an seiner Stelle ein anderes Vollstreckungsorgan, so <u>führt dieser Verstoß gegen die funktionelle Zuständigkeit zur Nichtigkeit der Pfändung</u>. Ohne wirksame Pfändung unterliegt der gepfändete Gegenstand nicht der Verstrickung.[108]

Die **örtliche Zuständigkeit** ist in § 154 GVG (der verweist auf:), § 20 Gerichtsvollzieherordnung (GVO) geregelt: Jedem Gerichtsvollzieher ist ein räumlicher Bezirk zugewiesen; zuständig ist der Gerichtsvollzieher, in dessen Bezirk die Vollstreckungsmaßnahme vorgenommen werden soll. Der Gläubiger kann sich aber im Regelfall an die bei jedem Amtsgericht eingerichtete zentrale Verteilungsstelle für Gerichtsvollzieher wenden.

Ein Verstoß gegen die örtliche Zuständigkeit ist nicht derart eklatant, dass die Nichtigkeitsfolge geboten erscheint. Immerhin hat ein funktionell zuständiges Vollstreckungsorgan gehandelt. Daher begründen solche Verstöße lediglich die Anfechtbarkeit der Vollstreckungsmaßnahme (im Wege der Vollstreckungserinnerung).[109]

3. Titel

Die titulierte Forderung muss auf Leistung eines Geldbetrages gerichtet sein (Zwangsvollstreckung wegen einer Geldforderung).

4. Rechtsschutzbedürfnis

Das allgemeine Rechtsschutzbedürfnis des Gläubigers für die beantragte Vollstreckungsmaßnahme entfällt nicht deshalb, weil nur ein Bagatellebetrag beizutreiben ist. Der Gläubiger hat einen vollstreckbaren Titel und wegen des staatlichen Vollstreckungsmonopols einen Anspruch gegen den Staat auf Durchführung der Voll-

---

[107] h. M.: vgl. Thomas/Putzo, § 753 Rn. 14 m. w. N.
[108] Thomas/Putzo, § 753 Rn. 7
[109] Thomas/Putzo, § 753 Rn. 7

streckung. Würden Bagatellebeträge hier ausgenommen, könnte der Gläubiger diese nie zwangsweise realisieren.

III. Die besonderen Zugriffsvoraussetzungen der Sachpfändung

Liegen die allgemeinen Voraussetzungen jeder Zwangsvollstreckung vor, stellt sich die Frage, unter welchen Voraussetzungen der Gerichtsvollzieher die Pfändung einleiten darf. Die wesentlichen Voraussetzungen regelt die ZPO in den §§ 808, 809 und 811.

Der Rechtsanwender ist gerade bei einer solch komplexen Materie wie dem Zwangsvollstreckungsrecht gut damit beraten, die fragliche Norm sowie angrenzende Vorschriften zu lesen. Aus dem Gesetz erschließen sich in der Regel alle wesentlichen Voraussetzungen und damit ein grobes Prüfungsraster. Darüber hinaus sollte der Rechtsanwender sich auch stets fragen, welcher Sinn hinter der gesetzlichen Regelung steht, wessen Schutz die fragliche Norm beabsichtigt und insbesondere auch, warum die Vorschrift zu naheliegenden Fragen schweigt. Hier:

Überlegung:	Voraussetzung der Sachpfändung:
Schon nach dem Wortlaut des § 808 Abs. 1 ZPO sind Voraussetzung dafür, dass der Gerichtsvollzieher die Pfändung einleitet:	
	■ eine **körperliche Sache**, ■ die sich **im Gewahrsam des Schuldners** befindet.
Der weitere Inhalt der Vorschrift betrifft nicht mehr die Voraussetzungen der Pfändung sondern die Art und Weise, wie sie durchzuführen ist.	
Die sich sofort aufdrängenden Frage, was im Fall des Gewahrsams eines anderen zu tun ist, wird sofort in § 809 ZPO beantwortet:	
	■ Anstatt des Gewahrsams des Schuldners genügt der **Gewahrsam eines zur Herausgabe der Sache bereiten Dritten.**
§ 811 ZPO regelt die logische Folgefrage, ob jede Sache gepfändet werden kann:	
	■ Es darf **kein Pfändungsverbot** nach § 811 ZPO vorliegen.
Die weiteren Vorschriften betreffen eine nähere Ausgestaltung des Zugriffsbereichs der Pfändung (§ 865 ZPO für das Verhältnis der Pfändung beweglicher Sachen zur Immobiliarvollstreckung; § 811 a ZPO für die Austauschpfändung nach § 811 ZPO grundsätzlich unpfändbarer, aber besonders werthaltiger Sachen).	

Das Schweigen der Vorschriften zur Sachpfändung zu einer Frage ist auffällig: Nirgendwo wird vom Gerichtsvollzieher die Prüfung verlangt, ob die zu pfändende Sache im Eigentum des Schuldners steht. Eine – eventuell komplexe – Eigentumslage materiell-rechtlich zu prüfen widerspräche auch dem Verfahrensgrundsatz der strengen Formalisierung:

– Der Gerichtsvollzieher ist für die Subsumtion komplexer Sachverhalte unter Rechtsnormen nicht ausgebildet;
– eine Prüfung der materiellen Eigentumslage vor Beginn der Vollstreckung erscheint auch bedenklich, da das Gesetz keine vorherige Anhörung des Schuldners verlangt;
– je nach Schwierigkeit der Prüfung würde die Vollstreckung verzögert, so dass ein Verlust ihrer Effizienz zu befürchten ist.

Daher ist die Rechtmäßigkeit der Sachpfändung allein an leicht erkennbare formale Gesichtspunkte (Gewahrsam) zu knüpfen. Grundsätzliche Konsequenz also:

Die Eigentumslage ist grundsätzlich keine Voraussetzung für die Rechtmäßigkeit der Pfändung.

Andererseits ergibt sich folgende Überlegung: Es besteht Einigkeit letztlich dahingehend, dass ein Gläubiger bei Verwertung einer dem Schuldner nicht gehörenden Sache den Erlös nicht zur Erfüllung seiner Forderung behalten darf. Der Vollstreckungszweck wird also in solchen Fällen nicht erreicht werden. Wenn sich nun aber dem Gerichtsvollzieher das Dritteigentum und damit die Zwecklosigkeit der Vollstreckung in diese Sache aus den Umständen nahezu aufdrängen muss, erscheint einerseits die Vollstreckung willkürlich und andererseits der Verfahrensgrundsatz der strengen Formalisierung wegen der Offensichtlichkeit der materiellen Eigentumslage nicht wesentlich eingeschränkt. Daher wird allgemein als weitere Voraussetzung der Sachpfändung gefordert,

■ dass **kein offensichtliches Dritteigentum** vorliegen darf.

Damit ist das grobe Prüfungsschema der Zugriffsvoraussetzungen komplett.

Die Verfahrensvorschriften für die Sachpfändung sehen vor, dass der Gerichtsvollzieher vor Beginn der Zwangsvollstreckung den Schuldner zur freiwilligen Leistung auffordert (§ 105 Nr. 2 GVGA). Dies entspringt dem Verhältnismäßigkeitsprinzip: Zur Vermeidung staatlicher

Gewaltanwendung muss dem Schuldner die letzte Gelegenheit zur freiwilligen Leistung auf den für ihn verbindlichen Titel gegeben werden. Die ZPO hat dennoch die Leistungsaufforderung nicht als gesetzliche Voraussetzung der Sachpfändung normiert, weshalb ihr Unterlassen den Vollstreckungsakt weder nichtig noch anfechtbar macht.

1. Körperliche Sache

Eine körperliche Sache im Sinne des § 808 ZPO ist eine **bewegliche** Sache. Hier ist abzugrenzen zu einerseits sonstigen „beweglichen" Vermögensgegenständen wie Forderungen und Rechte und andererseits den unbeweglichen Sachen. Typische Abgrenzungsprobleme sind:

a) Verhältnis zur Forderungs-/Rechtspfändung

aa) **Echte Wertpapiere**, bei denen das Recht aus dem Papier dem Recht am Papier folgt (Aktien, Wechsel, Scheck), werden wie bewegliche Sachen behandelt und unterliegen dem Zugriffsbereich der Pfändung nach § 808 Abs. 1 ZPO. Dies ergibt sich aus §§ 821, 831 ZPO.

Jedoch ist hinsichtlich der späteren Verwertung zu unterscheiden:
- Wertpapiere mit einem Börsen- oder Marktwert (z. B. Aktien) werden vom Gerichtsvollzieher freihändig verkauft (§ 821 ZPO);
- indossable Papiere (z. B. Scheck und Wechsel) werden aber nach § 835 ZPO verwertet[110].

Für Rektapapiere, bei denen umgekehrt das Recht am Papier dem Recht aus dem Papier folgt, erscheint dies zweifelhaft. Ihre Übertragung geschieht gemäß § 952 BGB kraft Gesetzes mit Abtretung der Hauptforderung nach § 398 BGB. Dies spricht dafür, dass die Zwangsvollstreckung im Wege der Pfändung der Hauptforderung zu betreiben ist und das Papier als Urkunde über die Forderung nach §§ 836 Abs. 3 Satz 3, 883 ZPO wegzunehmen ist (so für den Hypothekenbrief bei Pfändung der Hypothek: § 830 ZPO[111]; die Vorschrift ist auf die Grundschuld und Rentenschuld – § 952 Abs. 2 BGB – entsprechend anzuwenden, § 857 Abs. 6 ZPO; für den Schuldschein vgl. Thomas/Putzo, § 836 Rn. 16; Zöller-Stöber, § 836 Rn. 9).

bb) **Computersoftware** wird vollstreckungsrechtlich als bewegliche Sache behandelt.

b) Verhältnis zur Immobiliarvollstreckung

aa) **Scheinbestandteile eines Grundstücks**, also die nur zu einem vorübergehenden Zweck mit Grund und Boden verbundenen Sachen, sind nach § 95 BGB keine Bestandteile des Grundstücks und unterliegen dem Zugriffsbereich der Sachpfändung.

bb) **Grundstückszubehör** im Sinne der §§ 97, 98 BGB ist eine bewegliche Sache, die ohne Rücksicht auf das Grundstück übereignet oder belastet werden kann, aber in einem wirtschaftlichen Zusammenhang mit der Hauptsache steht: sie dient nach

---

[110] Thomas/Putzo, § 831 Rn. 1
[111] Thomas/Putzo, § 830 Rn. 6

ihrer Widmung dem wirtschaftlichen Zweck der Hauptsache und steht in einem entsprechenden räumlichen Verhältnis zu dieser, § 97 Abs. 1 Satz 1 BGB. Sie soll daher im Zweifel das Schicksal der Hauptsache teilen.[112]

> Typische Beispiele: Bierausschankanlage (OLG Celle OLGZ 80, 14) und Kühlanlage (OLG Hamm NJW-RR 86, 376) einer Gastwirtschaft, Einrichtung einer Gastwirtschaft oder eines Gewerbebetriebes (BGHZ 62, 49), Vorräte an Heizstoff bei Gebäude (RG 77, 38), Maschinen auf Fabrikgrundstück (BGH NJW 79, 2514)

Da der wirtschaftliche Wert der Hauptsache mithin auch durch das Grundstückszubehör bestimmt wird, hat derjenige, der ein dingliches Verwertungsrecht in Bezug auf die Hauptsache hat (der also in das Grundstück vollstrecken darf), ein Interesse an einheitlicher Verwertung von Hauptsache und Zubehör. Daher erstreckt § 1120 BGB die Hypothek (dingliches Verwertungsrecht) auf das Zubehör. Die Gesamtheit von Hauptsache und dem der Hypothekenhaftung unterliegendem Zubehör heißt **Haftungsverband der Hypothek**. § 865 ZPO ergänzt diesen Schutz des Grundpfandrechtsgläubigers, indem das Zubehör dem Zugriffsbereich der Sachpfändung entzogen und der Imobilarvollstreckung unterworfen wird, soweit der Haftungsverband der Hypothek reicht.[113]

> Letzteres steht nur scheinbar im Widerspruch zu § 865 Abs. 2 Satz 1 ZPO. Der erste Absatz ordnet die Anwendung der Vorschriften zur Imobiliarvollstreckung für die beweglichen Sachen an, auf die sich die Hypothek erstreckt, mit anderen Worten: Soweit der Haftungsverband der Hypothek reicht. Nur Gegenstände, die der Regelung des Abs. 1 unterfallen, sind „diese Gegenstände" im Sinne des Abs. 2 Satz 1.

Merke: Grundstückszubehör darf nicht nach § 808 ZPO gepfändet werden, soweit es dem Haftungsverband der Hypothek unterliegt, § 865 Abs. 1 und 2 Satz 1.

Die sich somit stellende **examensrelevante** Frage, wann eine bewegliche Sache zum Haftungsverband der Hypothek gehört, ist in drei Schritten zu untersuchen:

Frage 1: Ist die Sache <u>Zubehör</u> nach § 97 BGB?

Zunächst ist abzugrenzen, ob die fragliche Sache wesentlicher Bestandteil der (Haupt-)Sache nach §§ 93, 94 BGB oder Zubehör nach § 97 BGB ist.

> Denn beide Zuordnungen schließen sich gegenseitig aus (§ 97 Abs. 1 Satz 1 BGB). Es bietet sich an, die Abgrenzung – logisch geordnet – dergestalt vorzunehmen, dass der Rechtsanwender den zu beurteilenden Sachverhalt
> – zunächst an §§ 93, 94 BGB subsumiert
> – und erst nach Ausschluss der Zuordnung als „wesentlicher Bestandteil" die Voraussetzungen des § 97 BGB untersucht.

Frage 2: Ist die Sache in den Haftungsverband der Hypothek gelangt?

Dies ist unter den Voraussetzungen des § 1120 BGB der Fall. Allerdings regelt diese Norm den Haftungsverband einer konkret bestehenden Hypothek. Darauf kann es aber für die Frage, ob Zubehör dem Zugriffsbereich der Pfändung oder der Imobilarvollstreckung unterliegt, nicht ankommen. Diese Frage verlangt eine im Sinne

---

[112] Palandt- Heinrichs, § 97 Rn. 1
[113] Thomas/Putzo, § 865 Rn. 2

des streng formalisierten Verfahrens sicher handhabbare abstrakte Abgrenzung, die den wirtschaftlichen Zusammenhang zwischen Grundstück und Zubehör auch in der Zwangsvollstreckung wahrt und diese wirtschaftliche Einheit dem Zugriff der Grundpfandrechtsgläubiger bewahrt. Dies kann nur gewährleistet werden, indem ohne Rücksicht darauf, ob das Grundstück tatsächlich mit einer Hypothek belastet ist oder nicht, lediglich danach gefragt wird, ob die Sache in einen – hypothetischen – Hypothekenhaftungsverband fallen würde. Dies wiederum ist der Fall, – lässt man das Bestehen einer Hypothek außen vor – wenn der Grundstückseigentümer zugleich Eigentümer des Zubehörstücks ist, § 1120 2. Halbsatz BGB. Das zeitgleiche Eigentum muss zu irgendeinem Zeitpunkt vor der Pfändung bestanden haben, da für die Zulässigkeit der Pfändung die nachträgliche Erstreckung des Hypothekenhaftungsverbandes auf die Sache ohne Bedeutung ist. Zu prüfen ist daher im Rahmen des § 865 ZPO:

Ist der Grundstückeigentümer zu irgendeinem Zeitpunkt vor Pfändung zugleich auch Eigentümer des Zubehörstücks gewesen?

Wenn der Grundstückseigentümer anstatt des Eigentums lediglich ein **Anwartschaftsrecht** am Zubehörstück hat, erstreckt sich der Haftungsverband der Hypothek in jedem Fall auf das Anwartschaftsrecht.[114] Es stellt sich dann jedoch die Frage, ob das Zubehörstück selbst ebenfalls vom Hypothekenhaftungsverband umfasst wird:

– Dies wird zum Teil verneint mit der Begründung, es fehle das nach § 1120 BGB erforderliche Merkmal des Eigentums des Grundstückeigentümers am Zubehör.[115] Nach dieser Ansicht kann die Sache gepfändet werden, das Anwartschaftsrecht aber wiederum nicht, da § 865 Abs. 2 ZPO nur auf Gegenstände des Hypothekenhaftungsverbandes Anwendung findet.
– Nach anderer Ansicht ist mit Rücksicht auf den Zweck der Regelung in § 1120 BGB und § 865 ZPO, nämlich die wirtschaftliche Einheit von Hauptsache und Zubehör zu erhalten, das Zubehörstück nach § 865 Abs. 2 Satz 2 ZPO bereits dann unpfändbar, wenn der Grundstückseigentümer nur ein Anwartschaftsrecht an dem Zubehör erworben hat.[116]

Obwohl für die erstgenannte Auffassung das Wortlautargument spricht, dürfte das Sinn- und Zweckargument der Gegenansicht überzeugen. Auch wenn der Grundstückseigentümer nur ein Anwartschaftsrecht an dem Zubehörstück hat, bildet dieses Zubehör bestimmungsgemäß mit dem Grundstück bereits eine wirtschaftliche Einheit. Diese Einheit beeinflusst den Wert des Grundstücks und berührt damit das Vollstreckungsinteresse des Grundpfandrechtsgläubigers, welches durch die Regelung des § 865 geschützt werden soll.

Unterfällt das Zubehör dem Haftungsverband der Hypothek, ist schließlich zu fragen:

---

[114] (BGHZ 35, 85, 88 ff.).
[115] Bauer/Stürner, Rn. 28.3
[116] Brox/Walker, Rn. 216

Frage 3: Gehört die Sache zum Zeitpunkt der Pfändung immer noch zum Haftungsverband der Hypothek oder ist sie im Wege der sogenannten Enthaftung nach §§ 1121, 1122 BGB wieder aus dem Haftungsverband der Hypothek ausgeschieden?

Ist die Sache zum Zeitpunkt der Pfändung bereits wieder aus dem Haftungsverband der Hypothek ausgeschieden (enthaftet), so liegen die Voraussetzungen nach § 865 ZPO nicht mehr vor, mit der Folge, dass die Sache nunmehr gepfändet werden darf.

■ Grundsätzlich wird ein Zubehörstück nach § 1121 BGB von der Hypothekenhaftung frei, wenn es **vor der Beschlagnahme des Grundstücks** zugunsten des Grundpfandrechtsgläubigers **veräußert** und vom Grundstück **entfernt** wird. Die Reihenfolge von Veräußerung und Entfernen ist gleichgültig[117].

Einprägsam ist folgende Stichwortreihenfolge:
Enthaftung nach § 1121 BGB bei
– Veräußerung und Entfernen vor Grundstücksbeschlagnahme
oder
– Entfernen und Veräußerung vor Grundstücksbeschlagnahme.

Die Beschlagnahme kann durch Anordnung der Zwangsversteigerung nach § 20 Abs. 1, 2 ZVG oder der Zwangsverwaltung nach § 146 Abs. 1 ZVG erfolgen.
Veräußerung meint die eigenständige Übereignung der Sache ohne das Grundstück.
Entfernen bedeutet das auf dauernde Lösung vom Grundstück gerichtete Wegschaffen der Sache im Zusammenhang mit der Veräußerung.

■ Aber auch ohne Veräußerung kann das Zubehörstück enthaftet werden, wenn die Zubehöreigenschaft innerhalb der Grenzen einer ordnungsgemäßen Wirtschaft vor der Beschlagnahme aufgehoben wird, § 1122 Abs. 2 BGB.

Die Aufhebung der Zubehöreigenschaft geschieht durch **Entwidmung** der Sache.

Die einprägsame Reihenfolge in Stichworten: Enthaftung nach § 1122 BGB bei Entwidmung – im Rahmen ordnungsgemäßer Wirtschaft – vor Grundstücksbeschlagnahme.

■ Sind Veräußerung und/oder Entfernen erst **nach** Grundstücksbeschlagnahme erfolgt, wird das Zubehörstück grundsätzlich nicht von der Hypothekenhaftung frei. Die Anordnung der Zwangsvollstreckung in das Grundstück bewirkt auch für das zum Hypothekenhaftungsverband gehörende Zubehör ein relatives Veräußerungsverbot nach §§ 135, 136 BGB zugunsten des die Imobiliarvollstreckung betreibenden Gläubigers.

Das relative Veräußerungsverbot kann jedoch nach §§ 135 Abs. 2, 932 BGB überwunden werden, wenn der **Erwerber zum Zeitpunkt der Verfügung in Bezug auf das Nichtbestehen des Veräußerungsverbotes guten Glaubens** war, was nichts anderes bedeutet, als dass er von der Grundstücksbeschlagnahme nichts wusste und diese Unkenntnis nicht auf grober Fahrlässigkeit beruht.

Nach **§ 23 Abs. 2 ZVG** steht die Kenntnis des Antrags auf Durchführung der Zwangsvollstreckung in das Grundstück der Kenntnis von der Beschlagnahme

---

[117] Palandt-Bassenge, § 1121 Rn. 4

gleich, was bedeutet, dass gutgläubiger Erwerb des Zubehörs schon ausgeschlossen ist, wenn der Erwerber vom Vollstreckungsantrag des Grundpfandrechtsgläubigers wusste oder grob fahrlässig nicht wusste.

Die Möglichkeit gutgläubigen Erwerbes entfällt, wenn die Anordnung der Zwangsvollstreckung in das Grundstück in das Grundbuch eingetragen ist (§ 892 BGB).

Bleibt nur noch die Frage, was die „Verfügung" im Sinne des § 135 Abs. 2 BGB darstellt. Verfügung im Sinne der Vorschrift ist jedes Rechtsgeschäft, das unmittelbar darauf gerichtet ist, auf ein bestehendes Recht einzuwirken, es zu verändern, zu übertragen oder aufzuheben.[118] Verfügung kann daher nur die Veräußerung, nicht aber der rein tatsächliche Akt des Entfernens sein.

Unter Anwendung dieser Grundsätze ist eine Enthaftung nach § 1121 BGB möglich bei der Reihenfolge

*Entfernen vor Grundstücksbeschlagnahme vor Veräußerung, wenn **der Erwerber zum Zeitpunkt der Veräußerung des Zubehörstücks gutgläubig in Bezug auf die Beschlagnahmefreiheit des Grundstücks ist.***

Bei der Reihenfolge

Veräußerung vor Grundstücksbeschlagnahme vor Entfernen

scheitert die Enthaftung nach § 1121 BGB daran, dass das Entfernen erst <u>nach</u> der Grundstücksbeschlagnahme erfolgt. Gutglaubensschutz nach § 135 Abs. 2 BGB kommt schon deshalb nicht in Betracht, weil die Verfügung (Veräußerung) vor dem Verfügungsverbot erfolgte. Hier hilft § 1121 Abs. 2 Satz 2 BGB:

War ***der Erwerber zum Zeitpunkt des Entfernens der beweglichen Sache gutgläubig in Bezug auf die Beschlagnahmefreiheit des Grundstücks***, ist das Zubehörstück enthaftet.

Bei der Reihenfolge

Grundstücksbeschlagnahme vor Veräußerung / Entfernen

sind nach dem zuvor Gesagten logischerweise die Vorschriften parallel anzuwenden:

Das Zubehörstück ist enthaftet, wenn

der Erwerber sowohl im Zeitpunkt der Veräußerung (§ 135 Abs. 2 BGB) als auch im Zeitpunkt des Entfernens der Sache (§ 1121 Abs. 2 Satz 2 BGB) gutgläubig in Bezug auf die Beschlagnahmefreiheit des Grundstücks ist.

Die Folgen einer Pfändung des Zubehörs entgegen dem Verbot einer Pfändung aus § 865 ZPO sind umstritten:

Die Rechtsprechung[119] knüpft an einen solchen Verfahrensverstoß die Rechtsfolge der Nichtigkeit der Pfändung. <u>Argument:</u> Der Gerichtsvollzieher sei funktionell un-

---

[118] Palandt-Heinrichs, §§ 135, 136 Rn. 6, Überbl v § 104 Rn. 16

[119] RGZ 135, 197, 206; OLG München MDR 57, 428; dem folgend: Zöller-Stöber, § 865 Rn. 11

zuständig, da es sich um eine Zwangsvollstreckung in das Grundstück handele. Dieser Verstoß wiege so schwer, dass der Pfändungsakt unheilbar nichtig sei.

Nach anderer Auffassung[120] ist die Pfändung in einem solchen Fall wirksam aber anfechtbar. Argument: Das Zubehör sei eine bewegliche Sache und für die Zwangsvollstreckung in bewegliche Sachen sei der Gerichtsvollzieher grundsätzlich funktionell zuständig. Die Nichtigkeitsfolge sei lediglich bei einem offensichtlichen und schwerwiegenden Verstoß gerechtfertigt. Dies könne bei der fehlerhaften Prüfung der oftmals schwierigen Rechtsfragen, beispielsweise ob der Vollstreckungsschuldner (=Grundstückseigentümer) irgendwann vor der Pfändung Eigentümer des Zubehörstücks gewesen sei oder ob das Zubehör enthaftet worden sei, jedoch nicht angenommen werden. Die Rechte der Betroffenen würden bei der Annahme einer Anfechtbarkeit nicht verkürzt, ihre Geltendmachung sei im Wege der Vollstreckungserinnerung (des Schuldners oder des Grundpfandrechtsgläubigers) oder Drittwiderspruchsklage (des Grundpfandrechtsgläubigers) gewährleistet.

Das Argument der Literatur dürfte vorzugswürdig sein und eignet sich in der Diskussion, das Argument der Rechtsprechung zu widerlegen. Dem Referendar ist jedoch anzuraten, der Argumentation der Rechtsprechung zu folgen.

cc) Während es für das Verbot der Pfändung von Zubehör nach § 865 Abs. 2 Satz 1 ZPO ohne Bedeutung ist, ob der Grundpfandrechtsgläubiger tatsächlich die Zwangsvollstreckung in das Grundstück betreibt, ist dies für die Pfändbarkeit von in den Hypothekenhaftungsverband fallenden **vom Boden getrennten Erzeugnissen oder sonstigen Bestandteilen eines Grundstücks** maßgeblich (§ 865 Abs. 2 Satz 2 ZPO).

Auf diese erstreckt sich nach § 1120 1. Teilsatz ebenfalls der Haftungsverband der Hypothek unter folgenden Voraussetzungen:
- vom Boden getrennte Erzeugnisse oder sonstige Bestandteile, soweit sie nicht mit Trennung nach §§ 954 bis 957 BGB in das Eigentum eines anderen als des Grundstückeigentümers oder Grundstückbesitzers fallen,
- und sie nicht wieder aus dem Haftungsverband im Wege der Enthaftung nach §§ 1121, 1122 BGB ausgeschieden sind.

Insoweit gilt das zu Enthaftung von Grundstückszubehör Gesagte entsprechend, allerdings mit der Besonderheit des § 1122 Abs. 1 BGB sowie der weiteren Besonderheit aus §§ 20, 21 Abs. 1 ZVG: Die Anordnung der Zwangsversteigerung und damit die Beschlagnahme des Grundstücks erfasst nicht die **vom Boden getrennten land- und forstwirtschaftlichen Erzeugnisse**, so dass diese Erzeugnisse auch bei Veräußerung und Entfernen nach der Grundstücksbeschlagnahme enthaftet werden.

---

[120] Baur/Stürner, Rn. 28.3; Brox/Walker, Rn. 207, 229; Thomas-Putzo, § 865 Rn.5

2. Gewahrsam des Schuldners oder eines herausgabebereiten Dritten

a) Gewahrsamsbegriff

Gewahrsam ist die tatsächliche Herrschaft über die Sache.[121]

Der Gewahrsamsbegriff unterscheidet sich vom zivilrechtlichen Besitz. Da die Sachherrschaft tatsächlicher Natur sein muss, stellen
- der nur *mittelbare Besitz*, bei dem eine andere Person die unmittelbare Sachherrschaft mit Besitzwillen ausübt,
- und der *Erbenbesitz*, bei dem der Erbe tatsächlich den Besitz nicht ausübt (§ 857 BGB),

keinen Gewahrsam dar. Allein der unmittelbare Besitz (§ 854 BGB: die von einem Sachherrschaftswillen getragene tatsächliche Gewalt über die Sache) ist Gewahrsam i. S. des § 808 ZPO.

Ob eine – unmittelbare – tatsächliche Herrschaftsgewalt über die Sache besteht, ist nach leicht erkennbaren äußeren Umständen (formalisiertes Verfahren!) unter Berücksichtigung der Verkehrsanschauung zu bewerten:

- An Sachen, die sich in einer **Wohnung oder einem abgeschlossenen Raum** (Büro, Geschäft, Keller etc.) befinden, hat regelmäßig der Nutzer des räumlichen Machtbereichs Gewahrsam.[122]
- An Sachen, die in einem **Behältnis** aufbewahrt werden, besteht regelmäßig Gewahrsam der Person, die über dieses Behältnis verfügen kann. Dies gilt auch, wenn das die Sache umschließende Behältnis sich im Raum eines Dritten befindet (Bsp.: Eine Sache, die im vom Sohn allein genutzten Schreibtisch in der elterlichen Wohnung liegt, steht im Gewahrsam des Sohnes, nicht der Eltern).[123]

b) Gewahrsamsinhaber

aa) Zunächst ist immer zu prüfen, ob **allein** der Schuldner Gewahrsamsinhaber ist, § 808 ZPO. Steht die Sache nicht in seinem Alleingewahrsam, sondern im Mitgewahrsam

> Beispiel: Sachen in der ehelichen Wohnung stehen regelmäßig im Mitgewahrsam beider Ehegatten.

oder sogar Alleingewahrsam eines anderen, so gilt § 809 ZPO:
- Entweder der Gläubiger selbst ist (Mit-)Gewahrsamsinhaber, ohne dass es hierbei auf dessen Herausgabebereitschaft ankommt; er muss lediglich mit der Pfändung einverstanden sein[124].
- Oder die Sache befindet sich im (Mit-)Gewahrsam eines Dritten, der **zum Zeitpunkt der Pfändung zur Herausgabe der Sache an den Gerichtsvollzieher bereit** ist.

---

[121] Thomas/Putzo, § 808 Rn. 3
[122] Zöller-Stöber, § 808 Rn. 5
[123] Zöller-Stöber, § 808 Rn. 5 m. w. N.
[124] Thomas/Putzo, § 809 Rn. 3.; vgl. Zöller-Stöber, § 809 Rn. 6 m. w. N

Dritter im Sinne des § 809 ZPO ist jeder, der am Vollstreckungsverfahren nicht beteiligt ist, also wer weder Vollstreckungsgläubiger noch Vollstreckungsschuldner ist.[125]

Die **Herausgabebereitschaft** muss sich auf die Pfändung und Verwertung beziehen[126], d.h. der Dritte muss der Wegnahme der Sache zum Zweck der Verwertung zustimmen. Die Erklärung, zur Herausgabe bereit zu sein (Prozesshandlung!), kann formlos sowie auch stillschweigend und muss unbedingt erfolgen.

Ist der Dritte nicht zur Herausgabe bereit, ist eine Sachpfändung unzulässig, d. h. die dennoch erfolgte Sachpfändung wäre als verfahrensfehlerhaft anfechtbar.

Verweigert der Dritte die Herausgabe, so bietet sich in der Praxis und in der Klausur die Pfändung und Überweisung des regelmäßig im Vermögen des Schuldners vorhandenen Herausgabeanspruchs gegen den Dritten nach §§ 846, 847 ZPO an. Der examensrelevante Zusammenhang von Sachpfändung und Pfändung des Herausgabeanspruchs soll aus Verständnisgründen aber erst im Abschnitt über die Pfändung wegen einer Geldforderung in einen Herausgabeanspruch näher eingegangen werden.

Ausnahmsweise ist die fehlende Herausgabebereitschaft des Dritten bei kollusivem Zusammenwirken von Drittem und Schuldner unbeachtlich.[127] Dies ist der Fall, wenn der Dritte sich im Zusammenwirken mit dem Schuldner vor der Pfändung Gewahrsam an der Sache verschafft hat, um sie dem Vollstreckungszugriff des Gläubigers zu entziehen. Dies zuverlässig festzustellen dürfte in der Praxis dem Gerichtsvollzieher jedoch schwerlich möglich sein. Daher wird diese Ausnahme kontrovers diskutiert.[128]

In der Klausur sollte der Referendar grundsätzlich der Auffassung der Rechtsprechung folgen. Ist die Sachlage aber streitig, so dürfte die Ausnahme nach kurzer Diskussion ihres Für (Schutz des Gläubigers vor Manipulation des Zugriffsobjekts) und Wider (Praktikabilität) abzulehnen sein unter Hinweis darauf, dass den Interessen des Gläubigers durch die Möglichkeit der Pfändung und Überweisung des Herausgabeanspruchs gegen den Dritten Rechnung getragen wird.

bb) Typische Fallkonstellationen bei der Abgrenzung zwischen § 808 und § 809 sind:

■ Nach der Verkehrsanschauung hat nicht der *Besitzdiener* (§ 855 BGB), sondern der Besitzherr Gewahrsam an der Sache, weil der Besitzdiener die tatsächliche Gewalt willentlich für diesen ausübt.[129] Daher kommt es auf den Widerspruch des Besitzdieners bei der Pfändung aufgrund eines Titels gegen den Besitzherrn nicht an.

■ Sachen, die der **gesetzliche Vertreter eines Minderjährigen** für diesen im Gewahrsam hat, sind so zu behandeln, als ob der Minderjährige selbst daran Ge-

---

[125] vgl. Thomas/Putzo, § 809 Rn. 2

[126] Thomas/Putzo, § 809 Rn. 3

[127] LG Berlin DGVZ 1969, 71; Zöller-Stöber, § 809 Rn. 5 (Scheingewahrsam)

[128] ablehnend gegenüber der Ausnahme: Thomas/Putzo, § 808 Rn 4

[129] Zöller-Stöber, § 808 Rn. 8; Thomas/Putzo, § 808 Rn. 3

wahrsam hat. Hier bedarf es bei der Zwangsvollstreckung aus einem Titel gegen den Minderjährigen keiner Zustimmung des gesetzlichen Vertreters zur Wegnahme.[130]

■ Eine **juristische Person** übt den Gewahrsam durch ihre Organe aus. Dies bedeutet, dass der Geschäftsführer einer GmbH in Bezug auf Sachen, über die er nur aufgrund seiner Organstellung die tatsächliche Sachherrschaft ausübt, insoweit <u>keinen persönlichen Eigengewahrsam</u> hat, sondern die Sachen dem <u>Gewahrsam</u> der GmbH zuzurechnen sind. Folge bei der Zwangsvollstreckung aus einem Titel gegen die GmbH: Mangels persönlichen eigenen Gewahrsams ist der Widerspruch des Geschäftsführers gegen die Pfändung unbeachtlich; § 809 ZPO findet keine Anwendung. Dies gilt selbst dann, wenn der Geschäftsführer eine Sache aus dem Gesellschaftsvermögen in seinen Privaträumen aufbewahrt.

Die Abgrenzung zwischen Eigengewahrsam und Organgewahrsam ist unter Berücksichtigung der Verkehrsanschauung und allgemeinen Lebensauffassung nach äußeren – leicht erkennbaren / formalen – Umständen vorzunehmen. Unklarheiten gehen zu Lasten der juristischen Person, d. h. hier wird im Zweifel Organgewahrsam anzunehmen sein.

Ist eine natürliche Person Organ zweier verschiedener juristischen Personen, ist ebenfalls nach den leicht feststellbaren äußeren Umständen abzugrenzen, für welche Gesellschaft das Organ den Gewahrsam ausübt. Hier wird im Zweifel von Mitgewahrsam der nicht am Vollstreckungsverfahren beteiligten Gesellschaft auszugehen sein, so dass § 809 ZPO Anwendung findet und die Zustimmung des Organs zur Herausgabe erforderlich ist.

■ Bei der Zwangsvollstreckung aus einem Titel gegen eine **Personenhandelsgesellschaft** (OHG, KG) ist ähnlich wie beim Verhältnis zwischen der juristischen Person und ihrem Organ auf den (für die Gesellschaft ausgeübten) Gewahrsam der geschäftsführenden Gesellschafter abzustellen. Auch hier ist nach äußeren Umständen zwischen Gewahrsam als Gesellschafter und persönlichen Eigengewahrsam abzugrenzen.

Problematisch erscheint dies allerdings beim Gewahrsam des Kommanditisten einer KG (weil dieser kein geschäftsführender Gesellschafter und daher nicht dem Organ vergleichbar ist). Hält der Kommanditist die Sache aber in den Händen, um damit Angelegenheiten der Gesellschaft zu besorgen, wird der Gewahrsam an der Sache allein der Gesellschaft zuzurechnen sein.[131]

---

[130] Thomas/Putzo, § 808 Rn. 6
[131] KG NJW 77, 1160; Brox/Walker Rn. 245

c) Gewahrsamsvermutung nach § 739 ZPO

Examensrelevante Standardfallkonstellation:

Ein Gläubiger des Ehemannes betreibt gegen diesen die Zwangsvollstreckung aus einem vollstreckbaren Titel auf Geldzahlung. In seinem Auftrag pfändet der Gerichtsvollzieher in der Wohnung der Eheleute (z.B.) eine Skulptur gegen den Widerspruch der Ehefrau, die gegenüber dem Gerichtsvollzieher ihren Alleingewahrsam an der Skulptur behauptet und durch Vorlage des auf ihren Namen lautenden Kaufvertrages sowie Lieferscheins belegt.

In einer solchen Fallkonstellation wäre die Rechtmäßigkeit der Sachpfändung eigentlich an § 809 ZPO zu messen, da der fragliche Gegenstand (hier die Skulptur) aufgrund der objektiven Umstände, nämlich seiner Aufbewahrung in der ehelichen Wohnung (einem beiden Ehegatten zuzurechnenden räumlichen Gewahrsamsbereich) zumindest im Mitgewahrsam beider Ehegatten sich befand. Schon deswegen wäre die Herausgabebereitschaft der Ehefrau zu verlangen gewesen; dies gilt erst recht, wenn die Ehefrau ihren Alleingewahrsam plausibel dargelegt hätte.

Der damit verbundene Manipulationsgefahr zulasten der Vollstreckungsgläubiger von Ehegatten begegnet das Recht in zwei Schritten:

§ 1362 BGB begründet eine **Eigentumsvermutung** zugunsten des Schuldners in Bezug auf bewegliche Sachen, die sich im Besitz eines – egal welchen – Ehegatten oder beider Ehegatten befinden. Dies hat zur Folge, dass in der Standardfallkonstellation das Alleineigentum des Ehemanns am Vollstreckungsgegenstand (Skulptur) vermutet wird. Der Gläubiger des Ehemannes kann daher aufgrund der Vermutung in eine seinem Schuldner gehörende Sache vollstrecken, so dass die Vollstreckung auch zum Pfändungspfandrecht des Gläubigers führt und er sich aus dem Verwertungserlös befriedigen kann. Die Ehegatten können nun nicht mehr durch ihr Zusammenwirken die Eigentumslage am Vollstreckungsgegenstand verschleiern.

Damit ist aber noch nichts über den relevanten Gewahrsam i. S. der §§ 808, 809 ZPO gesagt. Daher ergänzt **§ 739 ZPO** sozusagen in einer zweiten Stufe den Gläubigerschutz, indem diese Norm die **Vermutung des Alleingewahrsams des zur Leistung verpflichteten Ehegatten** an dem Vollstreckungsgegenstand begründet, **wenn die Eigentumsvermutung aus § 1362 BGB greift**. Dies hat in der Standardfallkonstellation zur Folge: wenn nach § 739 ZPO der <u>Allein</u>gewahrsam des Ehemanns/Schuldners zu vermuten ist, ist die Ehefrau so zu behandeln, als ob sie keinerlei Gewahrsam an der Skulptur hat, so dass nicht die Ausgangssituation des § 809 ZPO vorliegt, sondern allein § 808 ZPO (Alleingewahrsam des Schuldners) anzuwenden ist. Die fehlende Herausgabebereitschaft des anderen Ehegatten ist unerheblich.

aa) Die Voraussetzungen des § 739 ZPO

Der Gerichtsvollzieher prüft:

■ Die Zwangsvollstreckung erfolgt in bewegliche Sachen.

§ 739 ZPO ist nach seinem Wortlaut nur auf die Vollstreckung in bewegliche Sachen, also die
– Sachpfändung nach §§ 808 ff ZPO und
– Herausgabevollstreckung nach § 883 ZPO
anwendbar.

■ Der Vollstreckungsschuldner ist verheiratet. § 739 ZPO gilt für alle Güterstände.

Die analoge Anwendung der Vorschrift auf eheähnliche Gemeinschaften ist umstritten:
– Die Rechtsprechung und ein Teil der Literatur lehnen eine Analogie mit Rücksicht auf die Entstehungsgeschichte der Vorschrift ab[132]. Der Gesetzgeber habe sich im Rahmen der 2. Zwangsvollstreckungsnovelle mit einem entsprechenden Gesetzesvorschlag befasst, ihn aber nicht verwirklicht. Dies überzeugt.
– Nach anderer Auffassung in der Literatur ist eine Analogie wegen der vergleichbaren Besitzlage und Manipulationsgefahr geboten, um die eheähnliche Gemeinschaft nicht gegenüber der ehelichen zu privilegieren.[133]

■ Die Voraussetzungen der Eigentumsvermutung nach § 1362 BGB müssen vorliegen.
– bewegliche Sache
– im Besitz beider oder eines der beiden Ehegatten

Im Rahmen des § 1362 BGB ist letztlich unerheblich, welcher von beiden Ehegatten den Vollstreckungsgegenstand besitzt. Denkbar ist daher
der Alleinbesitz des aus der Forderung verpflichteten Ehegatten oder
der Alleinbesitz des anderen Ehegatten oder
der Mitbesitz beider Ehegatten.

– kein Getrenntleben der Ehegatten (§ 1362 Abs. 1 Satz 2 BGB)
– der Vollstreckungsgegenstand ist nicht ausschließlich zum persönlichen Gebrauch eines Ehegatten bestimmt(§ 1362 Abs. 2 BGB)

Dies ist vom Ehegatten, der sich auf Abs. 2 beruft, zu beweisen. Typischerweise unterfallen nach Abs. 2 nicht der Eigentumsvermutung: Kleider, Schmucksachen und Armbanduhren (soweit nach den Umständen des Einzelfalles erkennbar im persönlichen Gebrauch; es gibt keinen Erfahrungssatz, dass typischerweise für Frauen konzipierter Schmuck im persönlichen Gebrauch der Ehefrau steht, denn solche Schmuckstücke könnten auch als Kapitalanlage aufbewahrt werden), Arbeitsgeräte u. ä.

– Derjenige, der sich auf die Vermutungswirkung beruft, ist Gläubiger eines der beiden Ehegatten.
§ 1362 BGB gilt nicht im Verhältnis der Ehegatten zueinander.

---

[132] OLG Köln NJW 89, 1737; Brox/Walker Rn. 241
[133] Thomas/Putzo, § 739 Rn. 7 m. w. N.)

bb) Die Wirkung der Gewahrsamsvermutung

Der aus der zu vollstreckenden Forderung verpflichtete Ehegatte/Schuldner „gilt" als alleiniger Gewahrsamsinhaber, § 739 ZPO.

Die Gewahrsamsvermutung nach § 739 ZPO ist **unwiderlegbar**[134], was bedeutet:
- die Eigentumsvermutung nach § 1362 BGB kann grundsätzlich widerlegt werden durch den Nachweis von Miteigentum oder den Eigentumserwerb durch den nicht aus der Forderung verpflichteten Ehegatten[135];
- aber der Gerichtsvollzieher soll in der Zwangsvollstreckung die eventuell komplizierte materielle Eigentumslage nicht prüfen müssen (Grundsatz des streng formalisierten Verfahrens!). Wenn der Gerichtsvollzieher die Voraussetzungen des § 1362 BGB festgestellt hat, darf er für die Durchführung der Zwangsvollstreckung auf der Grundlage des § 739 ZPO den Nachweis des Mit- oder Alleineigentums des Ehegatten, der nicht Schuldner ist, nicht mehr beachten. Der Ehegatte, der nicht Schuldner ist, kann sein Eigentum nur im Wege der Drittwiderspruchsklage geltend machen.

Dogmatisch kann die Unwiderlegbarkeit der Gewahrsamsvermutung außer auf den Verfahrensgrundsatz der strengen Formalisierung auch auf den Wortlaut des § 739 ZPO gestützt werden: Anders als § 1362 BGB („wird vermutet") ordnet § 739 ZPO an, dass der Schuldner als Gewahrsamsinhaber „gilt".

Im Standardfall:

Hinsichtlich der in der ehelichen Wohnung befindlichen Skulptur, die als Kunstobjekt nicht im persönlichen Gebrauch eines der beiden Ehegatten steht, ist gemäß § 1362 BGB das Alleineigentum des Ehemanns (Schuldners) zu vermuten. Daher „gilt" dieser nach § 739 ZPO auch als Inhaber des Alleingewahrsams. Da die Gewahrsamsvermutung nach § 739 ZPO für die Zwangsvollstreckung unwiderlegbar ist, ist der durch Urkunden angetretene Nachweis des Eigentumserwerbes durch die Ehefrau für die Zulässigkeit der Sachpfändung unerheblich. Der Gerichtsvollzieher darf nach § 808 ZPO die Skulptur pfänden. Die Ehefrau ist wegen ihres Einwandes auf den Weg der Drittwiderspruchsklage zu verweisen.

---

3. Kein Pfändungsverbot nach § 811 ff. ZPO

Vollstreckungshindernisse spezieller Art sind für die Sachpfändung sind die **Pfändungsverbote nach §§ 811, 812 ZPO**.

Zweck und Sinn dieser Pfändungsverbote ist es, im hoheitlichen Vollstreckungsverfahren das verfassungsrechtliche Sozialstaatsprinzip umzusetzen (s. o. Grundsatz des hoheitlichen Verfahrens!), indem zum Schutz des Schuldners und seiner Familie soziale Mindeststandards gewährleistet werden, die der staatliche Vollstreckungsakt dem Schuldner und seiner Familie nie entziehen darf. Die hoheitliche Zwangsvoll-

---

[134] OLG Düsseldorf DGVZ 81, 114
[135] Palandt-Diederichsen, § 1362 Rn. 7

streckung darf nicht dazu führen, dass dem Schuldner seine wirtschaftliche Grundlage entzogen und er zum Sozialfall wird.

Der Gerichtsvollzieher hat daher die Pfändungsverbote von Amts wegen zu berücksichtigen.

Unerheblich ist, in wessen Eigentum der Gegenstand steht. § 811 ZPO schützt den Besitz und die Gebrauchsmöglichkeit in Bezug auf den Gegenstand.

Daher ist auch der Gegenstand unpfändbar, der im Eigentum des betreibenden Gläubigers selbst steht.

Der **Verstoß** gegen ein Pfändungsverbot führt aber nicht zur Nichtigkeit des Vollstreckungsaktes, sondern lediglich zur **Anfechtbarkeit** (Vollstreckungserinnerung).

Eine **Ausnahme zum Pfändungsverbot** sieht § **811 Abs. 2 ZPO** vor:
Der Vorbehaltsverkäufer kann bei der Zwangsvollstreckung gegen den Vorbehaltskäufer wegen der durch den Eigentumsvorbehalt gesicherten – titulierten – Kaufpreisforderung auch dann in den Kaufgegenstand vollstrecken, wenn dieser eigentlich dem Pfändungsverbot aus § 811 Abs. 1 Ziff. 1, 4, 5 bis 7 ZPO unterfällt (sog. **Privileg des Vorbehaltsverkäufers**). Voraussetzung ist allerdings, dass der Vorbehaltsverkäufer dem Gerichtsvollzieher, der ausnahmsweise die materielle Eigentumslage dann zu prüfen hat, die Vereinbarung des Eigentumsvorbehaltes nachweist (§ 811 Abs. 2 Satz 2 ZPO).

Der Sinn des Privilegs des Vorbehaltsverkäufers liegt auf der Hand:
Bleibt der womöglich im übrigen mittellose Käufer einer unter der aufschiebenden Bedingung der Kaufpreiszahlung übereigneten Sache den Kaufpreis schuldig, so ist dem Vorbehaltsverkäufer daran gelegen, die Kaufsache, die noch immer in seinem Eigentum steht, wieder zu erlangen. Vor Inkrafttreten des § 811 Abs. 2 ZPO musste der Vorbehaltsverkäufer hierzu zunächst gegen den Käufer auf Herausgabe seines Eigentums aus § 985 BGB klagen und sodann aufgrund des Herausgabetitels die Herausgabevollstreckung in Bezug auf die Kaufsache betreiben. Hat der Vorbehaltsverkäufer aber bereits einen Titel über seine Kaufpreisforderung, ist nicht einsichtig, warum er sich erst einen weiteren (Herausgabe-)Titel beschaffen soll. Daher erspart ihm nun § 811 Abs. 2 ZPO den Herausgabeprozess und die Herausgabevollstreckung.

Die Ausnahme gilt nur für den einfachen Eigentumsvorbehalt und ist auch nicht analog auf das Sicherungseigentum anwendbar.[136]

a) Die wichtigsten Pfändungsverbote

§ 811 ZPO beinhaltet einen umfangreichen Katalog von Pfändungsverboten, der sich leicht zum Selbststudium eignet. Hervorzuheben sind mit Rücksicht auf ihre Praxis- und Prüfungsrelevanz allerdings folgende Pfändungsverbote:

(1) § 811 Abs. 1 Ziff. 1 ZPO
Unpfändbar sind **Sachen,**
- **die dem persönlichen Gebrauch oder dem Haushalt dienen,**
- **soweit** der Schuldner ihrer zu seiner Berufstätigkeit und seiner Verschuldung angemessenen, bescheidenen Lebens- und Haushaltsführung bedarf.

---

[136] Thomas/Putzo, § 811 Rn. 40

Die Vorschrift nennt ausdrücklich – aber nicht abschließend – Beispiele für Sachen des persönlichen Gebrauchs oder für den Haushalt. Die einschränkende Bedürfnisklausel bedeutet nicht, dass nur solche Sachen, die unentbehrlich erscheinen, unpfändbar sind. Maßgeblich ist vielmehr die Frage, was für die Lebensführung des Schuldners und aller mit ihm in häuslicher Gemeinschaft lebenden Personen (z. B. Familienangehörige) nach ihren – bisherigen – persönlichen und äußeren Lebensumständen unter Berücksichtigung der fortschreitenden Entwicklung des Lebensstandards in angemessener Weise benötigt wird. Hierbei muss nicht der bisherige Lebensstandard gewährleistet bleiben; vielmehr hat der Schuldner die Einschränkung auf eine bescheidenere Lebensführung hinzunehmen. Nur darf er und seine Familie bzw. Hausgemeinschaft nicht auf den Stand äußerster Dürftigkeit und Ärmlichkeit herabgedrückt werden.[137]

In diesem Zusammenhang steht die – auch im Examen gerne erörterte – Problematik, ob der Schuldner ein Fernsehgerät zur bescheidenen Lebensführung benötigt und ein solches daher unpfändbar ist. Dies wird mit Rücksicht auf das grundgesetzlich geschützte Informationsinteresse des Schuldners und der fortschreitenden Entwicklung des Lebensstandards allgemein im Grundsatz bejaht. Was ist aber, wenn der Schuldner neben dem – einzigen – Fernsehgerät noch über ein Radiogerät, also einer weiteren Informationsquelle verfügt. Ist das Fernsehgerät pfändbar soweit daneben ein Radio vorhanden ist[138] oder ist es selbst dann unpfändbar[139]? Für letztere Auffassung spricht, dass der Schuldner im Rahmen seiner grundgesetzlich geschützten Informationsfreiheit die Möglichkeit haben muss, sich aller vorhanden Informationsdienste und damit auch beider – nach Informationsvermittlung und – wahrnehmung – unterschiedlichen Erscheinungsformen drahtloser Informationsdienste zu bedienen.

(2) § 811 Abs. 1 Ziff. 5 ZPO
Unpfändbar sind Gegenstände, die eine Person zur Erwerbstätigkeit im Rahmen ihrer körperlichen oder geistigen Arbeit oder sonstigen persönlichen Leistung benötigt.

Die im Gesetz beschriebene Erwerbstätigkeit muss also eine **persönliche Arbeitsleistung** sein. Ihr Gegenstück ist die kapitalistische Erwerbstätigkeit, bei der Einkünfte aus dem Einsatz von Kapital gezogen werden. Nur eingesetztes Kapital nutzt auch derjenige, der nur fremde Arbeitstätigkeit ausnutzt, Produkte maschinell herstellt oder Waren umsetzt. Die Abgrenzung erfolgt unter Berücksichtigung der Umstände des Einzelfalls an folgendem Maßstab:

Überwiegt der Wert des persönlichen Arbeitseinsatzes gegenüber dem Nutzungswert des eingesetzten Kapitals, der eingesetzten Betriebsmittel oder des Warenumsatzes?[140]

---

[137] hierzu ausführlich Zöller-Stöber, § 811 Rn. 12–16
[138] so AG Wiesbaden DGVZ 97, 59; LG Frankfurt DGVZ 94, 43
[139] so die wohl h. M.: BFH NJW 90, 1871; Thomas/Putzo, § 811 Rn. 8; Zöller-Stöber, § 811 Rn. 15
[140] vgl. Thomas/Putzo, § 811 Rn. 27

Persönliche Arbeitsleistung kann nur von einer **natürlichen Person** erbracht werden. Eine juristische Person, deren Gesellschafter persönliche Arbeitsleistungen erbringen, zieht lediglich den Nutzen aus fremder Tätigkeit. Allerdings findet das Pfändungsverbot auf Personenhandelsgesellschaften (OHG, KG) Anwendung, wenn deren Gesellschafter ihren Erwerb aus persönlichem Arbeitseinsatz in dem Betrieb der Personenhandelsgesellschaft ziehen.[141]

Gleichgültig ist, ob die persönliche Erwerbstätigkeit im Haupt- oder Nebenerwerb ausgeübt wird.[142] Sie muss allerdings tatsächlich bereits ausgeübt werden, zumindest muss ihre Aufnahme unmittelbar bevorstehen.

Die **Erforderlichkeit** des Gegenstandes für die Fortsetzung der Erwerbstätigkeit ist bereits zu bejahen, wenn der Gegenstand zumindest mittelbar die Erwerbstätigkeit ermöglicht.

Beispiele persönlicher Erwerbstätigkeit:	**Beispiele unpfändbarer Gegenstände:**
Arbeitnehmer	→ Werkzeuge; PKW, der für den Schuldner die einzige zumutbare Möglichkeit bietet, zur Arbeitsstelle zu gelangen
Freiberufler (Architekt, Steuerberater etc.)	→ Diktiergerät, Schreibutensilien, Büroeinrichtung, Faxgerät und andere Telekommunikationsgeräte, Kopiergerät, Hard- und Software
Handwerker (bei persönlichem Arbeitseinsatz)	→ Werkzeuge, Maschinen, Transportmittel
Gastwirt, der selbst kocht und/oder bedient	→ Gaststätteneinrichtung
Taxi- oder Fuhrunternehmer, der selbst fährt	→ die einzige Taxe/der einzige LKW
Handelsvertreter	→ PKW

Der Schutz aus § 811 Abs. 1 Ziff. 5 ZPO umfasst auch Gegenstände, die der Ehegatte des Schuldners zur Fortsetzung der Erwerbstätigkeit benötigt.[143]

Beispiel: Der Gläubiger betreibt gegen die Ehefrau die Zwangsvollstreckung aus einem Zahlungstitel. In seinem Auftrag pfändet der Gerichtsvollzieher mit Rücksicht auf § 739 ZPO den einzigen PKW der Eheleute. Der Ehemann ist selbständiger Handelsvertreter und benötigt den Wagen zur Ausübung seiner Erwerbstätigkeit. Folge: Der Wagen ist nach § 811 I Ziff. 5 ZPO unpfändbar.

(3) § 812 ZPO
Diese Vorschrift ist nur für solche Sachen bedeutsam, die nicht bereits der Regelung des § 811 Abs. 1 Ziff. 1 ZPO unterfallen.

b) Verzicht auf Pfändungsschutz?

Die gesetzlichen Pfändungsverbote bezwecken den Schuldnerschutz aus sozialen Gründen im öffentlichen Interesse. Dem Schuldner soll durch einen hoheitlichen (staatlichen) Vollstreckungsakt nicht seine wirtschaftliche Grundlage entzogen

---

[141] OLG Oldenburg NJW 64, 505; a.A.: Thomas/Putzo, § 811 Rn. 18
[142] vgl. Thomas/Putzo, § 811 Rn. 18, 25
[143] OLG Hamm MDR 84, 855

werden. Da öffentliche Interessen berührt sind, kann der Schuldner grundsätzlich nicht über das Ob und die Reichweite des Pfändungsverbotes verfügen.

Aufgrund dessen ist der Verzicht des Schuldners sowohl vor Beginn des Zwangsvollstreckungsverfahrens als auch bei oder nach der Pfändung unwirksam.[144]

> Ausnahmsweise wird der Schuldner sich aber nicht auf die Unwirksamkeit berufen können, wenn seine Verzichtserklärung von vornherein bezweckte, den Gläubiger zu schädigen, insbesondere ihn von weiteren Vollstreckungsmaßnahmen abzuhalten (Arglisteinwand).[145]

c) Austauschpfändung

Eine dem Pfändungsverbot nach § 811 Abs. 1 Ziff. 1, 5 und 6 ZPO unterliegende Sache kann allerdings im Wege der Austauschpfändung gepfändet werden, § 811 a ZPO: Der Gläubiger überlässt dem Schuldner vor der Pfändung ein dem Verwendungszweck genügendes Ersatzstück oder den zu dessen Beschaffung erforderlichen Geldbetrag. Dies ist nur dann zulässig (§ 811 a Abs. 2 Satz 2 ZPO) und aus Sicht des Gläubigers regelmäßig nur dann sinnvoll, wenn zu erwarten ist, dass der bei Verwertung voraussichtlich erzielbare Wert der zu pfändenden Sache den des Ersatzstücks erheblich übersteigt.

> Beispiel: Der Schuldner besitzt ein wertvolles Farbfernsehgerät von neuestem technischen Standard. Da es sein einziges Fernsehgerät ist, ist es grundsätzlich nach § 811 Abs. 1 Ziff. 1 ZPO unpfändbar. Die Pfändung ist dennoch zulässig, wenn der Gläubiger dem Schuldner zuvor ein günstiges (z. B.) Schwarz-Weiß-Fernsehgerät älteren Jahrgangs überlässt. Dem Informationsinteresse des Schuldners ist dadurch ausreichend Rechnung getragen.

Um dies tun zu dürfen, muss der Gläubiger die Austauschpfändung beim Vollstreckungsgericht beantragen (§ 811 a Abs. 2 Satz 1 ZPO).

§ 811 b ZPO erlaubt schon vor der Entscheidung des Vollstreckungsgerichts die vorläufige Austauschpfändung, wenn eine positive Bescheidung des Antrages zu erwarten ist.

4. Kein offensichtliches Dritteigentum

Für die Rechtmäßigkeit der Sachpfändung ist die Eigentumslage in Bezug auf die Sache grundsätzlich unerheblich. Ausnahmsweise darf der Gerichtsvollzieher jedoch eine Sache, die evident im Eigentum eines anderen als des Schuldners steht, nicht pfänden.

Evident bedeutet, dass nach der offenkundigen Lage der Dinge und ohne lange zu überlegen kein vernünftiger Zweifel daran besteht, dass die Sache nicht im Eigentum des Schuldners sondern eines anderen steht. Das Fremdeigentum muss sich geradezu aufdrängen.

> Die Gerichtsvollziehergeschäftsanweisung (GVGA) nennt in § 119 verschiedene Beispielsfälle.[146] Typische Beispiele sind hiernach die dem Handwerker zur Reparatur und

---

[144] RGZ 72, 181, 183; Thomas/Putzo, § 811 Rn. 5; Zöller-Stöber, § 811 Rn. 10 m. w. N.
[145] BayObLG NJW 50, 697
[146] vgl. Zöller-Stöber, § 808 Rn. 3

dem Spediteur zum Transport übergebenen Sachen des Kunden. Dies darf nicht zu einer schematischen Sichtweise führen. Immer sind die konkreten Umstände des Einzelfalles entscheidend: Besteht wirklich kein vernünftiger Zweifel, dass die gerade beim Handwerker/Spediteur vorgefundene Sache im Fremdeigentum steht? Beispielsweise wird ohne weitere Hinweise auf das Eigentum eines anderen auch die Annahme berechtigt sein, der Uhrmacher repariere gerade seine eigene Uhr, der Schuster seine eigenen Schuhe oder der Spediteur transportiere gerade seine eigenen Sachen. Weitere Umstände können beispielsweise schriftliche Auftragsscheine, Lieferscheine oder ähnliches sein, die einen eindeutigen Bezug zur fraglichen Sache haben. Offenkundig ist das Dritteigentum auch, wenn der Gerichtsvollzieher im Rahmen der Pfändung aufgrund eines Titels gegen den Inhaber einer Bielefelder Kfz-Reparaturwerkstatt in dessen Werkstatt ein Fahrzeug mit ortsfremdem Kennzeichen vorfindet.

Vorsicht ist insbesondere beim Sicherungseigentum oder Vorbehaltseigentum eines Dritten geboten. Selbst wenn dem Gerichtsvollzieher Unterlagen vorgelegt werden, aus denen sich dieses ergibt, kann er ohne weiteres nicht zweifelfrei erkennen, ob inzwischen nicht das Sicherungsgut an den Schuldner zurückübereignet worden ist oder im Fall des Vorbehaltseigentums die aufschiebende Bedingung eingetreten ist. Auch wird zu berücksichtigen sein, ob Schuldner und Dritter in einem Näheverhältnis stehen, welches eine Verschleierung der Eigentumslage zum Nachteil von Gläubigern oder ein Scheingeschäft befürchten lässt.

5. Bei Pfändung beim Verwalter: Eigentum des Schuldners

Soll aufgrund eines Titels gegen den Schuldner eine Sache gepfändet werden, die sich im Gewahrsam seines Insolvenzverwalters, Testamentsvollstreckers etc. befindet, so hat der Gerichtsvollzieher ausnahmsweise die materielle Eigentumslage zu prüfen. Denn der Verwalter haftet lediglich mit dem seiner Verwaltung unterliegenden fremden Vermögen, also dem des Schuldners. Daher muss geprüft werden, ob die Sache zu dem dem Zugriff unterworfenen Vermögen gehört.

IV. Ordnungsgemäßer Pfändungsakt

Zu unterscheiden ist zwischen dem Bewirken der Sachpfändung und den Zwangsbefugnissen des Gerichtsvollziehers, die ihm das Bewirken der Pfändung erst ermöglichen sollen.

1. Das Bewirken der Pfändung

Die Pfändung wird dadurch bewirkt, dass der Gerichtsvollzieher die Sache in Besitz nimmt, § 808 Abs. 1 ZPO.

Inbesitznahme bedeutet, dass der Gerichtsvollzieher unter Ausschluss der Verfügungsgewalt des Schuldners eigenen unmittelbaren oder mittelbaren Besitz an der Sache begründet.

- Geld, Kostbarkeiten (Edelsteine, Gold, Kunstwerke etc.) und Wertpapiere hat der Gerichtsvollzieher dem Schuldner wegzunehmen (§ 808 Abs. 2 Satz 1 ZPO) und selbst zu verwahren. Durch die Wegnahme wird der Gerichtsvollzieher unmittelbarer Fremdbesitzer.

Diese Sachen sind am leichtesten zu verwerten: bis zum geschuldeten Betrag gepfändetes Geld liefert der Gerichtsvollzieher einfach dem Gläubiger ab (§ 815 ZPO), der damit als befriedigt gilt; Kostbarkeiten und Wertpapiere sind leicht zu versilbern. Da diese Sachen sich daher gut für eine zwangsweise Vollstreckung des Anspruchs eignen, ist die Pfändung hierauf vorrangig zu richten (§ 131 Nr.2 GVGA).

■ Andere Sachen sind im Gewahrsam des Schuldners zu belassen, sofern nicht hierdurch die Befriedigung des Gläubigers gefährdet erscheint (§ 808 Abs. 2 Satz 1 ZPO).

Da diese Sachen durch die Pfändung der tatsächlichen Gewalt des Gerichtsvollziehers unterstellt und die Verfügungsgewalt dem Schuldner entzogen werden sollen, wird der Gerichtsvollzieher durch die Pfändung mittelbarer Fremdbesitzer; Besitzmittler ist der Schuldner, in dessen Gewahrsam und Besitz die Sache verbleibt; sein vorheriger unmittelbarer Eigenbesitz wandelt sich daher sowohl in einen unmittelbaren Fremdbesitz als auch in einen mittelbaren Fremdbesitz (weil wiederum der Gerichtsvollzieher zunächst dem Gläubiger und sodann dem Schuldner als Eigentümer der Sache den Besitz vermittelt).

Diese Besitzlage ist aber ohne weiteres nicht erkennbar, so dass aufgrund des dem unmittelbaren Besitz anhaftenden Rechtsscheins die Gefahr gutgläubigen Erwerbs besteht. Daher ist wesentliche Voraussetzung der wirksamen Pfändung einer Sache, die im Gewahrsam des Schuldners belassen wird, die **Kenntlichmachung** der Pfändung durch Anlegen eines **Pfandsiegels** (sog. Kuckuck) oder auf sonstige Weise.

> Beispielsweise das Anbringen einer Pfandtafel, welche die Pfandstücke im einzelnen bezeichnet und mit Dienstsiegel und Unterschrift des Gerichtsvollziehers versehen ist, an oder in räumlicher Nähe zu den darin genannten (ev. zusammengestellten bzw. von weiteren Sachen des Schuldners gesondert verwahrten) Sachen. Wesentlich ist immer, dass die Identität der gepfändeten Stücke eindeutig zu erkennen ist.

Die Kenntlichmachung muss bei gewöhnlicher Aufmerksamkeit erkennbar sein. **Fehlt sie, ist die Pfändung unwirksam.** Der Mangel kann nicht geheilt werden.

Unschädlich ist allerdings, wenn sich das einmal angebrachte Pfandsiegel löst, ohne Einverständnis des Gerichtsvollziehers entfernt, oder sonst die Pfändung nachträglich ohne den Willen des Gerichtsvollziehers unkenntlich wird. Die Pfändung besteht in diesen Fällen fort.[147]

Erscheint die Befriedigung des Gläubigers dadurch gefährdet, dass die Sache im Gewahrsam des Schuldners belassen wird, hat der Gerichtsvollzieher dem Schuldner die Sache wegzunehmen und selbst zu verwahren. Dies ist immer dann der Fall, wenn der Schuldner die Sache veräußern, beschädigen oder verbrauchen könnte. Ein Kraftfahrzeug nebst Fahrzeugbrief und Fahrzeugschein wird der Gerichtsvollzieher daher regelmäßig unmittelbar in Besitz nehmen.[148]

---

[147] Thomas/Putzo, § 808 Rn. 14
[148] Thomas/Putzo, § 808 Rn. 13

2. Die Zwangsbefugnisse des Gerichtsvollziehers

Um bewegliche Sachen pfänden zu können, muss der Gerichtsvollzieher gegebenenfalls zunächst die Wohnung des Schuldners betreten oder möglicherweise Sachen umschließende Behältnisse öffnen und einsehen können, um dort pfändbare Sachen zu suchen und aufzufinden. Dies muss er gegebenenfalls auch gegen den Willen des Schuldners tun können, sonst würde der Zweck der Zwangsvollstreckung letztlich nicht realisierbar sein. Diese Zwangsbefugnisse regeln die §§ 758, 758 a ZPO. Wegen ihres Standortes im allgemeinen Teil des Zwangsvollstreckungsrechts sind diese Vorschriften auf jede Zwangsvollstreckung, die in der funktionellen Zuständigkeit des Gerichtsvollziehers liegt, anwendbar (also: Sachpfändung, §§ 808 ff; Herausgabevollstreckung, § 883; Räumungsvollstreckung, § 885).

a) Verhältnis §§ 758, 758a ZPO

§ 758 Abs. 1 ZPO regelt die **Befugnis** des Gerichtsvollziehers **zur Durchsuchung von Wohnung und Behältnissen** des Schuldners **zu dem Zweck**, nicht freiwillig vom Schuldner vorgezeigte **Sachen aufzufinden und zu pfänden**. Dies gilt für Behältnisse uneingeschränkt. Für das Durchsuchen von Wohnungen bedarf es wegen des verfassungsrechtlichen Schutzes der Wohnung nach Art. 13 GG besonderer Voraussetzungen. Zu unterscheiden ist daher zwischen der Befugnis (§ 758) und ihren Voraussetzungen (insbesondere § 758 a):

■ Ist der Schuldner mit der Durchsuchung einverstanden, gilt folgendes:

Zu unterscheiden ist hier einerseits seine fehlende Bereitschaft, den Vollstreckungsgegenstand vorzuzeigen – was die Durchsuchung erst erforderlich macht – und andererseits seine Einwilligung damit, dass der Gerichtsvollzieher die Wohnung betreten und dort nach der Sache suchen darf. Beides schließt sich nicht gegenseitig aus. Die Einwilligung ist als geschäftsähnliche Handlung formlos wirksam und frei widerruflich. Hausgenossen oder Bevollmächtigte können sie für den abwesenden Schuldner abgeben.[149]

Im Falle der Einwilligung des Schuldners zur Durchsuchung hat der Gerichtsvollzieher die Befugnisse nach § 758 Abs. 1 ZPO.

■ Wenn der Schuldner – ausdrücklich oder stillschweigend – nicht einverstanden ist, bedarf es **vor der Durchsuchung** grundsätzlich einer **richterlichen Anordnung zur Durchsuchung** (§ 758 a ZPO). Diese darf nur auf Antrag des Gläubigers ergehen. Sie erfolgt in Gestalt eines Beschlusses.[150] Rechtsbehelf gegen die Anordnung ist die sofortige Beschwerde (§ 793 ZPO).

Liegt die richterliche Anordnung vor, hat der Gerichtsvollzieher die Befugnisse aus § 758 ZPO.

■ Ausnahmsweise kann trotz fehlender Einwilligung des Schuldners die richterliche Anordnung entbehrlich sein, wenn die Einholung der Anordnung wegen des damit verbundenen Zeitablaufs den Erfolg der Durchsuchung gefährden würde

---

[149] Thomas/Putzo, § 758 Rn. 2
[150] zum Verfahren im Einzelnen siehe Thomas/Putzo, § 758a Rn. 14–19

(§ 758 a Abs. 1 Satz 2 ZPO). Der Durchsuchungserfolg ist das Auffinden pfändbarer Sachen oder – im Falle der Vollstreckung nach § 883 ZPO – der herauszugebenden Sache. Demzufolge besteht **Gefahr im Verzuge**, wenn über die
schlichte Verweigerung der Einwilligung hinaus bestimmte Umstände befürchten lassen, der Schuldner werde die Sachen wegschaffen oder sonst den Zweck
der Durchsuchung vereiteln, wenn die Vollstreckung wegen vorheriger Einholung der richterlichen Entscheidung verzögert wird. Diese Prüfung obliegt dem
Gerichtsvollzieher. Bejaht er dies, ist er berechtigt nach § 758 ZPO zu verfahren.

Schematisch lässt sich das Zusammenspiel der Vorschriften also wie folgt darstellen:

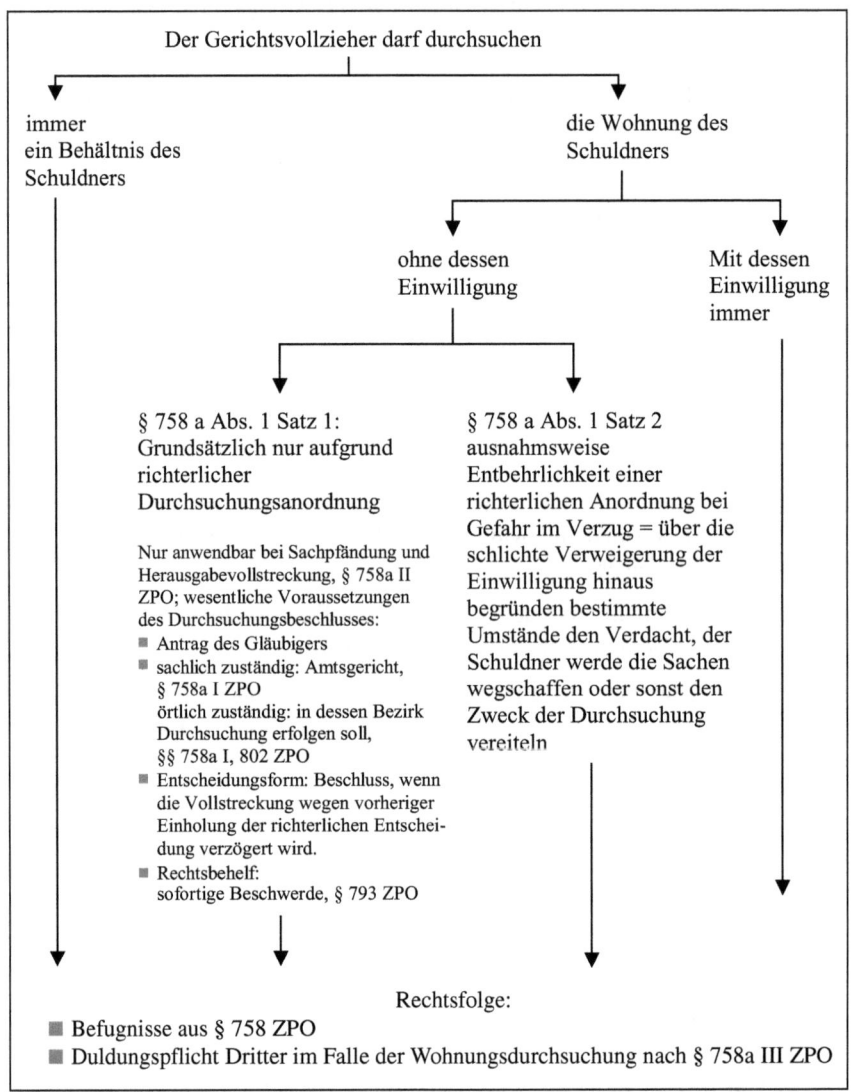

Der Gerichtsvollzieher darf durchsuchen

immer
ein Behältnis des
Schuldners

die Wohnung des
Schuldners

ohne dessen
Einwilligung

Mit dessen
Einwilligung
immer

§ 758 a Abs. 1 Satz 1:
Grundsätzlich nur aufgrund
richterlicher
Durchsuchungsanordnung

Nur anwendbar bei Sachpfändung und
Herausgabevollstreckung, § 758a II
ZPO; wesentliche Voraussetzungen
des Durchsuchungsbeschlusses:
- Antrag des Gläubigers
- sachlich zuständig: Amtsgericht,
  § 758a I ZPO
  örtlich zuständig: in dessen Bezirk
  Durchsuchung erfolgen soll,
  §§ 758a I, 802 ZPO
- Entscheidungsform: Beschluss, wenn
  die Vollstreckung wegen vorheriger
  Einholung der richterlichen Entscheidung verzögert wird.
- Rechtsbehelf:
  sofortige Beschwerde, § 793 ZPO

§ 758 a Abs. 1 Satz 2
ausnahmsweise
Entbehrlichkeit einer
richterlichen Anordnung bei
Gefahr im Verzug = über die
schlichte Verweigerung der
Einwilligung hinaus
begründen bestimmte
Umstände den Verdacht, der
Schuldner werde die Sachen
wegschaffen oder sonst den
Zweck der Durchsuchung
vereiteln

Rechtsfolge:
- Befugnisse aus § 758 ZPO
- Duldungspflicht Dritter im Falle der Wohnungsdurchsuchung nach § 758a III ZPO

b) Umfang der Befugnisse aus § 758 ZPO

§ 758 ZPO umfasst die Befugnis

■ **zur Durchsuchung (Abs.** 1) einer Wohnung oder eines Behältnisses
  – **Wohnung** ist jeder zu Wohnzwecken benutzt umschlossene Raum einschließlich der Geschäfträume (Ladenlokal, Werkstatt, Fabrik, Lagerraum etc.), Nebenräume (Garage, Keller, Dachboden etc.) und das befriedete Besitztum. Der Wohnungsbegriff ist weit auszulegen.

  Der Vollstreckungsschuldner muss Allein- oder zumindest Mitinhaber der tatsächlichen Gewalt über die Wohnung sein (**Allein- oder Mitgewahrsam des Schuldners an der Wohnung**). Besteht Mitgewahrsam Dritter, bedarf es keiner richterlichen Durchsuchungsanordnung gegen diese, da § 758a Abs. 3 ZPO die Dritten zur Duldung der Durchsuchung bereits verpflichtet.

  – **Behältnis** ist jeder zur Aufbewahrung von Sachen dienende Raum, der nicht zum Betreten von Menschen bestimmt ist.

  – **Durchsuchung** ist die ziel- und zweckgerichtete Suche nach einer körperlichen Sache, die der Schuldner nicht freiwillig offen legen oder herausgeben will[151], um in diese zu vollstrecken.

  Das Durchsuchen der Wohnung umfasst auch das Betreten der Wohnung gegen den Willen des Wohnungsberechtigten. Spätestens damit beginnt die Durchsuchung.

  Keine Durchsuchung ist allerdings das **Durchschreiten von Räumen im Gewahrsam eines Dritten, um zu Räumen des Schuldners und darin befindlichen Sachen zu gelangen.** Die Durchsuchung ist auf das Ziel gerichtet, nach einem Vollstreckungsgegenstand zu suchen und diesen zu pfänden; das Durchschreiten des Raumes des Dritten dient nicht diesem Ziel. Demzufolge ist der Gerichtsvollzieher auch ohne richterliche Durchsuchungsanordnung berechtigt, gegen den Willen des Wohnungsinhabers dessen Haus zu durchschreiten, um zu dem Zimmer des dort zur Untermiete lebenden Schuldners zu gelangen. Genauso wenig ist für die nachfolgende Pfändung von Sachen im Zimmer des Schuldners eine Einwilligung des Wohnungsinhabers nach § 809 ZPO notwendig, denn an Sachen in dem allein dem Untermieter zuzuordnenden Zimmer hat dieser auch Alleingewahrsam.

■ **zum Öffnen von Haustüren, Zimmertüren und Behältnissen (Abs. 2)**
  Das Öffnen muss sachgemäß (gegebenenfalls also durch einen Schlosser etc.) geschehen. Die Öffnung ist dem Schuldner vorher anzukündigen, es sei denn es besteht Gefahr im Verzug.

  Eine weitere Besonderheit ist der Mitgewahrsam eines Dritten am verschlossenen Behältnis (sog. **Mitverschluss des Dritten**). Bedarf es zur Öffnung eines solchen Behältnisses nicht nur des Duldens sondern der Mitwirkung des Dritten (Beispiel: Beim Öffnen des Bankschließfachs muss auch die Bank mit ihrem eigenen Schlüssel aufschließen), genügt § 758 ZPO, der lediglich zur Duldung verpflichtet, nicht; der Gläubiger muss den Anspruch des Schuldners gegen den sich weigernden Dritten auf Mitwirkung pfänden und sich zur Einziehung überweisen lassen.

■ **zur Gewaltanwendung bei Widerstand (Abs. 3).**

---

[151] BVerfG E 51, 97, 106 f.

3. Pfändung zur rechten Zeit

Eine zeitliche Beschränkung der Vollstreckung durch den Gerichtsvollzieher findet sich in § 758 a Abs. 4 ZPO. Hiernach ist zu unterscheiden: Bei der Zwangsvollstreckung zur Nachtzeit oder an Sonn- und Feiertagen

■ in einer Wohnung ist immer eine richterliche Anordnung auch in Bezug auf den Zeitpunkt der Vollstreckung erforderlich,

■ außerhalb einer Wohnung bedarf es keiner richterlichen Anordnung in Bezug auf den Zeitpunkt der Vollstreckung, aber mit den Einschränkungen, dass

– die Vollstreckungshandlung zu diesem Zeitpunkt für den Schuldner oder Mitgewahrsamsinhaber keine unbillige Härte darstellen darf

Eine unbillige Härte muss durch Umstände begründet sein, die über die bloße Störung zur Nacht- oder Feiertagsruhe hinausgehen (z. B. Erkrankung); nach Abwägung dieser Umstände gegen das Vollstreckungsinteresse des Gläubigers muss die Vollstreckung zu einem anderen Zeitpunkt als aller Voraussicht nach erfolglos erscheinen.[152]

– und der zu erwartende Vollstreckungserfolg nach den konkreten Umständen des Einzelfalles nicht außer Verhältnis zu dem Eingriff steht.

§ 758a Abs. 4 ZPO ersetzt die Regelung des § 761 ZPO mit Wirkung zum 01.01.1999.

4. Zulässiger Pfändungsumfang

Die Pfändung darf

■ nur bis zum Wert der vollstreckten Forderung erfolgen (**Verbot der Überpfändung, § 803 Abs. 1 Satz 2 ZPO**)

Der Gerichtsvollzieher darf im Grundsatz nichts pfänden, dass den Wert der zu vollstreckenden Forderung weit übersteigt. Daher hat er den voraussichtlichen Vollstreckungserlös zu schätzen, die Beträge von Ansprüchen vorgehender Rechte Dritter abzuziehen und den so ermittelten Betrag der zu vollstreckenden Forderung abzüglich eventuell bereits erfolgter Teilleistungen gegenüberzuhalten.

Das Verbot der Überpfändung ist aber unbeachtlich, wenn nur ein einziger zur Pfändung geeigneter Gegenstand vorhanden ist, auch wenn er weitaus wertvoller als der Betrag der zu vollstreckenden Forderung ist.[153] § 803 Abs. 1 Satz 2 ZPO kann nicht dazu führen, dass eine Zwangsvollstreckung, auf die der Gläubiger angewiesen ist, unterbleibt.

■ und nicht zwecklos erscheinen (**Verbot der zwecklosen Pfändung, § 803 Abs. 2 ZPO**).

§ 803 Abs. 2 beschreibt die Pfändung als nutzlos, deren voraussichtlicher Verwertungserlös lediglich die Vollstreckungskosten decken wird.

---

[152] vgl. Thomas/Putzo, § 758a Rn. 28
[153] vgl. Thomas/Putzo, § 803 Rn. 16

V. Die Rechtsfolgen der wirksamen Pfändung

1. Verstrickung

Die wirksame Pfändung der Sache führt zu deren **Verstrickung**.

a) Zweck und Wesen der Verstrickung

Der Zweck der Verstrickung ist es, die Sache für die anschließende Verwertung zu sichern:

Da die Verwertung letztlich nichts anderes als die Veräußerung der gepfändeten Sache bedeutet, benötigt das staatliche Organ, welches mit der Verwertung betraut ist, eine Verfügungsmacht über die Sache. Diese verschafft ihm die Verstrickung.

Hierbei muss sicher gestellt werden, dass der Eigentümer der gepfändeten Sache dem nicht zuwider handelt, indem er seinerseits die Sache vor Verwertung veräußert. Also muss dessen Verfügungsmacht ausgeschlossen werden.

Merke: Mit dem Begriff der **Verstrickung der gepfändeten Sache** wird ein **öffentlich-rechtliches Gewaltverhältnis** über diese Sache bezeichnet, kraft dessen **nun nicht mehr der Eigentümer** oder Berechtigte, **sondern anstatt seiner der Staat über die Sache verfügen darf.**

Diese **staatliche Verfügungsmacht**[154] wird durch die Strafbewehrung des Verstrickungsbruchs nach § 136 Abs. 1 StGB gegen Entzug der Sache geschützt und zivilrechtlich durch die Regelungen zum relativen Veräußerungsverbot in §§ 135, 136 BGB ausgestaltet.

Das Veräußerungsverbot heißt relativ, weil die dem Verbot widersprechende Verfügung (im Fall der Sachpfändung also die Verfügung durch den Eigentümer) nur gegenüber dem durch das Verbot Geschützten (Vollstreckungsgläubiger) unwirksam ist.

Beispiel: Der Schuldner übereignet dem Dritten X sein gepfändeten Fernsehgerät. Das relative Veräußerungsverbot führt nun nach §§ 135, 136 BGB dazu, dass
– der X gegenüber jedermann wirksam Eigentümer geworden ist, aber
– mit Ausnahme gegenüber dem Gläubiger; im Verhältnis des X zu diesem hat die Verfügung keine Wirksamkeit, vielmehr ist für den Gläubiger der Schuldner Eigentümer der Sache geblieben. Der Gläubiger kann die Verwertung der Sache weiter betreiben und den Verwertungserlös behalten.

Die Verstrickung ist daher die unverzichtbare Grundlage jeden weiteren Vollstreckungsaktes (also der nachfolgenden hoheitlichen Verwertung).

b) Voraussetzungen der Verstrickung

Die Verstrickung entsteht bei Wirksamkeit der Pfändung. Die Wirksamkeit der Pfändung wiederum hängt von der Einhaltung ihrer gesetzlichen Vollstreckungsvoraussetzungen und Verfahrensvorschriften ab, wobei jedoch *Vorsicht* geboten ist:

Nicht jeder Fehler der Rechtmäßigkeit und des Verfahrens der Zwangsvollstreckung/Pfändung führt zur Unwirksamkeit des Vollstreckungsaktes. Nur **besonders**

---

[154] Thomas/Putzo, § 803 Rn. 7

schwerwiegende und offenkundige Mängel begründen die Unwirksamkeit der Pfändung. Solche können insbesondere sein:

▪ Der Vollstreckung liegt **kein wirksamer (vollstreckungsfähiger und vollstreckbarer) Titel** zugrunde.[155]

▪ Die Pfändung wurde durch ein funktionell dafür nicht vorgesehenes Vollstreckungsorgan durchgeführt (**fehlende funktionelle Zuständigkeit des Vollstreckungsorgans**).[156]

▪ Die Pfändung wurde entgegen § 808 Abs. 2 Satz 2 ZPO nicht kenntlich gemacht (**fehlende Kenntlichmachung**).

Diese Auflistung ist nicht abschließend. Es kommen alle Verstöße gegen die wesentlichen Rechtmäßigkeits- und Verfahrensvorschriften in Betracht, die das Wesen der Zwangswollstreckung und insbesondere der Pfändung prägen.

Im übrigen berühren Verfahrensfehler regelmäßig nicht die Wirksamkeit des Vollstreckungsaktes, sondern begründen **lediglich** die **Anfechtbarkeit der Pfändung** mit den dafür gesetzlich vorgesehenen Rechtsbehelfen (Erinnerung, § 766 ZPO).

Ohne unmittelbare Auswirkungen auf die Wirksamkeit der Pfändung sind daher insbesondere (geordnet nach Prüfungsschema):

(allgemeine Rechtmäßigkeitsvoraussetzungen jeder Zwangsvollstreckungsmaßnahme)
▪ Örtliche Unzuständigkeit des Vollstreckungsorgans
▪ Vollstreckungsklausel oder vorherige Zustellung des Titels bzw. zuzustellender weiterer Urkunden fehlt
▪ Pfändung ohne Nachweis der besonderen Vollstreckungsvoraussetzungen
▪ Vollstreckung trotz Vorliegens eines allgemeinen Vollstreckungshindernisses
(besondere Rechtmäßigkeitsvoraussetzungen der Sachpfändung)
▪ Pfändung einer nicht dem Zugriffsbereich der Sachpfändung unterliegenden beweglichen Sache (Verstoß gegen § 865 ZPO)
▪ falsche Bewertung des maßgeblichen Gewahrsams (einschließlich fehlerhafter Anwendung/Nichtanwendung des § 739 ZPO)
▪ Pfändung ohne Herausgabebereitschaft des Drittgewahrsamsinhabers (Verstoß gegen § 809 ZPO)
▪ Pfändung trotz Pfändungsverbote nach §§ 811, 812 ZPO
▪ Überpfändung (Verstoß gegen § 803 Abs. 1 Satz 2 ZPO)
▪ Zwecklose Pfändung (Verstoß gegen § 803 Abs. 2 ZPO)
▪ Durchsuchung einer Wohnung unter irriger Annahme der Entbehrlichkeit der richterlichen Anordnung[157] oder schlicht ohne eine solche (Verstoß gegen § 758a ZPO); Verstöße gegen §§ 758, 759 ZPO

c) Ende der Verstrickung

Die Verstrickung endet

▪ mit Abschluss der Verwertung (Zuweisung des Eigentums an der Sache an den Erwerber) und Aushändigung des Erlöses an den Gläubiger,

---

[155] vgl. BGHZ 70, 313, 317
[156] Thomas/Putzo, § 803 Rn. 10
[157] Thomas/Putzo, § 758a Rn. 13

■ mit Aufhebung der Pfändung durch das zuständige Vollstreckungsorgan (sog. Entstrickung),

Unerheblich ist, ob der Gerichtsvollzieher zulässigerweise die Pfändung aufgehoben hat.[158]

Die Entfernung des Pfandsiegels oder anderer Kenntlichmachung durch andere als den Gerichtsvollzieher und ohne dessen Willen berührt den Fortbestand der Verstrickung nicht. Daher genügt allein die Freigabeerklärung des Gläubigers noch nicht.[159]

Auch die gerichtliche Entscheidung, welche die Zwangsvollstreckung für unzulässig erklärt, beendet nicht automatisch die Verstrickung; vielmehr ist auch hier die Entstrickung durch den Gerichtsvollzieher noch erforderlich.

■ mit gutgläubigen lastenfreien Erwerb der Sache nach §§ 135 Abs. 2, 936 BGB.[160]

Ist die Verstrickung einmal erloschen, kann sie selbst bei fehlerhaftem Aufhebungsakt nur durch erneute Pfändung wieder ex nunc begründet werden (endgültiger Rangverlust).

d) Verfolgungsrecht des Gerichtsvollziehers

Es stellt sich schließlich die Frage, ob der Gerichtsvollzieher die wirksam verstrickte Sache einem Dritten, der nach Pfändung den Sachbesitz erlangt hat, gegen dessen Willen und gegebenenfalls mit Zwangsmaßnahmen wegnehmen darf.

■ Für ein solches **Verfolgungsrecht des Gerichtsvollziehers**[161] spricht, dass die staatliche Verfügungsmacht geschützt werden muss, soll das Vollstreckungsverfahren effektiv sein.

■ Nach – wohl zutreffender – anderer Ansicht[162] ist ein solches abzulehnen, da der ZPO keine Ermächtigungsgrundlage für Zwangsmaßnahmen des Gerichtsvollziehers gegen Dritte zu entnehmen ist. Ohne Ermächtigungsgrundlage sei aber hoheitliches Handeln nicht zulässig.

2. Pfändungspfandrecht

Durch die Pfändung erwirbt der Gläubiger ein Pfändungspfandrecht an dem gepfändeten Gegenstand, § 804 Abs. 1 ZPO. Dieses gewährt dem Gläubiger nach § 804 Abs. 2 ZPO im Verhältnis zu anderen Gläubigern dieselben Rechte wie ein durch Vertrag erworbenes Faustpfandrecht.

Was heißt das?

Um den Sinn des Pfändungspfandrechts zu erklären, kommt man nicht ohne einen groben Vorgriff auf die Wirkungen der Verwertung aus:

Die Pfändung führt zu keiner Änderung der Eigentumsverhältnisse an der Sache. Aber die

---

[158] RGZ 161, 109, 114
[159] Brox/Walker, Rn. 369 m. w. N.; a. A.: RGZ 57, 323, 325 f., 161, 109, 114
[160] Thomas/Putzo, § 803 Rn. 11
[161] Thomas/Putzo, § 809 rn. 8 m. w. N.
[162] Zöller-Stöber, § 809 Rn. 3 m. w. N.

Verstrickung begründet die staatliche Verfügungsmacht über diese Sache mit der Folge, dass das staatliche Vollstreckungsorgan die noch immer dem Schuldner gehörende Sache im Wege der Verwertung dem Vermögen eines anderen (Erwerber) zuweisen darf. In diesem Fall erwirbt der Erwerber kraft Hoheitsakt (nämlich das hoheitliche Handeln des Vollstreckungsorgans) das Eigentum an der Sache, während der Schuldner es verliert. Aber anstatt der Sache ist der Verwertungserlös – im Falle der Sachpfändung das Entgelt, welches der Erwerber für die Sache entrichtet hat – vorhanden. Welchem Vermögen ist der Verwertungserlös nun zuzuordnen? Wer ist Eigentümer dieses Verwertungserlöses geworden? Konsequenterweise doch derjenige, der das Eigentum an der Sache durch die Verwertung verloren hat, also der Schuldner. Dies ist das Prinzip der sog. **dinglichen Surrogation** (§ 1247 Satz 2 BGB analog): die dinglichen Rechte, welche an der Sache bestanden, setzen sich am Erlös fort; d. h.: scheidet die gepfändete Sache durch ihre Verwertung aus dem Vermögen des Schuldners aus, wird sie durch den infolge der Verwertung erworbenen Verwertungserlös ersetzt.

Wenn der Gerichtsvollzieher nun aber nach den gesetzlichen Vorschriften (§ 819 ZPO) den zum Schuldnervermögen gehörenden Erlös nicht an den Schuldner, sondern bis zur Höhe der titulierten Forderung an den Gläubiger auskehrt, stellen sich insbesondere folgende Fragen: Warum muss der Schuldner im Verhältnis zum Gläubiger die Verwertung seines Eigentums und die Auskehr des Erlöses an den Gläubiger dulden? Warum darf der Gläubiger diesen Teil des Erlöses behalten und zur Befriedigung seiner Forderung verwenden anstatt es nach Bereicherungsrecht wieder herausgeben zu müssen? Es bedarf also einer Rechtsposition des Gläubigers, die es ihm im Verhältnis zum Schuldner erlaubt, die Verwertung betreiben und den Erlös behalten zu dürfen.

Die Vorschriften zum Ob und Wie des Pfändungsaktes, der Verwertung und der Auskehr des Erlöses betreffen das Handeln des Vollstreckungsorgans und stellen insoweit dessen gesetzliche Eingriffsgrundlage dar. Sie besagen nichts über eine Berechtigung des Gläubigers am Erlös.

Die zu vollstreckende Geldforderung ist auf Zahlung, also einen willensgetragenen Akt und nicht auf Duldung der Verwertung einer Sache und Befriedigung aus dem Verwertungserlös gerichtet.

Erforderlich ist vielmehr eine besondere Berechtigung des Gläubigers gegenüber dem Schuldner

- zur Verwertung der Sache
- und Befriedigung aus dem Verwertungserlös.

Der Gesetzgeber hat in § 804 Abs. 1 und 2 ZPO den Weg gewählt, ein Pfandrecht mit dem an das vertragliche Pfandrecht des BGB angelehnten Inhalt zu konstruieren. Da es aus der Pfändung folgt, heißt es **Pfändungspfandrecht**.

Das Pfändungspfandrecht ist demnach die Berechtigung des Gläubigers gegenüber dem Schuldner, aus der Verwertung der gepfändeten Sache wegen der titulierten Forderung Befriedigung zu erlangen.

a) Die Pfändungspfandrechtstheorien

Ob dieses Pfändungspfandrecht lediglich ein prozessuales Recht, die Verwertung betreiben zu dürfen, oder ein materielles Recht, den Verwertungserlös bis zur Höhe der titulierten Forderung zu deren Befriedigung behalten zu dürfen, begründet, ist umstritten.

Übersicht über die Pfändungspfandrechtstheorien			
Theorie	Das Pfändungspfandrecht hat folgende		
	Rechtsnatur:	Wirksamkeitsvoraussetzungen:	Rechtswirkungen:
Privatrechtliche Theorie (RGZ 60, 70, 72)	Das Pfändungspfandrecht ist (neben vertraglichem und gesetzlichem) ein drittes privatrechtliches Pfandrecht. Der Pfändungsakt ersetzt nur die Verpfändungserklärung des Schuldners. Daher unterliegt es im übrigen den Vorschriften des BGB zum Pfandrecht.	Neben ■ der wirksamen Pfändung (wegen der Ersetzung der Verpfändungserklärung) müssen die Voraussetzungen eines Pfandrechts nach §§ 1204 ff. BGB vorliegen: ■ Bestehen der zu vollstreckenden Forderung (Akzessorietät) und ■ die gepfändete Sache gehört dem Schuldner	Die Wirkungen ergeben sich aus dem BGB. Das Pfändungspfandrecht kann insbesondere nicht bei der Pfändung schuldnerfremder Sachen entstehen. Die Verwertung ist die Verwirklichung des Pfändungspfandrechts.
öffentlich-rechtliche Theorie (Zöller-Stöber, § 804, Rn. 2; Thomas/Putzo, § 803, Rn. 8)	**Das Pfändungspfandrecht bezeichnet die prozessuale Berechtigung des Gläubigers, die Sache nach den Vorschriften des (hoheitlichen = öffentlichrechtlichen) Zwangsvollstreckungsverfahrens zu verwerten und den Verwertungserlös empfangen zu dürfen.** Wegen seines allein prozessualen Charakters ist es gegenüber den Pfandrechten des BGB wesensverschieden mit der Folge, dass **Pfändungspfandrecht** und **Verwertung öffentlich-rechtlich** sind. Dies bedeutet, dass sich Inhalt und Wirkungen des Pfändungspfandrechts allein nach dem öffentlichen Vollstreckungsrecht und nur ergänzend nach dem (analog anwendbaren) BGB richten.	Da nur das öffentliche Verfahrensrecht maßgeblich ist, entsteht das Pfändungspfandrecht allein durch die **wirksame Verstrickung** (= wirksame Pfändung) und **unabhängig davon**, ob ■ die zu vollstreckende Forderung besteht oder ■ die gepfändete Sache im Eigentum des Schuldners steht, also auch bei Pfändung einer schuldnerfremden Sache.	Das Pfändungspfandrecht hat nicht die Wirkungen eines Pfandrechts nach BGB. Wegen des öffentlich-rechtlichen Charakters der Verwertung erwirbt der Erwerber bei der Versteigerung schuldnerfremder Sachen originär durch Hoheitsakt das Eigentum an der Sache. Da die Eigentumszuweisung durch originären Hoheitsakt und nicht rechtsgeschäftlich geschieht, kommt es auf eine Gut- oder Bösgläubigkeit des Erwerbers in Bezug auf die Eigentumslage an der Sache zur Zeit der Verwertung nicht an. Infolge seines prozessualen Wesens besagt das Pfändungspfandrecht jedoch nichts über die materiell-rechtliche Berechtigung des Gläubigers, aus dem Verwertungserlös Befriedigung suchen und den Erlös daher behalten zu dürfen. Es gewährt also kein materielles Befriedigungsrecht. Ein vom Pfändungspfandrecht zu unterscheidendes materielles Befriedigungsrecht hat der Gläubiger nur, wenn die verwertete Sache dem Schuldner gehörte. Das Pfändungspfandrecht erlischt mit Wegfall der Verstrickung.

Übersicht über die Pfändungspfandrechtstheorien (Fortsetzung)			
Theorie	Das Pfändungspfandrecht hat folgende		
	Rechtsnatur:	Wirksamkeitsvoraussetzungen:	Rechtswirkungen:
Gemischte privatrechtlich-öffentlich-rechtliche Theorie RGZ 156, 395, 398; BGHZ 23, 293, 299; Brox/Walker, Rn. 393	Es ist <u>strikt zu unterscheiden</u> zwischen ■ der wegen des hoheitlichen Wesens des Vollstreckungsverfahrens **öffentlich-rechtlichen Verstrickung**, welche allein die Grundlage der deshalb ebenfalls öffentlich-rechtlichen Verwertung ist und dem ■ **privatrechtlichen Pfändungspfandrecht**, welches die materielle Berechtigung des Gläubigers, den Verwertungserlös zum Zweck der Befriedigung der titulierten Forderung behalten zu dürfen, ist; das Pfändungspfandrecht als dritte Art privatrechtlicher Pfandrechte unterliegt den Regeln des BGB.	Es müssen vorliegen: ■ Wirksame Verstrickung ■ Pfändung unter Beachtung der wesentlichen Vollstreckungsvoraussetzungen (über die für die Wirksamkeit relevanten Erfordernisse hinaus z. B. Klausel, Zustellung, §§ 809, 811 ZPO) und wegen des privatrechtlichen Charakters des Pfändungspfandrechts die <u>materiell-rechtlichen Voraussetzungen für das Entstehen des Pfandrechts</u> nach §§ 1204 ff BGB mit Ausnahme der Verpfändungserklärung (die durch die Pfändung ersetzt wird), insbesondere dass im Zeitpunkt der Pfändung ■ <u>die zu sichernde Forderung besteht</u> (Akzessorietät) und ■ <u>die Pfandsache dem Schuldner gehört</u>.	Die **Verstrickung** begründet das **prozessuale Verwertungsrecht** des Gläubigers. Infolge der öffentlich-rechtlichen Natur der Verstrickung und der auf ihr beruhenden Verwertung erwirbt der Erwerber kraft originären Hoheitsaktes (= die vom Zuweisungswillen des Vollstreckungsorgans getragene Eigentumszuweisung) und zwar (da kein rechtsgeschäftlicher Erwerb) unabhängig von seiner Gut- oder Bösgläubigkeit das Eigentum an der gepfändeten Sache, selbst wenn eine schuldnerfremde Sache verwertet wird. Unabhängig davon steht das Schicksal des **privatrechtlichen Pfändungspfandrechts**: Es entsteht nicht bei der Pfändung einer schuldnerfremden, also im Eigentum des Gläubigers selbst oder eines Dritten stehenden Sache. Das Pfändungspfandrecht endet durch Aufhebung der Verstrickung und in analoger Anwendung der §§ 1252–1255, 136, 135 Abs. 2 BGB.

Die privatrechtliche Pfändungspfandrechtstheorie widerspricht dem heute allgemein anerkannten Verfahrensgrundsatz des hoheitlichen Zwangsvollstreckungsverfahrens und wird daher nicht mehr vertreten.

Der Streit zwischen öffentlich-rechtlicher und gemischt-privatrechtlich-öffentlich-rechtlicher Pfändungspfandrechtstheorie ist insbesondere vor dem Hintergrund zweier **examensrelevanter** Problemkreise beachtlich: Zum einen kommen die Theorien in Bezug auf das **Rangverhältnis der Pfändungspfandrechte verschiedener Gläubiger** zu unterschiedlichen Ergebnissen, während sie zum anderen bei der **Versteigerung schuldnerfremder Sachen** mit unterschiedlicher Begründung zum gleichen Ergebnis gelangen.

b) Rangverhältnis der Pfändungspfandrechte verschiedener Gläubiger

Eine wesentliche Wirkung des Pfändungspfandrechts ist die Rangsicherung, § 804 Abs. 2 ZPO.

Welche Bedeutung hat der Rang?[163]

In der Einzelzwangsvollstreckung stehen mehrere Gläubiger ein und desselben Schuldners in Konkurrenz. Jede Vollstreckung zielt auf vollständige Befriedigung des jeweiligen Gläubigers. Das Prinzip der gleichmäßigen und anteiligen Befriedigung aller Gläubiger eines Schuldners ist nur in der Gesamtvollstreckung (Insolvenz) verankert.

Wird eine Sache für mehrere titulierte Forderungen eines oder verschiedener Gläubiger desselben Schuldners gepfändet, erfordert es die Gewährleistung eines effektiven Rechtspflegeverfahrens, dass eine Reihenfolge (= Rangordnung) bestimmt wird, in welcher der Verwertungserlös zur Erfüllung der Forderungen verwendet werden darf.

§ 804 Abs. 3 ZPO regelt dies im Sinne des **Prioritätsprinzips**: Wer zuerst kommt (oder besser pfändet), mahlt zuerst; der Rang eines Pfändungspfandrechts wird durch den Zeitpunkt der Pfändung bestimmt.

Das früher entstandene – **vorrangige** – **Pfändungspfandrecht** berechtigt dessen Gläubiger zur vollständigen Befriedigung vor Gläubigern *nachrangiger* Pfändungspfandrechte.

Bei gleichzeitiger Pfändung und somit **gleichrangigem Pfändungspfandrecht** wird der Erlös unter den gleichrangigen Gläubigern im Verhältnis der einzelnen Forderungen – gegebenenfalls anteilig – verteilt.

Diese Grundsätze gelten auch für das Rangverhältnis zwischen Pfändungspfandrecht und vertraglichem Pfandrecht.

Ausnahmsweise genießen **Vorrang vor dem früher entstandenen Pfändungspfandrecht**:
– die in §§ 50, 51 InsO genannten Pfand- und Vorzugsrechte,
– später gutgläubig erworbene Vertragspfandrechte, § 1208 BGB.

Eine **Rangänderung** kann unter den Pfändungsgläubigern durch Rangrücktrittserklärung des vorrangigen und Annahme des nachrangigen Gläubigers vereinbart werden.

Der **Verlust des Pfandrechts** hat den **Verlust des Rangs** zur Folge; nachrangige Pfandrechte rücken auf.

Streitigkeiten unter den Gläubigern über das Rangverhältnis sind im **Verteilungsverfahren** nach §§ 872 bis 882 ZPO zu klären.

Der Rang hängt demnach davon ab, zu welchem Zeitpunkt das Pfändungspfandrecht **wirksam** entsteht. Dieser Zeitpunkt kann nach den Pfändungspfandrechtstheorien jedoch unterschiedlich sein.

---

[163] Übersicht und weitere Einzelheiten bei Zöller-Stöber, § 804 Rn. 4 f.; Thomas/Putzo, § 804 Rn. 8 – 12

Beispielsfall:

Der Gerichtsvollzieher pfändete am 01. 02. 2002 aufgrund einer titulierten Geldforderung des Gläubigers A im Hause des Schuldners, in dem ansonsten nichts Pfändbares zu finden war, eine wertvolle Skulptur. Einen Tag später gehen beim Gerichtsvollzieher zwei Vollstreckungsanträge der weiteren Gläubiger B und C des Schuldners ein. Da die Skulptur einen weitaus höheren Wert die Forderung des A zu haben scheint, pfändet der Gerichtsvollzieher am 02.02.2002 die Skulptur im Wege der Anschlusspfändung für B und C erneut. Im Nachhinein stellt sich heraus,

Fallvariante a): dass der Schuldner die Forderung des A bereits vor Pfändung erfüllt hatte.

Fallvariante b): dass der Schuldner, welcher die Skulptur unter Eigentumsvorbehalt von X erworben hatte, erst am 02.02.2002 den Restkaufpreis an X gezahlt hatte.

Fallvariante c): dass zum Zeitpunkt der Pfändung für den Gläubiger A der Titel noch nicht zugestellt war, sondern erst am 03.02.2002 dem Schuldner zugestellt worden ist.

Mit welchem Rang sind Pfändungspfandrechte entstanden? Kann A vor B und C Befriedigung erlangen?

Nach der **gemischten privatrechtlichen-öffentlich-rechtlichen Theorie** entsteht das Pfändungspfandrecht wirksam, wenn die Sache unter Beachtung der wesentlichen Pfändungsvoraussetzungen wirksam verstrickt wurde **sowie** im Zeitpunkt der Pfändung die titulierte Forderung besteht (**Akzessorietät**) und die gepfändete Sache dem Schuldner gehört (**Eigentum des Schuldners am Vollstreckungsgegenstand**).

In der Fallvariante a) war die titulierte Forderung des A durch Erfüllung nach § 362 BGB bereits erloschen, so dass die Pfändung wegen einer nicht mehr bestehenden Forderung ausgebracht wurde und ein Pfändungspfandrecht daher nicht entstehen konnte.

In der Fallvariante b) stand die Skulptur zur Zeit der Pfändung am 01.02.2002 noch nicht im Eigentum des Schuldners, sondern gehörte mangels Bedingungseintritts noch dem Vorbehaltsverkäufer X. Daher konnte durch die Pfändung am 01.02.2002 kein Pfändungspfandrecht an der Sache wirksam entstehen. **Das Pfändungspfandrecht entsteht jedoch nachträglich in dem Zeitpunkt, in welchem die fehlende Voraussetzung des Entstehungstatbestandes nachgeholt wird bzw. eintritt. Der Mangel ist ex nunc heilbar.**[164] Da der Schuldner erst am 02.02.2002 Eigentümer wurde, entstand zu diesem Zeitpunkt nachträglich das Pfändungspfandrecht des A zeitgleich mit denen der weiteren Gläubiger B und C. Diese gleichzeitig entstandenen Pfändungspfandrechte sind daher gleichrangig.[165]

In der Fallvariante c) fehlte im Zeitpunkt der Pfändung für A eine wesentliche Pfändungsvoraussetzung (§ 750 Abs. 1 ZPO). Dieser Mangel wurde am 03.02.2002 geheilt, so dass ex nunc erst zu diesem Zeitpunkt das Pfändungspfandrecht für A entstand. Dieses steht nach dem Prioritätsprinzip den früher am 02.02.2002 entstandenen Pfändungspfandrechten der Gläubiger B und C im Rang nach.

---

[164] Brox/Walker, Rn. 389 f.

[165] vgl. RGZ 60, 70, 73

Nach der **öffentlich-rechtlichen Theorie** entsteht das Pfändungspfandrecht allein mit wirksamer Verstrickung unabhängig vom Bestehen der zu vollstreckenden Forderung und der Eigentumslage in Bezug auf die gepfändete Sache.

In den Fallvarianten a) und b) führt dies dazu, dass ein Pfändungspfandrecht des A an der gepfändeten Sache trotz Untergangs der zu vollstreckenden Forderung bzw. Zugehörigkeit der Skulptur zum Vermögen des X entstanden ist.

Da diese Theorie lediglich eine wirksame Verstrickung (= wirksame Pfändung) verlangt, spielt die Verletzung solcher Pfändungsvoraussetzungen, welche nur die Anfechtbarkeit, nicht aber die Unwirksamkeit der Pfändung begründen, keine Rolle. Der Zustellungsmangel in der Fallvariante c) macht den Pfändungsakt lediglich anfechtbar, aber nicht nichtig, so dass zugunsten des A am 01.02.2002 ein Pfändungspfandrecht – vorrangig vor den späteren Pfändungspfandrechten von B und C – entstanden ist.

Hinsichtlich der Fallvariante c) ist zu beachten, dass auch Vertreter der öffentlichrechtlichen Theorie unter Hinweis auf die materielle Gerechtigkeit und die Chancengleichheit der beteiligten Gläubiger dem A aus seiner formalen Rechtsstellung keinen Vorrang einräumen, wenn er den formellen Mangel der Vollstreckung beeinflussen konnte.[166] In diesem Fall wäre nach beiden Theorien z. B. die Widerspruchsklage eines nachrangigen Gläubigers nach § 878 ZPO begründet, so dass es auf die Frage des wirksamen Entstehens des Pfändungspfandrechts nicht ankäme und sich ein Streitentscheid erübrigt.

c) Versteigerung einer schuldnerfremden Sache

Beispielsfall:

Der Gerichtsvollzieher pfändete im Auftrag des Gläubigers wegen einer titulierten Geldforderung in Höhe von 10.000,00 € beim Schuldner eine dem Dritten X sicherungsübereignete Skulptur. Nach anschließender Versteigerung der Skulptur und Erteilung des Zuschlags an den Erwerber Y übergab der Gerichtsvollzieher diesem die Skulptur mit dem Willen, das Eigentum an der Skulptur dem Y zuzuweisen. Hierbei wusste Y, dass die Skulptur nicht dem Schuldner, sondern dem X gehörte. Den von Y gezahlten Versteigerungserlös von 12.000,00 € händigte der Gerichtsvollzieher in Höhe von 10.000,00 € an den Gläubiger und im übrigen an den Schuldner aus.

Sowohl nach öffentlich-rechtlicher als auch nach gemischter privatrechtlich-öffentlich-rechtlicher Theorie hat der Ersteher Y das Eigentum an der ersteigerten Sache erlangt ohne dass es auf seine Gut- oder Bösgläubigkeit in Bezug auf das Eigentum des Schuldners ankommt. Denn der Eigentumserwerb erfolgt nach beiden Theorien originär durch Hoheitsakt (= die Eigentumszuweisung durch den hoheitlich handelnden Gerichtsvollzieher) – s.o. Übersicht.

aa) Ansprüche des Dritteigentümers gegen den Ersteher

Der vorherige Eigentümer X kann daher von dem Ersteher Y weder die Herausgabe der Sache noch Schadensersatz verlangen:

---

[166] Zöller-Stöber, § 878 Rn. 12

(1) Vertragliche Ansprüche zwischen X und dem Ersteher Y bestehen nicht.

(2) Ein Herausgabeanspruch aus § 985 BGB ist wegen des wirksamen Eigentumserwerbes kraft Hoheitsakts seitens Y und dem damit verbundenen Eigentumsverlust des X nicht begründet.

(3) Ein Herausgabeanspruch nach § 1007 Abs. 2 BGB setzt das fortbestehende Eigentum des Anspruchstellers voraus, was nach dem Eigentumserwerb des Erstehers nun nicht mehr der Fall ist.

(4) Auch ein Herausgabeanspruch nach §§ 869, 861 BGB kommt nicht in Betracht, da der Eigentumserwerb kraft Hoheitsakt keine verbotene Eigenmacht darstellt.

(5) Der findige X wird sich auch nicht auf § 687 Abs. 2 BGB berufen können, weil der Eigentumserwerb schon kein Geschäft des früheren Eigentümers gewesen ist.

(6) § 816 Abs. 1 BGB setzt eine rechtsgeschäftliche Verfügung voraus[167]. Der originäre Eigentumserwerb kraft Hoheitsaktes ist aber gerade keine rechtsgeschäftliche Verfügung. Anders als beispielsweise in §§ 135, 161, 184 BGB sind in § 816 BGB Handlungen in der Zwangsvollstreckung der rechtsgeschäftlichen Verfügung nicht ausdrücklich gleichgestellt.

(7) Ein Anspruch aus § 816 Abs. 2 BGB ist nicht begründet, weil der Ersteher Y nicht Nichtberechtigter, sondern nach den Vollstreckungsvorschriften und den Versteigerungsbedingungen zum Eigentumserwerb Berechtigter war.

(8) Ein Herausgabeanspruch aus **§ 812 BGB**, der mangels Leistung nur als Eingriffskondiktion (Abs. 1 Satz 1 2. Alt.) denkbar ist, scheitert ebenfalls. Zwar hat der Y etwas, nämlich das Eigentum an der ersteigerten Sache auf sonstige Weise, nämlich durch Hoheitsakt erlangt, wobei dies auf Kosten des X geschah, der sein Eigentum an der Sache dadurch verlor. Aber der Y erhielt im Rahmen der Versteigerung der Sache den Zuschlag, der einen kaufähnlichen Vertrag zwischen Staat und dem Ersteher begründet, so dass sein nachfolgender Eigentumserwerb durch hoheitliche Eigentumszuweisung im Zuschlag seinen Rechtsgrund hatte.

(9) Auch ein Schadensersatzanspruch aus **§ 823 Abs. 1 BGB** ist nicht begründet. Durch den Eigentumserwerb ist dem X sein vorheriges Eigentum entzogen worden (Eigentumsverletzung); der auf einem rechtmäßigen Hoheitsakt beruhende Eigentumserwerb ist jedoch **nicht rechtswidrig** gewesen. Auf die eventuelle Bösgläubigkeit des Erstehers kommt es daher schon nicht mehr an.

(10) Lediglich § 826 BGB gewährt einen Anspruch, wenn Y den X durch den Eigentumserwerb vorsätzlich und sittenwidrig geschädigt hat. Hierzu genügt aber nicht die Bösgläubigkeit in Bezug auf das Eigentum des Schuldners. Vielmehr sind darüber hinaus weitere Umstände erforderlich, welche die Sittenwidrigkeit begründen, wie z. B. die Absicht, durch den formell nicht sittenwidrigen Eigentumserwerb den vorherigen Eigentümer zu schädigen (Missbrauch der formalen Stellung als Erwerber nach Vollstreckungsrecht[168]).

---

[167] Palandt-Thomas, § 816 Rn. 7
[168] vgl. BGH NJW 79, 162, 163

Da der frühere Eigentümer X an die Sache selbst nicht mehr herankommt, stellt sich die Frage, ob er vom Gläubiger oder Schuldner die Herausgabe des an diese ausgekehrten Erlöses verlangen kann.

bb) Ansprüche des Dritteigentümers gegen den Gläubiger

(1) Vertragliche Ansprüche bestehen – in der Regel – nicht.

(2) Ein **Schadensersatzanspruch** könnte sich **aus §280 Abs. 1 BGB n. F. (anstelle der früheren pFV) ergeben.** Der Gläubiger hat gewissenhaft zu prüfen, ob am Vollstreckungsgegenstand Rechte Dritter bestehen.[169] Dies begründet eine Sonderbeziehung zwischen dem Gläubiger und dem Eigentümer der Sache mit der Folge, dass der Gläubiger sich bei schuldhafter Verletzung dieser Pflicht gegenüber dem Eigentümer ersatzpflichtig macht. Ein Verschulden des Gläubigers kann jedoch nur angenommen werden, wenn er das Dritteigentum an dem Vollstreckungsgegenstand kannte oder erkennen musste. Von einem Kennenmüssen ist jedoch nicht schon allein deswegen auszugehen, weil der Dritte unsubstantiiert sein Eigentum behauptet. Wenn keine für den Gläubiger leicht erkennbaren Umstände auf das Dritteigentum hinweisen, wird man vom Eigentümer verlangen müssen, dass er sein Eigentum vereinzelt darlegt und glaubhaft macht.

Der Wert der versteigerten Sache wird regelmäßig den Mindestschaden darstellen. Auf die Höhe des – unter Umständen geringeren – erlangten Verwertungserlöses kommt es im Rahmen des Schadensersatzes nicht an.

Im Beispielsfall sind keine Anhaltspunkte für eine Erkennbarkeit des Eigentums des X für den Gläubiger ersichtlich.

(3) Denkbar ist auch ein Schadensersatzanspruch aus §§ 687 Abs. 2, 678 BGB. Die Verwertung der Sache ist ein Geschäft des Sacheigentümers oder dessen Gläubigers. Daher betreibt der Gläubiger, der in eine nicht seinem Schuldner gehörende Sache vollstreckt, ein fremdes Geschäft. § 687 Abs. 2 BGB setzt jedoch die Kenntnis von der mangelnden Berechtigung zur Geschäftsführung, d. h. im Fall der Vollstreckung die Kenntnis vom Dritteigentum voraus. Anhaltspunkte dafür ergeben sich im Beispielsfall nicht.

(4) Schadensersatzansprüche aus §§ 989, 990 BGB bestehen nicht. Da der Gerichtsvollzieher den Besitz an der gepfändeten Sache dem Gläubiger vermittelt, ist an eine Vindikationslage zwar zu denken. Eine solche besteht aber nicht, weil während des Vollstreckungsverfahrens die Rechtsbehelfe des 8. Buchs der ZPO die Anwendung der §§ 985 ff. BGB ausschließen.[170] Dies bedeutet, dass zwischen X und dem Gläubiger in Bezug auf die gepfändete Skulptur kein Eigentümer-Besitzer-Verhältnis (E-B-V) bestand. Bis zur Auskehr des Verwertungserlöses war die Zwangsvollstreckung noch nicht beendet, so dass auch in Bezug auf den Erlös keine Vindikationslage bestand. Mit Auskehr erwarb der Gläubiger kraft Hoheitsakt das Eigentum am übergebenen Erlösteil, so dass wiederum kein E-B-V vorlag.

---

[169] BGHZ 58, 201; 58, 207, 214
[170] BGHZ 58, 207, 214

(5) Ein Schadensersatzanspruch aus § 823 Abs. 1 BGB kann bei der Vollstreckung in schuldnerfremde Sachen begründet sein:

■ Da der Ersteher der versteigerten Sache nach beiden Theorien originär kraft Hoheitsakt lastenfreies Eigentum erwirbt und der frühere Sacheigentümer X dieses verliert, ist das Eigentum des X verletzt (Entzug des Eigentums).

■ Schadensursächliches Verhalten des Gläubigers ist die Betreibung des Zwangsvollstreckungsverfahrens.

■ Kann aber die aufgrund eines ordnungsgemäß durchgeführten legalen Zwangsvollstreckungsverfahrens erfolgte Rechtsgutverletzung rechtswidrig sein?

Grundsätzlich hat ein verfahrensmäßig legales Verhalten die Vermutung der Rechtmäßigkeit für sich. Um effektiven Rechtsgüterschutz zu gewährleisten muss diese Vermutung der Rechtmäßigkeit schadensursächlichen Verhaltens auf die Fälle beschränkt werden, in denen Rechtsgüter der am Rechtspflegeverfahren förmlich Beteiligter betroffen sind.[171] Daher kann das Betreiben der Zwangsvollstreckung im Verhältnis zwischen Vollstreckungsgläubiger und Vollstreckungsschuldner nicht rechtswidrig sein; insoweit streitet für das Verhalten des Gläubigers aus dem legalen Verfahren die Vermutung des rechtmäßigen Handelns. Anders ist dies zu im Verhältnis zwischen Vollstreckungsgläubiger und dem am Verfahren nicht förmlich beteiligten Dritteigentümer zu beurteilen: bei der Vollstreckung in eine schuldnerfremde Sache indiziert die Einhaltung gesetzlicher Verfahrensvorschriften nicht die Rechtmäßigkeit der Rechtsgutverletzung.

Im Beispielsfall: Die Vollstreckung des Gläubigers in die dem X gehörende Sache stellt folglich eine rechtswidrige Eigentumsverletzung dar.

Da der Gläubiger bei der Vollstreckung in die schuldnerfremde Sache auch kein Pfändungspfandrecht (gemischte privatrechtlich-öffentlich-rechtliche Theorie) oder materielles Befriedigungsrecht (öffentlich-rechtliche Theorie) erlangt, kann die Rechtsgutverletzung auch nicht unter diesem Aspekt rechtmäßig sein.

■ Erforderlich ist jedoch ein **Verschulden** des Gläubigers. Dies setzt wiederum Kenntnis oder fahrlässige Unkenntnis vom Dritteigentum voraus. Entsprechende Anhaltspunkte für Kenntnis oder Kennenmüssen sind im Beispielsfall nicht ersichtlich.

Auch wird das pauschale Behaupten des Eigentums durch den Dritten ohne substantiierte Darlegung und Glaubhaftmachung der Eigentumsverhältnisse nicht ausreichen.

(6) Auch ein Schadensersatzanspruch aus § 826 BGB erscheint denkbar, wenn über die Kenntnis des Gläubigers vom Dritteigentum hinaus weitere Umstände eine sittenwidrige Schädigung belegen.

---

[171] BGHZ 118, 201, 206

(7) Einem Anspruch aus § 816 Abs. 1 BGB steht entgegen, dass die Verwertung keine rechtsgeschäftliche Verfügung, sondern ein Hoheitsakt des Gerichtsvollziehers ist.

(8) In der Regel ist jedoch ein Herausgabeanspruch aus § 812 Abs. 1 Satz 1 2. Alt. BGB begründet.

Vorüberlegung: Was passiert mit dem Verwertungserlös?

Kraft dinglicher Surrogation (§ 1247 Satz 2 BGB analog) setzen sich am Verwertungserlös die Rechte fort, welche an der versteigerten Sache bestanden haben. Bei der Versteigerung schuldnerfremder Sachen gehört der Versteigerungserlös daher dem früheren Dritteigentümer.

Die weitere Verfahrensweise in Bezug auf den erzielten Verwertungserlös beschreibt das Gesetz nicht ausdrücklich. Vom Wesen der Zwangsvollstreckung wegen einer Geldforderung in das bewegliche Vermögen ist jedoch folgende Verfahrensweise standardisiert:

Der Gerichtsvollzieher zahlt im Regelfall den Verwertungserlös nach Abzug der Vollstreckungskosten an den Gläubiger soweit dieser in Hinsicht auf die titulierte Forderung noch nicht befriedigt ist. Da der Gerichtsvollzieher hierbei hoheitlich handelt, bewirkt die vom Eigentumszuweisungswillen des Gerichtsvollziehers getragene Auszahlung, dass der Gläubiger am empfangenen Teil des Erlöses originär kraft Hoheitsakt **lastenfrei** Eigentum erwirbt (Eigentumszuweisung kraft Hoheitsakt). Der Gläubiger wird also unabhängig von seiner Gut- oder Bösgläubigkeit in Bezug auf die Eigentumslage neuer Eigentümer des Verwertungserlöses.

Soweit der Verwertungserlös nicht zur Befriedigung des Gläubigers benötigt wird, kehrt der Gerichtsvollzieher diesen sog. Übererlös an den Schuldner aus. Da der Schuldner im Normalfall der Sachpfändung Eigentümer der versteigerten Sache war und im Wege der dinglichen Surrogation bereits Eigentümer des Verwertungserlöses ist, stellt diese Auskehr grundsätzlich keine hoheitliche Eigentumszuweisung dar. Dies gilt regelmäßig auch dann, wenn eine schuldnerfremde Sache versteigert wurde und der Übererlös an den Schuldner ausgekehrt worden ist; denn hier muss der Gerichtsvollzieher die Sache – irrig – dem Schuldnervermögen zugeordnet haben, so dass er bei Auskehr des Übererlöses keinen Eigentumszuweisungswillen hat. Gleichwohl wird der Schuldner am empfangenen fremden Geld nach allgemeinen Vorschriften (§§ 947, 948 BGB) Eigentümer.

■ Der Gläubiger hat etwas, nämlich das Eigentum am Verwertungserlös erlangt,

■ und zwar auf sonstige Weise, nämlich durch Eigentumszuweisung (Hoheitsakt) des Gerichtsvollziehers,

■ und unmittelbar auf Kosten des früheren Sacheigentümers X, der im Wege der dinglichen Surrogation (§ 1247 BGB analog) Eigentümer des Verwertungserlöses wurde und dieses Eigentum infolge der hoheitlichen Zuweisung des lastenfreien Eigentums an den Gläubiger wieder verlor.

■ Dies geschah im Verhältnis zwischen dem früheren Eigentümer X und dem Gläubiger **ohne Rechtsgrund:**

Nach der gemischten privatrechtlich-öffentlich-rechtlichen Theorie hat der Gläubiger durch die Pfändung der schuldnerfremden Skulptur und an dem im Wege der dinglichen Surrogation an ihre Stelle getretenen Verwertungserlös kein **Pfändungspfandrecht** erworben. Dies bedeutet, dass er keine Berechtigung gegenüber dem früheren Sacheigentümer hat, aus der Verwertung der gepfändeten Sache wegen der titulierten Forderung Befriedigung zu erlangen und das empfangene Geld zu diesem Zweck behalten zu dürfen.

Nach der öffentlich-rechtlichen Theorie hat der Gläubiger zwar auch bei der Pfändung einer schuldnerfremden Sache ein Pfändungspfandrecht erworben. Das öffentlich-rechtliche Pfändungspfandrecht ist jedoch lediglich die prozessuale Berechtigung des Gläubigers, die Sache nach den Vorschriften des Zwangsvollstreckungsverfahrens zu verwerten und den Verwertungserlös empfangen zu dürfen. Es ist strikt zu unterscheiden von dem **materiellen Befriedigungsrecht**. Dieses Recht, aus dem Verwertungserlös Befriedigung zu suchen und den Erlös daher behalten zu dürfen, steht dem Gläubiger bei der Pfändung schuldnerfremder Sachen nicht zu.

Im Beispielsfall: Nach beiden Theorien ist der Gläubiger hier gegenüber dem X nicht berechtigt, den Verwertungserlös behalten zu dürfen.

Dass der frühere Eigentümer nicht von der Möglichkeit einer Drittwiderspruchsklage Gebrauch gemacht hat, führt noch nicht zur Ablehnung des Bereicherungsanspruchs wegen mangelnder Schutzwürdigkeit des Dritten.[172] **Allerdings wird eine Bereicherungsklage nach Beendigung des Zwangsvollstreckungsverfahrens dann keinen Erfolg haben, wenn eine Drittwiderspruchsklage deshalb unbegründet gewesen wäre, weil die Geltendmachung des grundsätzlich begründeten Interventionsrechts rechtsmissbräuchlich gewesen wäre.**

Ist eine Drittwiderspruchsklage rechtskräftig abgewiesen worden, ist die Bereicherungsklage nach Abschluss der Zwangsvollstreckung infolge des Einwandes entgegenstehender Rechtskraft unzulässig.[173]

Rechtsfolge:

Herauszugeben ist der vom Gläubiger empfangene Teil des Verwertungserlöses (sog. **Nettoerlös**), nicht also die vom Gerichtsvollzieher einbehaltenen Kosten oder der an den Schuldner ausgekehrte Erlösteil.[174]

Der Gläubiger kann sich gegenüber dem Bereicherungsanspruch des X auch nicht auf den Wegfall der Bereicherung mit der Begründung berufen, seine Forderung gegen den Schuldner sei infolge der Vollstreckung erloschen. **Denn die vollstreckte Forderung besteht im Falle der Versteigerung schuldnerfremder Sachen trotz Erlösauskehr fort**: Mangels Pfändungspfandrechts (gemischte privatrechtlich-öffentlich-rechtliche Theorie) oder materiellen Befriedigungsrechts (öffentlich-rechtliche Theorie) an Sache und Erlös hat die Vollstreckung nicht zur Erfüllung der zu vollstreckenden Forderung geführt.[175]

(9) Ist der Gläubiger zugleich der Ersteher, muss er nur die Kosten der Zwangsvollstreckung und den die zu vollstreckende Forderung übersteigenden Betrag des Erlöses (Übererlös) an den Gerichtsvollzieher bar zahlen (§ 817 Abs. 4 ZPO).

---

[172] BGHZ 119, 75, 86; Palandt-Thomas, § 812 Rn. 38

[173] RGZ 70, 25, 27

[174] vgl. Palandt-Thomas, § 812 Rn. 39

[175] Brox/Walker, Rn. 472

Im Falle der Versteigerung einer schuldnerfremden Sache ist er daher

■ um die nach § 817 Abs. 4 ZPO unterbliebene Barzahlung ungerechtfertigt bereichert (Befreiung von einer Verbindlichkeit),

■ und zwar auf sonstige Weise, nämlich kraft gesetzlicher Befreiung von der Barzahlungspflicht in § 817 Abs. 4 Satz 1 ZPO[176] sowie

■ unmittelbar auf Kosten des Dritteigentümers, weil durch die lediglich formale Verfahrensvorschrift des § 817 Abs. 4 Satz 1 ZPO der Gläubiger den Barzahlungsbetrag in seinem Vermögen behält, während der Verwertungserlös materiellrechtlich dem Dritteigentümer gebührt (dingliche Surrogation),

■ ohne dass diese Vermögensverschiebung im Verhältnis zwischen Gläubiger und Dritteigentümer einen Rechtsgrund hat, denn der Gläubiger hat kein Pfändungspfandrecht am Vollstreckungsgegenstand oder Verwertungserlös (gemischte privatrechtlich-öffentlich-rechtliche Theorie) oder kein materielles Befriedigungsrecht (öffentlich-rechtliche Theorie).

Rechtsfolge: Der Gläubiger hat Wertersatz in Höhe des nach § 817 Abs. 4 Satz 1 ZPO verrechneten Betrages an den früheren Eigentümer nach §§ 812 Abs. 1 Satz 1 2. Alt., 818 Abs. 2 BGB herauszugeben.[177]

cc) Ansprüche des Dritteigentümers gegen den Schuldner:

(1) Aus Schuldverhältnis könnten Ersatzansprüche des Dritten X gegen den Schuldner bestehen, wenn der Schuldner dem X zum Schutz der Sache und des Eigentumsrechts des X verpflichtet gewesen ist und diese Pflicht schuldhaft nicht erfüllt hat (§ 280 BGB n. F.). Hierfür ergeben sich im Beispielsfall keine Anhaltspunkte.

(2) Ein Schadensersatzanspruch aus § 823 Abs. 1 BGB oder § 826 BGB setzt eine durch den Schuldner verursachte Rechtsgutverletzung voraus. Da der Schuldner in der Regel keine aktiven Mitwirkungspflichten im Rahmen der Zwangsvollstreckung hat, sondern diese nur dulden muss, kann als schadensursächliches Verhalten nur ein zurechenbares Unterlassen in Betracht kommen. Ein Unterlassen ist jedoch nur dann deliktisch erheblich, wenn der Schuldner gegenüber dem früheren Eigentümer X zum Schutz dessen Sacheigentum, somit zum Handeln verpflichtet gewesen ist und bei Vornahme der gebotenen Handlung der Schaden verhindert worden wäre.

Eine Rechtspflicht des Schuldners gegenüber dem Dritteigentümer zum Handeln kann sich ergeben aus

■ Gesetz, aber das Zwangsvollstreckungsrecht enthält keine Regelung, kraft derer der Schuldner verpflichtet ist, einen am Vollstreckungsverfahren unbeteiligten Dritten vor aus der Zwangsvollstreckung drohenden Schäden zu bewahren;

---

[176] Palandt-Thomas, § 812 Rn. 38
[177] vgl. BGHZ 100, 95 ff.; Thomas/Putzo, § 819 Rn. 7; Palandt-Thomas, § 812 Rn. 38

■ Vertrag oder zumindest Aufnahme von Vertragsverhandlungen, was hier aber im Verhältnis Schuldner und X nicht ersichtlich ist;

■ Ingerenz (vorangegangenes gefährliches Tun), wobei die Nichterfüllung der titulierten Forderung jedoch noch nicht genügt: Zwar ist die Nichterfüllung der titulierten Forderung im Verhältnis Schuldner und Gläubiger für die Zwangsvollstreckung kausal, aber für den Schuldner ist bei Nichterfüllung die Gefahr für den Dritteigentümer – regelmäßig – nicht vorhersehbar; in der Nichterfüllung liegt daher keine spezifische Gefahr für den Dritten;

■ besondere Fürsorgepflichten, für die im Beispielfall ebenfalls keine Anhaltspunkte bestehen.

(3) Ein Anspruch auf Herausgabe aus ungerechtfertigter Bereicherung nach § 812 Abs. 1 Satz 1 2.Alt. BGB erscheint möglich.

■ Eine Bereicherung („etwas erlangt") des Schuldners ist hierbei in zweierlei Hinsicht zu prüfen:

■ Der Schuldner hat zunächst in jedem Fall etwas erlangt soweit an ihn der Übererlös ausgekehrt worden ist.

Darüber hinaus ist er bereichert, wenn und soweit er durch die Vollstreckung von seiner Leistungspflicht gegenüber dem Gläubiger frei geworden ist. Dies ist bei der Verwertung schuldnerfremder Sachen jedoch sowohl nach gemischter privatrechtlich-öffentlich-rechtlicher Theorie (kein Pfändungspfandrecht des Gläubigers und damit keine Befriedigung) als auch nach öffentlich-rechtlicher Theorie (kein materielles Befriedigungsrecht) nicht der Fall (s.o.). Etwas anderes ist nur anzunehmen, wenn der Dritteigentümer X den Erlös dem Gläubiger nach § 185 BGB belässt.[178]

■ Die Bereicherung hat der Schuldner auf sonstige Weise, nämlich durch das hoheitliche Handeln des Gerichtsvollziehers erlangt.

Die Ablieferung des Übererlöses stellt regelmäßig – wie bereits dargelegt – keine hoheitliche Eigentumszuweisung an den Schuldner, sondern schlichte – aber immer noch hoheitliche – Ablieferung dar. Der Schuldner erlangt nach allgemeinen Vorschriften das Eigentum am Geld.

Kommt es auf die Befreiung von einer Verbindlichkeit an, so ist diese Bereicherung durch die hoheitliche Zuweisung des Eigentums am entsprechenden Erlösteil an den Gläubiger erlangt worden.

■ Dies geschieht dann unmittelbar auf Kosten des Dritteigentümers, wenn der erhaltene Übererlös oder der zur Befriedigung des Gläubigers verwendete Erlös im Wege der dinglichen Surrogation allein dem Dritteigentümer zusteht, diesem jedoch durch die Auskehr des Erlöses entweder (beim Übererlös) die Nutzung oder (bei der Befreiung von einer Verbindlichkeit) das Eigentum insoweit entzogen worden ist.

---

[178] Thomas/Putzo, § 819 Rn. 8

■ Im Verhältnis zum Dritteigentümer hat der Schuldner die Bereicherung auch ohne Rechtsgrund erlangt.

Herauszugeben ist das Erlangte, also ebenfalls nur der Netto-Übererlös oder Wertersatz soweit der Schuldner von seiner Verbindlichkeit gegenüber dem Gläubiger frei geworden ist.

(4) Ein Herausgabeanspruch aus § 826 BGB scheitert wieder daran, dass die Ablieferung des Übererlöses keine rechtsgeschäftliche Verfügung darstellt bzw. die Befreiung von der titulierten Verbindlichkeit nicht auf einer rechtsgeschäftlichen Verfügung beruht.

d) **Klausurtipp:**

Eine Entscheidung zwischen den beiden Theorien ist nur angezeigt, wenn beide zu unterschiedlichen Ergebnissen gelangen, was insbesondere in Hinsicht auf den Rang des Pfändungspfandrechts sein kann.

Auch wenn sich ein Streitentscheid erübrigt, will jeder Prüfer sehen, dass der Bearbeiter den Meinungsstreit in seinen wesentlichen Grundzügen kennt und damit umgehen kann. Deshalb sollte der Referendar tunlichst die beiden Theorien knapp darstellen, unter den zu prüfenden Sachverhalt subsumieren und abschließend erklären, dass beide Theorien mit unterschiedlichen Begründungen zu übereinstimmenden Ergebnissen gelangen, so dass es keiner Entscheidung des Meinungsstreites bedürfe.

Kommen beide Theorien zu unterschiedlichen Ergebnissen, sollte der Referendar den Meinungsstreit darstellen, unter den zu prüfenden Sachverhalt subsumieren und sich mit vertretbaren Argumenten für eine Auffassung entscheiden. Bereits an dieser Stelle sei darauf hingewiesen, dass es nie die eine richtige Auffassung gibt, für die sich der Referendar unbedingt entscheiden müsse. Durch die Klausur soll der Referendar vielmehr zeigen, dass er juristisch arbeiten und sich mit abweichenden Auffassungen auseinandersetzen kann. **Demnach ist es grundsätzlich egal, für welche Theorie der Referendar sich entscheidet, solange er seine Entscheidung nur mit vertretbaren Argumenten begründet.**

Es bietet sich aber in Klausuren an, sich der als herrschend betrachteten gemischten Theorie anzuschließen, wobei folgende Erwägung vertretbar erscheint:

Indem die öffentlich-rechtliche Theorie das Pfändungspfandrecht lediglich als prozessuale Rechtsstellung aus der Verstrickung bewertet, gelangt sie bei strikter Anwendung in Problemfällen zu unbefriedigenden Ergebnissen. Um diese zu vermeiden greifen ihre Vertreter immer wieder zu Hilfskonstruktionen, entweder indem ihre Vertreter bei der Verwertung schuldnerfremder Sachen auf ein vom Pfändungspfandrecht losgelöstes materiell-rechtliches Befriedigungsrecht zurückgreifen, oder bei Rangstreitigkeiten mit dem Einwand rechtsmissbräuchlichen Verhaltens faktisch eine Rangkorrektur unter Hinweis auf die materielle Gerechtigkeit zulassen (vgl. Zöller-Stöber, § 878 Rn. 12-14). Demgegenüber vermeidet die gemischte privatrechtlich-öffentlich-rechtliche Theorie solche zusätzlichen Hilfskonstruktionen, indem sie von vornherein die materielle Rechtslage im Entstehungstatbestand des Pfändungspfandrechts maßgeblich berücksichtigt und nur soweit erforderlich dem öffentlich-rechtlichen Wesen des Zwangsvollstreckungsverfahrens anpasst. So vermeidet sie Widersprüche und erscheint praktikabler.

VI. Die Anschlusspfändung nach § 826 ZPO

Die Anschlusspfändung ermöglicht die nochmalige Pfändung einer bereits gepfändeten Sache
– entweder für einen anderen Gläubiger
– oder für eine andere titulierte Forderung desselben Gläubigers.

Zweck der Vorschrift ist es, dass Verfahren für eine weitere Pfändung derselben Sache zu erleichtern, weil die bereits infolge der Erstpfändung bestehende Verstrickung der Sache eine Wiederholung der Beschlagnahmeformalitäten erübrigt.[179]

1. Voraussetzungen

Die Anschlusspfändung setzt voraus:

a) Die allgemeinen Voraussetzungen jeder Zwangsvollstreckung

b) Die besonderen Voraussetzungen der Sachpfändung

Neben den Voraussetzungen der Sachpfändung nach §§ 808 ff. ZPO

■ körperliche (bewegliche) Sache

■ Gewahrsam des Schuldners oder eines herausgabebereiten Dritten
Die Herausgabebereitschaft des Dritten ist im Rahmen der Anschlusspfändung von Bedeutung, entweder wenn bereits die Erstpfändung der Maßgabe des § 809 ZPO unterlegen hätte und die Sache noch immer im Gewahrsam des Dritten ist, oder wenn nach Erstpfändung aber vor Anschlusspfändung der Dritte Gewahrsam an der Sache erlangt hat.
Da der Dritte bei jeder einzelnen nach Maßgabe des § 809 ZPO erfolgenden Pfändung die Möglichkeit zur Entscheidung über die Erteilung seiner Zustimmung haben muss, deckt die für die Erstpfändung erteilte Zustimmung nicht jede spätere Pfändung.[180]
Beachte: Dritter im Sinne des § 809 ZPO ist der Gerichtsvollzieher selbst, wenn er die Sache im Rahmen der Erstpfändung weggenommen und eigenen Gewahrsam daran begründet hat. Da er den Gewahrsam in diesem Fall nicht zum Selbstzweck, sondern als staatliches Vollstreckungsorgan im Interesse des Gläubigers erlangt hat, muss er die Herausgabebereitschaft bejahen, wenn die Pfändung der Sache aufgrund des weiteren Vollstreckungsauftrags vor seiner Gewahrsamserlangung zulässig gewesen wäre und die Anschlusspfändung mit dem Zweck seines Gewahrsams an der Sache vereinbar ist.[181]

■ kein Pfändungsverbot

■ kein offensichtliches Dritteigentum

müssen des Weiteren die Voraussetzungen des § 826 ZPO vorliegen:

---

[179] Zöller-Stöber, § 826 Rn. 1
[180] Zöller-Stöber, § 826 Rn. 3; Brox/Walker Rn. 344
[181] Brox/Walker, Rn. 250

■ Vollstreckung gegen denselben Schuldner

Über den Wortlaut des § 826 Abs. 1 ZPO hinaus fordert die h. M.[182], dass diese Norm nur für die Pfändung von Sachen Anwendung findet, die **schon gegen denselben Schuldner gepfändet** sind. Wird dahingegen die Pfändung derselben Sache gegen einen anderen Schuldner durchgeführt, ist diese weitere Pfändung wie eine Erstpfändung zu behandeln. Diese Auffassung entspricht dem Normzweck: Nur bei der Pfändung gegen denselben Schuldner erscheint die Wiederholung der Beschlagnahmeformalitäten entbehrlich.

Keine Identität des Schuldners besteht beispielsweise bei der Pfändung derselben Sache, einmal aufgrund einer titulierten persönlichen Forderung gegen den Schuldner und des Weitern aufgrund eines Titels gegen den Schuldner als Insolvenzverwalter.

■ Wirksamkeit der Erstpfändung

Die Erstpfändung muss im Zeitpunkt der Anschlusspfändung noch fortbestehen, d. h. die Sache muss bereits wirksam verstrickt sein. Fehlt eine wirksame Verstrickung der Sache, ist die Anschlusspfändung nach § 826 Abs. 1 ZPO unwirksam; statt dessen ist eine Sachpfändung nach § 808 ff ZPO durchzuführen. Wird die Erstpfändung nach Ausbringen der Anschlusspfändung – also nachträglich – aufgehoben, bleibt die Anschlusspfändung jedoch wirksam und rückt im Rang vor.

Da die Anschlusspfändung solange möglich ist wie die Verstrickung besteht, ist sie auch noch nach Verwertung und vor Auskehr des Erlöses denkbar, wobei sie dann an dem an die Stelle der verwerteten Sache in das Vermögen des Schuldners getretenen Erlös auszubringen ist.[183]

c) Ordnungsgemäßer Pfändungsakt

■ Protokoll des Gerichtsvollziehers über die Anschlusspfändung

Die Vereinfachung, die § 826 Abs. 1 ZPO bietet, ist, dass der Gerichtsvollzieher lediglich die Erklärung in das Pfändungsprotokoll aufnimmt, dass er die Sache nunmehr im Wege der Anschlusspfändung auch für einen weiteren Gläubiger oder für denselben Gläubiger wegen einer anderen titulierten Forderung pfände. Man erspart die erneute Kenntlichmachung der Pfändung an der Sache.

Die Errichtung dieses Protokolls über die Anschlusspfändung ist **Wirksamkeitsvoraussetzung**. Die Regelungen in § 826 Abs. 2 und 3 ZPO berühren die Wirksamkeit der Anschlusspfändung nicht.

Anstatt von der Vereinfachung Gebrauch zu machen, ist es dem Gerichtsvollzieher aber auch erlaubt, die Pfändung in der Form des § 808 ZPO vorzunehmen, was beispielsweise bei Zweifeln an der Wirksamkeit der Erstpfändung angebracht erscheint.[184]

■ Ordnungsgemäßer Pfändungsumfang

2. Rechtsfolgen

Der Gläubiger der Anschlusspfändung erlangt ein selbständiges Pfändungspfandrecht mit Rang nach Maßgabe des § 804 Abs. 3 ZPO. Dieses begründet einen Anspruch auf Befriedigung aus dem nach Deckung der vorgehenden Rechte verbleibenden Verwertungserlös.

---

[182] Thomas/Putzo, § 826 Rn. 1
[183] vgl. Thomas/Putzo, § 826 Rn. 3
[184] Thomas/Putzo, § 826 Rn. 4

Fällt eine vorrangige Pfändung weg, rückt die Anschlusspfändung im Rang entsprechend auf.

VII. Die Verwertung

Auf die Pfändung der Sache folgt deren Verwertung: Die Sache soll zu Geld gemacht werden. Denn Ziel der Zwangsvollstreckung ist es, den Gläubiger wegen dessen titulierten Forderung gegen den Schuldner zu befriedigen, indem man – technisch nicht gerade schön, aber plastisch ausgedrückt – zwangsweise aus einer dem Schuldner gehörenden Sache Geld macht und damit den Gläubiger bezahlt.

1. Gepfändetes Geld

Unter diesem Aspekt ist es im Grunde der Optimalfall, wenn der Gerichtsvollzieher beim Schuldner Geld findet und pfändet. Daher sieht § 815 Abs. 1 ZPO für diesen Fall grundsätzlich die **Ablieferung des gepfändeten Geldes beim Gläubiger** vor.

> Jedoch hat der Gerichtsvollzieher das Geld nicht an den Gläubiger abzuliefern, sondern zu hinterlegen, wenn ihm gemäß § 294 ZPO ein Interventionsrecht eines Dritten am gepfändeten Geld glaubhaft gemacht wird, § 815 Abs. 2 ZPO. Hält der Gerichtsvollzieher die Glaubhaftmachung nicht für ausreichend, geht er nach § 815 Abs. 1 ZPO vor.

Die Pfändung und Ablieferung von Geld ist unter einem Aspekt allerdings problematisch: Wer trägt das Übermittlungsrisiko, also die Gefahr des zufälligen Untergangs des Geldes zwischen Pfändung (Wegnahme) und Ablieferung? Mit Rücksicht auf die gesetzliche Regelung in **§ 815 Abs. 3 ZPO** besteht im Ergebnis Einigkeit, dass der Schuldner nicht nochmals zur Kasse gebeten werden kann, sondern der Gläubiger (als Zweckveranlasser) dieses Risiko trägt. Streitig ist allerdings das dogmatische Wesen der gesetzlichen Regelung:

- § 815 Abs. 3 ZPO kann als Fiktion der Erfüllung nach § 362 BGB betrachtet werden[185], wofür insbesondere der Wortlaut der Norm spricht. Dann wäre der Schuldner mit Wegnahme der Sache durch den Gerichtsvollzieher von seiner Leistungspflicht befreit. Diese Fiktion soll jedoch keine Anwendung finden, wenn der Gerichtsvollzieher schuldnerfremdes Geld beim Schuldner weggenommen hat.
- Die Vorschrift kann aber auch als bloße Gefahrtragungsregelung angesehen werden[186], wofür insbesondere der Regelungszusammenhang und das zugrundeliegende Regelungsbedürfnis sprechen.

2. Die öffentliche Versteigerung

Andere Sachen als Geld sind grundsätzlich durch den Gerichtsvollzieher öffentlich zu versteigern, § 814 ZPO.

---

[185] so Thomas/Putzo, § 816 Rn. 10
[186] so wohl Lackmann, Rn. 181

Hierzu bestimmt der Gerichtsvollzieher nach Maßgabe des § 816 ZPO Zeit und Ort der Versteigerung. Im Versteigerungstermin hat er den gewöhnlichen Verkaufswert und das Mindestgebot, welches nach der gesetzlichen Vorschrift des § 817a Abs. 1 Satz 1 ZPO die Hälfte des gewöhnlichen Verkaufswertes beträgt und für den Zuschlag nicht unterschritten werden darf, bekannt zu geben, § 817a Abs. 1 ZPO. Das Mindestgebot erhöht sich bei der Versteigerung von Gold und Silber auf den Gold- bzw. Silberwert der Pfandsache, § 817a Abs. 3 Satz 1 ZPO. Auf das höchste abgegebene Gebot (**Meistgebot**) erteilt der Gerichtsvollzieher den Zuschlag, § 817 Abs. 1 ZPO. Bleiben die abgegebenen Gebote unter dem Mindestgebot, darf kein Zuschlag erteilt werden. Dies hat jedoch nicht automatisch die Aufhebung des Pfändungspfandrechts und die Beendigung der Zwangsvollstreckung zur Folge, § 817 Abs. 2 ZPO.

Durch den Zuschlag kommt ein kaufähnlicher – obligatorischer – Vertrag zwischen dem durch den Gerichtsvollzieher vertretenen Staat und dem Meistbietenden zustande, durch welchen der Meistbietende einen Anspruch auf Übereignung der zugeschlagenen Sache[187] gegen Barzahlung des Meistgebots erlangt.

Die Übereignung geschieht durch die Ablieferung der Sache Zug-um-Zug gegen Barzahlung des gebotenen Betrages, § 817 Abs. 2 ZPO. **Ablieferung ist die mit Eigentumszuweisungswillen des Gerichtsvollziehers erfolgende Übertragung des unmittelbaren Besitzes an den Ersteher.** Diese hoheitliche Eigentumszuweisung ist bedingungsfeindlich und erfolgt – da sie keine rechtsgeschäftliche Verfügung ist – unabhängig von der Eigentumslage in Bezug auf die Sache und unabhängig von der Gut- oder Bösgläubigkeit des Erstehers insoweit.

Gewährleistungsansprüche sind nach § 806 ZPO ausgeschlossen.

Merke: Der Ersteher erwirbt **originär durch hoheitliche Eigentumszuweisung** (Hoheitsakt) das Eigentum an der versteigerten Sache **unabhängig davon, ob die Sache dem Vollstreckungsschuldner gehörte, und unabhängig von seiner Gut- oder Bösgläubigkeit insowei**t, wenn

- die Sache gemäß § 817 Abs. 2 ZPO durch den Gerichtsvollzieher an ihn abgeliefert worden ist (**Ablieferung**),

- zu diesem Zeitpunkt die Sache noch wirksam verstrickt war (**wirksame und fortbestehende Verstrickung**)

- und die **wesentlichen Verfahrensvorschriften eingehalten** wurden.

Wesentliche Verfahrensvorschriften sind insoweit
- öffentliche Versteigerung, § 814 ZPO
- Einhaltung der Mindestgebotsgrenzen nach § 817a ZPO
- Barzahlung, § 817 Abs. 2 ZPO.

3. Besondere Verwertungsformen

a) **Gold- und Silbersachen** können durch den Gerichtsvollzieher nach **§ 817 Abs. 3 Satz 2 ZPO** auch freihändig verkauft werden, wenn

---

[187] vgl. Thomas/Putzo, § 817 Rn. 2

– in einem vorangegangenen Versteigerungstermin die Mindestgebotsgrenze nach
§ 817a Abs. 3 Satz 1 ZPO (Gold- bzw. Silberwert) nicht erreicht wurde und
– der freihändige Verkauf nicht unter der Mindestgebotsgrenze nach § 817a Abs. 1
Satz 1 ZPO (= Hälfte des gewöhnlichen Verkaufswertes) erfolgt.

b) **Wertpapiere** mit einem Börsen- oder Marktwert sind gemäß **§ 821 ZPO** grundsätzlich vom Gerichtsvollzieher zum Tageskurs freihändig zu verkaufen.

Solche sind:
– Inhaberpapiere (z.B. Inhaberaktie, Inhaberscheck),
– Orderpapiere, die keine Forderung verbriefen (z.B. Namensaktien)
– Rektawechsel und Rektascheck (z.B. Hypothekenbriefe, Grundschuldbriefe).

c) Der mit Geltung ab 01.01.1999 neugefasste **§ 825 ZPO** ermöglicht auf Antrag
des Gläubigers oder des Schuldners eine Verwertung jeder gepfändeten Sache
– entweder durch den zuständigen Gerichtsvollzieher auf andere Weise als in § 814
ZPO oder an einem anderen Ort als in § 816 ZPO oder zu einer anderen Zeit als
in § 817 ZPO vorgesehen
– oder gar durch eine andere Person als den Gerichtsvollzieher, der die Pfändung
durchgeführt hat.

Dem liegt der Gedanke der bestmöglichen Pfandverwertung zugrunde.

§ 825 ZPO n. F. belässt die Entscheidung hierüber grundsätzlich dem mit der Pfändung betrauten Gerichtsvollzieher (Abs. 1) und weist lediglich die Anordnung der
Verwertung durch eine andere Person als den Gerichtsvollzieher dem Vollstreckungsgericht zu (Abs. 2).

aa) Die Durchführung einer anderen Art der Verwertung durch den Gerichtsvollzieher erfolgt unter folgenden Voraussetzungen:

■ Antrag des Gläubigers oder Schuldners, der inhaltlich darauf gerichtet ist, die gepfändete Sache
   – in anderer Weise
   (z. B. Übereignung des gepfändeten Gegenstandes durch den Gerichtsvollzieher an eine
   bestimmte Person – auch an den Gläubiger selbst – oder der freihändige Verkauf der gepfändeten Sache durch den Gerichtsvollzieher oder durch einen Dritten[188]),
   – an einem anderen Ort oder
   – zu einer anderen Zeit
   als im Gesetz geregelt zu verwerten.

■ Zuständigkeit des mit der Pfändung betrauten Gerichtsvollziehers
   Die Zuständigkeit des Gerichtsvollziehers für die Entscheidung ist nach § 825 ZPO dann
   begründet, wenn die zuvor genannten Antragziele angestrebt werden. Lediglich für die
   Anordnung der Verwertung durch eine andere Person als den Gerichtsvollzieher, der die
   Sache gepfändet hat, ist er nach § 825 Abs. 2 ZPO nicht zuständig.

■ Rechtsschutzbedürfnis des Antragstellers
   Es entfällt beispielsweise
   – nach Durchführung der Versteigerung nach § 814 ZPO oder

---

[188] Thomas/Putzo, § 825 Rn. 6

– bei entgegenstehender Vereinbarung nach § 816 ZPO zwischen den Parteien des Zwangsvollstreckungsverfahrens.

■ Wirksame Verstrickung der gepfändeten Sache
Dies setzt eine wirksame Pfändung der Sache voraus.

■ Erwartung, durch die andere Verwertungsart gegenüber der Regelmäßigen einen höheren Verwertungserlös zu erzielen

■ Unterrichtung des Antragsgegners über die beabsichtigte Verwertungsart, § 825 Abs. 1 Satz 2 ZPO n. F. (zwingende Gewährung rechtlichen Gehörs)
Wegen der in § 825 Abs. 1 Satz 3 ZPO vorgeschriebenen Wartefrist ist die Mitteilung an den Antragsgegner zuzustellen.

■ Zustimmung des Antragsgegners zum Antrag oder Ablauf der Wartefrist von zwei Wochen, § 825 Abs. 1 Satz 3 ZPO n. F.

Bei der Durchführung der anderen Art der Verwertung muss der Gerichtsvollzieher die Mindestgebotsgrenzen des § 817a ZPO einhalten.

Der Gerichtsvollzieher handelt auch bei der Durchführung einer anderen, d. h. vom gesetzlichen Regelfall abweichenden Verwertungsart immer hoheitlich.

Soweit der Gerichtsvollzieher handelt, ist daher auch die Übereignung im Rahmen des freihändigen Verkaufs oder die Eigentumszuweisung an eine bestimmte Person **immer eine Eigentumszuweisung kraft Hoheitsakt**, so dass es für den Eigentumserwerb weder auf die tatsächliche Eigentumslage in Bezug auf die Sache noch auf die Gut- bzw. Bösgläubigkeit des Erwerbers insoweit ankommt.[189]

Aber auch nur das staatlich bestellte Vollstreckungsorgan (sprich Gerichtsvollzieher) handelt hoheitlich. **Wird die Verwertung antragsgemäß im Wege des freihändigen Verkaufs durch einen – privaten – Dritten durchgeführt, handelt dieser als Privatperson auf der Grundlage des Privatrechts**: Es gelten die zivilrechtlichen Vorschriften, insbesondere für die Gewährleistung und die Übereignung, **so dass schuldnerfremdes Eigentum nur gutgläubig nach §§ 932 ff. BGB erworben werden kann.**[190]

bb) Das Vollstreckungsgericht muss unter folgenden Voraussetzungen die Verwertung durch eine andere Person als den mit der Pfändung beauftragten Gerichtsvollzieher nach § 825 Abs. 2 ZPO n. F. anordnen:

■ Antrag des Gläubigers oder des Schuldners auf Anordnung der **Versteigerung durch eine andere Person** als den mit der Pfändung beauftragten Gerichtsvollzieher (z. B. Verwertung durch einen öffentlich bestellten – aber privaten – Auktionator)

---

[189] BGHZ 119, 75, 78
[190] vgl. Thomas/Putzo, § 825 Rn. 11

- Zuständigkeit des Vollstreckungsgerichts
  - sachlich: nach § 764 Abs. 1 ZPO das Amtsgericht und nach § 825 Abs. 2 ZPO n. F. nur für die Anordnung der Versteigerung durch eine andere Person als den Gerichtsvollzieher
  - örtlich: § 764 Abs. 2 ZPO
  - Funktionell zuständig ist der Rechtspfleger, § 20 Nr. 17 RPflG
- Rechtsschutzbedürfnis des Antragstellers

- Wirksame Verstrickung der gepfändeten Sache

- Erwartung, durch die anzuordnende Versteigerung durch einen Dritten gegenüber der regelmäßigen Verwertung einen höheren Verwertungserlös zu erzielen

- Anhörung des Antragsgegners (allgemeiner Grundsatz des rechtlichen Gehörs)

Die Anordnung ergeht in Form eines Beschlusses.[191] Bei der Durchführung ist allerdings zu <u>berücksichtigen</u>:

Da nun eine Privatperson anstatt des Gerichtsvollziehers handelt, liegt kein hoheitliches (öffentlich-rechtliches) Verfahren mehr vor. Die Sache wird nach Maßgabe des Zivilrechts veräußert mit der Folge, dass die Vorschriften über den gutgläubigen Erwerb (in entsprechender Anwendung des § 1244 BGB) Anwendung finden.

Die Veräußerung der gepfändeten Sache kann daher nur bei Gutgläubigkeit des Erwerbers in das Bestehen des Pfändungspfandrechts des Gläubigers (§ 1244 BGB entsprechend) und das Eigentum des Schuldners (§§ 932 BGB) wirksam sein.

Folgt man der gemischten privatrechtlich-öffentlich-rechtlichen Pfändungspfandrechtstheorie ergibt sich dies schlicht daraus, dass der Gläubiger durch die Pfändung der schuldnerfremden Sache **kein Pfändungspfandrecht** an der Sache erworben hat.

4. Verwertungsaufschub

Hinzuweisen ist noch auf die Möglichkeit eines Verwertungsaufschubs aus Gründen des Vollstreckungsschutzes

a) durch den Gerichtsvollzieher nach § 813a ZPO und

b) durch das Vollstreckungsgericht (§ 764 ZPO) nach § 813b ZPO.

Anstatt einer zusammengefassten Wiederholung des Gesetzestextes an dieser Stelle sei der Leser auf das Lesen der Normen verwiesen.

5. Die Verteilung des Erlöses

a) **Die Rechtsverhältnisse am Verwertungserlös vor Auskehr** werden durch den Grundsatz der dinglichen Surrogation (§ 1247 Satz 2 BGB analog) bestimmt: **Die Rechte, die an der versteigerten Sachen bestanden haben, setzen sich an dem Verwertungserlös fort**, d. h.

- der Eigentümer der gepfändeten Sache verliert das Sacheigentum mit Ablieferung der Sache durch den Gerichtsvollzieher an den Ersteher (Eigentumszuweisung kraft Hoheitsakt) und ist nunmehr Eigentümer des Verwertungserlöses;

---

[191] zu Inhalt und Anfechtbarkeit siehe Thomas/Putzo, § 825 Rn. 15 und 16

– das Pfändungspfandrecht des Gläubigers an der gepfändeten Sache erlischt mit Zuweisung deren Eigentums an den Ersteher und setzt sich am Verwertungserlös fort;

– auch die Verstrickung setzt sich am Verwertungserlös fort; der Erlös bleibt im Gewahrsam des Gerichtsvollziehers.

b) Die Auskehr des Verwertungserlöses erfolgt **nach Abzug der Vollstreckungskosten** (§ 788 Abs. 1 ZPO) durch den Gerichtsvollzieher

■ zunächst an den Vollstreckungsgläubiger grundsätzlich in Höhe der titulierten Forderung

Die **Ablieferung** des dem Gläubiger gebührenden Erlösanteils ist eine **Eigentumszuweisung kraft Hoheitsakt**, so dass der Gläubiger auch im Falle der Pfändung schuldnerfremder Sachen originär ohne Rücksicht auf seine Gut- oder Bösgläubigkeit Eigentum an dem an ihn ausgekehrten Erlös erlangt; jedoch wird er den erlangten Erlös nach bereicherungsrechtlichen Grundsätzen an den früheren Dritteigentümer herauszugeben haben (siehe oben § 2 IV. 2. b) (2) (a)).

Vollstrecken **mehrere Gläubiger** in dieselbe Sache gilt § 827 ZPO. Die Auskehr an alle an der Pfändung beteiligten Gläubiger erfolgt **in der Reihenfolge des Ranges ihrer Pfändungspfandrechte (§ 804 Abs. 3 ZPO)**. Reicht der Verwertungserlös nicht zur Befriedigung aller beteiligten Gläubiger aus, so bedeutet dieser Grundsatz, dass **der jeweils vorrangige Gläubiger vollständig vor dem im Rang Nachfolgenden** zu befriedigen ist. Verlangt ein nachrangiger Gläubiger vom Gerichtsvollzieher jedoch eine von der Rangfolge abweichende Erlösverteilung, können die Gläubiger sich auf eine solche andere Verteilung des Erlöses einigen oder – wenn eine solche Einigung nicht gelingt – muss der Gerichtsvollzieher den Erlös zugunsten aller beteiligten Gläubiger hinterlegen und den Sachverhalt dem Vollstreckungsgericht (§ 764 ZPO) anzeigen, § 827 Abs. 2 ZPO. Hinterlegung und Anzeige führen sodann zum **Verteilungsverfahren nach §§ 872 – 882 ZPO**.

■ und sodann an den Vollstreckungsschuldner soweit noch ein Übererlös (Überschuss nach Abzug der Vollstreckungskosten und Ablieferung des dem Gläubiger gebührenden Erlösteils) verbleibt.

Die Übergabe des Übererlöses an den Schuldner ist mangels eines Eigentumszuweisungswillens des Gerichtsvollziehers keine Übereignung (siehe oben § 2 IV. 2. b) (2) (a)). Denn der Schuldner ist im Regelfall, von dem der Gerichtsvollzieher – soweit sich im Einzelfall keine anderen Erkenntnisse ergeben – ausgeht, bereits im Wege der dinglichen Surrogation Eigentümer am Erlös aus der Versteigerung der – ihm im Regelfall gehörenden – Sache geworden.

c) Das Risiko des zufälligen Untergangs des Erlöses zwischen Barzahlung durch den Ersteher an den Gerichtsvollzieher und Ablieferung des dem Gläubiger gebührenden Erlösanteils trägt der Vollstreckungsgläubiger, § 819 ZPO.

Es besteht hier folgende Ausgangssituation: Soweit nicht eine schuldnerfremde Sache versteigert wurde, ist der Schuldner im Wege der dinglichen Surrogation Eigentümer des Erlöses geworden; den Erlös besitzt aber der Gerichtsvollzieher und zwar in erster Linie als Besitzmittler zum Gläubiger; der Gläubiger erlangt erst mit Ablieferung des Erlöses (Eigentumszuweisung kraft Hoheitsakts) daran Eigentum. Was aber, wenn der Erlös vor Ablieferung abhanden kommt (dem Gerichtsvollzieher gestohlen wird oder er es verliert) oder vernichtet wird oder der Gerichtsvollzieher den Erlös unterschlägt? Soll der Schuldner nochmals an den Gläubiger zahlen müssen?

Für diesen Fall ordnen § 819 ZPO für die Versteigerung einer gepfändeten Sache und der – in der Ausgangssituation gleichgelagerte – § 815 Abs. 3 ZPO für die Pfändung von Geld an, dass die Gefahr auf den Vollstreckungsgläubiger übergeht, sobald der Gerichtsvollzieher den Gewahrsam an dem zur Befriedigung des Gläubigers dienenden Geld erlangt. Dies entspricht mit Rücksicht auf die Besitzverhältnisse in der Zwangsvollstreckung und der alleinigen Ausrichtung des Verfahrens auf das Gläubigerinteresse der Billigkeit. Ob § 819 ZPO nur eine Gefahrtragungsregel oder eine gesetzliche Erfüllungsfiktion darstellt, ist umstritten (siehe insoweit die gleichgelagerte Diskussion zu § 815 Abs. 3 ZPO oben § 2 VI. 1.).

VIII. Die Rechtslage bei freiwilliger Leistung des Schuldners an den Gerichtsvollzieher

Vor Beginn der Pfändung hat der Gerichtsvollzieher – was sich schon aus dem Grundsatz der Verhältnismäßigkeit hoheitlichen Handelns ergibt – den Schuldner zur freiwilligen Leistung aufzufordern, § 105 Nr. 2 GVGA. Zur Empfangnahme freiwilliger Zahlungen des Schuldners für den Gläubiger ist der Gerichtsvollzieher nach § 754 ZPO ermächtigt, wenn der Gläubiger ihm einen schriftlichen oder mündlichen Vollstreckungsauftrag erteilt und die vollstreckbare Ausfertigung übergeben hat. Die Ermächtigung bezieht sich auch auf die Empfangnahme von Teilleistungen, ohne besondere Ermächtigung durch den Gläubiger jedoch nicht zur Annahme einer im Titel nicht ausdrücklich zugelassenen Leistung erfüllungshalber oder an Erfüllungs Statt. Der Gerichtsvollzieher quittiert die empfangene Leistung nach Maßgabe des § 757 ZPO.

Es stellt sich jedoch die Frage, ob die freiwillige Zahlung des Schuldners an den Gerichtsvollzieher zur Erfüllung der titulierten Forderung nach § 362 BGB oder doch zumindest zum Gefahrenübergang auf den Gläubiger führt.

> Im juristischen Bereich ist immer kleinschrittig zu denken. Wer sofort über eine entsprechende Anwendung des § 815 Abs. 3 ZPO nachdenkt, überspringt einen wesentlichen Aspekt: Da die Empfangnahme einer freiwilligen Leistung keine Vollstreckungshandlung des Gerichtsvollziehers ist und der Gesetzgeber – wie § 754 ZPO deutlich macht – eine Beauftragung des Gerichtsvollziehers gerade durch den Gläubiger insoweit für erforderlich gehalten hat, könnte der Gerichtsvollzieher anders als im Falle hoheitlicher Vollstreckungshandlungen bei der Empfangnahme freiwilliger Zahlungen ein – privatrechtlicher – Empfangsvertreter des Gläubigers sein. Dann würde der Gerichtsvollzieher namens und mit Vollmacht des Gläubigers das Angebot des Schuldners zur Übereignung des Geldes an den Gläubiger annehmen (dingliche Einigung) und dem Gläubiger den Besitz an dem ihm übergebenen Geld vermitteln (Übergabe). Mit Einigung und Übergabe (§ 929 BGB) träte Erfüllung ein.

– So sieht es die sog. **Vertretertheorie**[192], nach welcher der Gläubiger nach §§ 929–935 BGB mit Empfangnahme des Geldes durch den ihn vertretenden Gerichtsvollzieher Eigentum erwirbt, der Schuldner von seiner Leistungspflicht frei wird und so der Gläubiger das Risiko eines Verlustes vor Weiterleitung des Geldes trägt.

---

[192] Palandt-Heinrichs, Einf. v. § 164 Rn. 10

– Nach der – herrschenden – **Amtstheorie** handelt der Gerichtsvollzieher immer, also auch bei der Empfangnahme freiwilliger Zahlungen des Schuldners als hoheitliche Amtsperson.[193] Denn die vorgeschaltete Leistungsaufforderung ist Ausdruck des Verhältnismäßigkeitsgrundsatzes und steht im unmittelbaren Zusammenhang mit dem Vollstreckungsverfahren, so dass der Gerichtsvollzieher auch insoweit in seiner Aufgabe als staatliches Vollstreckungsorgan tätig wird. Der Gläubiger erwirbt hiernach erst mit Ablieferung des Geldes kraft Hoheitsakt Eigentum.

Umstritten ist unter den Vertretern der Amtstheorie allerdings, ob der Schuldner bis zur Ablieferung des Geldes an den Gläubiger das Risiko des zufälligen Untergangs trägt[194] oder § 815 Abs. 3 ZPO wegen einer ungewollten Regelungslücke und vergleichbarer Interessenlage insoweit entsprechende Anwendung findet[195].

Klausurtipp: *Die Vertretertheorie und die sich für eine analoge Anwendung des § 815 Abs. 3 ZPO aussprechende Amtstheorie kommen mit unterschiedlichen Begründungen zum gleichen Ergebnis, so dass es insoweit keiner Streitentscheidung bedarf. Zwischen den unterschiedlichen Auffassungen innerhalb der Amtstheorie zur Frage eines Gefahrenübergangs dürfte folgendes Argument für die analoge Anwendung des § 815 Abs. 3 ZPO ausschlaggebend sein: Es erscheint unbillig, den freiwillig leistenden und damit sich seiner Leistungspflicht letztlich beugenden Schuldner schlechter zu stellen als im Falle der zwangsweisen Wegnahme des Geldes.*

Nach einem erfolglosen Vollstreckungsversuch darf der Gerichtsvollzieher allerdings unter den Voraussetzungen des § 806b Satz 2 ZPO eine Ratenzahlung gewähren.

Voraussetzungen des § 806 b Satz 2 ZPO:
– fruchtloser Vollstreckungsversuch;
– glaubhafte Versicherung des Schuldners, innerhalb von 6 Monaten (§ 806b Satz 3) zu tilgen;
– vorheriges oder nachträgliches Einverständnis des Gläubigers)

---

[193] Brox/Walker, Rn. 314; Zöller-Stöber, § 754 Rn. 6
[194] so Zöller-Stöber, § 754 Rn. 6
[195] so Brox/Walker, Rn. 314

IX. Schema „Die Rechtmäßigkeit der Sachpfändung und ihre Rechtsfolgen"

(Hervorhebung der in Klausur und Praxis stets zu prüfenden Voraussetzungen im Fettdruck)

I.   **Die allgemeinen Voraussetzungen jeder Zwangsvollstreckung**
1) Allgemeine Verfahrensvoraussetzungen
   a) **Vollstreckungsantrag** des Gläubigers, **§ 754 ZPO**
   b) **Zuständigkeit** des **Gerichtsvollziehers funktionell** nach §§ 753, 808 Abs. 1 ZPO
      (Verstoß gegen die funktionelle Zuständigkeit führt zur Nichtigkeit der Pfändung)
   c) Allgemeines Rechtsschutzbedürfnis
2) Allgemeine Vollstreckungsvoraussetzungen
   a) **Titel über eine Geldforderung**
   b) Klausel
   c) Zustellung
3) Besondere Vollstreckungsvoraussetzungen
   a) „Eintritt eines Kalendertages" (§ 751 Abs. 1 ZPO)
   b) Nachweis der Sicherheitsleistung (§ 751 Abs. 2 ZPO)
   c) Zwangsvollstreckung bei Leistung Zug um Zug (§§ 756, 765 ZPO)
4) Fehlen von Vollstreckungshindernissen

II)   **Die weiteren Rechtmäßigkeitsvoraussetzungen der Sachpfändung**
1) Die besonderen Zugriffsvoraussetzungen für die Sachpfändung
   a) **körperliche (= bewegliche) Sache** im Sinne des § 90 BGB
      Abgrenzung zu Gegenständen des Haftungsverbands der Hypothek nach § 865 ZPO
      → Sache fällt bei abstrakter Betrachtung (tatsächliches Bestehen einer Hypo-thek nicht erforderlich) in den Haftungsverband der Hypothek nach § 1120 BGB
      → und ist nicht wieder enthaftet worden nach §§ 1121, 1122 BGB.
      Die Pfändung von zum Haftungsverband gehörenden beweglichen Sachen ist nichtig.
   b) **Gewahrsam** (= die unmittelbare tatsächliche Herrschaft über die Sache)
      ■ **des Schuldners** (Alleingewahrsam) → es gilt § 808 ZPO
      ■ **oder eines herausgabebereiten Dritten** (schon bei lediglich Mitgewahrsam eines Dritten) → es gilt § 809 ZPO, d.h.: **erforderlich ist die Herausgabebe-reitschaft des Dritten**
      bei Gewahrsam des Gläubigers ist dessen Herausgabebereitschaft <u>nicht</u> erfor-derlich
      Abgrenzung des relevanten Gewahrsams nach leicht erkennbaren äußeren Um-ständen unter Berücksichtigung der Verkehrsanschauung
      Bei **Ehegatten**: unwiderlegbare Gewahrsamsvermutung nach § 739 ZPO
      → Zwangsvollstreckung in bewegliche Sachen
      → Vollstreckungsschuldner ist verheiratet (Güterstand unerheblich)
      → Voraussetzungen der Eigentumsvermutung nach § 1362 BGB:
         – bewegliche Sache
         – im Besitz beider oder eines der beiden Ehegatten
            (also Alleinbesitz des aus der Forderung verpflichteten Ehegatten, Allein-besitz des anderen Ehegatten oder Mitbesitz beider Ehegatten)
         – kein Getrenntleben der Ehegatten (§ 1362 Abs. 1 Satz 2 BGB)

– Sache dient nach äußeren Umständen nicht ausschließlich dem persönlichen Gebrauch des nicht aus der Forderung verpflichteten Ehegatten (§ 1362 Abs. 2 BGB)

RF: Der aus der zu vollstreckenden Forderung verpflichtete Ehegatte/Schuldner „gilt" als alleiniger Gewahrsamsinhaber, § 739 ZPO

c) kein Pfändungsverbot nach § 811 ff. ZPO

Verzicht des Schuldners sowohl vor Beginn als auch bei oder nach der Pfändung ist unwirksam

d) kein offensichtliches Dritteigentum

2) ordnungsgemäßer Pfändungsakt

a) Inbesitznahme der Sache durch den Gerichtsvollzieher, § 808 I ZPO

Inbesitznahme = Begründung eigenen unmittelbaren oder mittelbaren Besitzes an der Sache unter Ausschluss der Verfügungsgewalt des Schuldners

– bei Geld, Kostbarkeiten und Wertpapieren: Wegnahme und Verwahrung durch den Gerichtsvollzieher, § 808 II 1 ZPO

– bei anderen Sachen: Kenntlichmachung (Pfandsiegel etc.), § 808 II 2 ZPO

Hat der Gerichtsvollzieher nicht kenntlichgemacht → Nichtigkeit der Pfändung

b) Zwangsbefugnisse des Gerichtsvollziehers

Insbesondere §§ 758, 758a ZPO:

Durchsuchung (= ziel- und zweckgerichtete Suche nach vollstreckbaren körperlichen Sachen, die der Schuldner nicht freiwillig offen legen oder herausgeben will)

der **Wohnung** (= jeder zu Wohnzwecken benutze umschlossene Raum einschließlich der Geschäträume, Nebenräume – Garage, Keller, Dachboden etc. – und das befriedete Besitztum)

oder eines **Behältnis**ses (= jeder zur Aufbewahrung von Sachen dienende Raum, der nicht zum Betreten von Menschen bestimmt ist)

des Schuldners (ausreichend: Schuldner ist Mitgewahrsamsinhaber der Wohnung);

i. F. der Wohnungsdurchsuchung des Weiteren nur

– mit **Einverständnis** des Schuldners, § 758 ZPO oder

– **vorheriger richterlicher Durchsuchungsanordnung**, §§ 758a Abs. 1 Satz 1, 758 ZPO oder

– bei **Gefahr im Verzug**, §§ 758a Abs. 1 Satz 2, 758 ZPO

c) Pfändung zur rechten Zeit, § 758a Abs. 4 ZPO (ab 01.01.99)

d) Zulässiger Pfändungsumfang

– **Verbot der Überpfändung, § 803 Abs. 1 Satz 2 ZPO**

– **Verbot der zwecklosen Pfändung, § 803 Abs. 2 ZPO**

e) oder Anschlusspfändung nach § 826 ZPO

– Vollstreckung gegen denselben Schuldner

– Fortbestehen der Verstrickung (Wirksamkeit der Erstpfändung)

– Anfertigung eines Protokolls des Gerichtsvollziehers über die Anschlusspfändung (**bei Verstoß: Nichtigkeit der Anschlusspfändung**)

– (soweit erforderlich) Zustimmung des Dritten (= Gerichtsvollzieher, wenn er unmittelbaren Besitz erlangt hat) auch zur Anschlusspfändung nach § 809 ZPO

III. <u>Rechtsfolgen der Pfändung:</u>

■ **Verstrickung** (= **öffentlich-rechtliches Gewaltverhältnis** über die gepfändete Sache, kraft dessen **nun nicht mehr der Eigentümer** oder Berechtigte, **sondern anstatt seiner der Staat über die Sache verfügen darf**)

– entsteht mit wirksamer Pfändung (also immer, wenn kein zur Nichtigkeit der Pfändung führender Verfahrensverstoß vorliegt)
bewirkt ein relatives Veräußerungsverbot nach §§ 135, 136 BGB und Strafbarkeit des Verstrickungsbruchs nach § 136 StGB
– erlischt mit Beendigung der Verwertung oder Aufhebung durch das Vollstreckungsorgan oder gutgläubigen lastenfreien Erwerb nach §§ 135 Abs. 3, 936 BGB

■ **Pfändungspfandrecht** (= die Berechtigung des Gläubigers gegenüber dem Schuldner, aus der Verwertung der gepfändeten Sache wegen der titulierten Forderung Befriedigung zu erlangen)
Rechtsnatur:
– **öffentlich-rechtliche Pfändungspfandrechtstheorie**
Pfändungspfandrecht = prozessuale Berechtigung des Gläubigers, die Sache nach den Vorschriften des (hoheitlichen = öffentlich-rechtlichen) Zwangsvollstreckungsverfahrens zu verwerten und den Verwertungserlös empfangen zu dürfen;
das Pfändungspfandrecht ist öffentlich-rechtlicher Natur und setzt zu seinem Entstehen lediglich die öffentlich-rechtlichen Verstrickung voraus;
bei der Versteigerung schuldnerfremder Sachen besteht jedoch kein (vom prozessualen Pfändungspfandrechts zu unterscheidendes) materielles Befriedigungsrecht → Gläubiger hat den Erlös zumindest nach § 812 I 1 2. Alt. BGB an den Dritteigentümer herauszugeben
– **gemischte privatrechtlich-öffentlich-rechtliche Pfändungspfandrechtstheorie**
Pfändungspfandrecht = materielle Berechtigung des Gläubigers, den Verwertungserlös zum Zweck der Befriedigung der titulierten Forderung behalten zu dürfen; es unterliegt als dritte Art privatrechtlicher Pfandrechte den Regeln des BGB und setzt zu seinem Entstehen voraus:
a) wirksame Verstrickung
b) Beachtung der wesentlichen Vollstreckungsvoraussetzungen
c) materiell-rechtlichen Voraussetzungen für das Entstehen des Pfandrechts nach §§ 1204 ff BGB mit Ausnahme der Verpfändungserklärung, also
Akzessorietät und
Eigentum des Schuldners an der gepfändeten Sache;
bei der Versteigerung schuldnerfremder Sachen entsteht daher das Pfändungspfandrecht nicht, so dass der Gläubiger den Erlös zumindest nach § 812 I 1 2. Alt. BGB an den Dritteigentümer herauszugeben hat
Wesentliche Wirkung: Rangsicherung, § 804 II ZPO

IV. **Verwertung:**
■ Geld wird dem Gläubiger abgeliefert (§ 815 ZPO)
■ alle anderen Sachen werden im Regelfall öffentlich versteigert, § 814 ZPO
– Zuschlag begründet kaufähnlichen Vertrag zwischen Staat (Verfügungsermächtigung aus Verstrickung) und Meistbietendem
– Ablieferung der versteigerten Sache durch den Gerichtsvollzieher an den Meistbietenden nur gegen Barzahlung des gebotenen Betrages, § 817 Abs. 2 (Ausnahme: Gläubiger = Meistbietender → nur noch Barzahlung der Vollstreckungskosten)
Ablieferung = Übertragung des unmittelbaren Besitzes mit Eigentumszuweisungswillen des Gerichtsvollziehers (hoheitliche Eigentumszuweisung)

**Der Ersteher erwirbt das Eigentum unabhängig von seiner Gut- oder Bös-
gläubigkeit lastenfrei durch Hoheitsakt,** wenn die wesentlichen Verfahrensvorschriften (§§ 814, 817 ZPO und Mindestgebotsgrenzen) eingehalten wurden
und die wirksame Verstrickung noch fortbesteht.

- Verwertungserlös → **dingliche Surrogation** (§ 1247 Satz 2 BGB analog): die
  Rechte, welche an der versteigerten Sache bestanden haben, setzen sich am Erlös
  fort (insbesondere: Eigentum, Pfändungspfandrecht)
- **Gefahrenübergang auf den Gläubiger bei Empfangnahme des Erlöses durch
  den Gerichtsvollzieher,** § 819 ZPO (h. M.; a.A.: Erfüllungsfiktion)
- **Auskehr** des Verwertungserlöses an den Gläubiger = hoheitliche Eigentumszuweisung (Übertragung des unmittelbaren Besitzes mit Eigentumszuweisungswillen) durch den Gerichtsvollzieher; Gläubiger erwirbt kraft Hoheitsakt lastenfreies Eigentum ohne Rücksicht auf seine Gut- oder Bösgläubigkeit bzgl. der
  vorherigen Eigentumslage an der gepfändeten Sache
- **Übererlös** an Schuldner (keine Eigentumszuweisung)

■ **Besondere Verwertungsformen**
  - Wertpapiere, § 821 ZPO
  - Gold-/Silbersachen, § 817a III2 ZPO
  - Sonstige (insbesondere freihändiger Verkauf durch Gerichtsvollzieher oder
    durch Dritten/ Eigentumszuweisung durch Gerichtsvollzieher an bestimmten
    Dritten) nach § 825 ZPO

  Bea.: **Der Gerichtsvollzieher handelt auch bei der Durchführung einer anderen Verwertungsart immer hoheitlich. Nur bei Verwertung durch einen
  – privaten – Dritten, handelt dieser als Privatperson auf der Grundlage des
  Privatrechts.**

§ 3
Die Zwangsvollstreckung wegen einer Geldforderung in Geldforderungen

I. Grundlagen der Forderungspfändung

1. Funktionsweise der Vollstreckung in Forderungen

Einführungsbeispiel:
Der Gläubiger möchte aus einem für vorläufig vollstreckbar erklärten Urteil, durch das ihm ein Anspruch auf Zahlung von 5.000 Euro zuerkannt worden ist, gegen den leistungsunwilligen Schuldner vollstrecken. Ein Pfändungsversuch des Gerichtsvollziehers ist fruchtlos geblieben; pfändbare Sachen sind beim Schuldner nicht vorzufinden. Aber der Schuldner hat seinerseits einen Zahlungsanspruch gegen den Dritten X (z.B.: Anspruch gegen den Arbeitgeber X auf Lohnzahlung; Anspruch gegen die Bank X auf Auszahlung eines Guthabens; Anspruch gegen Käufer X auf Zahlung des Kaufpreises für ein bereits übereignetes Fahrzeug).

Es scheint auf der Hand zu liegen, wie die Vollstreckung wegen einer Geldforderung in eine Geldforderung funktionieren muss: Man **nimmt** dem Vollstreckungsschuldner dessen **Forderung** gegen den Dritten **weg** und **gibt sie dem Gläubiger**, der sie dann im eigenen Namen und für eigene Rechnung gegenüber dem Forderungsschuldner des Vollstreckungsschuldners (sog. **Drittschuldner**) einzieht.

Wie nimmt man eine Forderung weg?
Der Fachbegriff für die zwangsweise Wegnahme von Gegenständen durch staatliche Organe heißt Beschlagnahme und die wiederum erfolgt im Zwangsvollstreckungsrecht durch die **Pfändung**. Eine gegenständliche Inbesitznahme wie bei der Sachpfändung ist für die Pfändung einer Forderung nicht möglich; ihr kann ja beispielsweise kein Pfandsiegel angelegt werden. Also muss das Vollstreckungsorgan dasjenige, was durch die Inbesitznahme bei der Sachpfändung erreicht wird, durch ausdrückliche Anordnung von Rechtsfolgen in Bezug auf die gepfändete Forderung gestalten.

Was muss daher angeordnet werden?
Die Pfändung der Forderung soll zu deren Verstrickung führen: die Forderung des Vollstreckungsschuldners gegen den Drittschuldner soll einem **öffentlich-rechtlichen Gewaltverhältnis** unterworfen werden, kraft dessen nun **nicht mehr der Vollstreckungsschuldner, sondern anstatt seiner der Staat über die Forderung verfügen** darf. Daraus ergeben sich folgende Erwägungen:

Dem Vollstreckungsschuldner ist die Empfangszuständigkeit für Leistungen auf die gepfändete Forderung zu nehmen. Die Empfangszuständigkeit ist wesentlicher Bestandteil der Gläubigerstellung, die dem Schuldner gerade genommen und letztlich dem Vollstreckungsgläubiger verschafft werden soll.

Zum besseren Verständnis eine Parallele zur Sachpfändung: Die Empfangszuständigkeit entspricht am ehesten dem unmittelbaren Eigenbesitz des Vollstreckungsschuldners an einer körperlichen Sache; dieser unmittelbare Eigenbesitz ermöglicht es dem Vollstreckungsschuldner auf die Sache tatsächlich oder rechtlich einzuwirken, insbesondere sie zu verbrauchen, vernichten oder veräußern; daher wird in der Sachpfändung der unmittelbare Eigenbesitz des Vollstreckungsschuldners nach § 808 ZPO durch Inbesitznahme seitens des Gerichtsvollziehers beseitigt; selbst bei lediglich Kenntlichmachung der Pfändung der in der Hand des Schuldners verbleibenden Sache wandelt sich dessen unmittelbarer Eigenbesitz in unmittelbaren – und für jeden erkennbaren – Fremdbesitz.

Der einfachste Weg, die Empfangszuständigkeit des Vollstreckungsschuldners zu beseitigen, ist es, dem Vollstreckungsschuldner die Einziehung der Forderung und dem Drittschuldner die Leistung an den Vollstreckungsschuldner zu untersagen.

Es liegt auf der Hand, dass der Vollstreckungsschuldner über die beschlagnahmte Forderung auch sonst nicht mehr verfügen, also insbesondere sie nicht veräußern oder erlassen darf.

Die Pfändung einer Forderung geschieht also durch folgende Anordnungen des Vollstreckungsorgans:
– **Verbot an den Vollstreckungsschuldner, die gepfändete Forderung einzuziehen**
– **Verbot an den Drittschuldner, an den Vollstreckungsschuldner zu leisten**
– **Verfügungsverbot an den Vollstreckungsschuldner.**

Durch die Pfändung hat der Staat zunächst die Verfügungsmacht über die Forderung des Vollstreckungsschuldners gegen den Drittschuldner erlangt.

Wie kommt der Gläubiger nun an sein Geld?
Bei der Vollstreckung wegen einer Geldforderung ist es regelmäßig das Ziel, einen dem Schuldner gehörenden Vermögensgegenstand zu pfänden und anschließend zu **verwerten**, d. h. den Geldwert des gepfändeten Gegenstandes bestmöglich zu realisieren. Der Verwertungserlös (= Geld) wird dem Gläubiger zwecks Befriedigung seiner titulierten Forderung überlassen. Bei der **Verwertung einer Geldforderung** bedarf es anders als bei der Sachpfändung keiner staatlich kontrollierten Veräußerung der gepfändeten Forderung, um deren Geldwert zu realisieren. Die gepfändete Forderung ist ja bereits auf Zahlung eines Geldbetrages gerichtet. Der einfachste Weg, dem Vollstreckungsgläubiger zu dem wiederum ihm geschuldeten Geld zu verhelfen, ist es daher, ihm bis zur Höhe seiner titulierten Forderung gegen den Schuldner die Geltendmachung der gepfändeten Geldforderung gegen den Drittschuldner zu ermöglichen. Also muss die gepfändete Forderung selbst oder zumindest das Recht zu ihrer Einziehung auf ihn übergehen. Infolge der Verstrickung unterliegt die gepfändete Forderung der staatlichen Verfügungsmacht, so dass das staatliche Vollstreckungsorgan dem Vollstreckungsgläubiger einfach die Forderung oder die Einzugsbefugnis zur Forderung **überweist** (=Verwertung).

Bei all dem darf nicht übersehen werden, dass rechtliche Interessen des Drittschuldners durch die Pfändung und die Verwertung der gegen ihn gerichteten Forderung erheblich berührt sind:
– Der Drittschuldner ist Adressat eines Leistungsverbots.
– Wenn mit der Pfändung der Forderung der Vollstreckungsschuldner keine Empfangszuständigkeit für Leistungen aufgrund der gepfändeten Forderung mehr hat, kann der Drittschuldner nicht mehr mit befreiender Wirkung an ihn leisten.
– Wenn die gepfändete Forderung oder zumindest die Einzugsberechtigung auf den Vollstreckungsgläubiger übergeht, muss der Drittschuldner informiert werden, dass er nur noch an den Vollstreckungsgläubiger mit befreiender Wirkung leisten kann.

Notwendig ist daher eine **Einbeziehung des Drittschuldners in das Vollstreckungsverfahren**.

2. Inhalt des Pfändungs- und Überweisungsbeschlusses

Die ZPO hat die Zwangsvollstreckung wegen einer Geldforderung in eine Geldforderung nach diesem Muster von Pfändung und Überweisung der Forderung in §§ 803–807 ZPO (allgemeine Vorschriften für die Pfändung) und in §§ 829–856 ZPO (Vorschriften für die Forderungspfändung) geregelt:

a) Die Pfändung einer Geldforderung erfolgt durch den **Pfändungsbeschluss, § 829 ZPO**. Wesentlicher Inhalt des Pfändungsbeschlusses ist nach § 829 Abs. 1 ZPO

aa) der **Ausspruch der Pfändung** der nach Forderungsgläubiger und Forderungsschuldner, Schuldgegenstand und Schuldgrund eindeutig bestimmten Forderung:

> „Aufgrund der vollstreckbaren Ausfertigung des _____ (genau bezeichneter Titel des Gläubigers) kann der Gläubiger von dem Schuldner beanspruchen: _____ (Bezeichnung des Schuldinhalts der zu vollstreckenden Forderung Gläubiger gegen Schuldner).
>
> Wegen dieser Ansprüche sowie der Kosten für diesen Beschluss und der Zustellungskosten wird die Zahlungsforderung (oder z.B. Lohnforderung, Auszahlungsforderung etc.) des Schuldners gegen den _____ (genaue Bezeichnung des Drittschuldner) aus _____ (dem genau bezeichneten Schuldgrund, z. B. aus Arbeitsvertrag vom ....; aus Girovertrag) vom _____ (Datum) gepfändet."

bb) das an den Drittschuldner gerichtete Verbot, an den Schuldner zu leisten (§ 829 Abs. 1 Satz 1 ZPO: sog. **arrestatorium**):

> „Der Drittschuldner darf, soweit die Forderung gepfändet ist, an den Schuldner nicht mehr zahlen."

cc) und das an den Schuldner gerichtete Gebot, sich jeder Verfügung über die Forderung, insbesondere ihrer Einziehung zu enthalten (§ 829 Abs. 1 Satz 2 ZPO: sog. **inhibitorium**):

> „Der Schuldner darf insoweit nicht über die Forderung verfügen, insbesondere sie nicht einziehen."

dd) Die Einbindung des Drittschuldners wird nach § 829 Abs. 2 und 3 ZPO dadurch sichergestellt, dass die erforderliche **Zustellung** des Pfändungsbeschlusses an ihn Voraussetzung für die wirksame Verstrickung der Forderung ist.

b) Die Verwertung der Forderung geschieht durch Überweisung der Forderung an den Gläubiger nach dessen Wahl entweder zur Einziehung (Verschaffung des Rechts zum Forderungseinzug) oder an Zahlungs Statt (Zuweisung der Forderung selbst). Dies wird durch den **Überweisungsbeschluss** angeordnet, **§ 835 ZPO**.

> „Die bezeichnete Forderung wird in Höhe des gepfändeten Betrages dem Gläubiger zur Einziehung / an Zahlungs Statt überwiesen."

c) Pfändungs- und Überweisungsbeschluss sind zwei eigenständige Entscheidungen des Vollstreckungsorgans. In der Praxis werden beide Beschlüsse regelmäßig jedoch gleichzeitig beantragt und erlassen sowie in einer einheitlichen Urkunde – dem sogenannten **Pfändungs- und Überweisungsbeschluss** (PfÜB) – verkörpert.

Die ZPO sieht vom Gleichlauf der Pfändung und Überweisung allerdings Ausnahmen vor. Z.B.:

■ Bei der Sicherungsvollstreckung nach § 720 a ZPO geht es nur um die Sicherung des titulierten Anspruchs; sie führt nicht zur Verwertung. Daher erlaubt die Regelung lediglich die Pfändung, im Fall der Vollstreckung in eine Geldforderung also den Pfändungsbeschluss.

■ Gleiches gilt auch im Fall einer Arrestpfändung nach § 930 ZPO. Der Arrest dient lediglich der Sicherung der späteren Zwangsvollstreckung einer Geldforderung. Die Arrestvollziehung darf noch nicht zur Befriedigung, damit auch nicht zur Verwertung führen.

■ Indossable Wertpapiere (z.b. Wechsel) verbriefen Forderungen, so dass sie grundsätzlich dem Zugriffsbereich der Forderungspfändung unterfallen. Bei indossablen Wertpapieren folgt aber das Recht aus dem Papier dem Recht am Papier. Bei der Vollstreckung in solch verbriefte Forderungen ist es daher von wesentlicher Bedeutung, dem Schuldner das Wertpapier (Urkunde) selbst wegzunehmen. Daher sieht § 831 ZPO die Pfändung durch Inbesitznahme wie bei beweglichen Sachen insoweit vor. Ein Pfändungsbeschluss ist unnötig[196], ob er darüber hinaus sogar fehlerhaft wäre, ist umstritten[197]; bitte beachten: auch der erlassene aber fehlerhafte PfÜB ist wirksam, er ist jedoch anfechtbar!

II. Besonderheiten in Bezug auf die Allgemeinen Voraussetzungen jeder Zwangsvollstreckung

1. Antrag

a) Form

Der Antrag auf Erlass eines PfÜB muss wie alle Prozesserklärungen gegenüber dem Gericht entsprechend § 496 ZPO schriftlich oder zu Protokoll der Geschäftsstelle erklärt werden.

b) Notwendiger Inhalt:

Der PfÜB wird allein aufgrund der Angaben des Vollstreckungsgläubigers erlassen, ohne dass das Vollstreckungsorgan von Amts wegen weitere Nachforschungen anstellt. Daher muss der Antrag alle Angaben bezeichnen, die für einen inhaltlich dem Bestimmtheitsgebot genügenden PfÜB erforderlich sind:

■ Die **Parteien des Vollstreckungsverfahrens** und ihre gesetzlichen Vertreter müssen so genau bezeichnet werden, dass ihre Identität mit den Parteien aus dem Titel sichergestellt ist.

■ Die **zu pfändende Forderung** muss nach

– Gläubiger (=Vollstreckungsschuldner) und Schuldner (= Drittschuldner),
– Schuldgegenstand (Leistungsgegenstand) und
– Schuldgrund (Rechtsgrund der Leistung / Rechtsverhältnis, aus dem die Forderung stammt)

so genau bezeichnet werden, dass sie von anderen Forderungen unzweifelhaft unterschieden werden kann, und auch für weitere, am Vollstreckungsverfahren

---

[196] Thomas/Putzo, § 831 Rn. 2
[197] siehe bei Thomas/Putzo a.a.O.

nicht beteiligte Personen erkennbar ist, welche Forderung gepfändet werden soll[198]. Der Antrag ist jedoch der Auslegung gemäß § 133 BGB zugänglich. In einem gewissen Maße sind Ungenauigkeiten jedoch hinzunehmen, denn regelmäßig kennt der Vollstreckungsgläubiger die Verhältnisse des Vollstreckungsschuldners nicht oder nur oberflächlich und ihre nähere Aufklärung ist ihm nicht zumutbar.[199]

Als Forderungsbezeichnung werden beispielsweise als ausreichend erachtet:
– Bruttolohntitel;
– Ansprüche auf Zahlung von rückständigem, gegenwärtigem und zukünftigem Entgelt aus Arbeitsvertrag / Werkvertrag;
– Anspruch auf Rückübertragung aller gegebenen Sicherheiten (str.: – pro – LG Bielefeld Rpfleger 87, 116; – contra – OLG Koblenz WM 89, 159);

Als unzureichend werden erachtet:
– Forderungen aus jedem Rechtsgrund;
– Forderungen aus Lieferungen und sonstigen Leistungen (OLG Karlsruhe NJW 98, 549);
– Forderungen aus Verträgen und anderen Rechtsgründen;
– Anspruch auf Zahlungen aus laufender Geschäftsverbindung.

2. Zuständigkeit

Das zuständige Vollstreckungsorgan für die Zwangsvollstreckung wegen einer Geldforderung in Forderungen ergibt sich aus § 828 ZPO. Danach ist ausschließlich zuständig

a) sachlich das Amtsgericht als Vollstreckungsgericht (§§ 828 Abs.1, 764 Abs. 1, 802 ZPO),

b) örtlich das Amtsgericht, bei dem der Vollstreckungsschuldner seinen allgemeinen Gerichtsstand nach §§ 12 ff ZPO hat, und sonst das Amtsgericht, bei dem nach § 23 ZPO gegen den Vollstreckungsschuldner Klage erhoben werden kann (§§ 828 Abs. 2, 12ff, 23, 802 ZPO),

c) und zwar funktionell handelnd durch den Rechtspfleger (§ 20 Ziffer 16 und 17 RPflG).

3. Rechtsschutzbedürfnis

Wie bei der Sachpfändung wird ein PfÜB unabhängig von der Höhe der zu vollstreckenden Forderung erlassen, selbst wenn die zu erwartenden Vollstreckungskosten diese weit übersteigen.

Allerdings ist der PfÜB mangels Rechtsschutzbedürfnisses zu versagen, wenn

■ der Vollstreckungszweck bereits erreicht ist
   Der Vollstreckungsschuldner hat die zu pfändende Forderung bereits an den Vollstreckungsgläubiger wirksam abgetreten. Zu bedenken ist aber, dass eine Pfändung und Überweisung mit Rücksicht auf die Auskunftspflichten und Herausgabepflicht des Drittschuld-

---

[198] vgl. BGH ZIP 1994, 222, 223
[199] Zöller-Stöber, § 829 Rn. 9 m.w.N.

ners nach §§ 836 Abs. 3, 840 ZPO dem Vollstreckungsgläubiger nützlich sein kann, so dass ein Rechtsschutzbedürfnis nicht ohne weiteres von der Hand zu weisen ist.

■ ein einfacherer und schnellerer Weg zur Erreichung desselben Ziels zur Verfügung steht

Ist der Vollstreckungsgläubiger zugleich der Drittschuldner (Pfändung einer Forderung des Schuldners gegen den Gläubiger selbst), so erscheint die Aufrechnung einfacher, schneller und billiger. Ein Rechtsschutzbedürfnis wird hier jedoch angenommen, wenn die Aufrechnung prozessual (§ 767 Abs. 2 ZPO) oder materiell-rechtlich (§§ 393 ff BGB) ausgeschlossen ist.[200]

■ die zu pfändende Forderung gewiss und erkennbar nicht besteht[201]

Überwiegend wird gleiches auch angenommen, wenn die Unpfändbarkeit der Forderung Schuldner ./. Drittschuldner erkennbar und dem Gläubiger bekannt ist. Hierfür sprechen zwar praktische Erwägungen. Aber dogmatisch stellt sich die Frage der Unpfändbarkeit erst bei Prüfung der Zugriffsvoraussetzungen (Zugriffsbereich) der Forderungspfändung (nachfolgend II.). Das Ergebnis bleibt gleich: Der Antrag ist zurückzuweisen.

■ oder die zu pfändende Forderung unter gleichbedeutender Bezeichnung für den Antragsteller bereits gepfändet worden ist.

> Beispiel: Der Vollstreckungsgläubiger beantragt die Pfändung des künftigen Anspruch des Vollstreckungsschuldners auf Zahlung des Altersrentengeldes obwohl auf seinen Antrag bereits der künftige Rentenanspruch des Vollstreckungsschuldners wirksam gepfändet worden ist[202]. Erfolgte wie auch begehrte Pfändung erfassen dieselben künftigen Rentenanwartschaften des Vollstreckungsschuldners.

4. Titel

Die titulierte Forderung muss auf Leistung eines Geldbetrages gerichtet sein (Zwangsvollstreckung wegen einer Geldforderung).

III. Die besonderen Zugriffsvoraussetzungen der Forderungspfändung

1. Pfändungsgegenstand:
Die angebliche Geldforderung Schuldner ./. Drittschuldner

Der Pfändung nach Maßgabe des § 829 ZPO unterliegen fällige wie auch künftige Geldforderungen des Schuldners gegen den Drittschuldner, unabhängig davon, ob sie bedingt oder befristet sind oder von einer Gegenleistung abhängen.

a) Die zu pfändende Forderung muss nicht existieren, gepfändet wird vielmehr nur die **angebliche Forderung** des Schuldners gegen den Drittschuldner.

Dieser im ersten Moment befremdend anmutende Grundsatz erklärt sich bei einem Blick in das Gesetz schnell:

---

[200] LG Düsseldorf MDR 64, 332, 333
[201] Thomas/Putzo, § 829 Rn. 9 m. w. N.
[202] LG Osnabrück FamRZ 99, 527

Nach § 834 ZPO ist der Schuldner vor der Pfändung über den Pfändungsantrag des Gläubigers nicht zu hören. Zweck dieser Verfahrensvorschrift ist es, dem Schuldner eine Vereitelung der Zwangsvollstreckung (z.b. durch Abtretung der zu pfändenden Forderung) zu erschweren. Demzufolge kann der Rechtspfleger nur auf der Grundlage des tatsächlichen Vorbringens des Gläubigers im Antrag das Bestehen der zu pfändenden Forderung prüfen. Voraussetzung der Forderungspfändung kann daher nur sein, dass die zu pfändende Forderung nach den tatsächlichen Angaben des Gläubigers – deren Richtigkeit unterstellt – bestehen kann.

> Stellt sich nachher heraus, dass die gepfändete Forderung tatsächlich nicht besteht oder jedenfalls dem Vollstreckungsschuldner nicht gehört, hat der Pfändungsbeschluss in diesem Fall keine Rechtswirkungen; **er geht in die Leere** (hierzu unten Ziffer V. 1).

b) Die Pfändbarkeit einer **künftigen** Forderung ist jedoch wegen der Gefahr einer sonst uferlosen Inanspruchnahme der staatlichen Vollstreckungsorgane eingeschränkt:

Die Pfändung einer künftigen Forderung ist zulässig, wenn zwischen Schuldner und Drittschuldner bereits eine Rechtsbeziehung besteht, aus der sich die künftige Forderung mit einem bestimmbaren Inhalt und die Person des Drittschuldners hinreichend bestimmt ergibt.[203]

> Pfändbar sind daher z.B. künftige Ansprüche aus:
> – bestehendem Dauerschuldverhältnis (z.B. Pfändung künftig fällig werdenden Mietzins aus bestehendem Mietverhältnis oder Lohnanspruchs aus bestehendem Arbeitsverhältnis)
> – vertraglicher Rahmenvereinbarungen[204]
> – der gesetzlichen Rentenversicherung eines berufstätigen Schuldners, soweit der künftige Eintritt der Anspruchsvoraussetzungen nach den tatsächlichen Gegebenheiten möglich und bereits bestimmbar erscheint[205]
>
> Nicht pfändbar sind z.B.: erhoffte Ansprüche aus dem möglichen Abschluss eines Kaufvertrages

Erforderlich ist jedoch, dass der Pfändungsbeschluss den künftigen Anspruch immer ausdrücklich in die Pfändung und Überweisung einbezieht.

c) Forderungen, auf die sich gemäß §§ 1120 ff BGB der Haftungsverband der Hypothek erstreckt, unterliegen der Forderungspfändung, solange nicht ihre Beschlagnahme im Wege der Zwangsvollstreckung in das unbewegliche Vermögen erfolgt ist, § 865 Abs. 2 Satz 2 ZPO (Beispiel: § 1123 BGB, 20 ff, 148 ZVG).

2. Keine Beschränkung der Pfändbarkeit

Darstellungshinweis: *Die einzelnen gesetzlichen Beschränkungen der Pfändbarkeit sind nachfolgend in der plausiblen schematischen Prüfungsreihenfolge dargestellt. Zunächst ist die Unpfändbarkeit infolge Unabtretbarkeit (§ 851 ZPO) zu prüfen. Wenn eine Forderung zwar übertragbar ist, kann sie jedoch durch ein – im zweiten Schritt zu prüfendes – gesetzliches Pfändungsverbot betroffen sein (§§ 852, 850 ff ZPO).*

---

[203] BGHZ 53, 29, 32
[204] OLG Köln OLGZ 1987, 206, 208
[205] OLG Celle OLG-Report 1999, 77, 78

a) Unpfändbarkeit infolge Unübertragbarkeit, § 851 ZPO

Nach § 851 Abs. 1 ZPO ist eine Forderung grundsätzlich nur pfändbar, **soweit** sie nach materiellem Recht übertragen werden kann.

aa) Die Unübertragbarkeit einer Forderung kann durch eine gesetzliche Vorschrift ausdrücklich angeordnet sein.

> Beispiele: Anspruch auf Zahlung des Gewinnanteils bei einer GbR, § 717 BGB
> Sozialhilfeanspruch, § 4 Abs. 1 Satz 2 BSHG
> keine isolierte Abtretung des Pfandrechts, §§ 1250 Abs. 1 Satz 2, 401 BGB

bb) Besonderheiten gelten für Forderungen, die nach § 399 BGB unübertragbar sind.

(1) Die Regelung des § 399 BGB betrifft zwei verschiedene Fälle:

■ Gesetzlich ausgeschlossen ist die Übertragung einer Forderung nach § 399 1. Alt. BGB, wenn der Wechsel des Forderungsgläubigers zugleich eine Änderung des Inhalts der Forderung nach sich ziehen würde.

Eine solche Inhaltsänderung infolge Gläubigerwechsels erfährt auch die Forderung, die ihrem Wesen nach in der Weise zweckgebunden ist, dass der ursprüngliche Leistungsempfänger die Zahlung nur gleichsam treuhänderisch für bestimmte Zwecke verwenden darf.[206]

Dies gilt auch für vereinbarte Zweckbindungen mit treuhänderischem Charakter: Die Vertragsparteien vereinbaren bei einem Grundstückskauf, dass der Kaufpreis auf ein bestimmtes Notaranderkonto einzuzahlen ist, damit der Notar hieraus noch bestehende Grundpfandrechte ablöst. Die Vertragsparteien schalten hiernach den Notar treuhänderisch ein, um sicherzustellen, dass der Kaufpreis für einen bestimmten Zweck verwendet wird. Diese Zweckbindung treuhänderischen Charakters kann keine der Vertragsparteien einseitig ändern. Daher würde die Abtretung des Kaufpreisanspruchs mit dem ihr immanenten Zweck, dem neuen Gläubiger einen unmittelbaren Zahlungsanspruch zu verschaffen, den Leistungsinhalt in seiner Zweckgebundenheit verändern.[207]

Zutreffend wird die Unabtretbarkeit solcher zweckgebundenen Ansprüche aus § 399 Abs. 1 BGB entnommen.[208]

■ Nach § 399 2. Alt. BGB sind Forderungen unabtretbar, wenn die Vertragsparteien ein **Abtretungsverbot vereinbart** haben.

(2) Nach § 851 Abs. 2 ZPO kann eine nach § 399 BGB nicht übertragbare Forderung jedoch insoweit gepfändet werden, als der geschuldete Gegenstand der Pfändung unterworfen ist.

Was ist der geschuldete Gegenstand? Abzustellen ist auf die zu pfändende Forderung Schuldner ./. Drittschuldner: Geschuldeter Gegenstand einer Geldforderung ist eben

---

[206] BGH NJW 2000, 1270
[207] BGH Rpfleger 78, 248, 249
[208] BGH a.a.O.; Zöller-Stöber, § 851 Rn. 3; anders Thomas/Putzo, § 851 Rn. 3: zweckgebundene Ansprüche unterfallen als eigenständige Gruppe unübertragbarer Forderungen dem Anwendungsbereich des § 851 I ZPO.

Geld und dieses ist – in den Schranken des § 811 Abs. 1 (Nr. 2, 3, 8) ZPO – pfändbar.[209]

Die Regelung in § 851 Abs. 2 ZPO bezweckt den Schutz des Vollstreckungsgläubigers vor Manipulationen dergestalt, dass der Vollstreckungsschuldner durch anfängliche oder nachträgliche Vereinbarung eines Abtretungsverbots mit dem Drittschuldner die Forderung dem Gläubigerzugriff entzieht.[210] Mit Rücksicht auf diesen Zweck wird der Wortlaut des § 851 Abs. 2 ZPO als zu weit erachtet, so dass die Regelung lediglich auf die Unübertragbarkeit infolge vertraglichen Abtretungsverbots nach § 399 2. Alt. BGB, nicht hingegen auf die Unübertragbarkeit infolge Inhaltsänderung nach § 399 1. Alt. BGB angewendet wird.[211]

(3) Sozusagen eine Ausnahme von der Ausnahme des § 851 Abs. 2 ZPO ergibt sich für Kontokorrentforderungen aus § 357 HGB.

Ein **Kontokorrent** ist nach § 355 HGB die Geschäftsverbindung zwischen einer Person („jemand") und einem Kaufmann dergestalt, dass die aus der Verbindung entspringenden beiderseitigen Ansprüche nebst Zinsen (sog. Einzelposten) nicht sofort bei Fälligkeit geleistet, sondern lediglich in Rechnung gestellt werden und in regelmäßigen Zeitabschnitten durch Verrechnung und Feststellung des sich für einen Vertragsteil ergebenden Überschusses (sog. Saldo) ausgeglichen werden. Da die Einzelposten lediglich noch Verrechnungsposten sind, macht die Kontokorrentabrede nur Sinn, wenn man in ihr zugleich die Vereinbarung eines Abtretungsverbots sieht. Da die als Einzelposten in das Kontokorrent eingestellten Forderungen aber auf Geldzahlung gerichtet sind und Geld pfändbar ist, führt die Unübertragbarkeit (§ 399 2. Alt. BGB) wegen § 851 Abs. 2 ZPO nicht zur Unpfändbarkeit.

Das dies im Rechtsverkehr zu erheblichen Schwierigkeiten führen dürfte, liegt auf der Hand!

§ 357 Satz 1 HGB geht erkennbar davon aus, dass bei einem Kontokorrent allein das Saldo pfändbar ist. Die als Einzelposten in das Kontokorrent eingestellten Forderungen sind daher unpfändbar. § 851 Abs. 2 ZPO wird insoweit durch die speziellere Regelung des § 357 HGB verdrängt.[212]

Gepfändet werden kann demnach:
- das gegenwärtige Saldo, welches zur Zeit der Zustellung des Pfändungsbeschlusses an den Drittschuldner besteht

Erfolgt die Zustellung während der laufenden Kontokorrentperiode, also vor dem nächsten Rechnungsabschluss, wird lediglich buchungstechnisch das zu diesem Zeitpunkt sich ergebende Saldo festgestellt. Dieses außerhalb der Kontokorrentperiode festgestellte gegenwärtige Saldo wird jedoch nicht vor dem mit dem Schuldner vereinbarten nächsten Rechnungsabschluss an den Vollstreckungsgläubiger ausgezahlt. Denn der Vollstreckungsgläubiger kann durch den PfÜB nicht mehr Rechte erlangen, als der Vollstreckungsschuldner im Verhältnis zum Drittschuldner hat und der Anspruch auf Ausgleich des Saldos wird eben erst zum Zeitpunkt des periodischen Rechnungsabschlusses fällig. Der

---

[209] Vgl. BGHZ 70, 299, 301
[210] vgl. BGHZ 56, 228, 232
[211] vgl. Zöller-Stöber, § 851 Rn. 6
[212] BGHZ 80, 172, 175

Vollstreckungsgläubiger ist jedoch in der Zwischenzeit davor zu schützen, dass das Zustellungssaldo nicht durch neu in das Kontokorrent eingestellte Forderungen zu Lasten des Vollstreckungsschuldners gemindert wird. Daher können zu Lasten des Vollstreckungsgläubigers nur noch solche Forderungen in das Kontokorrent eingestellt werden, die bereits vor der Pfändung entstanden sind oder aus der Zeit vor der Pfändung ihren Rechtsgrund haben, § 357 Abs. 1 Satz 2 HGB.[213]

- das künftige Saldo.[214]

Hier kann § 357 HGB jedoch nicht zur Feststellung eines Zustellungssaldos führen[215] Das Saldo wird demzufolge wie jede künftige Forderung gepfändet: der PfÜB muss ausdrücklich die Pfändung des **künftigen** Saldos anordnen; die Pfändung erfasst nur das zum künftigen – ordentlichen – Rechnungsabschluss festgestellte Saldo. Da der Vollstreckungsschuldner folglich bis dahin unbeschränkt auf das Kontokorrent einwirken kann, erscheint die Pfändung künftiger Salden in der Praxis wenig aussichtsreich.

(4) Besonderheiten gelten für die Pfändung von Ansprüchen aus einem **Girovertrag**. Hierunter versteht man einen Vertrag zwischen Geldinstitut und Kunden über den bargeldlosen Zahlungsverkehr des Kunden dergestalt, dass das Geldinstitut für den Kunden Einzahlungen entgegennimmt und deren Wert in ein für den Kunden geführtes Konto als Haben einstellt sowie auf Veranlassung des Kunden Auszahlungen vornimmt und deren Wert aus dem Konto abbucht; zu periodischen Rechnungsabschlüssen wird der Überschuss zugunsten des einen oder des anderen festgestellt.

Obwohl es sich bei dem Girokonto daher in aller Regel um ein Kontokorrentkonto handelt, ergibt sich zum kaufmännischen Kontokorrent ein wesentlicher Unterschied: Der Anspruch des Kunden auf Auszahlung des Guthabens wird nicht erst nach Rechnungsabschluss fällig; vielmehr kann der Kunde die Auszahlung des sich während der laufenden Kontokorrentperiode ergebenden Guthabens (sog. Tagessaldo) auch zwischen den Rechnungsabschlüssen verlangen bzw. darüber verfügen (z.B. durch Überweisung).

Dieses **Tagessaldo** ist kein in das Kontokorrent einzustellender Einzelposten, sondern ein aus dem Girovertrag folgender selbständiger Anspruch auf Zahlung des jeweiligen Guthabens

(= Geldforderung; auch wenn der Kunde zur Überweisung anweist, stellt sich dies für das Geldinstitut als Auszahlung an den Kunden dar, nur dass zur Vereinfachung seine weitere Verfügung über diesen Betrag aufgrund des Girovertrages sofort ausgeführt wird, anstatt es ihm auszuzahlen und sodann zur Übermittlung von ihm wieder entgegenzunehmen)

und deshalb **pfändbar**.[216]

---

[213] vgl. hierzu auch Brox/Walker, Rn. 526
[214] BGHZ 80, 172, 178
[215] vgl. BGHZ 80, 172, 176
[216] BGHZ 84, 325, 328 ff; 371, 373 ff; Brox/Walker, Rn. 527

Der **Anspruch des Kunden auf Gutschrift aller Neueingänge** ist ebenfalls **pfändbar.**[217] Die Pfändung führt jedoch nicht zur Auszahlung der Neueingänge an den Vollstreckungsgläubiger. Vielmehr werden die Neueingänge weiterhin dem Konto des Schuldners gutgeschrieben, es kommt jedoch nicht mehr zur Verrechnung mit nach der Pfändung begründeten Belastungen des Kontos.

Wird das Konto für mehrere Personen geführt, so ist der Auszahlungsanspruch aufgrund eines nur gegen einen Kontoinhaber gerichteten Titels in der Regel nur bei einem sog. „Oder-Konto" (= alle Kontoinhaber sind gegenüber dem Geldinstitut jeweils uneingeschränkt einzelverfügungsbefugt) pfändbar. Da der einzelne Kontoinhaber und damit auch der Vollstreckungsschuldner uneingeschränkt über das Tagessaldo verfügen darf, erfasst die Pfändung auch uneingeschränkt das gesamte Tagessaldo.

Bei einem sog. „Und-Konto" (= alle Kontoinhaber können nur gemeinschaftlich über Tagessalden verfügen) ist zur Pfändung des Tagessaldos schon ein gegen alle Kontoinhaber gerichteter Titel erforderlich. Hat der Gläubiger einen Titel lediglich gegen einen Kontoinhaber, wird er in der Regel an den Auszahlungsanspruch jedenfalls nicht im Wege der Pfändung gelangen: Handelt es sich bei den Kontoinhabern um eine Gesamthandsgemeinschaft, bedarf er eines Titels gegen alle Kontoinhaber; handelt es sich um eine Bruchteilsgemeinschaft, kann der Gläubiger mit Rücksicht auf § 747 BGB den Anteil seines Schuldners pfänden und sich überweisen lassen (§ 857 ZPO) und muss sodann durch Geltendmachung der Teilhaberrechte die Auszahlung zu erreichen suchen.

Bei **Ansprüchen auf Auszahlung eines Darlehens** ist zu unterscheiden:
– Wenn der **Darlehensvertrag noch nicht abgeschlossen** ist, sondern es besteht lediglich ein Vorvertrag mit der Verpflichtung zum Abschluss eines Darlehens, so sind der **höchstpersönliche** Anspruch auf Abschluss des Darlehensvertrages und sodann der Anspruch auf Auszahlung des Darlehensbetrages nach § 851 Abs. 1, § 399 1. Alt. BGB **unpfändbar.**[218] Der Darlehensvertrag kann eben nur durch den Schuldner und nicht durch den Gläubiger geschlossen werden.[219]
– Wenn der **Darlehensvertrag bereits abgeschlossen** aber das Darlehen noch nicht gewährt ist, muss für die Pfändbarkeit des Anspruchs auf Auszahlung des Darlehens danach differenziert werden, ob das Darlehen einer Zweckvereinbarung treuhänderischen Charakters unterliegt: Wegen der daraus folgenden Unpfändbarkeit nach § 851 Abs. 1 ZPO, § 399 1. Alt. BGB wäre der Auszahlungsanspruch nur bei Fehlen einer solchen Zweckvereinbarung pfändbar.[220]
– Problematisch erscheint der Fall der sog. **offenen Kreditlinie,** die den meisten Kunden von Geldinstituten auch unter der Bezeichnung **Dispositionskredit** bekannt ist. Durch die Vereinbarung eines Dispositionskredits räumt das Geldinstitut dem Kunden im Rahmen eines Kontokorrentverhältnisses den Anspruch ein, einen Kredit bis zu einer bestimmten betragsmäßigen Grenze nach Bedarf und Belieben in Anspruch zu nehmen. Innerhalb dieser offenen Kreditlinie darf der Kunde sein Kontokorrentkonto debitorisch führen.

Es stellt sich die Frage, ob der Anspruch auf Abrufung und Auszahlung eines Kredits im Rahmen des Dispositionskredits pfändbar ist.

Der Dispositionskredit ist regelmäßig nicht zweckgebunden, so dass eine Unpfändbarkeit nach § 851 Abs. 1 ZPO, § 399 1. Alt. BGB selten in Betracht kommen dürfte.

---

[217] BGH WM 73, 892, 893
[218] Zöller-Stöber, § 829 Rn. 33 Stichwort „Darlehen"; vgl. auch Palandt-Putzo, § 607 Rn. 9
[219] Zöller-Stöber, § 829 Rn. 33 Stichwort „Kontokorrent"
[220] BGH Rpfleger 78, 247, 248

Gegen die Pfändbarkeit wird eingewandt, die Einräumung eines Dispositionskredits habe vorvertraglichen Charakter und verschaffe dem Kunden lediglich einen allgemeinen Anspruch auf Kreditgewährung; des weiteren sei die Entscheidung des Kunden über Ob und Höhe der Inanspruchnahme des Kredits eine höchstpersönliche Entscheidung (wohl **h.M.**).[221]

Für die Pfändbarkeit spricht, dass dem Gläubiger in der Zwangsvollstreckung keine Werte, über die der Schuldner verfügen kann, vorenthalten werden dürfen.[222]

In der Klausur *wird dem Referendar anzuraten sein, sich beispielsweise mit einem der folgenden Argumenten der h.M. anzuschließen:*

Es erscheint mit dem Wesen der Zwangsvollstreckung sowie dem Verhältnismäßigkeitsgebot unvereinbar, dass der Schuldner durch den staatlichen Vollstreckungsakt gezwungen wird, sich gegenüber einem Dritten – dem Geldinstitut – neu zu verschulden, um dem Gläubiger die Befriedigung wegen dessen Anspruchs zu ermöglichen, zumal diese neue Schuld nicht nur auf Rückzahlung des Darlehens gerichtet, sondern darüber hinaus regelmäßig mit zusätzlichen und typischerweise hohen Zinsen verbunden ist. Der Zugriffsbereich der Zwangsvollstreckung erfasst vorhandene Vermögenswerte des Schuldners, die diesem zu entziehen sind, ohne dass es damit zur Übernahme neuer, durch die Vollstreckung erst begründeter Belastungen kommt. Wird beispielsweise ein Kaufpreisanspruch aus bestehendem Kaufvertrag gepfändet, besteht zwar auch dort die Leistungspflicht des Vollstreckungsschuldners gegenüber dem Käufer auf Übereignung der Kaufsache fort; aber der Schuldner erfährt keine weitergehenden Folgeeinbußen über den Wert der Sache, der ihm auch im Wege der Sachpfändung hätte entzogen werden können, hinaus.

Letzteres Beispiel zeigt auch, das die Pfändung und Überweisung dergestalt, dass der Gläubiger den Auszahlungsanspruch geltend machen kann, die Interessen des Drittschuldners in nicht zumutbarer Weise berührt. Denn während die Risikolage für den Drittschuldner im Kaufvertragsbeispiel nach wie vor dieselbe ist, führt die Pfändung und Überweisung im Fall der offenen Kreditlinie wirtschaftlich zur Überwälzung des Ausfallrisikos des Vollstreckungsgläubigers auf einen anderen Gläubiger des Schuldner, nämlich das Geldinstitut, indem dieses nunmehr die Leistung des Schuldners an den Gläubiger kreditieren muss.

Der Dispositionskredit hat vornehmlich einen vorvertraglichen Charakter: Die Einräumung einer Kreditlinie ist zwar eine Wertzuwendung, weil der Kunde einen Auszahlungsanspruch erlangt. Dieser ist aber inhaltlich nicht bestimmt und bedarf der Ausfüllung durch Abruf seitens des Kunden. Die der Kreditlinie zugrunde liegende Vereinbarung verschafft dem Kunden also das einseitige Gestaltungsrecht in Bezug auf das Ob und Wie des konkret zu bestimmenden Auszahlungsanspruchs und den entsprechenden Rückzahlungsanspruch des Geldinstituts. Hier steht es allein (höchstpersönlich) und – zumindest stillschweigend vereinbart – unabtretbar dem Schuldner/Kunden zu, den Darlehensvertrag im wesentlichsten Punkt (Darlehenshöhe) zu gestalten (also § 851 Abs. 1 ZPO, § 399 1. Alt. BGB).

Diesen Bedenken im Falle einer Pfändung dadurch Rechnung zu tragen, dass die Verwertung noch zusätzlich den Abruf des konkret bestimmten Kreditbetrages seitens des Schuldners voraussetzt, steht im Widerspruch zur allgemeinen Auffassung, dass mit wirksamer Pfändung und Überweisung auch die unselbständigen Gestaltungsrechte, die zur Geltendmachung der gepfändeten Forderung erforderlich sind, erfasst werden.

---

[221] OLG Schleswig NJW 92, 579, 580; LG Dortmund NJW 86, 997; Brox/Walker, Rn. 529; so wohl auch Zöller-Stöber, § 829 Rn. 33 Stichwort „Kontokorrent", der den Begriff Kreditlinie nur als höchstpersönlichen Anspruch auf Zurverfügungstellung eines Kredits ansieht.

[222] OLG Köln ZIP 83, 810; LG Düsseldorf JurBüro 85, 470; Baumbach/Lauterbach-Hartmann Grundz. § 704 Rn. 89

– Der sog. **Überziehungskredit** ist lediglich die Duldung einer an sich von den vertraglichen Vereinbarungen zwischen Geldinstitut und Kunden nicht mehr gedeckten debitorischen Verfügung (Kontoüberziehung). Hierauf hat der Kunde mangels Vertragsgrundlage keinen Anspruch. Wo kein Anspruch ist, kann auch nichts gepfändet werden. [223]

b) Beschränkung der Pfändbarkeit nach § 852 ZPO

Pflichtteilsansprüche nach § 2303 BGB (§ 852 Abs. 1 ZPO) sowie der Rückforderungsanspruch des Schenkers aus § 528 BGB und der Anspruch eines Ehegatten auf Zugewinnausgleich aus § 1378 BGB (§ 852 Abs. 2 i.Vm. Abs. 1 ZPO) sind nur dann pfändbar, wenn sie vertraglich anerkannt oder rechtshängig geworden sind. Dies findet seinen Grund darin, dass die Entscheidung, ob der Anspruch geltend gemacht werden soll, allein dem Berechtigten (und nicht seinem Gläubiger) überlassen bleiben soll.

Die Vorschrift des § 852 BGB ist wegen der Vergleichbarkeit der Interessenlage auch auf den Anspruch des Pflichtteilsberechtigten gegen einen Beschenkten aus § 2329 BGB entsprechend anzuwenden. [224]

Die Rechtsprechung[225] erlaubt dennoch die vorherige Pfändung des *(nur)* **Pflichtteilsanspruchs**, nur nicht die Verwertung vor vertraglicher Anerkennung oder Rechtshängigkeit. Dies führt zur Pfändung eines in seiner zwangsweisen Verwertbarkeit durch vertragliche Anerkennung oder Rechtshängigkeit des Anspruchs aufschiebend bedingten Pflichtteilsanspruch; das Pfändungspfandrecht entsteht mit Eintritt der Bedingung, jedoch bestimmt sich dessen Rang nach dem Zeitpunkt der vorherigen Pfändung.

Ohne eine solche eingeschränkte Pfändung des aufschiebend bedingten Pflichtteilsanspruchs bestünde die Gefahr, dass der Schuldner den Pflichtteilsanspruch der Zwangsvollstreckung entziehen kann. Denn der Pflichtteilsanspruch ist vor vertraglicher Anerkennung oder Rechtshängigkeit zwar nicht pfändbar, aber uneingeschränkt abtretbar (§ 2317 Abs. 2 BGB).

c) Pfändungsschutz von Arbeitseinkommen, Renten, Unterhalt und laufenden Einkünften

Darstellungshinweis: *Der Leser soll nicht mit der Wiederholung des Gesetzeswortlautes gelangweilt werden, weshalb hier auf ein Selbststudium des Gesetzestextes der Pfändungsschutzvorschriften nach §§ 850 – 850k ZPO verwiesen wird. Die Darstellung beschränkt sich auf die wenigen Grundlagen des Pfändungsschutzes, derer der Leser zum besseren Verständnis der Materie bedarf. Die Examensbedeutung ist eher gering.*

Die §§ 850 – 850k ZPO betreffen die Beschränkung der Pfändbarkeit aus sozialpolitischen Gründen im öffentlichen Interesse. Sie sind daher **unverzichtbar** und vom Rechtspfleger **von Amts wegen zu berücksichtigen**.

aa) Begriff des Arbeitseinkommens

Das Gesetz erläutert – allerdings nicht abschließend – in § 850 ZPO zunächst, was Arbeitseinkommen ist.

Arbeitseinkommen im Sinne der §§ 850 ff ZPO sind alle wiederkehrenden Vergütungen in Geld, die dem Schuldner aus Arbeits- oder Dienstleistung oder als Folge eines früheren Arbeits- oder Dienstverhältnisses zustehen. Hierbei ist gleichgültig,

---

[223] vgl. LG Münster MDR 96, 1069

[224] Thomas/Putzo, § 852 Rn. 1

[225] BGHZ 123, 183

– ob das Arbeits- oder Dienstverhältnis privater oder öffentlich-rechtlicher Natur ist,
– ob die entgoltene Arbeits- oder Dienstleistung bereits erbracht wurde oder künftig noch zu leisten ist,
– ob die Arbeits- oder Dienstleistung körperlicher oder geistiger Natur sowie
– Ausfluss selbständiger oder abhängiger Tätigkeit ist und
– welche Zeitdauer es hatte.

Über die lediglich beispielhafte Aufzählung von Arbeits- und Dienstverhältnissen in § 850 Abs. 2 ZPO hinaus ist insbesondere noch auf folgende Fälle hinzuweisen:
– Probe- oder Aushilfsarbeits-/-dienstverhältnisse,
– Streik- und Aussperrungsunterstützung sowie jeder auf Geld gerichtete Ersatz, der als Ausgleich für entgangene oder vorenthaltene Arbeits-/Dienstvergütung beansprucht werden kann,
– Trinkgelder,
– Sozialplanabfindung.

bb) Funktionsweise des Pfändungsschutzes

(1) Der Pfändungsschutz wird gewährleistet durch die gesetzliche

■ Anordnung der Unpfändbarkeit einzelner abtrennbarer Teile des Einkommens, wobei das Gesetz unterscheidet zwischen
– absolut (immer) unpfändbaren Einkommensteilen und Zuwendungen, § 850a ZPO (mit der Einschränkung nach § 850d zugunsten Gläubiger, die gegenüber dem Schuldner gesetzlich unterhaltsberechtigt sind) und
– bedingt unpfändbaren Bezügen, § 850b ZPO, die nach Maßgabe des Abs. 2 der Vorschrift pfändbar sind;

■ Anordnung der Unpfändbarkeit eines Teils einer einmaligen Vergütung, § 850i ZPO (regelmäßig frei Freiberuflern);

■ Festsetzung von Pfändungsfreibeträgen aus dem Nettolohn, § 850c ZPO (mit der Einschränkung nach § 850d zugunsten Gläubiger, die gegenüber dem Schuldner gesetzlich unterhaltsberechtigt sind).

Die Art und Weise der Berechnung des pfändbaren Einkommens unter Berücksichtigung dieser Vorschriften gibt § 850e ZPO vor.

(2) Das Vollstreckungsgericht (Rechtspfleger, § 20 Nr. 17 RPflG) kann

■ auf Antrag des Schuldners diesem über die Grenzen der §§ 850c, 850d und 850i ZPO hinaus einen Teil des pfändbaren Einkommens nach Abwägung der Belange des Gläubigers belassen, um eine besondere Härte im Fall des Schuldners zu vermeiden, § 850f Abs. 1 ZPO (Erhöhung des unpfändbaren Betrages),

■ auf Antrag des Gläubigers einer Forderung auf Schadensersatz aus vorsätzlicher deliktischer Handlung (Auslegung des Titels!) ohne Rücksicht auf die durch § 850c ZPO gesetzten Grenzen einen höheren Teil des Einkommens als pfändbar festsetzen, § 850f Abs. 2 ZPO (sog. Herabsetzung des unpfändbaren Betrages) oder

■ auf Antrag des Gläubigers jeder anderen Forderung den nach § 850c ZPO unpfändbaren Teil des Einkommens nach Abwägung der Interessen des Schuldners bis zu bestimmten Mindestgrenzen herabsetzen, um eine Härte im Fall des Gläubigers zu vermeiden, § 850f Abs. 3 ZPO.

(3) Im Falle bargeldloser Überweisung des Einkommens muss das Vollstreckungsgericht auf Antrag des Schuldners nach § 850k ZPO die Pfändung eines Kontoguthabens in Höhe des pfändungsfreien Teils des Arbeitseinkommens aufheben.

Warum bedarf es hier einer besonderen Ausgestaltung des Pfändungsschutzes?

Im Normalfall der Forderungspfändung erwirkt der Gläubiger einen Pfändungsbeschluss, der unter Berücksichtigung der Pfändungsschutzvorschriften nur den pfändbaren Teil des Einkommens umfasst. Diesen stellt er dem Drittschuldner zu, um (nach Überweisung der Forderung) den gepfändeten Teil selbst ausgezahlt zu erhalten. Der Schuldner erhält vom Arbeitgeber/Drittschuldner den nach §§ 850a, 850b unpfändbaren Teil des Einkommens sowie den unterhalb der Pfändungsfreigrenzen liegenden Betrag weiterhin ausgezahlt.

Die Praxis kann jedoch anders aussehen: Das gesamte Arbeitseinkommen wird auf ein Konto des Schuldners bei einem Geldinstitut überwiesen; dort lässt der Gläubiger den Auszahlungsanspruch des Schuldners gegen das Geldinstitut pfänden und sich überweisen. Da der Arbeitgeber/Vergütungsverpflichtete mit der Gutschrift des Einkommens seine Verpflichtung erfüllt hat, ist der Anspruch des Schuldners auf Zahlung des Einkommens gemäß § 362 BGB erloschen, also auch soweit das Einkommen nach §§ 850 ff ZPO nicht der Pfändung unterlag. Die Pfändung betrifft nun nicht mehr den ohnehin erloschenen Einkommensanspruch, sondern einen Anspruch im Verhältnis zwischen Schuldner und Geldinstitut, so dass die Pfändungsschutzvorschriften nach §§ 850 ff ZPO auch keine Anwendung finden. Dies widerspricht jedoch der nach wie vor bestehenden schutzwürdigen Interessenlage, die dem Pfändungsschutz zugrunde liegt: Dem Schuldner sollen aus seinen fortlaufenden Einkünften die finanziellen Mittel zur Verfügung stehen, derer er zur Deckung seines Lebensbedarfes und zur Erfüllung seiner Unterhaltspflichten bedarf.

Daher erstreckt § 850k ZPO sozusagen den Pfändungsschutz auf die Pfändung des Auszahlungsanspruchs des Schuldners gegen sein lohnkontoführendes Geldinstitut: das Vollstreckungsgericht hebt auf Antrag des Schuldners durch Beschluss den Pfändungsbeschluss in Höhe des Betrages, der dem der Pfändung nach §§ 850a ff ZPO nicht unterworfenen Teil des Einkommens entspricht, auf.

cc) Erweiterung des Vollstreckungszugriffs auf verschleierte Arbeitseinkommen

Kein Pfändungsschutz, sondern eine Erweiterung des Vollstreckungszugriffs im Interesse des Gläubigers regelt § 850h ZPO für sog. verschleierte Arbeitseinkommen. Hierbei handelt es sich um

– Lohnschiebungen (Abs. 1)

Der Schuldner erbringt eine Arbeits-/Dienstleistung. Der Empfänger dieser Leistung schuldet ihm dafür eine Vergütung. Schuldner und Empfänger **vereinbaren** jedoch verbindlich, dass der Empfänger die gesamte Vergütung oder – so der typische Fall – einen Teil hiervon (nämlich den die Pfändungsfreigrenzen übersteigenden Teil) nicht an den Schuldner, sondern mit befreiender Wirkung an einen Dritten (z.B. den unterhaltsberechtigten Ehegatten des Schuldners) zahlt. Da der Empfänger der Arbeits-/Dienstleistungen dem Schuldner die Zahlung an den Dritten vereinbarungsgemäß schuldet, stellt es keine Lohnschiebung dar, wenn der Dritte aufgrund einer Abtretung des Vergütungsanspruchs die Vergütung erhält.

– und verschleierte Arbeits-/Dienstverhältnisse (Abs. 2).

Der Schuldner erbringt im Rahmen (irgend-)eines ständigen Verhältnisses (zumindest nahezu) **unentgeltlich** Arbeits-/Dienstleistungen, die üblicherweise (höher) vergütet werden.

> Beispiele: der vermögenslose und verschuldete Ehemann/Lebensgefährte arbeitet unentgeltlich im Geschäft der Ehefrau/Lebensgefährtin (familienrechtliche Pflichten zur Mitarbeit schließen § 850h ZPO nicht aus)[226]; das Kind arbeitet gegen eine (zu) geringe Vergütung im Betrieb eines Elternteils[227].

Ein wesentliches Indiz für die Verschleierung ist die wirtschaftliche Abhängigkeit des Arbeits-/Dienstleistenden.[228]

Es genügt die objektive Sachlage, ein subjektiver Gläubigerbenachteiligungsvorsatz ist nicht erforderlich.

§ 850h **fingiert** in diesen Fällen, dass dem Schuldner ein Vergütungsanspruch in voller – i. F. des Abs. 2 angemessener – Höhe zusteht, so dass der Gläubiger diesen fingierten Anspruch pfänden und sich überweisen lassen kann, ohne dass es im Fall des Abs. 1 eines Titels gegen den Dritten bedarf.

Die Fiktion besteht ausschließlich im Verhältnis zum (die Forderungspfändung betreibenden) Vollstreckungsgläubiger, dahingegen nicht im Verhältnis zu anderen Gläubigern des Schuldners.

dd) Nachträgliche Änderung des Pfändungsumfangs

Nach § 850g ZPO muss das Vollstreckungsgericht (Rechtspfleger, § 20 Nr. 17 RPflG), welches den Pfändungsbeschluss erlassen hat[229], auf Antrag des Schuldners, Gläubigers oder eines gegenüber dem Schuldner Unterhaltsberechtigten den Pfändungsbeschluss einer Änderung der Bemessungsgrundlagen für das pfändbare Einkommen anpassen.

d) Pfändungsschutz für Sozialleistungen

gewähren die §§ 54, 55 SGB.

3. Keine Überpfändung?

Nach § 803 Abs. 1 Satz 2 ZPO wäre die Pfändung einer Forderung, deren Nennbetrag den Wert der zu vollstreckenden Forderung übersteigt, im Prinzip unzulässig. Regelmäßig wird man bei der Pfändung einer Forderung aber zumindest nicht sicher absehen können, ob der Nennwert der zu pfändenden Forderung aus rechtlichen oder tatsächlichen Gründen überhaupt realisiert werden kann. Daher wird die Pfändung für zulässig gehalten und der Schuldner mit dem formellen Einwand der Überpfändung auf den Weg der Vollstreckungserinnerung verwiesen.[230]

---

[226] BAG NJW 78, 343
[227] vgl. BGH VersR 64, 642
[228] Thomas/Putzo, § 850h Rn. 6
[229] Thomas/Putzo. § 850g Rn. 1
[230] Zöller-Stöber, § 829 Rn. 12

IV. Ordnungsgemäßer Pfändungsakt

1. Der Rechtspfleger erlässt ohne Anhörung des Schuldners (§ 834 ZPO) den PfÜB mit einleitend geschildertem Inhalt.

2. Der PfÜB ist zuzustellen
- an den Drittschuldner (§ 829 Abs. 2 Satz 1 ZPO für den Pfändungsbeschluss; §§ 835 Abs. 3 Satz1, 829 Abs. 2 Satz1 ZPO für den Überweisungsbeschluss)
- sowie an den Schuldner, wobei diesem neben dem PfÜB der Nachweis der Zustellung an den Drittschuldner zuzustellen ist (§ 829 Abs. 3 Satz 2 ZPO; §§ 835 Abs. 3 Satz 1, 829 Abs. 2 Satz 2 ZPO).

Die Zustellungen erfolgen im Parteibetrieb (§§ 191 ff. ZPO).

Wirksam wird der PfÜB mit **Zustellung an den Drittschuldner** (§ 829 Abs. 3 ZPO, §§ 835 Abs. 3 Satz 1, 829 Abs. 3 ZPO).

Richtet sich der gepfändete Anspruch gegen mehrere Drittschuldner als Gesamtschuldner, so
- wirkt der PfÜB immer nur im Verhältnis zu dem von ihm als Drittschuldner bezeichneten Gesamtschuldner und
- es ist an alle im PfüB als solche bezeichneten Drittschuldner zuzustellen, wobei die Zustellung an jeden getrennt wirkt.

Richtet sich der gepfändete Anspruch gegen mehrere Drittschuldner als Gesamthänder, ist an alle zuzustellen und der PfÜB erlangt erst mit Zustellung an den letzten Drittschuldner Wirksamkeit.

Die Zustellung an den Schuldner ist wegen § 829 Abs. 3 ZPO **keine** Wirksamkeitsvoraussetzung und dient lediglich dazu, ihm Kenntnis vom Inhibitorium zu verschaffen.

3. Ein und dieselbe Forderung des Schuldners gegen den Drittschuldner kann für mehrere Gläubiger gepfändet werden, wobei für jede einzelne Vollstreckung ein PfÜB nach §§ 829, 835 ZPO erforderlich ist. Für den Rang ist der **Prioritätsgrundsatz** nach § 804 ZPO maßgeblich. Der Drittschuldner kann bei mehrfacher Pfändung den Forderungsbetrag zugunsten aller Gläubiger hinterlegen, § 853 ZPO.

4. Bei der **Pfändung einer Forderung, die durch eine Hypothek gesichert ist,** ordnet **§ 830 ZPO** neben dem Pfändungsbeschluss des Rechtspflegers die Übergabe des Hypothekenbriefes an den Gläubiger oder im Fall der Buchhypothek die Eintragung der Pfändung in das Grundbuch an (zusätzliche Wirksamkeitsvoraussetzung[231]). Zweck der Vorschrift ist die Anpassung an § 1153 BGB: Forderung und Hypothek können nur zusammen übertragen oder gepfändet werden.

> Der Pfändungsbeschluss ist Herausgabetitel für den Hypothekenbrief, so dass dieser gegebenenfalls nach §§ 883, 886 ZPO durch den Gerichtsvollzieher weggenommen werden kann. Im Fall der Buchhypothek ersetzt der Pfändungsbeschluss die Eintragungsbewilligung (§ 19 GBO).

---

[231] vgl. BGHZ 127, 146, 151

Die Verwertung der hypothekarisch gesicherten Forderung erfolgt nach § 837 ZPO durch Überweisungsbeschluss, der jedoch im Fall der Überweisung zur Einziehung abweichend von §§ 829 Abs. 3, 835 ZPO bereits mit seiner Aushändigung an den Gläubiger wirksam wird, § 837 Abs. 1 Satz 1 ZPO (im Fall der Überweisung an Zahlungs Statt ist bei der Buchhypothek die Eintragung der Überweisung in das Grundbuch erforderlich, § 837 Abs. 1 Satz 2 ZPO).

Pfändung und Überweisung können nicht gemeinsam erfolgen: Die Überweisung als Verwertungsakt setzt das wirksam entstandene Pfändungspfandrecht voraus; dieses entsteht im Fall der Hypothekenforderung erst mit Übergabe des Hypothekenbriefes an den Gläubiger bzw. Eintragung der Pfändung in das Grundbuch (§ 830 Abs. 1 ZPO); hierzu muss denknotwendig der Pfändungsbeschluss zunächst dem Drittschuldner zugestellt werden; **erst wenn die Erfordernisse des § 830 Abs. 1 ZPO vorliegen, kann der Überweisungsbeschluss ergehen.**[232]

V. Die Rechtsfolgen

1. Rechtsfolgen der wirksamen Pfändung

Pfändung ist im 8. Buch der ZPO das Instrument zur Zwangsvollstreckung wegen einer Geldforderung in das bewegliche Vermögen des Schuldners (§ 803 Abs. 1 ZPO). Bewegliches Vermögen sind alle beweglichen Sachen und Rechte. Die Pfändung hat immer die Rechtswirkungen der **Verstrickung** und des **Pfändungspfandrechts**. Darüber hinaus hat die Forderungspfändung noch zur Folge, dass der Drittschuldner dem Gläubiger zur Auskunft nach § 840 ZPO (sog. **Drittschuldnererklärung**) verpflichtet ist.

a) Verstrickung

Verstrickung (= Beschlagnahme) bedeutet wie bei jeder Pfändung beweglichen Vermögens ein staatliches Gewaltverhältnis über den Vermögensgegenstand, kraft dessen der Staat anstatt des Berechtigten über diesen Gegenstand verfügen (= verwerten) darf. Sie bewirkt ein relatives Veräußerungsverbot nach §§ 135, 136 BGB.

aa) Verstrickung setzt eine **wirksame Pfändung** der Forderung voraus. Die Wirksamkeit der Pfändung setzt wiederum voraus:

■ keine Nichtigkeitsgründe: Die Pfändung darf nicht nichtig sein. Nur besonders schwere Verfahrensfehler können die Nichtigkeit der Pfändung begründen:
 – Der PfÜB wurde nicht vom Vollstreckungsgericht erlassen.
 – Die gepfändete Forderung ist nicht hinreichend bestimmt bezeichnet.
 – Das Arrestatorium ist nicht angeordnet.
 – Der PfÜB ist nicht dem Drittschuldner zugestellt worden (§ 829 Abs. 3 ZPO).

Verstöße gegen die übrigen Verfahrensvorschriften berühren die Wirksamkeit des PfÜB nicht, sondern begründen lediglich dessen Anfechtbarkeit.

■ Bestehen der Forderung und Zugehörigkeit zum Schuldnervermögen: Die gepfändete Forderung muss **im Zeitpunkt der Pfändung** (§ 829 Abs. 3 ZPO!) zumindest als künftige Forderung bestehen und dem Schuldner zustehen.

---

[232] BGHZ 127, 146, 152

Gepfändet wird die angebliche Forderung. Besteht diese Forderung nicht, geht die Pfändung ins Leere und ist unwirksam (Wo nichts ist, kann nichts beschlagnahmt werden). Ist eine künftige Forderung gepfändet, besteht diese als künftige Forderung dann nicht, wenn die angeblichen Voraussetzungen für ihr künftiges Entstehen zwischen Schuldner und Drittschuldner nicht begründet sind.

Die angebliche Forderung des Schuldners gegen den Drittschuldner besteht– zumindest mit diesen Beteiligten – aber auch nicht, wenn der Schuldner (z.B. infolge einer Abtretung) im Zeitpunkt der Pfändung nicht mehr Inhaber dieser Forderung ist. Nur Forderungen, die dem Schuldner zustehen, können gepfändet werden.

Erwirbt der Schuldner die Forderung nach Zustellung des PfÜB an den Drittschuldner, tritt **keine Heilung** ein. § 185 Abs. 2 BGB ist insoweit auch nicht analog anwendbar.[233]

bb) Die Verstrickung endet mit

■ ihrer Aufhebung durch das Vollstreckungsgericht oder das Beschwerdegericht,

■ Verzicht des Gläubigers auf die Rechte aus Pfändung und Überweisung nach § 843 ZPO (berührt nicht den Bestand der zu vollstreckenden Forderung!) oder

■ Verzicht des Gläubigers auf die zu vollstreckende Forderung nach § 397 BGB.

b) Pfändungspfandrecht

Die §§ 803 bis 807 ZPO sind allgemeine Vorschriften für die Pfändung. Auch für die Forderungspfändung gilt daher § 804 ZPO:

Merke: **Durch die Pfändung erwirbt der Gläubiger ein Pfändungspfandrecht an der gepfändeten Forderung.**

Für die Frage, welcher Rechtsnatur das Pfändungspfandrecht ist, sind die Pfändungspfandrechtstheorien maßgeblich[234]: Das Pfändungspfandrecht entsteht

■ nach der öffentlich-rechtlichen Theorie allein infolge wirksamer Verstrickung der Forderung,

■ nach der gemischten privatrechtlich-öffentlich-rechtlichen Theorie, wenn
 – die Forderung wirksam verstrickt ist,
 – die wesentlichen Vollstreckungsvoraussetzungen der Forderungspfändung vorliegen (also über die bereits für die Wirksamkeit der Verstrickung maßgeblichen Voraussetzungen hinaus: Zustellung, Klausel und Pfändungsschutzvorschriften)
 – sowie die materiell-rechtlichen Voraussetzungen für das Entstehen eines Pfandrechts (§§ 1204 ff BGB) mit Ausnahme der Verpfändungserklärung, die durch die Pfändung ersetzt wird.

---

[233] BGHZ 56, 339, 350f
[234] siehe im einzelnen oben § 2 V. 2.

Insbesondere erforderlich ist also wiederum die **Akzessorietät und die Zugehörigkeit der gepfändeten Forderung zum Schuldnervermögen**. Fehlt letzteres, ist jedoch zu beachten, dass mangels bestehender Forderung des Schuldners gegen den Drittschuldner schon keine wirksame Verstrickung entstanden ist.

Die Unterschiede der Pfändungspfandrechttheorien wirken sich im Ergebnis nicht aus.

Wesentliche Bedeutung erlangt das Pfändungspfandrecht, wenn ein und dieselbe Forderung des Schuldners für mehrere Gläubiger gepfändet worden ist. Das Pfändungspfandrecht an der Forderung bestimmt den Rang des jeweiligen Vollstreckungsgläubigers nach dem Prioritätsprinzip, § 804 Abs. 3 ZPO.

In diesem Zusammenhang ist auf § 853 ZPO hinzuweisen: Der Drittschuldner kann und – wenn es ein Gläubiger verlangt – muss im Falle mehrfacher Pfändung der Forderung den Forderungsbetrag hinterlegen und dies dem Amtsgericht (= Vollstreckungsgericht, das zuerst gepfändet hat[235]) anzeigen.

c) Umfang der Verstrickung und des Pfändungspfandrechts

Beispielsfall:
Der Gläubiger beantragt, wegen eines Anspruchs auf rückständigen Mietzins in Höhe von 1200,00 Euro eine Kaufpreisforderung des Schuldners gegen den Drittschuldner in Höhe von 2000,00 Euro aus einem Fahrzeugverkauf zu pfänden und ihm zur Einziehung zu überweisen. Der Rechtspfleger erlässt den PfÜB unter anderem mit folgendem Inhalt:

„Wegen dieses Anspruchs ... wird der Zahlungsanspruch des Schuldners gegen den (genau bezeichneten) Drittschuldner aus dem Kaufvertrag vom ... betreffend das Fahrzeug ... (wird beschrieben) gepfändet."

Es stellt sich nun die Frage,
– ob der PfÜB den gesamten Kaufpreisanspruch des Schuldners gegen den Drittschuldner in Höhe von 2000 Euro, also über den Betrag der zu vollstreckenden Forderung hinaus umfasst, (h.M[236])
– oder ob der PfÜB aus der Kaufpreisforderung des Schuldners gegen den Drittschuldner lediglich den Betrag umfasst, welcher der zu vollstreckenden Forderung des Gläubigers gegen den Schuldner entspricht. Letzteres hätte zur Folge, dass im Beispielsfall ein Teil der Kaufpreisforderung in Höhe von 800,00 Euro pfändungsfrei geblieben wäre und der Schuldner insoweit von seinem Drittschuldner Zahlung an sich verlangen könnte. Hierfür spricht das Verbot der Überpfändung in § 803 Abs. 1 Satz 2 ZPO.

Aber auch nach h.M. kann der Gläubiger wegen § 1282 Abs. 1 Satz 2 BGB die Forderung gegen den Drittschuldner nur insoweit einziehen, als dies zu seiner Befriedigung erforderlich ist.

Im Ergebnis wäre nach beiden Auffassungen die Überpfändung bzw. übermäßige Einziehung anfechtbar (Vollstreckungserinnerung, § 766 ZPO).

---

[235] Thomas/Putzo, § 853 Rn. 5
[236] BGH NJW 75, 738; Zöller-Stöber, § 829 Rn. 11; Thomas/Putzo, § 829 Rn. 32

Lediglich eine Teilpfändung liegt vor, wenn dies im PfÜB ausdrücklich angeordnet ist.[237]

> Im Beispielsfall, wenn der PfÜB lauten würde:
>
> Wegen dieses Anspruchs ... wird der Zahlungsanspruch des Schuldners gegen den (genau bezeichneten) Drittschuldner aus dem Kaufvertrag vom ... betreffend das Fahrzeug ... (wird beschrieben) bis zu einer Höhe von 1200,00 Euro teilweise gepfändet."

d) Drittschuldnererklärung (§ 840 ZPO)

aa) Aufgrund schon des wirksamen (= dem Drittschuldner zugestellten) Pfändungsbeschlusses, also ohne dass es auch der Überweisung bedarf, hat der Drittschuldner nach § 840 **Abs. 1** ZPO **auf Verlangen des Gläubigers binnen zwei Wochen** ab Zustellung des Pfändungsbeschlusses zu erklären,

– ob und inwieweit er die Forderung als begründet **anerkenne** und Zahlung zu leisten bereit sei
  (die Anerkennung ist bloße Wissenserklärung und daher kein Schuldanerkenntnis; der Drittschuldner geht auch bei unvollständiger Erklärung seiner Einwendungen nicht verlustig),

– ob und welche Ansprüche andere Personen an die Forderung machen (**andere Gläubiger**),

– ob und wegen welcher Ansprüche die Forderung für andere Gläubiger **bereits gepfändet** sei.

Diese sog. **Drittschuldnererklärung** ist eine Obliegenheit des Drittschuldners, d. h. die Auskunft ist nicht vom Gläubiger einklagbar[238], vielmehr wird der Drittschuldner lediglich durch die sonst nach § 840 Abs. 2 Satz2 ZPO drohende Schadensersatzpflicht zur Auskunft angehalten.

bb) Der **Schadensersatzanspruch nach § 840 Abs. 2 Satz 2 ZPO** setzt voraus:

(1) Obliegenheit des Drittschuldners zur Auskunftserteilung

Dies ist wiederum der Fall, wenn die Voraussetzungen des § 840 Abs. 1 ZPO vorliegen:

■ Pfändungsbeschluss, der nicht nichtig ist

■ Zustellung des Pfändungsbeschlusses durch den Gerichtsvollzieher an den Drittschuldner
  (da § 840 Abs. 3 ZPO die Abgabe der Drittschuldnererklärung bei Zustellung gegenüber dem Gerichtsvollzieher erlaubt, wird die Obliegenheit nur bei Zustellung durch diesen, nicht hingegen bei Zustellung per Post begründet[239])

■ Aufforderung des Gläubigers an den Drittschuldner zur Abgabe der Erklärung
  (in der Zustellungsurkunde (§ 840 Abs. 2 Satz 1 ZPO) oder durch besonderes Schreiben nach der Zustellung[240])

---

[237] Thomas/Putzo, § 829 Rn. 32
[238] BGHZ 91, 126, 128
[239] Thomas/Putzo, § 840 Rn. 3, 14
[240] Thomas/Putzo, § 840 Rn. 3

(2) Nichterfüllung der Obliegenheit bis zum Ablauf der Zwei-Wochenfrist nach Zustellung des Pfändungsbeschlusses

Auch die unrichtige, unvollständige oder verspätete Auskunft begründet die Schadensersatzpflicht.[241]

(3) Verschulden des Drittschuldners

nach §§ 276, 278 BGB; der Drittschuldner trägt die Beweislast für sein Nicht-Verschulden.[242]

(4) Schaden des Gläubigers

Es gilt § 249 BGB: Der Gläubiger ist so zu stellen, wie er bei rechtzeitiger und umfassender Drittschuldnererklärung gestanden hätte.

(5) Kausalität Nichterfüllung – Schaden

Klausurtipp: *Der Schadensersatzanspruch aus § 840 Abs. 2 Satz 2 ZPO kann Gegenstand der C-Klausur im Examen sein. Was in diesem Fall zu beachten ist, wird in dem den Abschnitt „Forderungspfändung" abschließenden Beispielsfall erwähnt.*

2. Rechtsfolgen der wirksamen Überweisung

Der Gläubiger hat nach § 835 Abs. 1 ZPO die Wahl, sich die gepfändete Geldforderung entweder zur Einziehung oder an Zahlungs Statt überweisen zu lassen.

a) Überweisung zur Einziehung

Der Gläubiger erhält nach der in der Praxis üblichen Überweisung der Geldforderung zur Einziehung lediglich die Befugnis zur Einziehung der nach wie vor zum Vermögen des Schuldners gehörenden Forderung. In diesem Fall führt der PfÜB zu folgenden Rechten und Pflichten der drei Beteiligten:

aa) Der **Vollstreckungsgläubiger** wird <u>nicht</u> Inhaber der Forderung. Durch die Überweisung erhält er lediglich die **Einziehungsbefugnis** *im Umfang des gepfändeten Rechts*, was nichts anderes bedeutet, als dass er alle zur Beitreibung der Geldforderung erforderlichen Maßnahmen ergreifen darf:

Der Vollstreckungsgläubiger darf im eigenen Namen die Forderung
– kündigen,
– mit eigenen Verpflichtungen gegenüber dem Drittschuldner aufrechnen,
– einziehen und auf Leistung an sich einklagen.[243]

Die Überweisung ersetzt insoweit die förmlichen Erklärungen des Vollstreckungsschuldners zur Einziehungsermächtigung des Vollstreckungsgläubigers, § 836 Abs. 1 ZPO.

Der Vollstreckungsgläubiger ist gegenüber dem Vollstreckungsschuldner zur Einziehung der Forderung verpflichtet. Unterlässt oder verzögert er deren Beitreibung,

---

[241] Thomas/Putzo, § 840 Rn. 17
[242] BGHZ 79, 275
[243] BGHZ 82, 28, 31

ist er dem Vollstreckungsschuldner zum Ersatz dessen dadurch begründeten Schadens verpflichtet, § 842 ZPO.

Dementsprechend hat der Vollstreckungsgläubiger alles zu unterlassen, was dem Zweck der Befriedigung der Forderung zuwider läuft: Er darf die Forderung gegenüber dem Drittschuldner beispielsweise weder erlassen noch stunden.

Der **PfÜB ist kein Titel gegenüber dem Drittschuldner.** Wenn der Drittschuldner auf die überwiesene Geldforderung nicht freiwillig leistet, muss der Vollstreckungsgläubiger diese Forderung im Wege der sogenannten **Einziehungsklage** im eigenen Namen und auf Leistung an sich gerichtet einklagen. Hierbei handelt es sich nicht um eine besondere Klageart, sondern um eine allgemeine Leistungsklage, die der Vollstreckungsgläubiger infolge der Einziehungsbefugnis als Kläger führen darf. Die Einziehungsklage verschafft ihm den Leistungstitel gegen den Drittschuldner, aufgrund dessen der Vollstreckungsgläubiger sodann die Vollstreckung wegen einer – ihm zur Einziehung zuvor überwiesenen – Geldforderung gegen den Drittschuldner betreiben kann.

Die Einziehungsklage ist allerdings wegen anderweitiger Rechtshängigkeit unzulässig, wenn der Vollstreckungsschuldner bereits vor Wirksamkeit des PfÜBs gegen den Drittschuldner Leistungsklage erhoben hat; in diesem Fall bleibt der Vollstreckungsschuldner nach § 265 ZPO Prozesspartei, muss jedoch – um die Abweisung mangels Sachlegitimation zu vermeiden – den Klageantrag auf Zahlung an den nach Überweisung empfangszuständigen Vollstreckungsgläubiger umstellen.

Hat der Vollstreckungsschuldner bereits einen Leistungstitel gegen den Drittschuldner erwirkt, ist der Titel gemäß § 727 Abs. 2 ZPO auf den Vollstreckungsgläubiger umzuschreiben.

Die weiteren Einzelheiten zur Einziehungsklage werden in dem den Abschnitt „Forderungspfändung" abschließenden Beispielsfall dargestellt.

Die Zwangsvollstreckung ist erst beendet, wenn und soweit der Gläubiger die gepfändete und überwiesene Forderung erfolgreich eingezogen hat. Kann der Gläubiger die gepfändete und überwiesene Forderung nicht vom Drittschuldner beitreiben (beispielsweise weil dieser nicht zahlungsfähig ist), bleibt dem Gläubiger seine zu vollstreckende Forderung gegen den Schuldner, die er dann mit anderen Vollstreckungsmaßnahmen weiter vollstrecken kann.

bb) Der **Vollstreckungsschuldner** bleibt Inhaber der gepfändeten und überwiesenen Forderung. Er unterliegt bereits infolge der Pfändung den Verfügungsbeschränkungen der §§ 135, 136 BGB. Er darf nur Rechtshandlungen vornehmen, die den Vollstreckungszweck nicht gefährden.

Daher darf der Schuldner beispielsweise gegen den Drittschuldner auf Leistung klagen, allerdings nur mit dem Antrag, dass der Drittschuldner an den Vollstreckungsgläubiger leistet.

Des weiteren ist der Vollstreckungsschuldner verpflichtet, dem Vollstreckungsgläubiger die zur Geltendmachung der überwiesenen Forderung nötige Auskunft zu erteilen und über die Forderung vorhandene Urkunden (z.B. Sparbuch, Schuldschein,

Versicherungsschein etc.) herauszugeben, § 836 Abs. 3 ZPO. Der Auskunftsanspruch ist einklagbar[244]; für die Herausgabepflicht ist der Überweisungsbeschluss ein Titel, der nach § 883 ZPO vollstreckt werden kann.

Der Vollstreckungsschuldner trägt das Beitreibungsrisiko; seine Verpflichtung gegenüber dem Gläubiger erlischt nur, wenn und soweit die gepfändete und überwiesene Forderung eingezogen werden konnte.

cc) Der **Drittschuldner** darf auch gegenüber dem Vollstreckungsgläubiger
– nach Maßgabe des § 392 BGB gegen die gepfändete und überwiesene Forderung **aufrechnen** sowie
– alle **Einwendungen und Einreden** aus dem Rechtsverhältnis zum Schuldner, **soweit diese im Zeitpunkt der Zustellung des Pfändungsbeschlusses begründet gewesen sind**, sowie solche aus dem Rechtsverhältnis zum Gläubiger geltend machen.

Die wichtigere – *examensrelevante* – Frage für den Drittschuldner ist jedoch, an wen er nach Pfändung und Überweisung mit **Erfüllungswirkung** leisten kann. Denn der Drittschuldner wird von seiner Leistungspflicht nach § 362 BGB nur frei, wenn er an den zur Annahme der Leistung befugten Gläubiger geleistet hat.[245]

(1) Leistung an den Schuldner in Unkenntnis des wirksamen PfÜB: § 407 BGB analog

Rechtsfolge bereits der wirksamen (§ 829 Abs. 3 ZPO!) Pfändung ist das **arrestatorium**, § 829 Abs. 1 Satz 1 ZPO: Der Drittschuldner darf nicht mehr an den Vollstreckungsschuldner leisten. Leistet er nach Wirksamkeit der Pfändung dennoch, kann er sich gegenüber dem Vollstreckungsgläubiger wegen §§ 135, 136 BGB grundsätzlich nicht auf die Erfüllung berufen. Der Drittschuldner muss in diesem Fall seine Leistung nochmals an den – infolge wirksamer Überweisung nunmehr empfangszuständigen – Vollstreckungsgläubiger erbringen.

Um die Tragweite des Risikos, nochmals leisten zu müssen, zu verdeutlichen, muss man sich die Rechtsfolge des relativen Verfügungsverbots nach §§ 135, 136 BGB vor Augen führen:

Die verbotswidrige Verfügung ist **nur** gegenüber dem Verbotsgeschützten (hier der Vollstreckungsgläubiger) unwirksam[246], im Verhältnis der an der verbotswidrigen Verfügung beteiligten Personen jedoch wirksam.

Was bedeutet dies bei einem Verstoß gegen das arrestatorium? Im Verhältnis zum Vollstreckungsgläubiger kann der Drittschuldner sich nicht auf die Erfüllung berufen (s.o.), aber **in der Rechtsbeziehung zwischen Schuldner und Drittschuldner** ist schon **durch die verbotswidrige Zahlung** an den Schuldner die Geldforderung nach § 362 BGB **erloschen**.[247]

---

[244] Thomas/Putzo, § 836 Rn. 14
[245] Palandt-Heinrichs, § 362 Rn. 3
[246] Palandt-Heinrichs, §§ 135, 136 Rn. 6
[247] BGHZ 86, 337 ff; Kubis JR 1983, 319 f

Dem Drittschuldner, der nochmals leisten muss, steht daher **kein Bereicherungsanspruch (§ 812 BGB) gegen den Schuldner auf Rückzahlung** des an ihn gezahlten Betrages zu:
- Zwar hat der Schuldner **etwas**, nämlich das Geld, **erlangt**,
- und zwar **durch Leistung** des Drittschuldners, nämlich Zahlung.
- Aber die Zahlung erfolgte im Verhältnis Schuldner/Drittschuldner **nicht rechtsgrundlos**, sondern aufgrund der wirksamen Zahlungsverpflichtung des Drittschuldners; die Beschränkung der §§ 135, 136 BGB wirkt sich nur im Verhältnis zum Vollstreckungsgläubiger aus.

Bedenkt man, dass der Drittschuldner ohne sein Zutun in das Vollstreckungsverfahren zwischen Gläubiger und Schuldner hineingezogen worden ist, erscheint eine solche Risikoerhöhung zu seinen Lasten nur gerechtfertigt, wenn er von der wirksamen Pfändung Kenntnis hatte. Hat er von der Pfändung – trotz Zustellung – **keine Kenntnis**, kann er sich nicht darauf einstellen, so dass ein **Drittschuldnerschutz** geboten erscheint.

Unkenntnis trotz Zustellung kann beispielsweise im Fall der Ersatzzustellung nach § 178 ZPO an eine der dort genannten Personen und Unterlassen der Weiterleitung oder im Fall der Ersatzzustellung durch Einlegen in den Briefkasten nach § 180 ZPO bei Abhandenkommen der Sendung aus dem Briefkasten oder im Fall der Niederlegung (§ 182 ZPO) bei Nichtabholung vorliegen.

Der Drittschuldner, der bei Leistung an den Vollstreckungsschuldner nach Zustellung des PfÜB keine Kenntnis von der Pfändung hat, wird gemäß §§ 1275, 407 Abs. 1 BGB analog im Verhältnis zum Vollstreckungsgläubiger von seiner Leistungspflicht frei.[248] Das achte Buch der ZPO sieht insoweit keinen besonderen Schutz des Drittschuldners vor. Hierin liegt eine Regelungslücke: Denn für den Drittschuldner ist es unerheblich, ob sein Forderungsgläubiger durch hoheitlichen Pfändungsakt oder durch Abtretung die Empfangszuständigkeit verloren und er hiervon keine Kenntnis hat; er vertraut darauf, an seinen empfangszuständigen Forderungsgläubiger zu zahlen; daher darf er nicht schlechter als im Fall der Abtretung, in der er in den Genuss des Schutzes nach § 407 BGB gelangen würde, gestellt werden.

Ein **Kennenmüssen** schließt nach dem eindeutigen Wortlaut des § 407 Abs. 1 BGB den Schutz nicht aus.[249] Im Falle der Ersatzzustellung an eine weitere Person hat der Drittschuldner sich deren Kenntnis von der Pfändung nur dann zurechnen zu lassen, wenn diese zur Erfüllung in Hinsicht auf die Forderung Vertretungsmacht hat.

Maßgeblicher Zeitpunkt für die Unkenntnis ist der Zeitpunkt der Leistungshandlung.

Die **Beweislast** für die Kenntnis trägt Vollstreckungsgläubiger.[250]

Wird der gepfändete Anspruch **nach** Zustellung des PfÜB zwischen Schuldner und Drittschuldner **rechtshängig**, muss der Gläubiger ein rechtskräftiges **abweisendes Urteil** gegen sich gelten lassen, §§ 1275, 407 Abs. 2 BGB analog. Im Falle eines stattgebenden Urteils ist auch dieses nach den §§ 1275, 407 Abs. 2 BGB analog für

---

[248] BGHZ 86, 337, 339

[249] siehe zu den Anforderungen an die Kenntnis Palandt-Heinrichs, § 407 Rn. 6

[250] vgl. für die unmittelbare Geltung des § 407 BGB: Palandt-Heinrichs, § 407 Rn. 9

den Gläubiger verbindlich; das rechtskräftige Urteil kann gemäß § 727 ZPO auf ihn umgeschrieben werden. Zahlt der Drittschuldner zuvor an den Schuldner, kann ersterer die Erfüllung nur nach Maßgabe des § 407 Abs. 1 BGB analog gegenüber dem Gläubiger geltend machen.

Ist der zu Anspruch bereits **vor** Zustellung des PfÜB zwischen Schuldner und Drittschuldner rechtshängig, bleibt der Schuldner wegen § 265 ZPO Prozesspartei, muss jedoch den Klageantrag auf Leistung an den Vollstreckungsgläubiger umstellen. Hat er dies nicht getan, sondern einen auf Leistung an sich selbst gerichteten Titel erwirkt (was nur geschehen kann, wenn keine Prozesspartei die Zustellung des PfÜB vorgetragen hat), kann dieser Titel grundsätzlich gemäß § 727 ZPO auf den Gläubiger umgeschrieben werden. Die Umschreibung ist jedoch nicht mehr möglich, wenn der Drittschuldner aufgrund des Titels an den Schuldner gezahlt hat. Hier stellt sich nur noch die Frage nach der Erfüllungswirkung der Zahlung im Verhältnis zum Gläubiger.

(2) Leistung an den Gläubiger aufgrund des PfÜB in Unkenntnis dessen Anfechtbarkeit, § 836 Abs. 2 ZPO

Verfahrensfehler bei Pfändung und Überweisung führen überwiegend zur Anfechtbarkeit des PfÜB (Vollstreckungserinnerung) und nur bei schwerwiegenden und offenkundigen Verstößen zu dessen Unwirksamkeit (= Nichtigkeit).

Der lediglich **anfechtbare PfÜB** ist wirksam und entfaltet bis zu seiner Aufhebung die regulären Rechtsfolgen. Dies bedeutet für den Drittschuldner, dass er auch bei Anfechtbarkeit des PfÜB das arrestatorium befolgen muss und wegen der Überweisung nur an den Vollstreckungsgläubiger mit befreiender Wirkung leisten kann. Er läuft daher Gefahr, dass er ohne Kenntnis der zwischenzeitlich erfolgten Aufhebung des PfÜB im Vertrauen auf dessen Bestand an den Gläubiger leistet, ohne sich dadurch von der Schuld befreien zu können. Diese Gefahr beseitigt **§ 836 Abs. 2 ZPO**:

Der fehlerhafte Überweisungsbeschluss gilt zugunsten des Drittschuldners im Verhältnis zum Schuldner als rechtsbeständig, bis er aufgehoben wird <u>und</u> der Drittschuldner hiervon Kenntnis erlangt hat.

Merke: Leistet der Drittschuldner an den Gläubiger nach Aufhebung des PfÜB und kennt er die Aufhebung nicht, kann er sich nach § 836 Abs. 2 ZPO gegenüber dem Schuldner auf Erfüllung berufen!

Der **unwirksame (nichtige) PfÜB** entfaltet keine Rechtswirkungen. Der Vertrauensschutz aus § 836 Abs. 2 ZPO baut aber darauf auf, dass zunächst ein zwar zu Unrecht erlassener aber wirksamer Vollstreckungsakt vorhanden war und der Drittschuldner sich darauf eingestellt hat. Ist der Vollstreckungsakt von vornherein nichtig gewesen, ist er keine Grundlage für solchen Vertrauensschutz.[251]

Deshalb aber ohne jede Beachtung des Einzelfalls den Drittschuldnerschutz aus § 836 Abs. 2 ZPO bei nichtigen PfÜB abzulehnen, lässt unberücksichtigt, dass die rechtliche Subsumtion unter die Verfahrensvorschriften den Drittschuldner als

---

[251] daher insoweit die Anwendbarkeit des § 836 II ZPO ablehnend noch BGHZ 121, 98

Rechtslaien überfordern könnte und auch der nichtige PfÜB Ersteinmahl den Rechtsschein eines wirksamen – verbindlichen – Vollstreckungsaktes setzen kann. Daher ist im Einzelfall zu differenzieren[252]:

■ Ist der Überweisungsbeschluss wegen eines **offenkundigen Fehlers** nichtig, hätte der Drittschuldner dies erkennen können und ist daher im Hinblick auf § 836 Abs. 2 ZPO **nicht schutzwürdig**; offenkundig ist der Fehler, wenn
– die Tatsachen, die zur Nichtigkeit führen, für jeden ohne weiteres auf ernsthafte Zweifel an der Rechtswirksamkeit schließen lassen (auf der Hand liegen),
– diese Sachlage dem Drittschuldner bekannt ist und
– ihm zumutbar ist, diese Zweifel von einem Rechtskundigen ausräumen zu lassen (also Ersteinmahl sich der Rechtswirksamkeit zu vergewissern, bevor man den hoheitlichen Akt befolgt).

■ Ist die Unwirksamkeit des Überweisungsbeschlusses nicht offensichtlich, handelt der von der Aufhebung oder Unwirksamkeit nichts wissende Drittschuldner ebenso wie im Fall des lediglich anfechtbaren PfÜB im Vertrauen auf dessen Rechtswirksamkeit. Ihm ist daher der Schutz aus § 836 Abs. 2 ZPO zu gewähren.

(3) Leistung an den Gläubiger aufgrund des PfÜB in Unkenntnis der einstweiligen Einstellung der Zwangsvollstreckung, § 836 Abs. 2 ZPO analog

Die einstweilige Einstellung führt nicht zur Aufhebung des PfÜB, sondern hindert lediglich die Fortsetzung des Vollstreckungsverfahrens. Insbesondere darf der Drittschuldner nur noch an den Vollstreckungsgläubiger und den Vollstreckungsschuldner gemeinsam leisten oder zugunsten beider den Geldbetrag hinterlegen. Hat der Schuldner aber keine Kenntnis von der einstweiligen Einstellung der Zwangsvollstreckung, genießt er bei Leistungen allein an den Vollstreckungsgläubiger den Schutz aus § 836 Abs. 2 ZPO analog.[253]

(4) Leistung an den anscheinend berechtigten Gläubiger aufgrund eines in die Leere gehenden PfÜB, §§ 408 Abs. 2, 407 BGB

Fallbeispiel:

Auf Antrag des Vollstreckungsgläubigers G wird die Kaufpreisforderung des Vollstreckungsschuldners S gegen den Drittschuldner D gepfändet und ihm zur Einziehung überwiesen. Im Zeitpunkt der Zustellung des PfÜB an den Drittschuldner (§§ 829 Abs. 3, 835 ZPO!) hatte der Vollstreckungsschuldner die Kaufpreisforderung bereits an den X abgetreten. Der Drittschuldner D, der von der Abtretung keine Kenntnis hat, leistet nun aufgrund des PfÜB an den Vollstreckungsgläubiger G.

Kann er sich gegenüber X nun auf Erfüllung berufen?

Der PfÜB ist in die Leere gegangen, weil zum Zeitpunkt der Zustellung an den Drittschuldner keine dem Schuldner zustehende Forderung bestand. Der PfÜB entfaltet daher keine Rechtswirkungen.

---

[252] BGHZ 127, 146, 153 ff
[253] BGHZ 140, 253, 255 f

§ 836 Abs. 2 ZPO hilft dem Drittschuldner hier nicht. Denn Voraussetzung dieser Vorschrift ist, dass die Forderung dem Schuldner zusteht.[254] Sie schützt den Drittschuldner nur „gegenüber dem Schuldner" und nicht im Verhältnis zu einem anderen Forderungsgläubiger.

Der Drittschuldnerschutz wird hier durch §§ 408 Abs. 2, 407 BGB gewährleistet:

Wird eine bereits abgetretene Forderung durch gerichtlichen Beschluss (PfÜB) gepfändet und dem Gläubiger überwiesen, wird der Drittschuldner durch die aufgrund des Rechtsscheins des PfÜB in Unkenntnis der früheren Forderungsabtretung vorgenommene Leistung an den Gläubiger auch gegenüber dem Forderungserwerber von seiner Leistungspflicht frei.

b) Überweisung an Zahlungs Statt

Die Überweisung an Zahlungs Statt wirkt wie eine Abtretung der Forderung und führt zum echten Gläubigerwechsel: Der **Gläubiger wird Inhaber der Forderung**, die – soweit gepfändet – aus dem Vermögen des Schuldners ausscheidet.

Soweit die gepfändete und überwiesene Forderung tatsächlich besteht und zum Zeitpunkt der Pfändung zum schuldnerischen Vermögen gehört hat, ist der Gläubiger wegen seiner – zu vollstreckenden – Forderung befriedigt; die zu vollstreckende Forderung erlischt dann also bereits mit Überweisung bis zur Höhe der gepfändeten und überwiesenen Forderung. Im Gegensatz zu der Überweisung zur Einziehung trägt hier also der Gläubiger das Risiko, die gepfändete und ihm überwiesene Forderung gegen den Drittschuldner erfolgreich beitreiben zu können; ein Rückgriff auf den Schuldner ist nicht mehr möglich. Hierin besteht der erhebliche Nachteil dieser Form der Überweisung gegenüber der Überweisung zur Einziehung.

VI. Schema „Die Rechtmäßigkeit der Pfändung und Überweisung einer Geldforderung und ihre Rechtsfolgen"

I. <u>Die allgemeinen Voraussetzungen jeder Zwangsvollstreckung</u>
  1) Allgemeine Verfahrensvoraussetzungen
    a) Vollstreckungsantrag des Gläubigers
      – schriftlich oder zu Protokoll der Geschäftsstelle (§ 496 ZPO)
      – hinreichend bestimmte Bezeichnung der zu pfändenden Forderung nach Beteiligte, Grund und Gegenstand des Schuldverhältnisses, so dass sie von anderen Forderungen eindeutig unterschieden werden kann
    b) Zuständigkeit
     –**sachlich:** Amtsgericht als Vollstreckungsgericht, §§ 828, 764 Abs. 1, 802 ZPO
     –**örtlich:** §§ 828 Abs. 2, 13 ff, 23, 802 ZPO
     –**funktionell:** Rechtspfleger, § 20 Nr. 17 RPflG
    c) Allgemeines Rechtsschutzbedürfnis
     → (–) wenn Gläubiger bereits Inhaber der Forderung

---

[254] Thomas/Putzo, § 836 Rn. 10 m.w.N.

2) Allgemeine Vollstreckungsvoraussetzungen
   a) Titel über eine Geldforderung
   b) Klausel
   c) Zustellung
3) Besondere Vollstreckungsvoraussetzungen
   d) „Eintritt eines Kalendertages" (§ 751 Abs. 1 ZPO)
   e) Nachweis der Sicherheitsleistung (§ 751 Abs. 2 ZPO)
   f) Zwangsvollstreckung bei Leistung Zug um Zug (§ 765 ZPO)
4) Fehlen von Vollstreckungshindernissen

II) **Die besonderen Zugriffsvoraussetzungen der Pfändung in eine Geldforderung**
1) Pfändungsgegenstand:
   a) Geldforderung Schuldner ./. Drittschuldner,
   b) die nach dem Vorbringen des Gläubigers **bestehen kann** (Pfändung der angeblichen Forderung)
      → nach dem Vorbringen des Vollstreckungsgläubiger sind
      Vollstreckungsschuldner = Forderungsgläubiger und
      Drittschuldner = Forderungsschuldner
      in Bezug auf ein konkret zu bezeichnendes Schuldverhältnis mit einem bestimmten Schuldgegenstand
      → auch bedingte, befristete oder von einer Gegenleistung
      abhängige Geldforderung
      → auch künftige Forderung, soweit sie nach Inhalt und Person des
      Drittschuldners bereits hinreichend bestimmbar ist
      → verschleierte Arbeitseinkommen, § 850 h ZPO
   c) Die Forderung gehört nicht zum Hypothekenhaftungsverband, § 865 ZPO, § 1123 BGB, §§ 20 ff, 148 ZVG
   d) Keine in indossablen Papieren verkörperte Forderung, da diese nach §§ 808 ff ZPO gepfändet wird, § 831 ZPO
2) Keine Beschränkung der Pfändbarkeit
   a) Unpfändbarkeit infolge Unübertragbarkeit der Forderung, § 851 ZPO
      → gesetzliches Pfändungsverbot
      → § 399 1. Alt. BGB (Leistung an einen anderen als den ursprünglichen Gläubiger kann nicht ohne Änderung des Leistungsinhalts erfolgen, z.B. treuhänderisch zweckgebundene Ansprüche; höchstpersönliche Ansprüche)
      → § 399 2. Alt. BGB (zwischen Schuldner und Drittschuldner vertraglich vereinbartes Abtretungsverbot), allerdings mit der Ausnahme des § 851 Abs. 2 ZPO (bea.: § 357 HGB)
   b) Beschränkung der Pfändbarkeit nach § 852 ZPO (eingeschränkte Pfändbarkeit des Pflichtteilsanspruchs, Rückforderungsanspruch des Schenkers aus § 528 BGB und des Anspruchs eines Ehegatten auf Zugewinnausgleich aus § 1378 BGB)
   c) Pfändungsschutz von Arbeitseinkommen, Renten, Unterhalt und laufende Einkünfte
      – Anwendungsbereich des Pfändungsschutzes: § 850 ZPO:
      – **Arbeitseinkommen** = alle wiederkehrenden Vergütungen in Geld, die dem Schuldner (Arbeitnehmer oder Selbständiger) aus bereits erbrachter oder künftiger Arbeits- oder Dienstleistung oder als Folge eines früheren Arbeits- oder Dienstverhältnisses zustehen
      – Pfändungsschutz nach §§ 850 a – 850 g ZPO
      – Pfändungsschutz des bargeldlos gezahlten Arbeitseinkommens nach § 850k ZPO (Erweiterung des Pfändungsschutzes auf den Auszahlungsan-

spruch gegen das Geldinstitut in Höhe des Betrages pfändungsgeschützten Arbeitseinkommens)

III. ordnungsgemäßer Pfändungsakt: Pfändungsbeschluss, § 829 ZPO
1) Verfahren: keine Anhörung des Schuldners, § 834 ZPO
2) notwendiger Inhalt, § 829 Abs. 1 ZPO:
   a) **Ausspruch der Pfändung** der nach beteiligte Personen, Schuldgegenstand und Schuldgrund hinreichend bestimmt bezeichneten Forderung Schuldner ./. Drittschuldner, so dass jeder Unbeteiligte die zu pfändende Forderung von anderen Forderungen unterscheiden kann
   b) **Arrestatorium:** Verbot an den Drittschuldner, an den Schuldner zu leisten (Wirksamkeitsvoraussetzung!)
   c) **Inhibitorium:** Gebot an den Schuldner, sich jeder Verfügung über die Forderung, insbesondere ihrer Einziehung zu enthalten
3) (förmliche) Zustellung im Parteibetrieb (§§ 191 ff. ZPO) an
   a) den Drittschuldner, § 829 Abs. 2 Satz 1 ZPO (Wirksamkeitsvoraussetzung, § 829 Abs. 3 ZPO!)
   b) den Schuldner mit Abschrift der Zustellungsurkunde betr. Zustellung an den Drittschuldner, § 829 Abs. 2 Satz 2 ZPO
4) Ausnahmsweise weitere Wirksamkeitsvoraussetzung bei Pfändung einer Hypothekenforderung: Übergabe des Hypothekenbriefes (§ 830 Abs. 1 Satz 1 ZPO) oder Eintragung der Pfändung in das Grundbuch (§ 830 Abs. 1 Satz 3 ZPO)

IV. Verwertung: Überweisungsbeschluss, § 835 ZPO
1) Inhalt: Überweisung der Forderung Schuldner ./. Drittschuldner soweit gepfändet an den Gläubiger nach seiner Wahl
   ▪ zur Einziehung (Regelfall)
   ▪ an Zahlungs Statt
2) förmliche) Zustellung im Parteibetrieb (§§ 191 ff. ZPO) an
   a) den Drittschuldner, §§ 829 Abs. 2 Satz 1, 835 Abs. 3 ZPO (Wirksamkeitsvoraussetzung, §§ 829 Abs. 3, 835 Abs. 3 ZPO)
   b) den Schuldner, §§ 829 Abs. 2, 835 Abs. 3 ZPO
3) Hypothekenforderung: es genügt die Aushändigung des Überweisungsbeschlusses an den Gläubiger, § 837 ZPO

V. Rechtsfolgen
1) der wirksamen Pfändung
   a) Verstrickung der Forderung soweit gepfändet → §§ 135, 136 BGB
   b) Pfändungspfandrecht
      ▪ öffentlich-rechtliche Theorie: mit wirksamer Verstrickung der Forderung
      ▪ gemischte privatrechtlich-öffentlich-rechtliche Theorie: mit wirksamer Verstrickung der Forderung und zusätzlich,
        – Einhaltung der wesentlichen Vollstreckungsvoraussetzungen der Forderungspfändung (Zustellung, Klausel und Pfändungsschutzvorschriften) sowie
        – materiell-rechtliche Voraussetzungen für das Entstehen eines Pfandrechts (§§ 1204 ff BGB mit Ausnahme der Verpfändungserklärung, die durch die Pfändung ersetzt wird). Rang: § 804 Abs. 3 ZPO
   c) Drittschuldnererklärung, § 840 ZPO (bei verschuldeter Nichterfüllung / Verzögerung dieser – nicht selbständig einklagbaren – Obliegenheit haftet der Drittschuldner dem Gläubiger auf Ersatz des durch verspätete Drittschuldnererklärung verursachten Schadens, § 840 Abs. 2 Satz 2 ZPO)

d) Verstrickung und Pfändungspfandrecht entstehen nur wirksam, wenn die im PfÜB bezeichnete Forderung im Zeitpunkt der Zustellung an den Drittschuldner (§ 829 Abs. 3 ZPO!) tatsächlich – zumindest als künftige Forderung – besteht und dem Schuldner zusteht (sonst geht die Pfändung mangels Pfändungsgegenstandes ins Leere; **keine Heilung**).

2) der wirksamen Überweisung
   a) zur Einziehung
      - Gläubiger

        erhält Einziehungsbefugnis im Umfang des Rechts des Schuldners, d. h. er darf soweit zur Geltendmachung der Forderung erforderlich kündigen, die Forderung einziehen und im eigenen Namen auf Zahlung an sich einklagen sowie mit der Forderung aufrechnen

        darf **keine** der Befriedigung zuwiderlaufende Handlung (Erlass, Stundung etc.) vornehmen

        gilt erst bei erfolgreicher Einziehung der überwiesenen Forderung bis zur Höhe des eingezogenen Betrages als befriedigt; kann er die überwiesene Forderung nicht beitreiben, kann er seine Forderung gegen den Schuldner weiter vollstrecken

      - Schuldner

        bleibt Forderungsinhaber und darf alle Handlungen vornehmen, die den Vollstreckungserfolg nicht gefährden

        hat Auskunftspflicht und Herausgabepflicht nach § 836 Abs. 3 ZPO (PfÜB = Herausgabetitel!)

      - Drittschuldner

        wird durch Leistung an den Schuldner nach Zustellung des Pfändungsbeschlusses gegenüber dem einziehungsberechtigten Gläubiger grundsätzlich nicht von der Leistungspflicht frei, §§ 135, 136 BGB.

        Ausnahmen: Unkenntnis von der wirksamen Pfändung im Zeitpunkt der Leistung an den Schuldner (z.B. wegen Ersatzzustellung), §§ 1275, 407 BGB analog; wird durch Leistung an den Gläubiger im Verhältnis zum Schuldner von der Leistung im Wege der Erfüllung frei, wenn er im Zeitpunkt der Leistung keine Kenntnis der Anfechtbarkeit oder Unwirksamkeit des nicht offensichtlich nichtigen PfÜB hatte und
        – die Forderung dem Schuldner zustand, § 836 Abs. 2 ZPO
        – die Forderung bereits im Zeitpunkt der Überweisung vom Schuldner an einen anderen Zessionar abgetreten war, §§ 408 Abs. 2, 407 BGB

        kann nach Maßgabe des § 392 BGB aufrechnen

        kann gegenüber dem Gläubiger alle Einwendungen/Einreden aus dem Rechtsverhältnis Schuldner/Drittschuldner sowie Drittschuldner/Gläubiger geltend machen, soweit diese zum Zeitpunkt der Zustellung des Pfändungsbeschlusses bereits begründet sind

   b) an Zahlungs Statt
      - Gläubiger wird Inhaber der Forderung und

        gilt mit Überweisung als befriedigt, so dass die Zwangsvollstreckung beendet ist und er das Beitreibungsrisiko trägt
      - Schuldner verliert die Forderung
      - Drittschuldner wie oben

VII. Die Einziehungsklage

In der Praxis und erst recht in der Klausur wird typischerweise die Rechtmäßigkeit des PfÜB im Rahmen eines Rechtsbehelfs des 8. Buchs der ZPO

(Diese Aufgabenstellung wird geschlossen im zweiten Teil dieses Buches im Zusammenhang mit der Vorstellung der besonderen Rechtsbehelfe des 8. Buchs der ZPO und ihrer Anwendung in der Klausur dargestellt)

oder im Rahmen der **Einziehungsklage** oder **Schadensersatzklage** – beispielsweise nach § 840 Abs. 2 Satz 2 ZPO (Haftung des Drittschuldners wegen Verzögerung/ Nichterfüllung der Obliegenheit zur Drittschuldnererklärung) – zu überprüfen.

Letztere beiden Möglichkeiten sollen anhand des nachfolgenden Fallbeispiels demonstriert werden.

Beispielsfall:

Der Kläger (G) erwirkte gegen die S-GmbH ein rechtskräftiges Versäumnisurteil auf Zahlung von 15.000,00 € nebst Zinsen in Höhe von 5 % über dem Basiszinssatz seit Rechtshängigkeit. Aufgrund dieses Titels pfändete das Landgericht Bielefeld auf Antrag des G mit (inhaltlich ordnungsgemäßem) Beschluss vom 05.06.2002 einen Anspruch der S-GmbH gegen den nunmehrigen Beklagten (D), dem alleinigen Gesellschafter und Geschäftsführer der S-GmbH, auf Einzahlung der Stammeinlage in Höhe weiterer 25.000,00 € bis zur Höhe der Ansprüche des Klägers und überwies diesem die Forderung soweit gepfändet zur Einziehung. Der gepfändeten Forderung lag ein Gesellschafterbeschluss der S-GmbH zugrunde, wonach das Stammkapital der Gesellschaft um 25.000,00 €, die vom Beklagten bar erbracht werden sollten, von 50.000,00 € auf 75.000,00 € erhöht worden ist.

Der PfÜB vom 05.06.2002 nebst Aufforderung zur Auskunftserteilung nach § 840 Abs. 1 ZPO ist dem Beklagten am 10.06.2002 im Wege der Ersatzzustellung an seine Ehefrau durch den Gerichtsvollzieher Kuckuck zugestellt worden.

Bereits zuvor, nämlich am 07.06.2002 hatte der Beklagte den Betrag von 25.000,00 € von seinem Privatkonto bei der Sparkasse auf das Konto der S-GmbH bei der K-Bank überwiesen; der Betrag wurde dem Konto der S-Bank dort aber erst am 14.06.2002 gutgeschrieben.

Zum Zeitpunkt der Zustellung befand der Beklagte sich auf Reisen; er erfuhr erst nach seiner Rückkehr am 12.06.2002 vom PfÜB und der Aufforderung zur Drittschuldnererklärung. Am 17.06.2002 beauftragte er Rechtsanwalt X, dem Kläger mitzuteilen, dass die Forderung wegen der Zahlung vom 07.06.2002 nicht mehr bestehe. Rechtsanwalt X diktierte noch am gleichen Tage ein entsprechendes Schreiben, legte die Handakte mit Diktat auf den Schreibtisch seiner erfahrenen, sorgfältigen und zuverlässigen Büroangestellten und versah die Handakte gut lesbar mit der Notiz, dass das Schreiben bis spätestens 20.06.2002 seinem amtlich bestellten Vertreter zur Unterschrift vorzulegen und noch am selben Tag zur Post zu geben sei. Sodann entschwand Rechtsanwalt X in seinen wohlverdienten zweiwöchigen Jahresurlaub. Aus nicht mehr aufzuklärenden Gründen ist seine Anweisung jedoch nicht befolgt worden. Die Drittschuldnererklärung wurde erst im vorliegenden Prozess abgegeben.

Der Kläger verlangt nun in erster Linie im Wege der Einziehungsklage die Zahlung von 15.000,00 € an sich. Er ist der Ansicht, dass der Beklagte ihm gegenüber nicht von der Leistungspflicht frei geworden sei, zumal der Beklagte nach Zustellung des PfÜB verpflichtet gewesen sei, die Banküberweisung zu widerrufen.

Hilfsweise begehrt der Kläger die Feststellung, dass der Beklagte zum Ersatz des durch die nicht rechtzeitige Drittschuldnererklärung entstandenen Schadens verpflichtet ist. Hierzu behaupteter, er hätte bei rechtzeitiger Drittschuldnererklärung die Einziehungsklage nicht erhoben, sondern sofort andere Vollstreckungsmaßnahmen gegen die S-GmbH eingeleitet; nun sei zu befürchten, dass andere Gläubiger der S-GmbH ihm zuvorgekommen seien und er zumindest teilweise mit seiner Forderung ausfalle.

Der Beklagte rügt die Zuständigkeit des angerufenen Landgerichts Bielefeld (Wohnort des Beklagten), weil er das Vollstreckungsgericht für zuständig hält, sowie das Unterlassen des Klägers, der S-GmbH den Streit zu verkünden. Darüber hinaus meint er, durch Überweisung am 07.06.2002 befreiend geleistet zu haben. Hinsichtlich des Hilfsantrages beruft er sich auf unverschuldetes Büroversehen seines damaligen Rechtsanwalts.

1. Hauptantrag: Zahlungsklage

Auch wenn der geübte Referendar und Praktiker sofort die vollstreckungsrechtliche Konstellation der Personen erkannt haben wird, soll – ohne den Leser langweilen zu wollen – dies hier noch einmal klargestellt werden:

Der Kläger ist der Vollstreckungsgläubiger der S-GmbH (= Vollstreckungsschuldnerin); der Beklagte ist der Drittschuldner. Da der Drittschuldner nicht freiwillig zahlt, geht der Vollstreckungsgläubiger im Wege der Einziehungsklage gegen ihn vor.

Die Einziehungsklage ist nichts anderes als eine allgemeine Leistungsklage: sie entspricht – vereinfacht gesehen – der Leistungsklage des Schuldners gegen den Drittschuldner, allerdings mit der Besonderheit, dass der Gläubiger an die Stelle des Schuldners tritt und im eigenen Namen auf Leistung an sich klagt. Es handelt sich nicht um einen besonderen Rechtsbehelf des 8. Buchs der ZPO.

a) Zulässigkeit

Es gelten die „normalen" Zulässigkeitsvoraussetzungen einer allgemeinen Leistungsklage. Regelmäßig in der Klausur zu beachten sind insbesondere folgende Punkte:

(1) Zuständigkeit

Klausurtipp: *Ganz typisch für die Examensklausur ist die Zuständigkeitsrüge der beklagten Partei. Aber auch unabhängig von dieser Rüge empfiehlt es sich in vollstreckungsrechtlichen Klausuren, zumindest einen kurzen Satz zur Zuständigkeit auszuführen.*

Da die Einziehungsklage eine allgemeine Leistungsklage ist, richtet sich die Zuständigkeit des Gerichts nach den allgemeinen Vorschriften:
– Die sachliche Zuständigkeit ergibt sich aus den §§ 23 ff, 71 GVG. Maßgeblich ist hier mangels Zuständigkeit des Landgerichts nach § 71 Abs. 2 GVG der Streitwert (§§ 23, 71 Abs. 1 GVG), der bei der hier geltendgemachten Leistungsklage entsprechend dem Klageantrag 15.000,00 € beträgt (§§ 3, 4, 5 ZPO).

Nochmals zur Klarstellung: Die Einziehungsklage ist keine vollstreckungsrechtliche Handlung des Gläubigers, so dass eine (ausschließliche, § 802 ZPO) sachliche Zuständigkeit des Vollstreckungsgerichts nach § 764 Abs. 1 ZPO nicht besteht.

– Die örtliche Zuständigkeit folgt aus den §§ 12, 13 ZPO. Der Beklagte hat in Bielefeld seinen Wohnsitz.

Merke: **Es ist das Gericht zuständig, das auch für die entsprechende Klage des Schuldners gegen den Drittschuldner zuständig wäre. § 802 ZPO (ausschließlicher Gerichtsstand) findet nur auf Zuständigkeitsregelungen im 8. Buch der ZPO und somit nicht auf die Einziehungsklage Anwendung.**

(2) Prozessführungsbefugnis

Die Prozessführungsbefugnis ist das Recht, einen Prozess als die richtige Partei im eigenen Namen führen zu dürfen.[255]

Dies erscheint hier deshalb problematisch, weil der Kläger eine fremde, nämlich nach wie vor der S-GmbH (Schuldner) gehörende Forderung im eigenen Namen geltend macht, was ihm aufgrund des Überweisungsbeschlusses erlaubt ist. Streitig ist nur, ob dies ein Problem der Prozessführungsbefugnis ist:

– Teilweise wird infolge des Überweisungsbeschlusses eine gesetzliche Prozess-standschaft angenommen.[256] Nach dieser Auffassung wäre der Kläger nur dann prozessführungsbefugt, wenn die Voraussetzungen einer wirksamen Überwei-sung vorlägen, so dass bereits an dieser Stelle die Wirksamkeit des PfÜB (Prü-fungsschema Punkte I – IV) zu prüfen wäre. Im Falle einer unwirksamen Über-weisung wäre die Klage unzulässig und daher abzuweisen.

– Nach anderer Auffassung[257] vermittelt der Überweisungsbeschluss dem Gläubi-ger die Sachlegitimation (materielle Verfügungsmacht über die Forderung), der wiederum die Prozessführungsbefugnis von selbst entspringt, so dass es keiner gesetzlichen Prozessstandschaft bedarf. Demzufolge wäre die Prozessführungs-befugnis hier ohne weiteres zu bejahen und das Problem der Wirksamkeit des PfÜB erst in der Begründetheit zu erwägen. Im Fall einer unwirksamen Überwei-sung wäre die Klage als unbegründet abzuweisen.

Der Meinungsstreit ist also entscheidungserheblich, da nur die Abweisung wegen Unbegründetheit zum Einwand entgegenstehender Rechtskraft nach § 322 ZPO führt.

(3) Streitverkündung, § 841 ZPO

Nach § 841 ZPO ist der Gläubiger, der die – ihm überwiesene – Forderung einklagt, verpflichtet, dem Schuldner gerichtlich den Streit zu verkünden.

Wessen Interesse dient diese gesetzliche Verpflichtung?
Sie dient allein dem Interesse des Schuldners, von der klageweisen Geltendma-chung seiner Forderung Kenntnis zu erlangen und – da sich die Rechtskraft des Ur-teils auch auf ihn als Rechtsträger erstrecken würde – im Rechtsstreit im Wege der Nebenintervention Angriffs- und Verteidigungsmittel geltend machen zu können. Dem Gläubiger mag zwar die Streitverkündung an sich wegen ihrer Wirkung nach § 74 ZPO nützlich sein, nicht jedoch die Auferlegung einer Pflicht zur Streitverkün-

---

[255] Thomas/Putzo, § 51 Rn. 20
[256] Münchener Kommentar – Smid, § 835 Rn. 13 m.w.N.
[257] Zöller-Vollkommer, vor § 50 Rn. 30; Lackmann, Rn. 343

dung, deren Verletzung Schadensersatzansprüche nach sich ziehen kann. Dem Drittschuldner ist durch § 841 ZPO in keiner Weise gedient; wenn er auf eine Erstreckung der Wirkungen des Urteils auf den Schuldner Wert legt, steht ihm ohnehin der Weg der Streitverkündung offen.

Da die Pflicht zur Streitverkündung nur den Schuldnerinteressen dient, ist sie für das Prozessrechtsverhältnis zwischen dem Gläubiger und dem Drittschuldner unerheblich. Daher ist sie keine Zulässigkeitsvoraussetzung der Einziehungsklage.[258]

> In der Klausur ist hierauf nur einzugehen, wenn – wie vorliegend – der Beklagte die fehlende Streitverkündung gerügt hat. Natürlich ist der eventuelle Beitritt des Streitverkündeten im Urteil zu erwähnen.

(4) Entgegenstehende Rechtskraft, § 322 / anderweitige Rechtshängigkeit, § 261 Abs. 3 Nr. 1 ZPO

Der Einwand entgegenstehender Rechtskraft ist begründet, wenn der Schuldner bereits einen Titel gegen den Drittschuldner erwirkt hat. In diesem Fall kann der Gläubiger den Titel auf sich nach § 727 ZPO umschreiben lassen, da er infolge der Überweisung Rechtsnachfolger des Schuldners nach §§ 265, 325 ZPO geworden ist.[259]

Der Rechtsstreit ist bereits anderweitig rechtshängig, wenn der Schuldner vor Pfändung einen Prozess gegen den Drittschuldner angestrengt hat (bea.: §§ 265, 325 ZPO).

> Vorliegend ist dieser Punkt nicht problematisch, so dass er zwar auf dem Konzeptpapier auftauchen darf (allein schon, um sicher zu gehen, nichts vergessen zu haben), aber in der schriftlichen Niederlegung der Klausur keine Erwähnung findet.

b) Begründetheit

Die Einziehungsklage ist begründet, wenn der gepfändete Anspruch Schuldner ./. Drittschuldner besteht (materielles Bestehen der Forderung) und dem Gläubiger wirksam überwiesen wurde (Einziehungsberechtigung).

Die Prüfung erfolgt also in zwei Schritten:

(1) Bestehen der Forderung Schuldner ./. Drittschuldner

> Auf der Grundlage des Parteivorbringens ist zu prüfen, ob die Forderung des Schuldners gegen den Drittschuldner wirksam entstanden, nicht untergegangen und noch immer durchsetzbar ist. Dies bedeutet auf dem Konzeptpapier bzw. in der Relations- oder Gutachtenklausur die Schlüssigkeits- und Erheblichkeitsprüfung sowie – falls erforderlich – die Beweiserhebung und Beweiswürdigung nach allgemeinen Regeln. **Hat der Drittschuldner sich auf Aufforderung nach § 840 Abs. 1 ZPO dahin erklärt, die Forderung würde in einer bestimmten Höhe bestehen, kann er sich im Einziehungsprozess nicht auf das Bestreiten der Forderung zurückziehen: die Drittschuldnererklärung führt insoweit zur Beweislastumkehr, so dass der Drittschuldner das Nichtbestehen der Forderung nachzuweisen hat.[260]**

---

[258] Lackmann, Rn. 342
[259] Lackmann, R, 341
[260] BGHZ 69, 328 ff

Der Drittschuldner kann im Einziehungsprozess alle Einwendungen aus dem Rechtsverhältnis zum Schuldner – soweit diese zum Zeitpunkt der Zustellung des Pfändungsbeschlusses begründet waren – sowie Einwendungen aus seinem Rechtsverhältnis zum Gläubiger vorbringen. Er darf nach Maßgabe des § 392 BGB aufrechnen.

Anspruchsgrundlage der Forderung der S-GmbH gegen den Beklagten sind die Vorschriften zur Aufbringung des Stammkapitals, §§ 19, 24 GmbHG.

Fraglich ist, ob der Beklagte durch Überweisung vom 07.06.2002 die Forderung erfüllt hat und die **Erfüllungswirkung** gegenüber dem Gläubiger einwenden kann.

Erfüllung ist die Schuldtilgung durch Bewirken der geschuldeten Leistung; unter Leistung im Sinne des § 362 BGB ist nicht die Leistungshandlung, sondern der Leistungserfolg zu verstehen.[261] Dementsprechend tritt die Erfüllung einer Geldschuld im Fall der Banküberweisung erst mit Gutschrift des Betrages auf dem Konto des Gläubigers ein.[262] Der Zeitpunkt der Leistungshandlung (inhaltlich ordnungsgemäße Anweisung an die Bank zur Überweisung) ist lediglich für die Frage der Rechtzeitigkeit der fristgebundenen Geldzahlung entscheidend, da der Geldschuldner das Geld nach § 270 BGB an den Wohnsitz des Geldgläubigers zu übermitteln hat.[263]

Dies bedeutet hier, dass eine Erfüllung der Forderung S-GmbH ./. Beklagten frühestens am 14.06.2002, also erst nach Zustellung des PfÜB an den Beklagten eintreten konnte. Zu diesem Zeitpunkt durfte der Beklagte wegen des arrestatoriums (§ 829 Abs. 1 ZPO) nicht mehr an die S-GmbH leisten; infolge der Verstrickung der Forderung und des relativen Verfügungsverbots nach §§ 135, 136 BGB kann er sich gegenüber dem Kläger daher grundsätzlich nicht auf die Erfüllungswirkung berufen.

Der Beklagte könnte aber nach § 407 BGB analog auch gegenüber dem Kläger von seiner Leistungspflicht frei geworden sein.

Die Frage, ob der Leistung des Drittschuldners an den Schuldner in Unkenntnis der wirksamen Forderungspfändung auch im Verhältnis zum Gläubiger schuldbefreiende Wirkung zukommt, ist gesetzlich nicht geregelt (Regelungslücke). Hätte der Kläger die Forderung der S-GmbH nicht im Wege der Zwangsvollstreckung sich zur Einziehung überweisen lassen, sondern im Wege einer – dem Beklagten unbekannt gebliebenen – Abtretung seitens der S-GmbH erworben, wäre der Beklagte durch § 407 BGB geschützt. Sowohl im Fall der unbekannt gebliebenen Abtretung als auch im Fall der unbekannt gebliebenen Pfändung und Überweisung ist die Interessenlage des Beklagten gleich: Die Empfangszuständigkeit hat ohne sein Zutun gewechselt und er nimmt die Leistungshandlung im Vertrauen darauf vor, an seinen richtigen sowie empfangszuständigen Gläubiger zu leisten. Der Drittschuldner darf aber im Fall der Forderungspfändung nicht schlechter stehen als es bei der Abtretung der Fall wäre. Daher ist die Regelungslücke durch analoge Anwendung des § 407 BGB zu füllen.

[261] Palandt-Heinrichs, § 362 Rn. 1 m.w.N.
[262] BGHZ 6, 122; 58, 109; Palandt-Heinrichs, § 362 Rn. 9
[263] vgl. Palandt-Heinrichs, § 270 Rn. 6

„Bisheriger Gläubiger" ist die S-GmbH; der „neue Gläubiger" ist der Kläger. Für die Unkenntnis von der Pfändung ist der Zeitpunkt der Leistungshandlung maßgeblich, nicht des Eintritts des Leistungserfolges.[264] Hier hatte der Beklagte bei Vornahme der Leistungshandlung am 07.06.2002 von dem bereits erlassenen PfÜB und erst recht von der erst am 10.06.2002 erfolgten Zustellung des PfÜB keine Kenntnis.

Problematisch ist jedoch, ob der Beklagte sich auf § 407 BGB analog berufen darf, wenn er zwischen Vornahme der Leistungshandlung und dem Eintritt des Leistungserfolges Kenntnis vom Pfändungsbeschluss erlangt und den Eintritt des Leistungserfolges – hier beispielsweise durch Widerruf der Banküberweisung – noch verhindern könnte.

Unter diesem Aspekt wird die Auffassung vertreten, der Drittschuldner könne sich nur dann auf § 407 BGB analog berufen, wenn er nach Kenntniserlangung unter Aufbietung der erforderlichen Sorgfalt alles seinerseits zur Rückgängigmachung der Leistungshandlung Erforderliche unternommen hat und der „Leistungserfolg" eintritt, ohne dass er dies noch abwenden konnte.[265] Hiernach hätte der Beklagte die Geldzahlung nach Kenntniserlangung am 12.06.2002 noch bis zum 14.06.2002 rückgängig machen können.

Die Rechtssprechung[266] lehnt eine solche Pflicht des Drittschuldners, durch aktives Tun den Eintritt des Leistungserfolges zu unterbinden, ab. Hiernach könnte der Beklagte sich gegenüber dem Kläger auf § 407 BGB analog berufen.

Dem Referendar ist anzuraten, sich mit folgendem Argument der Rechtssprechung anzuschließen: Der Pfändungsbeschluss fordert von dem Drittschuldner mit dem arrestatorium lediglich ein Unterlassen; hat er diese Unterlassensanordnung mangels Kenntnis hiervon bei Vornahme der Leistungshandlung nicht befolgt, so ergeben sich keine Anhaltspunkte in seinem Verhalten, welche die Auferlegung einer weiteren Handlungspflicht zumutbar erscheinen ließen.

(2) Einziehungsberechtigung

Der Gläubiger ist nur im Falle einer wirksamen Pfändung und Überweisung zur Einziehung berechtigt. An dieser Stelle wäre daher anhand des bereits erarbeiteten Prüfungsschemas die Wirksamkeit des PfÜB zu prüfen (s. o. Ziffer V. Prüfungsschema Punkte I–IV).

Die Einziehungsbefugnis liegt nicht vor, wenn der PfÜB an wesentlichen Verfahrensmängeln leidet (z.B. Verstoß gegen die funktionelle Zuständigkeit, keine hinreichend bestimmte Bezeichnung der gepfändeten Forderung, kein arrestatorium, keine Zustellung an den Drittschuldner) und daher unwirksam ist.

Die Anfechtbarkeit des PfÜB (wegen Verfahrensmängeln, die nicht zur Unwirksamkeit führen) kann nach h.M.[267] im Einziehungsprozess nicht eingewandt werden. Dem ist zu-

---

[264] so bereits für § 407 in seiner unmittelbaren Anwendung: Palandt-Heinrichs, § 407 Rn. 6 m.w.N.

[265] Zöller-Stöber, § 829 Rn. 19

[266] BGHZ 105, 358

[267] BGHZ 66, 79,80 f; Lackmann, Rn. 347; a.A.: Münchener Kommentar-Smid, § 829 Rn. 55

zustimmen. Verfahrensverstöße sind mit der billigeren (da gerichtskostenfreien) Vollstre-ckungserinnerung vor dem nach § 802 ZPO für dieses Verfahren ausschließlich zuständi-gen Vollstreckungsgericht (§§ 766, 764 ZPO) geltend zu machen; die Anfechtbarkeit im Rahmen des Einziehungsprozesses mit der Folge zu berücksichtigen, dass dem Überwei-sungsbeschluss – zumindest faktisch – keine Rechtswirkung zuerkannt wird, stünde im Widerspruch zu der gesetzlichen Zuständigkeitsordnung. Eine Ausnahme wird jedoch für den Fall des Verstoßes gegen § 851 ZPO, § 399 BGB angenommen: Hier gehe es letztlich um die materielle Unabtretbarkeit der Forderung und zur Entscheidung über materielle Fragen sei das Erkenntnisverfahren sachgerecht.[268]

Im vorliegenden Fall bedarf es keiner Prüfung der Einziehungsberechtigung, da die Einziehungsklage schon wegen des Erlöschens der gepfändeten Forderung unbe-gründet ist.

Klausurtaktischer Hinweis: *An dieser Stelle in einer vollstreckungsrechtlichen Klausur gerade vollstreckungsrechtliche Fragen offen zu lassen, zumal man sich eventuell in der Zulässigkeit gegen gesetzliche Prozessstandschaft entschieden und deshalb auch dort nicht die Wirksamkeit des PfÜB geprüft hat, sollte den Referen-dar nicht ängstigen. Wie die weitere Fallprüfung zeigen wird, sind Examensfälle in der Regel so angelegt, dass die Entscheidung für eine Rechtsauffassung oder einen Weg, die/der eine Prüfung eines Problems obsolet macht, lediglich zu einer Prüfung dieses Problems an anderer Stelle führt.*

2. Hilfsantrag: Feststellungsklage

a) Zulässigkeit

§ 840 Abs. 2 Satz 2 ZPO gewährt dem Gläubiger einen materiellen Schadensersatz-anspruch, der wie jeder Schadensersatzanspruch im Wege der **allgemeinen Leis-tungsklage** geltend zu machen ist.

Im Rahmen der Zulässigkeit ist im vorliegenden Fall – kurz – auf folgendes einzu-gehen:

(1) Zulässigkeit der Eventualklagenhäufung

Die Eventualklagenhäufung ist hier zulässig, da der Hilfsantrag erkennbar unter der auf-schiebenden innerprozessualen Bedingung gestellt worden ist, dass dem Hauptantrag der Erfolg versagt bleibt.

Entsprechende Erwägungen sind erst hier anzustellen, weil die Eventualklagenhäufung im Erfolgsfall des Hauptantrages nicht von Bedeutung gewesen wäre. Absolut falsch wäre es im Gutachtenaufbau, die Zulässigkeit beider Anträge einheitlich zu prüfen.

(2) Zuständigkeit: §§ 23ff, 71 GVG, §§ 12 ff ZPO

(3) Feststellungsinteresse

Der Kläger hat das nach § 256 Abs. 1 ZPO erforderliche Feststellungsinteresse, weil ihm aus der vollstreckungsrechtlichen Beziehung zum Drittschuldner wegen dessen Obliegenheitsverletzung aus § 840 Abs. 2 ZPO ein Schadensersatzanspruch zuste-

---

[268] BGHZ 66, 79, 80 f

hen kann, dessen Bezifferung zur Zeit noch nicht möglich ist. Zwar ist ein Teil seines Schadens, nämlich die Kosten der unnütz erhobenen Einziehungsklage, bezifferbar; aber es besteht die naheliegende Gefahr, dass sich die Erfolgsaussichten der Vollstreckung gegen die S GmbH infolge des Zuwartens verschlechtert haben, so dass dieser Teil des Schadens noch nicht beziffert werden kann.

b) Begründetheit

Die Feststellungsklage ist begründet, wenn dem Gläubiger dem Grunde nach ein Schadensersatzanspruch aus § 840 Abs. 2 Satz 2 ZPO zusteht (haftungsbegründende Kausalität). Dies wiederum setzt voraus:

(1) Entstehen der Auskunftsobliegenheit nach § 840 Abs. 1 ZPO

> Die Voraussetzungen der Obliegenheit des Drittschuldners zur Auskunftserteilung ergeben sich ohne weiteres aus dem Wortlaut des § 840 Abs. 1 ZPO:

▪ wirksamer Pfändungsbeschluss

> Zu beachten ist, dass nach dem Wortlaut der Norm lediglich der Pfändungsbeschluss, nicht jedoch der Überweisungsbeschluss erforderlich ist. Zu prüfen ist daher das Schema Ziffer I bis III, also zusammengefasst:
>
> – Die allgemeinen Voraussetzungen jeder Zwangsvollstreckung
> – Die besonderen Zugriffsvoraussetzungen der Pfändung in eine Geldforderung
> – ordnungsgemäßer Pfändungsakt: Pfändungsbeschluss, § 829 ZPO

Problematisch könnte im vorliegenden Fall eine Unpfändbarkeit nach § 851 Abs. 1 ZPO i.V.m. § 399 BGB sein, wenn der Anspruch auf Zahlung des Stammkapitals zweckgebunden ist.

> Die Einlageforderung könnte zwar im Hinblick auf den Grundsatz der Kapitalerbringung (§ 19 Abs. 2 Satz 1 GmbHG) zweckgebunden und damit unübertragbar sein. Für den hier gegenständlichen Nachschuss dürfte dies jedenfalls zu verneinen sein, da die Kapitalerbringung der S-GmbH nicht gefährdet erscheint: Die in den Anspruch vollstreckende Klägerin ist nämlich Gesellschaftsgläubigerin.

Die Frage kann letztlich offen bleiben. Denn ein Verstoß gegen § 851 ZPO führt lediglich zur Anfechtbarkeit und nicht ohne weiteres zur Unwirksamkeit des Pfändungsbeschlusses.

> Wesentliche und schwerwiegende Verfahrensverstöße, die zur Unwirksamkeit der Pfändung führen, sind (nochmals zur Wiederholung): Fehlen eines wirksamen Titels, Fehlen des Arrestatoriums, nicht hinreichend bestimmte Bezeichnung der gepfändeten Forderung im Pfändungsbeschluss, Pfändungsbeschluss durch ein anderes Organ als das Vollstreckungsgericht, fehlende Zustellung des Pfändungsbeschlusses an den Drittschuldner und schließlich (insoweit kein Verfahrensfehler, sondern weitere Wirksamkeitsvoraussetzung) im Zeitpunkt der Zustellung an den Drittschuldner besteht der gepfändete Anspruch nicht oder steht dem Schuldner nicht zu.

Der Pfändungsbeschluss muss wegen § 840 Abs. 3 ZPO durch den Gerichtsvollzieher zugestellt werden.

■ Aufforderung des Gläubigers an den Drittschuldner zur Abgabe der Erklärung

in der Zustellungsurkunde zum Pfändungsbeschluss oder durch späteres Schreiben

Die Aufforderung ist hier unstreitig am 10.06.2002 durch den Gerichtsvollzieher mit dem Pfändungsbeschluss zugestellt worden.

(2) Nichterfüllung/Verzögerung

Die Erklärung ist dem Gläubiger gegenüber binnen zwei Wochen schriftlich abzugeben, es sei denn der Drittschuldner gibt die Erklärung gegenüber dem Gerichtsvollzieher bei Zustellung des Pfändungsbeschlusses ab (§ 840 Abs. 3 ZPO), der sie dann zu protokollieren hat.

Die nach § 222 ZPO, §§ 187 ff BGB zu berechnende Zwei-Wochen-Frist beginnt mit Zustellung des Pfändungsbeschlusses, wenn die Aufforderung zur Abgabe der Drittschuldnererklärung in die Zustellungsurkunde aufgenommen worden ist. Wird die Aufforderung durch ein Schreiben, welches durch den Gerichtsvollzieher zugestellt werden muss, nachgeholt, beginnt die Frist mit Zustellung dieses Schriftstücks. Der jeweilige Zustellungstag ist nicht mitzurechnen, § 222 ZPO, § 187 BGB.

Die Erklärung muss vollständig und richtig sein; eine Ergänzung kann der Gläubiger jedoch nicht verlangen.

Die Obliegenheit zur Auskunftserteilung ist verletzt, wenn die Auskunft nicht, unrichtig oder verspätet erteilt wird.[269]

Im vorliegenden Fall wurde der Pfändungsbeschluss nebst Aufforderung zur Abgabe der Erklärung am 10.06.2002 im Wege der – für den Fristbeginn ausreichenden – Ersatzzustellung dem Beklagten zugestellt. Die Frist begann nach § 222 ZPO, 187 Abs. 1 BGB am 11.06.2002 und endete nach § 222 ZPO, § 188 Abs. 2 BGB mit Ablauf des 24.06.2002. Unstreitig ist die Erklärung binnen dieser Frist nicht abgegeben worden.

(3) Verschulden

Eigenes Verschulden des Beklagten nach § 276 BGB ist nicht anzunehmen; er hat binnen der Frist einen Rechtsanwalt mit der Abgabe der Erklärung beauftragt.

Eventuell muss sich der Beklagte jedoch das Verschulden seines bevollmächtigten Rechtsanwalts nach § 85 Abs. 2 ZPO zurechnen lassen. Dies führt zur Frage des Verschuldensmaßstabs bei Rechtsanwälten.[270] Nach den Grundsätzen zu dem hier problematischen Bereich des Büroversehens[271] ist das Verschulden des vom Prozessbevollmächtigten beschäftigten Büropersonals der Partei grundsätzlich nicht zuzurechnen, weil diese Dritten gerade nicht Vertreter der Partei sind, so dass es an einer Zurechnungsnorm (§ 85 Abs. 2 ZPO) fehlt. Ausnahmsweise erfolgt die Zurechnung doch, wenn in dem Verschulden des Büropersonals eine Sorgfaltspflichtverletzung des bevollmächtigten Rechtsanwalts zutage tritt, z.B.: der Rechtsanwalt hat die gebotene Aufsicht unterlassen, erforderliche eigene Tätigkeiten versäumt, notwendige Anweisungen unterlassen oder einen Organisationsmangel geduldet.

---

[269] Thomas/Putzo, § 840 Rn. 15
[270] vgl. zu dieser Thematik Thomas/Putzo, § 233 Rn. 13 ff
[271] Einzelheiten bei Thomas/Putzo, § 233 Rn. 41 ff

Hier hat der Rechtsanwalt die erforderliche Anweisung erteilt. Ob er weitergehende Überwachungspflichten hat, kann durchaus erörtert werden. Von ihm zu verlangen, während des Urlaubes rechtzeitig telefonisch die Erledigung seiner Anweisung zu überwachen, dürfte die Sorgfaltspflichten überdehnen. Der Rechtsanwalt darf sich darauf verlassen, dass hinreichend bestimmte Anweisungen von seinem Personal ausgeführt werden[272], ohne dass er die Ausführung anschließend prüft[273]. Anhaltspunkte dafür, dass er sich ausnahmsweise nicht hierauf verlassen durfte, waren nicht ersichtlich; die Bürokraft war erfahren und hatte sich als zuverlässig erwiesen; die Vertretung war geregelt. Daher dürfte ein Verschulden des Rechtsanwalts nicht vorliegen.

3. Ergebnis:

Sowohl dem Hauptantrag als auch dem Hilfsantrag bleibt in der Sache der Erfolg versagt. Der Tenor in der Hauptsache lautet daher:

Die Klage wird abgewiesen.

VIII. Die Vorpfändung, § 845 ZPO

Zwischen Titulierung der Forderung des Gläubigers gegen den Schuldner und Wirksamwerden eines Pfändungsbeschlusses kann Zeit vergehen, was für den Gläubiger das Risiko birgt, dass der Schuldner in der Zwischenzeit über seine Forderung gegen den Drittschuldner wirksam verfügen kann oder andere Gläubiger des Schuldners in diese Forderung vollstrecken. Der Gläubiger benötigt ein Mittel, seine spätere Vollstreckung sowie einen möglichst günstigen Rang (§ 804 Abs. 3 ZPO!) zu sichern. Dies kann er im Wege der Vorpfändung nach § 845 ZPO erreichen.

Die Vorpfändung ist eine private Vollstreckungsmaßnahme.[274] Sie ist anwendbar bei der Zwangsvollstreckung wegen einer Geldforderung in eine Geldforderung sowie in sonstige Forderungen und Rechte, soweit die dafür maßgeblichen Vorschriften auf die §§ 829 bis 845 ZPO verweisen.

1. Voraussetzung der Vorpfändung sind:

■ Titel über eine Geldforderung
  Nicht erforderlich sind Klausel und Zustellung.

■ die besonderen Voraussetzungen der Zwangsvollstreckung
  Dies sind Ablauf eines bestimmten Kalendertages (§ 751 Abs. 1 ZPO) und im Falle der Abhängigkeit von einer Gegenleistung zumindest das Annahmeverzug begründende Leistungsangebot des Gläubigers (§§ 756, 765 ZPO). Entbehrlich ist die Sicherheitsleistung (§ 751 Abs. 2 ZPO)[275]; dies ergibt sich schon aus dem Zweck der Vorpfändung.

---

[272] BGH NJW 95, 1682
[273] BGH NJW 97, 1930
[274] Thomas/Putzo, § 845 Rn. 1

■ Pfändungsgegenstand: pfändbare Forderung

oder Anspruchs auf Herausgabe oder Leistung einer Sache (§§ 846, 845 ZPO) oder anderes Vermögensrecht (§§ 857 Abs. 1, 845 ZPO)

2. Durchführung der Vorpfändung:

Die Vorpfändung erfolgt durch schriftliche Erklärung des Gläubigers, welche

■ den Titel und die vollstreckbare Forderung sowie

■ die zu pfändende Forderung hinreichend bestimmt bezeichnet,

■ des weiteren die Benachrichtigung, dass die Pfändung der Forderung des Schuldners gegen den Drittschuldner bevorstehe,

■ die Aufforderung an den Drittschuldner, nicht an den Schuldner zu zahlen, und

■ an den Schuldner, sich jeder Verfügung über die Forderung zu enthalten, enthält.

Mit Zustellung an den Drittschuldner wird die Vorpfändung wirksam, § 845 Abs. 2 ZPO. Sie wirkt wie ein Arrest nach § 930 ZPO, wenn binnen Monatsfrist ab Zustellung an den Drittschuldner die Forderung wirksam gepfändet wird. Es handelt sich hierbei um eine auflösende Bedingung: Verstrickung und Arrestpfandrecht zugunsten des Gläubigers mit Rang der Vorpfändung entstehen mit Zustellung der Benachrichtigung an den Drittschuldner und entfallen, wenn die Forderungspfändung nicht fristgerecht wirksam wird. Die wirksame und fristgemäße Forderungspfändung lässt ein Pfändungspfandrecht an der Forderung mit dem Rang des vorherigen Arrestpfandrechts entstehen.

Die Wiederholung der Vorpfändung ist zulässig.

---

[275] Thomas/Putzo, § 845 Rn. 2

§ 4
Die Zwangsvollstreckung wegen einer Geldforderung in Ansprüche auf Herausgabe oder Leistung körperlicher Sachen, §§ 846 ff ZPO

I. Vollstreckung in Ansprüche auf Herausgabe oder Leistung beweglicher Sachen

Einführungsbeispiel:

Wie im Einführungsbeispiel zu § 3 will der Gläubiger gegen den Schuldner einen Titel über 5000 € vollstrecken.

Variante 1: Einzig pfändbarer Gegenstand im Vermögen des Schuldners ist ein PKW, den der Schuldner jedoch an den Dritten X verliehen hat. Als der Gerichtsvollzieher Kuckuck im Auftrag des Gläubigers den Wagen bei X pfänden will, will dieser den PKW nicht herausgeben.

Variante 2: Im Vermögen des Schuldners ist ein Anspruch gegen den Dritten X auf Übereignung eines PKW aus Kaufvertrag; den Kaufpreis hat der Schuldner bereits entrichtet.

Der Verwertung einer beweglichen Sache des Schuldners, hier des PKW, durch Versteigerung nach §§ 814 ff ZPO steht entgegen, dass
- (Variante 1) die Sachpfändung mangels der nach § 809 ZPO erforderlichen Herausgabebereitschaft des gewahrsamsinnehabenden Dritten nicht zulässig ist,
- (Variante 2) die Sachpfändung zumindest keinen Erfolg verspricht, weil der PKW dem Schuldner nicht gehört.

Wie kommt der Gläubiger nun an den PKW, um diesen verwerten zu können?

In solchen Fallkonstellationen befindet sich im Vermögen des Schuldners **eine Forderung gegen den Dritten**, nämlich
- (Variante 1) auf Herausgabe des PKW aus § 604 BGB,
- (Variante 2) auf Übereignung des PKW aus § 433 Abs. 1 BGB.

Da diese Ansprüche nicht auf Geldzahlung gerichtet sind, unterfallen sie nicht dem originären Zugriffsbereich der §§ 829, 835 ZPO. Die Überweisung dieser Ansprüche erscheint auch nicht interessengerecht:

Würde der Anspruch auf Herausgabe oder Übereignung dem Gläubiger zur Einziehung oder an Zahlungs Statt überwiesen, hätte er am Schluss der Vollstreckung anstatt Geld einen PKW in den Händen, den er frei veräußern könnte; abgesehen davon, dass hier ein Missverhältnis zwischen vollstreckter Forderung und Wert des PKW bestehen könnte, ist eine solche Besserstellung des Gläubigers gegenüber der „misslungenen" Sachpfändung, in der grundsätzlich das Vollstreckungsorgan die Sachverwertung besorgt hätte, nicht gerechtfertigt. Die Vollstreckung in den Herausgabe-/Übereignungsanspruch soll lediglich die Hindernisse für die Sachpfändung überwinden und den Weg in die Verwertung der Sache eröffnen.

Daher geht die ZPO in den §§ 846, 847 ZPO einen anderen Weg:
Die Vollstreckung wegen einer Geldforderung in einen Anspruch auf Herausgabe
(= Besitzverschaffung) oder Leistung (=Übereignung) einer beweglichen Sache er-
folgt durch

■ Pfändung des Herausgabe-/Übereignungsanspruchs des Schuldners gegen den
  Drittschuldner nach § 829 ZPO

■ verbunden mit der Anordnung, dass die Sache an einen vom Gläubiger beauftragten Gerichtsvollzieher herauszugeben ist.

■ Die Verwertung erfolgt sodann nach den §§ 814 ff ZPO (§ 847 Abs. 2 ZPO).

1. Besonderheiten in Bezug auf die Allgemeinen Voraussetzungen jeder Zwangsvollstreckung

a) Zuständigkeit: Nach §§ 828, 802 ZPO ist das Vollstreckungsgericht (sachlich, § 828 Abs. 1
ZPO), in dessen Bezirk der Schuldner seinen allgemeinen Gerichtsstand hat (örtlich,
§§ 828 Abs. 2, 13 ff, 23 ZPO), funktionell durch den Rechtspfleger handelnd zuständig.
b) Der Antrag muss die zu pfändende Forderung hinreichend bestimmt nach beteiligten Personen, Schuldgegenstand und Schuldgrund bezeichnen.
c) Der Titel muss auf Zahlung einer Geldforderung gerichtet sein.
d) Rechtsschutzbedürfnis

2. Die besonderen Zugriffsvoraussetzungen für die Pfändung nach §§ 846, 847 ZPO

a) **Pfändungsgegenstand** ist der angebliche Anspruch Schuldner ./. Drittschuldner
auf
– Herausgabe (= Besitzverschaffung)
– Leistung (= Übereignung)
einer **beweglichen Sache**.

b) Keine Beschränkung der Pfändbarkeit

Es gelten die Beschränkungen nach §§ 851, 852 ZPO, soweit diese mit Rücksicht
auf den Gegenstand des zu pfändenden Anspruchs anwendbar sind.

Darüber hinaus darf die Sache, welche herauszugeben oder zu leisten ist, in
Bezug auf den Schuldner nicht nach § 811 ZPO unpfändbar sein.[276] Wenn die
§§ 846, 847 ZPO den Zweck haben, die Vollstreckung in die Sache, über die der
Schuldner verfügen könnte, zu ermöglichen, dann muss auch die Beschränkung
der Sachpfändung nach § 811 ZPO berücksichtigt werden. Abzustellen ist hierbei aber auf die Person des Schuldners: Wäre die Sache, wenn sie sich im Gewahrsam des Schuldners befände oder § 809 ZPO nicht entgegenstünde, gemes-
sen am Schutzinteresses des Schuldners nach § 811 ZPO unpfändbar?

---

[276] Thomas/Putzo, § 847 Rn. 1

3. Ordnungsgemäßer Pfändungsakt

Die Vollstreckung erfolgt durch Pfändungsbeschluss mit Anordnung der Herausgabe der Sache an einen vom Gläubiger beauftragten Gerichtsvollzieher, §§ 846, 847, 829 ZPO.

Für den Inhalt und die Wirksamkeit des Pfändungsbeschlusses gilt das bereits zur Pfändung einer Geldforderung Gesagte entsprechend. Insbesondere ist also zu beachten, dass der Pfändungsbeschluss das arrestatorium (Wirksamkeitsvoraussetzung) und das inhibitorium ausspricht; er muss dem Drittschuldner (Wirksamkeitsvoraussetzung, § 829 Abs. 3) und dem Schuldner (diesem mit der Zustellungsurkunde betreffend die Zustellung an den Drittschuldner) zugestellt werden, § 829 Abs. 2 ZPO.

Die Herausgabeanordnung ist keine Wirksamkeitsvoraussetzung, ihr Unterbleiben macht die Pfändung lediglich anfechtbar.[277]

4. Rechtsfolgen

Wenn der Anspruch Schuldner ./. Drittschuldner tatsächlich besteht (Pfändung der angeblichen Forderung!), führt die wirksame Pfändung zur **Verstrickung des Herausgabeanspruchs bzw. Leistungsanspruchs** und zum **Pfändungspfandrecht** des Gläubigers **am gepfändeten Anspruch**, und zwar

■ nach der öffentlich-rechtlichen Pfändungspfandrechtstheorie allein mit der wirksamen Verstrickung und

■ nach der gemischt privatrechtlich-öffentlich-rechtlichen Pfändungspfandrechtstheorie mit wirksamer Verstrickung sowie bei Vorliegen der wesentlichen Vollstreckungsvoraussetzungen der Forderungspfändung und der materiell-rechtlichen Voraussetzungen für das Entstehen eines Pfandrechts (§§ 1204 ff BGB mit Ausnahme der Verpfändungserklärung, die durch die Pfändung ersetzt wird).

Verstrickung und Pfändungspfandrecht entstehen nur am gepfändeten Anspruch, nicht an der Sache selbst. Mit Herausgabe der Sache an den Gerichtsvollzieher erlischt sowohl der Herausgabe-/Leistungsanspruch infolge Erfüllung als damit auch Verstrickung und Pfändungspfandrecht am Anspruch. Beides setzt sich jedoch im Wege der **dinglichen Surrogation** entsprechend § 1287 Satz 1 BGB an der Sache fort.

Mit Herausgabe der Sache an den Gerichtsvollzieher erwirbt im Falle des Leistungsanspruchs der Schuldner vertreten durch den Gerichtsvollzieher das Sacheigentum[278] (Argument aus § 848 Abs. 2 Satz 1 ZPO).

Gibt der Drittschuldner die Sache nicht freiwillig heraus, ist der Pfändungsbeschluss nebst Herausgabeanordnung **kein Titel gegen den Drittschuldner**, aufgrund dessen der Gerichtsvollzieher die Sache wegnehmen dürfte. Der Gesetzeswortlaut stellt auf Herausgabe, also einen willensgetragenen Akt des Drittschuldners und nicht auf Duldung der Wegnahme ab. Dieser willensgetragene Akt ist – wie üblich in der For-

---

[277] vgl. Thomas/Putzo, § 847 Rn. 1
[278] Thomas/Putzo, § 847 Rn. 3

derungspfändung – im Wege der Einziehungsklage geltend zu machen, um einen nach § 883 ZPO vollstreckbaren Titel gegen den Drittschuldner zu erlangen. Um im eigenen Namen klagen zu dürfen, muss der Gläubiger sich jedoch zuvor den Herausgabe-/Leistungsanspruch zur Einziehung überweisen lassen, da ihm ansonsten die Prozessführungsbefugnis bzw. nach anderer Auffassung die Sachlegitimation, aus der die Prozessführungsbefugnis entspringt, fehlt (streitig: Nach anderer Ansicht ist der Gläubiger schon aufgrund des Pfändungsbeschlusses und Herausgabeanordnung prozessführungsbefugt[279]; dies erscheint mit Rücksicht darauf, dass die Pfändung nur zur Verstrickung und erst die Überweisung (zur Einziehung) zur Abspaltung der Einziehungsbefugnis zugunsten des Gläubigers führt, dogmatisch bedenklich; zudem geht das Gesetz in § 849 ZPO von einem Anwendungsbereich für die Überweisung zur Einziehung aus). Der Klageantrag ist in jedem Fall entsprechend § 847 ZPO auf Herausgabe der Sache an den Gerichtsvollzieher zu richten.

Wegen der Verwertung und deren Rechtsfolgen wird auf § 2 VII. verwiesen.

5. Schema „Die Rechtmäßigkeit der Pfändung eines Anspruchs auf Herausgabe oder Leistung einer beweglichen Sache und ihre Rechtsfolgen"

I. **Die allgemeinen Voraussetzungen jeder Zwangsvollstreckung**
   1) Zuständigkeit: Vollstreckungsgericht, in dessen Bezirk der Schuldner seinen allgemeinen Gerichtsstand hat, §§ 828, 802 ZPO; funktionell: Rechtspfleger
   2) Vollstreckungsantrag: muss die zu pfändende Forderung hinreichend bestimmt nach beteiligten Personen, Schuldgegenstand und Schuldgrund bezeichnen
   3) Titel auf Geldzahlung
   4) Rechtsschutzbedürfnis

II. **Die besonderen Zugriffsvoraussetzungen für die Pfändung nach §§ 846, 847 ZPO**
   1) Pfändungsgegenstand: angeblicher Anspruch Schuldner./.Drittschuldner auf
      – Herausgabe (= Besitzverschaffung; die Sache gehört bereits zum Schuldnervermögen)
      – oder Leistung (= Übertragung des Eigentums an der noch zum Vermögen des Drittschuldners gehörenden Sache)
      einer beweglichen Sache, § 847 ZPO
   2) keine Beschränkung der Pfändbarkeit
      → nach §§ 851, 852 ZPO
      → nach § 811 ZPO (§§ 846, 847 ZPO ersetzen die aus formellen Gründen nicht durchführbare Sachpfändung)

III. **ordnungsgemäßer Pfändungsakt**
   1) Pfändungsbeschluss, §§ 846, 829 ZPO → Ausspruch der Pfändung der bestimmt bezeichneten Forderung Schuldner ./. Drittschuldner; arrestatorium (Wirksamkeitsvoraussetzung!); inhibitorium
   2) und Anordnung der Herausgabe der beweglichen Sache an einen vom Gläubiger beauftragten Gerichtsvollzieher, § 847 Abs. 1 ZPO

---

[279] Zöller-Stöber, § 847 Rn. 4

3) Zustellung des Pfändungsbeschlusses an den Drittschuldner, §§ 846, 829 Abs. 2 und 3 ZPO (Wirksamkeitsvoraussetzung!) und an den Schuldner, §§ 846, 829 Abs. 2 ZPO

IV. Rechtsfolgen
1) Verstrickung des Herausgabeanspruchs bzw. Leistungsanspruchs
2) **Pfändungspfandrecht** des Gläubigers **am gepfändeten Anspruch**
   - nach der öffentlich-rechtlichen Pfändungspfandrechtstheorie allein mit der wirksamen Verstrickung
   - nach der gemischt privatrechtlich-öffentlich-rechtlichen Pfändungspfandrechtstheorie mit wirksamer Verstrickung sowie bei Vorliegen der wesentlichen Vollstreckungsvoraussetzungen der Forderungspfändung und der materiellrechtlichen Voraussetzungen für das Entstehen eines Pfandrechts (§§ 1204 ff BGB mit Ausnahme der Verpfändungserklärung, die durch die Pfändung ersetzt wird).
3) Mit Herausgabe der Sache an den Gerichtsvollzieher
   →Erlöschen von
   – Herausgabe-/Leistungsanspruch infolge Erfüllung
   – und damit auch Verstrickung und Pfändungspfandrecht am Anspruch
   →aber im Wege der dinglichen Surrogation entsprechend § 1287 Satz 1 BGB setzen sich Verstrickung und PfPfR an der Sache fort
   →im Fall des Leistungsanspruchs: Schuldner erwirbt Eigentum an der Sache
4) Verwertung

II. Vollstreckung in Ansprüche auf Herausgabe oder Leistung eines Grundstücks

Wegen einer Geldforderung kann der Gläubiger auch in einen Anspruch des Schuldners gegen den Drittschuldner auf Herausgabe (= Besitzverschaffung) oder Leistung (= Besitzverschaffung und Übereignung) eines Grundstücks nach §§ 846, 848, 849 ZPO vollstrecken.

Hier gilt das zuvor entwickelte Schema entsprechend:

1. Besonderheiten in Bezug auf die Allgemeinen Voraussetzungen jeder Zwangsvollstreckung
   a) Zuständigkeit: Vollstreckungsgericht, in dessen Bezirk der Schuldner seinen allgemeinen Gerichtsstand hat, §§ 828, 802 ZPO; funktionell: Rechtspfleger
   b) hinreichend bestimmter Antrag
   c) Titel auf Geldzahlung
   d) Rechtsschutzbedürfnis
2. Die besonderen Zugriffsvoraussetzungen für die Pfändung nach §§ 846, 848 ZPO
   a) angeblicher Anspruch Schuldner./.Drittschuldner auf Herausgabe oder Leistung einer unbeweglichen Sache, § 848 Abs. 1 ZPO (insbesondere der sogenannte Auflassungsanspruch)
   b) keine Beschränkung der Pfändbarkeit
3. ordnungsgemäßer Pfändungsakt
   a) Pfändungsbeschluss, §§ 846, 829 ZPO
   b) Anordnung der Herausgabe der unbeweglichen Sache an einen vom Amtsgericht der belegenen Sache zu bestellenden Sequester (Treuhänder, der auf Antrag des Gläubigers bestellt wird), § 848 Abs. 1 ZPO
   c) Zustellung des Pfändungsbeschlusses an den Drittschuldner, §§ 846, 829 Abs. 2 und 3 ZPO, und an den Schuldner, §§ 846, 829 Abs. 2 ZPO

Mit Zustellung des Pfändungsbeschlusses ist der Anspruch (nicht die unbewegliche Sache) verstrickt. Es entsteht ein Pfändungspfandrecht des Gläubigers am Anspruch. Dieses setzt sich jedoch nach Herausgabe nicht rangwahrend an der Sache fort. Vielmehr bedarf es hier zur Begründung eines Pfändungspfandrechts zugunsten des Gläubigers der Zwangsvollstreckung nach den für die Zwangsvollstreckung in unbewegliche Sachen geltenden Vorschriften, § 848 Abs. 3 ZPO. Allerdings entsteht im Fall eines Leistungsanspruchs (Auflassungsanspruch) mit Übergang des Eigentums auf den Schuldner, der bei der Auflassung durch den Sequester vertreten wird, kraft Gesetzes (und bereits ohne Grundbucheintragung wirksam) eine Sicherungshypothek zugunsten des Gläubigers, § 848 Abs. 2 Satz 2 ZPO. § 866 Abs. 3 ZPO findet keine Anwendung.[280]

Weigert sich der Drittschuldner, die Auflassung zu erklären oder das Grundstück herauszugeben, kann der Gläubiger nach Überweisung zur Einziehung ihn einen Titel auf Auflassungserklärung gegenüber bzw. Herausgabe an den Sequester (!) erwirken.

Die Pfändung des Auflassungsanspruchs erstreckt sich auf den Anspruch auf Einräumung einer Auflassungsvormerkung nach § 883 BGB (unselbständiges Nebenrecht).[281]

---

[280] Zöller-Stöber, § 848 Rn. 7
[281] Zöller-Stöber, § 848 Rn. 10 mit weiteren Ausführungen

§ 5
Die Zwangsvollstreckung wegen einer Geldforderung in andere Vermögensrechte

Einführungsbeispiel:

Nach wie vor will der Gläubiger des Einführungsbeispiels zu § 3 aus dem Titel auf Zahlung von 5000 € gegen den Schuldner vollstrecken. Der Schuldner ist

(Variante 1) zu 1/3 Miteigentümer eines LKW,

(Variante 2) Gesellschafter einer GbR,

(Variante 3) Nießbrauchberechtigter an einem Grundstück.

Es handelt sich um Vermögenswerte, die keine körperlichen Sachen, Forderungen oder Ansprüche auf Herausgabe/Leistung körperlicher Sachen sind, so dass auf sie nicht nach Maßgabe der §§ 808 ff, 829 ff und 846 ff ZPO zugegriffen werden kann. Eine Zwangsvollstreckung in solche „andere Vermögensrechte" ist nur nach Maßgabe des § 857 ZPO rechtmäßig, wobei diese Vorschrift weitgehend auf das Instrument der Pfändung und Überweisung des Rechts in entsprechender Anwendung der §§ 829 ff ZPO zurückgreift und nur wenige Besonderheiten abweichend regelt:

I. Besonderheiten in Bezug auf die Allgemeinen Voraussetzungen jeder Zwangsvollstreckung

1. Zuständigkeit: Vollstreckungsgericht, in dessen Bezirk der Schuldner seinen allgemeinen Gerichtsstand hat, §§ 828, 802 ZPO; funktionell: Rechtspfleger
2. Vollstreckungsantrag: hinreichend bestimmte Bezeichnung des zu pfändenden anderen Vermögensrechts, so dass dieses von anderen unterschieden werden kann
3. Titel auf Geldzahlung
4. Rechtsschutzbedürfnis

II. Die besonderen Zugriffsvoraussetzungen für die Pfändung in andere Vermögensrechte

Pfändungsgegenstand im Sinne des § 857 ZPO ist jedes Recht, soweit es

■ einen Vermögenswert (= Geldwert) hat,

■ selbständig (akzessorische Rechte und Gestaltungsrechte teilen das Schicksal des Hauptrechts und werden von dessen Zwangsvollstreckung umfasst)

■ und übertragbar (§ 857 Abs. 1 i.V.m. § 851 Abs. 1 und 2 ZPO) ist oder, wenn es nicht übertragbar ist, zumindest seine Ausübung einem anderen überlassen werden kann (§ 857 Abs. 3 ZPO; Beispiel: Nießbrauch, §§ 1030, 1059 BGB)

■ sowie weder der Zwangsvollstreckung in das unbewegliche Vermögen (§§ 864, 865 ZPO, 1120 ff BGB)

■ noch der Zwangsvollstreckung nach den Vorschriften der Sachpfändung (§§ 808 ff ZPO), der Pfändung in eine Geldforderung (§§ 829 ff ZPO) oder der Pfändung in einen Herausgabe- oder Leistungsanspruch (§§ 846 ff ZPO) unterliegt.

Im Einführungsbeispiel:

Miteigentum an einer beweglichen Sache (Variante 1) ist insoweit ein vermögenswertes, selbständiges und übertragbares Recht, als dass die Miteigentümer eine Bruchteilsgemeinschaft bilden, in der zwar der jeweilige Miteigentümer nicht über die Sache, jedoch über seinen Anteil verfügen, insbesondere dieses übertragen kann (**§ 747 BGB**). Der Miteigentumsanteil an einer beweglichen Sache unterliegt weder der Immobiliarvollstreckung (§ 864 ZPO) noch der Forderungspfändung nach §§ 829 ff, 846 ff ZPO. Eine Sachpfändung wäre allenfalls aufgrund eines Titels gegen alle Bruchteilseigentümer denkbar.

Der **Anteil eines GbR-Gesellschafters am Gesellschaftsvermögen** (Variante 2) ist nicht übertragbar, § 719 Abs. 1 BGB. Aber Vorsicht: Auch wenn ein Recht materiell nicht übertragbar und damit grundsätzlich unpfändbar ist (§§ 857 Abs. 1 i.V.m. 851 Abs. 1 ZPO) ist, kann das Gesetz eine Ausnahme vorsehen. So ist nach § 859 Abs. 1 ZPO der Anteil am Gesellschaftsvermögen einer GbR dennoch pfändbar. Die Pfändung erfasst allerdings nur die sich aus der Gesellschafterstellung ergebenden vermögendlichen Rechte, insbesondere den Anspruch auf Zahlung des Gewinnanteils oder nach Kündigung des Auseinandersetzungsguthabens. Die sich aus der Gesellschafterstellung ergebenden kooperativen Rechte, insbesondere Verwaltungsrechte und Informationsrechte sowie das Stimmrecht, verbleiben dem Schuldner (§§ 857 Abs. 1, 851 Abs. 1 ZPO, § 717 Satz 1 BGB).[282]

Der **Nießbrauch an einem Grundstück** (Variante 3) ist unübertragbar, § 1059 Satz 1 BGB. Aber die Ausübung des Nießbrauchs kann einem anderen überlassen werden, § 1059 Satz 2 BGB. **Insofern hat die Nutzung des selbständigen Nießbrauchs für den Schuldner einen wirtschaftlichen Wert, der dem Gläubiger in der Zwangsvollstreckung nicht vorenthalten werden darf.** Nach § 857 Abs. 3 ZPO ist auch ein unveräußerliches Recht, dessen Ausübung einem anderen überlassen werden kann, der Pfändung unterworfen. Die Pfändung umfasst hierbei nicht nur das Recht zur Ausübung des Nießbrauchs[283], sondern das Stammrecht, also den Nießbrauch selbst[284]. Ansonsten bestünde die Gefahr, dass der Nießbrauchberechtigte (= Schuldner) trotz Pfändung wirksam auf den Nießbrauch verzichtet und der Vollstreckungszweck durch Fortfall auch des Ausübungsrechts vereitelt wird. Erfasst jedoch die Pfändung den Nießbrauch selbst, ist ein Verzicht des nießbrauchberechtigten Schuldners nach §§ 135, 136 BGB gegenüber dem Gläubiger (relativ) unwirksam.

III. Ordnungsgemäßer Pfändungsakt

Das andere Vermögensrecht wird durch **Pfändungsbeschluss** gepfändet, §§ 857 Abs. 1, 829 ZPO. Inhalt und Wirksamkeit des Beschlusses richten sich nach § 829

---

[282] Thomas/Putzo, § 859 Rn. 4; Palandt-Sprau, § 725 Rn. 1
[283] so aber Palandt-Bassenge, § 1059 Rn. 6
[284] BGHZ 62, 133, 136;

ZPO. Insbesondere erlangt der Pfändungsbeschluss erst mit Zustellung an den Drittschuldner Wirksamkeit, §§ 857 Abs. 1, 829 Abs. 3 ZPO. Drittschuldner ist hierbei jeder, dessen Rechtsstellung durch die Pfändung tangiert wird. Fehlt ein Drittschuldner, erlangt der Pfändungsbeschluss nach § 857 Abs. 2 ZPO mit seiner Zustellung an den Schuldner Wirksamkeit.

Im Einführungsbeispiel:
Drittschuldner im Sinne der §§ 857 Abs. 1, 829 ZPO ist
– bei der Pfändung eines Miteigentumsanteils an einer beweglichen Sache (Variante 1) jeder weitere Miteigentümer,
– im Fall der Pfändung des Anteils am Gesellschaftsvermögen einer GbR (Variante 2) jeder weitere Mitgesellschafter.
Beim Nießbrauch wird in der Regel ein Drittschuldner fehlen, so dass § 857 Abs. 2 ZPO Anwendung findet.

Die Pfändung führt zur **Verstrickung** des Rechts und begründet – unter den Voraussetzungen der hierzu vertretenen Pfändungspfandrechtstheorien – ein **Pfändungspfandrecht** des Gläubigers. Die wirksame Verstrickung ist Grundlage und Voraussetzung der Verwertung.

IV. Verwertung

Auch für die Verwertung verweist § 857 Abs. 1 ZPO auf die §§ 835 ff ZPO. Verwertet wird das gepfändete Recht demzufolge
– durch **Überweisung zur Einziehung**, wenn der Gläubiger an die Stelle des Schuldners treten kann,
– durch **Überweisung an Zahlungs Statt** nur, wenn es sich um veräußerliche Rechte mit einem Nennwert (§ 835 Abs. 1 ZPO: Überweisung an Zahlungs Statt zum Nennwert) handelt, also beispielsweise die Grundschuld,
– durch andere Verwertung nach § 857 Abs. 1 und **5** i.V.m. § 844 ZPO (beispielsweise freihändiger Verkauf, öffentliche Versteigerung durch den Gerichtsvollzieher), wenn das Recht veräußerlich ist.

Bei Pfändung unveräußerlicher Rechte, deren Ausübung einem anderen überlassen werden kann (§ 857 Abs. 3 ZPO), kann das Vollstreckungsgericht (Rechtspfleger) die Verwertung durch besondere Anordnung gestalten, § 857 Abs. 4 ZPO. Hierbei nennt das Gesetz die Verwertung durch Verwaltung eines Sequesters als Beispiel.

Im Einführungsfall:
Bei der Vollstreckung in den Miteigentumsanteil (Variante 1) wird es dem Gläubiger letztlich darum gehen, nicht den wirtschaftlichen Wert des Anteils, sondern den der Sache zu realisieren. **Die Pfändung des Miteigentumsanteils erfasst aber auch den Anspruch auf Aufhebung der Gemeinschaft, Erlösteilung und Erlösauszahlung nach § 749 BGB**, so dass der Gläubiger nach wirksamer (§§ 857 Abs. 1, 835, 829 Abs. 3 ZPO) Überweisung zur Einziehung die Aufhebung der Gemeinschaft verlangen kann. Die Überweisung zur Einziehung ist zulässig, da der Gläubiger ohne weiteres an die Stelle des Schuldners treten kann.

Bereits nach Pfändung in den Anteil des Schuldners am Gesellschaftsvermögen einer GbR (Variante 2) kann der Gläubiger die Gesellschaft nach § 725 Abs. 1 BGB fristlos kündigen. Aber erst nach Überweisung zur Einziehung kann er die Auszahlung des anteiligen Auseinandersetzungsguthabens (§ 734 BGB) an sich verlangen.[285] Da die Gesellschafterstellung sowohl vermögendliche als auch kooperative Rechte beinhaltet, und letztere nicht von der Pfändung erfasst werden, kann der Anteil am Gesellschaftsvermögen im Rahmen der §§ 857 Abs. 1, 835 ZPO nur zur Einziehung überwiesen werden.[286]

Die Wirksamkeit und Rechtsfolgen bestimmen sich im übrigen nach der jeweiligen Verwertungsart.

V. Typische Fallgruppen

Examensrelevante Fallgruppen eines anderen Vermögensrechts nebst den Besonderheiten für das Verfahren sind:

1. Miteigentum an beweglichen Sachen

Die Vollstreckung in dieses Recht ist bereits dargelegt worden. Zusammengefasst:

Der Miteigentumsanteil ist selbständig, nach § 747 Satz 1 BGB übertragbar und geldwert, so dass es sich um ein anderes Vermögensrecht im Sinne des § 857 ZPO handelt. Der Pfändungsbeschluss wird mit Zustellung an jeden einzelnen anderen Miteigentümer (= Drittschuldner) nach § 857 Abs. 1 i.V.m. § 829 Abs. 3 ZPO wirksam. Der Gläubiger kann sich den Miteigentumsanteil zur Einziehung überweisen lassen und sodann den von der Pfändung umfassten Anspruch auf Auflösung der Bruchteilsgemeinschaft, Erlösteilung und Erlösauszahlung gegenüber den anderen Miteigentümern geltend machen.

2. Miteigentum an Grundstücken

Da der Miteigentumsanteil an einem Grundstück nach § 864 Abs. 2 ZPO der Immobiliarvollstreckung unterliegt, ist er nicht pfändbar.

Allerdings befindet sich im Vermögen des Schuldners der schuldrechtliche Anspruch auf Aufhebung der Bruchteilsgemeinschaft aus § 749 Abs. 1 BGB.[287] Da die Teilung des Grundstücks in Natur ausgeschlossen ist, wird die Teilung regelmäßig durch Teilungsversteigerung geschehen, § 753 Abs. 1, § 180 ff ZVG; der Schuldner könnte sodann von den Miteigentümern die Zustimmung zur Teilung des Erlöses entsprechend den Anteilen und zur entsprechenden Auszahlung verlangen. Wenn der Schuldner folglich über einen schuldrechtlichen Anspruch an einen Geldbetrag kommen kann, muss dies seinem Gläubiger im Wege der Zwangsvollstreckung auch möglich sein.

Der Anspruch auf Aufhebung der Gemeinschaft ist als unselbständiges Nebenrecht zum Miteigentum nach §§ 857 Abs. 1, 851 Abs. 1 ZPO unpfändbar. Jedoch kann der künftige Anspruch auf Auszahlung des entsprechenden Anteils am Teilungsverstei-

---

[285] Palandt-Sprau, § 725 Rn. 3
[286] vgl. im Ergebnis: Thomas/Putzo, § 859 Rn. 4
[287] zum schuldrechtlichen Charakter: Palandt-Sprau, § 749 Rn. 1

gerungserlös abgetreten werden. Dies hat nur dann wirtschaftlichen Sinn, wenn der Schuldner dem Zessionar dieses künftigen Auszahlungsanspruchs die Ausübung des Anspruchs auf Aufhebung der Gemeinschaft überlassen kann. Folglich ist der Anspruch auf Aufhebung der Gemeinschaft – auch nur – zusammen mit dem künftigen Anspruch auf Auskehr des den Anteilen entsprechenden Betrages aus dem Versteigerungserlös pfändbar (§ 857 Abs. 3 ZPO)[288]. Die Verwertung erfolgt durch Überweisung zur Einziehung. Der PfÜB ist jedem weiteren Miteigentümer (= Drittschuldner) zuzustellen, §§ 857 Abs. 1, 835, 829 Abs. 3 ZPO.

3. Nießbrauch an einem Grundstück

Hier nur nochmals zusammengefasst: Der Nießbrauch ist unübertragbar, jedoch kann seine Ausübung einem anderen überlassen werden kann, § 1059 BGB. Insoweit ist der Nießbrauch nach § 857 Abs. 3 ZPO pfändbar, wobei die Pfändung das Stammrecht selbst erfasst, so dass ein Verzicht des nießbrauchberechtigten Schuldners auf den Nießbrauch (Verfügung) nach Wirksamwerden der Pfändung im Verhältnis zum Gläubiger nach §§ 135, 136 BGB (relativ) unwirksam ist.

Die Verwertung wird sinnigerweise im Wege der Überweisung zur Einziehung nach §§ 851 Abs. 1, 835 ZPO und Anordnung der Verwaltung des Grundstücks durch einen gerichtlich bestellten Verwalter, der die Einkünfte aus den Nutzungen an den (durch die Überweisung empfangsberechtigten) Gläubiger bis zur Höhe des zu vollstreckenden Anspruchs abführt, nach § 857 Abs. 4 ZPO erfolgen.

4. beschränkt persönliche Dienstbarkeiten

Eine beschränkt persönliche Dienstbarkeit im Sinne des § 1090 BGB ist unübertragbar, jedoch kann seine Ausübung einem anderen überlassen werden, wenn der Eigentümer die Überlassung gestattet hat, § 1092 Abs. 1 BGB. Soweit Berechtigter und Eigentümer die Gestattung schuldrechtlich vereinbart haben, unterliegt die beschränkt persönliche Dienstbarkeit auch ohne Eintragung der Gestattung in das Grundbuch gemäß § 857 Abs. 3 ZPO der Pfändung.[289]

Die Ausübungsbefugnis kann dem Gläubiger zur Einziehung überwiesen werden, so dass er infolge dessen die Nutzung einem Dritten gegen Entgelt überlassen kann (bis seine Forderung befriedigt ist).

5. Reallast, Grundschuld, Rentenschuld

Die Vollstreckung in diese Grundpfandrechte hat **engere Wirksamkeitsvoraussetzungen**: Neben dem Pfändungsbeschluss und dessen Zustellung an den Drittschuldner bzw. den Schuldner (§ 857 Abs. 2 ZPO) ist die **Übergabe des Briefes oder die Eintragung in das Grundbuch** erforderlich, §§ **857 Abs. 6, 830 ZPO**.

Nichts anderes gilt auch für die Pfändung in eine **Eigentümergrundschuld** nach § 1196 BGB:

---

[288] BGHZ 90, 207, 215
[289] BGH NJW 62, 1392; a.A.: KG MDR NJW 68, 1882, wonach die Gestattung in das Grundbuch eingetragen sein muss

Die Eigentümergrundschuld entsteht entweder ursprünglich durch einseitige Erklärung des Eigentümers gegenüber dem Grundbuchamt und Grundbucheintragung (§ 1196 Abs. 2 BGB) oder kraft Gesetzes außerhalb des Grundbuchs, indem der Eigentümer eine wirksam für einen anderen bestellte Hypothek an seinem Grundstück ohne die Forderung erwirbt (§ 1177 Abs. 1 BGB, beispielsweise: der Eigentümer hat die durch Hypothek gesicherte Forderung – ganz oder teilweise – getilgt). Dementsprechend kann Grundschuldbrief oder Grundbucheintragung auf den Eigentümer lauten (sog. offene Eigentümergrundschuld) oder die Eigentümergrundschuld entsteht kraft Gesetzes, ohne dass dies in Brief und Grundbuch nach außen erkennbar ist (sog. verdeckte Eigentümergrundschuld).

Da die Grundschuld gegenüber dem Eigentum ein selbständiges Recht darstellt, einen Geldwert hat und übertragbar ist, kann sie grundsätzlich als anderes Vermögensrecht gepfändet werden.

Problematisch ist jedoch, unter welchen Voraussetzungen die Pfändung in eine Eigentümergrundschuld **wirksam** wird, was wiederum Bedeutung für den Rang hat:

Während bei der Fremdgrundschuld der Grundstückseigentümer der Drittschuldner ist, gibt es bei der Eigentümergrundschuld keinen Drittschuldner. Denn Vollstreckungsschuldner, Inhaber der Grundschuld und Grundstückseigentümer sind ein und dieselbe Person. Daher ist zu erwägen, ob der Pfändungsbeschluss allein mit Zustellung an den Schuldner nach § 857 Abs. 2 ZPO wirksam wird.[290] Jedoch sind mit Rücksicht auf den Wortlaut des § 857 Abs. 6 ZPO („Grundschuld") auch für die wirksame Pfändung in eine Eigentümergrundschuld die Voraussetzungen des § 830 ZPO zu verlangen.[291]

Dies gilt ohne weiteres für die offene Eigentümergrundschuld, für die verdeckte Eigentümergrundschuld jedoch nur, wenn die besicherte Forderung vollständig erloschen ist und das Grundpfandrecht vollständig auf den Grundstückseigentümer übergegangen ist.

> Beispiel: Der Schuldner hat ein Darlehen der D-Bank, welches in seiner Gesamthöhe von 30.000 € durch eine Brief-Hypothek am Grundstück des Schuldners zugunsten der D-Bank gesichert ist, zur Hälfte getilgt. Nach §§ 1163 Abs. 1 Satz 2, 1177 Abs. 1 BGB ist in Höhe des getilgten Betrages, also soweit die Rückzahlungsforderung erloschen ist, eine Teileigentümergrundschuld entstanden. Will der Gläubiger des Schuldners nach Maßgabe der §§ 857 Abs. 6, 830 ZPO in die Teileigentümergrundschuld vollstrecken, kann ihm aber weder der Hypothekenbrief noch ein gesonderter Brief über die **Teileigentümergrundschuld** übergeben werden. Denn es gibt nur einen einheitlichen Brief über die Hypothek in Höhe von 30.000 €, den die D-Bank mit Rücksicht auf ihr Grundpfandrecht bezüglich noch valutierender 15.000 € nicht an den Gläubiger herausgeben muss. Ein Brief über die Teileigentümergrundschuld besteht (noch) nicht. Allerdings hat der Schuldner nach § 952 BGB Miteigentum am Hypothekenbrief erlangt.

Neben der Teileigentümergrundschuld muss der Gläubiger daher

- den Miteigentumsanteil des Schuldners am Hypothekenbrief (§ 952 BGB),

- den Anspruch des Schuldners gegen die D-Bank auf Aufhebung der Bruchteilsgemeinschaft am Hypothekenbrief (§ 749 Abs. 1 BGB),

---

[290] so Baur/Stürner, Rn. 32.20
[291] BGH NJW 61, 601; Thomas/Putzo, § 857 Rn. 11

■ den Anspruch des Schuldners gegen die D-Bank auf Vorlage des Briefes beim Grundbuchamt zwecks Bildung eines Teilhypothekenbriefes (§ 1152 BGB) sowie auf Aushändigung des Teilbriefes

■ und schließlich den Anspruch des Schuldners gegen die D-Bank auf Zustimmung zur Berichtigung des Grundbuchs (§§ 894, 896 BGB)

pfänden. Für die somit erforderliche zusätzliche Pfändung in das Miteigentum und den daraus folgenden Rechten ist die D-Bank Drittschuldner.

Das Pfändungspfandrecht des Gläubigers an der Teileigentümergrundschuld entsteht erst mit Übergabe des so gebildeten Teileigentümergrundschuldbriefes (§§ 857 Abs. 6, 830 ZPO!).

Bei all dem darf nicht aus den Augen gelassen werden, dass immer nur angebliche Rechte/Ansprüche gepfändet werden (§§ 857 Abs. 1, 829 ZPO), so dass das tatsächliche Bestehen der Eigentümergrundschuld sowie der bei der Teileigentümergrundschuld zu pfändenden Ansprüche immer Wirksamkeitsvoraussetzung für Verstrickung und Pfändungspfandrecht ist.

Die Verwertung erfolgt durch Überweisung zur Einziehung. Der Gläubiger ist bei der Zwangsvollstreckung in das Grundstück aufgrund einer ihm zur Einziehung überwiesenen Eigentümergrundschuld durch die Regelung des § 1197 Abs. 1 BGB nicht beschränkt.[292] Über § 857 Abs. 6 ZPO findet im Rahmen der Verwertung § 837 ZPO Anwendung.

6. Geschäftsanteil an einer GbR, OHG, KG

Die Pfändung in den Anteil des GbR-Gesellschafters am Gesellschaftsvermögen ist bereits zuvor anhand der Variante 2 des Einführungsbeispiels erläutert worden. Zusammengefasst:

Der **Anteil am Gesellschaftsvermögen** ist zwar nach § 719 Abs. 1 BGB nicht übertragbar, kraft ausdrücklicher gesetzlicher Anordnung in § 859 Abs. 1 ZPO aber pfändbar. Drittschuldner sind alle weiteren Mitgesellschafter. Die Pfändung umfasst alle sich aus der Gesellschafterstellung ergebenden Rechte vermögensrechtlicher Natur, insbesondere den Anspruch auf Gewinnausschüttung sowie Auszahlung des Endguthabens.

Die Rechtsstellung des Gläubigers:

■ Er kann bereits aufgrund der wirksamen Pfändung (also ohne Überweisung)[293] die GbR fristlos kündigen, wenn sein Titel gegen den Schuldner rechtskräftig ist. Die Kündigung wird wirksam, sobald alle Mitgesellschafter von ihr Kenntnis erlangt haben. Sie führt zur Auflösung der GbR. Sieht der Gesellschaftsvertrag für den Fall der Pfändung in einen Geschäftsanteil den Ausschluss des betroffenen Gesellschafters vor, wird die GbR unter Ausscheiden des Schuldners fortgesetzt, der Gläubiger erlangt ein Pfändungspfandrecht am Abfindungsguthaben des ausscheidenden Schuldners.

---

[292] BGHZ 103, 30, 37
[293] Palandt-Sprau, § 725 Rn. 3

■ Erst nach Überweisung des Anteils am Gesellschaftsvermögen zur Einziehung kann er im eigenen Namen
  – die Auszahlung des Gewinnanteils oder
  – nach Kündigung die Auszahlung des Endguthabens oder des Abfindungsguthabens an sich verlangen.

Dem Schuldner bleiben die aus der Gesellschafterstellung fließenden kooperativen Rechte, insbesondere die Verwaltungs- und Informationsrechte.[294]

Die Drittschuldner/Mitgesellschafter können nach § 268 BGB die Forderung des Gläubigers gegen den Schuldner begleichen (Ablösungsrecht). Hierdurch geht die zu vollstreckende Forderung samt Pfändungspfandrecht auf sie über.

Für die Pfändung in den Geschäftsanteil einer OHG oder KG gelten diese Grundsätze entsprechend, weil über § 105 Abs. 2 HGB die Vorschriften zur GbR entsprechend Anwendung finden. Das Kündigungsrecht des Vollstreckungsgläubigers eines Gesellschafters ist in §§ 135, 161 Abs. 2 HGB ausdrücklich geregelt.

7. Miterbenanteil

Ist der Schuldner Miterbe, so kann in seinen Anteil am Nachlass gepfändet werden, § 859 Abs. 2 ZPO. Die Pfändung erfolgt nach Maßgabe des §§ 857 Abs. 1, 829 ZPO. Der Pfändungsbeschluss erlangt mit Zustellung an alle übrigen Miterben (= Drittschuldner) nach §§ 857 Abs. 1, 829 Abs. 3 ZPO Wirksamkeit. Mit wirksamer Pfändung entsteht ein Pfändungspfandrecht am Anteil des Schuldners am Nachlass, dahingegen nicht an einzelnen Nachlassgegenständen.

Über Nachlassgegenstände können die Miterben nur gemeinschaftlich verfügen, § 2040 BGB. Nach § 1276 Abs. 2 BGB sind Verfügungen des Schuldners über seinen Miterbenanteil gegenüber dem Gläubiger nur mit dessen Zustimmung wirksam.

Verfügt die Erbengemeinschaft über einen Nachlassgegenstand, wird dadurch der Inhalt des gepfändeten Anteils, dessen Inhalt und Wert von der Zusammensetzung des Nachlasses abhängt, berührt, so dass die gemeinschaftliche Verfügung aller Miterben über Nachlassgegenstände gemäß § 1276 Abs. 2 BGB nur mit Zustimmung des Gläubigers diesem gegenüber wirksam ist.[295]

Ist der Nachlassgegenstand ein Grundstück, wirkt die relative Verfügungsbeschränkung einem Erwerber gegenüber nur, wenn sie ihm bekannt oder in das Grundbuch eingetragen ist, § 892 Abs. 1 Satz 2 BGB. Zu seinem Schutz ist dem Gläubiger daher ein eigenes Antragsrecht nach § 22 GBO, die Pfändung in den Miterbenanteil im Grundbuch eintragen zu lassen, zuzubilligen. Dies setzt allerdings voraus, dass die Miterben als Grundstückseigentümer in ungeteilter Erbengemeinschaft voreingetragen sind, § 39 GBO. Sollte dies noch nicht der Fall sein, kann der Gläubiger nach § 13 Abs. 2 GBO die Grundbuchberichtigung unter Nachweis dessen Unrichtigkeit (z.B. durch Vorlage eines Erbscheins, den der Gläubiger über § 792 ZPO erhalten kann) beantragen.

---

[294] Palandt-Sprau, § 725 Rn. 1
[295] BayObLG 59, 50

Schon aufgrund der Pfändung ist der Gläubiger berechtigt die Auseinandersetzung der Erbengemeinschaft zu verlangen[296]. Verwertet wird der gepfändete Miterbenanteil in der Regel durch Überweisung zur Einziehung, §§ 857 Abs. 1, 835 ZPO. Die Überweisung an Zahlungs Statt ist mangels eines Nennwertes des Miterbenanteils ausgeschlossen.

8. Anwartschaftsrecht auf Erwerb des Eigentums einer beweglichen Sache

Typischer Fall des Anwartschaftsrechts ist der Erwerb unter Eigentumsvorbehalt. Der Dritte übereignet dem Schuldner eine bewegliche Sache unter der aufschiebenden Bedingung beispielsweise vollständiger Kaufpreiszahlung. Bis dahin bleibt sie im Eigentum des Dritten.

In die bewegliche Sache nach §§ 808 ff ZPO zu pfänden, macht für den Gläubiger wenig Sinn: Nach beiden Pfändungspfandrechtstheorien wird er bei der Versteigerung der schuldnerfremden Sache den Erlös nicht zum Zweck der Befriedigung behalten dürfen.

Im Vermögen des Schuldners befindet sich aber das Anwartschaftsrecht auf Erwerb des Sacheigentums. Da das selbständige und geldwerte Anwartschaftsrecht wie das Vollrecht übertragen werden kann, ist es pfändbar. Allein dieses zu pfänden, bringt den Gläubiger jedoch nicht viel weiter. Letztlich will er die Sache selbst verwerten. Wegen des Dritteigentums kann er dies aber erst, wenn die aufschiebende Bedingung eintritt. Tritt die Bedingung aber ein, erlischt das Anwartschaftsrecht und damit das daran begründete Pfändungspfandrecht; die Sache ist auch kein Surrogat für das Anwartschaftsrecht des Schuldners; ein Pfändungspfandrecht an der Sache erlangt der Gläubiger also doch nur durch die Sachpfändung. Problematisch ist demnach, dass der Gläubiger eigentlich ein sonstiges Vermögensrecht pfänden will, das so begründete Pfändungspfandrecht sich aber an der Sache fortsetzen muss, damit der Gläubiger durch Verwertung der Sache Befriedigung erlangen kann. Der Weg hierzu ist streitig:

a) Theorie der Sachpfändung:[297]
   Das Anwartschaftsrecht auf Erwerb des Eigentums an einer beweglichen Sache sei wie die Sache selbst im Wege der Sachpfändung nach §§ 808 ff ZPO zu pfänden (Wegnahme durch den Gerichtsvollzieher).

> Kritik: Diese Theorie funktioniert nur, wenn dem Vorbehaltseigentümer kein Interventionsrecht zugebilligt wird, sondern er auf die Vorzugsklage nach § 805 ZPO verwiesen wird. Eine solche Behandlung des Vorbehaltseigentums ließe aber außer Betracht, dass auch das Vorbehaltseigentum rechtlich und wirtschaftlich vollwertiges Eigentum ist, das BGB nur einen einheitlichen Eigentumsbegriff kennt und das Vorbehaltseigentum daher wie jedes Eigentum ein Interventionsrecht begründet.

---

[296] Thomas/Putzo, § 859 Rn. 9
[297] Kupisch JZ 76, 419, 425, 427

b) Theorie der Rechtspfändung:[298]

Das Anwartschaftsrecht sei ein anderes Vermögensrecht im Sinne des § 857 ZPO, in das nach §§ 857 Abs. 1, 829 ff ZPO im Wege der Rechtspfändung vollstreckt werden könne (Pfändungsbeschluss des Vollstreckungsgerichts). Das Pfändungspfandrecht am Anwartschaftsrecht setze sich bei Bedingungseintritt rangwahrend an der Sache fort, § 1287 BGB analog.

> Kritik: Die Inbesitznahme der gepfändeten Sache oder zumindest die Kenntlichmachung der Pfändung nach § 808 ZPO ist nicht ohne Grund Wirksamkeitsvoraussetzung der Pfändung. Das Bestehen eines Pfändungspfandrechts an einer Sache soll für jedermann erkennbar sein. Diesem Publizitätsprinzip widerspricht es, wenn das Pfändungspfandrecht an der Sache mit Bedingungseintritt nach außen nicht erkennbar entsteht.

c) Theorie der Doppelpfändung:[299]

In das Anwartschaftsrecht als solches wird im Wege der Rechtspfändung nach §§ 857 Abs. 1, 829 ZPO vollstreckt. Jedoch ist § 1287 BGB auch nicht analog anzuwenden. Um nach Eintritt der aufschiebenden Bedingung die Sache selbst verwerten und den Erlös beanspruchen zu können, muss er neben dem Anwartschaftsrecht auch die Pfändung der Sache nach §§ 808 ff ZPO betreiben. Da die Sache noch schuldnerfremd ist, erlangt der Gläubiger zwar noch kein Pfändungspfandrecht an der Sache (gemischte privatrechtlich-öffentlich-rechtliche Pfändungspfandrechtstheorie). Mit Eintritt der Bedingung erwirbt der Schuldner jedoch das Eigentum und der Gläubiger folglich ab diesem Moment (Rang!) ein Pfändungspfandrecht an der Sache, während das Pfändungspfandrecht am Anwartschaftsrecht mit diesem erlischt. Bei dieser Konstruktion dient die Sachpfändung jedenfalls nicht unmittelbar der Sachverwertung, sondern lediglich der Sicherung (Verstrickung!) der späteren Verwertung, die erst nach Bedingungseintritt folgen soll; daher ist das Eigentum des Vorbehaltsverkäufers nicht beeinträchtigt und seiner ev. Drittwiderspruchsklage unbegründet.

Um den Fortgang der Vollstreckung nun nicht vom Willen des Schuldners und dessen Bereitschaft zur Herbeiführung der Bedingung abhängig zu machen, kann der Gläubiger

- aufgrund der Pfändung des Anwartschaftsrechts gemäß § 840 ZPO vom Vorbehaltsverkäufer (= Drittschuldner) Auskunft über die Höhe des noch ausstehenden Restkaufpreises verlangen,

- und nach Überweisung des Anwartschaftsrechts zur Einziehung (§§ 857 Abs. 1, 835 ZPO) den noch ausstehenden Restkaufpreis selbst nach § 267 Abs. 1 BGB zahlen, um so den Eintritt der aufschiebenden Bedingung herbeizuführen. Aufgrund der Pfändung und Überweisung des Anwartschaftsrechts steht nicht mehr dem Schuldner, sondern dem Gläubiger die Geltendmachung der Rechte hieraus zu, so dass der Schuldner im Verhältnis zum Gläubiger der Zahlung durch diesen

---

[298] Baur/Stürner, Rn. 32.17
[299] h. M.: BGH NJW 54, 1325; Brox/Walker, rn. 812; Zöller-Stöber, § 857 Rn. 6

nicht mehr widersprechen und der Drittschuldner die Zahlung nicht mehr nach § 267 Abs. 2 BGB zurückweisen darf. Weist der Drittschuldner die Zahlung dennoch zurück, gilt die Bedingung nach § 162 BGB als eingetreten.

Die Reihenfolge der Pfändungen zum einen in das Anwartschaftsrecht und zum anderen in die Sache ist unerheblich. Die Sachpfändung und der Zeitpunkt, zu dem das Pfändungspfandrecht an der Sache wirksam wird (gemischte privatrechtlich-öffentlich-rechtliche Theorie) bestimmen den Rang.

Wer der öffentlich-rechtlichen Pfändungspfandrechtstheorie folgt gelangt natürlich zu einem anderen Ergebnis: Dann kommt es für den Rang des Pfändungspfandrechts an der Sache allein auf den Zeitpunkt wirksamer Verstrickung der Sache an.

Kritik: Die Theorie der Doppelpfändung vermeidet durch die Kombination beider Vollstreckungsarten die Schwächen der isolierten Rechtspfändung und Sachpfändung. Dem Publizitätsprinzip ist Rechnung getragen; der Vorbehaltseigentümer wird wegen des nur sichernden Charakters der Sachpfändung, die ohne Bedingungseintritt nicht zur Sachverwertung führen darf, in seinem Eigentum nicht beeinträchtigt. Dass der Rang sich – jedenfalls bei Anwendung der gemischten privatrechtlich-öffentlich-rechtlichen Theorie – in der Regel praktisch nach dem Zeitpunkt des Bedingungseintritts bestimmt, erscheint zumutbar, da zuvor sich nur das eigenständige Anwartschaftsrecht im Schuldnervermögen befand und der Gläubiger im Wege der Zwangsvollstreckung nicht mehr erhalten kann, als der Schuldner hat.

9. Anwartschaftsrecht auf Erwerb von Grundeigentum

Eine solche Anwartschaft setzt voraus, dass der Auflassungsempfänger einen Antrag auf Umschreibung beim Grundbuchamt gestellt hat, der nicht durch Zurückweisung erledigt ist; ausreichend ist auch das Vorliegen einer Auflassungsvormerkung.

In diese Anwartschaft ist nach § 857 ZPO zu pfänden; da bis auf die Eintragung des Eigentumswechsels alle Erwerbsakte vorliegen und eine weitere Mitwirkung des Auflassenden daher nicht mehr erforderlich ist, ist dieser auch nicht Drittschuldner; die Pfändung wird somit nach § 857 Abs. 2 ZPO mit Zustellung des Pfändungsbeschlusses an den Schuldner (= Auflassungsempfänger) wirksam.

Mit Eintragung des Eigentumswechsels in das Grundbuch entsteht zugunsten des Gläubigers in entsprechender Anwendung der § 848 Abs. 2 i.V.m. § 857 Abs. 1 ZPO kraft Gesetzes eine Sicherungshypothek am Grundstück.

§ 6
Die Zwangsvollstreckung wegen einer Geldforderung in das unbewegliche Vermögen

I. Einführung

Die sogenannte Immobiliarvollstreckung ist gesondert im zweiten Titel des 8. Buchs der ZPO (§§ 864 bis 871 ZPO) geregelt.

1. Gegenstand der Immobiliarvollstreckung

Der Immobiliarvollstreckung unterliegen:

■ Grundstücke, § 864 Abs. 1 ZPO
Für den Umfang gilt § 905 BGB. Erfasst werden des weiteren alle Bestandteile des Grundstücks nach §§ 93, 94 und 96 BGB. Lediglich die Scheinbestandteile nach § 95 BGB unterliegen der Zwangsvollstreckung in das bewegliche Vermögen, sofern sie nicht Zubehör sind und daher gemäß § 865 ZPO Gegenstand der Immobiliarvollstreckung sind.

■ grundstücksgleiche Rechte, § 864 Abs. 1 ZPO
also Erbbaurecht, Wohnungseigentum etc.

■ Bruchteile von Grundstücken oder grundstücksgleichen Rechten, § 864 Abs. 2 ZPO
insbesondere das Miteigentum, Gesamthandeigentum

■ Gegenstände, auf die sich der Haftungsverband der Hypothek erstreckt, § 865 ZPO in Verbindung mit §§ 1120 ff BGB (siehe hierzu § 2 III. 1. Stichwort „Grundstückszubehör")

■ eingetragene Schiffe und Schiffsbauwerke, § 864 Abs. 1 ZPO
sowie Luftfahrzeuge, § 171a ZVG

2. Arten der Immobiliarvollstreckung

Nach **§ 866 Abs. 1 ZPO** sind drei Arten der Zwangsvollstreckung in das unbewegliche Vermögen zu unterscheiden, die gemäß § 866 Abs. 2 ZPO nach freier Wahl des Gläubigers auch nebeneinander Anwendung finden können:

■ Die **Zwangsversteigerung** ist die Verwertung des Grundstücks selbst zum Zweck der Befriedigung des Gläubigers.

■ Die **Zwangsverwaltung** ist die Verwaltung des Grundstücks durch einen Zwangsverwalter (Sequester) im Wege der Zwangsvollstreckung zu dem Zweck, aus den Nutzungen (laufenden Einnahmen) aus dem Grundstück einen Erlös zu erzielen und hieraus den Gläubiger zu befriedigen.

■ Die **Sicherungshypothek** ist eine im Wege der Zwangsvollstreckung eingetragene Hypothek nach § 1184 BGB. Ihre Anordnung ersetzt die Eintragungsbewilligung des Schuldners (Grundstückseigentümer), weshalb diese Vollstreckungsmaßnahme auch **Zwangshypothek** genannt wird. Die zwangsweise Eintragung einer Hypothek bringt noch keinen Erlös, aus dem der Gläubiger Befriedigung erlangen könnte. Hierzu bedarf es vielmehr der Zwangsversteigerung oder Zwangsverwaltung. Sinn der Sicherungshypothek ist es daher, den Gläubiger zu sichern, indem er später mit dem Rang der Hypothek vor zwischenzeitlich entstandenen Rechten anderer am Grundstück und vor zwischenzeitlich in das Grundstück vollstreckenden nicht gesicherten anderen Gläubigern die Zwangsversteigerung oder Zwangsverwaltung betreiben kann.

Die Zwangsversteigerung und die Zwangsverwaltung sind gesondert durch das ZVG geregelt, welches nach § 869 ZPO als Teil des 8. Buchs der ZPO gilt. Die Vorschriften der ZPO über die Zwangsvollstreckung sowie die Rechtsbehelfe sind daher auch auf diese Vollstreckungsarten anzuwenden.

Bei allen Vollstreckungsarten der Immobiliarvollstreckung sind auch die allgemeinen Voraussetzungen jeder Zwangsvollstreckung zu prüfen. Die besonderen Voraussetzungen sind den §§ 864 ff ZPO sowie ggfs. dem ZVG zu entnehmen.

II. Die Zwangshypothek

Die Eintragung einer Zwangshypothek in das Grundbuch ist Zwangsvollstreckungsmaßnahme, zugleich aber auch als Grundbucheintragung ein Akt der freiwilligen Gerichtsbarkeit.[300] Das Grundbuchamt hat daher sowohl die vollstreckungsrechtlichen Voraussetzungen als auch die Voraussetzungen nach der GBO zu prüfen.

1. Vollstreckungsrechtliche Voraussetzungen

a) allgemeine Voraussetzungen jeder Zwangsvollstreckung
insbesondere:

aa) Allgemeine Verfahrensvoraussetzungen

(1) **Antrag** des Gläubigers, § 867 ZPO mit folgenden hinreichend bestimmten Angaben:

- die Bezeichnung des Grundstücks, welches belastet werden soll

- die durch die Hypothek zu sichernde Forderung nach Personen, Schuldgrund und Schuldinhalt (Hauptforderung, Zinsen) sowie Kosten

- bei Antrag auf Eintragung einer Sicherungshypothek zugunsten eines Gläubigers für eine zu sichernde Forderung zu Lasten mehrerer Grundstücke des Schuldners: die Bestimmung der Teilbeträge aus der zu sichernden Forderung und der Verteilung der Teilbeträge auf die Grundstücke.

---

[300] vgl. Thomas/Putzo, § 867 Rn. 7

Fehlt eine **Verteilungsbestimmung** des Gläubigers, mangelt es an einem notwendigen Bestandteil des Antrages.

(2) Zuständigkeit

Zuständiges Vollstreckungsorgan ist sachlich, örtlich und funktionell das Grundbuchamt, in dessen Bezirk das zu belastende Grundstück liegt, § 1 GBO. Es entscheidet durch den Rechtspfleger, § 3 Nr. 1h RPflG.

(3) Rechtsschutzbedürfnis

Dieses fehlt, wenn die Forderung des Gläubigers bereits durch eine Hypothek an demselben Grundstück gesichert ist. Insoweit gilt auch für die Zwangshypothek das Verbot der Doppelsicherung derselben Forderung durch mehrere Hypotheken.[301] Dies gilt nicht ohne weiteres, wenn für dieselbe Forderung bereits eine Grundschuld an demselben Grundstück eingetragen ist[302].

Aus § 867 Abs. 2 ZPO ergibt sich, dass für dieselbe Forderung nicht an zwei Grundstücken des Schuldners jeweils eine Zwangshypothek betreffend die volle Forderung, sondern nur für nicht identische Teilbeträge eingetragen werden darf.

Der Eintragung der Zwangshypothek steht nicht entgegen, wenn zugunsten des Gläubigers für die Forderung an einem anderen Grundstück des Schuldners ein Grundpfandrecht besteht.

bb) Allgemeine Vollstreckungsvoraussetzungen

(1) Titel

Die Zwangshypothek ist systematisch eine Maßnahme zur Zwangsvollstreckung wegen einer Geldforderung. Also muss der Titel auf Geldzahlung lauten.

Eine Zwangshypothek darf nur für einen Betrag von mehr als **750 Euro** eingetragen werden, § 866 Abs. 3 ZPO. Dieser Mindestbetrag ist allein anhand der titulierten **Hauptforderung** zu berechnen; Zinsen bleiben unberücksichtigt, soweit sie als Nebenforderung geltend gemacht werden. § 866 Abs. 3 Satz 2 ZPO erlaubt es, dass mehrere titulierte Forderungen des Gläubigers zusammengerechnet werden dürfen. Da Abs. 3 Satz 1 2.Teilsatz nur die Zinsen aus der Berechnung ausnimmt, dürfen auch Kosten – aber nicht die der Eintragung – hinzugerechnet werden.[303] Zu beachten ist, dass der Mindestbetrag nach dem eindeutigen Gesetzeswortlaut überstiegen werden muss.

Das Erfordernis eines Mindestbetrages nach § 866 Abs. 3 ZPO gilt nicht

■ wenn eine Sicherungshypothek kraft Gesetzes entsteht, § 848 Abs. 2 ZPO oder

■ wenn eine Bauhandwerkersicherungshypothek nach § 648 BGB durch den Titel bewilligt wird (denn dann wird nicht wegen einer Geldforderung, sondern wegen

---

[301] OLG Köln WM 96, 151 m.w.N.
[302] hierzu im Einzelnen OLG Köln WM 96, 151f
[303] Thomas/Putzo, § 867 Rn. 5

eines titulierten Anspruchs auf Bestellung einer Sicherungshypothek – also auf Abgabe einer Willenserklärung – vollstreckt).

(2) Klausel

(3) Zustellung

cc) Besondere Vollstreckungsvoraussetzungen

Hier ergeben sich keine Besonderheiten.

dd) Fehlen von Vollstreckungshindernissen

Hier ist insbesondere das Vollstreckungsverbot nach § 89 InsO zu beachten.

b) Zugriffsvoraussetzungen der Zwangshypothek

Weitere vollstreckungsrechtliche Erfordernisse als die genannten allgemeinen Voraussetzungen mit den entsprechenden Modifikationen hat die Zwangshypothek nicht.

2. Voraussetzungen nach der GBO

Zu bedenken ist, dass die Voraussetzungen der Zwangsvollstreckung die im regulären Grundbuchverfahren erforderliche Eintragungsbewilligung des Grundstückseigentümers (§§ 19, 23 GBO) ersetzt. Zu prüfen verbleibt daher im wesentlichen:

a) Antrag nach §§ 13, 28 GBO
Als Verfahren der freiwilligen Gerichtsbarkeit unterliegt die Eintragung dem Antragsgrundsatz. Hieraus ergeben sich jedoch gegenüber § 867 Abs. 1 ZPO keine zusätzlichen Erfordernisse, weshalb beide Punkte auch gemeinsam dargestellt werden können.

Antragsberechtigt nach § 13 Abs. 2 GBO ist lediglich der Vollstreckungsgläubiger.

b) Voreintragung des Schuldners nach §§ 39, 40 GBO
Der Schuldner muss als Grundstückeigentümer im Grundbuch eingetragen oder Erbe des eingetragenen Grundstückeigentümers sein.

3. Behandlung des fehlerhaften Antrages

Liegen die vollstreckungsrechtlichen und grundbuchrechtlichen Voraussetzungen vor, muss das GBA die Zwangshypothek wie beantragt in das Grundbuch eintragen.

Stellt das GBA fest, dass Voraussetzungen fehlen, ist zu unterscheiden:

a) Fehlen **vollstreckungsrechtliche Voraussetzungen**, ist der Antrag zurückzuweisen.

b) Fehlen **Voraussetzungen nach der GBO**, ist das GBA nach § 18 GBO nicht auf die Zurückweisung des Antrages beschränkt, sondern kann den Gläubiger unter angemessener Fristsetzung zur Behebung des Mangels auffordern. Der Vorteil dieser sogenannten **Zwischenverfügung** liegt darin, dass für den Gläubiger der durch den

Zeitpunkt seines Antrages beim GBA bestimmte Rang gewahrt wird, § 18 Abs. 2 Satz 1 GBO: Gehen nach dem zunächst grundbuchrechtlich mangelhaften Antrag des Vollstreckungsgläubigers Eintragungsanträge anderer Gläubiger betreffend dasselbe Recht ein, geht der zeitlich früher gestellte Antrag auch dann im Rang den Späteren vor, wenn seine grundbuchrechtlichen Fehler erst nach Eingang der späteren Anträge behoben werden.

Behebt der Gläubiger nicht fristgerecht den Mangel, ist sein Eintragungsantrag zurückzuweisen, § 18 Abs. 1 Satz 2 GBO.

4. Rechtsfolgen der Eintragung

a) Trägt das GBA eine Zwangshypothek ein, obwohl die Voraussetzungen nicht vorliegen ist wiederum zu unterscheiden:

aa) Fehlen vollstreckungsrechtliche Voraussetzungen:
   Nur das Fehlen besonders gewichtiger Voraussetzungen (fehlender Titel, Nichterreichen des Mindestbetrages nach § 866 Abs. 3 ZPO) lässt die Hypothek nicht entstehen. Das Grundbuch ist unrichtig.[304]
   Andere Mängel sind heilbar, so dass die Hypothek rückwirkend auf den Zeitpunkt der Eintragung entsteht. Die Rückwirkung führt zur Wahrung des zum Zeitpunkt der Eintragung entstandenen Ranges.[305]
bb) Fehlen Voraussetzungen nach der GBO, berührt dies die Wirksamkeit der Zwangshypothek nicht.

b) Die Zwangshypothek ist **streng akzessorisch**, das heißt sie ist vom Bestehen der titulierten persönlichen Forderung, deren Sicherung sie dient, abhängig.

Besteht die titulierte Forderung zum Zeitpunkt der Eintragung nicht, erwirbt der Grundstückseigentümer mit Eintragung der Hypothek eine Eigentümergrundschuld, §§ 1163 Abs. 1 Satz 1, 1177 BGB.

Hat die Forderung bei Eintragung bestanden, ist aber hiernach erloschen, entsteht ebenfalls eine Eigentümergrundschuld, §§ 1163 Abs. 1 Satz 2, 1177 BGB.

c) Wird durch die Eintragung ein Grundstück belastet, für welches – fälschlich – der Schuldner zwar im Grundbuch als Eigentümer eingetragen ist, welches tatsächlich aber zum Zeitpunkt der Eintragung einem Dritten gehört, entsteht die Zwangshypothek nicht. Der Gläubiger kann die Zwangshypothek auch nicht gutgläubig erwerben, weil § 892 BGB einen rechtsgeschäftlichen Erwerb voraussetzt.[306]

d) Wenn   – die Zwangshypothek eingetragen wird,
          – keine unheilbaren vollstreckungsrechtlichen Mängel der Eintragung vorliegen,
          – die titulierte Forderung besteht
          – und das Grundstück im Zeitpunkt der Eintragung dem Schuldner gehört

---

[304] Thomas/Putzo, § 867 Rn. 10
[305] Thomas/Putzo, § 867 Rn. 10
[306] Thomas/Putzo, § 867 Rn. 10

entsteht eine Sicherungshypothek nach §§ 1184 ff BGB zugunsten des Gläubigers. Diese sichert ihn nur (Rangwahrung). Um rangentsprechend Befriedigung wegen seiner titulierten Forderung zu erlangen, muss der Gläubiger die Sicherungshypothek im Wege der Zwangsversteigerung oder –verwaltung in das Grundstück verwerten.

Die früher herrschende Auffassung, dass der Gläubiger hierzu in jedem Fall einen dinglichen Duldungstitel nach § 1147 BGB erwerben muss, ist durch § 867 Abs. 3 ZPO n.F. teilweise überholt: Zur Befriedigung aus dem Grundstück durch Zwangsversteigerung genügt der vollstreckbare Titel, aufgrund dessen der Gläubiger bereits die Eintragung der Zwangshypothek bewirkt hat und auf dem diese Eintragung vermerkt ist. Aus diesem Titel kann der Gläubiger aber nur dann unmittelbar die Zwangsvollstreckung betreiben, wenn der im Titel genannte Schuldner auch im Grundbuch als Grundstückseigentümer eingetragen oder Erbe des eingetragenen Grundstückeigentümers ist (§ 17 ZVG). Hat ein Dritter das Grundstück nach Eintragung der Zwangshypothek erworben, muss der Gläubiger sich gegen den neueingetragenen Eigentümer zunächst einen Duldungstitel nach § 1147 BGB verschaffen. Für die Zwangsverwaltung gilt § 867 Abs. 3 n.F. wegen seines eindeutigen Wortlautes nicht.

5. Rechtsbehelfe gegen die Eintragung

Die Eintragung der Zwangshypothek ist zugleich Vollstreckungsmaßnahme und Grundbuchgeschäft. Wegen der Zuordnung dieser Vollstreckungsmaßnahme zum Grundbuchverfahren sind die Rechtsbehelfe des 8. Buchs der ZPO unstatthaft, soweit sie darauf zielen, Verfahrensfehler geltend zu machen (§§ 766, 793 ZPO). Die Verfahrensrüge ist vielmehr mit der unbefristeten Beschwerde nach §§ 71 ff GBO zu verfolgen.[307] Daher gilt:

■ Gegen die Zurückweisung seines Eintragungsantrages kann der Gläubiger mit der unbefristeten Beschwerde nach § 71 Abs. 1 GBO, § 11 Abs. 1 RPflG vorgehen.

■ Gegen die Eintragung kann der Schuldner mit der Behauptung, Verfahrensvorschriften seien verletzt worden, ebenfalls mit der Beschwerde nach § 71 GBO, 11 Abs. 1 RPflG vorgehen. Auf seine – begründete – Beschwerde kann jedoch lediglich die Anweisung des Gerichts an das GBA erfolgen, nach § 53 GBO zu verfahren, also einen Amtswiderspruch einzutragen oder die Eintragung zu löschen. In der Zwischenzeit besteht die Möglichkeit eines gutgläubigen Erwerbes der Zwangshypothek durch einen Dritten.[308]

■ Gegen die Beschwerdeentscheidung des Landgerichts (§ 72 GBO) ist die weitere Beschwerde statthaft, § 78 GBO.

■ Über die grundbuchrechtlichen Rechtsbehelfe hinaus sind die auf dem materiellen Recht begründeten Rechtsbehelfe des 8. Buchs der ZPO (§§ 767, 771 ZPO)

---

[307] Lackmann, Rn. 474 m.w.N.
[308] vgl. Thomas/Putzo, § 867 a.F. Rn. 18

natürlich statthaft. Die Statthaftigkeit dieser Rechtsbehelfe setzt voraus, dass die Zwangsvollstreckung noch nicht beendet ist, was jedoch erst mit Befriedigung des Gläubigers der Fall ist; da die Eintragung der Zwangshypothek dem Gläubiger nur Sicherung, jedoch keine Befriedigung verschafft, ist zwar die Vollstreckungsmaßnahme, nicht jedoch das Vollstreckungsverfahren beendet.[309]

6. Schema „Die Rechtmäßigkeit der Zwangshypothek und ihre Rechtsfolgen"

I. Vollstreckungsrechtliche Voraussetzungen: allgemeine Voraussetzungen jeder Zwangsvollstreckung unter Berücksichtigung der Modifikationen nach §§ 866, 867 ZPO
1. **Allgemeine Verfahrensvoraussetzungen**
   a) **Antrag** des Gläubigers, § 867 ZPO → genaue Bezeichnung von
      – Grundstück, auf dem Zwangshypothek eingetragen werden soll, und Eigentümer
      – Titel und Betrag der Forderung, für die die Zwangshypothek eingetragen werden soll
      – ev. Verteilungsbestimmung nach § 867 Abs. 2 ZPO
   b) Zuständigkeit: Grundbuchamt (§ 1 GBO); funktionell: Rechtspfleger, § 3 Nr. 1 h RPflG
   c) Rechtsschutzbedürfnis → noch keine dingliche Sicherung des Gläubigers für die titulierte Forderung auf diesem Grundstück
2. **Allgemeine Vollstreckungsvoraussetzungen**
   a) Titel auf Geldzahlung (Mindestbetrag: Hauptforderung 750,01 €, § 866 Abs. 3 ZPO; ausreichend: Gesamtforderung mehrerer Titel gegen denselben Schuldner über 750,01 €)
   b) Klausel
   c) Zustellung
3. **Besondere Vollstreckungsvoraussetzungen**
4. **Fehlen von Vollstreckungshindernissen**

II. Voraussetzungen nach der GBO
Die Voraussetzungen der Zwangsvollstreckung ersetzen die nach §§ 19, 29 GBO erforderliche Eintragungsbewilligung; darüber hinaus müssen vorliegen:
1. Vollstreckungsantrag genügt den Erfordernissen eines Antrages nach § 13 GBO
2. Voreintragung des Schuldners nach §§ 39, 40 GBO

III. Rechtsfolgen der Eintragung
Entstehen der Sicherungshypothek im Sinne der §§ 1184 ff BGB, wenn die titulierte Forderung besteht und dem Gläubiger zusteht (strenge Akzessorietät); sonst Eigentümergrundschuld nach §§ 1163 Abs. 1, 1177 BGB
Für die rangwahrende Befriedigung aus dem Grundstück bedarf es
■ keines dinglichen Titels auf Duldung der Zwangsvollstreckung, wenn Eigentümer = Schuldner, § 867 Abs. 3 ZPO
■ eines dinglichen Titels auf Duldung der Zwangsvollstreckung (§ 1147 BGB), wenn Eigentümer und Schuldner nach Eintragung der Zwangshypothek auseinanderfallen

---

[309] vgl. Thomas/Putzo, § 867 a.F. Rn. 12

7. Klausurbeispiel „Zwangshypothek"

Die Zwangshypothek wird voraussichtlich eher selten Klausurthema sein, was jedoch den Referendar, der dieses Thema ausnahmsweise erwischt, nicht trösten wird. Denkbar sind Aufgabengestaltungen in Verbindung mit den zu Punkt 5. dargestellten Rechtsbehelfen. Naheliegend ist aber auch, dass der Referendar sich im Zusammenhang mit einer **Klage auf Duldung der Zwangsvollstreckung** oder -verwaltung aus der Zwangshypothek mit dieser Materie befassen muss:

> Beispielsfall:
>
> Der Kläger betreibt gegen den Schuldner die Zwangsvollstreckung aus einem Vollstreckungsbescheid, der am 05.09.1999 zugestellt wurde. Der Schuldner ließ die Einspruchsfrist verstreichen. Zu Gunsten des Gläubigers ist aufgrund dieses Vollstreckungsbescheides am 01.07. 1999 eine Zwangshypothek auf dem Grundstück des Schuldners in das Grundbuch eingetragen worden. Im Februar 2000 veräußerte der Schuldner das Grundstück an die Beklagte, die als Eigentümerin eingetragen wurde.
>
> Der Kläger nimmt die Beklagte im Klagewege auf Duldung der Zwangsvollstreckung aus der Zwangshypothek in Anspruch.
>
> Die Beklagte meint, dem Kläger fehle das Rechtsschutzbedürfnis für eine solche Duldungsklage, da er aus dem Vollstreckungsbescheid und der Zwangshypothek unmittelbar vorgehen könne. Des weiteren erklärt sie gegenüber dem Kläger im Prozess die Aufrechnung mit einer ihr vom Schuldner – insoweit unstreitig – abgetretenen Werklohnforderung, welche – ebenfalls unstreitig – seit dem 01.09.1999 fällig ist.

Darstellungshinweis: *Die nachfolgend dargestellte Konzeptlösung soll nur den Prüfungsgang und die anzusprechenden Punkte aufzeigen. Einzelheiten zu den Klagearten in der Zwangsvollstreckung sowie zur sogenannten Präklusion (§§ 767 Abs. 2, 796 Abs. 2 ZPO) werden im 2. Teil des Buches dargestellt.*

Zulässigkeit

Es handelt sich um eine allgemeine Leistungsklage. Besonderheiten ergeben sich für die Zulässigkeitsvoraussetzungen nicht. Insbesondere hat der Kläger auch ein Rechtsschutzbedürfnis, weil er aus dem Vollstreckungsbescheid nur dann nach § 867 Abs. 3 ZPO n.F. unmittelbar die Zwangsversteigerung betreiben kann, wenn der Schuldner eingetragener Grundstückseigentümer oder Erbe des eingetragenen Grundstückseigentümers ist, § 17 ZVG. Hier fallen jedoch der im Vollstreckungsbescheid bezeichnete Schuldner und der Grundstückseigentümer (= Beklagte) auseinander, so dass der Kläger weiterhin zur Vollstreckung im Wege der Zwangsversteigerung eines dinglichen Duldungstitels nach § 1147 BGB gegen die Beklagte bedarf.

Begründetheit

Die Klage ist aus § 1147 BGB begründet, wenn eine Zwangshypothek auf dem Grundstück der Beklagten zugunsten des Klägers wirksam eingetragen worden ist und die zu sichernde Forderung besteht (strenge Akzessorietät).

■ Wirksame Eintragung einer Zwangshypothek:
  ⇨ Vollstreckungsrechtliche Voraussetzungen = Allgemeine Voraussetzungen jeder Zwangsvollstreckung

Hier sind insbesondere zu nennen:
- Allgemeine Verfahrensvoraussetzungen
Ein **Antrag** des Klägers auf Eintragung (§ 867 Abs. 1 ZPO) liegt vor.
Zuständig ist der Rechtspfleger des GBA der belegenen Sache.
- Allgemeine Vollstreckungsvoraussetzungen
Der Vollstreckungsbescheid ist ein **Titel** nach § 794 Abs. 1 Nr. 4 ZPO. Hinsichtlich seiner Bestimmtheit ergeben sich keine Bedenken. Der Titel ist auf Geldzahlung gerichtet (Zwangsvollstreckung wegen einer Geldforderung). Eine **Klausel** ist hier gemäß § 796 Abs. 1 ZPO entbehrlich, weil die – hier zu prüfende – Eintragung der Zwangshypothek gegen den zum Eintragungszeitpunkt noch als Grundstückseigentümer eingetragenen (und im Vollstreckungsbescheid bezeichneten) Schuldner erfolgte.
Die **Zustellung** des Vollstreckungsbescheides ist am 05.09.1999 bewirkt worden.
- Besondere Vollstreckungsvoraussetzungen sowie
- Vollstreckungshindernisse sind hier nicht problematisch.

⇨Voraussetzungen nach der GBO
Ein **Antrag** des Gläubigers (= Kläger) nach § 13 GBO liegt vor und entspricht den Anforderungen des § 28 GBO.
Der im Vollstreckungsbescheid bezeichnete Schuldner war im Eintragungszeitpunkt auch als Grundstückseigentümer voreingetragen (**Voreintragung,** § 39 GBO).
Weitere grundbuchrechtliche Anforderungen sind nicht ersichtlich. Insbesondere ersetzen die vollstreckungsrechtlichen Voraussetzungen die Eintragungsbewilligung des voreingetragenen Schuldners.

■ Bestehen der Kaufpreisforderung (Akzessorietät)
Der Kaufpreisanspruch ist unstreitig entstanden, könnte aber durch Aufrechnung nach § 389 BGB erloschen sein. Vorab ist jedoch noch fraglich, ob die Beklagte mit dem Aufrechnungseinwand nicht nach § 796 Abs. 2 ZPO **präkludiert** ist.

Der Schuldner hätte sich gegen die Zwangsvollstreckung aus dem Vollstreckungsbescheid unter Berufung auf den Aufrechnungseinwand (= materieller Einwand gegen die titulierte Forderung) nur mittels der Vollstreckungsgegenklage nach § 767 ZPO unter Beachtung der Beschränkung des § 796 Abs. 2 ZPO wehren können. Dieser Beschränkung unterliegt er daher auch bei der gegen ihn gerichteten Klage auf Duldung der Zwangsvollstreckung aus der aufgrund dieses Vollstreckungsbescheides eingetragenen Zwangshypothek.[310]

§ 796 Abs. 2 ZPO ist dahin zu verstehen, dass nur solche Einwendungen erhoben werden dürfen, die nach Ablauf der Einspruchsfrist entstanden sind und daher nicht innerhalb der Einspruchsfrist geltend gemacht werden konnten.[311] Die zweiwöchige Einspruchsfrist nach §§ 700 Abs. 1, 339 ZPO begann mit Zustel-

---

[310] vgl. Thomas/Putzo, § 796 Rn. 2
[311] Thomas/Putzo, § 796 Rn. 2

lung des Vollstreckungsbescheides am 05.09.1999; der Werklohnanspruch ist seit dem 01.09.1999 fällig; mithin bestand die Aufrechnungslage bereits vor Beginn der Einspruchsfrist. Für Gestaltungsrechte ist allerdings streitig, ob für die Präklusion der Zeitpunkt, zu dem die Aufrechnungslage besteht und die Aufrechnung objektiv erklärt werden kann, oder der Zeitpunkt der tatsächlichen Aufrechnungserklärung entscheidend ist. Während ersteres den größtmöglichen Schutz der Rechtskraft und der Vollstreckbarkeit des Vollstreckungsbescheides sowie der Rechtsklarheit gewährleistet, trägt zweites dem Umstand Rechnung, dass die Rechtsänderung (Erlöschen der gegenseitigen Forderungen bei der Aufrechnung) nicht mit dem Bestehen der Aufrechnungslage, sondern erst mit der Erklärung entsteht. Um einer Aushöhlung der Rechtskraft des Titels zu begegnen, wird man erster Auffassung den Vorzug geben. Der Schuldner wäre also mit dem Aufrechnungseinwand präkludiert.

Die Präklusion muss sich auch derjenige, der das vollstreckungsbefangene Grundstück vom Schuldner erwirbt, entgegenhalten lassen[312]:
Mit Eintragung der Zwangshypothek ist die Zwangsvollstreckung noch nicht beendet, weil sie als einzelne Vollstreckungsmaßnahme noch nicht zur Befriedigung des Gläubigers geführt hat. Wegen der Eintragung der Zwangshypothek kann ein Erwerber dem Grundbuch also entnehmen, dass das Grundstück über die Zwangshypothek einer späteren Zwangsversteigerung zugeführt werden soll. Hierauf konnte er sich einrichten und wusste, dass er ein entsprechend belastetes Grundstück erwarb. Es ist daher nicht einzusehen, warum er besser stehen soll als der Schuldner.

<u>Entscheidung</u>: Die Klage ist begründet.

III. Die Zwangsversteigerung

Die Zwangsversteigerung ist im ZVG (dort insbesondere die §§ 15–145) geregelt. Auch diese Vollstreckungsart erfolgt nach dem Muster Beschlagnahme des Vollstreckungsgegenstandes – hier **Anordnung** der Zwangsversteigerung durch Versteigerungsbeschluss – und Verwertung des Vollstreckungsgegenstandes – hier die **Versteigerung** – in zwei auf einander folgenden Schritten. Hieran schließt sich gegebenenfalls ein Teilungsverfahren der Gläubiger an.

1. Die Anordnung der Zwangsversteigerung

a) Allgemeine Voraussetzungen jeder Zwangsvollstreckung
Die Anordnung der Zwangsversteigerung setzt zunächst die allgemeinen Voraussetzungen jeder Zwangsvollstreckung voraus:

---

[312] BGH NJW 88, 828,829; Thomas/Putzo, § 867 Rn. 11

aa) Allgemeine Verfahrensvoraussetzungen

(1) Der **Antrag** des Gläubigers muss

■ das Grundstück (oder grundstücksgleiche Recht oder Bruchteil am Grundstück),

■ den Grundstückseigentümer,

■ den zu vollstreckenden Anspruch

■ und den Titel

genau bezeichnen, **§ 16 ZVG.**

(2) **Zuständigkeit**

Sachlich und örtlich zuständig ist das Amtsgericht als Vollstreckungsgericht, in dessen Bezirk das zu versteigernde Grundstück liegt, § 1 ZVG. Funktionell handelt der Rechtspfleger, § 3 Nr. 1 i RPflG.

(3) **Rechtsschutzbedürfnis**

Der Gläubiger darf grundsätzlich auch wegen einer Bagatelleforderung die Zwangsversteigerung in ein Grundstück betreiben[313].

bb) Allgemeine Vollstreckungsvoraussetzungen

(1) **Titel**, der auf Geldzahlung gerichtet ist

Da das ZVG über § 869 ZPO als Teil des zweiten Titels des zweiten Abschnitts des 8. Buchs der ZPO anzusehen ist, handelt es sich bei der Zwangsversteigerung um die Zwangsvollstreckung wegen einer Geldforderung in das unbewegliche Vermögen.

(2) Klausel

(3) Zustellung

cc) Besondere Vollstreckungsvoraussetzungen

dd) Keine Vollstreckungshindernisse

b) Besondere Zugriffsvoraussetzung der Zwangsversteigerung: Eintragung des Schuldners

Nach § 17 ZVG muss der im Titel (oder Klausel nach § 727 ZPO) bezeichnete Schuldner als Grundstückseigentümer im Grundbuch eingetragen sein oder – was der Gläubiger nachweisen muss – Erbe des eingetragenen Grundstückseigentümers sein.

c) Versteigerungsbeschluss

Liegen die Voraussetzungen zu a) und b) vor, ordnet der Rechtspfleger nach §§ 15, 22 Abs. 1 ZVG durch Versteigerungsbeschluss die Zwangsversteigerung in das Grundstück an. Der Versteigerungsbeschluss ist dem Schuldner zuzustellen, § 22 Abs. 1 ZVG. Zugleich ersucht das Vollstreckungsgericht das Grundbuchamt um die Eintragung eines Versteigerungsvermerks, § 19 ZVG.

---

[313] Brox/Walker Rn. 854 m. w. N.

Die **Anordnung wird wirksam** mit dem Zeitpunkt der Zustellung des Versteigerungsbeschlusses beim Schuldner oder des Eingangs des Ersuchens um Eintragung des Versteigerungsvermerks beim Grundbuchamt, sofern auf das Ersuchen die Eintragung demnächst erfolgt, § 22 Abs. 1 ZVG. Maßgeblich ist im Einzelfall der frühere dieser beiden in Betracht kommenden Zeitpunkte.

Nach Anordnung der Zwangsversteigerung können weitere Gläubiger dem Verfahren nach § 27 ZVG beitreten. Für jeden beitretenden Gläubiger müssen die Voraussetzungen der Zwangsversteigerung (siehe zuvor a) und b)) vorliegen.

d) Rechtsfolgen der Anordnung

aa) Beschlagnahme des Grundstücks

Die wirksame Anordnung der Zwangsversteigerung gilt zugunsten des – beantragenden sowie beitretenden – Gläubigers als **Beschlagnahme** (= Verstrickung) **in das Grundstück**, § 20 Abs. 1 ZVG.

(1) Die Beschlagnahme hat nach § 23 Abs. 1 ZVG die Wirkung eines **relativen Veräußerungsverbots nach §§ 135, 136 BGB.** Verfügungen des Schuldners über das Grundstück (insbesondere Belastungen am Grundstück) oder über die von der Beschlagnahme umfassten Gegenstände sind demzufolge nur dem Gläubiger gegenüber unwirksam. Der Gläubiger kann jedoch verbotswidrige Verfügungen des Schuldners nach § 185 BGB genehmigen.

Das Veräußerungsverbot oder auch der Zwangsversteigerungsvermerk im Grundbuch führen nicht dazu, dass der Schuldner das Grundstück nicht an einen Dritten veräußern darf; vielmehr bewirkt es nur, dass durch den Eigentumswechsel das Zwangsversteigerungsverfahren nicht ohne weiteres unterbrochen wird. Hierbei ist jedoch danach zu unterscheiden, wann die Eigentumsumschreibung (Auflassung und Eintragung) und das Wirksamwerden der Beschlagnahme (Zustellung Versteigerungsbeschluss oder Eingang des Eintragungsersuchens beim Grundbuchamt und demnächst folgende Eintragung) zeitlich aufeinander folgen:

- **Eigentumsumschreibung nach Beginn des Zwangsversteigerungsverfahrens aber vor Wirksamwerden der Beschlagnahme**
  Hier hat der Dritte nach §§ 873, 925 BGB wirksam das Eigentum erworben, bevor die Beschlagnahme (= die Belastung des Grundstücks) wirksam wurde. Dementsprechend fehlt die Vollstreckungsvoraussetzung nach § 17 ZVG. Nach § 28 ZVG hat das Vollstreckungsgericht das Vollstreckungsverfahren daher aufzuheben.

- **Eigentumsumschreibung nach Eintragung des Zwangsversteigerungsvermerks**
  Der Erwerber hat das Grundstück sozusagen belastet mit dem Zwangsversteigerungsverfahren erworben. Hier wirkt sich das relative Veräußerungsverbot aus. Die Beschlagnahme ist wirksam und das Zwangsversteigerungsverfahren wird fortgeführt.

Hierbei kommt es allein auf den Inhalt des Grundbuchs und nicht darauf an, ob Schuldner und Erwerber die zur Rechtsänderung erforderlichen Erklärungen wirksam abgegeben haben und der Eintragungsantrag beim Grundbuchamt eingegangen ist, bevor der Zwangsversteigerungsvermerk eingetragen worden ist. § 878 BGB findet insoweit keine Berücksichtigung.

Tipp: *Es ist immer zu fragen und nur dasjenige maßgeblich, was das Vollstreckungsgericht aus dem Grundbuch ersehen kann. Das Vollstreckungsorgan prüft nicht die materielle Rechtslage.*

Im fortzuführenden Versteigerungsverfahren bleibt natürlich der bisherige Schuldner Vollstreckungsschuldner. Um wenigstens im Rahmen der Erlösverteilung das, was aus der Zwangsversteigerung seines Grundstückes übrig bleibt, zu erlangen, muss der Erwerber sein Recht an dem Grundstück nach § 9 Nr. 2, 37 Nr. 5 ZVG bei dem Vollstreckungsgericht anmelden. Ansonsten würde das Vollstreckungsgericht nach Versteigerung den Erlösüberschuss an den Schuldner auskehren müssen.

Der Erwerber kann sein Eigentum aber auch im Wege der Drittwiderspruchsklage nach § 771 ZPO mit dem Ziel geltend machen, die Beschlagnahme zu beseitigen. Denn er ist gegenüber dem Gläubiger materiell-rechtlich nicht ohne weiteres zur Duldung der Zwangsvollstreckung in sein Grundstück verpflichtet.

■ **Eigentumswechsel zwischen Wirksamwerden der Beschlagnahme und Eintragung des Zwangsversteigerungsvermerks**
Wird die Zwangsvollstreckung aus einem **persönlichen Titel** des Gläubigers gegen den Schuldner betrieben (z. B.: wegen eines Zahlungsanspruchs aus Kaufvertrag/ Mietvertrag/ Darlehen etc.), ist § 28 ZVG maßgeblich: Das noch vor Eintragung des Zwangsversteigerungsvermerks eingetragene Eigentum des Erwerbers ist ein aus dem Grundbuch ersichtliches Recht, aufgrund dessen die Vollstreckungsvoraussetzung nach § 17 ZVG fehlt; zwar ist die Beschlagnahme vor dem Eigentumswechsel eingetragen worden; das Vollstreckungsgericht kann insoweit aber nicht die – abstrakte – Möglichkeit ausschließen, dass der Erwerber nach § 135 Abs. 2 BGB, § 23 Abs. 2 ZVG gutgläubig beschlagnahmefrei das Grundstück erworben hat; da das Vollstreckungsgericht als Vollstreckungsorgan die materielle Rechtslage nicht prüft, genügt die abstrakte Möglichkeit eines solchen gutgläubigen beschlagnahmefreien Erwerbes; das Vollstreckungsgericht verfährt folglich nach § 28 ZVG (dessen Selbststudium an dieser Stelle dringend empfohlen wird).
Wird die Zwangsvollstreckung aus einem dinglichen Titel des Gläubigers gegen den Schuldner betrieben (wegen eines Zahlungsanspruchs aus der Hypothek, Grundschuld etc.), ist § 26 ZVG maßgeblich: Die nach wirksamer Beschlagnahme erfolgte Eintragung des Eigentumswechsels ist für den Fortgang des Zwangsversteigerungsverfahrens unbeachtlich. Grund: Der Erwerber hatte schließlich die Möglichkeit, das Grundbuch vor Erwerb des Grundstücks einzusehen, dort eingetragen Rechte wie das dingliche Recht des Gläubigers und damit das Risiko zu erkennen, ein mit der Gefahr der Zwangsversteigerung belas-

tetes Grundstück zu erwerben. Auf dieses Risiko konnte er sich einstellen. Es bedarf keiner Titelumschreibung (also: ausreichend ist weiterhin die einfache Klausel nach § 725 ZPO!) oder eines Duldungstitels gegen ihn. Da seine Eintragung jedoch vor der Eintragung des Zwangsversteigerungsvermerks erfolgte, ist der Erwerber notwendiger Beteiligter nach § 9 Nr. 1 ZVG.

■ **Eigentumswechsel nach Wirksamwerden der Beschlagnahme und Eintragung des Zwangsversteigerungsvermerks**
Hier wirkt sich natürlich das relative Veräußerungsverbot aus: Das Versteigerungsverfahren geht weiter.

(2) Die Beschlagnahme umfasst

■ das Grundstück, § 20 Abs. 1 ZVG

■ bewegliche Gegenstände, auf die sich der Haftungsverband der Hypothek erstreckt, § 20 Abs. 2 ZVG, §§ 1120 ff BGB

■ land- und forstwirtschaftliche Erzeugnisse nur, solange sie mit dem Boden verbunden sind oder als Zubehör des Grundstücks gelten, § 21 Abs. 1 ZVG.

Ausgenommen sind

■ vom Boden getrennte land- und forstwirtschaftliche Erzeugnisse

■ Miet- und Pachtforderungen, § 21 Abs. 2 ZVG.

bb) Befriedigungsrecht des Gläubigers

Die wirksame Anordnung führt nicht zu einem Pfändungspfandrecht, sondern zu einem **Befriedigungsrecht des Gläubigers gegenüber dem Schuldner und rangniedrigeren Beteiligten** (= das Recht, sich wegen seiner Forderung aus dem Grundstück und mithaftenden Gegenständen zu befriedigen).

Der Unterschied liegt darin, dass das Pfändungspfandrecht gegenüber Dritten wirkt, das Befriedigungsrecht nicht.

e) Aufhebung und einstweilige Einstellung des Zwangsversteigerungsverfahrens

Die Anordnung der Zwangsversteigerung führt nur zur Versteigerung, wenn das Verfahren nicht durch Beschluss (§ 32 ZVG) des Vollstreckungsgerichts aufgehoben oder einstweilen eingestellt wird.

aa) **Aufhebung** bedeutet die endgültige Beendigung des Versteigerungsverfahrens: die Beschlagnahme endet mit Zustellung des Aufhebungsbeschlusses (beachte Zustellungsempfänger nach § 32 ZVG); der Versteigerungsvermerk im Grundbuch wird auf Ersuchen des Vollstreckungsgerichts durch das Grundbuchamt gelöscht, § 34 ZVG.

Das Zwangsversteigerungsverfahren muss aufgehoben werden, wenn

(1) nicht behebbare grundbuchmäßige Rechte der Zwangsversteigerung oder Fortsetzung des Verfahrens entgegenstehen, § 28 ZVG, oder

(2) alle vollstreckenden Gläubiger den Versteigerungsantrag zurücknehmen, § 29 ZVG, oder

(3) das Insolvenzverfahren gegen den Schuldner/Grundstückseigentümer eröffnet wurde, bevor die Beschlagnahme des Grundstücks wirksam geworden ist (weil insoweit in Gestalt des § 89 InsO ein Vollstreckungshindernis besteht).

bb) **Einstweilige Einstellung** führt unter Aufrechterhaltung der bis zur Einstellung eingetretenen Rechtsfolgen lediglich dazu, dass das Versteigerungsverfahren vorübergehend nicht weiter betrieben werden kann: die Beschlagnahme bleibt wirksam, der Versteigerungsvermerk im Grundbuch bleibt bestehen, bislang begründete Rechtspositionen Verfahrensbeteiligter bleiben erhalten. Das Verfahren kann **nur auf Antrag des Gläubigers** und unter der Voraussetzung fortgesetzt werden, dass der Grund der Einstellung entfallen ist, § 31 Abs. 1 ZVG. Beantragt der Gläubiger nicht binnen sechs Monaten nach Fortfall des Hindernisses die Fortsetzung, ist das Verfahren von Amts wegen aufzuheben, § 31 Abs. 1 Satz 2, Abs. 2 ZVG.

Das Zwangsversteigerungsverfahren muss einstweilen eingestellt werden, insbesondere wenn

(1) behebbare grundbuchmäßige Rechte der Zwangsversteigerung oder Fortsetzung des Verfahrens entgegenstehen, § 28 ZVG
Dem Gläubiger ist eine Frist zur Behebung des Hindernisses zu setzen; wird das Hindernis behoben, wird das Versteigerungsverfahren fortgesetzt; weist der Gläubiger binnen der Frist die Behebung des Mangels nicht nach, ist das Verfahren aufzuheben.

(2) alle betreibenden Gläubiger die Einstellung bewilligen, § 30 ZVG

(3) das Vollstreckungsgericht auf Antrag des Schuldners die einstweilige Einstellung nach §§ 30 a bis c ZVG oder § 765a ZPO anordnet

(4) der Schuldner im Versteigerungstermin den zur vollständigen Befriedigung des betreibenden Gläubigers und Deckung der Kosten erforderlichen Betrag an das Gericht zahlt, §§ 75 bis 77 ZVG

2. Die Versteigerung

a) Ordnungsgemäße Vorbereitung des Versteigerungstermins

Das Vollstreckungsgericht (§ 35 ZVG) und dort funktionell der Rechtspfleger bestimmt nach Beschlagnahme und nach Eingang der Mitteilungen des Grundbuchamtes den Versteigerungstermin, § 36 Abs. 1 ZVG. Zwischen der Anberaumung des Termins und dem Termin sollen nicht mehr als sechs Monate liegen, § 36 Abs. 2 Satz 1 ZVG. Die Terminsbestimmung muss nach § 37 ZVG notwendig beinhalten:

- die Bezeichnung des zu versteigernden Grundstücks

- Zeit und Ort des Versteigerungstermins

- die Angabe, dass die Versteigerung im Wege der Zwangsvollstreckung erfolgt

■ die Aufforderung zur Anmeldung nicht eingetragener Rechte

  Nur rechtzeitig angemeldete und, wenn der Gläubiger ihnen widerspricht, glaubhaft gemachte Rechte werden bei der Feststellung des geringsten Gebots berücksichtigt. Sonst erlöschen die Rechte (§§ 52, 91 ZVG).

■ die Aufforderung an denjenigen, der Inhaber eines der Versteigerung entgegenstehenden Rechtes ist, vor Zuschlag die Einstellung oder Aufhebung des Verfahrens herbeizuführen

  Durch den Zuschlag erwirbt der Ersteher das Grundstück lastenfrei (§§ 90, 91 ZVG); die
  der Versteigerung entgegenstehenden Rechte können – soweit sie nicht nach den Versteigerungsbedingungen bestehen bleiben – nicht mehr gegen den neuen Grundstückseigentümer geltend gemacht werden, sondern setzen sich lediglich im Wege der Surrogation am
  Versteigerungserlös fort.

Die Terminsbestimmung ist bekannt zumachen und den Beteiligten (§ 9 ZVG!) zuzustellen, §§ 39 bis 41 ZVG.

b) Im Versteigerungstermin

aa) Die fünf Arten der Gebote

Von wesentlicher Bedeutung für die Versteigerung und den Verlauf des Versteigerungstermins sind fünf unterschiedliche Gebote, die der Rechtspfleger berechnen
muss.

(1) Das **geringste Gebot** umfasst den Wert aller dem bestrangig betreibenden Gläubiger nach Rangordnung vorgehenden Rechte sowie der Kosten des Zwangsversteigerungsverfahrens, § 44 Abs. 1 ZVG. Unter diesem im Versteigerungstermin nach
§ 66 ZVG formell festzustellenden geringsten Gebot darf kein Zuschlag erfolgen
oder – positiv formuliert – der Ersteher muss mindestens ein Gebot in Höhe des geringsten Gebotes abgeben, um den Zuschlag zu erhalten.

Dieser Zulassungsschranke für Gebote (vgl. Wortlaut § 44 Abs. 1 ZVG) liegt das
sog. **Deckungsprinzip** zugrunde: Die Zwangsversteigerung eines nachrangigen
Gläubigers darf die Rechte ihm im Rang vorgehender Gläubiger nicht beeinträch-
tigen, so dass die Versteigerung nur zu einem Mindestwert erfolgen darf, der diese
vorgehenden Rechte und die Kosten der Zwangsversteigerung abdeckt. Zu beachten ist, dass – konsequent nach dem Deckungsprinzip – die eigene Forderung des
betreibenden Gläubigers bei der Berechnung des geringsten Gebotes nicht zu berücksichtigen ist.

Dies wird am besten durch ein kurzes <u>Beispiel</u> veranschaulicht:

> Der Vollstreckungsgläubiger A betreibt wegen eines Kaufpreisanspruchs gegen den
> Landwirt S die Zwangsversteigerung in dessen Hofgrundstück. Das Grundstück ist mit
> einer Grundschuld zugunsten der D-Bank in Höhe von 55.000,00 € sowie mit einer
> Hypothek zugunsten des X in Höhe von 25.000,00 € belastet. Im landwirtschaftlichen
> Betrieb des S ist die Magd Y beschäftigt, die noch Anspruch auf rückständigen Lohn aus
> den letzten drei Monaten in Höhe von insgesamt 5000,00 € hat. Diesen Lohnanspruch hat
> sie beim Vollstreckungsgericht angemeldet. Die Verfahrenskosten betragen 2000,00 €.

Das geringste Gebot umfasst die Verfahrenskosten und alle dem betreibenden Gläubiger A im Rang vorgehende Rechte.

Die Rangfolge ergibt sich bei der Versteigerung von Grundstücken in erster Linie aus der Regelung des § 10 ZVG. Wegen der einzelnen Ranggruppen des § 10 ZVG wird auf das Lesen der Norm verwiesen. Hervorzuheben sind – in Hinsicht auf das Beispiel – in der gesetzlichen Rangfolge:

- bei einem landwirtschaftlichen oder forstwirtschaftlichen Grundstück bestimmte Lohnansprüche der zur Bewirtschaftung des Grundstücks in einem Arbeits- oder Dienstverhältnis stehenden Personen, § 10 Ziff. 2 ZVG
- Ansprüche auf Entrichtung bestimmter öffentlicher Lasten, § 10 Ziff. 3 ZVG
- Ansprüche aus dinglichen Rechten, § 10 Ziff. 4 ZVG; innerhalb dieser Ranggruppe bestimmt sich die Rangfolge nach dem materiellen Recht (§ 11 Abs. 1 ZVG, §§ 879 – 881, 883 BGB)
- persönliche Ansprüche, § 10 Ziff. 5 ZVG; innerhalb dieser Ranggruppe gilt das Prioritätsprinzip

Die Ansprüche der Ranggruppen § 10 Ziff. 1 bis 3 ZVG sind nicht aus dem Grundbuch ersichtlich und können daher nur dann bei der Versteigerung und der Berechnung des geringsten Gebotes berücksichtigt werden, wenn der Rechtsinhaber diese beim Vollstreckungsgericht angemeldet hat (§§ 37 Nr. 4, 45 Abs. 1, 52, 91 ZVG).

Der die Zwangsversteigerung betreibende Gläubiger A, der einen persönlichen Kaufpreisanspruch vollstreckt, ist der Ranggruppe aus § 10 Ziff. 5 ZVG zuzuordnen. Ihm gehen daher vor und zwar in der richtigen Reihenfolge

die angemeldeten Lohnansprüche der Magd Y nach § 10 Ziff. 2 ZVG	5000,00 €,
die Grundschuld der D-Bank als dinglicher Anspruch nach § 10 Ziff. 4 ZVG	55.000,00 €
und der dingliche Anspruch des X aus der Hypothek nach § 10 Ziff. 4 ZVG	25.000,00 €.
Die Verfahrenskosten sind nach § 109 ZVG sogar als erstes dem Versteigerungserlös vorab zu entnehmen:	2000,00 €.
Das geringste Gebot nach §§ 44 Abs. 1, 45 ZVG beträgt also	77.000,00 €.

Unter diesem Betrag darf der Rechtspfleger im Versteigerungstermin kein Gebot eines Bieters zulassen.

Die in das geringste Gebot fallenden Rechte bleiben im Fall der Versteigerung bestehen, § 52 Abs. 1 Satz 1 ZVG. Nach § 53 ZVG übernimmt dabei der Ersteher kraft Gesetzes die durch bestehen bleibende Hypothek, Grundschuld und Rentenschuld gesicherte persönliche Forderung (gesetzliche Schuldübernahme; der bisherige Schuldner wird jedoch nur bei Genehmigung durch den Gläubiger nach § 416 BGB befreit[314]).

Dieses **Prinzip der Übernahme der im Rang vorgehenden Rechte** führt dazu, dass der Ersteher die bestehen bleibenden Rechte nicht bar begleichen muss, soweit diese aus dem Grundbuch ersichtlich sind. Die Inhaber des vorrangigen Rechts werden insoweit schon dadurch geschützt, dass ihr Recht bestehen bleibt und vom Ersteher übernommen wird. Soweit das vorrangige Recht nicht in das Grundbuch

---

[314] BGH MDR 1996, 1178

eingetragen ist, was bei den Ranggruppen nach § 10 Ziff. 1 bis 3 ZVG der Fall ist, ist ihr Wert vom Ersteher bar zu entrichten, § 49 Abs. 1 ZVG.

(2) Das **Mindestgebot** bezeichnet den Bruchteil des festgesetzten Grundstückverkehrswertes, unter dem im ersten Versteigerungstermin kein Zuschlag erteilt werden darf. Hierdurch soll eine Verschleuderung des Grundstücks vermieden werden. Zu unterscheiden sind zwei Mindestgebote:

■ Das **absolute Mindestgebot** entspricht der Hälfte des Grundstücksverkehrswertes. Liegt das höchste abgegebene Gebot bei der Versteigerung unter der Hälfte des Grundstückverkehrswertes, ist **von Amts wegen** der Zuschlag zu verweigern, § 85 a ZVG.

■ Nur auf Antrag führt das **relative Mindestgebot** zur Versagung des Zuschlags. Bleibt das höchste abgegebene Gebot unter 7/10 des Grundstückwertes, kann ein Berechtigter im Sinne des § 10 ZVG, dessen Anspruch ganz oder teilweise durch das höchste abgegebene Gebot nicht gedeckt ist, die Versagung des Zuschlags beantragen, § 74a ZVG.

Die Beschränkung auf das absolute oder relative Mindestgebot gilt nur im ersten Versteigerungstermin, § 74a Abs. 4 ZVG. Wird der Zuschlag mit Rücksicht auf die Vorschriften der §§ 74a, 85a ZVG im ersten Versteigerungstermin versagt, so bestimmt das Vollstreckungsgericht von Amts wegen einen neuen Versteigerungstermin, §§ 74a Abs. 3, 85a Abs. 2 ZVG. In dem weiteren Termin erfolgt der Zuschlag ohne Rücksicht auf den Verkehrswert des Grundstücks.

Unter den Voraussetzungen der §§ 74b, 85a Abs. 3 ZVG finden die Vorschriften über das Mindestgebot dann keine Anwendung, wenn ein dinglicher Gläubiger das höchste Gebot abgegeben hat; hier muss der Schuldner in § 765a ZPO Schutz vor einer Verschleuderung des Grundstücks suchen.[315]

(3) Das **Mehrgebot** ist der Betrag, um den das abgegebene Gebot das geringste Gebot übersteigt.

(4) Das **Meistgebot** ist das höchste im Versteigerungstermin abgegebene Gebot. Es setzt sich zusammen aus dem geringsten Gebot und dem Mehrgebot. Auf das Meistgebot ist der Zuschlag zu erteilen.

(5) Das **Bargebot** ist der vom Ersteher im Verteilungstermin bar zu entrichtende Betrag, § 49 ZVG. Es berechnet sich wie folgt:

Vom **Meistgebot abzuziehen** ist zunächst der Wert aus dem **geringsten Gebot,** der den bestehen bleibenden und aus dem Grundbuch ersichtlichen Rechten vorrangiger Berechtigter entspricht. Nach dem Übernahmeprinzip werden sie vom Meistgebot umfasst, ihr Wert muss aber nicht bar vom Ersteher im Verteilungstermin entrichtet werden.

Es bleibt der bar zu zahlende Betrag der nicht aus dem Grundbuch ersichtlichen Rechte vorrangiger Berechtigter der Rangklassen aus § 10 Ziff. 1 bis 3 ZVG und

---

[315] Lackmann, Rn. 450

Ansprüche nach § 12 Ziff. 1, 2 ZVG (§ 49 Abs. 1 ZVG) sowie die Verfahrenskosten (§ 109 ZVG) und das Mehrgebot.

bb) Der Terminsverlauf

Der Versteigerungstermin beginnt nach Aufruf der Sache mit der Bekanntmachung nach § 66 ZVG, insbesondere

- welches Grundstück versteigert wird (Inhalt des Grundbuchs etc.),
- wer die betreibenden Gläubiger sind und aufgrund welcher Ansprüche die Zwangsversteigerung betrieben wird,
- des geringsten Gebotes und der Versteigerungsbedingungen sowie
- des vom Vollstreckungsgericht festgesetzten Grundstückswertes (wesentlich für das Mindestgebot!).

Es folgt die sog. „Bieterstunde": Das Vollstreckungsgericht, durch den Rechtspfleger handelnd, fordert zur Abgabe von Geboten auf, § 66 Abs. 2 ZVG. Jedermann kann nun – verbindliche und unwiderrufbare – Gebote gegenüber dem Vollstreckungsgericht abgeben. Eine Anfechtung des Gebots ist nur unter den Voraussetzungen der §§ 119, 123 BGB möglich. Grundsätzlich ist jedes Gebot zuzulassen (Ausnahme: § 70 Abs. 2 Satz 3, 71 ZVG). Ein Gebot erlischt, wenn es widerspruchslos zurückgewiesen wird, ein höheres Gebot zugelassen, das Versteigerungsverfahren einstweilen eingestellt oder der Versteigerungstermin aufgehoben wird, § 72 ZVG. Die Entscheidung des Vollstreckungsgerichts über die Zulassung oder Zurückweisung eines Gebots ist mit dem Widerspruch nach § 87 ZVG anfechtbar.

Nach der sog. Bieterstunde werden die anwesenden Verfahrensbeteiligten im Sinne des 9 ZVG über den Zuschlag gehört, § 74 ZVG.

c) Der Zuschlag und seine Rechtsfolgen

Nach erfolgter Anhörung entscheidet das Vollstreckungsgericht durch Beschluss (§ 82 ZVG) über den Zuschlag: Der Rechtspfleger prüft nochmals, ob Verfahrensmängel oder sonstige Versagungsgründe vorliegen. Ist dies nicht der Fall, muss er den Zuschlag dem Meistbietenden erteilen, § 81 ZVG.

Der Zuschlagbeschluss muss das Grundstück, den Ersteher, dessen Meistgebot und die Versteigerungsbedingungen bezeichnen, § 82 ZVG. Er wird mit seiner Verkündung wirksam, § 89 ZVG. Nicht im Versteigerungs- oder Verkündungstermin anwesenden Beteiligten ist er zuzustellen.

Durch den Zuschlag erwirbt der Ersteher **unmittelbar** – also außerhalb des Grundbuchs – Eigentum am Grundstück, § 90 ZVG. Da ihm das Eigentum **kraft Hoheitsakt** zugewiesen wird, erwirbt er es originär und unabhängig von seiner Gut- oder Bösgläubigkeit darin, ob das versteigerte Grundstück dem Vollstreckungsschuldner gehörte.[316]

Nach § 90 Abs. 2 ZVG umfasst der Zuschlag alle Gegenstände, auf die sich die Versteigerung erstreckt. Worauf sich die Versteigerung erstreckt, besagt § 55 ZVG:

- Die Gegenstände, die noch wirksam beschlagnahmt sind (Abs. 1)

Die Beschlagnahme erstreckt sich auf schuldnereigene Zubehörstücke, § 20 Abs. 2, §§ 1120, 1121 f BGB, soweit diese Gegenstände nicht nach § 23 Abs. 1

---

[316] RGZ 72, 269, 271

Satz 2 ZVG beschlagnahmefrei geworden sind; dies ist der Fall, wenn der Schuldner über sie in den Grenzen einer ordnungsgemäßen Wirtschaft verfügt.

Die **Normenkette für den Erwerb von Eigentum an schuldnereigenen Zubehörstücken durch den Ersteher** ist also: **§§ 90 Abs. 2, 55 Abs. 1, 20 Abs. 2 ZVG i.V.m. §§ 1121 f., 97 BGB, 23 Abs. 1 Satz 2 ZVG.**

■ Schuldnerfremde Zubehörstücke, die sich im Besitz des Schuldners oder des nach Beschlagnahme eingetretenen Grundstückeigentümers befinden, soweit der Eigentümer sein Recht nicht nach § 37 Nr. 5 ZVG geltend gemacht hat (Abs. 2).

Die **Normenkette für den Erwerb von Eigentum an schuldnerfremden Zubehörstücken durch den Ersteher** ist also: **§§ 90 Abs. 2, 55 Abs. 2, 37 Nr. 5 ZVG, § 97 BGB.**

Mit Zuschlag erlöschen alle nach den Versteigerungsbedingungen nicht bestehen bleibenden Rechte (= die Rechte, die nicht in das geringste Gebot aufgenommen wurden), § 91 Abs. 1 ZVG. Die so erloschenen Rechte setzen sich am Erlös fort, § 92 ZVG (Surrogationsprinzip).

Beispielsweise erlischt eine gegenüber dem betreibenden Gläubiger nachrangige Eigentümergrundschuld. Die Surrogation ist nun dahin zu verstehen, dass anstelle der erloschenen Eigentümergrundschuld deren vorheriger Inhaber nun ein Recht auf Befriedigung aus dem Versteigerungserlös mit dem Rang der vorherigen Eigentümergrundschuld hat. Dieser Anspruch ist gegen den Ersteher gerichtet, der das Bargebot im Verteilungstermin zahlen muss.

Der Zuschlagbeschluss ist für den Ersteher ein Titel gegen den Besitzer des Grundstücks auf Räumung und Herausgabe des Grundstücks und Herausgabe von Gegenständen, auf die sich der Zuschlag erstreckt, § 93 ZVG.

Gegen den Zuschlagbeschluss oder die Versagung des Zuschlages ist die sofortige Beschwerde zulässig, § 96 ZVG, § 793 ZPO. Die §§ 97 bis 104 ZVG enthalten Sondervorschriften für das Beschwerdeverfahren.

3. Das Verteilungsverfahren

Nach Erteilung des Zuschlages ist der Versteigerungserlös zu verteilen. Hierzu bestimmt das Vollstreckungsgericht einen Termin, § 105 ZVG. In diesem Verteilungstermin stellt das Vollstreckungsgericht die Teilungsmasse (§ 107 ZVG) sowie nach Anhörung der anwesenden Beteiligten den Teilungsplan (§ 113 Abs. 1 ZVG) fest; der Teilungsplan hat die bestehen bleibenden Rechte (§ 113 Abs. 2 ZVG, = Rechte, die in das geringste Gebot aufgenommen waren) sowie aus dem Grundbuch ersichtliche oder spätestens im Versteigerungstermin angemeldete Ansprüche der Beteiligten gegen den Schuldner, soweit diese eine Befriedigung aus dem Grundstück gewähren, (§ 114 ZVG) zu berücksichtigen.

Aufgrund materiell-rechtlicher Einwendungen (z.B.: der in den Teilungsplan aufgenommene Gläubiger A behauptet, gegenüber dem vorrangig berücksichtigten Gläubiger B ein rangbesseres Recht zu haben, so dass der Teilungsplan unrichtig sei) kann ein Beteiligter Widerspruch nach § 115 ZVG erheben; die Vorschriften der ZPO zum Widerspruch und zur eventuellen Widerspruchsklage (§§ 876- 882 ZPO) finden entsprechend Anwendung, § 115 Abs. 1 Satz 2 ZVG.

Der Einwand der verfahrensfehlerhaften Feststellung des Teilungsplans ist im Wege der sofortigen Beschwerde nach § 793 ZPO zu verfolgen.

Grundsätzlich hat der Ersteher im Verteilungstermin das Bargebot zu leisten, §§ 49 Abs. 1, 107 Abs. 2 ZVG.

Soweit dies geschehen ist, führt das Vollstreckungsgericht den Teilungsplan aus, § 117 ZVG.

Soweit das Bargebot nicht berichtigt ist, überträgt das Vollstreckungsgericht die Forderung gegen den Ersteher entsprechend dem Teilungsplan auf die Berechtigten (§ 118 Abs. 1 ZVG), die mit Übertragung als aus dem Grundstück befriedigt gelten (§ 118 Abs. 2 ZVG; zu beachten ist die Ausnahmeregelung nach § 118 Abs. 2 Satz 2 ZVG). Die übertragene Forderung wird auf Antrag des Berechtigten durch Eintragung einer Sicherungshypothek gesichert, § 128 ZVG. Für die Zwangsvollstreckung des Berechtigten gegen den Ersteher aus der übertragenen Forderung ist der Zuschlagbeschluss Vollstreckungstitel, § 132 ZVG.

Ist der Zuschlagbeschluss rechtskräftig und der Teilungsplan ausgeführt, wird schließlich auf Ersuchen des Vollstreckungsgerichts das Grundbuch dahin berichtigt, dass der Ersteher Grundstückseigentümer ist und die nach den Versteigerungsbedingungen nicht bestehen bleibenden Rechte gelöscht werden. Das Ersuchen ersetzt alle für die Grundbucheintragung erforderlichen Rechtsvoraussetzungen, insbesondere die Eintragungsbewilligung des Schuldners.

4. Die besonderen Fälle der Zwangsversteigerung

Das ZVG regelt in den §§ 172 ff ZVG besondere Fälle der Zwangsversteigerung und Zwangsverwaltung. Bei diesen Fällen handelt es sich nicht um eine Zwangsvollstreckung. Die Vorschriften des ZVG finden Anwendung, weil der Gesetzgeber für die Abwicklung dieser besonderen Fälle die Vorschriften zur Zwangsversteigerung/Zwangsverwaltung als sachgerecht anwendbar erachtet hat. Insbesondere bedarf es keines Titels und keiner Klausel. Dementsprechend heißen die Beteiligten insbesondere nicht Gläubiger und Schuldner sondern Antragsteller und Antragsgegner. Zu erwähnen (und allenfalls für ein Selbststudium an das Herz zu legen) ist insbesondere die Teilungsversteigerung nach §§ 180 ff ZVG, die der Auseinandersetzung einer Bruchteils- oder Gesamthandsgemeinschaft an einem Grundstück dient (typische Beispiele: Eheleute als Eigentümer eines gemeinschaftlichen Grundstücks nach Ehescheidung; Auflösung der Erbengemeinschaft an einem Grundstück).

Die Verfahrensvoraussetzungen sind für das jeweilige Verfahren den besonderen Vorschriften des ZVG zu entnehmen. Dies soll am Beispiel der Teilungsversteigerung verdeutlicht werden:

- § 180 Abs. 1 ZVG fordert zunächst einen Antrag (Antragsverfahren).
- Örtlich und sachlich zuständig für jede Versteigerung ist nach § 1 ZVG das Vollstreckungsgericht. Insoweit gilt auch § 802 ZPO.
- Nach § 180 Abs. 1 ZPO muss der Antrag dem Zweck der Aufhebung einer Gemeinschaft dienen. Zu prüfen sind also:
  - Bruchteils- oder Gesamthandsgemeinschaft an einem Grundstück und
  - der Antragsteller ist Teilhaber der Gemeinschaft oder zur Ausübung der Teilhaberrechte befugt
- Die Aufhebung der Gemeinschaft darf nicht nach materiellem Recht unzulässig/ausgeschlossen sein. Zu beachten ist insbesondere:
  - Der Teilhaber darf jederzeit die Auflösung verlangen dürfen (§ 749 Abs. 1, 753 BGB) oder die sonstigen – z. B. vereinbarten – Voraussetzungen hierfür liegen vor.
  - Ob die Teilung in Natur möglich ist (dies würde nach § 752 BGB zur Unzulässigkeit der Teilungsversteigerung führen), ist vom Antragsgegner im Wege der Drittwiderspruchsklage geltend zu machen.
- Auf eine dem Gesetz jedenfalls nicht sofort zu entnehmende Voraussetzung ist hinzuweisen: Nach h. M. bedarf die Anordnung der Teilungsversteigerung eines Grundstücks der Ehegatten unter den Voraussetzungen des § 1365 Abs. 1 BGB der Einwilligung des anderen Ehegatten oder deren Ersetzung durch eine Entscheidung des Vormundschaftsgerichts.
- Versteigerungsrechtliche oder aus dem Grundbuch ersichtliche Vollstreckungshindernisse sind nach § 28 ZVG zu berücksichtigen. Denn § 180 Abs. 1 ZVG verweist auf die allgemeinen Vorschriften des ZVG.

Die allgemeinen Zwangsvollstreckungsvoraussetzungen (Titel, Klausel, Zustellung) sind nicht erforderlich, § 181 ZVG.

Gegen die Anordnung der Teilungsversteigerung (durch Beschluss des Vollstreckungsgerichts) gelten die Rechtsbehelfe des 8. Buchs der ZPO.

Die Durchführung der Teilungsversteigerung ist in den §§ 181 – 185 ZVG geregelt, wobei § 180 Abs. 1 ZVG im übrigen auf sie ersten beiden Abschnitte des ZVG verweist.

5. Schema „Die Rechtmäßigkeit der Zwangsversteigerung und ihre Rechtsfolgen"

> **I. Die Voraussetzungen für die Anordnung der Zwangsversteigerung**
>   **1. Allgemeine Voraussetzungen jeder Zwangsvollstreckung**
>   a) **Vollstreckungsantrag** des Gläubigers, § 16 ZVG
>   → muss hinreichend bestimmt bezeichnen:
>   ■ das Grundstück (oder grundstücksgleiche Recht oder Bruchteil am Grundstück),
>   ■ den Grundstückseigentümer,
>   ■ den zu vollstreckenden Anspruch und den Titel
>   b) **Zuständigkeit**: Vollstreckungsgericht, in dessen Bezirk das zu versteigernde Grundstück liegt,§§ 1, 15 ZVG, § 764 ZPO; funktionell: Rechtspfleger, § 3 Nr. 1i RPflG
>   c) **Rechtsschutzbedürfnis**

2. Besondere Zugriffsvoraussetzung der Zwangsversteigerung: Schuldner ist
- eingetragener Grundstückseigentümer
- oder Erbe (vom Gläubiger nachzuweisen) des eingetragenen Grundstückseigentümers (§ 17 ZVG).

→ Bei Vorliegen der Voraussetzungen zu I.:
  ■ Anordnung der Zwangsversteigerung durch Beschluss (§§ 15, 22 Abs. 1 ZVG)
  ■ Wirksamkeit der Anordnung mit
    - Zustellung des Versteigerungsbeschlusses an Schuldner
    - oder Eingang des Eintragungsersuchens beim GBA und demnächst Eintragung des Versteigerungsvermerks
    (maßgeblich: der frühere von beiden Zeitpunkten)

II. Rechtsfolgen der Anordnung:
  1. Beschlagnahme des Grundstücks
  → relatives Veräußerungsverbot, § 23 Abs. 1 Satz 1 ZVG, §§ 135, 136 BGB
    - umfasst das Grundstück und den Haftungsverband der Hypothek nach §§ 1120 ff. BGB (Ausnahme: § 21 ZVG)
    - gutgläubiger Erwerb nach Maßgabe des § 135 Abs. 2 BGB (maßgeblich für Bösgläubigkeit nach § 23 Abs. 2 ZVG: Kenntnis vom Versteigerungsantrag) möglich
    - Fortgang des Versteigerungsverfahrens auch nach Veräußerung des Grundstücks durch Schuldner, wenn das Eigentum erst nach Eintragung des Zwangsversteigerungsvermerks umgeschrieben wird (Erwerber erwirbt im Grundbuch erkennbares belastetes Grundstück); sonst §§ 26, 28 ZVG
  2. Befriedigungsrecht des Gläubigers gegenüber Schuldner und rangniedrigeren Beteiligten

III. Weitere Voraussetzungen für den Zuschlag
  1. keine Aufhebung oder Einstellung des Verfahrens (§§ 28, 29, 30, 30 a ZVG, §§ 775, 776 ZPO)
  2. Berücksichtigung des geringsten Gebotes (=Wert aller dem bestrangig betreibenden Gläubiger nach Rangordnung vorgehenden Rechte sowie der Kosten des Zwangsversteigerungsverfahrens, § 44 Abs. 1 ZVG) → kein Zuschlag unter dem geringsten Gebot
  Für die Reihenfolge der Gläubiger sind die Rangklassen nach § 10 ZVG maßgeblich.
  3. Berücksichtigung des Mindestgebotes
  → Versagung des Zuschlages im ersten Versteigerungstermin (!) bei Nichterreichen des
    - relativen Mindestgebots (= 7/10 des Verkehrswertes des Grundstücks) und Versagungsantrag eines Berechtigten im Sinne des § 10 ZVG, § 74 a ZVG;
    - absoluten Mindestgebots (= ½ des Verkehrswertes des Grundstücks), § 85 a Abs. 1 ZVG.
  → Keine Bindung im weiteren Versteigerungstermin
  4. kein Versagungsgrund nach §§ 83, 85 ZVG
  → Bei Vorliegen der Voraussetzungen zu II.: Zuschlag auf das Meistgebot (= das im Versteigerungstermin abgegebene höchste Gebot), §§ 81, 90 ZVG durch Beschluss, der mit Verkündung wirksam wird, §§ 87, 89 ZVG

Rechtsfolgen des Zuschlages:
1. Ersteher erwirbt originär durch Hoheitsakt (➜ unabhängig von Gut- oder Bösgläubigkeit) Eigentum
   a) am Grundstück (§ 90 Abs. 1 ZVG),
   b) an beweglichen Gegenständen, auf die sich die Versteigerung erstreckt (§ 90 Abs. 2 ZVG):
   ■ schuldnereigene Zubehörstücke soweit wirksam beschlagnahmt und zum Zeitpunkt des Versteigerungstermins nicht nach § 23 ZVG enthaftet (**Normenkette: §§ 90 Abs. 2, 55 Abs. 1, 20 Abs. 2 ZVG i.V.m. §§ 1120 ff., 97 BGB, 23 Abs. 1 Satz 2 ZVG**)
   ■ schuldnerfremde Zubehörstücke soweit
   – zu Beginn der Versteigerung im Besitz des Schuldners oder eines neu eingetretenen Eigentümers
   – und der Berechtigte hat ihre Freigabe nicht rechtzeitig beantragt (**Normenkette: §§ 90 Abs. 2, 55 Abs. 2, 37 Nr. 5 ZVG, § 97 BGB**)
2. Zuschlagbeschluss = Vollstreckungstitel nach § 93 ZVG auf Herausgabe Grundstück (und Zubehör)
3. Erlöschen aller Rechte am Grundstück soweit sie nach den Versteigerungsbedingungen nicht bestehen bleiben (§ 91 Abs. 1 ZVG)
   ■ Bestehen bleiben grundsätzlich die in das geringste Gebot fallende Rechte (Übernahmeprinzip).
   ■ Soweit Rechte am Grundstück erlöschen, setzen sie sich am Versteigerungserlös mit gleichem Rang fort, § 92 ZVG (Surrogationsprinzip).

6. Die Zwangsversteigerung in der Examensklausur

Die Zwangsversteigerung (und dementsprechend die Zwangsverwaltung) kann im Zusammenhang mit den typischen vollstreckungsrechtlichen Rechtsbehelfen Klausurgegenstand sein.

Darüber können zwangsversteigerungsrechtliche Kenntnisse im Rahmen „normaler" Leistungsklagen abgefragt werden.

Beispiel:
Die Parteien streiten um Schadensersatz- und Bereicherungsansprüche.

Der Gläubiger A des Beklagten hat gegen diesen die Zwangsversteigerung eines Grundstücks betrieben, welches nicht dem Beklagten, sondern dem namensgleichen Kläger gehörte. Dem Gläubiger und dem Vollstreckungsgericht ist die Verwechslung nicht aufgefallen. Der Kläger war mehrere Jahre im Ausland und hat daher von dem Versteigerungsverfahren nichts erfahren. Das Grundstück wurde an den X versteigert. Der Versteigerungserlös in Höhe von 20.000 € wurde nach Abzug der Versteigerungskosten von 1000 € an den Gläubiger A bis zur Höhe dessen Forderung auf Zahlung von 18.000 € ausgekehrt und im übrigen dem Beklagten übergeben.

Der Kläger behauptet, der Beklagte habe die Namensverwechslung vor Erteilung des Zuschlages erkannt, die Zwangsversteigerung aber wider besseren Wissens geschehen lassen.

a) Schadensersatzanspruch aus § 823 Abs. 1 BGB

Ein **Verletzungserfolg** liegt hier darin, dass der Kläger sein Eigentum am Grundstück durch den Zuschlag an den Ersteher X verloren hat. Denn durch den Zuschlag hat der X kraft Hoheitsakt originär und unabhängig von seiner Gut- oder Bösgläubigkeit in das Eigentum des Schuldners das Alleineigentum am Grundstück erworben, § 90 ZVG. Dem steht nicht entgegen, dass eine besondere Voraussetzung der Zwangsvollstreckung fehlt:

Nach § 17 ZVG muss der Schuldner als Eigentümer des Grundstücks in das Grundbuch eingetragen sein oder Erbe des eingetragenen Grundstückeigentümers sein. Hier ist aber nicht der Schuldner, sondern der namensgleiche Kläger eingetragener Eigentümer. Der Verfahrensmangel führt jedoch nicht zur Nichtigkeit des Zuschlages und seiner Wirkung.

Problematisch ist die Frage nach einer **Verletzungshandlung** des Beklagten. Der Beklagte hat die Zwangsversteigerung des konkreten Grundstückes weder beantragt noch auf das Zwangsversteigerungsverfahren aktiv Einfluss genommen; er hat es allenfalls geschehen lassen, dass in einem gegen ihn gerichtetes Zwangsvollstreckungsverfahren das Grundstück eines Unbeteiligten infolge eines Versehens verwertet wurde. Seine Verantwortlichkeit für den Verletzungserfolg kann also allenfalls aus einem zurechenbaren Unterlassen hergeleitet werden.

Fraglich ist also, ob

- der Vollstreckungsschuldner gegenüber am Vollstreckungsverfahren nicht beteiligten Dritten die Pflicht hat, den Dritten vor ihm aus der Zwangsvollstreckung drohenden Schäden zu schützen und daher den vollstreckenden Gläubiger sowie das Vollstreckungsorgan darauf hinzuweisen, dass der Vollstreckungsgegenstand nicht ihm, sondern dem Dritten gehört (Rechtspflicht zum Handeln),

- und bei Vornahme der gebotenen Handlung der Schaden verhindert worden wäre (Kausalität).

Eine Rechtspflicht zum Handeln kann sich ergeben aus:

- Gesetz
  Eine solche gesetzliche Handlungspflicht ist den zwangsvollstreckungsrechtlichen Vorschriften nicht zu entnehmen.

- Vertrag
  Eine vertragliche Sonderrechtsbeziehung zwischen den Parteien, kraft derer der Schuldner dem Dritten zur Schadensabwendung verpflichtet wäre, ist hier nicht ersichtlich.

- Ingerenz (vorangegangenes gefährdendes Tun)
  Der Beklagte hat hier den Irrtum auch nicht mittelbar veranlasst. Jedoch hat er die Zwangsversteigerung mittelbar veranlasst, indem er auf die titulierte Forderung nicht geleistet hat. In der Nichterfüllung liegt aber keine vorhersehbare, spezifische Gefahr für das Eigentum Dritter. Daher kann das pflichtwidrige Unterlassen hier auch nicht über Ingerenz hergeleitet werden.

- Aufnahme von Vertragsverhandlungen
  Hierfür ergeben sich keine Anhaltspunkte.

- Besondere Fürsorgepflichten
bestehen zwischen den Parteien nicht.

§ 823 Abs. 1 BGB scheidet somit als Anspruchsgrundlage aus. Dies gilt mangels pflichtwidrigem Unterlassen auch für § 823 Abs. 2 BGB i.V.m. §§ 263, 13 StGB.

b) Schadensersatzanspruch aus § 826 BGB

Ein solcher Anspruch ist grundsätzlich denkbar. Voraussetzung ist jedoch ein vorsätzliches Handeln. Vorsatz hat der Kläger hier nicht substantiiert vorgetragen.

c) Herausgabeanspruch nach § 812 Abs. 1 BGB

Dieser Anspruch setzt voraus:

- **etwas erlangt**
Sicher ist, dass der Beklagte den Überschuss aus der Versteigerung, also 1000 € erlangt hat.

Problematisch erscheint, ob er darüber hinaus in Höhe des Betrages von 18.000 € im Verhältnis zum Gläubiger die Befreiung von einer Verbindlichkeit erlangt hat. Dies ist jedoch nicht der Fall. Der Gläubiger A hat an dem schuldnerfremden Grundstück nach der öffentlich-rechtlichen sowie der gemischten privatrechtlich-öffentlich-rechtlichen Pfändungspfandrechtstheorie kein Befriedigungsrecht / Pfändungspfandrecht erworben, so dass die Auskehr des Versteigerungserlöses nicht zu seiner Befriedigung führte und seine Forderung daher noch besteht.

- **durch Leistung** (§ 812 Abs. 1 Satz 1 1. Alt. BGB)
Die Auskehr des Erlösüberschusses durch das Vollstreckungsorgan an den Schuldner ist keine rechtsgeschäftliche Verfügung (= Leistung), sondern staatlicher Hoheitsakt. Es fehlt auch eine gesetzliche Anordnung, kraft derer das Handeln des Vollstreckungsgerichts den rechtsgeschäftlichen Verfügungen gleichgestellt ist.[317] Die Leistungskondiktion scheidet daher aus.

- oder auf **sonstige Weise** und **auf Kosten des Klägers** (§ 812 Abs. 1 Satz 1 2. Alt. BGB)

Da die Auskehr des Übererlöses keine Leistung ist, hat der Beklagte den Überschuss auf sonstige Weise erlangt.

- Eine gerne übersehene, aber äußerst wichtige Anspruchsvoraussetzung der Eingriffskondiktion ist, dass der Bereicherte etwas auf **Kosten des Anspruchstellers** erlangt haben muss. Dies ist hier der Fall, wenn der Erlösüberschuss nicht dem Beklagten, sondern dem Kläger gebührt hätte.

Das Eigentum am Grundstück ist dem Kläger rechtswirksam entzogen worden: der Ersteher hat das Grundstückseigentum durch den Zuschlag originär und ohne Rücksicht auf seine Gut- oder Bösgläubigkeit erlangt; das Recht des Klägers,

---

[317] Eine solche Anordnung findet sich beispielsweise in §§ 135 Abs. 1 Satz 2, 161, 184 BGB.

also sein Eigentum hat sich im Wege der dinglichen Surrogation am Erlös fortgesetzt (§ 92 ZVG); durch die dieselbe Handlung (Einheitlichkeit des Bereicherungsvorgangs) des Vollstreckungsgerichts, nämlich die Auszahlung des Erlöses an den Beklagten hat der Beklagte anstatt des berechtigten Klägers die Verfügungsgewalt über diesen Betrag erlangt.

■ **ohne Rechtsgrund**
Für diese Vermögensverschiebung besteht zwischen Kläger und Beklagtem kein Rechtsgrund. Der Zuschlag ist lediglich Rechtsgrund für den Erwerb des Erstehers.

Der Anspruch ist also in Höhe von 1000 € aus § 812 Abs. 1 Satz1 2. Alt. BGB begründet.

d) Ein Anspruch aus § 816 BGB scheitert bereits daran, dass die Auskehr des Überschusses keine Verfügung, sondern staatlicher Hoheitsakt ist und eine gesetzliche Gleichstellung von Verfügung und Handlungen in der Zwangsvollstreckung nicht besteht.

e) Weitere Ansprüche des Klägers gegen andere Verfahrensbeteiligte

aa) Der Kläger kann den Versteigerungserlös vom Vollstreckungsgläubiger nach Bereicherungsrecht herausverlangen:

Im Wege der dinglichen Surrogation gebührte der Erlös dem Kläger, da dessen Eigentum sich nach wirksamer Versteigerung des Grundstücks am Versteigerungserlös fortsetzte (dingliche Surrogation). Durch dieselbe Handlung des Vollstreckungsgerichts, nämlich die Auszahlung des Erlöses an den Gläubiger (hier hoheitliche Eigentumszuweisung!) erlangte dieser das Eigentum am ausgezahlten Erlös, während der Kläger seines verlor (Bereicherung in sonstiger Weise auf Kosten des Klägers). Für diese Vermögensverschiebung besteht im Verhältnis Gläubiger/Kläger kein Rechtsgrund. Der Zuschlag ist lediglich Rechtsgrund für den Eigentumserwerb des Erstehers.[318]

Da die Versteigerungskosten jedoch vor Auszahlung abgezogen wurden, besteht der Bereicherungsanspruch aus § 812 Abs. 1 Satz1 2. Alt. BGB nicht in Höhe der restlichen 19.000 €, sondern lediglich in Höhe der erlangten 18.000 €.

bb) Gegen den Ersteher besteht kein Anspruch auf Herausgabe des Grundstücks: der Ersteher hat kraft staatlichen Hoheitsaktes (Rechtsgrund!) originär wirksames Eigentum erlangt.

Lesenswert zur Problematik der Ausgleichsansprüche bei unberechtigten Eingriffen in das Vermögen Dritter im Wege der Zwangsvollstreckung ist Palandt, § 812 Rn. 37.

---

[318] Siehe auch Brox/Walker, Rn. 470

IV. Die Zwangsverwaltung

Zweck der Zwangsverwaltung ist es, den oder die betreibenden Gläubiger nicht durch Verwertung der Grundstücks an sich, sondern aus den laufenden Einnahmen des Grundstücks zu befriedigen, indem das Grundstück durch einen Zwangsverwalter anstelle des Schuldners verwaltet wird und die Nutzungen unter den betreibenden Gläubigern verteilt werden.

Die Zwangsverwaltung erfolgt wie jede Vollstreckungsmaßnahme in zwei Schritten, nämlich Beschlagnahme (durch Anordnung der Zwangsveraltung) und Verwertung (Verwaltung durch einen Zwangsverwalter und Verteilung der Nutzungen).

1. Die Anordnung der Zwangsverwaltung

Nach § 146 Abs. 1 ZVG finden auf die Anordnung der Zwangsverwaltung die Vorschriften über die Anordnung der Zwangsversteigerung entsprechende Anwendung, soweit sich nicht aus den §§ 147 bis 151 ZVG ein anderes ergibt.

a) Allgemeine Voraussetzungen jeder Zwangsvollstreckung

aa) Allgemeine Verfahrensvoraussetzungen

insbesondere

- **Antrag des Gläubigers**
  (genaue Bezeichnung des Grundstücks, des Grundstückseigentümers, des zu vollstreckenden Anspruchs und des Titels, § 16 ZVG)
- **Zuständigkeit**
  (Rechtspfleger des Amtsgerichts – als Vollstreckungsgericht – der belegenen Sache, § 1 ZVG, § 764 ZPO, § 3 Nr. 1 i RPflG)
- **Rechtsschutzbedürfnis**

bb) Allgemeine Vollstreckungsvoraussetzungen

- auf Geldzahlung gerichteter Titel
- Klausel
- Zustellung

cc) Besondere Vollstreckungsvoraussetzungen

dd) Keine Vollstreckungshindernisse

b) Besondere Voraussetzungen der Zwangsversteigerung

Es ist zu unterscheiden:

Vollstreckt der Gläubiger aus einem im Grundbuch eingetragenen Anspruch (z.B. Hypothek, Grundschuld) ist es nicht erforderlich, dass die Voraussetzungen des § 17 ZVG vorliegen; der Schuldner muss lediglich unmittelbarer oder mittelbarer Eigenbesitzer des Grundstücks sein; § 147 ZVG.

Ansonsten muss der Schuldner nach § 17 ZVG eingetragener Eigentümer des Grundstücks oder Erbe des eingetragenen Grundstückseigentümers sein.

c) Anordnung der Zwangsversteigerung durch Beschluss, §§ 146 Abs. 1 i.V.m. § 15 ZVG

Der Beschluss ist an den Schuldner zuzustellen (§ 146 Abs. 1 ZVG i.V.m. § 22 Abs. 1 ZVG). Zugleich ersucht das Vollstreckungsgericht das Grundbuchamt um die Eintragung eines Zwangsverwaltungsvermerks (§ 146 Abs. 1 ZVG i.V.m. § 19 ZVG).

d) Keine Aufhebung oder einstweilige Einstellung des Verfahrens

e) Rechtsfolge der Anordnung: Beschlagnahme des Grundstücks

Durch die Beschlagnahme wird dem Schuldner die Verwaltung und Benutzung des Grundstücks entzogen, § 148 Abs. 2 ZVG.

Der Umfang der Beschlagnahme geht nach § 148 Abs. 1 ZVG i.V.m. § 21 Abs. 1 und 2 ZVG über den der Zwangsversteigerung hinaus und erfasst auch die vom Boden getrennten land- und forstwirtschaftlichen Erzeugnisse sowie die Miet- und Pachtzinsforderungen.

Die Beschlagnahme wird wirksam
– nach § 146 Abs. 1 ZVG i.V.m. § 22 Abs. 1 ZVG mit Zustellung des Anordnungsbeschlusses an den Schuldner oder mit Eingang des Ersuchens um Eintragung des Zwangsverwaltungsvermerks beim Grundbuchamt
– oder durch Inbesitznahme des Grundstücks durch den Zwangsverwalter, §§ 151 Abs. 1, 150 Abs. 2 ZVG.

Der Schuldner kann auch in den Grenzen einer ordnungsgemäßen Wirtschaft gegenüber dem Gläubiger nicht wirksam über einen von der Beschlagnahme umfassten Gegenstand verfügen, weil § 23 Abs. 1 Satz 2 ZVG gemäß § 148 Abs. 1 Satz 2 ZVG keine Anwendung findet. Die Verwaltung des Grundstücks soll eben allein dem Zwangsverwalter obliegen.

2. Die Verwertung

a) Verwaltung durch den Zwangsverwalter

Der Zwangsverwalter wird durch Beschluss des Gerichts bestellt, § 150 Abs. 1 ZVG. Er ist nicht Vertreter des Schuldners, sondern kraft Amtes zu allen Handlungen berechtigt und verpflichtet, die erforderlich sind, das Grundstück in seinem wirtschaftlichen Bestande zu erhalten und ordnungsgemäß zu nutzen, § 152 Abs. 2 ZVG.

> Der Zwangsverwalter darf das Grundstück beispielsweise vermieten oder verpachten. Hat der Schuldner das Grundstück bereits vermietet oder verpachtet, ist dies gegenüber dem Zwangsverwalter nur wirksam, wenn das Grundstück vor Beschlagnahme dem Mieter oder Pächter überlassen worden ist, § 152 Abs. 2 ZVG.

> Der Zwangsverwalter untersteht der Aufsicht des Vollstreckungsgerichts, welches ihm Weisungen für die Verwaltung erteilen kann (§§ 153, 153a ZVG). Er ist gegenüber den Beteiligten (§ 9 ZVG) für die Erfüllung seiner Verpflichtungen verantwortlich (Haftung bei schuldhafter Pflichtverletzung!) und zur Rechnungslegung verpflichtet.

Bei der Zwangsverwaltung eines landwirtschaftlichen, forstwirtschaftlichen oder gärtnerischen Grundstücks ist nach § 150b ZVG der Schuldner zum Verwalter zu

bestellen; von diesem Grundsatz ist nur abzuweichen, wenn eine ordnungsgemäße
Führung der Verwaltung durch ihn nicht zu erwarten ist.

Die Befugnisse des Schuldners als Verwalter sowie seine Überwachung sind in den
§§ 150cff. ZVG geregelt.

b) Verteilung der Nutzungen

Aus den Nutzungen des Grundstücks sind vorab die laufenden Verwaltungskosten
und die Kosten des Verfahrens zu berichtigen (§§ 155 Abs. 1, 156 ZVG). Die Über-
schüsse sind auf die in § 10 Abs. 1 Nr. 1–5 ZVG bezeichneten Ansprüche nach Maßgabe des § 155 Abs. 2 ZVG zu verteilen. Hierzu stellt das Vollstreckungsgericht einen Teilungsplan fest und ordnet die Auszahlung der Beträge entsprechend dem
Teilungsplan an; die Auszahlungen erfolgen durch den Verwalter entsprechend der
Anordnung (§§ 156 Abs. 2 Satz 2, 157 ZVG). Gegen den Teilungsplan ist der Widerspruch zulässig (§§ 156 Abs. 2 Satz 4, 115 ZVG).

3. Die Aufhebung der Zwangsverwaltung

erfolgt durch Beschluss des Vollstreckungsgerichts, § 161 Abs. 1 ZVG. Auf-
hebungsgründe sind:

- vollständige Befriedigung des betreibenden Gläubigers
  In diesem Fall ist gemäß § 161 Abs. 2 ZVG das Verfahren aufzuheben.

- die Fortsetzung des Verfahrens erfordert besondere Aufwendungen, für die der
  betreibende Gläubiger keinen Vorschuss leistet
  In diesem Fall hat das Vollstreckungsgericht nach § 161 Abs. 3 ZVG Ermessen („kann")
  hinsichtlich der Aufhebungsentscheidung.

- der Zwangsverwaltung stehen aus dem Grundbuch ersichtliche Rechte entgegen
  (§§ 161 Abs. 4, 28 ZVG)

- Zurücknahme des Antrags auf Anordnung der Zwangsverwaltung (§§ 161 Abs.
  4, 29 ZVG)

Der Aufhebungsbeschluss ist dem Schuldner, dem Gläubiger und gegebenenfalls
einem mit dem Gläubiger personenverschiedenen Antragsteller zuzustellen (§§ 161
Abs. 4, 32); der Zwangsverwaltungsvermerk im Grundbuch ist zu löschen (§§ 161
Abs. 4, 34 ZVG).

§ 7
Die Zwangsvollstreckung eines Anspruchs auf Herausgabe von Sachen

Die Zwangsvollstreckung eines Anspruchs auf Herausgabe von Sachen ist in den §§ 883 bis 886 ZPO geregelt. Zu unterscheiden ist zwischen Ansprüchen auf Herausgabe beweglicher Sachen und auf Herausgabe (=Räumung) eines Grundstücks.

I. Herausgabe beweglicher Sachen

Herausgabe ist die körperliche Übergabe einer Sache.[319] Ziel der Zwangsvollstreckung ist es also, dem Gläubiger oder einem Dritten, dem der Schuldner die Sache zu übergeben verpflichtet ist, den Besitz an der Sache zu verschaffen. Das Gesetz geht bei der Erzwingung dieses Ziels den einfachsten und logischen Weg: Der Gerichtsvollzieher nimmt die Sache dem Schuldner weg und übergibt sie dem Gläubiger (oder dem Dritten), §§ 883 Abs. 1, 884 ZPO. In Anbetracht der Art und Weise der Herausgabevollstreckung sind die Rechtmäßigkeitsvoraussetzungen leicht zu erkennen:

1. allgemeine Voraussetzungen jeder Zwangsvollstreckung

Dies sind natürlich unter Berücksichtigung der Besonderheiten der jeweiligen konkreten Vollstreckungsart:

- Antrag des Gläubigers (§ 753 ZPO)
- Zuständigkeit des Vollstreckungsorgans: § 883 Abs. 1 ZPO (und § 884 ZPO, der auf diese Norm Bezug nimmt) benennt ausdrücklich den **Gerichtsvollzieher** als sachlich und funktionell zuständiges Vollstreckungsorgan. Die örtliche Zuständigkeit folgt aus der GVO.
- Allgemeine Verfahrensvoraussetzungen
- Allgemeine Vollstreckungsvoraussetzungen
  Der Titel muss auf Herausgabe (körperliche Übergabe) einer beweglichen Sache (im Sinne des § 90 BGB) oder einer bestimmten Menge beweglicher Sachen gerichtet sein. Bewegliche Sachen sind auch solche, die erst (beispielsweise durch Abmontage) beweglich gemacht werden müssen.[320] Unter die Herausgabevollstreckung fallen auch
  – Titel über Ansprüche auf Versendung oder Hinterlegung[321],

---

[319] Thomas/Putzo, § 883 Rn. 3
[320] Thomas/Putzo, § 883 Rn. 3
[321] Thomas/Putzo, § 883 Rn. 3

– Ansprüche auf Vorlage von Urkunden zur vorübergehenden Überlassung[322],
– die Übergabe im Rahmen eines Anspruchs auf Übereignung[323] (hier wird die Übergabe nach § 883 ZPO, die Abgabe der Willenserklärung daneben nach §§ 894 ff ZPO vollstreckt)
– sowie Ansprüche auf Herausgabe einer vom Schuldner zuvor zu beschaffenden oder herzustellenden Sache[324] (Denn die Beschaffung ist hier lediglich eine Vorbereitungshandlung; streitig ist, ob bei der Beschaffung/Herstellung und Herausgabe unvertretbarer Sachen daneben die Vorbereitungshandlung nach den §§ 887, 888 ZPO vollstreckbar ist; dafür spricht, dass die notwendige Vorbereitungshandlung vollstreckt werden soll und § 887 Abs. 3 ZPO sich nur auf den Herausgabeanspruch, nicht aber auf sonstige Ansprüche bezieht[325]).

Schließlich ist die **Klausel** und die **Zustellung** des Titels erforderlich.

▪ Besondere Vollstreckungsvoraussetzungen

▪ Keine Vollstreckungshindernisse

2. Die besonderen Voraussetzungen der Herausgabevollstreckung nach §§ 883, 884 ZPO

a) Zulässig ist lediglich die Vollstreckung bestimmter (im Titel bezeichneter) Leistungspflichten. Der Schuldner muss zur Herausgabe

(1) einer individuell bestimmten beweglichen Sache (= Stückschuld), § 883 Abs. 1 1. Alt. ZPO,

(2) oder einer bestimmten Menge individuell bestimmter Sachen (= Vorratsschuld), § 883 Abs. 1 2. Alt. ZPO,

(3) oder einer bestimmten Menge vertretbarer Sachen (§ 91 BGB) oder Wertpapiere (= Gattungsschuld), §§ 883, 884 ZPO,

verpflichtet sein.

Die Gattungsschuld über eine unvertretbare Sache ist nicht nach § 883 f. ZPO, sondern nach § 893 ZPO zu vollstrecken.[326]

Im Falle der Wahlschuld ist danach zu unterscheiden, wem das Wahlrecht zusteht: Darf der Gläubiger zwischen mehreren Sachen wählen, muss er von seinem Wahlrecht im Antrag Gebrauch machen; darf nach Inhalt des Titels der Schuldner auswählen und macht er hiervon bis zum Beginn der Zwangsvollstreckung keinen Gebrauch, so nimmt der Gerichtsvollzieher die vom Gläubiger ausgewählte Sache dem Schuldner weg, jedoch bis zur Übergabe der Sache an den Gläubiger kann der Schuldner mit befreiender Wirkung andere Stücke leisten.[327]

---

[322] Zöller-Stöber, § 883 Rn. 2
[323] Thomas/Putzo, § 883 Rn. 3
[324] Zöller-Stöber, § 883 Rn. 9
[325] vgl. Zöller-Stöber, § 883 Rn. 9 m.w.N.; ablehnend: Brox-Walker, Rn. 1068
[326] Zöller-Stöber, § 883 Rn. 3
[327] vgl. Zöller-Stöber, § 883 Rn. 6

b) Die herauszugebende Sache muss sich im **Gewahrsam des Schuldners** befinden.[328]

Dies ergibt sich mittelbar aus § 886 ZPO: Befindet sich die Sache im Gewahrsam eines Dritten, so wird gegen diesen nicht nach §§ 883 f. vollstreckt; der Gläubiger kann sich den Anspruch des Schuldners gegen den Dritten auf Herausgabe der Sache nach den §§ 829 ff. ZPO pfänden und überweisen lassen, sodann Herausgabe an sich verlangen, einen Titel erwirken und diesen nach § 883 ff. ZPO vollstrecken.

Dieser umständliche Weg erscheint in den Fällen unzumutbar, in denen der Dritte zur Herausgabe bereit ist. Nach allgemeiner Ansicht[329] soll der Gerichtsvollzieher die Sache dem zur Herausgabe bereiten Dritten in analoger Anwendung des § 809 ZPO wegnehmen dürfen (Normenkette: §§ 883, 809 analog ZPO).

3. Ordnungsgemäße Durchführung der Vollstreckung

Der Gerichtsvollzieher nimmt die Sache dem Schuldner weg und übergibt sie dem Gläubiger oder dem im Titel bezeichneten Empfänger (§§ 883 Abs. 1, 884 ZPO). Es gelten die allgemeinen Vorschriften des 8. Buchs der ZPO, für das weitere Verfahren also die §§ 757 bis 763 ZPO. Die Wohnung des Schuldners darf der Gerichtsvollzieher daher nach § 758a ZPO nur mit Einwilligung des Schuldners, aufgrund richterlicher Anordnung oder bei Gefahr im Verzuge nach der herauszugebenden Sache durchsuchen[330]. Dies ergibt sich nunmehr aus § 758 Abs. 1 und 2 ZPO n.F.; Abs. 2 dieser neugefassten Vorschrift sieht eine Ausnahme vom Erfordernis der richterlichen Durchsuchungsanordnung nur für den Fall der Vollstreckung eines Anspruchs auf Herausgabe / Räumung von Räumen (unbeweglichen Sachen) vor.

Die Pfändungsschutzvorschriften sind systematisch Vorschriften für die Vollstreckung wegen einer Geldforderung und schon daher auf die Herausgabevollstreckung nicht anwendbar.

Mit Wegnahme der Sache wird der Schuldner von seiner Herausgabepflicht frei; die Gefahr geht auf den Gläubiger über.

Findet der Gerichtsvollzieher die Sache nicht beim Schuldner, so hat dieser auf Antrag des Gläubigers an Eides statt zu versichern, dass er weder die Sache besitze noch wisse, wo sie sich befindet (§ 883 Abs. 2 ZPO).

II. Herausgabe unbeweglicher Sachen

Ansprüche auf Herausgabe oder Räumung eines Grundstücks oder Grundstücksteils werden nach § 885 ZPO vollstreckt. Voraussetzungen sind:

---

[328] Thomas/Putzo, § 883 Rn. 6
[329] Thomas/Putzo, § 883 Rn. 6; Zöller-Stöber, § 883 Rn. 8
[330] Zöller-Stöber, § 883 Rn. 10

1. Allgemeine Voraussetzungen jeder Zwangsvollstreckung

a) Antrag des Gläubigers (§ 753 ZPO)

b) Zuständigkeit des Vollstreckungsorgans: Gerichtsvollzieher (§ 885 ZPO)

c) Sonstige allgemeine Verfahrensvoraussetzungen

d) Allgemeine Vollstreckungsvoraussetzungen:
   Der Titel muss auf Herausgabe, Besitzüberlassung oder Räumung eines Grundstücks, Grundstücksteils, Wohnung, Geschäftsraum etc. lauten. Daneben sind wie immer Klausel und Zustellung zu verlangen.

e) Besondere Vollstreckungsvoraussetzungen

f) Keine Vollstreckungshindernisse

2. Die besonderen Voraussetzungen der Herausgabevollstreckung: Gewahrsam des Schuldners, § 885 ZPO

§ 885 ZPO geht davon aus, dass sich der unbewegliche Gegenstand im Besitz/Gewahrsam des Schuldners befindet. Was ist jedoch zu tun, wenn neben dem Schuldner Dritte Mitgewahrsam haben?

Beispiel: Der Vermieter erwirkt gegen den Mieter einen Räumungstitel. In der Wohnung leben außer dem Mieter noch dessen nichteheliche Lebensgefährtin, die selbst nicht Mieterin ist, und das gemeinsame Kind.

Problem: Alle Bewohner haben Mitgewahrsam an der Wohnung. Nach der allgemeinen Vorschrift des § 750 ZPO wäre grundsätzlich ein Titel gegen jeden Mitgewahrsamsinhaber erforderlich, so dass der Vermieter gegen den Mieter zwar vollstrecken könnte, gegen die weiteren Bewohner jedoch mangels Titels nicht.

Die h.M.[331] lässt jedoch die Vollstreckung aufgrund eines allein gegen den Schuldner gerichteten Titels auch gegen Ehegatten oder nichtehelichen Partner, Familienangehörige, Mitglieder einer Wohngemeinschaft, Hausangestellte etc. zu, wenn diese Personen keine eigene Rechtsstellung gegenüber dem Gläubiger haben, im Beispielsfall also nicht selbst Mieter sind. Zur Begründung wird darauf verwiesen, dass diese Personen einen vom eigentlichen Mieter abgeleiteten und von der Fortdauer seines Besitzrechtes abhängigen – abgeschwächten – Besitz hätten[332] und auch § 885 Abs. 2 ZPO davon ausgehe, dass der Räumungstitel auch gegen die Familienangehörigen des Schuldners vollstreckt werden könne[333].

Beispielsvariante: Die Lebensgefährtin ist neben dem Mieter selbst Mieterin.

Da die Lebensgefährtin ihr Recht zum Besitz nicht vom Mieter, sondern vom Gläubiger ableitet, bedarf dieser eines Räumungstitels gegen beide Mieter.

---

[331] Thomas/Putzo, § 885 Rn. 4 m.w.N.

[332] vgl. OLG Hamm NJW 56, 1681ff

[333] Brox-Walker, Rn. 1047 m.w.N-

Beispielsvariante: Nur der Schuldner ist Mieter. Er hat jedoch die Wohnung teilweise untervermietet.

Zwischen Vermieter und Untermieter bestehen zwar keine unmittelbaren vertraglichen Beziehungen, dennoch ist die Untermiete ein echter Mietvertrag, aufgrund dessen der Untermieter den Besitz an der Mietsache inne hat. Durch die Beendigung des Hauptmietverhältnisses entfällt die Untermiete nicht ohne weiteres; der Vermieter kann jedoch in diesem Fall vom Untermieter gemäß § 556 Abs. 3 BGB Räumung verlangen und einen Räumungstitel unmittelbar gegen ihn erlangen.[334] Der Vermieter kann gegen den Untermieter wegen dessen eigener Rechtsstellung also nicht allein aufgrund eines gegen den (Haupt-)Mieter gerichteten Titels vollstrecken, sondern bedarf eines gegen den Untermieter gerichteten Räumungstitels.[335]

3. Ordnungsgemäße Durchführung der Vollstreckung

a) Der Gerichtsvollzieher setzt – in der Regel nach vorheriger Benachrichtigung des Schuldners über den anstehenden Räumungstermin (§ 180 Nr. 2 GVGA) – den Schuldner und dessen Angehörige sowie sonstige unselbständig besitzende Personen mit geeigneten Mitteln – möglichst schonend – aus dem Besitz, so dass der Gläubiger die tatsächliche Gewalt über das Grundstück ungehindert ausüben kann. Hierbei darf er notfalls Gewalt anwenden (§ 758 Abs. 2, 3 ZPO). Ist der Schuldner zur Räumung verurteilt worden, so darf der Gerichtsvollzieher zum Zweck der Räumung die Wohnung auch ohne weitere richterliche Durchsuchungsanordnung betreten; denn schon bei Erlass des Urteils stand fest, dass neben der freiwilligen Räumung nur die Zwangsräumung in Betracht kommt, so dass der Richter dies in die rechtliche Würdigung einbezogen und erlaubt hat. Dies gilt folgerichtig nicht für Titel, die keine Entscheidung des Richters darstellen.

b) Der Gerichtsvollzieher weist den Gläubiger regelmäßig durch eine die Übergabe enthaltene Erklärung in den Besitz ein.[336] Dies kann insbesondere bei der Wohnungsräumung aber auch die Übergabe der Wohnungsschlüssel erfordern. Der Gläubiger muss bei der Zwangsräumung nicht zugegen sein.

c) Der Anspruch auf Herausgabe des Grundstücks umfasst auch bewegliche Sachen, die Grundstückszubehör im Sinne des § 97 BGB sind. Andere bewegliche Sachen, die nicht Gegenstand der Herausgabevollstreckung sind, werden vom Gerichtsvollzieher nach § 885 Abs. 2 ZPO vom Grundstück entfernt („weggeschafft") und außerhalb des Grundstücks dem Schuldner übergeben. Ist kein zum Empfang der Sachen Berechtigter anwesend, so hat der Gerichtsvollzieher die Sachen auf Kosten des Schuldners in Verwahrung zu nehmen (§ 885 Abs. 3 ZPO) und später herauszugeben. Fordert der Schuldner die verwahrten Sachen nicht binnen zwei Monate oder will er nicht die entstandenen Kosten zahlen, hat der Gerichtsvollzieher die Sachen zu verkaufen und den Erlös zu hinterlegen (§ 885 Abs. 4 ZPO n.F.).

---

[334] Palandt-Putzo, § 549 Rn. 20 f.
[335] vgl. OLG Celle NJW-RR 88, 913
[336] Thomas/Putzo, § 885 Rn. 9

d) Schuldnerschutzvorschriften:

■ Der Schuldner eines Anspruchs auf Räumung von Wohnraum kann nach Maßgabe des § 721 ZPO beim Prozessgericht eine Räumungsfrist beantragen.

■ Wesentliche Voraussetzung eines Vollstreckungsschutzantrages des Schuldners nach § 765a ZPO ist, dass die Vollstreckungsmaßnahme für ihn eine sittenwidrige Härte darstellt.[337] Es entscheidet das Vollstreckungsgericht (ausschließliche Zuständigkeit, §§ 765a, 764,802 ZPO). Dem gewichtigen Schutzinteresse des Schuldners darf das Schutzbedürfnis des Gläubigers nicht entgegenstehen. Daher ist der Vollstreckungsschutzantrag zurückzuweisen, wenn der Gläubiger seinerseits dringend auf die Erfüllung des zu vollstreckenden Anspruchs angewiesen ist.

Bis zur Entscheidung des Vollstreckungsgerichts kann der Gerichtsvollzieher die Herausgabevollstreckung aufschieben, jedoch nicht länger als eine Woche (§ 765a Abs. 2 ZPO).

III. Schema „Die Rechtmäßigkeit der Zwangsvollstreckung eines Herausgabeanspruchs"

I. Die allgemeinen Voraussetzungen jeder Zwangsvollstreckung
1. Antrag des Gläubigers (§ 753 ZPO)
2. Zuständigkeit des Vollstreckungsorgans:
  a) Bei beweglichen Sachen: Gerichtsvollzieher (§§ 883, 884 ZPO)
  b) Bei Räumung: Gerichtsvollzieher (§ 885 ZPO)
3. Sonstige allgemeine Verfahrensvoraussetzungen
4. Allgemeine Vollstreckungsvoraussetzungen:
  a) **Titel** auf Herausgabe einer beweglichen Sache oder Herausgabe, Besitzüberlassung oder Räumung eines Grundstücks, Grundstücksteils, Wohnung, Geschäftsraum etc.
  b) Klausel
  c) Zustellung
5. Besondere Vollstreckungsvoraussetzungen
6. Keine Vollstreckungshindernisse

II. Besondere Voraussetzungen der Herausgabevollstreckung
1. Herausgabevollstreckung beweglicher Sachen
  a) Titulierte Leistungspflicht auf
    – Herausgabe einer individuellen beweglichen Sache (Stückschuld) oder einer Menge bestimmter Sachen (Vorratsschuld), § 883 ZPO
    – Versendung, Hinterlegung bestimmter Sachen, § 883 ZPO analog
    – Leistung einer bestimmten Menge (Gattungsschuld) vertretbarer Sachen, § 884 ZPO
  b) Gewahrsam des Schuldners an der Sache oder eines herausgabebereiten Dritten (sonst § 886 ZPO)
  → ordnungsgemäßer Vollstreckungsakt: Wegnahme durch Gerichtsvollzieher und Übergabe an Gläubiger

---

[337] Beispiele bei Thomas/Putzo, § 765a Rn. 8

2. Herausgabevollstreckung unbeweglicher Sachen nach § 885 ZPO
   Gewahrsam des Schuldners am Grundstück / an der Wohnung, § 885 ZPO
   (Räumungstitel gegen den Schuldner erlaubt auch die Vollstreckung gegen andere
   Mitgewahrsamsinhaber ohne eigene Rechtsstellung, deren Besitz lediglich vom
   Besitzrecht des Schuldners abgeleitet ist; dahingegen ist gegen Mitgewahrsams-
   inhaber mit eigener Rechtsstellung – z.B. Untermieter – gesonderter Räumungstitel
   erforderlich)

→ ordnungsgemäßer Vollstreckungsakt: Gerichtsvollzieher setzt Schuldner (und Mitgewahrsamsinhaber ohne eigene Rechtsstellung) aus dem Besitz und weist Gläubiger in Besitz ein

§ 8
Die Zwangsvollstreckung eines Anspruchs auf Vornahme, Duldung oder Unterlassung einer Handlung

I. Übersicht

Die Leistungspflicht des Schuldners kann darauf gerichtet sein, eine bestimmte Handlung

- vorzunehmen,

- zu unterlassen

- oder ihre Vornahme durch den Gläubiger zu dulden.

Der **Anspruch auf Vornahme einer Handlung** wird vollstreckt, indem

- entweder der Gläubiger zur Vornahme der **vertretbaren Handlung** ermächtigt wird (§ 887 ZPO)

- oder der Schuldner durch Zwangsgeld oder Zwanghaft zur Vornahme der **unvertretbaren Handlung** gezwungen wird (§ 888 ZPO).

Die maßgebliche Abgrenzung zwischen vertretbarer und unvertretbarer Handlung erfolgt nach dem Kriterium, ob vom Standpunkt des Gläubigers wie des Schuldners gesehen – hypothetisch – ein Dritter anstelle des Schuldners die Handlung mit dem gleichen wirtschaftlichen und rechtlichen Erfolg bewirken kann oder nicht. Wenn nur der Schuldner den geschuldeten Erfolg bewirken kann und die Vornahme daher ausschließlich von seinem Willen abhängt, ist die Handlung unvertretbar.

Vertretbare Handlungen sind beispielsweise[338]
- Reparatur eines PKW (oder allgemein handwerkliche Leistungen)
  Die Leistung kann durch einen Dritten anstelle des Schuldners vorgenommen werden. Aus Sicht des Gläubigers ist es wirtschaftlich gleichgültig, wer seinen PKW repariert. Aus Sicht des Schuldners ist es rechtlich zulässig, dass ein anderer die Reparatur ausführt.
- Verpflichtung zur Nachbesserung eines Bauwerks
- Verpflichtung zur Beseitigung bestimmter Immissionen
  In den beiden letztgenannten Beispielen steht der Vertretbarkeit der Handlung auch nicht entgegen, dass der Schuldner die Wahl zwischen verschiedenen Maßnahmen zur Nachbesserung oder Immissionsbeseitigung hat.
- Verpflichtung eine Bürgschaft zu stellen

Unvertretbare Handlungen sind beispielsweise[339]
- Ausstellung eines Zeugnisses (subjektive Bewertungen)
- künstlerische Tätigkeit
- Auskunftserteilung und Rechnungslegung
- Weiterbeschäftigung eines Arbeitnehmers

---

[338] weitere Beispiele bei: Thomas/Putzo, § 887 Rn. 2; Zöller-Stöber, § 887 Rn. 3
[339] weitere Beispiele bei Thomas/Putzo, § 888 Rn. 2

Die Vollstreckung eines **Anspruchs auf Unterlassen oder Duldung** einer Handlung erfolgt nach § 890 ZPO durch Androhung und Festsetzung eines Ordnungsmittels (Ordnungsgeld oder Ordnungshaft), das im Fall der schuldhaften Zuwiderhandlung gegen den Schuldner vollstreckt wird.

Unterlassen ist jedes Verhalten, das den Nichteintritt oder die Beseitigung eines Zustandes bewirkt. Dies ist denkbar durch ein Verhalten, durch welches ein Kausalverlauf nicht beeinflusst wird (Nichtstun; Belassen eines Zustandes), aber auch durch ein Verhalten, das in den Kausalverlauf eingreift, um den ungestörten Zustand herbeizuführen oder zu bewahren.

> Beispiel: Laut Titel ist der X verpflichtet, es zu unterlassen, im Hausflur des Mehrfamilienhauses Möbel zu lagern. Natürlich ist er verpflichtet, durch aktives Tun seine bereits dort stehenden Möbel zu entfernen, um den störungsfreien Zustand – leerstehender Hausflur – herbeizuführen.

In diesen Fällen ist die mitunter schwierige **Abgrenzung zwischen Vornahme und Unterlassen** einer Handlung danach vorzunehmen, ob bei verständiger Auslegung des Titels das Schwergewicht der Rechtsfolgenanordnung auf dem Gebot zum Handeln oder dem Gebot zum Unterlassen (Verbot) liegt.

Duldung ist ein Verhalten, das darauf gerichtet ist, die Vornahme einer Handlung durch einen anderen nicht zu behindern. Auch dies kann im Einzelfall ein aktives Tun des Schuldners und somit eine Abgrenzung zur Handlungsvollstreckung nach den vorgenannten Kriterien erfordern.

II. Die Vollstreckung eines Anspruchs auf Vornahme einer vertretbaren Handlung

1. Allgemeine Voraussetzungen jeder Zwangsvollstreckung

a) Der **Antrag des Gläubigers** muss die vorzunehmende Handlung genau bezeichnen.

b) **Zuständiges Vollstreckungsorgan ist ausschließlich das Prozessgericht erster Instanz** (§§ 887 Abs. 1, 802 ZPO).

> Dies gilt auch für Vollstreckungen, während der Rechtsstreit bereits in der Rechtsmittelinstanz anhängig ist. Das Prozessgericht erster Instanz ist das Gericht, welches den Titel geschaffen hat. Dementsprechend kann das Familiengericht oder Arbeitsgericht zuständiges Vollstreckungsorgan sein ebenso wie das Gericht der freiwilligen Gerichtsbarkeit, wenn nach ausdrücklicher gesetzlicher Anordnung die Vollstreckung nach der ZPO vorzunehmen ist. Ist Prozessgericht erster Instanz ein Landgericht, gilt auch für das Verfahren nach § 887 ZPO der Anwaltszwang.

c) Der **Titel** (im Prüfungsschema: allgemeine Vollstreckungsvoraussetzungen) muss **auf Vornahme einer vertretbaren Handlung** lauten.

(1) Hier ist zunächst von Handlungen abzugrenzen, deren Vollstreckung unter die vorrangigen Vorschriften der §§ 803ff und 883ff ZPO aber auch des § 894 ZPO fallen.

(2) Die vorzunehmende Handlung muss vertretbar sein (s.o. I.).

2. Die besonderen Voraussetzungen der Handlungsvollstreckung: Nichtvornahme der geschuldeten vertretbaren Handlung

Der Schuldner muss die Handlung trotz Möglichkeit nicht vorgenommen haben. Der schlichten Nichterfüllung oder Verweigerung steht die nicht erfüllungsgemäße Leistungserbringung gleich.

Es genügt, dass der Gläubiger die Nichtvornahme lediglich behauptet. Der – streitige – Erfüllungseinwand ist grundsätzlich nicht beachtlich, sondern im Wege der Vollstreckungsgegenklage nach § 767 ZPO zu verfolgen.[340] Das Prozessgericht entscheidet auf der Grundlage des unstreitigen sowie streitigen Vorbringens des Gläubigers; kontrovers diskutierte Rechtsfragen sind zu entscheiden.[341] Denn letztlich gebietet das schutzwürdige Interesse des Gläubigers, der bereits einen Titel in den Händen hält, ein möglichst zügiges Vollstreckungsverfahren; der Schuldner ist durch die Möglichkeit der Vollstreckungsgegenklage hinreichend geschützt.

Nach anderer Auffassung ist der Erfüllungseinwand des Schuldners im Verfahren nach § 887 ZPO immer beachtlich.[342]

3. Verfahren und Entscheidung

Das Prozessgericht entscheidet ohne oder nach mündlicher Verhandlung (§ 891 Satz 1 ZPO), aber **immer nach Anhörung des Schuldners** (zwingend, § 891 Satz 2 ZPO) durch Beschluss.

Ist der Antrag gerechtfertigt lautet der Beschluss gemäß § 887 Abs. 1 ZPO auf Ermächtigung des Gläubigers, die genau zu bezeichnende Handlung auf Kosten des Schuldners selbst oder durch einen anderen vornehmen zu lassen (sog. Ersatzvornahme). Die Parteibezeichnungen lauten Gläubiger und Schuldner.

Auf Antrag des Gläubigers ist der Schuldner zugleich zur Vorauszahlung der voraussichtlichen Kosten der Ersatzvornahme zu verurteilen; die Anordnung der Kostenvorauszahlung steht im Ermessen des Gerichts, ebenso die Festsetzung der voraussichtlichen Kosten.

---

[340] OLG Hamm JP 2001, 210; OLG München MDR 2000, 907; OLG Düsseldorf NJW-RR 1988, 63; Thomas/Putzo, § 887 Rn. 4
[341] vgl. OLG Hamm JP 2001, 210
[342] OLG Köln NJW-RR 1996, 100; OLG Zweibrücken OLGReport 2001, 259; Zöller-Stöber, § 887 Rn. 7

Schließlich muss der Beschluss eine Entscheidung über die Kosten der Vollstreckungssache enthalten, für die gemäß § 891 Satz 3 ZPO die §§ 91–93, 95–100, 106, 107 ZPO entsprechend gelten.

Tenor:
Der Gläubiger wird ermächtigt, (beispielsweise) die Nachbesserung der im Urteil des AG ... vom ... – Az. ... – bezeichneten Mängel des Hauses Apfelstraße 12 in Bielefeld auf Kosten des Schuldners vornehmen zu lassen.
Der Schuldner trägt die Kosten des Verfahrens.

Liegen die Voraussetzungen der Zwangsvollstreckung nicht vor, weist das Prozessgericht durch Beschluss den Antrag des Gläubigers – kostenpflichtig (§§ 891 Satz 3, 91 ZPO) – zurück.

Gegen den – stattgebenden oder zurückweisenden – Beschluss ist die sofortige Beschwerde gemäß § 793 ZPO der statthafte Rechtsbehelf.

Einen vom Schuldner gegen die Ersatzvornahme geleisteten Widerstand kann der Gläubiger durch den Gerichtsvollzieher beseitigen lassen (§ 892 ZPO).

4. Schema „Die Rechtmäßigkeit der Vollstreckung einer vertretbaren Handlung"

I. **Die allgemeinen Voraussetzungen jeder Zwangsvollstreckung**
Insbesondere:
a) Vollstreckungsantrag (genaue Bezeichnung der vorzunehmenden Handlung)
b) Zuständigkeit: ausschließlich das Prozessgericht erster Instanz (§§ 887 Abs. 1, 802 ZPO).
c) allgemeine Vollstreckungsvoraussetzungen → Titel auf Vornahme einer vertretbaren Handlung
→ vertretbare Handlung = Handlung, die von einem Dritten anstelle des Schuldners mit wirtschaftlich und rechtlich gleichem Erfolg vorgenommen werden kann

II. **Nichtvornahme der vertretbaren Handlung trotz Möglichkeit**
→ Entscheidung nach zwingender Anhörung des Schuldners (§ 891 ZPO) durch Beschluss auf Ermächtigung des Gläubigers zur Ersatzvornahme; Kosten nach §§ 91 ff. ZPO.

III. Die Vollstreckung eines Anspruchs auf Vornahme einer unvertretbaren Handlung

1. Allgemeinen Voraussetzungen jeder Zwangsvollstreckung

a) Der **Antrag des Gläubigers** muss die vorzunehmende Handlung zumindest bestimmbar (so genau wie möglich) bezeichnen.

b) **Zuständiges Vollstreckungsorgan** ist nach §§ 888 Abs. 1, 802 ZPO **ausschließlich das Prozessgericht erster Instanz.**

Die weiteren Ausführungen zur Zuständigkeit im Verfahren nach § 887 ZPO gelten für das Verfahren nach § 888 ZPO entsprechend.

c) Der **Titel muss auf Vornahme einer unvertretbaren Handlung** lauten.

Unvertretbar ist eine Handlung, die ein Dritter nicht vornehmen darf oder kann oder nicht mit dem gleichen wirtschaftlichen und rechtlichen Erfolg wie der Schuldner vornehmen kann.

2. Die besonderen Voraussetzungen der Handlungsvollstreckung

a) Die vorzunehmende Handlung muss **ausschließlich vom Willen des Schuldners abhängen** (§ 891 Abs. 1 Satz 1 ZPO). Dies bedeutet, dass der einzige Grund für die Nichtvornahme der Handlung die Verweigerung des Schuldners sein muss. Dies setzt die Möglichkeit zur Vornahme der Handlung voraus. Die Zwangsvollstreckung ist demnach unzulässig, insbesondere wenn

- die Handlung vorübergehend (beispielsweise wegen einer Erkrankung des Schuldners) oder dauernd unmöglich ist,

- die Vornahme der Handlung Geldmittel erfordert, über die der Schuldner – auch nach Ausschöpfung der zumutbaren Kreditmöglichkeiten – nicht verfügt und der Gläubiger diese auch nicht vorschießt,

- neben dem Handlungswillen noch wissenschaftliche oder künstlerische Fähigkeiten erforderlich sind (solche Fähigkeiten können nicht objektiv festgestellt werden),

- neben dem Schuldner ein Dritter mitwirken muss und der Schuldner dessen Mitwirkung nicht bewirken kann.

  Der Schuldner muss im Verfahren nach § 888 ZPO substantiiert darlegen, alles ihm Zumutbare unternommen zu haben, um die Mitwirkung des Dritten herbeizuführen.

b) Ausgeschlossen ist die Zwangsvollstreckung des weiteren in den Fällen des § 888 Abs. 3 ZPO und des § 888a ZPO.

c) Die ausschließlich von seinem Willen abhängige Handlung hat der Schuldner nicht vorgenommen.

3. Verfahren und Entscheidung

Wie im Verfahren nach § 887 ZPO kann die Entscheidung des Prozessgerichts ohne mündliche Verhandlung, aber immer nach Anhörung des Schuldners durch Beschluss ergehen (§ 891 ZPO). Anwaltszwang besteht lediglich dann, wenn ein Landgericht das Prozessgericht erster Instanz ist.

Liegen die Voraussetzungen der Zwangsvollstreckung nach § 888 ZPO vor, setzt das Prozessgericht erster Instanz ohne vorherige Androhung (§ 888 Abs. 2 ZPO) ein Zwangsgeld oder Zwangshaft festgesetzt. Diese Zwangsmittel sollen den Willen des Schuldners beugen (Beugecharakter).

Das Zwangsgeld beträgt mindestens 5,00 € (Art. 6 Abs. 1 Satz 1 EGStGB) und höchstens 25.000,00 € (§ 888 Abs. 1 ZPO).

Zwangshaft ist mindestens auf 1 Tag (Art. 6 Abs. 2 Satz 1 EGStGB) und höchstens 6 Monate (§ 888 Abs. 1 Satz 3, 913 ZPO) festzusetzen.

Beide Zwangsmittel können nur alternativ festgesetzt werden. Jedoch ist es zulässig, für den Fall, dass das festgesetzte Zwangsgeld nicht beigetrieben werden kann, eine Ersatzzwangshaft festzusetzen (§ 888 Abs. 1 Satz 1 ZPO). Die Wahl zwischen der Anordnung eines Zwangsgeldes oder von Zwangshaft trifft das Gericht, das insoweit nicht durch den Antrag des Gläubigers gebunden ist, nach freiem Ermessen unter Berücksichtigung des Verhältnismäßigkeitsgrundsatzes.

Darüber hinaus muss das Gericht eine Kostenentscheidung nach Maßgabe der §§ 91 bis 93, 95 bis 100, 106,107 ZPO treffen (§ 891 Satz 2 ZPO).

Tenorierungsbeispiel:

Um den Schuldner zur Erteilung der Auskunft gemäß Urteil des Landgerichts Bielefeld vom ... anzuhalten, wird gegen ihn ein Zwangsgeld in Höhe von ... Euro und, falls dieses nicht beigetrieben werden kann, Zwangshaft von ... Tagen festgesetzt.

Der Schuldner trägt die Kosten des Verfahrens.

Das Zwangsgeld wird nur auf Antrag des Gläubigers durch den Gerichtsvollzieher im Wege der Zwangsvollstreckung wegen einer Geldforderung nach §§ 808 ff ZPO beigetrieben. Es steht jedoch nicht dem Gläubiger, sondern der Staatskasse zu und ist daher an diese abzuführen.[343] Der Beschluss, der das Zwangsgeld festsetzt, ist hierbei Vollstreckungstitel nach § 794 Abs. 1 Nr. 3 ZPO.

Die Zwangshaft wird nur aufgrund eines Antrages des Gläubigers aufgrund eines besonderen Haftbefehls des Prozessgerichts erster Instanz vollstreckt (§ 888 Abs. 1 Satz 3 i.V.m. § 908 ZPO).

Gegen den Beschluss ist das Rechtsmittel der sofortigen Beschwerde statthaft (§ 793 ZPO).

Nimmt der Schuldner die geschuldete Handlung nach Erlass des Beschlusses vor, ist die Vollstreckung aus dem Beschluss unzulässig.

---

[343] BGH NJW 1983, 1859, 1860

4. Schema „Die Rechtmäßigkeit der Vollstreckung einer unvertretbaren Handlung"

I. Die allgemeinen Voraussetzungen jeder Zwangsvollstreckung

Insbesondere:

   1) Vollstreckungsantrag (bestimmbare Bezeichnung der vorzunehmenden Handlung)

   2 Zuständigkeit: ausschließlich das Prozessgericht erster Instanz (§§ 888 Abs. 1, 802 ZPO).

   3 allgemeine Vollstreckungsvoraussetzungen → Titel auf Vornahme einer unvertretbaren Handlung

      → unvertretbare Handlung = Handlung, die ein Dritter nicht vornehmen darf oder kann oder nicht mit dem gleichen wirtschaftlichen und rechtlichen Erfolg wie der Schuldner vornehmen kann

II. Besondere Voraussetzungen der Vollstreckung einer unvertretbaren Handlung

   1) Handlung hängt ausschließlich vom Willen des Schuldners ab, § 888 Abs. 1 Satz 1 ZPO

      → Möglichkeit zur Handlung

      → Mitwirkung Dritter, die Schuldner nicht bewirken kann und muss, darf erforderlich sein

   2) Vollstreckung der titulierten Handlung nicht gesetzlich ausgeschlossen

      → Handlungen im Sinne des § 888 Abs. 3 ZPO

      → Handlungen im Sinne des § 888 a ZPO

   3) Nichtvornahme der Handlung

   → Entscheidung nach zwingender Anhörung des Schuldners (§ 891 ZPO) durch Beschluss: Festsetzung von Zwangsgeld und Ersatzzwangshaft bzw. Zwangshaft; Kostenentscheidung nach §§ 91 ff. ZPO

IV. Die Vollstreckung eines Anspruchs auf Duldung oder Unterlassen einer Handlung

1. Allgemeine Voraussetzungen jeder Zwangsvollstreckung

a) Erforderlich ist ein **Antrag** des Gläubigers, der jedoch nicht auf eine bestimmte Sanktion oder Sanktionshöhe gerichtet sein braucht.

b) Ausschließlich zuständig ist das Prozessgericht erster Instanz (§§ 890, 802 ZPO).

c) Der **Titel** muss auf Duldung oder Unterlassen gerichtet sein (zur Begrifflichkeit s. o. Übersicht zu § 8). Er muss im Zeitpunkt der Zuwiderhandlung vollstreckbar gewesen sein.

d) Als **besondere Vollstreckungsvoraussetzung** muss bei einem nur vorläufig für vollstreckbar erklärtem Urteil die erforderliche Sicherheitsleistung bereits im Zeitpunkt der Zuwiderhandlung erbracht und dem Schuldner in der in § 751 Abs. 2 ZPO bezeichneten Form nachgewiesen worden sein.[344]

---

[344] BGH NJW 1996, 397

e) Streitig ist, ob das **Rechtsschutzbedürfnis**

– nur zum Zeitpunkt der Zuwiderhandlung vorgelegen haben muss[345], mit der Folge, dass der spätere Interessenfortfall oder die Erledigung des Anspruchs für die Festsetzung des Ordnungsmittels ohne Bedeutung ist

> Beispiele:
> Der Schuldner verstößt gegen eine auflösend befristete Unterlassungspflicht; der Gläubiger beantragt nach Fristablauf die Festsetzung des Ordnungsmittels nach § 890 ZPO.
>
> Der Schuldner ist laut Unterlassungstitel verpflichtet, einen bestimmten Baum auf seinem Grundstück nicht zu fällen; dennoch fällt er vor Festsetzung eines Ordnungsmittels diesen Baum; die Wiederholung der Zuwiderhandlung ist wegen der Einmaligkeit der verbotenen Handlung nicht mehr zu erwarten, so dass sich das Interesse des Gläubigers für die Zukunft erledigt hat.

– sowohl im Zeitpunkt der Zuwiderhandlung als auch im Zeitpunkt der Vollstreckungsentscheidung vorliegen muss[346].

Letzter Ansicht kann nur zugestimmt werden, wenn man der Festsetzung des Ordnungsmittels lediglich einen Beugecharakter beimisst. Eine solche Sichtweise würde jedoch außer Acht lassen, dass § 890 Abs. 2 ZPO anders als § 888 ZPO die Androhung des Ordnungsmittels vor seiner Festsetzung zwingend verlangt. Beugemittel ist bereits die Androhung, deren Sinn es ist, den Schuldner zur Befolgung des Duldungs- oder Unterlassungsgebotes anzuhalten. Die Festsetzung des Ordnungsmittels hat vielmehr Strafcharakter, der auch nach Fortfall des Interesses Geltung verlangt.

2. Die besonderen Voraussetzungen der Unterlassungs-/Duldungsvollstreckung

a) Der Festsetzung des Ordnungsmittels muss seine **Androhung** vorausgegangen sein (§ 890 Abs. 2 ZPO).

Die Androhung kann bereits im Urteil oder – wenn dies nicht der Fall ist oder ein anderer Titel vorliegt – nachträglich durch besonderen Beschluss des Prozessgerichts erster Instanz ausgesprochen werden. Der nachträgliche Beschluss ergeht nur auf Antrag des Gläubigers und setzt **keine** Zuwiderhandlung voraus. Es muss die Art und das Höchstmaß des Ordnungsmittels angegeben werden.

> **Tenor:**
> Dem Beklagte wird für jeden Fall der Zuwiderhandlung gegen die im Urteil dieses Gerichts vom ... ausgesprochene (oder gegen die im gerichtlichen Vergleich vom ... vereinbarte) Unterlassungspflicht ein Ordnungsgeld bis ... Euro und, falls dieses nicht beigetrieben werden kann, Ordnungshaft bis ... angedroht.

Die Androhung muss im Zeitpunkt der Zuwiderhandlung bestehen.

---

[345] Thomas/Putzo, § 890 Rn. 10 m.w.N.
[346] OLG Köln MDR 1956, 493; OLG Düsseldorf WM 1992, 1587

b) Weitere Voraussetzung der Vollstreckung ist nach § 890 Abs. 1 ZPO die **Zuwiderhandlung gegen die titulierte Unterlassungs- oder Duldungspflicht.** Hier ist zu berücksichtigen, dass das geforderte Unterlassen oder Dulden auch in einem aktiven Tun bestehen kann.

c) Schließlich muss dem Schuldner hinsichtlich der Zuwiderhandlung ein **Verschulden** zur Last fallen. Dies ergibt sich aus dem Strafcharakter des Ordnungsmittels. Maßgeblich ist nicht §§ 276, 278 BGB, sondern der strafrechtliche Verschuldensbegriff.

Dementsprechend muss der Schuldner insbesondere
– vorsätzlich oder zumindest fahrlässig gehandelt haben und
– im strafrechtlichen Sinne schuldfähig sein.

Folgerichtig ist diese Voraussetzung abzulehnen, wenn man der Regelung des § 890 ZPO lediglich Beugecharakter beimisst.

d) Zuwiderhandlung und Verschulden muss der Gläubiger darlegen und gegebenenfalls beweisen.

3. Verfahren und Entscheidung

Das Prozessgericht erster Instanz entscheidet nach zwingender Anhörung des Schuldners – auch nach freigestellter mündlicher Verhandlung – durch Beschluss (§ 891 Satz 1 und 2 ZPO).

Der Beschlusstenor lautet auf Zurückweisung des Antrages oder auf Festsetzung eines bestimmten Ordnungsmittels in bestimmter Höhe.

Das Ordnungsgeld ist zwischen mindestens 5,00 € (Art. 6 Abs. 1 Satz 1 EGStGB) und höchstens 250.000,00 € für jeden Fall der Zuwiderhandlung (§ 890 Abs. 1 Satz 2 ZPO) festzusetzen. Für den Fall, dass dieses nicht beigetrieben werden kann, ist die Festsetzung einer Ersatzhaft zulässig (§ 890 Abs. 1 Satz 1 ZPO).

Ordnungshaft beträgt mindestens 1 Tag (Art. 6 Abs. 2 Satz 1 EGStGB) und höchstens 6 Monate für jeden Fall der Zuwiderhandlung (§ 890 Abs. 1 Satz 1 ZPO), darf jedoch insgesamt 2 Jahre nicht übersteigen (§ 890 Abs. 1 Satz 2 ZPO).

Die Ordnungsmittel dürfen – vom Fall der Ersatzhaft abgesehen – nur alternativ festgesetzt werden. Das Gericht ist nicht an den Antrag des Gläubigers gebunden. Bei der Bemessung der Höhe darf das angedrohte Maß nicht überschritten werden. Maßgebliche Bemessungskriterien können insbesondere die Folgen der Zuwiderhandlung für den Gläubiger sowie das Maß der Schuld sein.

Tenorierungsbeispiel:
Gegen den Schuldner wird ein Ordnungsgeld in Höhe von ... und, falls dieses nicht beigetrieben werden kann, Ordnungshaft von ... verhängt.
Der Schuldner trägt die Kosten des Verfahrens.

Der Beschluss muss eine Kostenentscheidung enthalten (§ 891 Satz 3 ZPO).

Der Beschluss ist im Wege der sofortigen Beschwerde (§ 793 ZPO) anfechtbar. Vollstreckt wird der Ordnungsmittelbeschluss von Amts wegen. Für die Beitreibung von Ordnungsgeld, welches der Staatskasse zusteht, ist der Ordnungsmittelbeschluss ein Titel nach § 794 Abs. 1 Ziffer 3 ZPO.

4. Schema „Die Rechtmäßigkeit der Unterlassungs-/ Duldungsvollstreckung"

I. Allgemeine Voraussetzungen jeder Zwangsvollstreckung
insbesondere
1) Vollstreckungsantrag (muss kein bestimmtes Ordnungsmittel bezeichnen)
2) Zuständigkeit: ausschließlich das Prozessgericht erster Instanz (§§ 890 Abs. 1, 802 ZPO)
3) allgemeine Vollstreckungsvoraussetzungen
   a) Titel → gerichtet auf Dulden oder Unterlassen
   – Dulden = Verhalten, das darauf gerichtet ist, die Vornahme einer Handlung durch einen anderen nicht zu behindern (im Einzelfall kann aktives Tun des Schuldners zur Herbeiführung des Duldungserfolges erforderlich sein)
   – Unterlassen = Verhalten, das den Nichteintritt oder die Beseitigung eines Zustandes bewirkt:
   Verhalten, durch welches ein Kausalverlauf nicht beeinflusst wird (Nichtstun; Belassen eines Zustandes)
   Verhalten, das in den Kausalverlauf eingreift, um den ungestörten Zustand herbeizuführen oder zu bewahren
   Abgrenzung zwischen Vornahme und Unterlassen einer Handlung danach, ob Schwergewicht der Rechtsfolgenanordnung im Titel auf dem Gebot zum Handeln oder dem Gebot zum Unterlassen (Verbot) liegt
   → Titel im Zeitpunkt der Zuwiderhandlung vollstreckbar (späterer Entfall wegen Strafcharakters des Ordnungsmittels unerheblich)
   b) Klausel
   c) Zustellung
4) Besondere Vollstreckungsvoraussetzungen
5) Sicherheitsleistung bereits im Zeitpunkt der Zuwiderhandlung erbracht und vom Schuldner in der in § 751 Abs. 2 ZPO bezeichneten Form nachgewiesen
6) Rechtsschutzbedürfnis
   Streitig:
   – ausreichend zum Zeitpunkt der Zuwiderhandlung
   – sowohl im Zeitpunkt der Zuwiderhandlung als auch im Zeitpunkt der Vollstreckungsentscheidung

II. Die besonderen Voraussetzungen der Unterlassungs-/Duldungsvollstreckung
1) Androhung eines Ordnungsmittels, § 890 Abs. 2 ZPO
   – im Titel
   – oder durch Beschluss
2) Zuwiderhandlung gegen die titulierte Unterlassungs- oder Duldungspflicht trotz vorliegender Androhung (jede Handlung, die nach Verkehrsauffassung dem Verbotenen gleichwertig ist)
3) Verschulden (im strafrechtlichen Sinne, da Strafcharakter des Ordnungsmittels)
   → Beweislast: Gläubiger
→ Festsetzung des Ordnungsmittels durch Beschluss (§ 891 ZPO)

§ 9
Die Zwangsvollstreckung wegen eines Anspruchs auf Abgabe einer Willenserklärung

Ist der Schuldner verurteilt, beispielsweise Auskunft zu erteilen (unvertretbare Handlung), bedarf es eines positiven Tuns des Schuldners über den Inhalt des Titels hinaus: Er muss eben die Auskunft zu der im Titel umrissenen Frage erteilen. Dieses weitere Tun des Schuldners ist durch die Vollstreckung zu bewirken.

Lautet der Titel aber auf Abgabe einer bestimmten Willenserklärung,

> Beispiel: Der Schuldner wird verurteilt, zur genau beschriebenen Änderung eines Gesellschaftsvertrages zuzustimmen.

müsste der Schuldner eigentlich nur den Inhalt des Titels (z.B. den Tenor des Urteils) nachsprechen, um die Verpflichtung zu erfüllen. Weiterer Handlungen, um die Verpflichtung inhaltlich auszufüllen und den geschuldeten Erfolg herbeizuführen, bedarf es nicht. Anstatt eine solche – natürlich unvertretbare – Handlung des Schuldners durch Ordnungsgeld nach § 888 Abs. 1 ZPO zu erzwingen, erscheint es einfacher, die im Titel hinreichend bestimmte Willenserklärung mit Rechtskraft des – dann unangreifbaren – Titels als abgegeben zu betrachten. Der Gesetzgeber hat sich in § 894 ZPO für diese **Fiktion der Willenserklärung mit Rechtskraft des Titels** entschieden.

I. Voraussetzungen der Fiktion sind:

1. rechtskraftfähiger Titel auf Abgabe einer Willenserklärung

a) Willenserklärung im Sinne des § 894 ZPO Abs. 1 ZPO ist

■ die rechtsgeschäftliche Erklärung (z. B.: Einigung im Rahmen der Übereignung, Auflassung, Abtretungserklärung),

■ die rechtsgeschäftähnliche Erklärung (z.B.: Urlaubsgewährung, Zustimmung des GmbH-Gesellschafters zur Kapitalerhöhung oder Änderung des Gesellschaftsvertrages)

■ und die Prozesshandlung (z.B.: Klagerücknahme, Eintragungsbewilligung).

Abzugrenzen ist insoweit von

■ der bloßen Wissenserklärung, die sich nicht auf eine rechtliche Gestaltung, sondern auf einen tatsächlichen Inhalt bezieht (z.B.: Auskunftserteilung)

■ und der Willenserklärung, die nur durch eine begleitende weitere Handlung (z.B. Skripturakt beim Wechsel etc.) Wirksamkeit erlangt.

Diese sind nach § 888 ZPO zu vollstrecken.

Ohne Bedeutung ist, ob es sich um eine einseitige oder empfangsbedürftige Willenserklärung handelt.

b) Der Inhalt der Willenserklärung muss sich eindeutig aus dem Titel ergeben. Bei Urteilen dürfen zur Auslegung des Tenors die Entscheidungsgründe herangezogen werden.[347]

c) Der Titel muss **rechtskraftfähig** sein. Denn die Fiktion nach § 894 ZPO tritt mit Rechtskraft ein. Der Rechtskraft fähig sind Urteile und Beschlüsse, nicht hingegen Prozessvergleiche oder notarielle Urkunden. Letztere beiden sind nach § 888 ZPO zu vollstrecken.

2. Eintritt der Rechtskraft

3. Titelergänzende Klausel i. F. d. Zug-um-Zug-Titels

Hängt die Abgabe der Willenserklärung laut Titel von einer Gegenleistung ab (Zug-um-Zug-Titel), genügt der Eintritt der Rechtskraft allein noch nicht, um die Fiktion eintreten zu lassen. Weitere Voraussetzung ist vielmehr die Erteilung einer vollstreckbaren Ausfertigung des Titels nach § 724 ZPO mit qualifizierter Klausel nach § 726 Abs. 2 ZPO (§ 894 Abs. 1 Satz 2 ZPO). Hierdurch wird sichergestellt, dass der Gläubiger die ihm obliegende Gegenleistung zumindest in einer den Annahmevollzug begründenden Art und Weise angeboten hat und eine Vorleistung des Schuldners durch die Fiktion vermieden wird.

II. Wirkungen der Fiktion

Die fingierte Willenserklärung ist rechtsgeschäftlicher Natur, weshalb die Vorschriften über den Erwerb vom Nichtberechtigten auf den durch sie begründeten Erwerb Anwendung finden (§ 898 ZPO).

Der Titel ersetzt jede Form.

Bei empfangsbedürftigen Willenserklärungen ist allerdings noch immer ihr Zugang nach §§ 130 ff BGB zu besorgen. Bedarf die Willenserklärung zu ihrer Wirksamkeit des Zugangs bei einem Dritten, muss der Gläubiger diesem eine Titelausfertigung übersenden bzw. übergeben. Lediglich der Zugang an den Gläubiger wird ersetzt soweit dieser Prozessgegner des Schuldners gewesen ist.

Ist zu der fingierten Willenserklärung des Schuldners noch eine Annahmeerklärung des Gläubigers erforderlich, wird diese nicht ersetzt, sondern ist nach allgemeinen Regeln abzugeben.

Eine gegebenenfalls erforderliche Zustimmung eines Dritten wird nicht ersetzt, sondern ist gesondert einzuholen.

---

[347] Thomas/Putzo, § 894 Rn. 8

Typisches Beispiel ist die Verurteilung des Beklagten zur Übereignung eines Grundstücks an den Kläger Zug um Zug gegen Zahlung des Kaufpreises.

Die Auflassungserklärung des Beklagten wird als dingliche Willenserklärung mit Eintritt der Rechtskraft des Urteils und Erteilung der vollstreckbaren Urteilsausfertigung (§§ 724, 726 ZPO) gemäß § 894 Abs. 1 ZPO fingiert. Diese Erklärung gilt auch als dem Kläger zugegangen. Allerdings ist damit noch nicht die dingliche Einigung zwischen Veräußerer und Erwerber (§§ 873, 925 BGB) komplett: Der Kläger muss die fingierte Auflassungserklärung in der nach § 925 BGB vorgeschriebenen Form, also in einer notariell beurkundeten Urkunde annehmen. Mit vollstreckbarer Ausfertigung des Urteils und der notariell beglaubigten Urkunde beantragt der Kläger sodann beim Grundbuchamt die Eintragung, wobei der rechtskräftige und in vollstreckbarer Ausfertigung erteilte Titel auch die Eintragungsbewilligung des Beklagten (sofern er zugleich Grundstückseigentümer ist) ersetzt.

Ist der Beklagte tatsächlich nur (eingetragener) Scheineigentümer des Grundstücks, erwirbt der Kläger – sofern er in Bezug auf das Eigentum des Beklagten guten Glaubens ist – nach § 898 ZPO, §§ 932, 892, 893 BGB dennoch wirksam das Eigentum.

Ist das Urteil für vorläufig vollstreckbar erklärt, so gilt mit Erlass des Urteils die Eintragung einer Auflassungsvormerkung in das Grundbuch als bewilligt (Fiktion einer Eintragungsbewilligung, § 895 ZPO).

Weiteres Beispiel: Ist der Schuldner zur Übereignung einer beweglichen Sache verurteilt worden, so wird die dingliche Willenserklärung nach § 929 BGB mit Eintritt der Rechtskraft fingiert. Der Gläubiger muss diese Erklärung annehmen. Die Übergabe der Sache wird im Wege der Herausgabevollstreckung nach § 883 ZPO vollstreckt, indem der Gerichtsvollzieher dem Schuldner die Sache zum Zweck der Ablieferung beim Gläubiger wegnimmt. Mit Wegnahme gilt die Übergabe als erfolgt (§ 897 Abs. 1 ZPO). Ist der Schuldner – wie sich erst später herausstellt – nicht Eigentümer der Sache, der Gläubiger jedoch im Zeitpunkt des Eintritts der Fiktion nach § 894 ZPO sowie im Zeitpunkt der Wegnahme der Sache durch den Gerichtsvollzieher gutgläubig in Bezug auf das Eigentum des Schuldners, so erwirbt er nach § 932 BGB wirksam Eigentum (§ 898 ZPO).

Teil 2

Die Rechtsbehelfe in der Zwangsvollstreckung

§ 1
Einführung

I. Übersicht über die Rechtsbehelfe in der Zwangsvollstreckung

Die **für Examen und Praxis bedeutsamen Rechtsbehelfe** sind (nach dem Rechtsschutzbegehren unterschieden):

Der Rechtsschutzsuchende macht geltend

die Verletzung formellen Verfahrensrechts durch das Vollstreckungsorgan

Gerichtsvollzieher

Gegen
– sein Handeln in der Zwangsvollstreckung
– oder die Weigerung, aufgrund des Vollstreckungsantrags tätig zu werden,

ist **immer** die

Vollstreckungserinnerung nach § 766 ZPO

zulässiger Rechtsbehelf.

Gericht

funktionell handelnd durch den Richter oder den Rechtspfleger,

wobei zu unterscheiden ist zwischen

■ Vollstreckungsmaßnahme, die ohne Abwägung widerstreitender Interessen ergeht (Indiz: ohne Anhörung des Schuldners oder Drittschuldners).

→ **Vollstreckungserinnerung, § 766 ZPO**

■ Entscheidung, die nach Abwägung widerstreitender Interessen ergeht (Indiz: nach Gewährung rechtlichen Gehörs für den Schuldner/Drittschuldner).

→ **Sofortige Beschwerde, §§ 793, 567 Abs. 1 Ziff. 1 ZPO**

→ **Rechtspflegererinnerung, § 11 Abs. 2 RPflG (ausnahmsweise)**

ein der Zwangsvollstreckung entgegenstehendes materielles Recht

■ Der **Schuldner** macht eine **materiellrechtliche Einwendung gegen die titulierte Forderung**, die vollstreckt wird, geltend (z. B. Erfüllung nach Erlass des Titels).

→ **Vollstreckungsgegenklage, § 767 ZPO**

■ Ein Dritter (= am Vollstreckungsverfahren nicht Beteiligter) rügt, die Vollstreckung in einen bestimmten Gegenstand verstoße gegen sein **materielles Recht an diesem Gegenstand** (z.B. Eigentum an der gepfändeten Sache).

→ **Drittwiderspruchsklage, § 771 ZPO**

■ Ein **Dritter** rügt, ihm stehe an der gepfändeten Sache ein gegenüber dem Pfändungspfandrecht des betreibenden Gläubigers **besserrangiges Pfand- oder Vorzugsrecht** zu.

→ **Vorzugsklage, § 805 ZPO**

■ Der Schuldner rügt, dass der Vollstreckungstitel sittenwidrig erlangt oder sittenwidrig zur Vollstreckung ausgenutzt werde.

→ **allgemeine Schadensersatzklage auf Unterlassen nach § 826 BGB**

Das 8. Buch der ZPO enthält weitere Vorschriften über besondere Rechtsbehelfe im Vollstreckungsverfahren, auf die mangels Examensrelevanz jedoch nicht weiter eingegangen wird. Beispielsweise:

- Widerspruchsklage bei Veräußerungsverboten, § 772 Satz 2 ZPO
- Widerspruchsklage des Nacherben, § 773 ZPO
- Widerspruchsklage des Ehegatten (Gütergemeinschaft), §§ 774, 741 ZPO
- Vollstreckungsabwehrklagen des Erben bzw. beschränkt Haftender, §§ 785, 786 ZPO
- Klage auf Hinterlegung, § 856 ZPO
- Widerspruchsklage, § 878 ZPO
- Sofortige Beschwerde bei Wohnraum-Räumungsfristen, §§ 721 Abs. 6, 794a Abs. 4 ZPO

Die besonderen Rechtsbehelfe des 8. Buchs der ZPO

- schließen sich innerhalb ihres abschließenden Anwendungsbereichs untereinander aus
  (die Anwendungsbereiche der Rechtsbehelfe überschneiden sich grundsätzlich nicht; soweit ein Rechtsbehelf Anwendung findet, schließt er andere Rechtsbehelfe des 8. Buchs der ZPO aus)

- und sind bei gleichem Rechtsschutzbegehren gegenüber anderen Rechtsbehelfen der ZPO vorrangig (Grundsatz der Spezialität).

Abzugrenzen sind die Rechtsbehelfe in der Zwangsvollstreckung von denen des Klauselverfahrens[348]. Das Klauselverfahren gehört nicht zum Zwangsvollstreckungsverfahren, sondern schafft lediglich eine Voraussetzung der Zwangsvollstreckung.

Die Rechtsbehelfe in der Zwangsvollstreckung sind Parteiverfahren zwischen Vollstreckungsgläubiger und Vollstreckungsschuldner bzw. Dritten.

II. Das Zulässigkeitsschema der Rechtsbehelfe des 8. Buchs der ZPO

1. **Statthaftigkeit** des Rechtsbehelfs

Wegen der Ausschließlichkeit der Rechtsbehelfe des 8. Buchs der ZPO ist zunächst immer danach zu fragen, welcher dieser Rechtsbehelfe der für das fragliche Rechtsschutzbegehren Richtige ist. Unter der Statthaftigkeit versteht man daher die Prüfung,

- (bei Begutachtung des Falles aus anwaltlicher Sicht) mit welchem Rechtsbehelf des 8. Buchs der ZPO die Rüge des Mandanten zu verfolgen ist,
- (bei Begutachtung aus gerichtlicher Sicht oder Fertigung eines gerichtlichen Entscheidungsentwurfs) ob der Rechtsschutzsuchende für seine geltend gemachte Rüge den richtigen Rechtsbehelf eingelegt hat.

Hier ist regelmäßig bei der Prüfung des in Betracht kommenden Rechtsbehelfs die in der Übersicht zu I. schematisch beschriebene Abgrenzung vorzunehmen.

2. **Antrag** des Rechtsbehelfsführers

3. örtliche und sachliche **Zuständigkeit** des angerufenen Gerichts

4. allgemeine Prozessvoraussetzungen im übrigen

---

[348] Siehe hierzu Teil 3 dieses Buches

5. allgemeines Rechtsschutzbedürfnis

Dieses gehört zwar dogmatisch auch zu den allgemeinen Prozess- bzw. Verfahrensvoraussetzungen, wird hier wegen der Besonderheiten der Rechtsbehelfe des 8. Buchs der ZPO aber als eigenständige Zulässigkeitsvoraussetzung hervorgehoben.

§ 2
Die Vollstreckungserinnerung nach § 766 ZPO

I. Übersicht und allgemeine Grundsätze

Die Vollstreckungserinnerung nach § 766 ZPO dient der **richterlichen Kontrolle** der angegriffenen Vollstreckungsmaßnahme auf **Verfahrensfehler** in derselben Instanz. **Die Leitfrage ist, ob das Vollstreckungsorgan die Verfahrensvorschriften zur konkreten Vollstreckungsmaßnahme beachtet hat.**

§ 766 ZPO ist grundsätzlich auf jede Zwangsvollstreckungsmaßnahme des Gerichtsvollziehers oder des Vollstreckungsgerichts (§ 764 ZPO), die aufgrund der Vorschriften der ZPO durchgeführt wird, anwendbar. Systematisch gilt § 766 ZPO in unmittelbarer Anwendung für die Vollstreckung aus einem Urteil. Auf andere Titel im Sinne des § 794 ZPO findet die Vorschrift nach § 795 Satz 1 ZPO entsprechend Anwendung (Normenkette: §§ 794 Ziffer ..., 795 Satz 1, 766 ZPO).

Keine Anwendung findet die Vorschrift bei Vollstreckungsmaßnahmen des Prozessgerichts oder des Grundbuchamtes sowie bei Handlungen eines Beteiligten oder des Vollstreckungsorgans außerhalb der Zwangsvollstreckung.[349]

Verfahrensgegenstand der Vollstreckungserinnerung ist zwar die Rechtmäßigkeit des hoheitlichen Handelns des Vollstreckungsorgans. Dennoch ist dieser Rechtsbehelf – wie das Vollstreckungsverfahren auch selbst – nicht als Verfahren zwischen Bürger und Staat, sondern als **Parteiverfahren** zwischen demjenigen, der durch die konkrete Vollstreckungsmaßnahme in eigenen Rechten betroffen ist, und dem betreibenden Gläubiger ausgestaltet. Die Parteien des Erinnerungsverfahrens heißen **Erinnerungsführer** und **Erinnerungsgegner**.

Mit Rücksicht auf den Verfahrensgegenstand gilt nach allgemeiner Ansicht jedoch wie im Verwaltungsprozess der **eingeschränkte Amtsermittlungsgrundsatz**. Die Dispositionsmaxime gilt grundsätzlich nur insoweit, als das Verfahren notwendig durch den Antrag des Erinnerungsführers in Gang gesetzt wird und die Antragsrücknahme das Verfahren beendet. Im Verfahren hat der Richter von Amts wegen sämtliche Rechtmäßigkeitsvoraussetzungen der vom Erinnerungsführer angegriffenen (§ 766 Abs. 1) oder begehrten (§ 766 Abs. 2) Vollstreckungsmaßnahme zu überprüfen. Deswegen ist es nicht erforderlich, dass im Antrag ein Verfahrensverstoß schlüssig behauptet und ein bestimmtes Rechtsschutzbegehren formuliert wird. Es genügt ein unbestimmter Antrag. Allerdings kann der bestimmte Antrag die Prüfungspflicht des Gerichts einschränken.

Wird die Vollstreckungserinnerung eingelegt, besteht zunächst eine Abhilfebefugnis des Vollstreckungsorgans:[350]

---

[349] Thomas/Putzo, § 766 Rn. 6 f.
[350] Zöller-Stöber, § 766 Rdnr. 23 f.

– Der Gerichtsvollzieher kann im Fall der Vollstreckungserinnerung nach § 766 Abs. 2 ZPO die beantragte Vollstreckungsmaßnahme ausführen oder den Kostenansatz zugunsten des Gläubigers korrigieren. Bei der Vollstreckungserinnerung nach § 766 Abs. 1 ZPO hat er keine Abhilfebefugnis.

– Der Rechtspfleger kann und muss der für begründet erachteten Vollstreckungserinnerung abhelfen, indem er seine Vollstreckungsmaßnahme nach Gewährung rechtlichen Gehörs für den Gläubiger aufhebt.

Die Entscheidung ergeht durch Beschluss, der wiederum der sofortigen Beschwerde nach § 793 ZPO unterliegt.

Grundfall zur Vollstreckungserinnerung:

Der Gläubiger betreibt die Zwangsvollstreckung eines Anspruchs auf Zahlung der Umsatzsteuer gegen den Schuldner aus notariell beglaubigten Kaufvertrag. In der notariellen Urkunde hatte sich der Schuldner wegen des Kaufpreisanspruchs der sofortigen Zwangsvollstreckung in sein ganzes Vermögen unterworfen.

Im Auftrag des Gläubigers pfändete der Gerichtsvollzieher Kuckuck am 24.02.2003 in der Ehewohnung des Schuldners und dessen Ehefrau X in Bielefeld die Skulptur Almut III, obwohl die X unter Vorlage eines Sicherungsübereignungsvertrages, durch welchen der Schuldner seiner Ehefrau X das alleinige Eigentum an der Skulptur zur Sicherung eines gewährten Darlehens übereignet hatte, auf ihren Besitz an der Skulptur hinwies und der Pfändung widersprach.

Darüber hinaus meinen die Eheleute X, die notarielle Urkunde sei nicht hinreichend bestimmt. Unter der Überschrift „Gesamtkaufpreis" unterscheide der Vertrag zwischen dem „Netto-Kaufpreis" und der Umsatzsteuer, so dass sich die Unterwerfungsklausel mit der Formulierung „wegen des Kaufpreises" nicht auf die Umsatzsteuer beziehe.

Der Schuldner und seine Ehefrau halten die Pfändung daher für rechtswidrig, da Verfahrensvorschriften nicht beachtet worden seien, und legen durch ihren Rechtsanwalt Erinnerung ein.

I. Zulässigkeit der Vollstreckungserinnerung

1. Statthaftigkeit

a) Gegenstand der Vollstreckungserinnerung

Der Rechtsbehelf ist als Vollstreckungserinnerung nach § 766 ZPO statthaft, wenn sich der Erinnerungsführer gegen die Vollstreckungsmaßnahme eines Vollstreckungsorgans (Gerichtsvollzieher oder Vollstreckungsgericht) wendet und geltend macht, die vollstreckungsrechtlichen Verfahrensvorschriften seien nicht eingehalten worden.

Maßgeblich für die Statthaftigkeit ist allein das **Vorbringen des Erinnerungsführers**. Er muss darlegen, dass eine bestimmt zu bezeichnende Vollstreckungsmaßnahme vorgenommen oder abgelehnt wurde. Wegen des eingeschränkten Amtsermittlungsgrundsatzes muss er allerdings einen konkreten Verfahrensverstoß nicht darlegen. Ausreichend ist vielmehr das erkennbare Begehren des Erinnerungsführers, eine bestimmte Vollstreckungsmaßnahme auf ihre verfahrensrechtliche Ordnungsgemäßheit überprüfen zu lassen.[351] Das Gericht überprüft sodann sämtliche Rechtmäßigkeitsvoraussetzungen der angegriffenen oder begehrten Vollstreckungsmaßnahme. Trägt der Erinnerungsführer konkrete Verfahrensverstöße vor; kann dies den Umfang der Prüfungspflicht des Erinnerungsgerichts (Begründetheit!) einschränken.

Ob tatsächlich ein Verfahrensverstoß vorliegt, ist keine Frage der Zulässigkeit, sondern der Begründetheit.

aa) Die Vollstreckungserinnerung des Schuldners oder eines Dritten nach § 766 Abs. 1 ZPO gegen die Vornahme einer Vollstreckungsmaßnahme

Der Wortlaut des § 766 Abs. 1 Satz 1 ZPO unterscheidet zwischen Erinnerungen, welche
– die Art und Weise der Zwangsvollstreckung
– oder das vom Gerichtsvollzieher bei ihr zu beobachtende Verfahren

betreffen. In beiden Anwendungsfällen geht es um die Geltendmachung von Verletzungen des formellen Verfahrensrechts. Die Unterscheidung macht lediglich deutlich, dass nicht nur die Vollstreckung durch den Gerichtsvollzieher, sondern auch die Zwangsvollstreckung durch das Vollstreckungsgericht im Wege der Vollstreckungserinnerung auf ihre Ordnungsgemäßheit überprüft werden kann.

(1) Vollstreckungsmaßnahmen des Vollstreckungsgerichts

Handelt das Vollstreckungsgericht (funktionell durch den Richter oder den Rechtspfleger) als Vollstreckungsorgan, so stehen zwei Vorschriften des 8. Buchs ZPO zueinander im Spannungsverhältnis: Einerseits sind verfahrensrechtliche Rügen im Wege der Vollstreckungserinnerung nach § 766 Abs. 1 ZPO geltend zu machen; andererseits findet nach § 793 Abs. 1 ZPO gegen Entscheidungen, die im Zwangsvollstreckungsverfahren ohne mündliche Verhandlung ergehen können, die sofortige Beschwerde statt. Wegen des abschließenden Anwendungsbereichs beider Rechtsbehelfe des 8. Buchs der ZPO kann, soweit eine gerichtliche Entscheidung der sofortigen Beschwerde nach § 793 unterliegt, § 766 ZPO nicht anwendbar sein und umgekehrt.

Die notwendige **Abgrenzung** beider Rechtsbehelfe erfolgt aufgrund nachfolgend dargestellter Erwägungen nach der begrifflichen Unterscheidung zwischen **Vollstreckungsmaßnahme** (§ 766 ZPO) und **Entscheidung** (§ 793 ZPO):

Zur Entscheidung über die Vollstreckungserinnerung ist das Vollstreckungsgericht zuständig, § 766 Abs. 1 S. 1 ZPO. Ist das Vollstreckungsgericht zugleich auch Vollstreckungsorgan gewesen, so überprüft es seine eigene Vollstreckungsmaßnahme. Selbstkontrolle ist nur dort effizient, wo das Vollstreckungsgericht sich zuvor nur von den Gläubigerinteressen hat einseitig leiten lassen und keine Abwägung widerstreitender Interessen vorgenommen hat. Hat das Vollstreckungsgericht aber nicht nur aufgrund einseitigen Vorbringens die Voraussetzungen des Vollstreckungsanspruchs bejaht, sondern nach Abwägungen widerstreitender Interessen eine Ent-

---

[351] vgl. Zöller-Stöber, § 766 Rdnr. 22

scheidung getroffen, so verlangt eine effiziente Zwangsvollstreckung und Rechts-
schutzgewährung die Überwälzung der Kontrollbefugnis auf die nächst höhere
Instanz (Devolutiveffekt). Da beide Parteien Gelegenheit zum Vortrag hatten, bleibt
der Sachverhalt gleich, so dass kein vernünftiges Argument für eine zweite Entscheidung in der selben Instanz spricht. Indizien für die Abwägung widerstreitender
Interessen sind:

■ Gewährung rechtlichen Gehörs
Dies ist eindeutig, wenn der Schuldner tatsächlich im Vollstreckungsverfahren
vorgetragen hat. Ausreichend ist jedoch auch, dass dem Schuldner Gelegenheit
zur Äußerung eingeräumt worden ist.

■ Ablehnung des Vollstreckungsantrags
Hier hat das Vollstreckungsgericht eben nicht nur einseitig dem Antrag stattgegeben, sondern sich – auch ohne Anhörung des Schuldners – mit den Argumenten des Gläubigers auseinandergesetzt und abgewogen.

Daraus ergibt sich letztlich folgende Unterscheidung:[352]

■ Eine **Vollstreckungsmaßnahme** des Vollstreckungsgerichts (durch Beschluss
oder Verfügung) ist jede Zwangsmaßnahme, die ohne Gewährung rechtlichen
Gehörs und Anhörung des Schuldners oder übriger Beteiligter (Drittschuldner)
ergeht.

■ Eine **Entscheidung** des Vollstreckungsgerichts erfolgt durch Beschluss nach
Abwägung der widerstreitenden Interessen. Dies ist insbesondere der Fall, wenn
alle Beteiligten angehört wurden oder ihnen zumindest die Möglichkeit zur Äußerung gegeben oder die beantragte Vollstreckungsmaßnahme abgelehnt wurde.

**Die Vollstreckungserinnerung ist mithin statthaft, wenn sie sich gegen eine
Vollstreckungsmaßnahme des Vollstreckungsgerichts richtet und die Art und
Weise der Vollstreckung rügt.**

(2) Vollstreckungshandlungen des Gerichtsvollziehers

Die Vollstreckungserinnerung nach § 766 Abs. 1 ZPO ist **gegen das gesamte Handeln des Gerichtsvollziehers im Rahmen des Vollstreckungsverfahrens** statthaft[353]. Soweit der Gerichtsvollzieher zum Zweck der Vollstreckung handelt, wird
nicht danach unterschieden, ob er den übrigen Beteiligten des Vollstreckungsverfahrens rechtliches Gehör gewährt hat oder nicht.

---

[352] OLG Köln NJW-RR 2001, 69; Zöller-Stöber, § 766 Rn. 2 m.w.N.
[353] Thomas/Putzo, § 766 Rn. 16

im Grundfall:
Der eingelegte Rechtsbehelf ist als Vollstreckungserinnerung nach § 766 Abs. 1 ZPO statthaft. Der Schuldner und seine Ehefrau X wenden sich mit der Erinnerung gegen eine Vollstreckungshandlung des Gerichtsvollziehers, nämlich die Pfändung der Skulptur Almut III am 24.02.2003 durch den Gerichtsvollzieher Kuckuck in der gemeinsamen Wohnung der Eheleute in Bielefeld mit der allgemein gehaltenen Rüge, der Gerichtsvollzieher habe das für die Sachpfändung maßgebliche Verfahren nicht beachtet. Wegen des eingeschränkten Amtsermittlungsgrundsatzes ist eine Darlegung, welche Verfahrensvorschrift wodurch verletzt worden sein soll, entbehrlich. Der Erinnerungsführer muss lediglich eine konkrete und bestimmte Vollstreckungsmaßnahme des Gerichtsvollziehers darlegen und zum Ausdruck bringen, dass er sich gegen die Art und Weise der Zwangsvollstreckung wendet.

Die Vollstreckungserinnerung ist somit der statthafte Rechtsbehelf gegen eine Sachpfändung des Gerichtsvollziehers, um überprüfen zu lassen, ob der Gerichtsvollzieher die allgemeinen Voraussetzungen jeder Zwangsvollstreckungsmaßnahme und die Voraussetzungen der Sachpfändung nach §§ 804, 808 ff. ZPO beachtet hat, aber auch gegen eine vom Gerichtsvollzieher vorgenommene Forderungspfändung mit der Rüge der funktionellen Zuständigkeit.

(3) Für die Statthaftigkeit ist unerheblich, ob Erinnerungsführer der Schuldner oder ein Dritter ist. Der Kreis der Rechtsschutzsuchenden wird erst unter der Zulässigkeitsvoraussetzung der Erinnerungsbefugnis dahin beschränkt, dass nach dem Vortrag des Erinnerungsführers ein Verstoß gegen zumindest auch ihn schützende Verfahrensvorschriften möglich erscheint.

bb) Die Vollstreckungserinnerung des Gläubigers gegen die Verweigerung der beantragten Zwangsvollstreckungsmaßnahme durch den Gerichtsvollzieher, § 766 Abs. 2 1. Alt. ZPO

Lehnt der Gerichtsvollzieher es ab, die vom Gläubiger beantragte Vollstreckungsmaßnahme vorzunehmen oder bei der Vornahme bestimmten Weisungen des Gläubigers Folge zu leisten (sog. Amtsverweigerung), kann hierin ebenfalls ein Verfahrensverstoß liegen. Denn wenn die verfahrensrechtlichen Voraussetzungen für die Vornahme der begehrten Vollstreckungsmaßnahme vorliegen oder die Weisungen des Gläubigers verfahrensrechtlich nicht zu beanstanden sind, hat der Gläubiger einen Vollstreckungsanspruch gegen den Staat (Vollstreckungsmonopol).

cc) Die Vollstreckungserinnerung gegen den Kostenansatz des Gerichtsvollziehers, § 766 Abs. 2 2. Alt. ZPO

Schuldner und Gläubiger (je nachdem, zu wessen Lasten der Kostenansatz erfolgt) können mit der Vollstreckungserinnerung den Kostenansatz (§ 788 ZPO) des Gerichtsvollziehers angreifen. Hat das Vollstreckungsgericht, funktionell handelnd durch den Rechtspfleger, die Kosten nach § 788 Abs. 2 ZPO festgesetzt, ist nicht die Vollstreckungserinnerung nach § 766 Abs. 2 ZPO sondern nur noch die sofortige Beschwerde nach § 104 Abs. 3 ZPO statthaft.

b) Abgrenzungsfragen

aa) Beanstandet der Erinnerungsführer lediglich Fehler im Klauselverfahren, so ist die Vollstreckungserinnerung nach § 766 ZPO nicht statthaft; vielmehr ist der Erinnerungsführer auf die Klauselerinnerung nach § 732 ZPO zu verweisen.

bb) Ebenfalls unstatthaft ist die Vollstreckungserinnerung, wenn der Erinnerungsführer materiell rechtliche Einwendungen gegen den im Titel festgestellten Anspruch geltend macht. Insoweit ist sein Begehren mit der Vollstreckungsgegenklage nach § 767 ZPO zu verfolgen.

cc) Rügt ein Dritter nicht die Verletzung ihn schützender Verfahrensvorschriften sondern die Verletzung eines materiellen Rechts am Vollstreckungsgegenstand, so ist nicht die Vollstreckungserinnerung sondern allein die Drittwiderspruchsklage nach § 771 ZPO statthaft.

dd) Macht der Erinnerungsführer neben den vorgenannten Beanstandungen aber auch die Verletzung von verfahrensrechtlichen Vollstreckungsvorschriften geltend, so ist schon alleine deshalb die Vollstreckungserinnerung statthaft und in keinem Fall auch nur teilweise als unzulässig zurückzuweisen. In einer solchen Fallkonstellation ist entweder unter Statthaftigkeit oder erst in der Begründetheit darauf hinzuweisen, dass materiell rechtliche Einwendungen oder Einwendungen aus dem Klauselverfahren nicht nach § 766 ZPO zu verfolgen sind.

2. Zuständigkeit

Über die Vollstreckungserinnerung entscheidet das Vollstreckungsgericht, § 766 Abs. 1 S. 1 ZPO. Welches das Vollstreckungsgericht ist, regelt § 764 ZPO: Sachlich zuständig als Vollstreckungsgericht ist unabhängig vom Streitwert das Amtsgericht (§ 764 Abs. 1 ZPO). Örtlich ist das Amtsgericht zuständig, dessen Bezirk das Vollstreckungsverfahren stattfinden soll oder stattgefunden hat (§ 764 Abs. 2 ZPO).

In den Examensprüfungen ist immer daran zu denken und auch zu benennen, dass alle im 8. Buch der ZPO geregelten Gerichtszuständigkeiten nach § 802 ZPO ausschließlich sind.

Funktionell entscheidet das Amtsgericht durch den Richter; dies ergibt sich aus § 20 Nr. 17 S. 2 RPflG, wonach diese Tätigkeit dem Richter vorbehalten ist. Zur funktionellen Zuständigkeit wird jedoch im Entscheidungsentwurf regelmäßig nichts ausgeführt.

Zu denen in Examen und in der Entscheidung gerne gesehenen **Normenketten** zusammengefasst ergibt sich also folgende Zuständigkeitsregelung:

- sachliche Zuständigkeit: das Amtsgericht als Vollstreckungsgericht nach §§ 766, 764 Abs. 1, 802 ZPO

- örtliche Zuständigkeit des Amtsgerichts, in dessen Bezirk die Zwangsvollstreckung erfolgt ist/erfolgen soll, nach §§ 764 Abs. 2, 802 ZPO

- funktionell: der Richter, § 20 Nr. 17a RPflG

---

im Grundfall:

Ausschließlich sachlich und örtlich zuständig für die Entscheidung über die Vollstreckungserinnerung der Eheleute X ist das Amtsgericht Bielefeld als Vollstreckungsgericht nach §§ 766, 764 Abs. 1 und 2, 802 ZPO.

---

3. Antrag

a) Aufgrund des eingeschränkten Amtsermittlungsgrundsatzes hat das Vollstreckungsgericht die angegriffene Vollstreckungsmaßnahme grundsätzlich umfassend auf ihre verfahrensrechtliche Rechtmäßigkeit zu prüfen. Aufgrund dessen bedarf es keines bestimmten Antrages. Die Regelung des § 253 Abs. 2 Nr. 2 ZPO findet keine Anwendung. Ausreichend aber auch erforderlich ist, dass der Antrag die konkrete Vollstreckungsmaßnahme bezeichnet und erkennbar deren Beseitigung oder Einschränkung erstrebt. Entsprechendes gilt bei der Erinnerung wegen Amtsverweigerung oder der Kostenerinnerung.

Grundsätzlich ausreichend ist daher folgender Antragssatz:

„Hiermit lege ich Erinnerung ein gegen die am ... vom Gerichtsvollzieher ... in ... im Auftrag des Gläubigers ... durchgeführte Vollstreckungshandlung."

In diesem Fall hat das Vollstreckungsgericht umfassend die vom Gerichtsvollzieher durchgeführte Sachpfändung auf ihre Verfahrensgemäßheit zu überprüfen.

Wegen des Amtsermittlungsgrundsatzes muss der Erinnerungsführer die begehrte Rechtsfolge nicht richtig bezeichnen. Richtigerweise ist jedoch der Antrag (wie später auch der Tenor) darauf zu richten, die durchgeführte Vollstreckungsmaßnahme für unzulässig zu erklären. Die Aufhebung der jeweiligen Vollstreckungsmaßnahme und ihrer Folgen obliegt dem Vollstreckungsorgan, das zumindest bei einer Erinnerung gegen eine Vollstreckungsmaßnahme des Gerichtsvollziehers nicht mit dem Vollstreckungsgericht identisch ist.

b) Trotz des eingeschränkten Amtsermittlungsgrundsatzes ist aber auch immer zu bedenken, dass das Erinnerungsverfahren ein Antragsverfahren ist. Daher kann der Wortlaut des Antrages die Prüfungspflicht des Vollstreckungsgerichts einschränken. Dies ist insbesondere in den Fällen denkbar, in denen Vollstreckungsmaßnahmen in verschiedene Teilakte unterfallen oder verschiedene Ausführungsweisen vorsehen:

> Beispiel: Im Rahmen der Sachpfändung nach § 808 ZPO hat der Gerichtsvollzieher Geld, Kostbarkeiten und Wertpapiere dem Schuldner wegzunehmen; sind andere als diese Sachen zu pfänden, hat er die Pfändung ersichtlich zu machen und die Sache in Gewahrsam des Schuldners zu belassen. Wendet sich der Erinnerungsführer nicht gegen die Vollstreckung insgesamt, sondern lediglich gegen die Wegnahme der Sache, so hat er von der Freiheit Gebrauch gemacht, seinen Antrag auf die Rüge der fehlerhaften Wegnahme zu beschränken.

c) Die Erinnerung ist entsprechend § 596 Abs. 2 ZPO schriftlich oder zu Protokoll der Geschäftsstelle einzulegen. Sie unterliegt keiner Frist.

4. Erinnerungsbefugnis

Im deutschen Prozessrecht herrscht der Grundsatz, dass nur bei Vorliegen eines berechtigten Interesses der Rechtsschutz eines Zivilgerichts in Anspruch genommen werden kann. Besonderer Ausdruck dieses Grundsatzes ist bei den **Rechtsmitteln** der ZPO die Voraussetzung der **Beschwer** des Rechtsmittelführers. Da die Vollstreckungserinnerung nicht zu einem Instanzwechsel führt, ist sie streng genommen kein Rechtsmittel. Weil sie aber andererseits wie ein Rechtsmittel bezweckt, ein Verfahren der Rechtspflege, nämlich das Zwangsvollstreckungsverfahren, zur Überprüfung zu stellen, ist sie zumindest rechtsmittelähnlich, so dass allgemein auch für die Zulässigkeit der Erinnerung das Vorliegen einer Beschwer, auch **Erinnerungsbefugnis** genannt verlangt wird.[354]

Erinnerungsbefugt ist derjenige, der sich auf die Verletzung einer Verfahrensvorschrift, die zumindest auch seinem Schutz zu dienen bestimmt ist, beruft. Die Möglichkeit der Verletzung in eigenen Rechten besteht immer dann, wenn der Inhalt der Vollstreckungsmaßnahme in Bezug auf solche Rechte des Erinnerungsführers nachteilig ist. Die Möglichkeit der Rechtsbeeinträchtigung ist lediglich **geltend zu machen**, das heißt vom Erinnerungsführer zu behaupten. Die Feststellung der Rechtsverletzung ist Frage der Begründetheit.

■ Der Vollstreckungsschuldner ist daher immer beschwert, soweit er mit der Vollstreckungserinnerung eine gegen ihn gerichtete Zwangsvollstreckungsmaßnahme angreift und die Verletzung solcher Verfahrensvorschriften rügt, die zumindest auch seinem Schutz dienen sollen. Macht der Schuldner lediglich die Verletzung von Verfahrensvorschriften geltend, die allein dem Schutz anderer Beteiligter oder Dritter bezwecken (wie z.B. § 809 ZPO, der allein den Schutz des Gewahrsams des Dritten bezweckt), fehlt dem Vollstreckungsschuldner die Erinnerungsbefugnis, da insoweit eine Möglichkeit der Verletzung eigener Rechte nicht gegeben ist.

Der Vollstreckungsschuldner kann insbesondere geltend machen: Fehlen eines hinreichend bestimmten und vollstreckungsreifen Titels, der Vollstreckungsklausel oder der Zustellung; der Gerichtsvollzieher habe trotz Vorliegens der Voraussetzungen die Zwangsvollstreckung nicht nach § 775 ZPO eingestellt; Pfändungsverbote nach § 811 ZPO; Überpfändung entgegen § 803 ZPO.

■ Der Gläubiger ist möglicherweise in seinen eigenen Rechten verletzt, soweit der Gerichtsvollzieher seinen Auftrag nicht, oder nicht so wie beantragt durchführt.

■ Dritte, also am Zwangsvollstreckungsverfahren nicht als Gläubiger oder Schuldner Beteiligte, sind nur soweit erinnerungsbefugt, wie sie sich auf die Verletzungen einer vollstreckungsrechtlichen Verfahrensvorschrift berufen, die zumindest auch dem Schutz des Dritten dienen soll.

Drittschützend sind insbesondere (examensrelevant):[355]

- § 809 ZPO schützt ausschließlich den der Pfändung widersprechenden Dritten als Gewahrsamsinhaber.[356]

---

[354] Zöller-Stöber § 766 Rdnr. 12
[355] informativ mit weiteren Beispielen hierzu: Zöller-Stöber, § 766 Rn. 14–18
[356] vgl. Zöller-Stöber, § 766 Rdn 12, 18

– Die Vorschriften zum Pfändungsschutz in §§ 811 Nr. 1 und 5, 812 ZPO dienen neben dem Schutz des Schuldners zumindest auch dem Schutz seiner Familienangehörigen und aller in der häuslichen Gemeinschaft des Schuldners lebenden, von ihm abhängigen Personen.

– Die Sachpfändung ist nur zulässig, wenn die zu pfändende Sache nicht evident im Eigentum eines Dritten steht. Diese Vollstreckungsvoraussetzungen schützt ersichtlich nur den Dritten als Eigentümer. Hat der Gerichtsvollzieher dies nicht berücksichtigt, ist der Eigentümer beschwert und damit erinnerungsbefugt.

Rügt der Schuldner außer der Verletzung eigener Rechte auch die Nichtbeachtung drittschützender Verfahrensvorschriften, so ist er in jedem Fall erinnerungsbefugt. In der Klausur sind folgende Aufbaumöglichkeiten vertretbar:

– Entweder die Erinnerungsbefugnis wird insoweit verneint, als der Schuldner sich auf ausschließlich drittschützende Vorschriften beruft. Die Begründetheitsprüfung beschränkt sich dann auf die eigenen Rechte des Schuldners. Der Antrag ist jedoch nicht als insoweit unzulässig teilweise zu verwerfen.

– Oder man sieht den Schuldner als in jedem Fall erinnerungsbefugt an, da er auch die Verletzung von Verfahrensvorschriften rügt, die zumindest seinem Schutz zu dienen bestimmt sind. Mithin verlagert sich die Problematik der Beschränkung auf die Geltendmachung der Verletzung eigener Rechte in den Bereich der Begründetheit: **Die Vollstreckungserinnerung ist nur begründet, wenn solche Verfahrensvorschriften verletzt worden sind, die zumindest auch dem Schutz des Erinnerungsführers zu dienen bestimmt sind.**

Davon ausgehend, dass das Zulässigkeitserfordernis der Beschwer/Erinnerungsbefugnis eine Inanspruchnahme des Gerichts durch Nicht-Betroffene verhindern soll, betrifft die Rügebeschränkung m. E. nicht erst die Sachentscheidung, sondern bereits die Frage, ob und mit welchem Prozessstoff gerichtlicher Rechtsschutz zulässigerweise in Anspruch genommen werden kann. Daher dürfte der ersten Aufbaumöglichkeit der Vorzug zu geben sein.

---

im Grundfall:

Der Schuldner ist erinnerungsbefugt, soweit er sich auf das Fehlen eines hinreichend bestimmten Titels beruft. Denn diese grundlegende allgemeine Vollstreckungsvoraussetzung schützt gerade den Vollstreckungsschuldner. Dahingegen kann er sich nicht auf die Verletzung des § 809 ZPO berufen, da diese Vorschrift allein den der Pfändung widersprechenden Dritten als Gewahrsamsinhaber schützt.

Frau X ist mit der Behauptung einer Verletzung des § 809 ZPO erinnerungsbefugt. Der Einwand, es fehle ein Vollstreckungstitel für die Vollstreckung des Anspruchs auf Umsatzsteuer, betrifft allerdings eine nicht drittschützende Vollstreckungsvoraussetzung, so dass der X insoweit die Erinnerungsbefugnis fehlt.

5. Weitere allgemeine Verfahrensvoraussetzungen

Zu prüfen sind:
- Parteifähigkeit,
- Prozessfähigkeit,
- Postulationsfähigkeit und
- Prozessvollmacht.

6. Allgemeines Rechtsschutzbedürfnis

Dieses liegt grundsätzlich vor, sobald die angefochtene Vollstreckungsmaßnahme begonnen hat und so lange sie nicht beendet ist.

Schon vor Beginn der Zwangsvollstreckungsmaßnahme kann das Rechtsschutzinteresse ausnahmsweise begründet sein, wenn die Vollstreckungsmaßnahme unmittelbar bevorsteht und bei Abwarten bis zum Beginn der Vollstreckungsmaßnahme die Erinnerung zu spät kommen würde.

Das Rechtsschutzbedürfnis besteht solange, wie die begehrte Entscheidung des Gerichts auf das Vollstreckungsverfahren durch Abänderung oder Aufhebung der Vollstreckungsmaßnahme Einfluss nehmen kann.

Nach Beendigung des Vollstreckungsverfahrens (z. B. mit Auskehr des Erlöses an den Gläubiger) ist dies nicht mehr möglich. Es besteht kein justiziabler Anspruch auf Feststellung der Rechtswidrigkeit der inzwischen erledigten Vollstreckungsmaßnahme, so dass das Rechtsschutzbedürfnis für die Vollstreckungserinnerung nach Beendigung der Zwangsvollstreckung entfällt.

Bei der Vollstreckungserinnerung gegen den Kostenansatz hat der Erinnerungsführer demgegenüber auch nach Beendigung des Verfahrens ein berechtigtes Interesse an der Beurteilung der Rechtmäßigkeit der Maßnahme, weil mit Rechtswidrigkeit der Vollstreckungsmaßnahme auch der Kostenansatz entfallen könnte.

III. Begründetheit der Vollstreckungserinnerung

1. Die Vollstreckungserinnerung des Schuldners gegen die Vornahme einer Vollstreckungsmaßnahme

Die Vollstreckungserinnerung des Schuldners nach § 766 Abs. 1 ZPO ist begründet, wenn die verfahrensrechtlichen Voraussetzungen jeder Zwangsvollstreckung und der konkreten Zwangsvollstreckungsmaßnahme **nicht** vorliegen.

a) Wegen des eingeschränkten Amtsermittlungsgrundsatzes sind bei einem unbestimmten Antrag grundsätzlich alle Rechtmäßigkeitsvoraussetzungen der Vollstreckungsmaßnahme zu prüfen, also die Schemata aus Teil 1 dieses Buches:

- Allgemeine Rechtmäßigkeitsvoraussetzungen jeder Zwangsvollstreckung
- Die von der jeweiligen Vollstreckungsart abhängigen Rechtmäßigkeitsvoraussetzungen.

Zu beachten ist, dass der Schuldner die Vollstreckungserinnerung mit Erfolg nur auf die Verletzung solcher Verfahrensvorschriften stützen kann, die zumindest auch seinem Schutz dienen. Wurde diese Rügebeschränkung nicht bereits in der Zulässigkeit/Erinnerungsbefugnis erörtert (siehe oben Ziffer II. 4.), ist in der Klausur nun folgendes zu beachten:

Hat der Schuldner sowohl die Verletzung eigener wie auch drittschützender Verfahrensnormen behauptet, so wird mit Rücksicht auf die Möglichkeit der Verletzung eigener Rechte eine Erinnerungsbefugnis des Schuldners in jedem Fall anzunehmen sein. Ist allerdings eine schuldnerschützende Verfahrensvorschrift verletzt, ist die Erinnerung in jedem Fall begründet, und nicht etwa deswegen teilweise unbegründet, weil andere geltend gemachten Verletzungen nicht festgestellt werden konnten oder nicht zugrundegelegt werden durften.

Bei einem uneingeschränkten Erinnerungsantrag des Schuldners kann eine Vollstreckungsmaßnahme, die aus verschiedenen Teilakten besteht, auch nur teilweise unrechtmäßig erfolgt sein.

Beispiel:
Nach Pfändung und Wegnahme seines Pkw durch den Gerichtsvollzieher, legt der Schuldner uneingeschränkt Erinnerung ein. Das Vollstreckungsgericht stellt fest, dass die Pfändung rechtmäßig, die Wegnahme jedoch einen Verfahrensverstoß gegen § 808 Abs. 2 S. 1 ZPO darstellt.
In diesem Fall ist die Vollstreckungserinnerung nur teilweise begründet, da nur ein Teilakt der Pfändungsmaßnahme rechtswidrig ist. Dementsprechend ist lediglich die Wegnahme des Pkw im Tenor für unzulässig zu erklären und die Erinnerung im übrigen zurückzuweisen.

b) Hat der Schuldner seinen Erinnerungsantrag und damit die Prüfungspflicht des Vollstreckungsgerichtes eingeschränkt, ist nur die geltend gemachte Verfahrensverletzung zu überprüfen.

Beispiel:
Der Gerichtsvollzieher hat beim Schuldner dessen Pkw gepfändet und weggenommen. Der Schuldner richtet sich mit seiner Erinnerung ausdrücklich gegen die Wegnahme des Pkw unter Hinweis auf § 808 Abs. 2 S. 1 ZPO.
Der eingeschränkte Amtsermittlungsgrundsatz wird durch die Antragsmaxime eingeschränkt: Was der Schuldner im Rahmen der Vollstreckungserinnerung nicht zur Überprüfung gestellt hat, darf vom Vollstreckungsgericht auch nicht auf seine Rechtmäßigkeit geprüft werden. Hier wendet sich der Schuldner mit seinem Antrag ausdrücklich nicht gegen die Pfändung des Pkw, sondern lediglich gegen die Wegnahme, weil er meint, der Gerichtsvollzieher hätte diesen trotz Pfändung in seinem Gewahrsam belassen müssen. Daher ist nur die Zulässigkeit der Wegnahme nach Maßgabe des § 808 Abs. 2 S. 1 ZPO zu prüfen.
Nur wenn der Schuldner in diesem Fall einen uneingeschränkten Antrag gestellt hätte, wäre auch die Rechtmäßigkeit der weiteren Pfändung zu prüfen gewesen.

c) Maßgeblicher Zeitpunkt für die Entscheidung über die Begründetheit der Erinnerung ist grundsätzlich der **Zeitpunkt der Erinnerungsentscheidung**. Dies entspricht dem allgemeinen Grundsatz im Erkenntnis- und Rechtsmittelverfahren, dass der Entscheidung der Sachstoff zum Zeitpunkt der letzten mündlichen Verhandlung zugrunde zulegen ist. Dementsprechend können Verfahrensmängel bis zur Entscheidung des Vollstreckungsgerichts über die Erinnerung geheilt werden. Dies ist dem Erinnerungsführer auch zumutbar, weil er bei zwischenzeitlicher Heilung die Hauptsache für erledigt erklären und so der Kostenlast entgehen kann.

> Beispiel:
> Die Sachpfändung des Pkw war ursprünglich fehlerhaft, weil sie vor Zustellung des Vollstreckungstitels erfolgte. Die Zustellung ist aber vor Entscheidung des Vollstreckungsgerichts nachgeholt worden.

Bei einem Verstoß gegen die Unpfändbarkeitsvorschriften (§§ 811 ff. ZPO) ist ebenfalls auf den Zeitpunkt der Erinnerungsentscheidung abzustellen. Streitig ist allerdings, welcher Beurteilungszeitpunkt maßgeblich ist, wenn die Voraussetzungen für die Unpfändbarkeit erst nach Durchführung der Pfändung und vor der Entscheidung über die Erinnerung eingetreten sind:

– Um Manipulationen des Schuldners nach erfolgter Pfändung entgegen zu wirken, erscheint es sachgerecht, ausnahmsweise auf den Zeitpunkt der Pfändung abzustellen.[357]

– Nach anderer Auffassung[358] ist mit dem allgemeinen Grundsatz auf den Zeitpunkt der Erinnerungsentscheidung abzustellen; Manipulationen des Schuldners sollen dadurch verhindert werden, dass er beweisen muss, die Unpfändbarkeit nicht arglistig herbeigeführt zu haben.

Eine Ausnahme zu den vorgenannten Grundsätzen gilt jedoch für solche Verfahrensverstöße, die zur Nichtigkeit des Vollstreckungsakts führen. Da solche nicht geheilt werden können[359], ist auf den Zeitpunkt der Vollstreckungsmaßnahme abzustellen. Hat das Vollstreckungsorgan erforderliche Vollstreckungshandlungen nachgeholt, begründet dies eine neue Vollstreckungsmaßnahme, die nicht Gegenstand der Erinnerung ist.

---

[357] LG Berlin, Rechtspfleger 77, 262 m.w.N.
[358] Brox-Walker, Rdnr. 295 m.w.N.
[359] Brox-Walker, Rdnr. 1234 m.w.N.

im Grundfall:

Problematisch erscheinen hier:

– Fehlen der allgemeinen Vollstreckungsvoraussetzung „Titel"
  Das Fehlen eines hinreichend bestimmten Titels darf der Schuldner rügen, da diese allgemeine Vollstreckungsvoraussetzung gerade seinem Schutz dient. Aus dem Titel selbst muss sich – ggfs. im Wege der Auslegung – ergeben, wer was von wem vollstrecken kann. Die Unterwerfungsklausel der notariellen Urkunde, die sich auf den „Kaufpreis" bezieht, dürfte aber hinreichend bestimmt sein, weil im Vertrag durch die Erfassung von Netto-Kaufpreis und Mehrwertsteuer unter der Überschrift „Gesamtkaufpreis" der allgemeine Grundsatz zum Ausdruck kommt, dass die Umsatzsteuer ein unselbständiger Teil des zu zahlenden Kaufpreises ist (vgl. hierzu Palandt-Heinrichs, § 157 Rn. 13).

– Fehlende Zustimmung der X nach § 809 ZPO
  § 809 ZPO ist allein drittschützend, so dass sich der Schuldner hierauf nicht mit der Erinnerung berufen kann (m.E. Zulässigkeitsfrage).

Ergebnis: Die Erinnerung des Schuldners ist nicht begründet.

2. Die Vollstreckungserinnerung eines Dritten gegen die Vornahme einer Vollstreckungsmaßnahme

Die Vollstreckungserinnerung des Dritten ist begründet, wenn durch die angefochtene Vollstreckungsmaßnahme eine Verfahrensvorschrift, die zumindest auch seinem Schutz zu dienen bestimmt ist, verletzt worden ist.

Für die Erinnerung des Dritten gelten die vorgenannten Grundsätze zur Vollstreckungserinnerung des Schuldners entsprechend:

■ Die Prüfungsschemata aus Teil 1 zur Rechtmäßigkeit der Vollstreckungsmaßnahme sind zu prüfen. Der Prüfungsumfang ist allerdings immer auf die Verletzung solcher Verfahrensvorschriften beschränkt, die zumindest auch dem Schutz des Dritten dienen.

Macht der Dritte ausschließlich die Verletzung von nicht-drittschützenden Verfahrensvorschriften geltend, ist die Vollstreckungserinnerung mangels Erinnerungsbefugnis schon nicht zulässig.

Rügt der Dritte die Verletzung sowohl drittschützender als auch anderer Verfahrensvorschriften, sind Verletzungen nichtdrittschützender Verfahrensvorschriften
– entweder in der Erinnerungsbefugnis
– oder – wenn man die Erinnerungsbefugnis des Dritten mit Rücksicht darauf, dass er zumindest auch die Verletzung drittschützender Normen behauptet, generell bejaht – in der Begründetheit auszuscheiden. Die Erinnerung ist in diesen Fällen teilweise unbegründet, da sich der Dritte nicht auf die Verletzung solcher Verfahrensvorschriften berufen darf, die nicht zumindest auch seinem Schutz dienen.

■ Maßgeblich ist grundsätzlich der Sachstand zum Zeitpunkt der Erinnerungsentscheidung.

---

im Grundfall:

Die Erinnerung der X wäre begründet, wenn
– die X zumindest Mitgewahrsam an der Skulptur gehabt und der Gerichtsvollzieher entgegen § 809 ZPO die Skulptur ohne Zustimmung der X gepfändet hätte
– oder der Gerichtsvollzieher die Skulptur trotz evidenten Dritteigentums der X gepfändet hätte.

Sowohl § 809 ZPO als auch das Erfordernis „kein evidentes Dritteigentum" sind drittschützend.

Die Skulptur befand sich in der gemeinsamen Ehewohnung der Eheleute X, so dass Frau X grundsätzlich zumindest Mitgewahrsam gehabt haben kann. Dem steht jedoch die Gewahrsamsvermutung aus § 739 ZPO entgegen:

Nach § 1362 BGB ist zugunsten des Gläubigers zu vermuten, dass das Eigentum an der nach äußeren Umständen nicht zum persönlichen Gebrauch der X bestimmten (§ 1362 Abs. 2) Skulptur in der Wohnung der nicht getrennt lebenden Eheleute (§ 1362 Abs. 1 S. 2) dem Schuldner zusteht. Soweit § 1362 BGB Anwendung findet, ist nach § 739 ZPO unwiderleglich auch der Gewahrsam des Schuldners zu vermuten. Die Unwiderleglichkeit bedeutet, dass die X die Vermutung des § 1362 BGB nicht in der Vollstreckungssituation durch Vorlage des Sicherungsübereignungsvertrages widerlegen kann (der Gerichtsvollzieher soll keine materielle Prüfung der Eigentumsverhältnisse vornehmen müssen), sondern ihr Sicherungseigentum im Wege der Drittwiderspruchsklage nach § 771 ZPO geltend machen muss.

Das Dritteigentum der X ist auch nicht evident gewesen. Der Gerichtsvollzieher konnte trotz Vorlage des Sicherungsübereignungsvertrages die Eigentumsverhältnisse nicht zweifelsfrei erkennen. Es bestand die Möglichkeit, dass das gesicherte Darlehen inzwischen zurückgezahlt und die Skulptur wieder an den Sicherungsgeber rückübereignet worden war oder ein Scheingeschäft der Ehegatten vorlag.

Ergebnis: Die Erinnerung der Frau X ist nicht begründet.

---

3. Die Vollstreckungserinnerung des Gläubigers wegen unberechtigter Verweigerung der Zwangsvollstreckungsmaßnahme durch den Gerichtsvollzieher

Die Vollstreckungserinnerung des Gläubigers nach § 766 Abs. 2 1. Alt. ZPO ist begründet, wenn das Vollstreckungsorgan den Vollstreckungsauftrag ausführen oder eine Weisung des Gläubigers hierbei befolgen muss, weil die allgemeinen Rechtmäßigkeitsvoraussetzungen jeder Zwangsvollstreckung und die Rechtmäßigkeitsvoraussetzungen der beantragten Vollstreckungsmaßnahme vorliegen.

Die Verweigerung der Amtshandlung durch den Gerichtsvollzieher ist nur berechtigt, wenn die Rechtmäßigkeitsvoraussetzungen der begehrten Vollstreckungsmaßnahme nicht vorliegen.

Unter dieser Fragestellung sind also auch bei diesem Prüfungsansatz die in Teil 1 erarbeiteten Prüfungsraster anzuwenden.

Für die Beurteilung ist der Sachstand zur Zeit der Erinnerungsentscheidung maßgeblich.

4. Die Vollstreckungserinnerung gegen den Kostenansatz

Die Erinnerung gegen den Kostenansatz des Gerichtsvollziehers (§ 766 Abs. 2 2. Alt. ZPO) ist begründet, wenn die Voraussetzungen des § 788 Abs. 1 ZPO nicht vorliegen.

> Die Kosten der Zwangsvollstreckung fallen, soweit sie notwendig waren (§ 91 ZPO), dem Schuldner zur Last; sie sind sogleich mit dem zur Zwangsvollstreckung stehenden Anspruch beizutreiben, § 788 Abs. 1 S. 1 ZPO. Die Kostenpflicht obliegt damit grundsätzlich dem Schuldner. Dem Gläubiger fallen nur von ihm veranlasste Kosten für eine überhaupt nicht oder nicht in der durchgeführten Art und Weise notwendige Zwangsvollstreckung zur Last.

> Notwendig sind die Kosten, die unmittelbar auf die Zwangsvollstreckung zurückzuführen sind.

> Nicht notwendig sind Kosten einer erkennbar unzulässigen oder aussichtslosen Zwangsvollstreckung sowie die unnötigen Mehrkosten einer zulässigen oder gerechtfertigten Zwangsvollstreckung (z.b. falsche Angabe des Gläubigers zur Anschrift des Schuldners und hierdurch verursachte Kosten).[360]

Die Erinnerung gegen den Kostenansatz ist begründet, wenn die angesetzten Kosten
– schon der Art nach nicht notwendig waren,
– wegen Unrechtmäßigkeit der Vollstreckungsmaßnahme nicht notwendig waren (hier sind wieder die Prüfungsraster zur Rechtmäßigkeit des Vollstreckungsakts aus Teil 1 anzuwenden)
– oder der Höhe nach unzutreffend sind.

IV. Das Erinnerungsverfahren

Eine mündliche Verhandlung ist nicht notwendig (§ 764 Abs. 3 ZPO) und in der Praxis eher die Ausnahme. Dem Erinnerungsgegner ist zwingend rechtliches Gehör zu gewähren, wenn der Erinnerung stattgegeben wird. Bei streitigem Vorbringen der Erinnerungsparteien in entscheidungserheblichen Punkten ist nach zivilprozessualen Regeln Beweis zu erheben. Hierzu wird regelmäßig eine mündliche Verhandlung erforderlich sein.

Evtl. sind vor Entscheidung über die Erinnerung einstweilige Anordnungen nach §§ 766 Abs. 1 S. 2, 732 Abs. 2 ZPO zu erlassen. Wegen ihres einstweiligen Charakters treten diese mit Erlass der Erinnerungsentscheidung außer Kraft. Einer besonderen Anordnung oder Feststellung des Vollstreckungsgerichts bedarf es hierzu nicht.

---

[360] im einzelnen hierzu s. Thomas/Putzo, § 788 a.F. Rdnr. 14–27

In der **Examensklausur** ist zu beachten:
Hat der Erinnerungsführer neben der Vollstreckungserinnerung einen Antrag auf
einstweilige Anordnung gestellt und ist dieser nach Akteninhalt noch nicht beschieden, so ist zunächst genau die Aufgabenstellung zu prüfen. Ist es Aufgabe, eine Entscheidung des Gerichts zu entwerfen, ist damit die Erinnerungsentscheidung gemeint. Einer Entscheidung über den Antrag auf einstweilige Anordnung bedarf es
nicht.

Die Vollstreckungserinnerung kann jederzeit zurückgenommen werden.

Bei der Vollstreckungserinnerung gegen die Vornahme oder das Unterlassen einer
Vollstreckungsmaßnahme durch den Gerichtsvollzieher ist dessen dienstliche Stellungnahme nicht notwendig einzuholen. Der Gerichtsvollzieher ist kein Verfahrensbeteiligter, so dass ihm auch kein rechtliches Gehör zu gewähren ist.

V. Inhalt und Formalien der Erinnerungsentscheidung

1. Entscheidungsform

Die Entscheidung über die Vollstreckungserinnerung erfolgt immer – also auch
nach mündlicher Verhandlung – durch **Beschluss**.

2. Rubrum

Das Rubrum beginnt mit der Eingangsformel

„In der Zwangsvollstreckungssache"

Die Parteien werden, soweit sie mit den Parteien des Zwangsvollstreckungsverfahrens identisch sind, mit ihrer Verfahrensstellung im Zwangsvollstreckungsverfahren („Gläubiger" bzw. „Schuldner") und zugleich mit ihrer Parteirolle im Erinnerungsverfahren, also „Erinnerungsführer" und „Erinnerungsgegner" bezeichnet.
Grundsätzlich wird der Gläubiger als Erster aufgeführt, auch wenn die Erinnerung
vom Schuldner eingelegt worden ist.

Hat ein Dritter die Erinnerung eingelegt, so wird er lediglich mit der Parteibezeichnung „Erinnerungsführer" aufgeführt. Im Regelfall wird sich seine Erinnerung gegen den Gläubiger richten, der als „Gläubiger und Erinnerungsgegner" zu bezeichnen ist. Zusätzlich ist immer auch der Schuldner im Rubrum zu benennen, da er
zumindest Beteiligter des Zwangsvollstreckungsverfahrens ist.

Formulierungsbeispiel:

Beschluss

In der Zwangsvollstreckungssache

der Firma x GmbH, Berliner Platz 5, 33602 Bielefeld, vertreten durch ihren Geschäftsführer Herrn Reibach, ebenda,

– Gläubigerin und Erinnerungsgegnerin –
– Verfahrensbevollmächtigter: Rechtsanwalt Dr. Rechtstreu in Bielefeld –

g e g e n

1. Herrn Habenichts, Achtstraße 105, 33739 Bielefeld

– Schuldner und Erinnerungsführer zu 1. –

2. Frau Habenichts, Achtstraße 105, 33739 Bielefeld,

– Erinnerungsführerin zu 2. –
– Verfahrensbevollmächtigter: Rechtsanwalt Gotthilf in Bielefeld –

hat das Amtsgericht Bielefeld am .... durch den Richter am Amtsgericht Findig beschlossen:

3. Tenor

a) Entscheidung in der Hauptsache

aa) Die unzulässige Vollstreckungserinnerung wird verworfen.

Formulierungsbeispiel:

„Die Erinnerung des Schuldners und der Erinnerungsführerin zu 2) gegen die (genau zu bezeichnende Vollstreckungsmaßnahme; also:) am 24.02.2003 durch den Gerichtsvollzieher Y in der Wohnung des Schuldners erfolgte Pfändung der Skulptur Almut III des Künstlers A wird verworfen."

bb) Ist die Vollstreckungserinnerung zulässig aber unbegründet, wird sie zurückgewiesen.

Formulierungsbeispiel und Tenor des Grundfalls:

„Die Erinnerung des Schuldners und der Erinnerungsführerin zu 2) gegen die (genau zu bezeichnende Vollstreckungsmaßnahme; also:) am 24.02.2003 durch den Gerichtsvollzieher Y in der Wohnung des Schuldners erfolgte Pfändung der Skulptur Almut III des Künstlers A wird zurückgewiesen."

cc) Ist die Erinnerung zulässig und begründet, wird die angegriffenen Zwangsvollstreckungsmaßnahme für unzulässig erklärt.

Formulierungsbeispiel:

„Auf die Erinnerung des Schuldners wird die (hier ist die Vollstreckungsmaßnahme genau zu bezeichnen; beispielsweise:) am 24.02.2003 durch den Gerichtsvollzieher Y in
der Wohnung des Schuldners und der Erinnerungsführerin zu 2) durchgeführte Pfändung
der Skulptur Almut III des Künstlers A für unzulässig erklärt."

Ist die Erinnerung nur teilweise begründet, muss dies im Tenor berücksichtigt werden.

Beispiel:

Angenommen, die Pfändung der Skulptur wäre rechtmäßig, ihre Wegnahme stünde jedoch im Widerspruch zu § 808 Abs. 2 ZPO. Die uneingeschränkte Erinnerung des
Schuldners wäre nur teilweise, nämlich hinsichtlich der Wegnahme begründet. Der Tenor
müsste also lauten:

„Auf die Erinnerung des Schuldners wird die vom Gerichtsvollzieher am 23.12.1996
durchgeführte Zwangsvollstreckung insoweit für unzulässig erklärte, als der Gerichtsvollzieher die Skulptur Nackedei II des Künstlers X nicht in Gewahrsam des Schuldners
belassen hat. Die weitergehende Erinnerung ist zurückzuweisen."

**Zu beachten ist im Fall der zulässigen und ganz oder teilweise begründeten
Vollstreckungserinnerung:**

Die Vollstreckungsmaßnahme des Gerichtsvollziehers wird lediglich für unzulässig
erklärt, nicht aber aufgehoben. Dies ist dem Gerichtsvollzieher vorbehalten. Der
ganz oder teilweise stattgebende Beschluss ist eine vollstreckbare (§ 794 Abs. 1
Ziff. 3 ZPO) Entscheidung im Sinne des § 775 Nr. 1 ZPO, aufgrund derer der
Schuldner gegenüber dem Gerichtsvollzieher die Einstellung der Zwangsvollstreckung und die Aufhebung bereits eingeleiteter Vollstreckungsmaßnahmen nach
§ 776 ZPO verlangen kann.

Eine dennoch im Tenor der Erinnerungsentscheidung ausgesprochene Anweisung
an den Gerichtsvollzieher, die getroffene Maßnahme rückgängig zu machen, hat lediglich klarstellenden Charakter.

Anders ist es in dem Fall der Vollstreckungserinnerung gegen eine Vollstreckungsmaßnahme des Vollstreckungsgerichts. Da das Vollstreckungsgericht selbst über
die Vollstreckungserinnerung entscheidet, kann es seine eigene Vollstreckungsmaßnahme (unabhängig davon, wer funktionell gehandelt hat) aufheben. Nicht zu vergessen ist, dass nach Aufhebung der Vollstreckungsmaßnahme der dann unbeschie-
dene Vollstreckungsantrag des Gläubigers noch in der Welt ist. Dieser ist daher
zurückzuweisen.

> Beispiel: Ist die Erinnerung gegen den Pfändungs- und Überweisungsbeschluss des Vollstreckungsgerichts zulässig und begründet, hebt das Vollstreckungsgericht den eigenen Beschluss auf und weist den Antrag des Gläubigers auf Pfändung und Überweisung zurück.

Formulierungsbeispiel:

„Auf die Erinnerung des .... (Schuldners oder Drittschuldners) wird der Pfändungs- und Überweisungsbeschluss des Amtsgerichts .... – Az.: .... – vom .... aufgehoben. Der Antrag auf seinen Erlass wird zurückgewiesen."

dd) Stellt der Gerichtsvollzieher aufgrund einer (ganz oder teilweise) stattgebenden Erinnerungsentscheidung die Zwangsvollstreckung nach § 775 Nr. 1 ZPO ein und hebt die bereits eingeleiteten Vollstreckungsmaßnahmen nach § 776 ZPO auf, erlischt das Pfändungspfandrecht des Vollstreckungsgläubigers. Wird die Erinnerungsentscheidung auf die sofortige Beschwerde vom Beschwerdegericht aufgehoben, könnte dem Gläubiger deswegen ein nicht reversibler Nachteil entstanden sein (z.B. wenn inzwischen ein anderer Gläubiger in den Gegenstand vollstreckt hat). Um dies zu vermeiden ist **analog § 572 Abs. 2 ZPO** im Anschluss an den Hauptsachetenor die **Vollziehung der Erinnerungsentscheidung bis zur Rechtskraft des Beschlusses auszusetzen**.

„Die Vollziehung dieser Entscheidung wird bis zu ihrer Rechtskraft oder einer anders lautenden Entscheidung des Beschwerdegerichts ausgesetzt."

Gleiches gilt für die Erinnerungsentscheidung betreffend eine Vollstreckungsmaßnahme des Vollstreckungsgerichts.

ee) Im Fall der Erinnerung des Gläubigers gegen die unberechtigte Amtsverweigerung nach § 766 Abs. 2 1. Alt. ZPO ist der Gerichtsvollzieher anzuweisen, den genau bezeichneten Vollstreckungsauftrag des Gläubigers auszuführen.

b) Kostenentscheidung

Der Beschluss hat eine Kostenentscheidung zu umfassen[361], die nach Maßgabe der **§§ 91 ff. ZPO** ergeht. Mit den Kosten können natürlich nur Verfahrensbeteiligte und nicht der Gerichtsvollzieher oder der Schuldner bei der Erinnerung des Dritten gegen den Gläubiger belastet werden.

Im Erinnerungsverfahren fallen **keine Gerichtsgebühren** (zu unterscheiden von Auslagen des Gerichts) an. Nach § 1 GKG fallen Kosten (Gebühren und Auslagen) nur an, wenn das GKG dies besonders anordnet. Da das GKG für das Erinnerungsverfahren keinen Gebührentatbestand vorsieht, ergeht die Entscheidung gebührenfrei. Dies gilt jedoch nicht für die Auslagen des Gerichts (Nr. 9000 ff. der Anlage 1 zum GKG). Diese sind vielmehr anzusetzen.

Außergerichtliche Kosten sind zu berücksichtigen.

---

[361] BGH NJW-RR 1989, 125

Bei der Formulierung der Kostenentscheidung ist der Hinweis darauf, dass eine Gerichtsgebühr nicht anfällt, entbehrlich, aber auch nicht falsch.

Formulierungsbeispiel:

„Die Entscheidung ergeht gerichtsgebührenfrei. Die Kosten des Erinnerungsverfahrens werden dem .... (Angabe der unterliegenden Partei bzw. der kostenbelasteten Parteien bei Quotelung) auferlegt."

---

c) Vorläufige Vollstreckbarkeit

Die Erinnerungsentscheidung ist nach § 794 Abs. 1 Nr. 3 ZPO ohne weiteres vollstreckbar und bedarf daher keiner Entscheidung über die vorläufige Vollstreckbarkeit.

4. Begründung

Bei Beschlüssen erfolgt nie eine Aufteilung in Tatbestand und Entscheidungsgründe, vielmehr wird unter die dem Tenor folgende einheitliche Überschrift „Gründe" allenfalls mit den römischen Ziffern „I." und „II." ohne weitere Überschrift zwischen Sachverhaltsdarstellung und rechtlicher Würdigung unterschieden. Die Nichtbeachtung dieser Formalien kann in der Examensklausur einen entscheidenden Punkt kosten.

Die **Sachverhaltsdarstellung** („I.") entspricht dem Tatbestand und ist nach den für den Tatbestand geltenden Regeln zu erstellen. Die Parteibezeichnung heißt weiter Gläubiger und Schuldner; der Begriff Erinnerungsführer oder Erinnerungsgegner ist ausschließlich dann zu verwenden, wenn ein am Vollstreckungsverfahren nicht beteiligter Dritter Partei des Erinnerungsverfahrens ist.

Enthält die Akte eine dienstliche Äußerung des Gerichtsvollziehers, so sind die von ihm mitgeteilten Tatsachen wie folgt zu nennen:
- Tritt keine Partei den vom Gerichtsvollzieher mitgeteilten Tatsachen entgegen, so sind diese von Amts wegen ermittelten Tatsachen im Rahmen des Unstreitigen darzustellen.
- Widersprechen sich der Tatsachenvortrag auch nur einer Partei und die Stellungnahme des Gerichtsvollziehers, so ist der Inhalt seiner dienstlichen Äußerung im Sachverhalt nicht zu erwähnen. Seine dienstliche Äußerung kann – wenn auf Veranlassung des Vollstreckungsgerichts zur Akte gelangt – eine Amtsauskunft im Sinne des § 273 Abs. 2 Nr. 2 ZPO sein; ggfls. ist er als Zeuge zu vernehmen. Das Vorbringen der Partei ist natürlich als streitiger Parteivortrag darzustellen.

Im Rahmen der **rechtlichen Würdigung** ist auf die Einhaltung des Urteilsstils zu achten. Zwar gilt auch im Rahmen der Erinnerung wie für jede Entscheidung des Gerichts, dass nur problematische oder von den Parteien problematisierte Gesichtspunkte erörtert werden sollten. Jedoch sollte der Referendar in der **Examensklausur** immer kurz auf die Zulässigkeitsvoraussetzungen **Statthaftigkeit, Zuständigkeit, Antrag und Erinnerungsbefugnis** eingehen. Auf die übrigen Zulässigkeitsvoraussetzungen ist dahingegen nur bei entsprechender Fallproblematik einzugehen.

Die Erinnerungsentscheidung bedarf keiner Rechtsmittelbelehrung.

5. Streitwert

Der Gebührenstreitwert ist nach § 12 ff. GKG, 3 ff. ZPO zu bestimmen.

Bei der Erinnerung des Schuldners oder des Dritten gegen die Vornahme einer Vollstreckungsmaßnahme kommen zum einen der Wert der Forderung des Gläubigers, die vollstreckt wird, und zum anderen der Wert des gepfändeten Gegenstandes in Betracht. Für den Streitwert ist nach § 6 ZPO von diesen beiden Werten der Geringere maßgeblich.

Bei der Erinnerung des Gläubigers gegen die unberechtigte Amtsverweigerung ist der Wert seiner Forderung, deren Vollstreckung er erreichen will, maßgeblich.

Bei der Erinnerung gegen den Kostenansatz ist ausgehend vom Vortrag des Erinnerungsführers die Höhe der zu Unrecht angesetzten Kosten maßgeblich.

6. Beschlussentwurf im Grundfall

Beschluss

In der Zwangsvollstreckungssache

... (Parteien und Prozessbevollmächtigte)

hat das Amtsgericht Bielefeld durch den Richter am Amtsgericht Findig am ...... beschlossen:

Die Erinnerung des Schuldners und der Erinnerungsführerin zu 2. gegen die vom Gerichtsvollzieher Y am 24.02.2003 in der Wohnung der Eheleute X in Bielefeld vorgenommene Pfändung der Skulptur Almut III des Künstlers A wird zurückgewiesen.

Die Entscheidung ergeht gerichtsgebührenfrei. Der Schuldner und die Erinnerungsführerin zu 2. tragen die Kosten des Erinnerungsverfahrens.

<u>**Gründe**</u>

I.

Der Gläubiger verkaufte dem Schuldner mit notariell beurkundetem Kaufvertrag vom 08.01.1996 ein Grundstück zum Kaufpreis von brutto 908.500,00 DM (netto 790.000,00 DM). Der Schuldner unterwarf sich im Kaufvertrag wegen des in der Urkunde genannten Kaufpreises der sofortigen Zwangsvollstreckung aus dieser Urkunde in sein gesamtes Vermögen. Wegen der weiteren Einzelheiten wird auf die zu den Akten gereichte Urkunde des Notars ..., Urkundenrollen-Nr. ..., Bezug genommen.

In der Folgezeit zahlte der Schuldner nur den Nettokaufpreis. Der Gläubiger betreibt nun aus der notariellen Urkunde die Zwangsvollstreckung wegen der Umsatzsteuer in Höhe von 118.500,00 DM. In seinem Auftrag pfändete der Gerichtsvollzieher Y am 24.02.2003 in der gemeinsamen Wohnung des Schuldners und der Erinnerungsführerin zu 2. die Skulptur Almut III des Künstlers A, obwohl die bei der Pfändung anwesende Erinnerungsführerin zu 2. der Pfändung widersprach und behauptete, die Skulptur stünde ausschließlich in ihrem Eigentum. Hierzu legte sie dem Gerichtsvollzieher einen schriftlichen Vertrag vor, wonach der Schuldner wegen einer noch offenen Darlehnsverbindlichkeit gegenüber der Erinnerungsführerin zu 2. ihr das Eigentum an der von ihm ursprünglich erworbenen Skulptur zur Sicherung übertrage.

Der Schuldner und die Erinnerungsführerin zu 2. behaupten, die Skulptur stehe im Alleineigentum der Erinnerungsführerin zu 2. Dies sei für den Gerichtsvollzieher bei Pfändung aufgrund des vorgelegten schriftlichen Vertrages über die Sicherübereignung auch ohne weiteres erkennbar gewesen. Darüber hinaus habe die Skulptur auch deutlich erkennbar im alleinigen Gewahrsam der Erinnerungsführerin zu 2. gestanden. Außerdem fehle ein vollstreckungsfähiger Titel, denn der Schuldner habe sich nur hinsichtlich des Nettokaufpreises der sofortigen Zwangsvollstreckung unterworfen.

Der Schuldner und die Erinnerungsführerin zu 2. beantragen, die vom Gerichtsvollzieher am 24.02.2003 bei dem Schuldner vorgenommene Pfändung der Skulptur Almut III des Künstlers A für unzulässig zu erklären.

Der Gläubiger beantragt, die Erinnerung zurückzuweisen.

Er ist der Meinung, dass der Umsatzsteuerbetrag ein unselbständiger Teil des Kaufpreises sei und der Schuldner sich auch insoweit der sofortige Zwangsvollstreckung unterworfen habe.

II.

Die zulässige Erinnerung des Schuldners und der Erinnerungsführerin zu 2. ist unbegründet.

Die Erinnerung des Schuldners und der Erinnerungsführerin zu 2. ist nach § 766 Abs. 1 S. 1 ZPO statthaft, da sie sich gegen eine Handlung des Gerichtsvollziehers in der Zwangsvollstreckung mit der Rüge richtet, der Gerichtsvollzieher habe die für die Sachpfändung maßgeblichen Verfahrensvorschriften nicht beachtet, indem er insoweit ohne Titel und ohne Beachtung des evidenten Dritteigentums sowie entgegen § 809 ZPO ohne Einverständnis der Erinnerungsführerin zu 2. die Skulptur gepfändet habe.

Ausschließlich zuständig ist gemäß §§ 766 Abs. 1, 764 Abs. 1 und 2, 802 ZPO das Amtsgericht Bielefeld, in dessen Bezirk die Pfändung erfolgt ist.

Sowohl der Schuldner als auch die Erinnerungsführerin zu 2. sind erinnerungsbefugt. Erinnerungsbefugt ist derjenige, der sich auf die Verletzung einer Verfahrensvorschrift, die zumindest auch seinem Schutz zu dienen bestimmt ist, beruft.

Dies ist beim Schuldner jedenfalls hinsichtlich der Rüge, es fehle für die Vollstreckung der Umsatzsteuer ein vollstreckungsfähiger Titel, der Fall. Denn diese allgemeine Vollstreckungsvoraussetzung schützt gerade den Vollstreckungsschuldner. Soweit der Schuldner darüber hinaus die Nichtbeachtung evidenten Dritteigentums und eine Verletzung des § 809 ZPO rügt, ist er nicht beschwert. Denn § 809 ZPO dient alleine dem Schutz des Dritten als Gewahrsamsinhaber; des gleichen schützt die Voraussetzung der Sachpfändung, dass kein evidentes Dritteigentum gepfändet werden darf, alleine den Dritteigentümer.

Die Erinnerungsführerin zu 2. ist weder Gläubigerin noch Schuldnerin des Zwangsvollstreckungsverfahrens. Sie ist daher hinsichtlich der geltend gemachten Verletzung des § 809 ZPO und der Nichtbeachtung ihres evidenten Dritteigentums erinnerungsbefugt, da es sich insoweit um Verfahrensvoraussetzungen handelt, die ihrem Schutz als Dritte zu dienen bestimmt sind.

Da die Zwangsvollstreckung mit der Pfändung der Skulptur bereits begonnen hat und noch nicht beendet ist, liegt auch das allgemeine Rechtsschutzbedürfnis der Erinnerungsführer vor.

In der Sache hat die Erinnerung jedoch keinen Erfolg. Denn die Zwangsvollstreckung der Gläubigerin ist rechtmäßig.

Die von der Gläubigerin beim zuständigen Gerichtsvollzieher beantragte Sachpfändung erfolgte aufgrund eines wirksamen Titels nach § 794 Abs. 1 Nr. 5 ZPO a.F. Der Kaufvertrag vom 08.01.1996 wurde von einem deutschen Notar notariell beurkundet und enthält die von § 794 Abs. 1 Ziffer 5 ZPO a.F. geforderte Unterwerfungsklausel. Diese Unterwerfungsklausel bezieht sich auf den Kaufpreis und damit auch auf die Umsatzsteuer. Denn die Umsatzsteuer ist ein unselbständiger Teil des zu zahlenden Kaufpreises (Palandt-Heinrichs, § 157 Rdn. 13). Dies entspricht auch dem Willen der Parteien, die im Vertrag unter der Überschrift „Kaufpreis" zwar Nettokaufpreis und Umsatzsteuer getrennt ausgewiesen, in der Unterwerfungsklausel eine solche Unterscheidung jedoch nicht getroffen haben.

Auch die weiteren Voraussetzungen der Sachpfändung sind vom Gerichtsvollzieher beachtet worden.

Insbesondere war eine Zustimmung der X zur Herausgabe der Skulptur entbehrlich. Denn infolge der unwiderleglichen Gewahrsamsvermutung nach § 739 ZPO gilt hier der Schuldner als alleiniger Gewahrsamsinhaber der Skulptur, so dass nicht § 809 ZPO, sondern § 808 ZPO Anwendung findet.

Nach § 739 ZPO gilt der Schuldner als Gewahrsamsinhaber, wenn zugunsten eines Gläubigers eines Ehegatten gemäß § 1362 BGB vermutet wird, dass der Schuldner Eigentümer einer beweglichen Sache ist. Dies ist hier der Fall. Die

Skulptur ist eine bewegliche Sache im Sinne des § 90 BGB. Sie befand sich in der gemeinsamen Wohnung der nicht getrennt lebenden (§ 1362 Abs. 1 S. 2) Eheleute, so dass der Schuldner zumindest Mitgewahrsam an der Skulptur hatte (§ 1362 Abs. 1 S. 1 BGB). Anhaltspunkte dafür, dass die Skulptur ausschließlich zum persönlichen Gebrauch der Erinnerungsführerin zu 2. bestimmt war, ergeben sich nicht. Die Unwiderleglichkeit der Gewahrsamsvermutung bedeutet, dass die X die Vermutung des § 1362 BGB nicht in der Vollstreckungssituation durch Vorlage des Sicherungsübereignungsvertrages widerlegen kann; der Gerichtsvollzieher soll keine materielle Prüfung der Eigentumsverhältnisse vornehmen müssen. Vielmehr muss die X ihr Sicherungseigentum im Wege der Drittwiderspruchsklage nach § 771 ZPO geltend machen.

Schließlich verstößt das Verhalten des Gerichtsvollziehers auch nicht gegen die Voraussetzung, keine Sachen, an denen Dritteigentum evident ist, zu pfänden. Evident ist das Dritteigentum, wenn nach der Lage der Dinge kein vernünftiger Zweifel daran bestehen kann, dass die Sache im Eigentum eines Dritten steht. Hier verblieben trotz des vorgelegten Sicherungsübereignungsvertrages vernünftige Zweifel dahingehend, dass inzwischen das Darlehn getilgt und die Skulptur an den Schuldner zurück übereignet worden sein oder evtl. nur ein Scheingeschäft zwischen Ehegatten vorliegen könnte. In dieser Pfändungssituation konnte der Gerichtsvollzieher nicht ohne Zweifel die noch bestehende Wirksamkeit der Sicherungsübereignung prüfen, so dass mit Rücksicht auf den Grundsatz der strengen Formalisierung des Zwangsvollstreckungsverfahrens eine Evidenz des Dritteigentums nicht vorlag.

Die vom Gerichtsvollzieher vorgenommene Pfändung ist auch im

übrigen fehlerfrei. ....

Die Kostenentscheidung beruht auf §§ 91, 97, 100 ZPO.

Unterschrift des Richters

VI. Rechtsmittel

Der Beschluss des Vollstreckungsgerichts ist eine Entscheidung des Gerichts im Zwangsvollstreckungsverfahren und somit im Wege der sofortigen Beschwerde nach § 793 ZPO anfechtbar. Die förmliche Zustellung des Erinnerungsbeschlusses ist erforderlich, weil hierdurch die 2-wöchige Notfrist der sofortigen Beschwerde in Lauf gesetzt wird.

VII. Schema „Vollstreckungserinnerung"

I. Zulässigkeit der Vollstreckungserinnerung
1. Statthaftigkeit
   wenn sich der Rechtsbehelf gegen die Vollstreckungsmaßnahme eines Vollstreckungsorgans (Gerichtsvollzieher oder Vollstreckungsgericht) oder deren Verweigerung mit der Rüge richtet, die vollstreckungsrechtlichen Verfahrensvorschriften seien nicht eingehalten worden

   Gegenstand der Vollstreckungserinnerung ist:
   a) eine **Vollstreckungsmaßnahme** des Vollstreckungsgerichts (Richter oder Rechtspfleger)
   <u>Abgrenzung</u> zur Entscheidung des Vollstreckungsgerichts → Vollstreckungserinnerung dann nicht statthaft, vielmehr sofortige Beschwerde, §§ 793, 567 Abs.1 Ziff. 1 ZPO
   Vollstreckungsmaßnahme = jede Zwangsmaßnahme (durch Beschluss oder Verfügung) ohne Gewährung rechtlichen Gehörs
   Entscheidung = Beschluss nach Abwägung der widerstreitenden Interessen, insbesondere nach Anhörung aller Beteiligten oder zumindest Gewährung der Möglichkeit zur Äußerung oder Ablehnung der beantragten Vollstreckungsmaßnahme
   b) **das gesamte Handeln des Gerichtsvollziehers im Rahmen des Vollstreckungsverfahrens**
   also jede Handlung des Gerichtsvollziehers zum Zweck der Vollstreckung (§ 766 Abs. 1 ZPO) sowie die Ablehnung des Vollstreckungsantrages (unberechtigte Amtsverweigerung, § 766 Abs. 2 ZPO)
   <u>Abgrenzung</u> zur Vollstreckungsgegenklage und Drittwiderspruchsklage → Geltendmachung materieller Rechte
   c) der Kostenansatz des Gerichtsvollziehers
2. Zuständigkeit
   a) sachlich: Amtsgericht als Vollstreckungsgericht (§§ 766, 764 Abs. 1, 802 ZPO)
   b) örtlich: in dessen Bezirk die Zwangsvollstreckung erfolgt ist/erfolgen soll (§§ 764 Abs. 2, 802 ZPO)
   (funktionell: der Richter, § 20 Nr. 17a RPflG)
3. Antrag des Erinnerungsführers
   bestimmter Antrag wegen des eingeschränkten Amtsermittlungsgrundsatzes nicht erforderlich → Antrag muss die angegriffene Vollstreckungsmaßnahme genau bezeichnen, im übrigen aber ausreichend, dass erkennbar die Nichteinhaltung des Verfahrens gerügt wird
4. Erinnerungsbefugnis
   Geltendmachung/Möglichkeit der Verletzung einer Verfahrensvorschrift, die zumindest auch dem Schutz des Erinnerungsführers zu dienen bestimmt ist
5. Weitere allgemeine Verfahrensvoraussetzungen
6. Allgemeines Rechtsschutzbedürfnis
   Sobald Vollstreckungsmaßnahme begonnen hat und solange sie noch nicht beendet ist.

II. Begründetheit der Vollstreckungserinnerung
1. Vollstreckungserinnerung des Schuldners oder des Dritten nach § 766 Abs. 1 ZPO → begründet, wenn die verfahrensrechtlichen Voraussetzungen der Zwangsvollstreckung und der konkreten Zwangsvollstreckungsmaßnahme **nicht** vorliegen
   – wegen des eingeschränkten Amtsermittlungsgrundsatzes grundsätzlich umfassende Prüfung der verfahrensrechtlichen Voraussetzungen jeder Vollstreckungsmaßnahme

– Ausnahme: auf bestimmte Rügen beschränkter Antrag
– keine materiell-rechtlichen Einwendungen prüfen
– maßgeblicher Zeitpunkt: Erinnerungsentscheidung
2. Vollstreckungserinnerung gegen die unberechtigte Amtsverweigerung, § 766 Abs. 2 ZPO → begründet, wenn die verfahrensrechtlichen Voraussetzungen jeder Zwangsvollstreckung und der konkret beantragten Zwangsvollstreckungsmaßnahme vorliegen
3. gegen den Kostenansatz → Fehlen der Voraussetzungen des § 788 Abs. 1 ZPO

§ 3
Die sofortige Beschwerde nach § 793 ZPO

Nach § 567 Abs. 1 Ziff. 1 ZPO findet die sofortige Beschwerde statt, wenn dies im Gesetz ausdrücklich bestimmt ist. Eine solche ausdrückliche Bestimmung trifft für gerichtliche Entscheidungen im Zwangsvollstreckungsverfahren die Regelung des **§ 793 ZPO.**

Die sofortige Beschwerde ist unabhängig davon, ob der Richter oder der Rechtspfleger entschieden hat, der allein statthafte Rechtsbehelf gegen Entscheidungen im Zwangsvollstreckungsverfahren (§ 793 ZPO i.V.m. § 11 Abs. 1 RPflG n.F.).

Das dritte Änderungsgesetz zum Rechtspflegergesetz vom 25.08.1999 hat zum Fortfall der eigenständigen Rechtspflegererinnerung nach altem Recht geführt. Nach der neuen Fassung des § 11 Abs. 1 RPflG sind gegen Entscheidungen des Rechtspflegers nunmehr grundsätzlich die allgemeinen verfahrensrechtlichen Rechtsmittel gegeben. Dies bedeutet, dass gegen Entscheidungen des Rechtspflegers die gleichen Rechtsmittel gegeben sind, die auch gegen die Entscheidung des Richters gegeben wären.

Ziel der sofortigen Beschwerde ist die Beseitigung oder Einschränkung einer **Entscheidung des Vollstreckungsgerichts** im Vollstreckungsverfahren.

Anders als bei der Vollstreckungserinnerung gilt für das Rechtsmittel der sofortigen Beschwerde uneingeschränkt die **Parteimaxime** und insbesondere der **Dispositionsgrundsatz.** Der Antrag des Beschwerdeführers bestimmt den Gegenstand der Überprüfung; das Vorbringen der Parteien des Beschwerdeverfahrens bestimmt den zugrundezulegenden Sachstoff.

I. Zulässigkeit der sofortigen Beschwerde

1. Statthaftigkeit

Der Rechtsbehelf ist als sofortige Beschwerde nach § 793 ZPO (ggfs. i.V.m. § 11 Abs. 1 RPflG) statthaft, wenn er gegen eine Entscheidung des Richters oder Rechtspflegers, die im Zwangsvollstreckungsverfahren ohne mündliche Verhandlung ergehen kann, gerichtet ist.

a) Entscheidung des Richters oder Rechtspflegers

Die sofortige Beschwerde kann nur gegen eine Entscheidung gerichtet sein. Hier ist nach den bereits erörterten Grundsätzen zur Vollstreckungsmaßnahme (und damit zur Vollstreckungserinnerung) abzugrenzen. Maßgeblich ist also das Kriterium der Abwägung widerstreitender Interessen bzw. der Gewährung rechtlichen Gehörs.

b) die im Zwangsvollstreckungsverfahren ohne mündliche Verhandlung ergehen kann

Dies sind insbesondere:

- alle Entscheidungen des Vollstreckungsgerichts (z.B. die Erinnerungsentscheidung), da das Vollstreckungsgericht nach § 764 Abs. 3 ZPO durch Beschluss entscheidet und Beschlüsse nach § 128 Abs. 4 ZPO ohne mündliche Verhandlung ergehen können
- Entscheidungen des Prozessgerichts I. Instanz als Vollstreckungsorgan nach §§ 897 ff. ZPO (§§ 891 Satz1, 128 Abs. 4 ZPO)

Ohne Bedeutung ist, ob tatsächlich eine mündliche Verhandlung stattgefunden hat.

c) kein ausdrücklicher Ausschluss der sofortigen Beschwerde im Gesetz

Die sofortige Beschwerde darf nicht durch ausdrückliche Anordnung im Gesetz ausgeschlossen sein. Beispiele: §§ 707 Abs. 2 S. 2, 719 Abs. 1 S. 1, 813 a Abs. 5 S. 5 ZPO

2. Zuständigkeit

Nach **§ 568 Abs. 1 ZPO** entscheidet das im Rechtszug nächsthöhere Gericht über die sofortige Beschwerde.

Im Fall der sofortigen Beschwerde gegen eine Entscheidung des Vollstreckungsgerichts (nach § 764 ZPO immer das Amtsgericht) ist Beschwerdegericht das Landgericht.

3. Antrag

Ein bestimmter Beschwerdeantrag ist nicht erforderlich. Aus dem Vorbringen des Beschwerdeführers muss sich nur ergeben, dass er die Beseitigung oder Einschränkung der angefochtenen Entscheidung begehrt.

Die Beschwerde ist **schriftlich oder zu Protokoll der Geschäftsstelle** einzulegen, § 569 Abs. 2 und 3 ZPO n.F. Sie ist **binnen einer Notfrist von 2 Wochen** ab Zustellung der angefochtenen Entscheidung einzulegen, § 569 ZPO n.F..

4. Beschwer

Wie bei jedem Rechtsmittel ist auch für sofortige Beschwerde ein besonderes Rechtsschutzbedürfnis für die Anrufung der höheren Instanz erforderlich. Dieses besondere Rechtsschutzbedürfnis wird mit den Begriffen Beschwer oder auch Beschwerdebefugnis umschrieben. **Der Beschwerdeführer ist beschwert, wenn der rechtskraftfähige Inhalt der angefochtenen Entscheidung sachlich für ihn nachteilig ist.**

Bei der Feststellung, ob eine Beschwer vorliegt, ist danach zu unterscheiden, ob der nunmehrige Beschwerdeführer im Ausgangsverfahren, deren Abschlussentscheidung er nun angreift, Verfahrensbeteiligter war oder nicht.

a) War der nunmehrige Beschwerdeführer Beteiligter des Ausgangsverfahrens so ist der Begriff der **formellen Beschwer** maßgeblich: Es genügt, dass die angefochtene Entscheidung ganz oder teilweise zu Lasten des Beschwerdeführers ergangen ist.

> Beispiel: Die Entscheidung benachteiligt
> – den Erinnerungsgegner, wenn der Vollstreckungserinnerung stattgegeben wird,
> – den Erinnerungsführer, wenn die Vollstreckungserinnerung verworfen oder zurückgewiesen wird,
> – beide, wenn ihr nur teilweise stattgegeben wird.

b) Ein Dritter ist beschwert, wenn die Möglichkeit besteht, dass die angefochtene Entscheidung Rechte, die seinem Schutz dienen, verletzt.

Der **Gerichtsvollzieher** ist durch die Erinnerungsentscheidung des Vollstreckungsgerichts nicht in eigenen Rechten betroffen und deshalb nicht beschwert, selbst wenn er zu einer Vollstreckungsmaßnahme angewiesen wird. Dies gilt auch unter dem Aspekt, dass er bei Vornahme der von ihm als rechtswidrig erachteten Anweisung befürchtet, sich persönlich schadensersatzpflichtig zu machen. Denn eine gerichtlich angeordnete Maßnahme kann nicht rechtswidrig sein und daher auch keine Regressansprüche auslösen.[362]

Ausnahmsweise kann auch der Gerichtsvollzieher beschwert sein, wenn ihm die Kosten des Erinnerungsverfahrens ganz oder teilweise auferlegt worden sind oder durch die Entscheidung in seine Gebührenrechte eingegriffen wurde.[363]

5. Die weiteren allgemeinen Verfahrensvoraussetzungen

a) Partei- und Prozessfähigkeit

b) Postulationsfähigkeit

Auch wenn die Beschwerde zum Landgericht eingelegt wird (z.B. gegen die Erinnerungsentscheidung des Amtsgerichts), gilt der Anwaltszwang nur eingeschränkt. Nach § 78 Abs. 3 ZPO ist der Anwaltszwang auf – einzelne – Prozesshandlungen, die vor dem Urkundsbeamten der Geschäftsstelle vorgenommen werden können, nicht anzuwenden. Dies ist wegen § 569 Abs. 2 und 3 ZPO n.F. jedenfalls für die Einlegung der Beschwerde der Fall. Erst für die nachfolgenden Prozesshandlungen, insbesondere die eventuelle mündliche Verhandlung auf die Beschwerde, ist nur ein vor dem Landgericht zugelassener Rechtsanwalt postulationsfähig.

c) Prozessvollmacht

6. Allgemeines Rechtsschutzbedürfnis

Das allgemeine Rechtsschutzbedürfnis für die sofortige Beschwerde besteht, solange eine Entscheidung des Beschwerdegerichts noch etwas bewirken kann. Dies ist der Fall, wenn die Zwangsvollstreckung **insgesamt** bereits begonnen hat und noch nicht beendet ist. Die Beendigung der einzelnen Zwangsvollstreckungsmaß-

---

[362] OLG Düsseldorf NJW 80, 1111 f.; Brox-Walker, Rdn. 1210
[363] Thomas/Putzo § 766 Rdn. 28

nahme steht dem Rechtsschutzbedürfnis nicht entgegen. Endgültig beendet ist die Zwangsvollstreckung erst mit Befriedigung des Gläubigers in voller Höhe.

II. Begründetheit der sofortigen Beschwerde

Die sofortige Beschwerde ist begründet, wenn die angefochtene Entscheidung nicht rechtmäßig ist. Maßgeblicher Beurteilungszeitpunkt ist der Zeitpunkt der Beschwerdeentscheidung, § 570 ZPO. Dies bedeutet, dass im Zeitpunkt der Entscheidung über die sofortige Beschwerde alle Zulässigkeits- und Begründetheitsvoraussetzungen für die angefochtene Entscheidung zu prüfen sind.

Bei der sofortigen Beschwerde gegen die Erinnerungsentscheidung des Vollstreckungsgerichts sind also in der Begründetheit der Beschwerde die Zulässigkeit und Begründetheit der Vollstreckungserinnerung zu prüfen.

Die sofortige Beschwerde gegen die Ablehnung eines Pfändungs- und Überweisungsbeschlusses ist begründet, wenn der Rechtspfleger den vom Gläubiger beantragten Pfändungs- und Überweisungsbeschluss hätte erlassen müssen.

III. Das Beschwerdeverfahren

Nach § 572 Abs. 1 ZPO (auf § 11 Abs. 1 RPflG anwendbar) besteht zunächst eine Abhilfebefugnis des Richters oder Rechtspflegers, der die angefochtene Entscheidung erlassen hat. Vor Abhilfe ist dem Beschwerdegegner rechtliches Gehör zu gewähren. Hilft er nicht ab, legt er die sofortige Beschwerde dem Beschwerdegericht zur Entscheidung vor.

Das Beschwerdegericht kann ohne mündliche Verhandlung entscheiden, §§ 572 Abs. 4, 128 Abs. 4 ZPO.

Neues Vorbringen der Parteien ist zu berücksichtigen.[364]

Entscheidet das Beschwerdegericht in der Sache selbst, darf der Beschwerdeführer entsprechend § 528 Satz 2 ZPO grundsätzlich nicht schlechter gestellt werden (sog. Verschlechterungsverbot).[365]

IV. Inhalt und Formalien der Beschwerdeentscheidung

1. Entscheidungsform:

Das Beschwerdegericht entscheidet durch Beschluss, § 572 Abs. 4 ZPO.

---

[364] Zöller-Gummer, § 572 Rn. 7
[365] Zöller-Gummer, § 572 Rn. 39

2. Rubrum

Der Beschluss ergeht „In der Zwangsvollstreckungssache". Die Parteien werden im Rubrum mit ihrer Verfahrensrolle im Vollstreckungsverfahren (Gläubiger und Schuldner) sowie ihrer Parteirolle im Beschwerdeverfahren (Beschwerdeführer und Beschwerdegegner) bezeichnet. Wie bei der Erinnerung wird unabhängig davon, wer die sofortige Beschwerde eingelegt hat, der Gläubiger als Erster aufgeführt. Legt ein Dritter Beschwerde, ein wird er unter „weitere Beteiligte" mit seiner Parteirolle im Beschwerdeverfahren bezeichnet. Im weiteren werden die Parteien nur noch mit ihrer Verfahrensrolle im Vollstreckungsverfahren, Dritte mit ihrer Verfahrensstellung im Beschwerdeverfahren benannt.

Formulierungsbeispiel:

Beschluss

In der Zwangsvollstreckungssache

der ....,

– Gläubigerin und Beschwerdegegnerin –

Verfahrensbevollmächtigter: Rechtsanwalt ....

g e g e n

den ....,

– Schuldner und Beschwerdeführer –

Verfahrensbevollmächtigte: Rechtsanwälte ....

hat die VIII. Zivilkammer des Landgerichts Bielefeld durch den Vorsitzenden Richter am Landgericht Boss und die Richter am Landgericht Ober und Schlau auf die sofortige Beschwerde des Schuldners gegen den Beschluss des Amtsgerichts Bielefeld vom .... (Az.: ....) – am .... beschlossen:

---

3. Tenor

a) Entscheidung in der Hauptsache

aa) Die unzulässige Beschwerde wird verworfen. Ist die Beschwerde nicht wie im vorangegangenen Formulierungsbeispiel im Tenor genau bezeichnet, ist dies nun im Tenor nachzuholen.

„Die Beschwerde des .... (Beschwerdeführers) gegen den Beschluss des (beispielsweise:) Rechtspflegers des Amtsgerichts ... vom ... – Az.:............. – wird verworfen."

---

bb) Die zulässige aber unbegründete Beschwerde ist zurückzuweisen.

> „Die Beschwerde des .... (Beschwerdeführers) gegen den Beschluss des . (beispiels-weise:) Rechtspflegers des Amtsgerichts ...vom ... – Az.: .... – wird zurückgewie-sen."

cc) Die zulässige und begründete Beschwerde hat immer die Aufhebung der ange-fochtenen (im Tenor genau zu bezeichnenden) Entscheidung zur Folge. Damit ist jedoch der Antrag, welcher der aufgehobenen Entscheidung zugrunde lag, unbe-schieden. Folglich muss das Beschwerdegericht auch über den Antrag eine Ent-scheidung treffen.

> **Formulierungsbeispiel:**
> „Auf die sofortige Beschwerde des ... (Beschwerdeführers) wird der Beschluss des (bei-spielsweise:) Amtsgerichts Bielefeld vom 27.03.2003 – Az.:.... – aufgehoben. Auf die Er-innerung des (beispielsweise:) Schuldners und der erinnerungsführerin zu 2.) wird die vom Gerichtsvollzieher Y am 24.02.2003 in der Wohnung der Eheleute X in Bielefeld durchgeführte Pfändung der Skulptur Almut III für unzulässig erklärt."

Ist die Sache, in der die angefochtene Entscheidung ergangen ist, nicht entschei-dungsreif, ist sie an das Ausgangsgericht zur erneuten Entscheidung zurückzuwei-sen.

> **Formulierungsbeispiel:**
> „Auf die sofortige Beschwerde des ... (Beschwerdeführers; beispielsweise:) Schuldners wird der Beschluss des Amtsgerichts Bielefeld vom 27.03.2003 – Az.: ... – aufgehoben und die Sache zur erneuten Entscheidung an das Vollstreckungsgericht zurückverwie-sen."

> **Formulierungsbeispiel** für eine begründete sofortige Beschwerde gegen die zurückwei-sende Erinnerungsentscheidung des Vollstreckungsgerichts bzgl. einer Erinnerung des Gläubigers gegen die Amtsverweigerung des Gerichtsvollziehers:
> „Der Beschluss des Amtsgerichts ... vom .... – Az.: ... – wird aufgehoben. Der Gerichts-vollzieher wird angewiesen, die Zwangsvollstreckung wegen der Forderung des Gläubi-gers gegen den Schuldners nicht mit der Begründung zu verweigern, dass ...."

> **Formulierungsbeispiel** für die begründete sofortige Beschwerde gegen die Ablehnung des Pfändungs- und Überweisungsbeschlusses:
> „Auf die Beschwerde des Gläubigers vom.... wird der Beschluss des Rechtpflegers des Amtsgerichts .... vom ... – Az.: ... – aufgehoben. Der Rechtspfleger wird angewiesen, den vom Gläubiger beantragten Pfändungs- und Überweisungsbeschluss zu erlassen."

b) Kostenentscheidung

Über die Kosten ist
- bei Zurückverweisung nicht
- bei unzulässiger oder unbegründeter Beschwerde nach § 97 Abs. 1 ZPO
- bei begründeter Beschwerde nach § 91 ff. ZPO

zu entscheiden.

Zu beachten ist, dass Gerichtsgebühren nur bei Verwerfung oder Zurückweisung der Beschwerde anfallen (Anlage 1 GKG Kostenverzeichnis Nr. 1953). Bei Stattgabe sind daher nur die Auslagen des Gerichts und die außergerichtlichen Kosten des Beschwerdeverfahrens dem Unterlegenen aufzuerlegen bzw. im Verhältnis des Obsiegens und Unterliegens zu verteilen.

c) vorläufige Vollstreckbarkeit

Einer Entscheidung über die vorläufige Vollstreckbarkeit bedarf es nicht (Argument wie bei der Erinnerung: § 794 Abs. 1 Nr. 3 ZPO).

d) Aussetzung der Vollziehung

Im Falle der Stattgabe ist es regelmäßig sinnvoll, die Aussetzung der Vollziehung gemäß § 572 Abs. 2 ZPO anzuordnen.[366]

4. Begründung

Der auf die sofortige Beschwerde ergehende Beschluss ist zu begründen. Daher folgt nach dem Tenor ohne Unterscheidung zwischen Tatbestand und Entscheidungsgründe die einheitliche Überschrift „Gründe".

Unter dieser Überschrift kann – wiederum ohne weitere Überschriften – durch die Verwendung römischer Ziffern zwischen der Sachverhaltsdarstellung („I.") und der rechtlichen Würdigung („II.") unterschieden werden.

Da es sich um die Entscheidung in II. Instanz handelt, ist die Sachverhaltsdarstellung aufbautechnisch an den Tatbestand des Berufungsurteils anzulehnen. Folgende Eckpunkte für den Aufbau der Sachverhaltsdarstellung sollten daher beachtet werden:
- Der Sachverhalt beginnt mit der Darstellung des gesamten Unstreitigen. Dazu gehören auch die in der Beschwerdeinstanz neu vorgetragenen Tatsachen, soweit sie unstreitig sind, und die im Ausgangsverfahren streitigen, nun aber unstreitig gewordenen Tatsachen. Die Darstellung erfolgt im **Imperfekt**.
- Sodann sind das streitige Vorbringen und die Anträge im Ausgangsverfahren in der Zeitform des **Perfekts** darzustellen.
- Nach der Schilderung des Sachverhaltes aus dem Ausgangsverfahren ist der Inhalt der angefochtenen Entscheidung als Prozessgeschichte, also in der Zeitform des **Perfekts** wiederzugeben.

---

[366] Zöller-Gummer, § 573 Rn. 46

> Beispiel: „Das Amtsgericht hat durch Beschluss vom .... auf die Erinnerung den Gerichtsvollzieher angewiesen, ...Zur Begründung hat es ausgeführt, ..."

– Da die sofortige Beschwerde der Notfrist von 2 Wochen unterliegt, sind die zur Beurteilung der Fristwahrung maßgeblichen Umstände anschließend als Prozessgeschichte im **Perfekt** darzustellen

> Beispiel: „Gegen diesen ihm am ... zugestellten Beschluss hat der...mit Schriftsatz vom ....., der am.....beim Amtsgericht.....eingegangen ist, sofortige Beschwerde eingelegt."

– Es folgen die Darstellung des streitigen Vorbringens des Beschwerdeführers
– und die Anträge der Parteien im Beschwerdeverfahren
– sowie das streitige Vorbringen des Beschwerdegegners.
– Die Sachverhaltsdarstellung endet – soweit erforderlich – mit der Prozessgeschichte des Beschwerdeverfahrens.

Die rechtliche Würdigung ist wie bei jeder gerichtlichen Entscheidung im Urteilsstil zu formulieren. Auf die Zulässigkeit der sofortigen Beschwerde ist nur soweit erforderlich einzugehen. In der Examensklausur sollte der Referendar jedoch die wesentlichen Zulässigkeitsvoraussetzungen Statthaftigkeit, Frist und Beschwer – selbst wenn unproblematisch – kurz ansprechen.

Formulierungsbeispiel:

„Die sofortige Beschwerde ist zulässig. Sie ist nach § 793 ZPO statthaft, da sie sich gegen die Erinnerungsentscheidung des Vollstreckungsgerichts richtet. Sie ist fristgerecht eingelegt. Der Schuldner ist durch die angefochtene Entscheidung bereits deshalb beschwert, weil die Erinnerungsentscheidung hinter seinem Antrag zurückbleibt.
In der Sache bleibt der sofortigen Beschwerde jedoch der Erfolg versagt. ...."

In der Examensklausur sollte der Referendar nie die Unterschrift des Richters unter dem Entscheidungsentwurf vergessen.

V. Schema „sofortige Beschwerde"

I. Zulässigkeit
  1. Statthaftigkeit
     wenn der Rechtsbehelf gerichtet ist gegen
     – Entscheidung des Richters (§ 793 ZPO) oder Rechtspflegers (§ 793 ZPO i.V.m. § 11 Abs. 1 RPflG),
     – die im Zwangsvollstreckungsverfahren ohne mündliche Verhandlung ergehen kann
     und die sofortige Beschwerde nicht ausdrücklich durch gesetzliche Vorschrift ausgeschlossen ist
  2. Zuständigkeit: § 568 Abs. 1 ZPO
  3. Antrag: Form und Frist nach § 569 Abs. 1 und 2 ZPO n.F
  4. Beschwer
     – formelle Beschwer bei Beteiligten des Ausgangsverfahrens

– ansonsten die Geltendmachung der Verletzung in eigenen Rechten durch die angefochtene Entscheidung
5. Die weiteren allgemeinen Verfahrensvoraussetzungen
6. Allgemeines Rechtsschutzbedürfnis

II. Begründetheit
wenn die angefochtene Entscheidung zum Zeitpunkt der Beschwerdeentscheidung nicht rechtmäßig ist; neues Vorbringen zulässig
→zu prüfen ist das jeweilige Schema zur Zulässigkeit und Begründetheit der angefochtenen Entscheidung

§ 4
Die Rechtspflegererinnerung nach § 11 Abs. 2 RPflG

Infolge der ZPO-Reform ist der Anwendungsbereich für die Rechtspflegererinnerung seit dem 01.01.2002 eingeschränkt. Die Rechtspflegererinnerung ist nach § 11 Abs. 2 RPflG zwar gegen Entscheidungen des Rechtspflegers aber auch nur dann statthaft, wenn nach den allgemeinen verfahrensrechtlichen Vorschriften ein Rechtsmittel nicht gegeben ist. Dies bedeutet, dass bei Entscheidungen des Rechtspflegers im Zwangsvollstreckungsverfahren insbesondere folgende Rechtsbehelfe allein statthaft sind und die Rechtspflegererinnerung ausschließen:
– die Vollstreckungserinnerung nach § 766 ZPO gegen die Vollstreckungsmaßnahme des Rechtspflegers
– die sofortige Beschwerde nach § 793 ZPO gegen die Anordnung einer Vollstreckungsmaßnahme nach Gewährung rechtlichen Gehörs oder Ablehnung der Vollstreckungsmaßnahme

Raum für die Rechtspflegererinnerung ist daher nur in den Fällen, in denen das Verfahrensrecht ein besonderes Rechtsmittel nicht vorsieht. Beispiel:
– die vorläufige Anordnung der Einstellung durch den Rechtspfleger nach § 769 Abs. 2 ZPO
  Es handelt sich um eine Entscheidung des Rechtspflegers, da bei freigestellter mündlicher Verhandlung (Abs. 3) der Schuldner aber immer anzuhören ist.
– Aussetzung der Verwertung nach § 813 b ZPO
  Zuständig ist der Rechtspfleger (§ 20 Nr. 17 RPflG). Wegen § 813 b Abs. 5 S. 1 ZPO ist der Gegner vor der Entscheidung zu hören. Nach § 813 b Abs. 5 S. 4 ZPO ist die Entscheidung unanfechtbar, was bedeutet, dass ein Rechtsmittel nach allgemeinen verfahrensrechtlichen Vorschriften nicht gegeben ist

Die Rechtspflegererinnerung darf nicht ausdrücklich ausgeschlossen sein (§ 11 Abs. 3 RPflG).

I. Zulässigkeit der Rechtspflegererinnerung

1. Statthaftigkeit

Die Rechtspflegererinnerung ist nach § 11 Abs. 2 RPflG statthaft, wenn ein Rechtsmittel nach allgemeinen verfahrensrechtlichen Vorschriften nicht gegeben ist.

2. Zuständigkeit

Zuständig ist sachlich und örtlich das Gericht, dessen Rechtspfleger die Entscheidung erlassen hat. Dem Rechtspfleger steht vorab die Entscheidung über die Abhilfe zu (§ 11 Abs. 2 S. 2 RPflG). Hilft er nicht ab, ist in zweiter Linie funktionell der Richter zur endgültigen Bescheidung zuständig (§ 11 Abs. 2 S. 3 RPflG).

3. Antrag

Ein bestimmter Antrag ist nicht erforderlich. Ausreichend ist, dass der Erinnerungs-führer die Beseitigung oder Einschränkung der angefochtenen Entscheidung be-gehrt.

Form: Die Rechtspflegerinnerung ist schriftlich oder zur Protokoll der Geschäfts-stelle einzulegen (§ 11 Abs. 2 S. 4 RPflG n.F, §§ 567 ff. ZPO n.F)

Frist: Die Rechtspflegererinnerung ist gemäß § 11 Abs. 2 S. 1 RPflG binnen der für die sofortige Beschwerde geltenden Frist, also innerhalb der Notfrist von 2 Wochen nach § 569 Abs. 1 S. 1 und 2 ZPO n.F. einzulegen.

4. Erinnerungsbefugnis

Auch für die Rechtspflegererinnerung ist eine Erinnerungsbefugnis, also eine Be-schwer des Erinnerungsführers durch die angefochtene Entscheidung erforderlich: Zu verlangen ist die Verletzung in eigenen Rechten durch die angefochtene Maß-nahme.

5. Weitere allgemeine Verfahrensvoraussetzungen, insbesondere allgemeines Rechtsschutzbedürfnis

Diese müssen vorliegen. Besonderheiten ergeben sich insoweit nicht.

II. Begründetheit

Die Rechtspflegererinnerung ist begründet, wenn die angefochtene Entscheidung des Rechtspflegers nicht den vollstreckungsverfahrensrechtlichen Vorschriften ent-spricht.

Für die Beurteilung ist der Zeitpunkt der Entscheidung über die Rechtspflegererin-nerung maßgeblich.

III. Das Erinnerungsverfahren

Der Rechtspfleger muss seine angefochtene Entscheidung überprüfen und über die Abhilfe entscheiden. Hierzu hat er den Beteiligten rechtliches Gehör zu gewähren und neue Tatsachen oder Beweise in die Entscheidung einzubeziehen.

Hilft der Rechtspfleger der Erinnerung nicht ab, so legt er die Sache dem Richter zur Entscheidung vor, § 11 Abs. 2 S. 3 RPflG. Die endgültige Entscheidung des Richters ergeht durch **Beschluss**.

IV. Inhalt und Formalien der Entscheidung des Richters

1. Entscheidung in der Hauptsache

Die unzulässige Rechtspflegererinnerung wird verworfen.

Die unbegründete Rechtspflegererinnerung wird zurückgewiesen.

Die zulässige und begründete Rechtspflegererinnerung führt zur Aufhebung des angefochtenen Beschlusses und Entscheidung über den ursprünglichen Antrag bzw. Anweisung des Rechtspflegers zu dieser Entscheidung

---

Formulierungsbeispiel:

„Auf die Erinnerung des Gläubigers vom ....wird der Beschluss des Rechtspflegers des Amtsgerichts ....vom .... – Az.: .... – aufgehoben und der Antrag des Schuldners auf Aussetzung der Verwertung des gepfändeten Pkw nach § 813 b ZPO zurückgewiesen."

---

2. Prozessuale Nebenentscheidungen

Über die Kosten ist nach den §§ 91 ff., 97 ZPO entsprechend zu entscheiden.

Eine Vollstreckbarkeitserklärung ist wegen § 794 Abs. 1 Nr. 3 ZPO nicht erforderlich.

3. Begründung

Der Beschluss ist schließlich zu begründen („Gründe").

§ 5
Die Vollstreckungsabwehrklage nach § 767 ZPO

I. Übersicht und allgemeine Grundsätze

Einwendungen, die den durch das Urteil festgestellten Anspruch selbst betreffen, sind vom Schuldner im Wege der Klage bei dem Prozessgericht des ersten Rechtszuges geltend zu machen (§ 767 Abs. 1 ZPO).

1. Gegenstand und Ziel der Vollstreckungsabwehrklage

Gegenstand und Ziel der Vollstreckungsabwehrklage werden durch folgendes **Beispiel** verdeutlicht:

Der Schuldner hat nach Erlass des Urteils die titulierte Forderung erfüllt. Dennoch betreibt der Gläubiger die Vollstreckung aus dem Urteil. Der Gerichtsvollzieher stellt die Zwangsvollstreckung lediglich vorläufig ein, wenn der Schuldner ihm eine privatschriftliche Quittung des Gläubigers über den Empfang der Leistung vorlegt. (§ 775 Ziffer 4 ZPO). Bereits eingeleitete Vollstreckungsmaßnahmen hebt der Gerichtsvollzieher allerdings nicht auf, § 776 ZPO. Bestreitet der Gläubiger nun die Erfüllung und verlangt die Fortsetzung der Zwangsvollstreckung, so muss der Gerichtsvollzieher diesem Antrag nachkommen[367]. Denn ihm obliegt nicht die Prüfung der materiell rechtlichen Einwendung im Vollstreckungsverfahren[368] (Grundsatz des streng formalisierten Vollstreckungsverfahrens). In dieser Situation greift nun die Vollstreckungsabwehrklage, in dem sie dem Schuldner die gerichtliche Klärung der Einwendung mit dem Ziel erlaubt, die Vollstreckbarkeit des Titels wegen des nachträglich eingetretenen Umstandes zu beseitigen.

Nur Einwendungen, die sich gegen den im Urteil festgestellten Anspruch richten, dürfen mit der Klage geltend gemacht (Statthaftigkeit) und vom Gericht überprüft (Begründetheit) werden. Da sich die Einwendung gegen den im Urteil festgestellten materiell rechtlichen Anspruch richten muss, kann es sich auch nur um eine **materiell rechtliche Einwendung**, welche die Durchsetzbarkeit des materiellen Anspruch dauernd oder zumindest vorübergehend hindert, handeln. Verfahrensrechtliche Einwendungen können nicht den Anspruch selbst betreffen; die Rüge eines Verfahrensverstoßes im Erkenntnisverfahren ist mit der Revision, die Rüge eines Verfahrensverstoßes im Vollstreckungsverfahren mit der Vollstreckungserinnerung (Ausschließlichkeit der Rechtsbehelfe des 8. Buchs der ZPO) zu verfolgen.

Da es sich nach dem eindeutigen Wortlaut des § 767 ZPO um eine **Klage** handelt, sind für die Zulässigkeit des Rechtsbefehls wie auch die Art und Weise seiner Bescheidung die Vorschriften des 1. bis 4. Buches der ZPO zu beachten.

---

[367] Thomas/Putzo, § 776 Rdnr. 17
[368] Zöller-Stöber, § 775 Rdnr. 12

Das stattgebende Urteil wirkt unmittelbar rechtsändernd dahin, dass die bis dahin noch gegebene Vollstreckbarkeit des Urteils beseitigt wird. Deswegen ist die Vollstreckungsabwehrklage eine **prozessuale Gestaltungsklage.**

Legt der Schuldner das Gestaltungsurteil dem Vollstreckungsorgan vor, stellt dieses nach **§ 775 Nr. 1 ZPO** die Vollsteckung ein und hebt nach § 776 S. 1 ZPO bereits eingeleitete Vollstreckungsmaßnahmen wieder auf.

Seinem Wortlaut nach ist § 767 ZPO auf Einwendungen anwendbar, die sich gegen einen inm Urteil festgestellten Anspruch richten. Ist der Anspruch in einem Titel nach § 794 Abs. 1 ZPO festgestellt, so findet die Vorschrift des § 767 ZPO über § 795 S. 1 ZPO ebenfalls Anwendung (Normenkette: §§ 794 Abs. 1, 795 Sa. 1, 767 Abs. 1 ZPO).

Zusammengefasst ist die Vollstreckungsabwehrklage also eine prozessuale Gestaltungsklage mit dem Ziel, die Vollstreckbarkeit eines Titels wegen eines materiell rechtlichen Einwandes gegen den im Titel festgestellten Anspruch zu beseitigen oder zumindest einzuschränken.

2. Präklusion

Daran schließt sich die Frage an, ob der Schuldner uneingeschränkt den Fortfall oder die Hemmung des im Titel festgestellten Anspruchs geltend machen darf. Dies wird am folgenden **Beispiel** deutlich:

> Der Gläubiger hat den Schuldner im Erkenntnisverfahren auf Herausgabe eines Pkw in Anspruch genommen. Infolge eines vom Schuldner nicht zu verantwortenden Umstandes ist der Pkw während des Erkenntnisverfahrens untergegangen. Da der Schuldner es versäumt hat, den zur Unmöglichkeit der Leistung führenden Sachverhalt vorzutragen, ist er antragsgemäß verurteilt worden. Nun versucht er im Wege der Vollstreckungsabwehrklage sein Versäumnis nachzuholen.

In dieser Situation stehen die Rechtsprinzipien der **materiellen Gerechtigkeit** einerseits und der **Rechtskraft** andererseits im Konflikt. Da die Sache objektiv untergegangen ist erscheint es nicht materiell gerecht, eine Vollstreckung des titulierten Herausgabeanspruchs zuzulassen. Andererseits entfaltet das Herausgabeurteil Rechtskraft. Materielle Rechtskraft nach § 322 ZPO bedeutet, dass die Parteien des Erkenntnisverfahrens in einem späteren Prozess über denselben Streitgegenstand an die Entscheidung gebunden sind. Sinn der materiellen Rechtskraft ist es, Rechtsfrieden und Rechtsklarheit zu schaffen: Der Rechtstreit soll irgendwann einmal ein Ende finden, indem das Gericht verbindlich die Rechtslage feststellt. Würde man dem Schuldner nachträglich im Vollstreckungsverfahren eine Möglichkeit einräumen, auch solche Einwendungen, die bereits während des Erkenntnisverfahrens vorlagen, geltend zu machen, würde der Grundsatz der materiellen Rechtskraft ausgehöhlt.

Im Konflikt zwischen materieller Gerechtigkeit und materieller Rechtskraft hat der Gesetzgeber sich in **§ 767 Abs. 2 ZPO** für den Schutz der Rechtskraft entschieden: Der Schuldner kann nur mit solchen Einwendungen gehört werden, deren Gründe erst nach Schluss der mündlichen Verhandlung des Erkenntnisverfahrens entstanden sind und durch Einspruch nicht mehr geltend gemacht werden können. Dies führt in der Regel dazu, dass der Schuldner nur **rechtshemmende oder rechtsvernichtende Einwendungen** und Einreden mit Erfolg geltend machen kann.

Die sog. **Präklusion** nach § 767 Abs. 2 ZPO ist vernünftigerweise erst zu prüfen, wenn die Einwendung des Schuldners festgestellt worden ist. Im Rahmen der Zulässigkeit der Vollstreckungsabwehrklage kommt es jedoch lediglich auf die Geltendmachung einer materiell rechtlichen Einwendung an. Die Frage, ob die Einwendung tatsächlich begründet ist, ist Frage der Begründetheit. Folglich kann sich die Prüfung der Präklusion auch erst im Rahmen der Begründetheit an die vorrangige Frage, ob die geltend gemachte Einwendung besteht, anschließen.

Grundfall zur Vollstreckungsabwehrklage:

Der Gläubiger hat den Schuldner auf Zahlung von 5.000,00 Euro verklagt. Vor dem Amtsgericht Bielefeld schließen beide am 24.02.2003 folgenden Prozessvergleich:

1. Der Schuldner zahlt an den Kläger Gläubiger 4.000,00 Euro.

2. Dem Schuldner wird nachgelassen, den zu Ziffer 1. genannten Betrag wie folgt zu zahlen:

   a) 2.000,00 Euro bis zum 30.04.2002,

   b) den Restbetrag in monatlichen Raten von 250,00 Euro bis zum 10. eines jeden Folgemonats.

3. Kommt der Schuldner mit der Zahlung des Teilbetrages von 2.000,00 Euro oder mit einer Rate ganz oder teilweise länger als einen Monat in Rückstand, so wird die Gesamtschuld sofort fällig.

Da der Schuldner bis zum 01.05.2002 den ersten Teilbetrag nicht bezahlt hatte, beauftragte der Gläubiger den Gerichtsvollzieher mit der Vollstreckung des Teilbetrages zu Ziffer 2a) des Vergleichs. Am 30.05.2002 übergab Schuldner auf Aufforderung zur freiwilligen Leistung durch den Gerichtsvollzieher diesem den Teilbetrag von 2.000,00 Euro. Der Gerichtsvollzieher leitete das Geld am 03.06.2002 an den Gläubiger X weiter.

In der Meinung, die Zahlung sei verspätet, leitete der Gläubiger wegen Ziffer 3. des Vergleichs die Gesamtvollstreckung aus dem Prozessvergleich ein.

Hiergegen wendet sich der Schuldner mit einer Vollstreckungsabwehrklage. Er ist der Auffassung, die Teilzahlungsverpflichtung rechtzeitig erfüllt zu haben, so dass die Verfallklausel nicht zum Zuge komme und die Zwangsvollstreckung des Gesamtbetrages von 4.000,00 Euro aus dem Prozessvergleich unzulässig sei.

Darstellungshinweis: *Im folgenden werden die Parteirollen in der Vollstreckungsabwehrklage als Bezeichnungen verwandt, d.h. der Kläger ist der Vollstreckungsschuldner, der Beklagte ist der Vollstreckungsgläubiger. Es ist darauf zu achten, diese Zuordnung der Parteirollen nicht mit den umgekehrten Parteirollen des der Vollstreckungsabwehrklage vorangegangenen Erkenntnisverfahrens zu verwechseln (dort war der Gläubiger der Kläger und der Schuldner der Beklagte).*

II. Zulässigkeit der Vollstreckungsabwehrklage

1. Wirksamer und vollstreckbarer Titel

Ziel der Vollstreckungsabwehrklage ist die Beseitigung der Vollstreckbarkeit eines Titels. Erste Voraussetzung für diese Klage ist also, dass überhaupt ein wirksames und vollstreckbares Urteil oder eine wirksamer und vollstreckbarer Titel nach § 794 ZPO vorliegt.

Zu prüfen wäre unter dieser Zulässigkeitsvoraussetzung also

– ob ein rechtskräftiges (§ 705 ZPO) oder für vorläufig vollstreckbar erklärtes (§§ 708 ff. ZPO) inländisches Endurteil im Sinne des § 704 Abs. 1 ZPO
– oder ein Titel des § 794 ZPO
– oder ein Arrestbefehl oder eine einstweilige Verfügung (§ 928, 936 ZPO)
– oder ein sonst vollstreckbarer Titel (z. B. Zuschlag in der Zwangsversteigerung nach § 93 ZVG)

vorliegt und dieser Titel einen vollstreckungsfähigen Inhalt hat sowie hinreichend bestimmt ist.

Im Grundfall:
Es liegt mit dem Prozessvergleich ein Titel nach § 794 Abs. 1 Nr. 1 ZPO vor. Dieser ist nach Form und Inhalt vollstreckungsfähig

---

2. Statthaftigkeit

Die Vollstreckungsabwehrklage ist nach

– **§ 767 Abs. 1 ZPO (bei der Vollstreckung aus Urteilen)**
– **§§ 794 Abs. 1 Nr. ...(hier ist die entsprechende Ziffer einzusetzen), § 795 S. 1, 767 Abs. 1 ZPO (bei der Vollstreckung aus Titeln i.S.d. § 794 ZPO)**

statthaft, wenn der Kläger eine materiell rechtliche Einwendung gegen den im Titel festgestellten Anspruch geltend macht.

Im Rahmen der Zulässigkeit ist nur zu prüfen, ob sich aus dem Vortrag des Klägers eine materiell rechtliche Einwendung gegen den titulierten Anspruch ergibt, aufgrund derer, der Anspruch untergegangen oder seine Durchsetzbarkeit zumindest gehemmt ist. Typischerweise ist dies der Erfüllungseinwand (z.B. Leistung oder Aufrechnung), der Erlass aber auch der Einwand fehlender Fälligkeit (z.B. wegen Stundung oder Bestehen eines Zurückbehaltungsrechts).

In der Zulässigkeit darf nicht geprüft werden, ob der Einwand tatsächlich besteht oder evtl. nach § 767 Abs. 2 präkludiert ist; dies ist vielmehr erst Prüfungsgegenstand der Begründetheit der Vollstreckungsabwehrklage[369].

---

[369] BGH JA 1986, 380, 381; Brox/Walker Rdnr. 1339

Im Grundfall:

Der Rechtsbehelf ist als Vollstreckungsabwehrklage nach den §§ 794 Abs. 1 Nr. 1, 795 S. 1, 767 Abs. 1 ZPO statthaft. Denn der Kläger macht gegenüber den im Prozessvergleich festgestellten Anspruch auf Zahlung des Gesamtbetrages die Stundung und damit einen materiell rechtlichen Einwand geltend, indem er behauptet, die Zahlung des Restbetrages sei durch die rechtzeitige Erfüllung der Ratenvereinbarung aufschiebend bedingt.

Im Rahmen der Statthaftigkeit ist von folgenden anderen Rechtsbehelfen **abzugrenzen**:

- Soweit der Kläger keine materiell rechtlichen sondern **verfahrensrechtliche Einwendungen** geltend macht, sind diese nicht im Wege der Vollstreckungsabwehrklage nach § 767 ZPO sondern im Wege der Vollstreckungserinnerung nach **§ 766 ZPO** zu verfolgen. Beide Rechtsbehelfe verfolgen verschiedene Ziele: die Vollstreckungsgegenklage bezweckt, die Vollstreckbarkeit des Titels schlechthin zu beseitigen, wohingegen die Vollstreckungserinnerung lediglich das Ziel hat, die Rechtmäßigkeit einzelner konkreter Vollstreckungsmaßnahmen anzugreifen. Macht der Kläger sowohl materiell rechtliche als auch verfahrensrechtliche Einwendungen geltend, sind sowohl Vollstreckungsabwehrklage als auch Vollstreckungserinnerung statthaft und nebeneinander (objektive Klagehäufung!) zulässig.

- Gleiches gilt für Einwendungen gegen die Klauselerteilung, die mit der Klauselerinnerung (§ 732 ZPO) oder der Klauselklage (§ 768 ZPO) zu verfolgen sind.

- Wenn der materiell rechtliche Einwand zugleich einen Anspruch des Schuldners/Klägers gegen den Gläubiger/Beklagten begründet, kann der Kläger auch die **Leistungs- oder Feststellungsklage** insoweit erheben.

  Beispiel: Anstatt aufzurechnen kann der Kläger auch die ihm zustehende Gegenforderung gegen den Beklagten durch Leistungsklage geltend machen.

  Ein entsprechendes Leistungs- oder Feststellungsurteil ist jedoch keine rechtskräftige Entscheidung im Sinne des § 775 Ziff. 1 ZPO und hindert den Beklagten nicht, gegen den Kläger aus seinem Titel vorzugehen. Daher ist das Rechtsschutzbegehren des Klägers genau zu beachten: Will er die Zwangsvollstreckung aus dem Titel des Beklagten abwenden, ist allein die Klage nach § 767 ZPO statthaft. Daneben ist dann für eine Leistungs- oder Feststellungsklage kein Raum. Leistungs- oder Feststellungsklage sind somit **nur alternativ** zur Vollstreckungsabwehrklage denkbar.

- Die **Abänderungsklage** gemäß § 323 ZPO und die Vollstreckungsabwehrklage **schließen sich gegenseitig aus**. Denn die Abänderungsklage richtet sich – anders als die Vollstreckungsabwehrklage – gegen die Rechtskraft des Titels[370].

---

[370] Zöller-Vollkommer, § 323 Rdnr. 15 m.w.N.

Die Abänderungsklage wird regelmäßig nur im Rahmen von Dauerschuldverhältnissen von Bedeutung sein. Die Unterscheidung zur Vollstreckungsgegenklage kann beispielsweise nach folgenden Kriterien getroffen werden:
- Mit der Abänderungsklage werden solche Umstände geltend gemacht, deren Veränderung von vornherein zu erwarten war, wie z.b. die Leistungsfähigkeit des Schuldners oder die Bedürftigkeit des Gläubigers[371],
- Die Abänderungsklage ermöglicht eine Änderung der Rechtslage nur für die Zukunft, während die Vollstreckungsabwehrklage die Vollstreckbarkeit des Titels rückwirkend beseitigt[372].

3. Zuständigkeit

Über die Vollstreckungsabwehrklage entscheidet gemäß § 767 Abs. 1 ZPO das Prozessgericht erster Instanz. Zu beachten ist immer, dass diese Zuständigkeit nach § 802 ZPO örtlich und sachlich ausschließlich ist. Das Prozessgericht erster Instanz ist ohne Rücksicht auf den Streitwert der Vollstreckungsabwehrklage grundsätzlich das Gericht des Vorprozesses, in dem der Titel geschaffen worden ist.

> Beispiel: Wendet sich der Schuldner mit der Vollstreckungsabwehrklage wegen eines unter 5.001,00 Euro liegenden Teilbetrages des titulierten Zahlungsanspruchs gegen die Vollstreckbarkeit des vom Landgericht erlassenen Urteils, so liegt der Streitwert der Vollstreckungsabwehrklage zwar unter 5.000,00 Euro, dennoch ist das Landgericht als Prozessgericht erster Instanz ausschließlich zuständig.

Das Prozessgericht des ersten Rechtszuges ist also
- bei durch Urteil titulierten Ansprüchen das Gericht, welches das Urteil erlassen hat (Normenkette: §§ 767 Abs. 1, 802 ZPO),
- bei durch Beschluss titulierten Ansprüchen das Gericht, welches den Beschluss erlassen hat (Normenkette: §§ 794 Abs. 1 Nr. 2 a, 795 S. 1, 767 Abs. 1, 802 ZPO),
- bei durch Prozessvergleich tituliertem Anspruch das Gericht, vor welchem der Vergleich geschlossen worden ist (Normenkette: §§ 794 Abs. 1 Nr. 1, 795 S. 1, 767 Abs. 1, 802 ZPO).
- Eine Besonderheit gilt bei Titeln im Sinne des § 794 Nr. 5 ZPO. Diese Titel sind nicht durch ein Prozessgericht geschaffen worden. Zuständig zur Entscheidung über die Vollstreckungsabwehrklage ist daher gemäß § 797 Abs. 5 ZPO das Gericht, bei dem der Schuldner im Inland seinen allgemeinen Gerichtsstand hat (§§ 12–18 ZPO), und in Ermangelung eines solchen der Gerichtsstand des Vermögens (§ 23 ZPO). Mit dieser Formulierung beschreibt das Gesetz jedoch nur die örtliche Zuständigkeit, so dass auch nur diese gemäß § 802 ZPO ausschließlich ist.

4. Antrag

Es gilt § 253 ZPO. Der Antrag muss richtigerweise darauf lauten, die Vollstreckung aus dem genau bezeichneten Titel ganz oder teilweise (genau zu bezeichnender

---

[371] vgl. OLG Karlsruhe FamRZ 1991, 352, 353
[372] Zöller-Vollkommer, § 767 Rn. 2 Stichwort „Abänderungsklage"

Teil) für unzulässig oder nur Zug um Zug gegen eine Gegenleistung für zulässig zu erklären.

5. Richtige Parteien

Kläger ist der Vollstreckungsschuldner (Wortlaut des § 767 Abs. 1 ZPO!), Beklagter ist der Vollstreckungsgläubiger.

6. Weitere allgemeine Prozessvoraussetzungen

Zu beachten ist insoweit insbesondere, dass die Klageschrift nur an den Prozessbevollmächtigten des nunmehrigen Beklagten aus dem Vorprozess (in dem der Titel geschaffen wurde) ordnungsgemäß zugestellt werden kann, wenn der Beklagte damals anwaltlich vertreten war, §§ 81, 176, 178 ZPO.

7. Rechtsschutzbedürfnis

Das Rechtsschutzbedürfnis für die Vollstreckungsabwehrklage besteht
- sobald ein Vollstreckungstitel vorliegt, ohne dass bereits die Vollstreckungsklausel hierzu erteilt worden sein muss,
- und solange der Gläubiger den Titel in den Händen hält, da er aufgrund des Besitzes an der vollstreckbaren Ausfertigung jederzeit wieder eine Vollstreckung einleiten kann und der Schuldner daher eine solche jederzeit befürchten muss.

Dies gilt selbst dann, wenn der Gläubiger auf seine Rechte aus dem Titel gegenüber dem Schuldner verzichtet hat.[373]

Das Rechtsschutzbedürfnis besteht nicht, wenn dem Kläger ein einfacherer und billigerer Weg zur Erreichung des Klageziels offen steht oder die geltend gemachte Einwendung ausschließlich in anderer Vorgehensweise zu verfolgen ist. Hier ist abzugrenzen von insbesondere folgenden Rechtsbehelfen:

■ **Berufung**
Das Rechtsschutzbedürfnis für die Vollstreckungsabwehrklage entfällt, wenn der Schuldner bereits Berufung gegen das Urteil, aus dem vollstreckt werden kann, eingelegt hat. Denn mit der Berufung kann der Schuldner mehr, nämlich die Aufhebung des angefochtenen Urteils und Klageabweisung erreichen, während die Vollstreckungsabwehrklage lediglich dessen Vollstreckbarkeit beseitigt.[374]

Ist die Berufung noch nicht eingelegt, ist die Vollstreckungsabwehrklage jedoch zulässig. Denn die Berufung ist vielleicht der bessere, da weitergehende Rechtsbehelf, aber sie ist wegen der höheren Gebühren nicht ohne weiteres billiger und einfacher als die Vollstreckungsabwehrklage.[375] Solange der Titel daher nicht formell rechtskräftig ist, hat der Schuldner die Wahl zwischen beiden Rechtsbehelfen.[376]

---

[373] BGH NJW 94, 1161, 1162
[374] Lackmann, Rn. 501
[375] Lackmann a.a.O.; i.E. Zöller-Herget, § 767 Rn. 4

■ **Fortsetzung des Ausgangsrechtsstreit bei Streit um die Wirksamkeit eines Prozessvergleichs**

Wendet sich der Schuldner gegen die Vollstreckung aus einem Prozessvergleich mit dem Einwand, dieser sei **von vornherein** (z.B. wegen Mangel der Partei- oder Prozessfähigkeit oder wegen Anfechtung mit der Beseitigung des materiellen Vergleichs ex tunc nach § 142 BGB) **unwirksam** gewesen, so ist der ursprüngliche Rechtsstreit, in dem der Vergleich geschlossen wurde, fortzusetzen. Denn wenn der Prozessvergleich nichtig ist, kommt ihm auch keine prozessbeendende Wirkung zu. Dies ist gegenüber der Vollstreckungsabwehrklage jedenfalls der einfachere Weg, die Vollstreckung aus dem Vergleich zu vermeiden. Für § 767 ZPO besteht daher kein Rechtsschutzbedürfnis.[377]

Der nachträgliche Wegfall des Prozessvergleichs (z.B. durch Aufhebungsvertrag, Rücktritt nach § 326 BGB, Wegfall der Geschäftsgrundlage o.ä.) ist anders zu beurteilen: Da der Nichtigkeit keine Rückwirkung zukommt, wird seine prozessbeendende Wirkung nicht beseitigt. Daher ist allein die Vollstreckungsabwehrklage der richtige Rechtsbehelf, die nachträgliche Unwirksamkeit geltend zu machen. Das Rechtsschutzbedürfnis besteht in diesem Fall also.[378]

Der vor allem vom Gedanken der Prozessökonomie geleiteten anderen Auffassung, welche in beiden Fällen des Streits um die Wirksamkeit des Vergleichs das ursprüngliche Verfahren fortsetzen will,[379] stehen somit erhebliche dogmatische Bedenken entgegen.

III. Begründetheit der Vollstreckungsabwehrklage

Die Vollstreckungsabwehrklage ist begründet, wenn

a) die vom Kläger geltend gemachte materiell-rechtliche Einwendung gegen den titulierten Anspruch, die seine Durchsetzbarkeit hindert oder zumindest einschränkt, besteht (§ 767 Abs. 1 ZPO)

b) und der Kläger mit dieser Einwendung nicht präkludiert ist (§ 767 Abs. 2 ZPO).

1. Bestehen der materiell-rechtlichen Einwendung

Es gilt der Beibringungsgrundsatz: Das Gericht prüft nur die vom Kläger geltend gemachten materiell-rechtlichen Einwendungen gegen die titulierte Forderung; die einwendungsbegründenden Umstände sind – falls streitig – grundsätzlich vom Kläger zu beweisen; der beklagte Gläubiger trägt jedoch die Beweislast für die seinen Anspruch begründenden Umstände, wenn bereits die Entstehung der Forderung streitig ist (wegen § 767 Abs. 2 ZPO kann über entsprechende rechtshindernde Einwendungen des Klägers aber nicht bei der Vollstreckungsabwehrklage gegen rechtskraftfähige Titel gestritten werden).[380]

---

[376] Thomas/Putzo, § 767 Rn. 15
[377] Lackmann, Rn. 536 m.w.N.
[378] BGH NJW 77, 583, 584; Lackmann, Rn. 537
[379] Brox/Walker, Rn. 1334
[380] Lackmann, Rn. 527

Aktivlegitimiert ist der im Titel oder in der titelumschreibenden Klausel bezeichnete Vollstreckungsschuldner; passivlegitimiert ist der im Titel oder in der titelumschreibenden Klausel bezeichnete Vollstreckungsgläubiger.

Im Ausgangsfall:

Der Kläger beruft sich auf den Einwand der Stundung; indem er die Teilzahlung rechtzeitig erfüllt habe, sei der Restbetrag der titulierten Forderung noch nicht fällig.

Der Schuldner einer Geldforderung schuldet nach § 270 Abs. 1 BGB die Übermittlung des Geldes an den Wohnsitz des Gläubigers. Leistungsort ist der Wohnsitz des Schuldners, §§ 274 Abs. 4, 269 Abs. 1 BGB. Leistungshandlung und Leistungserfolg (i.d.R. Gutschrift des Geldes auf dem Konto des Gläubigers) fallen somit auseinander. Für die Rechtzeitigkeit der Leistung ist entscheidend, wann der Schuldner alles seinerseits Erforderliche zur Übermittlung des Geldes getan hat (BGHZ 44, 179). Dies ist hier mit Übergabe des Geldes an den Gerichtsvollzieher, der gemäß § 754 ZPO zur Empfangnahme freiwilliger Leistungen des Schuldners ermächtigt ist, am 30.05. der Fall gewesen. Die Verfügungsgewalt am Geld ging zu diesem Zeitpunkt auf den Gläubiger über. Hierbei kann dahingestellt bleiben, ob der Gerichtsvollzieher bei freiwilliger Leistung des Schuldners diese als Vertreter des Gläubigers oder als Amtsperson entgegen nimmt. Denn als Vertreter würde er dem Gläubiger den Besitz am erlangten Geld vermitteln; als Amtsperson besitzt er unmittelbar für den Gläubiger. In jedem Fall hat der Schuldner keinen Anspruch auf Rückgabe des Geldes mehr.

§ 815 Abs. 3 ist lediglich eine Gefahrtragungsregelung und keine Erfüllungsfiktion.

Mithin hat der Kläger den geschuldeten Teilbetrag rechtzeitig binnen Monatsfrist geleistet, so dass die Verfallklausel nicht zum Zuge kommt, sondern der Restbetrag weiterhin gestundet ist.

---

2. Keine Präklusion nach § 767 Abs. 2 ZPO

Der Kläger der Vollstreckungsabwehrklage darf mit dem Einwand nicht nach § 767 Abs. 2 präkludiert sein.

a) Die Vollstreckungsabwehrklage zielt nicht darauf, das Urteil/den Titel zu korrigieren, weil der Schuldner es im Erkenntnisverfahren unterlassen hat, die Einwendung geltend zu machen. Ihr Ziel ist es vielmehr, wegen einer nachträglichen Änderung der materiellen Rechtslage die Vollstreckbarkeit des unrichtig gewordenen Titels zu beseitigen.

Deswegen lässt § 767 Abs. 2 ZPO nun solche Einwendungen zu, die nach dem Schluss der mündlichen Verhandlung, in der die Einwendung spätestens hätte geltend gemachten werden können, entstanden sind und durch Einspruch nicht mehr geltend gemacht werden können. Mit Erfolg kann der Schuldner also nur die **nachträglich entstandenen rechtshemmenden und rechtsvernichtenden Einwendungen** geltend machen oder kurz aber einprägsam gesagt: **was im Vorprozess vorgetragen werden kann, muss dort vorgetragen werden und kann nicht mit der Vollstreckungsabwehrklage verfolgt werden.**

Maßgeblich für die Präklusion ist, dass die Einwendung, d.h. die sie begründenden Umstände objektiv nach dem in § 767 Abs. 2 ZPO genannten Zeitpunkt entstanden sind. Dies bedeutet nichts anderes, als dass der Schuldner mit jedem Einwand präkludiert ist, den er im Erkenntnisverfahren hätte geltend machen können, ohne dass es auf seine Kenntnis oder seine Beweismöglichkeiten ankommt[381].

Jedoch ist die Unkenntnis des Schuldners ausnahmsweise beachtlich, wenn sie selbst Tatbestandsmerkmal der Einwendung ist.

> Beispiel: Der Gläubiger X tritt die Forderung gegen den Schuldner an den Y ab. Der Schuldner, der von der Abtretung nichts weiß, erfüllt gegenüber dem X. Wenn der neue Gläubiger Y den Schuldner auf Leistung in Anspruch nimmt, kann er Schuldner sich auf den Einwand berufen, dass der neue Gläubiger Y die Leistung an den bisherigen Gläubiger nach § 407 Abs. 1 BGB gegen sich gelten lassen muss, weil dem Schuldner die Abtretung bei Leistung unbekannt war. Hier gehört die Unkenntnis des Schuldners von der Abtretung also zum Einwendungstatbestand.

b) Die Übertragung der vorgenannten Grundsätze auf **Gestaltungsrechte** erscheint problematisch:

Gestaltungsrechte sind auf unmittelbare Rechtsänderung gerichtete einseitige Rechte, wie z.B.
- die **Anfechtung** wegen Irrtums nach § 119 BGB, wegen Täuschung oder Drohung nach § 123 BGB oder nach Maßgabe des Anfechtungsgesetzes,
- die **Aufrechnung** nach § 387 BGB und
- der **Rücktritt** beispielsweise nach 323, 324, 326 Abs. 5 BGB.

Die Rechtsfolge, auf die das Gestaltungsrecht zielt, ist regelmäßig an die Ausübung des Gestaltungsrechts und nicht an das Vorliegen des zur Ausübung berechtigenden Sachverhalts geknüpft:
- Die Anfechtung wegen Irrtums oder Täuschung/Drohung erfolgt gemäß § 143 Abs. 1 BGB durch einseitige empfangsbedürftige Erklärung. Unabhängig davon, seit wann die zur Anfechtung berechtigende Sachlage objektiv vorlag oder auch dem Anfechtenden bekannt war, führt erst diese **Anfechtungserklärung** zur Rechtsfolge der Nichtigkeit des angefochtenen Rechtsgeschäfts nach § 142 BGB.
- Unabhängig davon, wann die Aufrechnungslage i.S.d. § 378 BGB vorlag und dem zur Aufrechnung Berechtigten bekannt war, tritt die Wirkung der Aufrechnung (§ 389 BGB) erst mit der **Aufrechnungserklärung** nach § 388 BGB ein.
- Auch der **Rücktritt** erfolgt durch eine empfangsbedürftige Erklärung (§ 349 BGB). Dieser Zeitpunkt und nicht der Zeitpunkt, zu welchem die das Rücktrittsrecht begründenden Umstände vorlagen, begründen das Rückgewährschuldverhältnis nach § 346 BGB.

Die Ausübung des Gestaltungsrechts ist also die maßgebliche tatbestandliche Voraussetzung für die durch das Gestaltungsrecht herbeigeführte Rechtsfolge.

Macht der Schuldner mit der Vollstreckungsabwehrklage geltend, das dem titulierten Anspruch zugrundeliegende Rechtsgeschäft sei wegen einer Anfechtung, die er

---

[381] BGHZ 24, 97, 98; 34, 274, 279

erst nach Ende des Erkenntnisverfahrens erklärt habe, nichtig oder der titulierte Anspruch sei durch eine nach Ende des Erkenntnisverfahrens erklärte Aufrechnung untergegangen, so stellt sich das Problem, ob für die Präklusion nach § 767 Abs. 2 ZPO auf den Zeitpunkt der Ausübung des Gestaltungsrechts oder auf das Vorliegen des zur Ausübung berechtigenden Sachverhaltes abzustellen ist.

In der Literatur[382] wird überwiegend vertreten, dass der Zeitpunkt der Erklärung des Gestaltungsrechts (also der Anfechtungserklärung, Aufrechnungserklärung, Rücktrittserklärung) maßgeblich sei. Denn mit Rücksicht auf den Rechtscharakter des Gestaltungsrechts entstehe die Rechtsfolge erst mit dessen Ausübung. Der Schuldner sei daher mit der Geltendmachung des Gestaltungsrechts nicht gemäß § 767 Abs. 2 ZPO präkludiert, wenn zwar die zur Ausübung berechtigende Sachlage (z.B. der Anfechtungstatbestand oder Aufrechnungslage) bereits während des Erkenntnisverfahrens vorlag, dass Gestaltungsrecht aber erst nach dessen Abschluss ausgeübt wurde.

Nach der Rechtssprechung[383] ist demgegenüber der Zeitpunkt maßgeblich, zu welchem das Gestaltungsrecht hätte berechtigterweise ausgeübt werden können. Demnach ist der Schuldner gemäß § 767 Abs. 2 ZPO präkludiert, wenn die zur Ausübung des Gestaltungsrechts berechtigende objektive Sachlage (Anfechtungstatbestand, die Aufrechnungslage oder die Voraussetzungen des Rücktritts) im Erkenntnisverfahren bereits vorgelegen hat. Entscheidend sei allein, dass das Gestaltungsrecht bereits im früheren Erkenntnisverfahren hätte ausgeübt werden können, und zwar unabhängig von der Kenntnis des Schuldners von der zur Ausübung berechtigenden Sachlage.

Für die Entscheidung dieses Meinungsstreites dürfte maßgeblich auf den Aspekt der Rechtskraft abzustellen sein. Deren Schutz dient letztlich die Vorschrift des § 767 Abs. 2 ZPO. Das Prinzip der Rechtskraft soll verhindern, dass derselbe Anspruch und dieselbe Rechtsfolge oder ihr Gegenteil noch einmal Gegenstand eines Prozesses wird und widersprüchlich entschieden werden kann; dem liegt kurz und einprägsam gesagt zugrunde: Der Streit muss einmal ein Ende haben. Die Präklusionsvorschrift soll den Schuldner zwingen, alles im Erkenntnisverfahren geltend zu machen, was er dort geltend machen kann. Den größtmöglichen Schutz der Rechtskraft und damit auch der Rechtsklarheit und Rechtssicherheit verspricht lediglich die von der Rechtssprechung vertretene Auffassung. Der Schuldner erscheint hierdurch auch nicht unsachgemäß benachteiligt, da ihm evtl. Rechtsmittel und nach Eintritt der formellen Rechtskraft unter bestimmten Umständen die Klage aus § 826 BGB auf Unterlassen der Zwangsvollstreckung zur Verfügung stehen. Zudem hätte er gewissenhaft die Rechtslage im Erkenntnisverfahren prüfen und sein Gestaltungsrecht ausüben können.

---

[382] Brox/Walker Rdnr. 1346; Thomas-Putzo, § 767 Rdnr. 22a m.w.N.
[383] BGHZ 34, 274, 279; 94, 29, 34 f.; 100, 222, 225; OLG Hamm NJW 1993, 140; Baumbach/Lauterbach-Hartmann, § 767 Rdnr. 53

c) § 767 Abs. 2 ZPO stellt auf den Schluss der mündlichen Verhandlung oder den Ablauf der Einspruchsfrist ab. Letzteres ist natürlich nur maßgeblich für Erkenntnisverfahren, die mit einem Versäumnisurteil oder einem Vollstreckungsbescheid geendet haben. Bei diesen Verfahren kann die Vollstreckungsabwehrklage nur auf solche Einwendungen gestützt werden, die nach Ablauf der Einspruchsfrist entstanden sind und nicht mehr mit dem Einspruch geltend gemacht werden können.

d) Zweck des § 767 Abs. 2 ZPO ist der Schutz der Rechtskraft des Titels. Daher findet die Präklusionsvorschrift bei Vollstreckungsabwehrklagen, die einen nicht rechtskraftfähigen Titel zum Gegenstand haben, keine Anwendung. Dies sind insbesondere:

– der Prozessvergleich (§ 794 Abs. 1 Nr. 1 ZPO) und
– vollstreckbare gerichtliche oder notarielle Urkunden (§ 794 Abs. 1 Nr. 5 ZPO), § 797 Abs. 4 ZPO

Darüber hinaus findet die Präklusionsvorschrift keine Anwendung auf Kostenfestsetzungsbeschlüsse (§ 794 Abs. 1 Nr. 2 ZPO), weil der materielle Kostenerstattungsanspruch erst mit Abschluss des Erkenntnisverfahrens entsteht, materielle Einwendungen gegen diesen Kostenerstattungsanspruch folgerichtig erst nach Schluss der mündlichen Verhandlung entstehen können, vom Rechtspfleger im Kostenfestsetzungsverfahren aber nicht geprüft werden dürfen.[384]

e) Beispiele zur Präklusion:

– Der Gläubiger hat noch vor Schluss der mündlichen Verhandlung die streitige Forderung erlassen. Die Parteien vergaßen im Erkenntnisverfahren, dies dem Gericht vorzutragen. Der Schuldner erhebt die materiell rechtliche Einwendung des Erlasses (§ 397 BGB) nunmehr im Wege der Vollstreckungsabwehrklage.
  Da die Umstände des Erlassvertrages bereits während des Erkenntnisverfahrens vorlagen, ist der Schuldner gemäß § 767 Abs. 2 ZPO mit dem Einwand präkludiert.
– Der Gläubiger erwirkt gegen den Schuldner ein Versäumnisurteil. Zwischen Erlass des Versäumnisurteils und Ablaufs der Einspruchsfrist wird dem Schuldner infolge eines nicht von ihm zu vertretenden Umstandes die Leistung unmöglich. Dennoch erhebt er keinen Einspruch. Als der Gläubiger aus dem Versäumnisurteil vollstreckt, macht der Schuldner die Unmöglichkeit im Wege der Vollstreckungsabwehrklage geltend.
  Der Schuldner hatte die Möglichkeit, den Einwand der Unmöglichkeit durch Einspruch geltend zu machen. Er ist somit mit diesem Einwand gemäß § 767 Abs. 2 ZPO präkludiert. Dies gilt auch, wenn er vor Ablauf der Einspruchsfrist vom Eintritt der Unmöglichkeit keine Kenntnis hatte.
  Würde man auf die Kenntnis abstellen, bestünde die Gefahr entsprechender Schutzbehauptungen des Schuldners. Der Schutz der Rechtskraft und Rechtssicherheit erfordert es jedoch, für die Präklusionswirkung allein darauf abzustellen, wann die objektiven Tatsachen die den Tatbestand der Einwendung begründen vorgelegen haben.
– Nach Erlass des Urteils stundet der Gläubiger die Schuld.
  Da die Gründe des Stundungseinwandes erst nach Schluss der mündlichen Verhandlung vorgelegen haben, ist der Schuldner mit diesem Einwand nicht präkludiert.
– Der Gläubiger hat den Schuldner während der Vertragsverhandlungen getäuscht. Er erwirkt ein Urteil. Erst nach dessen Rechtskraft und während der Vollstreckung erfährt der Schuldner von der Täuschung und erklärt die Anfechtung nach § 123 BGB.

---

[384] vgl. BGH Z 3, 381 ff.

Auch wenn die Folge der Nichtigkeit des Rechtsgeschäfts (§ 142 BGB) an die Anfechtungserklärung gebunden ist (§ 143 BGB), gebietet es der größtmögliche Schutz der Rechtskraft
und Rechtssicherheit, auf den Zeitpunkt abzustellen, zu dem der Anfechtungstatbestand
vorgelegen hat. Dies war bereits während des Erkenntnisverfahrens der Fall, so dass der
Schuldner mit dem Einwand der Anfechtung präkludiert ist, § 767 Abs. 2 ZPO.

Nach herrschender Literatur ist jedoch auf den Zeitpunkt der Anfechtungserklärung abzustellen, da erst die Ausübung des Gestaltungsrechts zur Rechtsgestaltung führt. Folgt man
der Literatur, ist der Schuldner mit dem Anfechtungseinwand nicht präkludiert.

3. Bündelungsgebot nach § 767 Abs. 3 ZPO

Das Bündelungsgebot nach § 767 Abs. 3 ZPO ist nur zur berücksichtigen, wenn
über eine wiederholte Vollstreckungsabwehrklage zu entscheiden ist. Es hat den
Zweck, das Rechtsverhältnis zwischen Gläubiger und Schuldner bei erhobener
Vollstreckungsabwehrklage endgültig zu klären. Deshalb soll der Schuldner gezwungen werden, sämtliche Einwendungen, die er zum Zeitpunkt der ersten Vollstreckungsabwehrklage erheben kann, auch in diesem Prozess zu erheben.

Ausgangspunkt des § 767 Abs. 3 ZPO ist also – dies darf gedanklich nicht vergessen
werden -, dass zwischen dem Schuldner und dem Gläubiger eine Vollstreckungsabwehrklage anhängig ist. Sodann ist zu prüfen:
- Zwischen dem Schuldner und dem Gläubiger war mit identischen Parteirollen
  bereits zuvor eine Vollstreckungsabwehrklage anhängig.
- Diese frühere Vollstreckungsabwehrklage ist rechtskräftig beschieden worden.
  Der Konzentrationszweck des § 767 Abs. 3 ZPO findet keine Anwendung, wenn
  über die früher Vollstreckungsabwehrklage nicht rechtskräftig entschieden
  wurde, d.h. wenn sie insbesondere durch Klagerücknahme oder übereinstim-
  mende Erledigterklärung beendet wurde.
- Die nunmehr geltend gemachte Einwendung hätte auch schon zum Zeitpunkt der
  letzten mündlichen Verhandlung über die zuvor anhängige Vollstreckungsabwehrklage geltend gemacht werden können. Maßgeblich ist allein die objektive
  Möglichkeit der Geltendmachung. Die Gründe, die zur Anwendung geführt haben müssen objektiv während der vorangegangenen Vollstreckungsabwehrklage
  bereits vorgelegen haben. Dies gilt auch für Gestaltungsrechte (das für die Präklusion insoweit gesagte gilt entsprechend).

§ 767 Abs. 3 ZPO findet für alle Titel, also auch für nicht der Rechtskraft fähige Titel Anwendung.

V. Inhalt und Formalien der Entscheidung

1. Entscheidungsform

Die Entscheidung auf die Vollstreckungsabwehrklage ergeht durch **Urteil**. Es gelten insoweit die allgemeinen Vorschriften.

2. Rubrum

Dementsprechend ist das Rubrum wie bei jedem Urteil zu fassen. Die Entscheidung ergeht in dem „Rechtsstreit"; die Parteien heißen Kläger und Beklagter.

3. Tenor

a) Entscheidung in der Hauptsache

aa) Keine Besonderheiten gelten für den Fall der Abweisung:

> **Formulierungsbeispiel:**
> „Die Klage wird abgewiesen."

bb) Im Fall der Stattgabe ist die Zwangsvollstreckung aus dem konkret zu bezeichnenden Titel für unzulässig zu erklären:

> **Formulierungsbeispiel:**
> „Die Zwangsvollstreckung aus dem ... (genaue Bezeichnung des Titels) wird für unzulässig erklärt."

Im Grundfall besteht die Besonderheit, dass die Vollstreckung aus dem Prozessvergleich nicht schlechthin unzulässig ist, sondern nur soweit zum jetzigen Zeitpunkt der Restbetrag noch nicht fällig ist. Unter Umständen muss der Gläubiger aber später noch hieraus vollstrecken dürfen. Daher wäre es fehlerhaft, die Vollstreckung aus dem Vergleich ohne zeitliche Einschränkung für unzulässig zu erklären. Also:

> **Im Grundfall:**
> „Die Zwangsvollstreckung aus dem am 24.02.2003 vor dem Amtsgericht Bielefeld – Az.: ... – geschlossenen Prozessvergleich der Parteien wird für **derzeit** unzulässig erklärt."

cc) Bei teilweiser Stattgabe:

> **Formulierungsbeispiel:**
> „Die Zwangsvollstreckung aus dem Urteil des...(Angabe des Gerichts, von dem der Titel stammt) vom....(Datum des Titels) – Az.: ... – wird wegen eines Betrages von....(Betrag, um den sich die titulierte Geldforderung infolge erfolgreicher Einwendung des Schuldners reduziert) für unzulässig erklärt. Die weitergehende Klage wird abgewiesen."

b) Kostenentscheidung

Für die Kostenentscheidung sind die §§ 91 ff. ZPO maßgeblich.

c) vorläufige Vollstreckbarkeit

Auch insoweit gelten die allgemeinen Regeln (§§ 708 ff. ZPO). Die Sicherheitsleistung wie auch der Streitwert orientieren sich am Wert der Forderung, soweit sie vollstreckt werden soll, zzgl. der Kosten des Gerichtsverfahrens. Das Urteil ist insgesamt für vorläufig vollstreckbar zu erklären, da ansonsten die für unzulässig erklärte Zwangsvollstreckung nicht vor Rechtskraft nach § 775 Nr. 1 ZPO eingestellt oder beschränkt werden könnte.

> **Formulierungsbeispiel im Grundfall:**
> „Das Urteil ist gegen Sicherheitsleistung in Höhe von ...(2000 € zzgl. Verfahrenskosten) vorläufig vollstreckbar."

4. Begründung

Wie bei jedem Urteil ist strikt zwischen **Tatbestand** und **Entscheidungsgründe** zu unterscheiden. Üblicherweise erfolgt vor den Überschriften „Tatbestand" und danach „Entscheidungsgründe" keine Bezifferung.

a) Tatbestand

Folgende Informationen wird der Tatbestand einer Vollstreckungsabwehrklage regelmäßig enthalten (kein Aufbauvorschlag):

– Art und Inhalt des Vollstreckungstitels
(Zu beachten ist, dass der Sachverhalt zur Entstehung des Titels keine Prozessgeschichte des nunmehrigen Verfahrens ist und daher regelmäßig im Imperfekt dargestellt wird.)
– Stand des vom Beklagten betriebenen Vollstreckungsverfahrens
– die Umstände, welche die materiell rechtliche Einwendung des Klägers begründen
– Sollte die Präklusion problematisch sein: das Datum des Schlusses der mündlichen Verhandlung im Erkenntnisverfahren bzw. des Erlasses des Vollstreckungsbescheides oder Versäumnisurteils (keine Prozessgeschichte!)

Natürlich ist darauf zu achten, Unstreitiges und Streitiges strikt zu unterscheiden.

Der **Antrag** des Klägers lautet regelmäßig darauf, die Vollstreckung aus dem Titel (ganz oder zu einem genau zu bezeichnenden Teil, endgültig oder vorübergehend) für unzulässig oder nur gegen Gegenleistung für zulässig zu erklären.

b) Entscheidungsgründe

aa) Die Entscheidungsgründe beginnen mit einem **Obersatz**, der das Ergebnis der gesamten Prüfung wiederspiegelt. **Formulierungsbeispiele:**

> „Die Klage ist zulässig und begründet."

> „Der zulässigen Klage bleibt in der Sache der Erfolg versagt."

bb) Es folgen **Ausführungen zur Zulässigkeit**. Im allgemeinen wird dem Referendar der Rat erteilt, auf die Zulässigkeit der Klage in den Entscheidungsgründen nicht einzugehen, wenn sich insoweit weder Probleme ergeben noch der Beklagte die Unzulässigkeit der Klage gerügt hat. Für die Examensklausur aus dem Bereich des Zwangsvollstreckungsrechts kann dies nicht ohne weiteres angeraten werden. Der Referendar sollte im Rahmen der Vollstreckungsabwehrklage immer folgende Zulässigkeitsvoraussetzungen benennen und zeigen, dass er die Kunst der Normenkette beherrscht:

- Titel
- Statthaftigkeit
- wegen ihrer Ausschließlichkeit immer die Zuständigkeit.

Im Grundfalll könnten die Ausführungen zur Zulässigkeit der Vollstreckungsabwehrklage im Anschluss an den allgemeinen Obersatz wie folgt lauten:

> „Der vor dem Amtsgericht Bielefeld am 24.02.2003 geschlossenen Prozessvergleich ist ein Vollstreckungstitel nach § 794 Abs. 1 Nr. 1 ZPO.
>
> Die Klage ist als Vollstreckungsabwehrklage nach §§ 794 Abs. 1 Nr. 1, 795 S. 1, 767 ZPO statthaft. Denn der Kläger macht eine materiell rechtliche Einwendung, nämlich die Stundung eines Teilbetrages der in diesem Vollstreckungstitel festgestellten Forderung des Beklagten geltend.
>
> Die Vollstreckungsabwehrklage ist vor dem nach §§ 767 Abs. 1, 802 ZPO ausschließlich zuständigen Amtsgericht Bielefeld, welches das Prozessgericht des ersten Rechtszuges war und vor dem der Vergleich geschlossen wurde, erhoben worden."

cc) Die Darstellung der Begründetheit kann allgemein mit folgendem Obersatz eingeleitet werden:

> **Formulierungsbeispiel:**
> „Die Klage ist aus § 767 Abs. 1 ZPO begründet, weil dem im Prozessvergleich titulierten Kaufpreisanspruch der materiell rechtliche Erfüllungseinwand entgegensteht und der Kläger mit der Geltendmachung des Erfüllungseinwandes nicht nach § 767 Abs. 2 ZPO ausgeschlossen ist."

Bei dieser Formulierung sieht der Verfasser die erforderliche **Anspruchsgrundlage** für die Rechtsgestaltung in § 767 Abs. 1 ZPO selbst. Vertretbar ist es jedoch auch, als Anspruchsgrundlage die für begründet erachtete Einwendung zu nennen:

> **Formulierungsbeispiel:**
> „Die Klage ist aus § 362 BGB begründet, weil dem durch Prozessvergleich festgestellten Anspruch des Beklagten die Erfüllung entgegensteht ..."

Sodann ist die **Einwendung zu begründen** und – bei rechtskraftfähigen Titeln – zur Präklusion auszuführen.

> „Dem durch Prozessvergleich festgestellten Anspruch steht hier der Einwand der Erfül-
> lung und bedingten Stundung entgegen...
>
> Der Kläger ist mit seinem Erfüllungseinwand auch nicht nach § 762 Abs. 2 ZPO präklu-
> diert. Denn die für die Erfüllung erforderliche Leistungshandlung ist erst nach dem
> Schluss der mündlichen Hauptverhandlung, dem nach § 767 Abs. 2 ZPO maßgeblichen
> Zeitpunkt, erfolgt...(wird sodann im einzelnen dargelegt)"

Formulierungsbeispiel für eine Präklusion:

> „Der Kläger hat die Kaufpreisforderung des Beklagten erfüllt, indem er am ... den Betrag
> von ... an den Beklagten zahlte.
>
> Er ist mit dem Erfüllungseinwand jedoch nach § 767 Abs. 2 ZPO ausgeschlossen. Der
> Kläger hätte diese Zahlung objektiv noch durch Einspruch in der zweiwöchigen Notfrist
> nach § 339 ZPO, die mit Zustellung des Versäumnisurteils am ... begann und am ... en-
> dete, gegen das Versäumnisurteil geltend machen können. Maßgeblicher Zeitpunkt für
> die Präklusion ist nach § 767 Abs. 2 ZPO der Ablauf der Einspruchsfrist. Hierbei kommt
> es allein darauf an, ob die den Einwand begründenden Tatsachen vor diesem Zeitpunkt
> objektiv vorlagen. Auf die Kenntnis des Klägers von diesen Umständen kommt es dahin-
> gegen nicht an. Dies folgt neben dem Wortlaut des § 767 Abs. 2 ZPO, der nur auf das Ent-
> stehen der Einwendung und eben nicht auf die Kenntnis des Schuldners abstellt, auch aus
> dem Sinn und Zweck der Vorschrift, die Rechtskraft des Titels möglichst weitgehend zu
> schützen. Das Prinzip der Rechtskraft soll verhindern, dass derselbe Anspruch und die-
> selbe Rechtsfolge oder ihr Gegenteil noch einmal Gegenstand eines Prozesses wird und
> widersprüchlich entschieden werden kann. Der Schutzzweck des § 767 Abs. 2 ZPO ver-
> langt es daher, dass alles, was objektiv im Vorprozess auch im Wege des Einspruchs hätte
> vorgebracht werden können, im Rahmen der Vollstreckungsabwehrklage keine Berück-
> sichtigung mehr finden kann. Ziel der Vollstreckungsabwehrklage ist es, wegen einer
> nachträglichen Änderung der materiellen Rechtslage die Vollstreckbarkeit des unrichtig
> gewordenen Titels zu beseitigen. ..."

dd) Das Urteil endet mit der Begründung der Nebenentscheidung und der – nicht zu
vergessenen – Unterschrift des/der Richter.

V. Klage auf Herausgabe des Titels

Häufig wird die Vollstreckungsabwehrklage mit einem Klageantrag auf Herausgabe des Titels verbunden. Anspruchsgrundlage dieser Klage ist nach **§ 371 BGB
analog.**

In der Examensklausur gilt es insoweit folgendes zu berücksichtigen:

Vorweg ist die Zulässigkeit der objektiven Klagenhäufung zu prüfen.

Für die Zulässigkeit des Herausgabeantrages zu beachten, dass es sich um eine
– normale – Leistungsklage handelt. Dementsprechend gelten für die gerichtliche
Zuständigkeit die allgemeinen Regeln. Die Zuständigkeit ist auch nicht nach § 802
ZPO ausschließlich. Mit dem Argument des Sachzusammenhangs dürfte jedoch ein

Auseinanderfallen der Gerichtsstände vermieden und die Zuständigkeit des Prozessgerichts erster Instanz auch für diesen Herausgabeantrag begründet werden.

Mit der herrschenden Meinung[385] wird das Rechtsschutzbedürfnis für die Herausgabeklage anzunehmen sein, wenn sie mit der Vollstreckungsgegenklage verbunden wird oder eine solche bereits anhängig ist. Denn wird auf die Vollstreckungsabwehrklage hin die Zwangsvollstreckung für unzulässig erklärt, hat der Schuldner ein Interesse daran, den Titel (vollstreckbare Ausfertigung) ausgehändigt zu bekommen, um eine weitere Zwangsvollstreckung des Gläubigers zu vermeiden. Die Vollstreckungsabwehrklage schließt eine Herausgabeklage auch nicht aus, da beide auf verschiedene Ziele gerichtet sind: Die Vollstreckungsabwehrklage beseitigt nur die Vollstreckbarkeit des titulierten Anspruchs, verschafft dem Schuldner jedoch noch nicht die Sicherheit vor weiteren Vollstreckungsversuchen, indem er den Titel in den Händen hält.

Die Klage ist aus § 371 BGB analog begründet, wenn der Beklagte aus dem Titel überhaupt nicht mehr vollstrecken kann. Dies ist der Fall, wenn aufgrund der zugleich erhobenen Vollstreckungsabwehrklage die Vollstreckung aus dem Titel für unzulässig erklärt worden ist. Hier ist zu berücksichtigen, dass ein Herausgabeanspruch nicht besteht, wenn die Vollstreckung nur teilweise für unzulässig erklärt worden ist.

VI. Rechtsbehelfe

Gegen das Urteil ist die Berufung oder die Revision der statthafte Rechtsbehelf. Ist die Entscheidung durch Versäumnisurteil ergangen, ist der Einspruch nach § 338 ZPO statthaft.

VII. Die Vollstreckungsabwehrklage gegen den nichtigen Titel

Ist der Vollstreckungstitel infolge seiner mangelnden Bestimmtheit nichtig, so ist er dennoch in der Welt. Die Nichtigkeit ist grundsätzlich keine materiell rechtliche, sondern eine verfahrensrechtliche Einwendung: es fehlt die allgemeine Vollstreckungsvoraussetzung Titel. Dennoch gesteht die herrschende Rechtsprechung[386] dem Schuldner ein Interesse an der Beseitigung der Vollstreckungsfähigkeit des nichtigen, aber scheinbar existenten Titels zu. Dieses kann er durch eine sog. prozessuale Gestaltungsklage **analog § 767 Abs. 1 ZPO** verfolgen.

---

[385] BGH WM 75, 1213; OLG Köln FamRZ 84, 1089, 1090
[386] BGHZ 124, 164, 171; Brandenburgisches OLG MDR 2000, 227

VIII. Vorläufiger Rechtsschutz nach § 769 ZPO

Um bis zur Entscheidung über die Vollstreckungsabwehrklage zu verhindern, dass aus einem Titel, dessen Vollstreckbarkeit angegriffen wird, vollstreckt wird, ermöglicht § 769 ZPO den Erlass einer einstweiligen Anordnung. Deren Voraussetzungen sind:

1. Zulässigkeit

a) Antrag des Vollstreckungsabwehrklägers

b) Zuständig ist gemäß § 769 Abs. 1 ZPO das Prozessgericht, bei dem die Vollstreckungsabwehrklage anhängig ist, und zwar unabhängig davon, ob das Gericht auch tatsächlich für die Vollstreckungsabwehrklage zuständig ist oder nicht. In dringenden Fällen entscheidet gemäß § 769 Abs. 2, 764 ZPO das Vollstreckungsgericht und dort der Rechtspfleger (§ 20 Nr. 17 Rechtspflegergesetz). Ein dringender Fall liegt vor, wenn das Prozessgericht nicht mehr rechtzeitig vor einer Vollstreckungsmaßnahme, die nicht mehr rückgängig gemacht werden kann, entscheiden kann[387]. Örtlich zuständig ist das Gericht, in dessen Bezirk die Zwangsvollstreckung stattfindet.

c) Die Klageschrift zur Vollstreckungsabwehrklage muss eingereicht sein; allerdings ist ihre Zustellung an den Prozessgegner nicht erforderlich[388].

d) Rechtsschutzbedürfnis

Das Rechtschutzbedürfnis ist gegeben, sobald eine vollstreckbare Ausfertigung des Titels erteilt ist. Die Zwangsvollstreckung muss nicht begonnen haben. Sie darf aber auch noch nicht vollständig beendet sein.

2. Begründetheit: Erfolgsaussicht der Vollstreckungsabwehrklage

Die bereits anhängige Vollstreckungsabwehrklage muss in jedem Fall zulässig und begründet erscheinen. Die den Antrag begründenden Tatsachen sind nach § 294 ZPO glaubhaft zu machen.

3. Form und Inhalt der Eilentscheidung

Die Entscheidung ergeht durch Beschluss (§ 769 Abs. 3 ZPO).

Die Entscheidungsformel kann insbesondere darauf lauten, dass die Zwangsvollstreckung gegen den Kläger aus dem genau bezeichneten Titel gegen eine genau bemessene Sicherheit bis zum Erlass des Urteils eingestellt wird (Wirkung: Einstellung der Zwangsvollstreckung durch das Vollstreckungsorgan nach § 775 Nr. 2 ZPO) oder dass die Zwangsvollstreckung nur gegen Sicherheitsleistung des Beklagten fortgesetzt werden darf (Wirkung: die Sicherheit ist gemäß § 751 Abs. 2 ZPO besondere Vollstreckungsvoraussetzungen). Die Anordnungen des

---

[387] Thomas/Putzo, § 769 Rdnr. 4
[388] Thomas/Putzo, § 769 Rdnr. 7

Prozessgerichts treten mit Erlass des Urteils auf die Vollstreckungsabwehrklage außer Kraft.

Rechtsbehelf: sofortige Beschwerde, § 793 Abs. 1 ZPO.

IX. Schema „Vollstreckungsabwehrklage"

I. Zulässigkeit
  1. Wirksamer und vollstreckbarer Titel
  2. Statthaftigkeit
     nach § 767 Abs. 1 ZPO (bei der Vollstreckung aus Urteilen)
     §§ 794 Abs. 1 Nr. ... (hier ist die entsprechende Ziffer einzusetzen), § 795 S. 1, 767 Abs. 1 ZPO (bei der Vollstreckung aus Titeln i.S.d. § 794 ZPO)
     wenn der Kläger eine materiell rechtliche Einwendung gegen den im Titel festgestellten Anspruch geltend macht
     Abgrenzung zur
     – Vollstreckungserinnerung/sofortigen Beschwerde→ verfahrensrechtliche Einwendungen
     – Klauselerinnerung (§ 732 ZPO) oder der Klauselklage (§ 768 ZPO) → Einwendungen im Klauselverfahren
     – Leistungs- oder Feststellungsklage → soweit Kläger die Zwangsvollstreckung aus dem Titel abwenden will und erkennbar nicht nur Leistung auf seinen Gegenanspruch, sondern die Vollstreckbarkeit des Titels beseitigen will, geht § 767 ZPO vor
     – Abänderungsklage gemäß § 323 ZPO → gegenseitiger Ausschluss, da anderer Streitgegenstand (§ 323 ZPO: die künftige Änderung der Rechtslage in Bezug auf von vornherein änderbare Umstände; § 767 ZPO: rückwirkende Veränderung der Rechtslage)
  3. Zuständigkeit →Prozessgericht erster Instanz nach
     – §§ 767, 802 ZPO (bei der Vollstreckung aus Urteilen)
     – §§ 794 ..., 795 S. 1, 767, 802 ZPO (bei der Vollstreckung aus Titeln i.S.d. § 794 ZPO)
     – §§ 797 Abs. 5, 802 ZPO (bei der Vollstreckung aus notariellen Urkunden); beachte: nur örtliche Zuständigkeit ausschließlich geregelt
  4. Antrag →darauf gerichtet, die Zwangsvollstreckung aus einem bestimmt bezeichneten Titel (ganz oder teilweise; dauernd oder vorübergehend) für unzulässig zu erklären; § 253 ZPO zu beachten
  5. richtige Parteien
     – Kläger = Vollstreckungsschuldner
     – Beklagter = Vollstreckungsgläubiger
  6. Allgemeine Prozessvoraussetzungen im übrigen
     insbesondere: (bei Verfahren vor dem Landgericht) ordnungsgemäße Zustellung der Klageschrift an den Prozessbevollmächtigten im Vorprozess, §§ 81, 176, 178 ZPO
  7. Allgemeines Rechtsschutzbedürfnis → sobald Titel vorliegt und solange Zwangsvollstreckung nicht vollständig beendet (Auskehr des Erlöses an Gläubiger)
     Abgrenzung zur
     – Berufung → solange Berufung nicht eingelegt, ist § 767 ZPO zulässig; ist Berufung eingelegt, ist sie im Erfolgsfall weitergehend als § 767 ZPO, da nicht nur die Vollstreckbarkeit, sondern der Titel beseitigt würde → Rechtsschutzbedürfnis für § 767 ZPO (–)

– Fortsetzung des früheren Prozesses, in dem der Prozessvergleich geschaffen wurde, wenn Streit um die Wirksamkeit des Vergleichs besteht → die Fortsetzung des früheren Prozesses ist der einfachere und billigere Weg; § 767 ZPO (+) bei nachträglichem Entfall des im Vergleich titulierten Anspruchs

II. Begründetheit

1. Bestehen der materiell-rechtlichen Einwendung des Klägers
   – Einwendung, welche die Durchsetzbarkeit des titulierten Anspruchs ganz oder teilweise / endgültig oder vorübergehend hindert / einschränkt, entstanden
   – Einwendung steht dem Kläger zu

2. Keine Präklusion nach § 767 Abs. 2 ZPO → Entstehen der Einwendung nach Schluss der mündlichen Verhandlung / Ablauf der Einspruchsfrist im Vorprozess
   Für Entstehen ist allein die Möglichkeit der Geltendmachung der Einwendung ohne Rücksicht auf die Kenntnis des Klägers maßgeblich (Arg.: § 767 bezweckt den Schutz der Rechtskraft).
   Bei Gestaltungsrechten (Aufrechnung, Anfechtung, Rücktritt etc.)
   – nach Rspr. führt die objektive Möglichkeit der Ausübung, sprich das Vorliegen der Voraussetzungen des Gestaltungsrechts mit Ausnahme der Gestaltungserklärung (also Aufrechnungslage, Anfechtungstatbestand etc.) im Vorprozess zur Präklusion (Arg.: größtmöglicher Schutz der Rechtskraft → Beschränkung auf tatbestandlich nachträglich entstandene Einwendungen)
   – nach Lit. maßgeblich der Zeitpunkt der Gestaltungserklärung (Aufrechnungs- / Anfechtungserklärung etc.) (Arg.: Keine Rechtsfolge des Gestaltungsrechts ohne Erklärung).
   § 767 Abs. 2 unanwendbar bei
   – nicht-rechtskraftfähige Titel (z.B. Prozessvergleich)
   – notarielle Urkunde (§ 797 Abs. 4 ZPO)
   – Kostenfestsetzungsbeschluss

3. Kein Verstoß gegen Bündelungsgebot, § 767 Abs. 3 ZPO

§ 6
Die Drittwiderspruchsklage nach § 771 ZPO

I. Übersicht und allgemeine Grundsätze

Das Vollstreckungsverfahren berührt unter Umständen nicht nur die Rechtskreise des Gläubigers und des Schuldners, sondern darüber hinaus auch Dritter, wenn die Vollstreckung in Gegenstände erfolgt, an denen der Dritte eine materielle Berechtigung hat. Die typische Konfliktlage wird im folgenden Grundfall veranschaulicht:

Grundfall zur Drittwiderspruchsklage:

Der Gläubiger betreibt gegen den Schuldner die Zwangsvollstreckung aus einem Urteil des Landgerichts Bielefeld, durch das der Schuldner zur Zahlung von 7000.00 € an den Kläger verurteilt worden ist. In seinem Auftrag pfändete der Gerichtsvollzieher am 20.12.2002 im Hause des Schuldners und seiner Ehefrau X einen Perserteppich aus dem Wohnzimmer, obwohl Frau X dem Gerichtsvollzieher bei der Pfändung einen Kaufvertrag vorlegte, aus dem sich ergab, dass sie am 12.07.2002 diesen Teppich dem Schuldner unter Eigentumsvorbehalt zum Preis von 5000,00 € verkauft habe. Darüber hinaus pfändete der Gerichtsvollzieher einen antiken Nussbaumschreibtisch aus dem Arbeitszimmer, obwohl Frau X ihn darauf hinwies, dass dieser ihr zur Sicherheit für ein Darlehn an ihren Ehemann sicherungsübereignet sei. Weitere Sachen von Wert konnte der Gerichtsvollzieher nicht finden.

Frau X erhebt nun gegen den Gläubiger vor dem Landgericht Bielefeld Klage mit dem Antrag, die Zwangsvollstreckung in die beiden näher bezeichneten Gegenstände für unzulässig zu erklären.

Hinsichtlich des Perserteppichs behauptet sie - insoweit unstreitig -, dieses Erbstück dem Schuldner unter der aufschiebenden Bedingung vollständiger Kaufpreiszahlung übereignet zu haben. Ihr sei damals Geld wichtiger gewesen, andererseits habe der Schuldner den Teppich im „Familienbesitz" halten wollen, so dass er letztlich den Teppich entgeltlich erworben habe. Nur habe der Schuldner mangels Masse den Kaufpreis noch nicht vollständig gezahlt. Hinsichtlich des Nussbaumschreibtischs behauptet sie, dieser sei ihr nebst weiteren Antiquitäten im Gesamtwert von 20.000,00 € von ihrem Ehemann aus folgendem Grund sicherungsübereignet worden: Sie habe gegenüber der Hausbank des Schuldners eine selbstschuldnerische Bürgschaft bis zu 50.000 DM zur Besicherung eines Immobilienkaufes des Schuldners übernommen; um sie für den Fall ihrer Inanspruchnahme aus der Bürgschaft zumindest teilweise abzusichern, hätten sie und ihr Ehemann am 28.06.2000 den schriftlichen Sicherungsübereignungsvertrag geschlossen; in Höhe von 10.000 Euro sei sie von der finanzierenden Bank auch aufgrund der Bürgschaft in Anspruch genommen worden.

Der Gläubiger beantragt die Klage abzuweisen und behauptet die Sicherungsübereignung sei mit der Absicht erfolgt, die Gläubiger des Schuldners zu benachteiligen. Aufgrund dessen erklärt der Gläubiger die Anfechtung nach dem Anfechtungsgesetz. Die Nichterfüllung des Kaufpreisanspruchs bestreitet er mit Nicht-Wissen.

Die Drittwiderspruchsklage nach § 771 ZPO ist eine **prozessuale Gestaltungs-klage**, die es dem Dritten erlaubt, sein Recht an dem von der Vollstreckung betroffenen Gegenstand mit dem Ziel geltend zu machen, dass die Zwangsvollstreckung in diesen Gegenstand für unzulässig erklärt wird. Anders als die Vollstreckungs-abwehrklage richtet sich die Drittwiderspruchsklage also nicht gegen die Vollstreckung insgesamt, sondern **nur gegen eine einzelne Vollstreckungsmaßnahme, die das Recht des Dritten betrifft.**

Sie ist gegen den Vollstreckungsgläubiger zu richten (Parteiverfahren).

Das stattgebende Urteil führt gemäß §§ 775 Nr. 1, 776 ZPO zu Einstellung der Zwangsvollstreckung und Aufhebung der getroffenen Vollstreckungsmaßregeln.

Nicht jedes Recht des Dritten am Vollstreckungsgegenstand kann mit der Dritt-widerspruchsklage nach § 771 ZPO geltend gemacht werden. § 771 Abs. 1 ZPO verlangt, dass an dem Gegenstand „ein die Veräußerung hinderndes Recht" besteht. Der Wortlaut ist problematisch, da es letztlich kein Recht an einem Gegenstand gibt, dass die Veräußerung dieses Gegenstandes durch Unbefugte verhindert.

> Beispiel: Der klassische Fall eines Interventionsrechts ist das Eigentum des Dritten am Vollstreckungsgegenstand. Aber selbst sein Eigentum kann mit Rücksicht auf die Vorschriften zum gutgläubigen Erwerb nicht verhindern, dass der Gegenstand veräußert werden kann.

Ein solches sog. **Interventionsrecht** wird daher regelmäßig als eine **materielle Berechtigung** definiert, **aufgrund derer sich die Veräußerung der den Vollstre-ckungsgegenstand bildenden Sache durch den Schuldner dem berechtigten Dritten gegenüber als rechtswidrig darstellen würde.**[389] Es ist also auf das Verhältnis zwischen Schuldner und Dritten abzustellen und hierin zu fragen ob
- der Vollstreckungsgegenstand nicht zum Vermögen des Schuldners gehört, sondern
- der Dritte ein obligatorisches oder dingliches Recht an dem Gegenstand hat, aufgrund dessen die hypothetische Veräußerung durch den Schuldner ein rechtswidriger Eingriff in das Recht des Dritten wäre.

Dem liegt der Gedanke zugrunde, dass der Gläubiger im Wege der Zwangsvollstre-ckung auf alle Vermögenswerte zugreifen kann, über die auch der Schuldner recht-mäßig verfügen könnte; soweit der Schuldner nicht rechtmäßig über einen Gegen-stand verfügen kann, kann der Gläubiger durch die Zwangsvollstreckung keine weitergehenden Rechte erlangen.

> Beispiel: Der Schuldner könnte zwar als Nichtberechtigter über eine im Eigentum des Dritten stehende Sache nach den Vorschriften des gutgläubigen Erwerbes wirksam verfügen. Jedoch greift er damit in die Befugnisse des Eigentümers nach § 903 BGB ein. Denn nur dem Eigentümer steht es zu, nach Belieben mit der Sache zu verfahren, insbesondere sie zu veräußern. Im Verhältnis zwischen Schuldner und Dritten hätte der Schuldner mithin das Eigentum des Dritten rechtswidrig verletzt.

---

[389] RGZ 116, 363, 366; BGHZ 55, 20, 26; Brox/Walker Rdnr. 14 c

II. Zulässigkeit der Drittwiderspruchsklage

1. Statthaftigkeit

Die Klage ist als Drittwiderspruchsklage statthaft, wenn
- ein Dritter
- ein die Veräußerung hinderndes Recht an dem Vollstreckungsgegenstand geltend
macht.

Dritter ist jeder, der weder Gläubiger noch Schuldner des Zwangsvollstreckungsverfahrens ist.

Im Rahmen der Zulässigkeit der Klage kommt es sodann nur auf die **Geltendmachung des Interventionsrechts** an. Maßgeblich ist mithin allein, ob nach dem
Vortrag des Klägers diesem ein Interventionsrecht zustehen kann. Ob das – vom Beklagten – bestrittene Interventionsrecht des Klägers tatsächlich besteht, ist Frage
der Begründetheit.

Nicht zu verwechseln mit der tatsächlichen Frage, ob das Interventionsrecht besteht, ist die rechtliche Frage, ob die geltend gemachte materielle Berechtigung
auch ein Interventionsrecht im Sinne des § 771 ZPO darstellt. Die Einordnung dieser Rechtsfrage als Zulässigkeits- oder Begründetheitsfrage wird nicht einheitlich
beantwortet. Es bieten sich zwei vertretbare Aufbaumöglichkeiten an:
- Entweder man lässt es für die Statthaftigkeit der Drittwiderspruchsklage genügen, dass der Kläger irgendeine materielle Berechtigung behauptet. Ob diese
rechtlich ein Interventionsrecht begründet, wird nach dieser Auffassung in der
Begründetheit festzustellen sein.[390]
- Oder man prüft die Rechtsfrage, ob die geltend gemachte Berechtigung überhaupt ein Interventionsrecht im Sinne des § 771 ZPO sein kann, bereits in der
Statthaftigkeit. *Dieser Aufbau wird im folgenden vertreten.*

Für den Rechtsreferendar in der Examensklausur ist dieser Streit jedoch unerheblich und seine Diskussion untunlich. Er sollte nur eine dieser beiden Aufbaumöglichkeiten wählen.

**Ein Interventionsrecht ist eine materielle Berechtigung des Dritten an der den
Vollstreckungsgegenstand bildenden Sache, aufgrund derer sich die Veräußerung dieser Sache durch den Schuldner dem berechtigten Dritten gegenüber
als rechtswidrig darstellen würde.**

a) Interventionsrechte / Fallgruppen

aa) Eigentum

Eigentum ist der klassische Fall eines Interventionsrechts nach § 771 ZPO. Das
Recht, nach Belieben mit dem Eigentum zu verfahren, insbesondere es zu veräußern,
steht nach § 903 BGB allein dem Eigentümer zu. Verfügt der Schuldner unberechtigt
über das Dritteigentum, so verletzt er die Befugnisse des Dritten aus § 903 BGB.

---

[390] vgl. Brox/Walker Rdnr. 1417; Thomas/Putzo, § 771 Rdnr. 19

Dies gilt auch für:

- **Miteigentum**
  Pfändet der Gläubiger eines Miteigentümers die im Miteigentum mehrerer stehende Sache, kann der andere Miteigentümer sein Eigentum im Wege der Drittwiderspruchsklage geltend machen.
- **Gesamthandseigentum**
  Der GbR-Gesellschafter kann im Wege der Drittwiderspruchsklage einer Vollstreckung des Gläubigers eines anderen GbR-Gesellschafters in einen der Gesamthand zustehenden Vermögenswert widersprechen.

Problematisch sind das Vorbehaltseigentum und das Sicherungseigentum:

(1) Vorbehaltseigentum

Beim Vorbehaltseigentum steht die dingliche Einigung zwischen Vorbehaltsverkäufer und Vorbehaltskäufer unter der aufschiebenden Bedingung vollständiger Kaufpreiszahlung. Bis zum Eintritt dieser Bedingung bleibt der Vorbehaltsverkäufer Eigentümer der Sache und erlangt der Vorbehaltskäufer lediglich ein Anwartschaftsrecht an der Sache.

(a) Vollstreckt ein Gläubiger des Vorbehaltskäufers in den Kaufgegenstand, kann der Vorbehaltsverkäufer im Wege der Drittwiderspruchsklage sein Eigentum als Interventionsrecht geltend machen.[391] Sein Vorbehaltseigentum ist ein die Veräußerung hinderndes Recht: Würde der Vorbehaltkäufer die Kaufsache veräußern, würde er in die Befugnisse des Vorbehaltsverkäufers aus § 903 BGB eingreifen. Dies ist dem Gläubiger zumutbar, zumal er das Anwartschaftsrecht des Schuldners pfänden und sich zur Einziehung überweisen lassen kann, um sodann nach § 267 Abs. 1 BGB die Bedingung herbeizuführen, so dass das Interventionsrecht des Vorbehaltsverkäufers entfällt.

Im Grundfall:

Die Klägerin macht geltend, der Perserteppich sei dem Schuldner unter der aufschiebenden Bedingung vollständiger Kaufpreiszahlung übereignet worden und stehe mangels Eintritts dieser Bedingung noch in ihrem Eigentum. Das Eigentum des Vorbehaltsverkäufers ist ein Interventionsrecht im Sinne des § 771 ZPO, denn würde der Vorbehaltkäufer die Kaufsache veräußern, würde er in die Befugnisse des Vorbehaltsverkäufers aus § 903 BGB eingreifen. Der Vorbehaltsverkäufer kann auch nicht deswegen auf die Vorzugsklage nach § 805 ZPO verwiesen werden, weil die Sache wirtschaftlich dem Schuldner zustehen soll und der Gläubiger im Wege der Vollstreckung auf das zugreifen können muss, was der Schuldner selbst verwerten kann. Denn dann wäre sein rechtlich vollwirksames Eigentum nicht hinreichend geschützt ...

(b) Pfändet ein Gläubiger des Vorbehaltsverkäufers den Kaufgegenstand, ist das Anwartschaftsrecht des Vorbehaltskäufers gefährdet: Würde die Kaufsache im Wege der Zwangsvollstreckung versteigert, würde der Ersteher kraft Hoheitsakt originär und lastenfrei Eigentümer werden; das Anwartschaftsrecht würde ersatzlos

---

[391] vgl. BGHZ 54, 214, 218, 219

erlöschen; bei Bedingungseintritt könnte das Vollrecht nicht mehr entstehen. Um dies zu verhindern, ist dem Anwartschaftsberechtigten zur Sicherung seines Anwartschaftsrechts insoweit auch ein Interventionsrecht zuzugestehen.[392] Auch im Verhältnis zum Vorbehaltsverkäufer wäre der Vorbehaltskäufer beispielsweise durch § 161 BGB vor Zwischenverfügungen geschützt.

Jedoch ist zu berücksichtigen, dass der Anwartschaftsberechtigte nicht die gleichen Befugnisse wie der Eigentümer genießt. Das Anwartschaftsrecht berechtigt insbesondere nicht zum Besitz der Sache. Vor Eintritt der Bedingung kann der Anwartschaftsberechtigte daher nur der Verwertung wiedersprechen, da nur die Verwertung zum Erlöschen seines Anwartschaftsrechts führen würde. Er kann dahingegen nicht im Wege der Drittwiderspruchsklage erreichen, dass auch die Pfändung für unzulässig erklärt wird. Dies ist dem Vorbehaltskäufer auch zumutbar, da er jederzeit die aufschiebende Bedingung erfüllen kann, so dass sein Anwartschaftsrecht zum Volleigentum erstarkt und er sodann im Wege der Drittwiderspruchsklage sein Eigentum geltend machen könnte.

(2) Sicherungseigentum

Die materielle Rechtslage im Fall des Sicherungseigentums:

- ■ Grundgeschäft der Sicherungsübereignung ist der schuldrechtliche Sicherungsvertrag zwischen Sicherungsgeber und Sicherungsnehmer (Erwerber), der regelmäßig folgenden Inhalt hat:
  - – Der Sicherungsgeber verpflichtet sich zur Übereignung des Sicherungsgutes an den Sicherungsnehmer.
  - – Der Sicherungsnehmer verpflichtet sich, das Sicherungsgut im Besitz des Sicherungsgebers zu belassen (Begründung eines Besitzmittlungsverhältnisses).
  - – Die Vertragsparteien legen den Sicherungszweck (= Nichterfüllung eines Anspruchs des Sicherungsnehmers gegen den Sicherungsgeber bei Fälligkeit) fest. Bei Verwertungsreife (regelmäßig Fälligkeit der gesicherten Forderung) soll der Sicherungsnehmer das Sicherungsgut verwerten dürfen (regelmäßig freihändiger Verkauf).
  - – Der Sicherungsnehmer verpflichtet sich zur Rückübereignung des Sicherungsgutes auf den Sicherungsgeber bei endgültigem Wegfall des Sicherungszwecks.

- ■ Das Sicherungsgut wird dem Sicherungsnehmer im Vollzug des Sicherungsvertrages nach § 929 BGB übereignet. Diese Übereignung kann auf den Fortfall des Sicherungszwecks (= Erfüllung der zu sichernden Forderung) auflösend bedingt sein; in diesem Fall fällt das Eigentum mit Fortfall des Sicherungszwecks automatisch an den Sicherungsgeber zurück, so dass dieser von Vornherein ein Anwartschaftsrecht am Sicherungsgut hat.

(a) Für den Fall, dass ein Gläubiger des Sicherungsgebers das Sicherungsgut pfändet, ist streitig, ob dem Sicherungseigentümer (Sicherungsnehmer) ein Interventionsrecht im Sinne des § 771 ZPO zusteht.

---

[392] vgl. BGHZ 55, 20, 26 f.; Thomas/Putzo, § 771 Rdnr. 15

– Teilweise wird vertreten, dass Sicherungseigentum entspreche wegen seiner treuhänderischen Bindung wirtschaftlich eher dem besitzlosen Pfandrecht und sei daher auch so zu behandeln; dementsprechend könne der Sicherungseigentümer
nur eine Klage auf vorzugsweise Befriedung nach § 805 ZPO erheben.[393] Zur
Begründung dieser Auffassung wird auch darauf verwiesen, dass dem Sicherungseigentümer im Insolvenzverfahren nicht die Aussonderung sondern lediglich die Absonderung zugestanden wird.

– Nach herrschender Meinung[394] ist jedoch entscheidend, dass der Sicherungseigentümer formell und materiell voll wirksames Eigentum erlangt hat. Solange
der zu sichernde Anspruch bestehe, habe der Sicherungsnehmer aufgrund seines
Eigentums ein Interventionsrecht. Stünde dem Sicherungseigentümer lediglich
die Klage auf vorzugsweise Befriedung offen, so wäre ihm die nach obligatorischen Sicherungsvertrag vorgesehene Möglichkeit zum freihändigen Verkauf
genommen. Eine andere Behandlung des Sicherungseigentümers im Insolvenzverfahren sei durch den unterschiedlichen Charakter der Vollstreckung gerechtfertigt: das Insolvenzverfahren folge dem Grundsatz der gleichmäßigen Befriedung aller Gläubiger im Wege der Gesamtvollstreckung; § 771 ZPO gelte aber
nur in der Einzelvollstreckung, in der die Gläubiger konkurrieren; Zweck der Sicherungsübereignung sei aber gerade die gewollte Besserstellung des Dritten gegenüber anderen Gläubigern.

In der Praxis und erst recht in der Klausur ist anzuraten, der herrschenden Meinung
und ihren überzeugenden Argumenten zu folgen. *In der Darstellungsweise bietet es
sich an, zunächst kurz die einschränkende Auffassung darzustellen und sodann mit
den Argumenten der herrschenden Meinung abzulehnen.*

Allerdings ist zu beachten, dass das Interventionsrecht des Sicherungseigentümers
nur solange wie auch der gesicherte Anspruch besteht, da ansonsten der Sicherungsgeber ein Anspruch auf Rückübertragung hat.

Im Grundfall:

Die Klägerin beruft sich des weiteren auf ihr angebliches Sicherungseigentum am Nussbaumschreibtisch.

Die Übertragung des Eigentums ist nicht auflösend bedingt gewesen. Die Klägerin und
der Schuldner haben jedoch durch die Absprache des Sicherungszwecks (Übertragung
des Eigentums zur Sicherung der Klägerin wegen ihrer Ausgleichsansprüche im Fall der
Inanspruchnahme aus der Bürgschaft gegenüber der Bank) zumindest stillschweigend
schuldrechtlich vereinbart, dass die Klägerin nur im Fall der Inanspruchnahme aus der
Bürgschaft und fehlenden Ausgleichs das Sicherungsgut verwerten darf sowie bei Fortfall des Sicherungszwecks das Sicherungsgut an den Schuldner zurück zu übertragen hat.

Es ist umstritten, ob Sicherungseigentum ein Interventionsrecht im Sinne des § 771 ZPO
begründet, oder wegen seiner treuhänderischen Bindung wirtschaftlich eher dem besitzlosen Pfandrecht gleichsteht und der Sicherungsnehmer daher auf die Vorzugsklage zu

---

[393] Baumbach/Lauterbach-Hartmann, § 771 Rn. 26
[394] BGHZ 12, 232, 234; 118, 206; Brox/Walker Rdnr. 1417; Thomas/Putzo, § 771 Rdnr. 15;
Zöller-Herget, § 771 Rdnr. 14

verweisen ist. Letztere Sichtweise übersieht jedoch, dass der Sicherungseigentümer formell und materiell voll wirksames Eigentum erlangt hat. Dieses Eigentum wäre nicht hinreichend geschützt, würde man den Sicherungsnehmer auf § 805 ZPO beschränken. Zudem wäre dem Sicherungseigentümer die nach obligatorischen Sicherungsvertrag vorgesehene Möglichkeit zum freihändigen Verkauf genommen. Die Besserstellung des Sicherungsnehmers gegenüber anderen Gläubigern des Sicherungsgebers ist von den Parteien des Sicherungsvertrages aber gerade gewollt. Eine andere Behandlung des Sicherungseigentümers im Insolvenzverfahren ...

(b) Wird das Sicherungsgut auf Antrag eines Gläubigers des Sicherungseigentümers gepfändet, ist folgendes zu beachten:

– Ist die dingliche Übereignung durch den Wegfall des Sicherungszwecks auflösend bedingt, so hat der Sicherungsgeber ein Interventionsrecht in Gestalt seines **Anwartschaftsrechts**. Würde das Sicherungsgut versteigert, würde der Erwerber das Eigentum lastenfrei erwerben mit der Folge, dass das Anwartschaftsrecht ersatzlos erlöschen würde. Davor muss der Sicherungsgeber geschützt werden, allerdings nur, soweit er sich gegen die Verwertung richtet. Denn das Anwartschaftsrecht berechtigt nicht zum Besitz, so dass es kein Interventionsrecht gegen die Pfändung gibt. Dies erscheint dem Sicherungsgeber zumutbar, da er die gesicherte Forderung erfüllen und damit die auflösende Bedingung herbeiführen kann, mit der Folge, dass er sich fortan auf sein Eigentum als Interventionsrecht berufen kann.

– Im Regelfall (und im Klausurfall) wird jedoch die Eigentumsübertragung nicht auflösend bedingt sein. Dennoch gesteht die ganz herrschende Meinung[395] dem Sicherungsgeber ein Interventionsrecht bis zum Eintritt der Verwertungsreife, d.h. bis zu dem Zeitpunkt zu, zu dem der Sicherungsnehmer die Sache verwerten darf. Der Grund wird – zu Recht – darin gesehen, dass das Sicherungsgut wirtschaftlich dem Vermögen des Sicherungsgebers zuzurechnen ist und lediglich der Sicherung, nicht ohne weiteres der Befriedung des Sicherungsnehmers dient. Dies ist erst anders zu sehen, wenn die Verwertungsreife eingetreten ist: Dann habe der Sicherungsnehmer nach der schuldrechtlichen Sicherungsabrede das Recht, die Sache in vollem Umfang zu verwerten, so dass die Sache ab diesem Zeitpunkt wirtschaftlich seinem Vermögen zuzurechnen ist.

(c) Die vorgenannten Grundsätze sind entsprechend auf die Sicherungsabtretung anzuwenden.

(3) Leasinggut

Materielle Rechtslage beim Operating- wie Finanzierungsleasing: Der Leasinggeber behält das Eigentum am Leasinggut und gewährt dem Leasingnehmer entgeltlich den Gebrauch, wobei die Gefahr oder Haftung für Instandhaltung, Sachmängel, Untergang und Beschädigung der Sache allein den Leasingnehmer trifft, der Lea-

---

[395] BGHZ 72, 141, 143 ff.; Thomas/Putzo, § 771 Rdnr. 19; Zöller-Herget § 771 Rdnr. 14 Stichwort Sicherungsübereignung

singgeber dafür seine Ansprüche hieraus gegen Dritte dem Leasingnehmer überträgt.[396]

Der **Leasinggeber** kann sein **Eigentum** am Leasinggut im Wege der Drittwiderspruchsklage geltend machen, wenn ein Gläubiger des Leasingnehmers hierin vollstreckt.[397] Seine Lage ist der des Vorbehaltsverkäufers vergleichbar.

Andererseits steht dem Leasingnehmer der Weg der Drittwiderspruchsklage gegen eine Vollstreckung eines Gläubigers des Leasinggebers in das Leasinggut nicht offen.[398] Anders als der Vorbehaltskäufer hat der Leasingnehmer kein Anwartschaftsrecht am Leasinggut, sondern lediglich ein Besitzrecht. Ob dieses ein Interventionsrecht darstellt, ist umstritten (siehe hierzu nachfolgend dd)). Jedoch kann der Leasingnehmer, der mit der Pfändung des in seinem Gewahrsam befindlichen Leasinggutes nicht einverstanden war, im Wege der Vollstreckungserinnerung die Verletzung des § 809 ZPO rügen.

bb) Beschränkt dingliche Rechte (Grundpfandrechte, Erbbaurechte u.a.)

sind Interventionsrechte, soweit sie durch die Vollstreckung unmittelbar beeinträchtigt werden.[399]

> Beispiel: Der Schuldner bestellt zugunsten des Dritten X eine Hypothek an seinem Grundstück, auf dem er eine Gastwirtschaft betreibt. Der Gläubiger des Schuldners, pfändet die Gaststätteneinrichtung. Was kann X dagegen unternehmen?

Ansatzpunkt ist die Frage, ob der Schuldner im Verhältnis zu X ohne weiteres das Inventar an Dritte veräußern darf. Nur wenn diese Frage zu verneinen ist, besteht ein die Veräußerung hinderndes Recht in Gestalt der Hypothek. Gemäß § 1120 BGB erstreckt sich die Hypothek auf das Grundstückszubehör. Im Verhältnis zum Schuldner ist der X vor einer Entfernung der Zubehörstücke nach Maßgabe der §§ 1133–1135 BGB geschützt: Ist infolge der Entfernung der Zubehörstücke ein Ausfall des X bei der Zwangsvollstreckung aus der Hypothek zu erwarten, kann er vom Schuldner unter Fristsetzung die Wiederherstellung des früheren Zustandes (§ 1133, 1135 BGB) oder bei drohender Entfernung deren Unterlassen (§ 1134, 1135 BGB) verlangen. Daher kann X auch gegen die Pfändung des Gaststätteninventars durch den Gläubiger aufgrund seiner Hypothek als Interventionsrecht nach § 771 ZPO vorgehen.

Die Hypothek gewährt jedoch kein Interventionsrecht, wenn der Gläubiger die Zwangsversteigerung in das Grundstück des Schuldners betreibt. Denn in diesem Fall würde die Hypothek des Dritten in das geringste Gebot zu übernehmen sein und bei Zuschlag bestehen bleiben.

---

[396] Palandt-Weidenkaff, Einführung von § 535, Rdnr. 27 m.w.N.
[397] Zöller-Herget, § 771 Rn. 14 Stichwort Leasinggut m.w.N.
[398] vgl. Zöller-Herget, a.a.O.
[399] Brox/Walker Rdnr. 1418; Thomas/Putzo, § 771 Rdnr. 17

cc) Pfandrechte

Nach dem Wortlaut des § 805 ZPO kann der Pfandrechtsinhaber, der die Pfandsache nicht besitzt, nur auf vorrangige Befriedigung aus der Zwangsvollstreckung klagen. Ein Interventionsrecht steht ihm nicht zu.

Im Umkehrschluss bedeutet dies, dass der Inhaber eines vertraglichen oder gesetzlichen Pfandrechts, der **unmittelbaren oder mittelbaren Besitz an der Sache** hat, im Wege des § 771 ZPO der Pfändung in die Pfandsache widersprechen kann. Nur wenn dem mittelbar oder unmittelbar besitzenden Pfandrechtsinhaber ein Interventionsrecht zugestanden wird, ist er in seinem Recht hinreichend geschützt, im Rahmen der Bedingungen nach § 1234, 1240 BGB nach Eintritt der Pfandreife den Zeitpunkt der Verwertung selbst zu bestimmen.

dd) Besitz

Gegenüber der Vollstreckung in unbewegliches Vermögen ist der Besitz (beispielsweise am Grundstück) kein Interventionsrecht, weil er für die dingliche Rechtslage betreffend das unbewegliche Vermögen keine Bedeutung hat.[400] Dies ergibt sich aus § 891 BGB: Für die dingliche Rechtslage ist nicht der Besitz sondern die Eintragung im Grundbuch Träger der Vermutungswirkung.

Streitig ist jedoch, ob bei der Vollstreckung in das bewegliche Vermögen der **berechtigte unmittelbare oder mittelbare Besitz an beweglichen Sachen** ein Interventionsrecht ist.

– In der Literatur wird dies teilweise mit dem Argument abgelehnt, dass der Besitz ein bloß tatsächliches Herrschaftsverhältnis sei und daher keine Aussage über Zuordnung der Sache zum Vermögen des Schuldners oder eines Dritten treffe.[401]
– Nach anderer Auffassung[402] ist der berechtigte unmittelbare oder mittelbare Besitz ein Interventionsrecht im Sinne des § 771 ZPO. Für diese Auffassung wird angeführt, dass der Gläubiger auch den Herausgabeanspruch des Schuldners (= Sacheigentümer) gegen den Dritten (= Sachbesitzer) zwar pfänden, aber keinen nach § 883 ZPO vollstreckbaren Titel erwirken könnte, wenn der Dritte im Verhältnis zum Schuldner zum Besitz berechtigt sei.

M.E. ist das Interventionsrecht im Sinne des § 771 ZPO streng genommen nicht der Besitz (nur tatsächliche Rechtsposition) selbst sondern das dingliche oder obligatorische Recht zum Besitz.

Gegenüber dem Schuldner (= Eigentümer der Sache) ist der Dritte (= Besitzer der Sache) in seinem Besitz nicht durch diese tatsächliche Position, sondern vielmehr durch sein dinglich oder obligatorisch begründetes Recht zum Besitz geschützt (§ 986 BGB). Hiervon geht letztlich auch die ein Interventionsrecht bejahende Auffassung aus, da sie ebenfalls auf die Berechtigung zum Besitz abstellt.

---

[400] RGZ 127, 8, 9 f; Thomas/Putzo, § 771 Rdnr. 21; Zöller-Herget, § 771 Rn. 14 Stichwort Besitz

[401] Thomas/Putzo, § 771 Rdnr. 21; Brox/Walker Rdnr. 1420

[402] Baumbach/Lauterbach-Hartmann, § 771 Rdnr. 15; Zöller-Herget, § 771 Rdnr. 14 Stichwort Besitz

Beispiel: Der Schuldner vermietet dem Dritten unbefristet ein Fahrzeug. Nach § 535 S. 1 BGB hat der Dritte einen Anspruch auf Gebrauchsgewährung. Würde der Schuldner dem Dritten die Sache wegnehmen und veräußern, würde er in diesem Rechtsverhältnis vertragswidrig handeln. Pfändet nun der Gläubiger des Schuldners das Fahrzeug, so droht dem Dritten durch die Pfändung der Besitzverlust und durch die Verwertung die Unmöglichkeit der Gebrauchsgewährung. Hierin muss er geschützt werden, so dass m.E. das obligatorische Recht auf Besitzüberlassung und nicht der Besitz selbst das Interventionsrecht ist. Der Gläubiger kann anstatt im Wege der Sachpfändung den Herausgabeanspruch des Schuldners gegen den Dritten aus § 556 BGB pfänden sowie sich – wenn der Dritte die Herausgabe verweigert – überweisen lassen und sodann unter Geltendmachung des von der Überweisung umfassten Kündigungsrechts Klage auf Herausgabe der Sache an den Gerichtsvollzieher erheben.

ee) Schuldrechtliche Ansprüche auf den Vollstreckungsgegenstand

Schuldrechtliche Ansprüche in Bezug auf den Vollstreckungsgegenstand können gerichtet sein auf
– Verschaffung, d.h. Eigentumsübertragung (Kauf, Vermächtnis) oder
– Herausgabe, d.h. Übertragung des Besitzes (Beispiele: Miete, Pacht, Leihe, Verwahrung, Auftrag).

Bei **Verschaffungsansprüchen** gehört die Sache vor Eigentumsübertragung rechtlich und wirtschaftlich zum Vermögen dessen, der zur Übereignung verpflichtet ist. Daher begründet der Verschaffungsanspruch kein Interventionsrecht.

Beispiel: Der Schuldner verkaufte dem Dritten sein Kraftfahrzeug. Noch vor Erfüllung des Kaufvertrages pfändet der Gläubiger des Schuldners den noch bei diesen befindlichen Pkw. Der Dritte hat gegen den Schuldner einen Anspruch auf Verschaffung des Eigentums an der Sache und Übergabe aus § 433 S. 1 BGB. Bis zur Übertragung des Eigentums auf den Dritten steht der Pkw weiterhin im Eigentum des Schuldners und gehört auch wirtschaftlich zu dessen Vermögen. Daher steht dem Dritten kein Interventionsrecht aufgrund seines Anspruchs aus § 433 S. 1 BGB zu.

Bei **Herausgabeansprüchen** gehört die Sache wirtschaftlich nicht zum Vermögen des Schuldners, sondern des Dritten.

Beispiel: Vater X leiht seinem Sohn D seinen Pkw. D verleiht diesen Pkw weiter an den Schuldner S. Bei S pfändet dessen Gläubiger den Pkw. Wirtschaftlich gehört der Pkw nicht zum Vermögen des S. Würde S den Wagen selbst verkaufen, würde er in den Rechtskreis des D eingreifen, der gegen ihn einen Herausgabeanspruch nach § 604 BGB hat. Dieser Herausgabeanspruch ist das Interventionsrecht des D. Darüber hinaus könnte auch X ein Interventionsrecht, nämlich Eigentum geltend machen.

Auch die Sicherung des schuldrechtlichen Verschaffungsanspruchs durch eine Vormerkung macht diesen noch nicht zum Interventionsrecht.[403]

ff) Die Fehlende Zustimmung nach § 1365 BGB

ist mit der Drittwiderspruchsklage nach § 771 ZPO geltend zu machen.[404]

---

[403] BGH NJW 1994, 128, 129
[404] Palandt-Brudermüller, § 1365 Rdnr. 8

gg) Anfechtungsrecht nach dem Anfechtungsgesetz

Nach der – für Referendare maßgeblichen – Auffassungen des BGH[405] ist das Anfechtungsrecht nach dem Anfechtungsgesetz **kein** Interventionsrecht. Die Anfechtung begründe lediglich einen schuldrechtlichen Rückgewähranspruch auf Verschaffung der Sache.

Nach anderer Auffassung[406] handele es sich nicht nur um einen schuldrechtlichen Verschaffungsanspruch; bei wirtschaftlicher Betrachtung sei der Rückgewähranspruch einem Herausgabeanspruch gleichzusetzen.

Die Auffassung des BGH ist wohl zutreffend. Die Anfechtung nach dem AnfG führt nicht zur Unwirksamkeit der Veräußerung, sondern lediglich zu einem schuldrechtlichen Rückgewähranspruch. Da der Erwerber mithin auch im Verhältnis zum Gläubiger das Eigentum oder das Recht wirksam erwirbt, ist der Rückgewähranspruch eher dem Verschaffungs- als dem Herausgabeanspruch vergleichbar.

Der anfechtungsberechtigte Gläubiger ist daher auf die Vorzugsklage aus § 805 ZPO zu verweisen. Hierbei genießt er Vorrang vor den Gläubigern des Anfechtungsgegners.[407]

b) Abgrenzungsfragen

Im Rahmen der Statthaftigkeit ergeben sich insbesondere folgende Abgrenzungsprobleme:
– **Verfahrensrechtliche Rügen** sind ausschließlich mit der **Vollstreckungserinnerung** nach § 766 ZPO geltend zu machen. Überschneidungen sind denkbar, wo das materielle Recht auch im Verfahren beachtlich wäre (Beispiel: evidentes Dritteigentum im Rahmen der Sachpfändung). Macht der Dritte sowohl verfahrensrechtliche Fehler als auch materiell rechtliche Interventionsrechte geltend, ist die Erinnerung neben der Drittwiderspruchsklage möglich.

  Beachte: Die Herausgabebereitschaft nach § 809 ZPO führt nicht zum Verlust des Interventionsrechts.

– Die **Klage auf vorzugsweise Befriedigung nach § 805 ZPO** ist nur alternativ zur Drittwiderspruchsklage möglich. Zur Unterscheidung ist ggfls. auszulegen, was der Kläger will. Im Gegensatz zur Drittwiderspruchsklage, mit der sich der Dritte gegen eine einzelne Zwangsvollstreckungsmaßnahme richtet und diese für unzulässig erklärt haben will, zielt die Vorzugsklage auf die Weiterführung der Zwangsvollstreckung, allerdings mit der Anordnung, dass der Kläger vor anderen Gläubigern aus dem Erlös zu befriedigen ist.

– Leistungsklagen oder Feststellungsklagen aus dem materiellen Recht des Dritten gegen den betreibenden Gläubiger mit dem Ziel, die Vollstreckung in schuldnerfremdes Vermögen zu verhindern, werden bis zur Beendigung der Zwangsvollstreckung durch § 771 ZPO ausgeschlossen.

---

[405] BGH NJW 1990, 990, 992
[406] KG NJW 1958, 914; Thomas/Putzo § 771 Rdnr. 22
[407] Brox/Walker Rdnr. 1425

In der **Examensklausur** wie auch in der Praxis ist es zulässig, einen entsprechenden Leistung- oder Feststellungsantrag nach § 133 BGB analog umzudeuten. Im Tatbestand ist die von der Partei gewählte Fassung wiederzugeben; in den Entscheidungsgründen ist zu Beginn der Antrag auszulegen; der Tenor lautet natürlich in der korrekten Fassung darauf, dass die Zwangsvollstreckung aus dem Titel für unzulässig erklärt wird.

2. Antrag

Der Antrag muss darauf gerichtet sein, dass die Vollstreckung aus einem genau bezeichneten Titel in einen genau bezeichneten Gegenstand (nämlich der, an dem das Interventionsrecht bestehen soll) durch eine genau bezeichnete Vollstreckungsmaßnahme für unzulässig erklärt wird. Da es sich um eine Klage handelt, gilt im übrigen § 253 ZPO.

3. Zuständigkeit

a) sachliche Zuständigkeit

§ 771 Abs. 1 ZPO spricht in sachlicher Hinsicht lediglich von dem „Gericht". Somit bestimmt sich die Zuständigkeit nach den allgemeinen Regeln der §§ 23 Nr. 1, 71 Abs. 1 GVG, also nach dem Streitwert. Für die Bestimmung des Streitwerts kommt der Betrag des Zahlungstitels (Forderung) oder der Wert des gepfändeten Gegenstandes in Betracht. Maßgeblich ist nach § 6 ZPO der geringere von diesen beiden Werten.

Zu beachten ist, dass die sachliche Zuständigkeit, weil sie in § 771 Abs. 1 nicht ausdrücklich geregelt ist, nicht ausschließlich ist; Prorogation ist möglich.

b) örtliche Zuständigkeit

Örtlich zuständig ist nach §§ 771 Abs. 1, 802 ZPO ausschließlich das Gericht, in dessen Bezirk die Zwangsvollstreckung erfolgt.

Im Grundfall:

Das Landgericht Bielefeld ist zuständig.

Die sachliche Zuständigkeit nach §§ 23 Nr. 1, 71 Abs. 1 GVG ergibt sich aus der Höhe des Streitwertes, der mit Rücksicht auf die Höhe der vollstreckten Forderung (7000 €) und den Wert der gepfändeten Sachen (Teppich: 5000 € zzgl. Schreibtisch) in jedem Fall über 5000 € liegt.

Da die Pfändung im Bezirk des Landgerichts Bielefeld erfolgt ist, ist das angerufene Gericht auch örtlich ausschließlich zuständig, §§ 771 Abs. 1, 802 ZPO.

---

4. Allgemeine Prozessvoraussetzungen

Die allgemeinen Prozessvoraussetzungen müssen vorliegen. Insbesondere ist die Klage an den Gläubiger selbst oder gemäß § 178 ZPO an dessen Prozessbevollmächtigten erster Instanz (also des Prozesses, der zu dem Vollstreckungstitel geführt hat) zuzustellen.

5. Allgemeines Rechtsschutzbedürfnis

Das Rechtsschutzbedürfnis für die Drittwiderspruchsklage besteht, sobald die Vollstreckung in den konkreten Gegenstand begonnen hat und solange diese Vollstreckung nicht beendet ist.

Es ist auf den konkreten Gegenstand abzustellen, weil nur hieran das Interventionsrecht des Dritten bestehen kann.

Das Rechtsschutzinteresse besteht auch solange, wie der Rechtsschein einer wirksamen Pfändung besteht.

> Beispiel: Ist die Pfändung einer Forderung wegen vorheriger Abtretung gegenstandslos und unwirksam, so begründet der PfÜB dennoch einen Rechtsschein, aufgrund dessen der Drittschuldner an den Pfändungsgläubiger leisten könnte. Daher hat der Dritte, der ein Interventionsrecht an der gepfändeten Forderung geltend macht, ein Interesse an gerichtlicher Klärung.
> Ähnlich ist es bei der Nichtigkeit der Sachpfändung wegen Verfahrensmängel.

III. Begründetheit der Drittwiderspruchsklage

Die Widerspruchsklage ist begründet, wenn das vom Kläger geltend gemacht Interventionsrecht sowohl zum Zeitpunkt der Vollstreckungsmaßnahme als auch zum Zeitpunkt der letzten Tatsachenverhandlung besteht (hierzu nachfolgend 1.) und die Geltendmachung des Interventionsrecht nicht durch Einwendungen des Beklagten ausgeschlossen ist (hierzu nachfolgend 2.).

1. Bestehen des Interventionsrechts

Im Rahmen der Begründetheit ist zunächst zu prüfen, ob das geltend gemachte Interventionsrecht besteht und dem Kläger auch zusteht.

> Macht der Kläger beispielsweise sein Eigentum an dem Vollstreckungsgegenstand geltend, so ist hier auf der Grundlage des beidseitigen Parteivorbringens zu prüfen, ob der Kläger das Eigentum am Vollstreckungsgegenstand erworben und nicht verloren hat.

Das Interventionsrecht muss im Zeitpunkt der Vollstreckungsmaßnahme bestanden haben und auch noch im Zeitpunkt der letzten mündlichen Verhandlung bestehen.[408] Soweit sich aus dem Parteivorbringen hierfür Anhaltspunkte ergeben, ist bereits an dieser Stelle die Nichtigkeit des dinglichen Rechtserwerbes wegen Scheingeschäfts (§ 117 BGB), Formmangels (§§ 125 f. BGB) oder Sittenwidrigkeit (§ 138 BGB) zu prüfen.

Gegebenenfalls ist über das Bestehen des Interventionsrecht Beweis zu erheben.

---

[408] Thomas/Putzo, § 771 Rdnr. 14

Im Grundfall:

Nach dem tatsächlichen Vorbringen beider Parteien ist die Klägerin zur Zeit der Pfändung und zum jetzigen Zeitpunkt Sicherungseigentümerin des Nussbaumschreibtischs.

Das Gericht muss davon ausgehen, dass die Klägerin jedoch das Eigentum am Perserteppich verloren hat. Denn sie hat keinen Beweis dafür angetreten, dass die aufschiebende Bedingung vollständiger Kaufpreiszahlung noch nicht eingetreten ist. Hierfür obliegt ihr die Beweislast, da das Bestehen des Interventionsrechts ein ihr günstiger Umstand ist.

Darstellungshinweis: *Die Rechtsfrage, ob das geltend gemachte Recht ein Interventionsrecht im Sinne des § 771 ZPO ist, ist – wenn nicht bereits unter Zulässigkeit/Statthaftigkeit geschehen – spätestens an dieser Stelle zu erörtern.*

2. Kein Ausschluss der Geltendmachung durch Einwendungen

Der Kläger kann sich wegen unzulässiger Rechtsausübung nicht auf sein Interventionsrecht berufen, wenn er aus anderen Rechtsgründen zur Duldung der Zwangsvollstreckung in den Vollstreckungsgegenstand verpflichtet ist. Der Einwand der unzulässigen Rechtsausübung nach § 242 BGB ist grundsätzlich von Amts wegen zu beachten, wenn sich aus dem Vorbringen der Parteien Anhaltspunkte hierfür ergeben.

Fallgruppen unzulässiger Rechtsausübungen sind insbesondere:

a) Vorrangiges Pfandrecht des Beklagten

Hat der Beklagte (= Vollstreckungsgläubiger) ein Pfandrecht am Vollstreckungsgegenstand, welches dem Interventionsrecht des Klägers im Range vorgeht, erscheint die Geltendmachung des Interventionsrechts rechtsmißbräuchlich[409] Insoweit kommt jedoch nicht das Pfändungspfandrecht in Betracht, dass der Beklagte gerade durch die Zwangsvollstreckung, gegen die sich die Drittwiderspruchsklage richtet, erworben hat.

b) Verpflichtung des Klägers zur Rückübertragung auf Schuldner oder Gläubiger

Zur Veranschaulichung dieser Fallgruppe kann der Grundfall wie folgt variiert werden:

Fallvariante:

Die Klägerin gewährte dem Schuldner ein Darlehn gegen Sicherungsübereignung des Nussbaumschreibtischs. Im schuldrechtlichen Sicherungsvertrag vereinbarten sie, dass nach vollständiger Tilgung des Darlehns die Klägerin verpflichtet ist, das Eigentum an den Schuldner zurückzuübertragen. Der Schuldner hat das Darlehn vollständig getilgt.

Wegen des Fortfalls des Sicherungszwecks schuldet die Klägerin die Rückübereignung. Im Fall der Rückübertragung würde der Nussbaumschreibtisch zum Vermögen des Schuldners gehören und damit dem Vollstreckungszugriff des Gläubigers

---

[409] RGZ 81, 146, 150

unterliegen. Es erscheint daher rechtsmissbräuchlich, wenn die Klägerin sich auf ihre lediglich noch formale Rechtsstellung als Sicherungseigentümerin beruft und so die Zwangsvollstreckung durch den Gläubiger unterbinden könnte.

Weiter Fallvariante:

Die Klägerin gewährte dem Schuldner ein Darlehn gegen Sicherungsübereignung des Nussbaumschreibtischs unter Vereinbarung einer Rückübertragung des Eigentums bei vollständiger Tilgung der Darlehnsschuld. Der Schuldner hat das Darlehn noch nicht vollständig getilgt. Sein Gläubiger ließ im Wege der Sachpfändung den Nussbaumschreibtisch und darüber hinaus durch PfÜB den Rückübertragungsanspruch aus Sicherungsvertrag pfänden und sich zur Einziehung überweisen. Sodann bot er der Klägerin die Zahlung des Darlehnrestbetrages an, was die Klägerin verweigerte und statt dessen Drittwiderspruchsklage unter Geltendmachung ihres Sicherungseigentums erhob.

Die Klägerin ist formell Sicherungseigentümerin und damit Berechtigte eines Interventionsrechts. Der Gläubiger war jedoch infolge der Pfändung und der Überweisung des Rückübertragungsrechts zur Rückzahlung des Darlehns nach Maßgabe des § 267 BGB berechtigt. Mangels Widerspruchs des Schuldners durfte die Klägerin das Leistungsangebot nicht ablehnen (§ 267 Abs. 2 BGB), so dass sie durch die unbegründete Ablehnung der Leistung in Annahmeverzug geraten ist. Sie schuldet die Rückübertragung des Nussbaumschreibtischs und damit die Herstellung des Zustandes, der einen Vollstreckungszugriff des Gläubigers auf diese Sache ermöglicht. Aufgrund dessen erscheint die Erhebung der Drittwiderspruchsklage arglistig und rechtsmissbräuchlich.[410]

c) Einrede der materiell-rechtlichen Haftung des Klägers für die titulierte Forderung

Haftet der Kläger (beispielsweise als Gesamtschuldner, Bürge oder Gesellschafter) dem Vollstreckungsgläubiger materiell-rechtlich für die titulierte Forderung, so erscheint die Geltendmachung des Interventionsrechts rechtsmissbräuchlich. Zwar hat der Vollstreckungsgläubiger gegen den materiell-rechtlich haftenden Kläger noch keinen Titel erwirkt. Dies könnte er aber im Wege der Widerklage. Ihn auf diesen Weg zu verweisen erscheint jedoch formalistisch. Allerdings ist vom Vollstreckungsgläubiger zu verlangen, dass er den Einwand der materiell-rechtlichen Haftung für die titulierte Forderung als **Einrede** nach § 242 BGB ausdrücklich im Verfahren über die Widerspruchsklage erhebt.

d) Anfechtungseinrede

Examensrelevant ist die Konstellation, dass der Beklagte (= Vollstreckungsgläubiger) die Überlassung des Vollstreckungsgegenstandes an den Kläger (= Dritter) nach Maßgabe des Anfechtungsgesetzes anficht. Die wirksame Anfechtung führt nach § 11 Abs. 1 S. 1 AnfG dazu, dass der dem Dritten überlassene Gegenstand dem Gläubiger zur Verfügung gestellt werden muss, soweit es zu dessen Befriedigung erforderlich ist. Hierdurch wird das angefochtene Rechtsgeschäft (z.B. die Eigen-

---

[410] vgl. hierzu OLG Celle NJW 1960, 21, 96

tumsübertragung) nicht vernichtet. Vielmehr besteht ein schuldrechtlicher Rückge-währanspruch des Gläubigers gegen den Dritten.[411] Der Dritte muss sich im Ver-hältnis zum Gläubiger so behandeln lassen, als ob es nicht zum angefochtenen Rechtsgeschäft gekommen wäre; ohne das anfechtbare Rechtsgeschäft befände sich der Gegenstand noch im Vermögen des Schuldners; also muss der Dritte die Zwangsvollstreckung in den Gegenstand dulden.

Den Einwand der Anfechtung muss der Gläubiger gegenüber dem Drittwider-spruchskläger ausdrücklich durch die **Anfechtungseinrede nach § 9 AnfG** erhe-ben. Voraussetzungen für die Begründetheit der Anfechtungseinrede sind:

aa) Anfechtungsberechtigung (wer darf anfechten?)

Anfechtungsberechtigt ist nach § 2 AnfG jeder Gläubiger,

■ der einen vollstreckbaren Titel gegen den Schuldner auf Geldzahlung hat (die Anfechtungseinrede kann nach § 9 AnfG auch erhoben werden, bevor ein voll-streckbarer Titel erlangt ist; jedoch muss ein solcher Schuldtitel bis zum Schluss der mündlichen Verhandlung über die Widerspruchsklage vom Gläubiger vorge-legt werden) und

■ dessen titulierte Forderung fällig ist, und

■ die Zwangsvollstreckung in das Vermögen des Schuldners bislang fruchtlos war oder voraussichtlich fruchtlos sein wird (sog. Unzulänglichkeit des Schuldner-vermögens).

bb) Anfechtungsgegenstand (was wird angefochten?)

Nach § 1 AnfG ist eine Rechtshandlung des Schuldners, die seine Gläubiger be-nachteiligen, anfechtbar.

Eine **Rechtshandlung** in diesem Sinne ist **jede Willensbetätigung, die rechtliche Wirkungen hat.**[412]

Dies sind insbesondere auch bereits schuldrechtliche Willenserklärungen die bei-spielsweise auf Übertragung des Eigentums am Gegenstand gerichtet sind.[413] Aus-reichend ist aber auch das bewußte Unterlassen einer Rechtshandlung (§ 1 Abs. 2 AnfG), wie beispielsweise das Unterlassen eines Einspruchs gegen ein Versäumnis-urteil, durch welches der Schuldner zur Übertragung des Eigentums an der Sache verurteilt wird.

Diese Rechtshandlung muss **objektiv** zur **Benachteiligung des anfechtenden Gläubigers** führen, § 1 Abs. 1 AnfG. Dies ist der Fall, wenn ein Vermögenswert, der dem Vollstreckungszugriff unterlag, ohne gleichwertige Gegenleistung aus dem Vermögen des Schuldners ausscheidet. Ausreichend ist grundsätzlich (Ausnahme: Anfechtung nach § 3 Abs. 2 AnfG) die mittelbare Beeinträchtigung, bei welcher der

---

[411] vgl. BGHZ 116, 222; 123, 183
[412] Brox/Walker, Rn. 268
[413] vgl. Lackmann Rdnr. 624

Vermögenswert erst durch weitere Handlungen oder Umstände aus dem Vermögen des Schuldners ausscheidet und damit dem Vollstreckungszugriff entzogen werden kann.

Der Gläubiger ist demnach nicht benachteiligt,
– wenn der weggegebene Gegenstand von vornherein wertlos war (und daher auch vor der Rechtshandlung für die Zwangsvollstreckung uninteressant gewesen wäre) oder
– als unpfändbar ohnehin nicht dem Vollstreckungszugriff unterlag, oder
– dem Schuldnervermögen eine gleichwertige Gegenleistung für die Weggabe des Gegenstandes zugeflossen ist.

cc) Anfechtungsgrund (wann darf angefochten werden?)

Das Anfechtungsgesetz sieht folgende Anfechtungsgründe vor:

(1) Vorsätzliche Benachteiligung, § 3 AnfG

(a) Nach § 3 Abs. 1 AnfG ist eine Rechtshandlung anfechtbar,

– die der Schuldner mit dem Vorsatz (ausreichend: bedingter Vorsatz) vorgenommen hat, seine Gläubiger zu benachteiligen,
– wenn der andere Vertragsteil (= im Fall der Drittwiderspruchsklage der Kläger) den Vorsatz des Schuldners positiv kannte (kennen müssen genügt nicht)
– und die Rechtshandlung in den letzten zehn Jahren vor der Anfechtung erfolgt ist.

Die Darlegungs- und **Beweislast** obliegt dem Anfechtenden, wobei jedoch der Beweis des ersten Anscheins genügt (Beweiserleichterung). Dieser Beweis des ersten Anscheins kann gerade in den Fällen der Sicherungsübereignung dadurch gegeben sein, dass die Sicherungsübereignung in der vertraglichen Vereinbarung zwischen dem Schuldner und dem Sicherungsnehmer, aus der die zu sichernde Forderung stammt, noch nicht vorgesehen und erst nachträglich vereinbart worden ist.

(b) Nach § 3 Abs. 2 AnfG sind anfechtbar
– entgeltliche Verträge zwischen dem Schuldner und einer ihm nahestehenden Person (§ 138 InsO),
– die **unmittelbar** zu einer Gläubigerbenachteiligung geführt haben,
– wenn der Vertrag nicht früher als zwei Jahre vor der Anfechtung geschlossen worden ist.

Hat der anfechtende Gläubiger dies dargelegt und bewiesen, so wird die Vorsatz des Schuldners, seine Gläubiger zu benachteiligen, wie auch die positive Kenntnis des anderen Vertragsteils von diesem Vorsatz gesetzlich vermutet. Es tritt eine Beweislastumkehr ein, so dass der Anfechtungsgegner nunmehr darlegen und beweis muss, dass der Schuldner nicht vorsätzlich gehandelt habt oder dem anderen Teil dieser Vorsatz nicht bekannt war.

(2) Schenkungsanfechtung, § 4 Abs. 1 AnfG

Anfechtbar ist jede
– unentgeltliche Leistung des Schuldners an Dritte
– in den letzten vier Jahren vor der Anfechtung,
es sei denn, dass sich die Leistung auf ein gebräuchliches Gelegenheitsgeschenk geringen Wertes richtet (§ 4 Abs. 2 AnfG).

Im Grundfall:

Der Beklagte hat die Anfechtungseinrede erhoben.

Da der Beklagte einen vollstreckbaren Titel gegen den Schuldner auf Leistung einer fälligen Geldforderung hat und die Zwangsvollstreckung gegen den Schuldner mangels weiterer Sachen von Wert und anderer Vermögenswerte voraussichtlich erfolglos bleiben wird, ist der Beklagte nach § 2 AnfG **anfechtungsberechtigt**.

Anfechtungsgegenstand i. S. d. § 1 AnfG ist die Sicherungsübereignung des Nussbaumschreibtischs. Da der wertvolle Schreibtisch infolge der Sicherungsübereignung aus dem Vermögen des Schuldners ausschied und dem Gläubiger für die Zwangsvollstreckung nicht mehr zur Verfügung steht, ist der beklagte Gläubiger hierdurch objektiv benachteiligt.

Die Sicherungsübereignung war eine **unentgeltliche Leistung** des Schuldners. Unentgeltlichkeit liegt vor, wenn der Schuldner einen Vermögenswert zugunsten einer anderen Person aufgibt, ohne dass der Leistungsempfänger eine ausgleichende Gegenleistung an den Schuldner oder mit dessen Einverständnis an einen Dritten erbringt; die Entgeltlichkeit wird aber nicht durch wirtschaftliche Vorteile begründet, die nicht in rechtlicher Abhängigkeit zur Verfügung stehen (Lackmann, Rn. 628). Die von der Klägerin übernommene Bürgschaft ist keine in solch rechtlicher Abhängigkeit zur Sicherungsübereignung stehende Gegenleistung Die Sicherungsübereignung „erkauft" nicht die Bürgschaftserklärung der Klägerin, sondern sichert sie nur für den Fall der Inanspruchnahme aus der Bürgschaft; bei fehlender Inanspruchnahme wird die Sicherungsübereignung rückabgewickelt, obwohl die Klägerin die Bürgschaftserklärung abgegeben hat. Die Übereignung erfolgte innerhalb der letzten 4 Jahre, nämlich am 28.06.2000. Mithin liegt der Anfechtungsgrund nach § 4 AnfG vor.

IV. Inhalt und Formalien der Entscheidung

1. Entscheidungsform

Die Entscheidung ergeht als Urteil. Die Widerspruchsklage ist gegen den Vollstreckungsgläubiger zu richten.

2. Rubrum

Es ergeben sich keine Abweichungen zu der üblichen Fassung eines Urteilsrubrums. Das Urteil ergeht „In dem Rechtsstreit". Die Parteien heißen Kläger und Beklagter. Der Vollstreckungsschuldner wird im Rubrum nicht genannt.

3. Tenor

a) Entscheidung in der Hauptsache

Ist die Drittwiderspruchsklage unzulässig oder unbegründet, ist sie abzuweisen.

Auf die begründete Drittwiderspruchsklage ist im Tenor die konkret zu bezeichnende Vollstreckungsmaßnahme – und nicht allgemein jede Zwangsvollstreckung – für unzulässig zu erklären.

Bei teilweiser Stattgabe:

Formulierungsbeispiel:
„Die auf Antrag des Beklagten durch den Gerichtsvollzieher ... am 20.12.2002 erfolgte Pfändung des Nussbaumtisches wird für unzulässig erklärt.
Im übrigen wird die Klage abgewiesen."

b) Kostenentscheidung

Die nach Maßgabe der §§ 91 ff ZPO ergehende Kostenentscheidung ist wie üblich zu formulieren.

Im Fall des Anerkenntnisurteils ist § 93 ZPO maßgeblich, wobei der Beklagte Anlass zur Klage gegeben hat, wenn der Kläger ihm vorprozessual das Interventionsrecht hinreichend dargelegt und nachgewiesen hat.

c) Vorläufige Vollstreckbarkeit

Es gelten die allgemeinen Regeln der §§ 708 ff. ZPO. Das Gestaltungsurteil ist eigentlich nur hinsichtlich des Kostenausspruchs vollstreckbar. Da der Kläger aber nach § 775 Nr. 1 ZPO einer vollstreckbaren Entscheidung bedarf, um die Einstellung der Zwangsvollstreckung zu erreichen, ist das Urteil insgesamt für vorläufig vollstreckbar zu erklären.

Dies stellt jedoch für den Vollstreckungsgläubiger eine besondere Gefahr dar: Der Gerichtsvollzieher stellt aufgrund des ihm vorgelegten und für vorläufig vollstreckbar erklärten Urteils die Zwangsvollstreckung nach § 775 Nr. 1 ZPO ein und hebt nach § 776 ZPO bereits eingeleitete Vollstreckungsmaßnahmen auf; wird das Urteil in der nächst höheren Instanz aufgehoben, kann der betroffene Vollstreckungsgegenstand schon veräußert oder wertlos geworden sein, so dass der Vollstreckungsgläubiger insoweit einen Schaden erleiden könnte.

Der beklagte Vollstreckungsgläubiger ist insoweit zwar durch den Schadensersatzanspruch nach § 717 Abs. 2 ZPO geschützt. Dies bedeutet aber, dass für die Frage, ob das Urteil ohne (§ 708 Nr. 11 ZPO) oder mit (§ 709 ZPO) Sicherheitsleistung für vorläufig vollstreckbar zu erklären ist, neben den Kosten auch der Wert des Vollstreckungsgegenstandes zu berücksichtigen und eine entsprechend hohe Sicherheitsleistung zu bestimmen ist.

Ausnahmsweise ist die vorläufige Vollstreckbarkeit ausdrücklich auf die Kosten-entscheidung zu beschränken, wenn in dem Urteil zugleich Maßnahmen nach §§ 771 Abs. 3, 770, 769 getroffen werden, da dann eine Vollstreckbarkeit der Hauptsacheausspruches nicht erforderlich ist.

4. Begründung

Das Urteil bedarf eines Tatbestandes und der Entscheidungsgründe.

a) Tatbestand

Im Tatbestand des Urteils sollte folgendes dargestellt werden:
- die konkret zu bezeichnende Zwangsvollstreckungsmaßnahme (in den bestimm-ten Gegenstand), die angefochten wird, und der Titel, auf dem die Zwangsvoll-streckung beruht
- der Sachverhalt, auf dem das Interventionsrecht beruhen soll
- die Einwendungen des Beklagten;
  sind diese nur auf Einrede beachtlich (z.B. Anfechtungseinrede) und hat er Be-klagte die Einrede erhoben, ist dies im Präsens regelmäßig im Rahmen des strei-tigen Vorbringens des Beklagten mitzuteilen.

Formulierungsbeispiel:

„Der Beklagte erhebt die Einrede der ...“

„Der Beklagte ficht die Eigentumsübertragung aus allen in Betracht kommenden Anfech-tungsgründen an. Er behauptet hierzu, ...“

---

b) Entscheidungsgründe

Zu Beginn der Entscheidungsgründe ist ggfls. der Antrag des Klägers auszulegen.

In der Examensklausur sollte in der gebotenen Kürze immer auf die Zulässigkeits-voraussetzungen Statthaftigkeit, Zuständigkeit und Rechtsschutzbedürfnis einge-gangen werden.

In der Begründetheit ist zunächst darzustellen, dass das Interventionsrecht besteht.

Formulierungsbeispiel:

„Die Klage ist begründet. Der Kläger kann aufgrund seines Eigentums am PKW ... nach § 771 ZPO verlangen, dass die Zwangsvollstreckung in diesen PKW, den die Beklagte am ... hat pfänden lassen, für unzulässig erklärt wird. ... (Eigentum entstanden und nicht untergegangen)“

Im Zusammenhang hiermit ist die eventuelle Nichtigkeit nach §§ 117, 125 f., 138 BGB etc. darzustellen. Dann folgen Ausführungen zur Rechtsmissbräuchlichkeit der Geltendmachung des Interventionsrechts.

> **Formulierungsbeispiel:**
> „Der Beklagte kann sich demgegenüber jedoch mit Erfolg auf die Anfechtungseinrede nach § 9 AnfG berufen.
> Er ist nach § 2 AnfG anfechtungsberechtigt, weil ..."

5. Streitwert

Der Streitwert entspricht grundsätzlich dem Betrag der Forderung, für die gepfändet wurde. Ist der Wert des gepfändeten Gegenstands geringer, ist dieser maßgeblich, § 6 ZPO[414].

V. Rechtsbehelfe

Gegen das Urteil ist die Berufung oder die Revision statthaft. Ist die Entscheidung durch Versäumnisurteil ergangen, ist der Einspruch nach § 338 ZPO statthaft.

VI. Klagemöglichkeiten des Dritten nach Beendigung der Zwangsvollstreckung

Bis zum Ende der Zwangsvollstreckung ist der Einwand, die Zwangsvollstreckung sei in schuldnerfremdes Vermögen erfolgt, nur im Wege der Drittwiderspruchsklage nach § 771 ZPO geltend zu machen. Die Zwangsvollstreckung ist beendet, wenn der Gläubiger durch die Vollstreckung hinsichtlich seines Anspruchs und der Kosten voll befriedigt wurde.[415] Hat der Dritte die Drittwiderspruchsklage versäumt oder nicht erhoben, so kann er im Wege der allgemeinen Leistungsklage gestützt auf die Eingriffskondiktion nach § 812 Abs. 1 S. 1 2. Alt. BGB[416] vom Vollstreckungsgläubiger den ihm ausgezahlten Erlös erstattet oder aus § 823 Abs. 1 BGB Schadensersatz verlangen.

1. Die sog. verlängerte Drittwiderspruchsklage

Ein Anspruch aus Eingriffskondiktion nach § 812 Abs. 1 S. 1 2. Alt. BGB ist begründet, wenn vor Beendigung der Zwangsvollstreckung eine Drittwiderspruchsklage Erfolg gehabt hätte. Wegen dieser Voraussetzung wird die Leistungsklage des Dritten aus Eingriffskondiktion nach Beendigung der Zwangsvollstreckung auch verlängerte Drittwiderspruchsklage genannt. Die Zulässigkeit richtet sich nach den für die allgemeine Leistungsklage geltenden Regeln. Die Klage ist begründet, wenn
– der Erlös durch den Gerichtsvollzieher an den beklagten Gläubiger ausgekehrt wurde (= etwas auf sonstige Weise erlangt),

---

[414] Thomas/Putzo, § 771 Rdnr. 25
[415] Thomas/Putzo, Vorbem. zu § 704 Rdnr. 29
[416] Zöller-Herget, § 771 Rn. 23

- obwohl wegen der Versteigerung schuldnerfremder Sachen nach gemischt-öffentlich-rechtlicher-privatrechtlicher Pfändungspfandrechtstheorie kein Pfändungspfandrecht und nach öffentlich-rechtlicher Pfändungspfandrechtstheorie keine materielle Berechtigung des Gläubigers, den Erlös zum Zweck der Befriedigung behalten zu dürfen, entstand (= ohne Rechtsgrund), und
- der Kläger zum Zeitpunkt der Vollstreckungsmaßnahme sowie bis zur Beendigung der Zwangsvollstreckung ein Interventionsrecht im Sinne des § 771 ZPO am Vollstreckungsgegenstand hatte, dessen Geltendmachung keine Einwendungen des Vollstreckungsgläubigers entgegenstanden (= auf Kosten des Klägers).

2. Klage auf Schadensersatz aus unerlaubter Handlung

Hatte der Dritte am Vollstreckungsgegenstand **Eigentum**, so kommt auch die Leistungsklage aus § 823 Abs. 1 BGB wegen Eigentumsverletzung in Betracht. Der Dritte hat sein Eigentum dadurch verloren, dass infolge des Vollstreckungsverfahrens der Erwerber originär und lastenfrei das Eigentum erworben hat. Die Rechtmäßigkeit des Vollstreckungsverfahrens steht der Verletzung des sachlichen Rechts nicht entgegen.[417] Die Eigentumsverletzung ist dem Vollstreckungsgläubiger zurechenbar, weil er das Vollstreckungsverfahren betrieben hat.

Problematisch ist allerdings die **Rechtswidrigkeit der Rechtsverletzung**. Das schadensursächliche Verhalten genießt angesichts seiner verfahrensrechtlichen Legalität zunächst die Vermutung der Rechtmäßigkeit.[418] Der Rechtsschutz gegen Verfahrensmaßnahmen ist daher innerhalb des fraglichen Verfahrensrechts zu suchen.

Weil (beispielsweise) der Gerichtsvollzieher die Vorschriften der §§ 803 ff. ZPO eingehalten hat, ist die Sachpfändung der schuldnerfremden Sache aufgrund eines ordnungsgemäßen gesetzlichen Verfahrens erfolgt. Die Einhaltung der gesetzlichen Vorschriften lässt zunächst vermuten, dass die Vollstreckung nicht rechtswidrig ist. Rechtsschutz kann daher grundsätzlich nicht durch Leistungsklage aus § 823 BGB, sondern nur mittels der besonderen Rechtsschutzmöglichkeiten des 8. Buchs der ZPO erlangt werden.

Konsequenterweise kann die Vermutung der Rechtmäßigkeit aber nur zwischen den Personen gelten, die selbst an dem Verfahren förmlich beteiligt gewesen sind, also in der Regel nur im Verhältnis Vollstreckungsgläubiger und Vollstreckungsschuldner. Erfolgt die Vollstreckung in eine Sache, die dem Vermögen eines Dritten zuzuordnen ist, kann die damit verbundene Rechtsverletzung auch bei verfahrensmäßiger Legalität der Zwangsvollstreckung rechtswidrig sein.[419]

Die unerlaubte Handlung verlangt des weiteren zumindest fahrlässiges Handeln des Vollstreckungsgläubigers. Hier kommt es also auf den Kenntnisstand des Vollstreckungsgläubigers an. Verschulden wird regelmäßig anzunehmen sein wenn ihm im Rahmen der Vollstreckung das Interventionsrechts des Dritten hinreichend dargelegt und glaubhaft gemacht worden ist, so dass er begründete Zweifel an der Vermögenszugehörigkeit der Vollstreckungssache haben musste.

---

[417] BGHZ 118, 201, 205 ff. m.w.N.
[418] BGHZ 118, 201, 205
[419] vgl. BGHZ 118, 201

Findet die Zwangsvollstreckung während einer noch anhängigen Drittwiderspruchsklage ihr Ende, so kann der Kläger seinen Antrag auf eine entsprechende Leistungsklage umstellen.

VII. Vorläufiger Rechtsschutz nach §§ 771 Abs. 3, 769, 770 ZPO

Die Erhebung der Drittwiderspruchsklage hemmt die Zwangsvollstreckung nicht.[420] Für die einstweilige Einstellung der Zwangsvollstreckung **auf Antrag des Klägers** verweist § 771 Abs. 3 ZPO auf die Regelung der §§ 769, 770 ZPO. Die Ausführungen zu § 5 VIII. gelten entsprechend.

VIII. Schema „Drittwiderspruchsklage"

Klageart: prozessuale Gestaltungsklage

I. Zulässigkeit
  1. Statthaftigkeit:
     a) ein Dritter (weder Gläubiger noch Schuldner des Vollstreckungsverfahrens)
     b) macht ein „die Veräußerung hinderndes Recht" (= eine Berechtigung, aufgrund derer die Veräußerung des Vollstreckungsgegenstandes durch den Schuldner dem Dritten gegenüber rechtswidrig wäre) geltend (= behaupten)
  2. Antrag: die konkret zu bezeichnende Vollstreckungsmaßnahme aus einem bestimmten Titel in einen konkret zu bezeichnenden Gegenstand für unzulässig zu erklären
  3. Zuständigkeit:
     a) sachlich: §§ 23 Nr. 1, 71 Abs. 1 GVG; maßgeblich nach § 6 ZPO der geringere Wert von Zahlungstitel oder Vollstreckungsgegenstand; § 802 ZPO unanwendbar
     b) örtlich: §§ 771 Abs. 1, 802 ZPO (Ort der Vollstreckungsmaßnahme)
  4. Allgemeine Prozessvoraussetzungen, insbesondere ordnungsgemäße Zustellung der Klageschrift an den Vollstreckungsgläubiger oder dessen Prozessbevollmächtigten aus dem Vorprozess (§§ 81, 176, 170 ZPO).
  5. Rechtsschutzbedürfnis
     – sobald die Vollstreckung in den Gegenstand, an dem das Interventionsrecht bestehen soll, begonnen hat
     – bis zu vollständigen Beendigung der Vollstreckung in diesen Gegenstand
     – auch bei Nichtigkeit der Pfändung in schuldnerfremdem Gegenstand wegen Verfahrensmängel, wg.: Rechtsscheinwirkung der erfolgten Pfändung

II. Begründetheit
  1. Bestehen des Interventionsrechts
     Entstehungstatbestand und Fortbestand des Interventionsrechts des Klägers nach beiderseitigem Vorbringen; ggfls. Beweiserhebung
     Maßgeblicher Zeitpunkt: zur Zeit der Vollstreckungsmaßnahme und zum Zeitpunkt der letzten mündlichen Verhandlung über die Drittwiderspruchsklage

---

[420] Zöller-Herget, § 771 R. 19

Fallgruppen:
a) Eigentum (auch Miteigentum und Gesamtheitseigentum)
aa) Vorbehaltseigentum
   – Interventionsrecht des Vorbehaltsverkäufers: Eigentum (nicht nur § 805
     ZPO, da das Volleigentum des Vorbehaltsverkäufers sonst nicht hinrei-
     chend geschützt wäre; dies ist dem Gläubiger zumutbar, da ihm der Rück-
     griff auf das Anwartschaftsrecht des Schuldners oder die Vergehensweise
     nach § 267 BGB möglich ist).
   – Interventionsrecht des Vorbehaltskäufers: Anwartschaftsrecht (wegen der
     Gefahr, dass infolge der Versteigerung der Ersteher lastenfrei Eigentum er-
     wirbt und das Anwartschaftsrecht ersatzlos untergeht)
bb) Sicherungseigentum
   – Sicherungseigentümer hat Interventionsrecht in Gestalt des Sicherungsei-
     gentums bei einer Pfändung durch einen Gläubiger des Sicherungsgebers
     (Argument: Sicherungseigentum ist formell und materiell voll wirksam;
     die Beschränkung auf § 805 ZPO übersieht, dass der Sicherungseigentü-
     mer in der Gläubigerkonkurrenz die Möglichkeit zum freihändigen Ver-
     kauf und damit eine Besserstellung haben soll); Interventionsrecht nur so-
     lange wie zu sichernder Anspruch besteht.
   – Der Sicherungsgeber hat ein Interventionsrecht bei der Pfändung durch
     den Gläubiger des Sicherungsnehmers bis zu dem Zeitpunkt, zu dem der
     Sicherungsnehmer die Sache verwerten darf (Argument: das Sicherungs-
     gut dient dem Sicherungsnehmer bis zum Eintritt der Verwertungsreife nur
     zur Sicherung, nicht zur Befriedigung; bis dahin ist die Sache wirtschaft-
     lich gesehen dem Vermögen des Sicherungsgebers zuzurechnen).
b) beschränkt dingliche Rechte (soweit sie durch die Vollstreckung unmittelbar beeinträchtigt werden; Beispiel: Ranggefährdung)
c) Pfandrechte des mittelbar oder unmittelbar besitzenden Pfandrechtsgläubigers
d) berechtigter Besitz an beweglichen Sachen (streitig; a. A.: Besitz ist nur tatsächliche Sachherrschaft ohne rechtliche Aussage über die Vermögenszugehörigkeit)
e) schuldrechtliche Herausgabeansprüche (Miete, Pacht, Leihe, Verwahrung, Auftrag); dahingegen nicht: Verschaffungsansprüche (z.B. Kauf, Vermächtnis)
2. Kläger ist nicht durch den Einwand unzulässiger Rechtsausübung zur Duldung der
   Vollstreckung verpflichtet
Fallgruppen:
   – Anfechtung nach Anfechtungsgesetz (nur auf Einrede des Vollstreckungsgläubi-
     gers zu berücksichtigen)
   – betreibender Gläubiger hat ein besseres Pfandrecht
   – Kläger ist verpflichtet, dass Eigentum am Pfandgegenstand an den Schuldner
     (oder Gläubiger) zu übertragen
   – der Kläger haftet materiell rechtlich für die titulierte Forderung (beispielsweise als
     Gesamtschuldner, Bürge, Gesellschafter)

§ 7
Die Klage auf vorzugsweise Befriedigung nach § 805 ZPO

I. Übersicht

Die Klage auf vorzugsweise Befriedigung nach § 805 ZPO ist eine **prozessuale Gestaltungsklage**, die es dem Inhaber eines besitzlosen Pfand- oder Vorzugsrechts ermöglichen soll, vor dem betreibenden Gläubiger aus dem Reinerlös der Pfandverwertung befriedigt zu werden, weil er im Verhältnis zum betreibenden Gläubiger ein ranghöheres Pfand- oder Vorzugsrecht hat.

Besitzlose Pfandrechte sind beispielsweise das Vermieterpfandrecht (§§ 559 f BGB), das Verpächterpfandrecht (§ 885 BGB) und das Gastwirtspfandrecht (§ 704 BGB). Vorzugsrechte sind beispielsweise die Rechte der Gläubiger, die im Rahmen des Insolvenzverfahrens nach §§ 50, 51 InsO zur Absonderung berechtigen.

Da die Inhaber solcher Rechte zum Zeitpunkt der Vollstreckung keinen Besitz am Vollstreckungsgegenstand hatten, können sie weder im Wege der Vollstreckungserinnerung eine Verletzung des § 809 ZPO noch im Wege der Drittwiderspruchsklage ein Interventionsrecht geltend machen. Ihr Interesse ist auch nicht darauf gerichtet, die Aufhebung der Vollstreckung zu erreichen, sondern vor dem betreibenden Gläubiger aus dem Erlös befriedigt zu werden.

Da eine solche Interessenlage natürlich auch bei dem Inhaber eines Interventionsrechts im Sinne des § 771 ZPO denkbar ist, ist er nicht allein auf die Drittwiderspruchsklage zu verweisen, sondern darf sich auf die ihm weniger gewährende Vorzugsklage beschränken[421].

II. Zulässigkeit der Klage auf vorzugsweise Befriedigung

1. Statthaftigkeit

Die Klage auf vorzugsweise Befriedigung ist nur bei einer Vollstreckung wegen einer Geldforderung in bewegliche Sachen statthaft. Dies ergibt sich aus der systematischen Stellung (2. Abschnitt des 8. Buches) und dem Wortlaut („Pfändung einer Sache") des § 805 Abs. 1.

2. Antrag

Der Antrag hat mit Rücksicht auf das allein zulässige Klageziel zu lauten: anzuordnen, dass der Kläger aus dem Reinerlös des nach Pfändungsvorgang und Identität genau bezeichneten Pfändungsgegenstandes bis zu einem bestimmten Betrag vor dem Beklagten zu befriedigen ist.

---

[421] vgl. Lackmann Rdnr. 634, 639

3. Zuständigkeit

Nach § 805 Abs. 2 ZPO ist ausschließlich
- sachlich zuständig – je nach Streitwert – das Amtsgericht als Vollstreckungsgericht oder das Landgericht (Normenkette – bei Zuständigkeit des Amtsgerichts: §§ 805 Abs. 2, 764 Abs. 1, 802 ZPO; – bei Zuständigkeit des Landgerichts: §§ 805 Abs. 2, 802 ZPO, 23 Nr. 1, 71 Abs. 1 GVG),
- und örtlich zuständig das Gericht, in dessen Bezirk das Vollstreckungsgericht seinen Sitz hat (Normenkette: §§ 805 Abs. 2, 764 Abs. 2, 802 ZPO).

Maßgeblich für den Streitwert ist § 6 ZPO (geringere Wert von Betrag des Pfandrechts des Klägers oder Wert des Vollstreckungsgegenstands)

4. Allgemeine Prozessvoraussetzungen

5. Allgemeines Rechtsschutzbedürfnis

Das Rechtsschutzbedürfnis für die Vorzugsklage besteht, sobald die Pfändung in den konkreten Gegenstand begonnen hat und solange sie noch nicht beendet ist.

Ein Rechtsschutzbedürfnis besteht allerdings nicht, wenn der Kläger den Vorrang eines Pfändungspfandrechts vor einem anderen Pfändungspfandrechtgläubiger geltend macht. Denn der Vorrang eines Pfändungspfandrechts ist im Verteilungsverfahren nach §§ 872 ff. ZPO geltend zu machen. Einzige Ausnahme hiervon: Der Gerichtsvollzieher oder der Kläger haben nach der Pfändung den Besitz an der Sache verloren.[422]

III. Begründetheit der Klage auf vorzugsweise Befriedigung

Die Klage auf vorzugsweise Befriedigung nach § 805 ZPO ist begründet, wenn aufgrund des beiderseitigen Vorbringens und ggfls. nach Beweiserhebung ein Pfand- oder Vorzugsrecht des **besitzlosen** Klägers an der Pfandsache besteht und dieses einen besseren Rang als das Pfändungspfandrecht des Beklagten hat.

> Für das **Rangverhältnis** zwischen dem Pfand- oder Vorzugsrecht des Klägers und dem Pfändungpfandrecht ist die Reihenfolge der zeitlichen Entstehung maßgeblich (**Prioritätsgrundsatz**). Allerdings genießt das nach § 1208 BGB später gutgläubig erworbene Vertragspfandrecht gegenüber dem früheren Pfändungspfandrecht Vorrang.[423]

> Hat der Kläger den besseren Rang rechtsmissbräuchlich erlangt, so kann der Beklagte dem den Einwand der unzulässigen Rechtsausübung entgegenhalten.

Die Vorzugsklage ist ein Minus gegenüber der Drittwiderspruchsklage. Daher ist sie auch begründet, wenn dem Kläger ein Interventionsrecht im Sinne des § 771 ZPO zusteht, dessen Geltendmachung nicht der Einwand rechtsmissbräuchlichen Verhaltens entgegensteht.

---

[422] Baumbach/Lauterbach-Hartmann, § 805 Rdnr. 3
[423] Zöller-Stöber, § 804 Rdnr. 4

Beruft sich der Kläger auf **Sicherungseigentum**, so muss er darlegen und ggfls. beweisen, dass ihn der Vollstreckungsgegenstand zeitlich vor der Pfändung (und damit Verstrickung) zur Sicherung übereignet wurde und dass die gesicherte Forderung noch besteht.

Soweit der Kläger der Vorzugsklage sich auf ein Interventionsrecht beruft, stehen dem Beklagten auch die (zur Drittwiderspruchsklage bereits dargelegten) Einwendungen gegen das Interventionsrecht zu.

IV. Inhalt und Formalien der Entscheidung

Die Entscheidung ergeht durch **Urteil**. Die Parteien heißen dementsprechend Kläger und Beklagter.

In der **Hauptsache** ist zu tenorieren

– im Fall der Klageabweisung:

> „Die Klage wird abgewiesen."

– im Fall der Stattgabe:

> „Der Kläger ist aus dem Reinerlös des vom Gerichtsvollzieher am ..... (Datum) gepfändeten....(genaue Bezeichnung des Pfändungsgegenstandes) bis zu einem Betrag von ..... (Betrag der Forderung, für den das vorrangige Pfand- oder Vorzugsrecht besteht ggfls. nebst Zinsen bis zum Tag der Auszahlung) vor dem Beklagten zu befriedigen."

Die **prozessualen Nebenentscheidungen** richten sich nach den allgemeinen Regeln:
– Kostenentscheidung nach §§ 91 ff. ZPO
– vorläufige Vollstreckbarkeit nach §§ 708 ff. ZPO.

Werden zugleich Maßnahmen nach § 805 Abs. 4, 770 ZPO angeordnet, so ist das stattgebende Urteil allerdings nur hinsichtlich der Kostenentscheidung für vorläufig vollstreckbar zu erklären.

Wie jedes Urteil bedarf die Entscheidung einer **Begründung** (Tatbestand, Entscheidungsgründe).

Da Urteil ist mit der Berufung und der Revision anfechtbar; ist es als Versäumnisurteil ergangen, ist der Einspruch unter den dort genannten Voraussetzungen der richtige Rechtsbehelf.

V. § 805 ZPO in der Examensklausur

Examenstypisch ist die hilfsweise Verknüpfung von Drittwiderspruchsklage und Vorzugsklage: Der Kläger beantragt, die von der Beklagten betriebene Zwangsvollstreckung aus einem bestimmten Titel in bestimmte Gegenstände wegen seines angeblichen Interventionsrechts für unzulässig zu erklären und hilfsweise für den Fall der Verneinung eines Interventionsrechts die Anordnung, den Kläger vor dem Beklagten aus dem Reinerlös der Pfandverwertung zu befriedigen.

In diesen Fällen ist zunächst die Drittwiderspruchsklage zu prüfen; die hilfsweise geltend gemachte Vorzugsklage kommt erst zum Zuge, wenn die Rechtsfrage, ob das geltend gemachte Recht eine Interventionsrecht im Sinne des § 771 ZPO ist, verneint wird. Zu beachten ist lediglich, dass im Rahmen der Zulässigkeit der Vorzugsklage als erstes die Zulässigkeit der Eventualklage zu prüfen ist, was regelmäßig jedoch unproblematisch ist, weil der Kläger den Hilfsantrag von einem innerprozessualen Ereignis (die Rechtsauffassung des erkennenden Gerichts) abhängig macht.

VI. Schema „Klage auf vorzugsweise Befriedigung"

Klageart: Prozessuale Gestaltungsklage

I. Zulässigkeit
1. Statthaftigkeit: Bei der Vollstreckung wegen einer Geldforderung in bewegliche Sachen (Sachpfändung), § 805 ZPO
2. Antrag: Den Kläger aus dem Reinerlös des nach Pfändungsakt und Identität genau bezeichneten Pfändungsgegenstandes bis zu einem bestimmten Betrag vor dem Beklagten zu befriedigen
3. Zuständigkeit des Gerichts
   – sachlich: das Amtsgericht als Vollstreckungsgericht (§§ 805 Abs. 2, 764 Abs. 1, 802 ZPO) oder das Landgericht (§§ 805 Abs. 2, 802 ZPO, 23 Nr. 1, 71 Abs. 1 GVG)
   – örtlich: §§ 805 Abs. 2, 764 Abs. 2, 802 ZPO
4. Allgemeine Prozessvoraussetzungen
5. allgemeines Rechtsschutzbedürfnis: Besteht sobald die Zwangsvollstreckung begonnen hat und noch nicht beendet ist

II. Begründetheit
1. Bestehen des Pfand- oder Vorzugsrechts des besitzlosen Klägers am gepfändeten Gegenstand und höherer Rang dieses Rechts im Verhältnis zum Pfändungspfandrecht des Beklagten
2. oder Bestehen eines Interventionsrechts, dem kein Einwand rechtsmissbräuchlichen Verhaltens entgegensteht.

§ 8
Die Klage auf Unterlassen der Zwangsvollstreckung aus § 826 BGB

I. Übersicht

Wenn der Titel formell rechtskräftig ist und materiell-rechtliche Einwendungen nach § 767 Abs. 2 ZPO präkludiert sind, muss der Schuldner grundsätzlich die Vollstreckung aus dem Titel dulden. Die Grundsätze der Rechtssicherheit und Rechtskraft gehen insoweit der materiellen Gerechtigkeit vor. Dies ist dem Schuldner grundsätzlich auch zumutbar, da er im Erkenntnisverfahren seine Einwendungen hätte vorbringen, die Rechtsmittelfrist hätte wahren oder evtl. sogar ein Wiederaufnahmeverfahren nach Maßgabe der §§ 578 ff. ZPO hätte betreiben können. Nur ausnahmsweise lässt die Rechtssprechung[424] die Durchbrechung der Rechtskraft durch eine Schadensersatzklage nach § 826 BGB auf Unterlassen der Zwangsvollstreckung zu, wenn die Ausnutzung der formalen Rechtsposition als sittenwidrig erscheint. Die Rechtskraft muss zurücktreten, wenn es mit dem Gerechtigkeitsgedanken schlechthin unvereinbar wäre, dass der Titelgläubiger seine formelle Rechtsstellung unter Missachtung der materiellen Rechtslage zu Lasten des Schuldners ausnutzt.[425]

Zu beachten ist, dass es sich bei dieser Klage aus § 826 BGB nicht um einen besonderen Rechtsbehelf des 8. Buchs der ZPO, sondern um eine normale Leistungsklage handelt. Kläger ist der Schuldner des Vollstreckungsverfahrens; Beklagter ist der Vollstreckungsgläubiger.

II. Zulässigkeit der Klage

Maßgeblich sind die Voraussetzungen der **allgemeinen Leistungsklage**. Besonderheiten bestehen regelmäßig in Bezug auf folgende Zulässigkeitsvoraussetzungen:

- Der Klageantrag (§ 253 ZPO) muss darauf gerichtet sein, den Beklagten zu verurteilen, die Zwangsvollstreckung aus dem vorbezeichneten Titel zu unterlassen und ggfls. den Titel an den Kläger herauszugeben.

- Für die Zuständigkeit des Gerichts ist § 32 ZPO (besonderer Gerichtsstand der unerlaubten Handlung) maßgeblich.

- Entgegenstehende Rechtskraft des Titels
  Grundsätzlich steht der Unterlassungsklage entgegen, dass der fragliche Rechtsstreit durch den Titel materiell rechtskräftig geregelt ist. Hier ist nun darzulegen, dass in besonderen Ausnahmefällen die Rechtskraft des Titels durch

---

[424] vgl. BGHZ 101, 380, 383; 103, 44, 46; 112, 54, 58; dem folgend Zöller-Volkommer, vor § 322 Rdnr. 76

[425] BGHZ 101, 380, 383; 103, 44, 46

die Klage aus § 826 BGB durchbrochen werden kann, wenn die Ausnutzung der formalen Rechtsposition als sittenwidrig (mit dem Gerechtigkeitsgedanken schlechthin unvereinbar) erscheint. *Das heißt, dass hier die Erwägungen aus der Übersicht (I.) darzustellen sind.*

III. Begründetheit der Klage

Die Klage aus § 826 BGB ist begründet, wenn nach beiderseitigem Parteivorbringen oder nach Beweisaufnahme (Beweislast grundsätzlich beim Kläger) folgende Voraussetzungen feststehen:
- der Titel ist objektiv unrichtig,
- der Gläubiger kennt die Unrichtigkeit des Titels und
- die Vollstreckung erscheint als sittenwidrig, insbesondere weil der Gläubiger den Titel sittenwidrig erschlichen hat oder nach Erkennen der objektiven Richtigkeit ihn sittenwidrig ausnutzt.

1. Objektive Unrichtigkeit des Titels

Der Titel ist objektiv unrichtig, wenn sein Inhalt mit der objektiven Rechtslage aus tatsächlichen oder rechtlichen Gründen nicht übereinstimmt.

2. Kenntnis des Gläubigers von der Unrichtigkeit des Titels

Die Kenntnis ist erforderlich, weil die sittenwidrige Schädigung nach § 826 BGB einen Vorsatz erfordert. Es genügt, dass der beklagte Gläubiger diese Kenntnis durch die Entscheidung über die Klage aus § 826 vermittelt bekommt.

3. Sittenwidrige Schädigung

a) Der Titel ist sittenwidrig erschlichen worden.

Beispiele:
Gläubiger und Zeugen haben im Erkenntnisverfahren kollusiv zusammengewirkt.

Der Gläubiger hat den Schuldner durch Vorspiegelung seiner Absicht, er werde aus dem Titel nicht vollstrecken, oder in sonstiger Weise bewusst davon abgehalten, einen Rechtsbehelf oder ein Rechtsmittel gegen den Titel einzulegen.

b) Der Gläubiger hat die objektive Unrichtigkeit des Titels nachträglich erkannt und nutzt ihn nun sittenwidrig aus.

Allein der Umstand, dass ein objektiv unrichtiger Titel vollstreckt wird, kann nicht ohne weiteres als sittenwidrig erscheinen. Denn dies ist die Folge des grundsätzlichen Vorrangs der Rechtskraft vor der materiellen Gerechtigkeit. Es müssen daher im Einzelfall besondere Umstände hinzukommen, welche die Sittenwidrigkeit (= Verstoß gegen das Anstandsgefühl aller billig und gerecht Denkenden) begründen und die Vollstreckung als unbillig und geradezu unerträglich erscheinen lassen. Dies ist beispielsweise der Fall, wenn beide Parteien im Erkenntnisverfahren übersehen haben, dass die Forderung bereits vollständig erfüllt wurde[426], oder wenn der Titel eindeutig und so schwerwiegend unrichtig ist, dass jede Vollstreckung aus ihm schlechthin unerträglich wäre.[427]

IV. Rechtsfolge der Sittenwidrigkeit: Unterlassungsanspruch

Liegen die Voraussetzungen des Anspruchs aus § 826 BGB vor, schuldete der beklagte Gläubiger Schadensersatz. Nach § 249 BGB hat er den Zustand herzustellen, der bestehen würde, wenn der zum Ersatz verpflichtende Umstand nicht eingetreten wäre. Ohne den erschlichenen Titel oder die sittenwidrige Vollstreckung würde aus dem Titel keine Vollstreckung erfolgen. Naturalrestitution wird also dadurch erreicht, dass der Gläubiger die **Vollstreckung unterlässt** und – wenn beantragt – den Titel, wenn aus ihm nicht mehr vollstreckt werden darf, an den Schuldner herausgibt. Letzteres ist vor dem Hintergrund zu sehen, dass der Schuldner nur dann vor weiteren Vollstreckungen aus dem Titel sicher ist, wenn er die vollstreckbare Ausfertigung in der Hand hält.

V. Inhalt und Formalien der Entscheidung

Da es sich um eine normale Leistungsklage handelt, gelten die allgemeinen Grundsätze für die Anfertigung eines Urteils.

---

[426] vgl. OLG Celle MDR 82, 408
[427] BGHZ 101, 380, 386

§ 9
Der Vollstreckungsschutzantrag nach § 765 a ZPO

Zweck des § 765 a ZPO ist es, aus sozialen Gründen in besonderen Härtefällen den Schuldner vor Eingriffen zu schützen, die dem allgemeinen Rechtsgefühl widersprechen und unangemessen sind.[428] Wegen der Ausschließlichkeit der Rechtsbehelfe des 8. Buchs der ZPO findet der Vollstreckungsschutzantrag nach § 765 a ZPO nur dann Anwendung, wenn ein Schutz des Schuldners durch die anderen Rechtsbehelfe des 8. Buchs der ZPO nicht gewährleistet ist. Die Regelung des § 765 a ZPO ist eine eng auszulegende Ausnahmevorschrift, die im wesentlichen dazu dient, Grundrechtsverletzungen in der Zwangsvollstreckung zu vermeiden.

Zulässigkeitsvoraussetzungen sind insbesondere
- ein Antrag des Schuldners (darauf gerichtet, ihm Vollstreckungsschutz zu gewähren),
- die ausschließliche Zuständigkeit des Vollstreckungsgerichts (nach §§ 765 Abs. 1, 764, 802 ZPO)
- und in Räumungssachen die Einhaltung der Frist des § 765 a Abs. 3 ZPO.

Der Vollstreckungsantrag ist nach § 765 a Abs. 1 ZPO **begründet**, wenn
- eine Vollstreckungsmaßnahme vorliegt
- und wegen ganz besonderer Umstände des Einzelfalles
- unter voller Würdigung des Schutzbedürfnisses des Gläubigers
- die Vollstreckung für den Schuldner eine Härte bedeutet, die nicht mit den guten Sitten vereinbar ist.

Erforderlich ist also eine Abwägung der – grundrechtlich geschützten – Interessen des Schuldners und der des Gläubigers, die eindeutig zugunsten des Schuldners ausfallen muss. Das Schutzbedürfnis des Gläubigers steht beispielsweise entgegen, wenn er selbst auf die Erfüllung des vollstreckbaren Anspruches dringend angewiesen ist. Unerheblich für die Abwägung ist, ob der Schuldner die Härte selbst verschuldet hat.

> Beispiele: Der Räumungsschuldner oder ein mitwohnender Angehöriger sind ernsthaft, insbesondere lebensbedrohlich erkrankt oder altersbedingt gebrechlich; die Räumungsschuldnerin steht unmittelbar vor einer Entbindung; nicht hingegen genügt lediglich die drohende Obdachlosigkeit.

Das Gericht entscheidet durch **Beschluss**, § 764 Abs. 3 ZPO. Die Entscheidung kann auf Aufhebung, Untersagung oder einstweilige Einstellung der Vollstreckungsmaßnahme lauten.

---

[428] B VerfG, NJW 79, 2607

Der Beschluss kann durch das Vollstreckungsgericht auf Antrag aufgehoben oder geändert werden, § 765 a Abs. 4 ZPO.

Der Beschluss unterliegt der sofortigen Beschwerde, § 793 Abs. 1 ZPO.

Teil 3

Übersicht über das Klauselverfahren und die Rechtsbehelfe im Klauseverfahren

Die Vollstreckungsklausel ist unverzichtbarer Bestandteil der vollstreckbaren Ausfertigung und daher allgemeine Vollstreckungsvoraussetzung (§ 724 Abs. 1 ZPO). Zu unterscheiden sind drei Arten von Klauseln:

– Die titelergänzende Klausel nach § 726 ZPO ist erforderlich, wenn der titulierte Anspruch oder die Vollstreckung aus dem Titel aufschiebend bedingt oder befristet (= anderes Ereignis als der Eintritt eines bestimmten Kalendertages, § 751 Abs. 1 ZPO) ist und der Gläubiger den Eintritt der Bedingung oder den Ablauf der Frist beweisen muss.

– Die titelumschreibende Klausel nach § 727 ZPO ist erforderlich, wenn auf Seiten einer der im Titel genannten Parteien eine Rechtsnachfolge eingetreten ist.

– Die sog. einfache Klausel nach § 724 ZPO genügt, wenn eine sog. qualifizierte Klausel nach §§ 726, 727 ff. ZPO nicht erforderlich ist.

Wegen der Unterscheidung dieser Klauseln wird auf Teil 1 § 1 II. 2. b) verwiesen.

Das Verfahren zur Erteilung der jeweiligen erforderlichen Klausel (sog. Klauselverfahren) gehört nicht zum Zwangsvollstreckungsverfahren, da das Klauselverfahren erst die Voraussetzung für die Zwangsvollstreckung nach § 724 Abs. 1 ZPO schafft. Daher findet auch § 793 ZPO („Entscheidungen, die im Zwangsvollstreckungsverfahren ...ergehen") keine Anwendung.

§ 1
Die Voraussetzungen der Klauselerteilung

I. Antrag

Eine vollstreckbare Ausfertigung ist nicht von Amts wegen sondern nur auf Antrag des Vollstreckungsberechtigten zu erteilen.

II. Zuständigkeit

Zuständig für die Erteilung der Klausel ist
- im Fall der einfachen Klausel nach § 724 Abs. 2 ZPO der Urkundsbeamte der Geschäftsstelle,
- im Fall der qualifizierten Klausel (§§ 726, 727) nach § 20 Nr. 12 RPflG der Rechtspfleger,
- im Fall notarieller Urkunden nach § 797 Abs. 2 Satz 1 ZPO der Notar.

III. Allgemeine Verfahrensvoraussetzungen

Wie bei jedem staatlichen Verfahren müssen die allgemeinen Verfahrensvoraussetzungen (Parteifähigkeit, Prozessfähigkeit etc.) vorliegen.

IV. Sachliche Voraussetzungen für die Erteilung der Klausel

Das zuständige Klauselorgan prüft:

1. Vorliegen eines nach den äußeren Umständen formell wirksam erscheinenden Titels, der nicht aufgehoben worden ist

2. Vollstreckungsberechtigung des Antragstellers
   Vollstreckungsberechtigt ist wer aus dem formell wirksamen Titel einen Anspruch (zumindest Kostenanspruch) vollstrecken kann.

3. Vollstreckungsreife des Titels
   Das Urteil muss formell rechtskräftig oder für vorläufig vollstreckbar erklärt sein.

4. Vollstreckbarer Inhalt des Titels
   Der titulierte Anspruch muss auf Leistung gerichtet und inhaltlich hinsichtlich der beteiligten Parteien und des Leistungsinhaltes bestimmt sein.

5. Im Fall der einfachen Klausel: Keine Erforderlichkeit einer qualifizierten Klausel nach §§ 726, 727 ZPO oder

6. die weiteren Voraussetzungen der qualifizierten Klausel nach §§ 726, 727 ZPO
   a) Bedingung im Sinne des § 726 Abs. 1
      § 726 ZPO ist anwendbar, wenn die Vollstreckung
      – vom Eintritt einer Bedingung (außer Sicherheitsleistung) abhängt und der
        Gläubiger den Eintritt der Bedingung nach allgemeinen Beweisregeln be-
        weisen muss (dies kann nur bei **aufschiebenden Bedingungen** der Fall
        sein) oder
      – vom Ablauf einer nicht kalendermäßig bestimmten/bestimmbaren Frist ab-
        hängt und der Gläubiger nach allgemeinen Beweisregeln den Fristablauf
        beweisen muss oder
      – der Schuldner nur Zug um Zug gegen eine Leistung des Gläubigers eine
        Willenserklärung abgeben muss und der Gläubiger seine Leistung bzw. das
        den Annahmeverzug begründende Leistungsangebot nachweisen muss.

Darüber hinaus findet § 726 Abs. 1 ZPO immer dann Anwendung, wenn die
Vollstreckung von einer Vorleistungspflicht oder einer Kündigung des Gläubigers abhängig ist.

Ein weiterer hervorzuhebender Fall ist die Vollstreckung aus Prozessvergleichen
auf Widerruf: Hier ist § 726 Abs. 1 ZPO anwendbar mit der Folge, dass der Gläubiger das Fehlen des Widerrufes nachweisen muss, was sich aber regelmäßig aus
dem Akteninhalt ergibt.

Obliegt nach allgemeinen Beweislastregeln dem Schuldner die Beweislast für
den Eintritt einer Bedingung, so ist nicht die titelergänzende, sondern eine einfache Klausel nach § 724 ZPO zu erteilen (Beispiel: die Verfallklausel in einem
Prozessvergleich, da hier der Schuldner nach allgemeinen Beweislastregeln die
Erfüllung nachweisen muss).

Der vom Gläubiger zu erbringende Nachweis ist nach § 726 ZPO nur **durch öffentliche oder öffentlich beglaubigte Urkunden** zu führen. Der Urkundsnach-
weis ist allerdings nach allgemeinen Regeln entbehrlich, wenn die zu beweisenden Tatsachen
– offenkundig sind (§ 291 ZPO),
– vom Schuldner zugestanden werden (§ 288 ZPO, wobei allerdings § 138
  Abs. 3 ZPO keine Anwendung findet, weil keine mündliche Verhandlung
  stattgefunden hat),
– oder bei der Vollstreckung aus einer notariellen Urkunde der Schuldner sich
  im Titel der sofortigen Zwangsvollstreckung unterworfen hat (der Schuldner
  verzichtet dann auf entsprechende Nachweise, so dass eine Beweislastumkehr
  insoweit stattfindet).[429]

Zur Klärung der Voraussetzungen einer Klauselerteilung kann (Ermessen!) das
Klauselorgan den Schuldner nach § 730 ZPO anhören.

---

[429] OLG Celle NJW-RR 91, 667

b) Rechtsnachfolge im Sinne des § 727 ZPO

Es muss sich um eine **echte Rechtsnachfolge** im Sinne eines Personenwechsels (und nicht nur Namenswechsel) handeln. Unerheblich ist, aus welchem Rechtsgrund die Rechtsnachfolge eingetreten ist.

> Beispiele: Erbfall, Eigentumswechsel, Abtretung etc.

Wie sich aus dem Verweis in § 727 Abs. 1 ZPO auf § 325 ZPO ergibt, muss die **Rechtsnachfolge nach Rechtshängigkeit** eingetreten sein.

Die Rechtsnachfolge muss durch öffentliche oder öffentlich beglaubigte Urkunden nachgewiesen sein. Der Nachweis ist entbehrlich, wenn die zu beweisende Tatsache
- offenkundig ist (§ 727 Abs. 2 ZPO) oder
- zugestanden ist (§ 288 ZPO).

Gesetzlich vorgesehen ist die Titelumschreibung in den §§ 728 f., 738, 742, 744 f. und 749 ZPO.

Hinzuweisen ist auf folgende examensrelevante Fallgestaltung:

Nach Rechtshängigkeit der Leistungsklage tritt der Kläger den Anspruch an einen Dritten ab. Der Kläger muss, um eine Klageabweisung zu vermeiden, den Klageantrag auf Leistung an den Dritten umstellen. Im Rubrum des stattgebenden Urteils ist aber nur der Kläger und nicht der Dritte genannt. Will der Dritte aus dem Urteil vollstrecken, bedarf er als „Rechtsnachfolger des in dem Urteil bezeichneten Gläubigers" (§ 727 Abs. 1) der titelumschreibenden Klausel. Solange dem Dritten noch keine vollstreckbare Ausfertigung erteilt worden ist, hat der Kläger einen Anspruch auf Erteilung der Klausel.[430]

7. Wie sich aus § 733 ZPO ergibt, darf es grundsätzlich nur eine einzige vollstreckbare Ausfertigung geben. Nur in bestimmten Ausnahmefällen ist die Erteilung einer zweiten vollstreckbaren Ausfertigung zulässig.

---

[430] BGH NJW 84, 806

§ 2
Rechtsbehelfe des Gläubigers im Klauselverfahren

Der Gläubiger bedarf des Rechtsschutzes im Klauselverfahren unter zwei verschieden Gesichtspunkten:

- Gegen die Ablehnung seines Antrages auf Klauselerteilung kann er
  - bei Zuständigkeit des Urkundsbeamten der Geschäftsstelle Erinnerung nach § 573 Abs. 1 ZPO,
  - bei Zuständigkeit des Rechtspflegers die sofortige Beschwerde nach § 567 Abs. 1 i.V.m. § 11 Abs. 1 RPflG
  - und bei Zuständigkeit des Notars Beschwerde nach § 54 Beurkundungsgesetz einlegen.

- Kann er im Fall einer qualifizierten Klausel die von ihm zu beweisenden Umstände nicht durch öffentliche oder öffentlich beglaubigte Urkunde beweisen, muss er auf Erteilung der Klausel nach § 731 ZPO klagen.

I. Die befristete Erinnerung nach § 573 Abs. 1 ZPO gegen die Ablehnung durch den Urkundsbeamten

Die befristete Erinnerung führt als gesonderter Rechtsbehelf zur Überprüfung der Ablehnung in derselben Instanz; die Beschwerde ist zunächst ausgeschlossen.[431]

1. Zulässigkeit der befristeten Erinnerung

a) Statthaftigkeit

Die Erinnerung ist nach § 573 ZPO statthaft, wenn sie sich gegen eine Entscheidung des Urkundsbeamten der Geschäftsstelle, hier die Ablehnung der Klauselerteilung richtet.

b) Zuständigkeit

Die Erinnerung ist beim Prozessgericht, dem der Urkundsbeamte angehört, einzulegen.

Der Urkundsbeamte hat nach § 573 Abs. 1 S. 3 i.V.m. § 572 Abs. 1 ZPO die Möglichkeit der Abhilfe. Hilft er nicht ab, entscheidet der Richter oder das Kollegialgericht, in dessen Geschäftsstelle der Urkundsbeamte tätig ist.[432]

---

[431] Zöller-Gummer, § 573 Rdnr. 1
[432] Zöller-Stöber, § 724 Rdnr. 13; Zöller-Gummer, § 573 Rdnr. 3

c) Form

Nach § 573 Abs. 1 Satz 2 ZPO ist die Erinnerung schriftlich oder zu Protokoll der Geschäftsstelle einzulegen.

d) Frist

Die Erinnerung ist binnen einer Notfrist von zwei Wochen einzulegen, § 573 Abs. 1 Satz 1 ZPO. Die Notfrist beginnt mit der Zustellung der Entscheidung.

e) Allgemeine Verfahrensvoraussetzungen und Rechtsschutzbedürfnis

2. Begründetheit der Erinnerung

Das Gericht prüft, ob die Voraussetzungen für die Klauselerteilung vorliegen. Insoweit wird auf die Ausführungen in § 1 verwiesen.

3. Inhalt und Formalien der Erinnerungsentscheidung

Das Prozessgericht entscheidet durch **Beschluss**

a) bei Unzulässigkeit der Erinnerung auf Verwerfung,

b) bei Unbegründetheit der Erinnerung auf Zurückweisung,

c) im Fall der Stattgabe:

> „Auf die Erinnerung des Gläubigers vom ......(Datum) wird die Entscheidung des Urkundsbeamten des ......(Bezeichnung des Prozessgerichts) vom ....(Datum der ablehnenden Entscheidung des Urkundsbeamten) aufgehoben. Der Urkundsbeamte wird angewiesen, die vom Gläubiger beantragte Klausel zu erteilen."

Jede Entscheidung des Prozessgerichts muss eine Entscheidung über die außergerichtlichen Kosten nach §§ 91 ff. ZPO (beachte: § 97 ZPO) enthalten.

Nach § 794 Abs. 1 Nr. 3 ZPO ist eine Entscheidung über die vorläufige Vollstreckbarkeit nicht erforderlich.

Der Beschluss ist zu begründen.

4. Rechtsbehelf

Der Beschluss unterliegt der sofortigen Beschwerde, § 573 Abs. 2 i.V.m. § 567 Abs. 1 Nr. 1 ZPO.

II. Die sofortige Beschwerde nach § 567 Abs. 1 ZPO i.V.m. § 11 Abs. 1 RPflG gegen die Ablehnung durch den Rechtspfleger

Nach § 11 Abs. 1 RPflG ist gegen die Entscheidung des Rechtspflegers das Rechtsmittel gegeben, dass nach den allgemeinen verfahrensrechtlichen Vorschriften zulässig ist. Statthafter Rechtsbehelf ist daher die sofortige Beschwerde nach § 567 Abs. 1 Ziffer 2 ZPO. Zu beachten ist, dass hier nicht § 793 ZPO einschlägig ist, denn das Klauselverfahren ist ein eigenständiges, dem Vollstreckungsverfahren vorgeschaltetes Verfahren.

Wegen der Voraussetzungen der sofortigen Beschwerde, des Inhalts der Entscheidung und der Rechtsbehelfe wird auf die entsprechenden Ausführungen in Teil 2 §3 verwiesen.

Der Rechtspfleger ist zur Abhilfe befugt und – wenn er die Voraussetzungen für die Klauselerteilung für gegeben hält – verpflichtet.

III. Die Beschwerde nach § 54 BeurkundungsG gegen die Ablehnung durch den Notar

1. Zulässigkeit der Beschwerde

a) Statthaftigkeit

Die Beschwerde ist nach § 54 BeurkundungsG statthaft, wenn der Notar zur Klauselerteilung zuständig war und die Klausel nicht erteilt hat.

b) Zuständigkeit

Über die Beschwerde entscheidet nach § 54 Abs. 2 S. 2 BeurkundungsG eine Zivilkammer des Landgerichts, in dessen Bezirk der Notar seinen Amtssitz hat.

c) Form

Für das Beschwerdeverfahren gelten die Vorschriften des FGG, § 54 Abs. 2 S. 1 BeurkundungsG. Nach § 21 Abs. 2 FGG ist die Beschwerde schriftlich oder durch Erklärung zu Protokoll der Geschäftsstelle der zuständigen Kammer des Landgerichts einzulegen.

d) Beschwerdeberechtigung

Nach § 20 FGG ist jeder beschwerdebefugt, dessen Recht durch die Verfügung beeinträchtigt ist. Dies ist regelmäßig der Antragsteller, dessen Antrag auf Klauselerteilung abgelehnt wurde.

2. Begründetheit der Beschwerde

Der Notar ist nach § 18 Abs. 1 FGG zur Abhilfe berechtigt. Hilft er nicht ab, entscheidet das zuständige Gericht darüber, ob die Voraussetzungen einer Klauselerteilung vorliegen. Insoweit wird auf die entsprechenden Ausführungen zu § 1 hingewiesen.

3. Inhalt und Formalien der Beschwerdeentscheidung

Die Zivilkammer entscheidet durch **Beschluss.**

a) Die unzulässige Beschwerde wird verworfen.

b) Die unbegründete Beschwerde wird zurückgewiesen.

c) Auf die begründete Beschwerde wird die Entscheidung des Notars aufgehoben und der Notar angewiesen, die beantragte Klausel zu erteilen. Insoweit wird auf den vergleichbaren Wortlaut des Tenors zu Ziffer I. verwiesen.

Die Beschwerdeentscheidung bedarf keiner Kostenentscheidung. Über die außergerichtlichen Kosten kann (Ermessen!) das Gericht nach Maßgabe des § 13 a FGG entscheiden.

Die Beschwerdeentscheidung ist zu begründen; § 25 FGG.

4. Rechtsbehelf

Gegen die Entscheidung des Beschwerdegerichts ist das Rechtsmittel der weiteren Beschwerde nach Maßgabe des § 27 FGG zulässig.

IV. Die Klage auf Erteilung der qualifizierten Klausel nach § 731 ZPO

Die **sog. Klauselklage** ermöglicht es im Fall des § 726 Abs. 1 ZPO dem Gläubiger oder im Fall der §§ 727 ff. ZPO dem Gläubiger oder dessen Rechtsnachfolger, die von ihm zu beweisenden Voraussetzungen einer qualifizierten Klausel mit anderen Beweismitteln als der öffentlichen oder öffentlich beglaubigten Urkunde nachzuweisen und durch das Gericht feststellen zu lassen. Es handelt sich um eine Feststellungsklage[433], die gegen den Schuldner zu richten ist (Parteiverfahren).

1. Die Zulässigkeit der Klauselklage

a) Statthaftigkeit

Maßgebliche Vorschriften für die Statthaftigkeit sind
- § 731 ZPO, wenn der Kläger die Erteilung der Klausel zu einem Urteil erstrebt,
- §§ 794, 795, 731 ZPO, wenn der Kläger die Erteilung der Klausel zu einem Titel im Sinne des § 794 ZPO erstrebt.

Die Klauselklage ist statthaft, wenn der Kläger nach seinem Vortrag den nach § 726 Abs. 1 ZPO oder §§ 727 – 729 ZPO erforderlichen Nachweis durch öffentliche oder öffentlich beglaubigte Urkunden **nicht** führen kann. Dies ist insbesondere der Fall,

---

[433] BGHZ 72, 23, 28

wenn der Kläger die Urkunde nicht besitzt und nicht mit zumutbaren Aufwand beschaffen kann oder wenn sein Antrag auf Klauselerteilung wegen Unzulänglichkeit vorhandener Urkunden abgewiesen wurde.[434]

b) Zuständigkeit

Örtlich wie sachlich ausschließlich zuständig ist das Prozessgericht des ersten Rechtszuges, §§ 731, 802 ZPO.

Begehrt der Kläger die Klauselerteilung zu einem Titel im Sinne des § 794 ZPO heißt die richtige Normenkette: §§ 794 Nr. ..., 795, 731, 802 ZPO.

Für die Klage auf Erteilung der Vollstreckungsklausel zu einem Vollstreckungsbescheid richtet sich die Zuständigkeit nach §§ 796 Abs. 3, 731, 802 ZPO, für die Klage auf Erteilung der Vollstreckungsklausel zu einer vollstreckbaren Urkunde nach §§ 797 Abs. 5, 731, 802 ZPO.

c) Antrag

Für den Klageantrag gilt § 253 ZPO. Inhaltlich muss er darauf gerichtet sein, dem Kläger die Vollstreckungsklausel zu dem genau bezeichneten Titel zum Zweck der Zwangsvollstreckung gegen den Beklagten zu erteilen.

d) Vollstreckungsreifer Titel

Besondere Zulässigkeitsvoraussetzungen der Klauselklage ist, dass ein Titel vorliegt, der mit einer Klausel versehen werden kann. Dies ist der Fall, wenn
– der Titel nach den äußeren Umständen formell wirksam erscheint,
– für vorläufig vollstreckbar erklärt oder formell rechtskräftig ist (Vollstreckungsreife)
– und auf eine Leistung des Schuldners gerichtet ist (vollstreckbarer Inhalt)
– sowie der Kläger aus dem Titel vollstreckungsberechtigt ist.

e) Allgemeine Prozessvoraussetzungen

f) Feststellungsinteresse

Da es sich um eine Feststellungsklage handelt, muss das Feststellungsinteresse des Klägers nach § 256 Abs. 1 ZPO vorliegen.

Das Feststellungsinteresse ist zu verneinen, wenn dem Kläger ein einfacherer und günstigerer Weg für die Klauselerteilung zur Verfügung steht. Hierzu ist zumindest ein vorheriger erfolgloser Antrag des Klägers an den Rechtspfleger auf Erteilung der Klausel zu verlangen, da im Rahmen der Anhörung des Schuldners nach § 730 ZPO ein Zugeständnis der maßgeblichen Tatsachen möglich ist. Darüber hinaus wird teilweise verlangt, dass auch die dagegen gerichtete sofortige Beschwerde nach § 567 ZPO i.V.m. § 11 RPflG erfolglos geblieben ist.[435] Die Durchführung des mit weiteren Kosten verbundenen Beschwerdeverfahrens dürfte jedoch dann nicht erforderlich sein, wenn es von vornherein aussichtslos erscheint.

---

[434] Zöller-Stöber, § 731 Rdnr. 2
[435] Thomas/Putzo, § 731 Rdnr. 6; anderer Ansicht: Brox/Walker, Rdnr. 133

2. Begründetheit der Klauselklage

Die Klauselklage ist begründet, wenn
- im Fall der titelergänzenden Klausel nach § 726 Abs. 1 ZPO die aufschiebende Bedingung eingetreten oder Befristung abgelaufen ist,
- im Fall der titelumschreibenden Klausel nach §§ 727–729 ZPO die Rechtsnachfolge eingetreten ist.

Der Kläger ist nicht auf die in §§ 726, 727 ZPO genannten Beweismittel beschränkt, sondern kann den Nachweis mit allen Strengbeweismitteln führen.

Der Schuldner darf im Wege der prozessualen Einrede materielle Einwendungen gegen den titulierten Anspruch geltend machen.[436] Dies hat zur Folge, dass der Schuldner mit allen zu diesem Zeitpunkt begründeten materiellen Einwendungen für eine spätere Vollstreckungsgegenklage nach Maßgabe des § 767 Abs. 2 ZPO präkludiert ist.[437] Daher hat das Gericht nach § 139 ZPO auf die Geltendmachung materieller Einwendungen hinzuwirken. In der Examensklausur wird regelmäßig die Ausübung des Fragerechts nach § 139 ZPO als ergebnislos zu unterstellen sein.

3. Inhalt und Formalien der Entscheidung

Die Entscheidung ergeht durch Urteil.

Die unzulässige oder unbegründete Klauselklage ist abzuweisen.

Im Fall der Stattgabe kann tenoriert werden:

> „Dem Kläger ist zu dem ... (genaue Bezeichnung des Titels mit Datum; beispielsweise:) Urteil des Landgerichts Bielefeld vom ... – Az.: ... – die Vollstreckungsklausel zum Zweck der Zwangsvollstreckung gegen den Beklagten zu erteilen."

An diese gerichtliche Feststellung ist das Klauselorgan gebunden und muss die im Titel bezeichnete Klausel erteilen.

Die Kostenentscheidung ergeht nach den §§ 91 ff. ZPO.

Obwohl es sich um ein Feststellungsurteil handelt, darf es nicht nur wegen der Kosten für vorläufig vollstreckbar erklärt werden, da ansonsten das zuständige Vollstreckungsorgan vor Eintritt der Rechtskraft die Klauselerteilung verweigern könnte. Deshalb ist für eine ggfls. anzuordnende Sicherheitsleistung der Wert des Anspruchs, wegen dessen der Kläger vollstrecken kann, zu berücksichtigen.

Das Urteil ist zu begründen (Tatbestand und Entscheidungsgründe).

Der Streitwert entspricht dem Wert des zu vollstreckenden Anspruchs.

---

[436] Thomas/Putzo, § 731 Rdnr. 7; Brox/Walker, Rdnr. 134
[437] vgl. Thomas/Putzo, a.a.O.

4. Rechtsbehelfe

Das Feststellungsurteil ist nach allgemeinen Vorschriften anfechtbar (Berufung, Revision, Einspruch im Fall des Versäumnisurteils).

§ 3
Rechtsbehelfe des Schuldners gegen die Klauselerteilung

Der Schuldner kann sich gegen die Klauselerteilung in zweierlei Hinsicht wehren:
– Mit der Klauselerinnerung nach § 732 ZPO kann der Schuldner rügen, das Klauselorgan habe die zu beachtenden Voraussetzungen für die Erteilung der Klausel nach §§ 724, 726, 727 bis 729 ZPO nicht beachtet (formelle Einwendungen).
– Die Klauselgegenklage nach § 768 ZPO steht dem Schuldner (oder im Falle der titelumschreibenden Klausel dessen Rechtsnachfolger) gegen die Erteilung einer qualifizierten Klausel offen, wenn er das Vorliegen der besonderen Umstände der qualifizierten Klausel (beispielsweise Bedingungsantritt oder Rechtsnachfolge) materiell rechtlich bestreitet. Die Klauselgegenklage ist damit das Gegenstück zur Klage auf Erteilung der Klausel nach § 731 ZPO.

I. Die Klauselerinnerung nach § 732 ZPO

Die Klauselerinnerung führt zur richterlichen Überprüfung der Klauselerteilung in derselben Instanz

Sie ist gegen den Vollstreckungsgläubiger zu richten (Parteiverfahren).

1. Zulässigkeit der Klauselerinnerung

a) Statthaftigkeit

Der Wortlaut des § 732 Abs. 1 Satz 1 ZPO lässt zwar darauf schließen, dass die Klauselerinnerung lediglich gegen die Erteilung der einfachen Klausel durch den Urkundsbeamten der Geschäftsstelle zulässig ist. Die herrschende Meinung[438] erachtet die Klauselerinnerung nach § 732 ZPPO aber auch gegen die Erteilung einer qualifizierten Klausel durch den Rechtspfleger als statthaft. Argument hierfür dürfte wohl der diesem Rechtsbehelf immanente Zweck der Selbstkontrolle sein.

Die Klauselerinnerung ist nach § 732 ZPO statthaft, wenn der Schuldner (oder im Fall der titelumschreibenden Klausel dessen Rechtsnachfolger) mit dem Rechtsbehelf rügt, dass Klauselorgan habe die zu beachtenden formellen Voraussetzungen für die Erteilung der Klausel nicht beachtet. Solch formelle Fehler sind insbesondere:
– Erteilung der Klausel ohne Antrag des Gläubigers;
– Nichtvorliegen der allgemeinen Verfahrensvoraussetzungen;
– Fehlen eines formell wirksam scheinenden Titels;
– Fehlen der Vollstreckungsreife oder eines vollstreckbaren Inhalts des Titels;
– Fehlen der Vollstreckungsberechtigungen des Gläubigers;

---

[438] Zöller-Stöber, § 732 Rdnr. 4; Brox/Walker, Rdnr. 136 m.w.N.

– Entscheidung durch das unzuständige Klauselorgan (Beispiel: der Urkundsbeamte der Geschäftsstelle anstelle des zuständigen Rechtspflegers);
– Erteilung einer qualifizierten Klausel ohne den erforderlichen Nachweis durch öffentliche oder öffentlich beglaubigte Urkunden.

b) Antrag

Für die Form des Antrages gilt § 569 Abs. 2 ZPO analog. Es besteht kein Anwaltszwang (§ 78 Abs. 3 ZPO).

c) Zuständigkeit

Über die Klauselerinnerung entscheidet das Gericht, dessen Geschäftsstelle die Vollstreckungsklausel erteilt hat (§ 732 Abs. 1 Satz 1 ZPO) oder dem der Rechtspfleger angehört.

Für die Klauselerteilung durch den Notar gilt § 797 Abs. 3 ZPO.

Die Zuständigkeit ist nach § 802 ZPO ausschließlich.

d) Allgemeine Verfahrensvoraussetzungen, insbesondere Rechtsschutzbedürfnis

Das Rechtsschutzbedürfnis für die Klauselerinnerung besteht, sobald die Klausel erteilt und die Vollstreckung aus der vollstreckbaren Ausfertigung noch nicht beendet ist.

Ein Rechtsschutzbedürfnis besteht nicht, wenn bereits eine stattgebende Entscheidung des Gerichts auf eine Klauselklage nach § 731 ZPO vorliegt. In einem solchen Fall hat das Gericht sich bereits mit der Frage der Rechtmäßigkeit der Klauselerteilung befasst.

2. Die Begründetheit der Klauselerinnerung

Die Klauselerinnerung ist begründet, wenn die Voraussetzungen für die Klauselerteilung nach §§ 724, 726, 727–729 ZPO nicht vorliegen. Das Gericht prüft also das zu § 1 dargelegte Schema der Voraussetzungen der Klauselerteilung.

3. Inhalt und Formalien der Entscheidung

Die Entscheidung ergeht durch **Beschluss** (§ 732 Abs. 1 S. 2 ZPO). Nach Ermessen des Gerichts kann mündlich verhandelt werden, jedoch ist stets dem Gläubiger rechtliches Gehör zu gewähren (Artikel 103 Abs. 1 GG).

Maßgeblich ist der Zeitpunkt der Entscheidung, so dass auch Gründe, die nach Klauselerteilung entstanden sind, zu berücksichtigen sind.

Die unzulässige Klauselerinnerung wird verworfen; die unbegründete Klauselerinnerung wird zurückgewiesen.

Im Falle der Stattgabe kann tenoriert werden:

> „Die vom ... (Bezeichnung des Klauselorgans und des Gerichts dem es angehört) am ... (Datum der Klauselerteilung) erteilte vollstreckbare Ausfertigung zum ... (genaue Bezeichnung des Titels) und die Vollstreckung aus ihr sind unzulässig."

Die Kostenentscheidung ergeht im Fall der Verwerfung oder Zurückweisung nach § 97 Abs. 1 ZPO, bei Stattgabe nach § 91 ff. ZPO. Sie betrifft allerdings lediglich die außergerichtlichen Kosten und Auslagen des Gerichts, da Gerichtsgebühren mangels Gebührentatbestandes im GKG nach § 1 Abs. 1 GKG nicht anfallen.

Wegen § 794 Abs. 1 Nr. 3 ZPO bedarf es keines Ausspruchs der vorläufigen Vollstreckbarkeit.

Der Streitwert für die Vollstreckungserinnerung entspricht dem Wert des zu vollstreckenden Anspruchs.

4. Rechtsbehelf

Die Entscheidung ist mit der sofortigen Beschwerde anfechtbar (§ 567 Abs. 1 ZPO).

II. Die Klauselgegenklage nach § 768 ZPO

Nach § 768 ZPO gelten für die Klauselgegenklage die Vorschriften des § 767 Abs. 1, 3 ZPO entsprechend. Die Klauselgegenklage ist also der Vollstreckungsabwehrklage nachgebildet, so dass wegen des Prüfungsaufbaus auf die entsprechenden Ausführungen zur Vollstreckungsabwehrklage verwiesen wird. Hinzuweisen ist lediglich auf folgende Besonderheiten:

■ **Statthaftigkeit:** Die Klauselgegenklage ist nur statthaft, wenn der Kläger sich gegen die Erteilung einer qualifizierten Klausel mit der Behauptung wendet, die sachlichen Voraussetzungen für die Klauselerteilung (Eintritt der Bedingung; Ablauf der Befristung; Rechtsnachfolge) lägen nicht vor.

■ **Zuständig** ist ausschließlich das Prozessgericht des ersten Rechtszuges, §§ 768, 767 Abs. 1, 802 ZPO.

■ Der **Antrag** lautet darauf, die Zwangsvollstreckung aufgrund der zu dem konkret bezeichneten Urteil erteilten Vollstreckungsklausel für unzulässig zu erklären.

■ Das **Rechtsschutzbedürfnis** besteht, sobald die Klausel erteilt und solange die Vollstreckung aus der vollstreckbaren Ausfertigung nicht vollständig beendet ist. Im Rahmen des Rechtsschutzbedürfnisses ist zur Klauselerinnerung, die für formelle Einwendungen den billigeren (keine Gerichtsgebühr) und einfacheren Weg bietet, abzugrenzen. Macht der Schuldner (oder dessen Rechtsnachfolger) sowohl sachliche als auch formelle Einwendungen gegen die Erteilung der Klausel geltend, so sind die §§ 768 ZPO und 732 ZPO nebeneinander anwendbar.

Hat das Gericht bereits aufgrund einer Klauselerinnerung nach § 731 ZPO rechtskräftig festgestellt, dass die Klausel zu erteilen ist, fehlt dem Kläger das Rechtsschutzbedürfnis, es sei denn, dass er sachliche Einwendungen geltend macht, die nach der Entscheidung nach § 731 ZPO entstanden sind.

■ Die Klauselgegenklage ist begründet, wenn die sachlichen Voraussetzungen für die Erteilung der qualifizierten Klausel zum Zeitpunkt der letzten mündlichen Verhandlung nicht vorliegen. Hierüber ist ggfls. Beweis zu erheben. Zulässig sind alle Beweismittel der ZPO.

Problematisch ist allerdings die Beweislastverteilung. Die Beweislast trägt grundsätzlich derjenige, der auch im Klauselverfahren den Nachweis nach §§ 726, 727 bis 729 ZPO erbringen müsste, also regelmäßig der Vollstreckungsgläubiger (= Beklagter).[439] Die gegenteilige Auffassung[440], die entsprechend den Parteirollen dem klagenden Vollstreckungsschuldner die Beweislast für alle klagebegründenden Tatsachen auferlegt, führt zu einer nicht gerechtfertigten Beweislastumkehr, setzt doch § 726 Abs. 1 ZPO voraus, dass die Vollstreckung einer vom Gläubiger zu beweisenden Bedingung abhängt.[441]

■ **Tenor:**

Die unzulässige oder unbegründete Klauselgegenklage ist abzuweisen.

Im Fall der Stattgabe kann tenoriert werden:

> „Die vom .... (genaue Bezeichnung des Klauselorgans) am .... (Datum der Klauselerteilung) erteilte vollstreckbare Ausfertigung zum .... (genaue Bezeichnung des Titels) und die Zwangsvollstreckung aus ihr werden für unzulässig erklärt.

Die Kostenentscheidung erfolgt nach allgemeinen Regeln.

Wie bei der Vollstreckungsabwehrklage ist das Gestaltungsurteil insgesamt für vorläufig vollstreckbar zu erklären, da der Schuldner ansonsten keine Einstellung der Zwangsvollstreckung im Wege des § 775 Nr. 1 ZPO erreichen könnte. Dementsprechend ist der Wert des zu vollstreckenden Anspruchs bei der Bestimmung der Sicherheitsleistung zu berücksichtigen.

---

[439] Zöller-Herget, § 768 Rdnr. 2; Lackmann, Rdnr. 774
[440] so wohl Thomas/Putzo § 768 Rdnr. 9
[441] Lackmann Rdnr. 774

Teil 4

Einstweiliger Rechtsschutz

§ 1
Übersicht und allgemeine Grundsätze

Wer seinen materiell rechtlichen Anspruch im Erkenntnisverfahren (einschließlich Rechtsmittelverfahren) einklagen muss und anschließend auf die Durchführung des staatlichen Zwangsvollstreckungsverfahrens angewiesen ist, muss mitunter einen langen Atem haben. Der Zeitablauf birgt jedoch die Gefahr, dass die Erfüllung des Anspruchs trotz Obsiegens des Gläubigers erschwert oder unmöglich wird. Es ist daher ein rechtsstaatliches Gebot, dem Gläubiger die spätere Zwangsvollstreckung seines möglichen Anspruchs schnell und effektiv zu sichern. Dies darf allerdings noch nicht zur Befriedigung des Gläubigers führen, da ansonsten die dem Erkenntnis- bzw. Zwangsvollstreckungsverfahren vorbehaltene Hauptsache vorweggenommen würde.

Zweck des einstweiligen Rechtsschutzes (Eilverfahren) ist es also, die spätere Zwangsvollstreckung eines materiell rechtlichen Anspruchs zu sichern.

1. **Streitgegenstand** des Eilverfahrens ist daher nicht der Anspruch selbst, sondern die Zulässigkeit seiner zwangsweisen Sicherung.[442] Die Anhängigkeit eines Antrages auf vorläufigen Rechtsschutz führt daher nicht zur Rechtshängigkeit des materiell rechtlichen Anspruchs; Entscheidungen im vorläufigen Rechtsschutz führen nicht zu einer rechtskräftigen Regelung im Bezug auf den materiell rechtlichen Anspruch. Dies bleibt dem Erkenntnisverfahren des Hauptsacheprozesses vorbehalten.

2. Die Sicherungsmittel des vorläufigen Rechtsschutzes der ZPO sind
– der **Arrest**, der zur Sicherung der Zwangsvollstreckung wegen einer Geldforderung oder einer Forderung, die in eine Geldforderung übergehen kann, stattfindet (§ 916 Abs. 1 ZPO),
– und die **einstweilige Verfügung**, die zur Sicherung aller sonstigen Ansprüche angeordnet werden kann (§ 935 ff. ZPO).

Von der Gesetzessystematik her regelt die ZPO ausführlich das Arrestverfahren und erklärt dessen Vorschriften für die einstweilige Verfügung für entsprechend anwendbar.

Darüber hinaus enthält die ZPO spezielle Vorschriften zum vorläufigen Rechtsschutz, die diesen beiden Sicherungsmitteln vorgehen. Beispiele: Einstweilige Anordnung in Familien- und Kindschaftssachen nach §§ 620 ff., 644 ff. ZPO; einstweilige Einstellung der Zwangsvollstreckung nach §§ 707, 719, 769, 770, 771 Abs. 3, 805 Abs. 4 ZPO.

Merke: **Arrest und einstweilige Verfügung schließen sich, soweit es um die Sicherung ein und desselben Anspruchs geht, gegenseitig aus.**[443]

---

[442] Thomas/Putzo, Vorb. § 916 Rdnr. 2

3. Der vorläufige Rechtsschutz ist als **Parteiverfahren** zwischen Gläubiger und Schuldner ausgestaltet. Mit Einreichung des Antrages ist das Verfahren rechtshängig. Die Beteiligung Dritter ist nach Maßgabe der §§ 66 ff. ZPO möglich.

4. Der einstweilige Rechtsschutz durch Arrest oder einstweilige Verfügung erfolgt in zwei Schritten:

a) Der erste Verfahrensabschnitt endet mit der **Anordnung des Arrestes bzw. der einstweiligen Verfügung.** Systematisch ist dieser Verfahrensabschnitt das Erkenntnisverfahren im einstweiligen Rechtsschutz. Es handelt sich um ein summarisches Verfahren: Mit Rücksicht auf den Zweck des vorläufigen Rechtsschutzes sind die Voraussetzungen der Anordnungen nicht nachzuweisen, sondern lediglich glaubhaft zu machen (§ 920 Abs. 2, 294 bzw. 936, 920 Abs. 2, 294 ZPO). Die Voraussetzungen der Anordnung müssen nicht zur Überzeugung des Gerichts feststehen, sondern nur überwiegend wahrscheinlich erscheinen. Hierbei ist die beweisbelastete Partei nicht auf die Strengbeweismittel der ZPO beschränkt.

Die **Entscheidung** des Gerichts über die Anordnung ergeht im Fall einer mündlichen Verhandlung durch Endurteil, andernfalls durch Beschluss (§ 922 Abs. 1 bzw. §§ 936, 922 Abs. 1 ZPO).

b) Es folgt die **Vollziehung des vorläufigen Rechtsschutzes** (§§ 928 ff., 936 ZPO).

5. Die **Glaubhaftmachung** soll dem Gericht die überwiegende Wahrscheinlichkeit bestimmter Tatsachen vermitteln. Sie ist als abgeschwächte Form der Beweisführung nur in den gesetzlich ausdrücklich bestimmten Fällen zulässig.

Neben den Mitteln des Strengbeweises ist jedes Beweismittel statthaft, dass eine Wahrscheinlichkeitsfeststellung erlaubt. Allerdings muss es sich um sog. **präsente Beweismittel** handeln (§ 294 Abs. 2 ZPO). Dies bedeutet, dass die Partei die Beweismittel im schriftlichen Verfahren vorlegen oder im Termin zur mündlichen Verhandlung stellen muss. Geeignete Mittel sind beispielsweise: die eidesstattliche Versicherung des Beweisführers, Beweisgegners oder Dritter; die anwaltliche Versicherung über eigene Wahrnehmungen des Rechtsanwaltes im Rahmen seiner Berufstätigkeit; die Vorlage schriftlicher Zeugenerklärungen oder von Urkunden oder unbeglaubigter Kopien von Schriftstücken; die Vorlage eines Privatgutachtens; die Bezugnahme auf eine dem Gericht vorliegende Akte.

Die Glaubhaftmachung, die nach § 920 Abs. 2 ZPO in erster Linie für den Antragsteller zugelassen ist, genügt natürlich auch für Einwendungen und Einreden des Antragsgegners.

Die Mittel der Glaubhaftmachung unterliegen der freien Würdigung des Gerichts.

Für die **Beweislast** ist zu unterscheiden:

– Entscheidet das Gericht ohne mündliche Verhandlung und ohne Anhörung des Antraggegners im Beschlussverfahren, so hat der Antragsteller alle seinen Antrag tragenden Tatsachen glaubhaft zu machen. Insbesondere hat er vorzutragen

---

[443] Thomas/Putzo, Vorb. § 916 Rdnr. 8

und glaubhaft zu machen, dass sich aus seinem eigenen Vortrag möglicherweise ergebende Einwendungen des Gegners nicht bestehen.[444]
- Entscheidet das Gericht ohne mündliche Verhandlung aber nach Anhörung des Antragsgegners im Beschlussverfahren, so gelten die allgemeinen Beweislastregeln. Der Antragsteller hat die seinen Antrag tragenden Tatsachen zu beweisen, soweit diese nicht offenkundig oder zugestanden sind.
- Entscheidet das Gericht nach mündlicher Verhandlung im Urteilsverfahren, gilt § 138 Abs. 3 und Abs. 4 ZPO. Der Antragsteller muss nur die streitigen Tatsachen glaubhaft machen.

---

[444] Thomas/Putzo, Vorbem. § 916 Rdnr. 9

§ 2
Der Arrest, § 916 ff. ZPO

I. Die Anordnung des Arrestes

1. Zulässigkeit

a) Antrag

Der Arrest kann nur auf Antrag (Arrestgesuch) angeordnet werden, § 920 ZPO.

aa) **Notwendiger Mindestinhalt** des Arrestgesuches sind nach § 920 Abs. 1 ZPO folgende Angaben:
- die Forderung, deren spätere Zwangsvollstreckung gesichert werden soll, nach Anspruchsgrund und Geldbetrag.
- der Arrestgrund
  Das sind die Tatsachen, aufgrund derer die vorläufige Sicherung der späteren Zwangsvollstreckung erforderlich scheint. Beim Arrest ist dies der Fall, wenn eine unmittelbar bevorstehende nachteilige Veränderung der Vermögensverhältnisse des Schuldners droht. Im Rahmen der Zulässigkeit ist insoweit allein der Tatsachenvortrag des Antragstellers maßgeblich.
- Art des begehrten Arrestes: dinglicher Arrest oder persönlicher Arrest
  Das Gesetz unterscheidet zwischen dem dinglichen Arrest in das Vermögen des Schuldners nach § 917 ZPO (= die Beschlagnahme von Vermögensgegenständen des Schuldners) und dem persönlichen Arrest nach § 918 ZPO (= Beschränkung der persönlichen Freiheit des Schuldners). Der Antragsteller hat sich im Antrag wegen der Bindungswirkung nach § 308 ZPO zwischen beiden Arrestarten zu entscheiden.

bb) Für die **Form des Arrestantrages** sieht § 920 Abs. 3 ZPO vor, dass dieser schriftlich oder zu Protokoll der Geschäftsstelle des Arrestgerichtes erklärt werden kann. Daher besteht nach § 78 Abs. 3 ZPO für das Einreichen des Antrages auch kein Anwaltszwang.

b) Statthaftes Antragsziel

Das Arrestgesuch ist nach § 916 Abs. 1 ZPO nur mit dem Ziel statthaft, die **künftige Zwangsvollstreckung eines Zahlungsanspruchs** oder eines Anspruchs, der in ein Zahlungsanspruch übergehen kann (beispielsweise Anspruch aus Verzug oder Unmöglichkeit) zu sichern. Dieser sog. **Arrestanspruch** ist im Rahmen der Zulässigkeit nur vom Antragsteller zu behaupten. Ob der Antragsteller den Arrestanspruch schlüssig dargelegt und glaubhaft gemacht hat, ist eine Frage der Begründetheit.

Der Antrag ist nicht statthaft, wenn er auf die Befriedigung des Zahlungsanspruch zielt (unzulässige Vorwegnahme der Hauptsache).

Zielt der Antrag auf die Sicherung der künftigen Vollstreckung eines Anspruchs, der nicht auf Zahlung gerichtet ist, ist die **Umdeutung** in einen Antrag auf Erlass einer einstweiligen Verfügung **unzulässig**.

c) Zuständigkeit

Über die Anordnung des Arrestes entscheidet nach § 919 ZPO das Gericht der Hauptsache oder das Amtsgericht, in dessen Bezirk sich der mit dem Arrest zu belegende Gegenstand (dinglicher Arrest) oder die in ihrer persönlichen Freiheit zu beschränkende Person (persönlicher Arrest) befindet.

Gericht der Hauptsache ist nach § 943 Abs. 1 ZPO grundsätzlich das Prozessgericht erster Instanz, ohne Rücksicht darauf, ob ein Hauptsacheprozess bereits anhängig ist oder nicht.

Da die Zuständigkeit des Arrestgerichtes im 8. Buch der ZPO geregelt ist, ist die Zuständigkeit nach § 802 ZPO ausschließlich.

Normenkette daher: §§ 919, 943, 802 ZPO.

d) Allgemeine Verfahrensvoraussetzungen im übrigen

– Deutsche Gerichtsbarkeit
– Zulässigkeit des Rechtsweges
– Parteifähigkeit
– Prozessfähigkeit
– Prozessführungsbefugnis

e) Rechtsschutzbedürfnis/Vorliegen des Arrestgrundes

Neben dem allgemeinen Rechtsschutzbedürfnis ist das **Vorliegen des Arrestgrundes** als besondere Ausprägung des Rechtsschutzbedürfnisses zu verlangen.

aa) Die dogmatische Einordnung des Arrestgrundes als Zulässigkeits- oder Begründetheitsvoraussetzung ist umstritten:

Die praktische Erwägung, dass das Gericht bei fehlender Glaubhaftmachung des Arrestanspruchs den Antrag auch ohne vorherige Prüfung des Arrestgrundes abweisen können muss[445], scheint für eine Begründetheitsvoraussetzung zu sprechen.

Dem steht entgegen, das die Frage nach dem Vorliegen eines Arrestgrundes im unmittelbaren Zusammenhang mit der Frage nach dem Rechtsschutzbedürfnis steht:

Einstweiliger Rechtsschutz ist die Sicherung der späteren Zwangsvollstreckung einer Forderung gegen Gefahren, die dem Gläubiger aus dem Zeitablauf des Hauptsacheprozesses drohen. Wegen seiner Ausgestaltung als lediglich summarisches Prüfungsverfahren birgt das Eilverfahren aber Gefahren für den Schuldner: Im Hauptsacheverfahren ist es dem Gläubiger unter Umständen nicht möglich, mit den Mitteln des Strengbeweises seine Forderung nachzuweisen. Unter Berücksichtigung dieser Gefahr erscheint es sachgerecht, die Zulässigkeit des einstweiligen Rechtsschutzes an ein besonderes Rechtsschutzinteresse des Gläubigers zu knüp-

---

[445] Zöller-Vollkommer, § 917 Rdnr. 3

fen. Das Interesse des Gläubigers, einstweiligen Rechtsschutz durch das Gericht zu erlangen, ist durch die Gefährdung der späteren Zwangsvollstreckung seiner Forderung gegeben. Diese Gefährdungslage ist aber gerade der Arrestgrund. Daher ist es dogmatisch eher gerechtfertigt, die schlüssige Behauptung und Glaubhaftmachung des Arrestgrundes als Zulassungsschranke einzuordnen.

Die praktische Erwägung der Gegenmeinung zwingt nicht zu einem anderen Schluss. Denn die Frage nach dem Rechtsschutzbedürfnis kann offen bleiben, wenn der Antrag unbegründet und daher aus sachlichen Gründen abzuweisen ist.[446]

bb) Nach der hier vertretenen Auffassung ist also im Rahmen des Rechtsschutzbedürfnisses zu prüfen, ob der Antragsteller das **Vorliegen eines Arrestgrundes nach § 920 Abs. 2, 294 ZPO schlüssig vorgetragen und glaubhaft gemach**t hat:

Das Gesetz unterscheidet für den Arrestgrund zwischen dem dinglichen Arrest und dem persönlichen Arrest.

(1) Nach § 917 Abs. 1 ZPO findet der **dingliche Arrest** statt, wenn zu besorgen ist, dass ohne dessen Verhängung die – spätere – Vollstreckung des – noch zu titulierenden – Anspruchs vereitelt oder wesentlich erschwert werden würde. Dies ist der Fall, wenn eine unmittelbar bevorstehende nachteilige Veränderung der Vermögensverhältnisse des Schuldners droht. Der Antragsteller muss konkrete Tatsachen vortragen, die diesen Verdacht begründen.

> Beispiele für den Arrestgrund: der Schuldner schafft Vermögenswerte beiseite oder veräußert erhebliche Vermögenswerte oder verschleiert ihren Verbleib; verschwenderische Lebensweise oder Spielleidenschaft des Schuldners; Wegzug ins Ausland; eine Vermögensstraftat des Schuldners zum Nachteil des antragstellenden Gläubigers, weil dies den Verdacht nahe legt, der Schuldner werde auch in der drohenden Zwangsvollstreckung unredlich sein (vgl. OLG Dresden MDR 1998, 975; a.A.: OLG Köln, MDR 2000, 49, 50).

In all diesen Beispielen ist nicht erforderlich, dass der Schuldner in der Absicht, die spätere Zwangsvollstreckung zu vereiteln oder zu erschweren, oder gar rechtswidrig oder schuldhaft handelt.[447]

> Gegenbeispiele eines fehlenden Arrestgrundes: die drohende Konkurrenz anderer Gläubiger ist kein Arrestgrund, weil der antragstellende Gläubiger im Verhältnis zu diesen keine Besserstellung im Wege des einstweiligen Rechtsschutzes verlangen kann (Grundsatz der Gläubigergleichbehandlung)[448]; bewusst vertragswidriges Verhalten des Schuldners ohne weitere Hinweise.

Der Arrestgrund kann fehlen, wenn der Gläubiger bereits anderweitig und ausreichend gesichert ist.

Arrestgrund ist nach § 917 Abs. 2 ZPO des weiteren die Notwendigkeit einer Zustellung des Urteils im Ausland.

---

[446] vgl. BGH NJW 1978, 2031, 2032
[447] vgl. Zöller-Vollkommer, § 917 Rdnr. 5 m.w.N.
[448] Zöller-Vollkommer, § 917 Rdnr. 9

(2) Der **persönliche Arrest** findet nach § 918 ZPO statt wenn er erforderlich ist, um die gefährdete Zwangsvollstreckung in das Vermögen des Schuldners zu sichern. Diese Form des Arrestes ist gegenüber dem dinglichen Arrest **subsidiär** und daher nur anwendbar, wenn der dingliche Arrest aller Voraussicht nach nicht ausreichen wird. Der persönliche Arrest ist ausgeschlossen, wenn der Schuldner überhaupt kein pfändbares Vermögen hat.[449]

> Beispiele für den Arrestgrund: Erkennbarer Wille des Schuldners, sich der Ladung zur Offenbarungsversicherung zu entziehen; drohende Verschiebung von Vermögenswerten

(3) Die den Arrestgrund begründenden Umstände hat der Antragsteller nach § 920 Abs. 2, 294 ZPO glaubhaft zu machen. Insoweit wird auf die allgemeinen Ausführungen zu § 1 Ziffer 5. dieses Teils verwiesen.

2. Begründetheit

Das Arrestgesuch ist begründet, wenn der Arrestanspruch schlüssig vorgetragen und glaubhaft gemacht ist (§ 916 Abs. 1, 920 Abs. 2, 294 ZPO).

Nach § 916 Abs. 2 ZPO kommen als Arrestanspruch auch

– betagte Ansprüche (deren künftige Fälligkeit kalendermäßig feststeht oder durch Kündigung herbeigeführt werden kann[450])
– und auflösend bedingte Ansprüche

in Betracht.

Dies gilt auch für aufschiebend bedingte Ansprüche, es sei denn, der bedingte Anspruch hat wegen des entfernten Eintritts der Bedingung keinen gegenwärtigen Vermögenswert.[451]

Künftige Ansprüche können im Wege des Arrestes gesichert werden, wenn sie bereits vor ihrer Fälligkeit klagbar sind[452] oder dem Grunde nach durch Feststellungsklage festgestellt werden können[453].

3. Inhalt und Formalien der Entscheidung

Nach § 922 Abs. 1 ZPO ergeht die Entscheidung über das Arrestgesuch
– im Falle einer mündlichen Verhandlung durch **Endurteil**
– anderenfalls durch **Beschluss**.

Im Arrestverfahren liegt es im **freien Ermessen** des Gerichts, mündliche Verhandlung anzuberaumen oder diese für entbehrlich zu halten.

---

[449] Zöller-Vollkommer, § 918 Rdnr. 1
[450] Zöller-Vollkommer, § 916 Rdnr. 7
[451] Zöller-Vollkommer, § 916 Rdnr. 7
[452] Thomas-Putzo, § 917 Rdnr. 5
[453] vgl. Zöller-Vollkommer, § 916 Rdnr. 8

Unabhängig von der Form der Entscheidung <u>kann</u> das Gericht nach § 921 S. 1 ZPO die **Vollziehung des angeordneten Arrestes von einer Sicherheitsleistung abhängig machen** und zwar

– wenn Arrestanspruch und Arrestgrund glaubhaft gemacht worden sind,
– aber auch wenn Arrestanspruch oder Arrestgrund nicht glaubhaft gemacht worden sind. Die Sicherheitsleistung ersetzt dann die fehlende Glaubhaftmachung.[454] Allerdings ist keine Sicherheit zu verlangen, sondern das Arrestgesuch als unzulässig bzw. unbegründet zu behandeln, wenn feststeht, dass Arrestanspruch oder Arrestgrund nicht besteht.

Nach § 921 S. 2 ZPO kann das Gericht jedoch schon vor der Arrestentscheidung die Anordnung des Arrestes von dem Nachweis der Sicherheit abhängig machen. Von dieser Möglichkeit einer Arrestanordnung erst nach Sicherheitsleistung wird regelmäßig Gebrauch zu machen sein, wenn ein besonders hoher Schaden des Gegners durch die Arrestanordnung zu erwarten ist oder die Vermögensverhältnisse des Gläubigers die spätere Erfüllung evtl. Schadensersatzansprüche des Gegners zweifelhaft erscheinen lassen.[455] In diesem Fall hat das Gericht vor Entscheidung über das Arrestgesuch durch Beschluss, der dem Antragsgegner nach § 922 Abs. 3 ZPO nicht mitzuteilen ist, die vorherige Sicherheitsleistung festzusetzen. Tenorierung in diesem Fall:

> „Die Anordnung des dinglichen Arrestes in das Vermögen des Antragsgegners wegen (beispielsweise:) einer Kaufpreisforderung i.H.v. ... EURO wird davon abhängig gemacht, dass der Antragsteller zuvor Sicherheit i.H.v. ... EURO leistet."

Erst wenn der Antragsteller die Leistung der Sicherheit nachgewiesen hat, ist der Arrest (durch Beschluss oder Urteil) anzuordnen.

a) Endurteil

aa) Rubrum

Es gelten die allgemeinen Grundsätze für das Rubrum eines Urteils. Die Parteien heißen **Arrestkläger** und **Arrestbeklagter.**

bb) Tenor

(1) in der Hauptsache

Das unzulässige oder unbegründete Arrestgesuch wird abgewiesen.

> „Der Antrag vom .... (Datum) auf Erlass des (beispielsweise:) dinglichen Arrestes wird abgewiesen."

---

[454] Zöller-Vollkommer, § 921 Rdnr. 2
[455] Zöller-Vollkommer, § 921 Rdnr. 3

Im Fall der Stattgabe ist folgendes zu berücksichtigen:
- Das Gericht <u>muss</u> die konkrete **Arrestart** (dinglicher oder persönlicher Arrest) unter Bezeichnung der zu sichernden Geldforderung nach Anspruchsgrund und Betrag anordnen. Der dingliche Arrest erfolgt regelmäßig in das gesamte Vermögen des Arrestbeklagten, es sei denn, der Arrestkläger hat seinen Antrag auf bestimmte Vermögensgegenstände beschränkt.
- Nach § 921 S. 1 ZPO <u>kann</u> das Gericht anordnen, dass der dingliche Arrest nur gegen Sicherheitsleistung vollzogen werden darf.
- Das Gericht <u>muss</u> die **Abwendungsbefugnis** des Schuldner nach § 923 ZPO anordnen. Diese sog. Lösungssumme ist von Amts wegen festzusetzen. Ihre Höhe bemisst sich nach dem Wert der zu sichernden Forderung nebst Nebenforderungen. Entgegen dem Wortlaut des § 923 ZPO kann das Gericht anstatt Hinterlegung jede andere Art der Sicherheitsleistung nach § 108 ZPO bestimmen. Der Nachweis der Sicherheitsleistung durch öffentliche Urkunden ist ein Vollstreckungshindernis nach §§ 928, 775 Nr. 3 ZPO.

Der Tenor lautet also im Normalfall beispielsweise:

Formulierungsbeispiel:

„Wegen einer Kaufpreisforderung des Arrestklägers gegen den Arrestbeklagten aus Kaufvertrag vom ... i.H.v. ... EURO nebst Zinsen i.H.v. ... seit dem ... wird der dingliche Arrest in das Vermögen des Arrestbeklagten angeordnet.

Der dingliche Arrest darf nur gegen Sicherheitsleistung i.H.v. ... EURO vollzogen werden.

Die Vollziehung des Arrests wird gehemmt und der Arrestbeklagte darf die Aufhebung der Vollstreckungsmaßnahmen beantragen, wenn er ... EURO hinterlegt."

---

(2) Kostenentscheidung

Für die Kostenentscheidung gelten die § 91 ff. ZPO.

(3) Vorläufige Vollstreckbarkeit

Das stattgebende Urteil muss nicht für vorläufig vollstreckbar erklärt werden, weil sich die Vollstreckbarkeit schon aus der Natur des Arrestverfahrens ergibt.

Ein abweisendes Urteil ist für vorläufig vollstreckbar zu erklären, § 708 Nr. 6 ZPO.

cc) Begründung

Das Urteil ist wie üblich (Tatbestand/Entscheidungsgründe) zu begründen.

dd) Rechtsbehelfe

Gegen das Urteil ist
- falls es als Versäumnisurteil ergangen ist der Einspruch zulässig,
- ansonsten die Berufung statthaft.

Eine Revision ist nach § 542 Abs. 2 S. 1 ZPO ausgeschlossen.

b) Beschluss

aa) Rubrum

Die Parteien heißen **Antragsteller** und **Antragsgegner**. Im übrigen ergeben sich keine Abweichungen zur normalen Fassung des Rubrums eines Beschlusses.

bb) Tenor

Für den Inhalt des Beschlusstenors gelten die gleichen Grundsätze wie für den Tenor des Urteils. Insoweit wird auf die entsprechenden Ausführungen zum Urteil verwiesen.

Zu beachten ist lediglich:
- Das unzulässige Arrestgesuch wird „verworfen".
- Das unbegründete Arrestgesuch wird „zurückgewiesen".
- Im Fall der Stattgabe ist wie beim Urteil zu tenorieren, jedoch ist auf die Bezeichnung der Parteien (Antragsteller bzw. Antragsgegner) Acht zu geben.
- Der Tenor muss wie beim Urteil die Unterscheidung zwischen der Anordnung des dinglichen oder persönlichen Arrestes, die Angabe des gesicherten Anspruchs nach Grund und Betrag sowie die Festsetzung der Lösungssumme nach § 923 ZPO enthalten.

Darüber hinaus kann das Gericht nach § 921 Satz 1 ZPO die Vollziehung des Arrestes von einer Sicherheitsleistung des Gläubigers abhängig machen.

Die Kostenentscheidung ergeht nach den §§ 91 ff. ZPO.

Der stattgebende Beschluss muss nicht für vorläufig vollstreckbar erklärt werden, weil sich dies schon aus der Natur des Arrestverfahrens ergibt. Wegen § 794 Abs. 1 Nr. 3 ZPO ist eine Entscheidung über die vorläufig Vollstreckbarkeit auch beim abweisenden Beschluss entbehrlich.

cc) Begründung

Der den Arrest anordnende Beschluss bedarf keiner Begründung, wenn stattdessen eine Abschrift oder Kopie des Arrestgesuchs mit zugestellt wird.[456] Allerdings ist eine Begründung auch des stattgebenden Beschlusses immer erforderlich, wenn der Arrest im Ausland geltend gemacht werden soll (§ 922 Abs. 1 S. 2 ZPO).

Der verwerfende oder zurückweisende Beschluss ist stets zu begründen.

Sofern eine Begründung erforderlich ist, ist auf die Grundsätze für die Begründung eines Beschlusses zu achten (Überschrift „Gründe"; keine Überschriften vor Tatbestand und rechtlicher Würdigung).

dd) Rechtsbehelfe, insbesondere: Der Widerspruch nach § 924 ZPO

Gegen den ganz oder teilweise ablehnenden Beschluss ist die sofortige Beschwerde des Antragstellers statthaft, § 567 Abs. 1 Ziffer 2 ZPO.

---

[456] Zöller-Vollkommer, § 922 Rdnr. 10

Gegen einen ganz oder teilweise stattgebenden Beschluss hat der Antragsgegner den Rechtsbehelf des Widerspruchs nach § 924 f. ZPO. Der **Widerspruch nach § 924 ZPO** ist mangels Vollziehungshemmung (§ 924 Abs. 3 S. 1 ZPO) und Devolutiveffekts kein Rechtsmittel. Der Widerspruch führt lediglich dazu, dass das Ausgangsgericht nach mündlicher Verhandlung erneut das Arrestgesuch – allerdings zum Zeitpunkt der Entscheidung über den Widerspruch – zu prüfen hat. Auf den Widerspruch entscheidet das Gericht nach § 925 Abs. 1 ZPO durch **Endurteil**. Für dieses sind folgende Formalien zu beachten:

(1) Im **Rubrum** tragen die Parteien nunmehr mit die Bezeichnung **Arrestkläger** und **Arrestbeklagter**. Es ergibt sich im Vergleich zum vorherigen Beschlussverfahren keine Änderung der Parteirollen.

(2) Zu **tenorieren** ist

im Fall der Bestätigung des Arrestes:

> „Der Arrest vom ... (Datum des arrestanordnenden Beschlusses) wird bestätigt. Der Arrestbeklagte hat auch die weiteren Kosten des Rechtsstreits zu tragen."

– bei Aufhebung des Arrestes:

> „Der Arrest vom ... (Datum des arrestanordnenden Beschlusses) wird aufgehoben. Der Antrag des Arrestklägers vom ... (Datum des Arrestgesuchs) auf Anordnung des Arrestes wird zurückgewiesen."

Zu beachten ist, dass in diesem Fall ein doppelter Ausspruch zu erfolgen hat, nämlich über die Aufhebung des arrestanordnenden Beschlusses und über das Schicksal des dann noch unbeschiedenen Arrestgesuchs.

Über die Kosten ist nach den §§ 91 ff. ZPO zu entscheiden. Für die vorläufige Vollstreckbarkeit sind die §§ 708 Nr. 6, 711 ZPO zu beachten.

– bei teilweiser Aufhebung des Arrestes:

> „Der Arrest vom ... (Datum des arrestanordnenden Beschlusses) wird bestätigt, soweit der dingliche Arrest in das Vermögen des Antragsgegners wegen einer (beispielsweise:) Kaufpreisforderung i.H.v. ... (Betrag der zu sichernden Forderung, soweit der Arrest aufrechterhalten werden soll) nebst Zinsen i.H.v. ... seit dem ... angeordnet worden ist. Im übrigen wird er aufgehoben und insoweit der Antrag des Arrestklägers auf Anordnung des dinglichen Arrestes zurückgewiesen."

Für die Kostenentscheidung ist § 92 ZPO maßgeblich; für die Entscheidung zur vorläufigen Vollstreckbarkeit sind die §§ 708 Nr. 6, 711 ZPO zu beachten.

(3) Das Urteil ist zu begründen.

II. Die Aufhebung der Arrestanordnung

1. Die Aufhebung nach § 926 ZPO

Der Arrest dient lediglich der Sicherung der künftigen Zwangsvollstreckung eines Zahlungsanspruchs. Andererseits ist für Anordnung des Arrestes nicht erforderlich, dass der Anspruch, dessen spätere Zwangsvollstreckung gesichert werden soll, bereits gerichtlich geltend gemacht wird. Der Schuldner (Antragsgegner) läuft somit Gefahr, dass der dingliche Arrest angeordnet wird, der Gläubiger (Antragsteller) andererseits aber mit der Anstrengung des Hauptprozesses über den Anspruch auf sich warten lässt. Deshalb sieht § 926 ZPO vor, dass auf Antrag des Schuldners das Arrestgericht dem Gläubiger eine Frist zur Erhebung der Klage setzt (Absatz 1) und den Arrest wieder aufhebt, wenn der Gläubiger in dieser Frist keine Klage erhebt (Absatz 2).

Zu unterscheiden ist also zwischen dem **Fristsetzungsverfahren** nach Absatz 1 und dem **Aufhebungsverfahren** nach Absatz 2.

a) Das Fristsetzungsverfahren erfordert:
- einen Antrag des Schuldners (schriftlich oder zu Protokoll der Geschäftsstelle bzw. des Rechtspflegers)
- das Bestehen eines Arrestbefehls
- die fehlende Rechtshängigkeit der Hauptsache
- kein Verzicht des Schuldners auf den Antrag
- Rechtsschutzbedürfnis des Schuldners (das gegeben ist, wenn der Schuldner durch die Arrestanordnung tatsächlich noch beschwert ist und er die Aufhebung nicht auf einfacheren Weg erlangen kann).

Zuständig für die Fristsetzung ist das Arrestgericht; funktionell zuständig ist der Rechtspfleger (§ 20 Nr. 14 RPflG).

Die Entscheidung ergeht ohne mündliche Verhandlung durch Beschluss; die Anhörung des Gläubigers ist fakultativ. Mit erforderlicher Zustellung des Beschlusses an den Gläubiger beginnt die darin bestimmte Frist zu laufen.

b) Das **Aufhebungsverfahren** nach § 926 Abs. 2 ZPO

aa) Zulässigkeit

(1) Erforderlich ist zunächst der Antrag des Schuldners. Ist das Amtsgericht das Arrestgericht, kann der Antrag schriftlich oder zu Protokoll der Geschäftsstelle erklärt werden. Beim Landgericht ist § 78 ZPO zu beachten.

(2) Ausschließlich zuständig ist das Arrestgericht (§ 926 Abs. 1, 802 ZPO). Arrestgericht ist das Gericht, das den Arrest angeordnet hat.

(3) Der Arrest muss noch bestehen.

(4) Dem Gläubiger muss nach § 926 Abs. 1 ZPO eine Frist zur Klageerhebung gesetzt worden sein.

(5) Die allgemeinen Prozessvoraussetzungen und das Rechtsschutzbedürfnis des Schuldners müssen gegeben sein.

bb) Begründetheit

Der Antrag ist begründet, wenn der Schuldner glaubhaft macht, dass der Gläubiger die angeordnete Klagefrist versäumt oder die Klage zwar innerhalb der Frist erhoben aber wieder zurückgenommen hat oder die fristgerecht erhobene Klage als unzulässig abgewiesen wurde.

Der Antrag ist unbegründet, wenn der Gläubiger bis zum Schluss der mündlichen Verhandlung über den Aufhebungsantrag Klage eingereicht hat und diese dem Schuldner zugestellt worden ist, § 231 Abs. 2 ZPO.

cc) Die Entscheidung ergeht durch **Urteil**.

Die Parteien heißen **Arrestkläger** und **Arrestbeklagter**.

Zu tenorieren ist beispielsweise
– bei Abweisung des Antrages:

> „Der Antrag des Arrestbeklagten auf Aufhebung des dinglichen Arrestes vom ... (Datum des arrestanordnenden Beschlusses) wird abgewiesen. Der Arrestbeklagte trägt auch die weiteren Kosten des Rechtsstreits."

– bei Aufhebung des Arrestes:

> „Auf Antrag des Arrestbeklagten wird der dingliche Arrest vom ... (Datum des arrestanordnenden Beschlusses) aufgehoben."

Bei Aufhebung hat der Arrestkläger die gesamten Kosten des Prozesses zu tragen, ohne Rücksicht darauf, ob der Arrest von Anfang an begründet war oder nicht.[457]

Das Urteil ist in jedem Fall für vorläufig vollstreckbar zu erklären, und zwar
– bei Arrestaufhebung nach § 708 Nr. 6 ZPO
– und bei Zurückweisung des Antrages nach § 708 Nr. 11 oder § 709 S. 1 ZPO. Für die Frage der Sicherheitsleistung ist die Höhe der Kosten maßgeblich.
Das Urteil mit der Berufung anfechtbar.

2. Die Aufhebung nach § 927 ZPO

Der Antragsgegner kann auch wegen einer Änderung der bei Erlass des Arrestes maßgeblichen Umstände die Aufhebung des Arrestes beantragen. Über den Aufhebungsantrag entscheidet das Arrestgericht oder das mit der Hauptsache befasste Gericht durch Endurteil.

aa) Zulässigkeit

Das Aufhebungsverfahren wird durch einen Antrag des Schuldners eingeleitet. Zuständig ist ausschließlich das Gericht der Hauptsache oder – wenn die Hauptsache noch nicht anhängig ist – das Gericht, welches den Arrest erlassen hat (§§ 927 Abs. 2, 943, 802 ZPO). Im Übrigen gilt das zur Zulässigkeit des Aufhebungsantrags

---

[457] Zöller-Vollkommer, § 926 Rdnr. 26

nach § 926 Abs. 2 ZPO Gesagte entsprechend mit Ausnahme der Fristsetzung nach § 926 Abs. 1 ZPO.

bb) Begründetheit

Der Antrag ist begründet, wenn der Schuldner eine nachträgliche Veränderung der Umstände glaubhaft macht, die den Arrestanspruch oder Arrestgrund entfallen lässt.

Beispiele:
- In der Hauptsache ist die Klage des Gläubigers als unbegründet abgewiesen worden. Nicht erforderlich ist, dass dieses Urteil in Rechtskraft erwachsen ist.
- Der Arrestanspruch ist nach Anordnung des Arrestes wegen Erfüllung erloschen.
- Der mit dem persönlichen Arrest belegte Schuldner hat die Offenbarungsversicherung abgegeben.

cc) Für Inhalt und Formalien des Urteils gelten wiederum die zu § 926 ZPO im einzelnen dargelegten Grundsätze.

III. Die Vollziehung des Arrestes

Auf die Vollziehung des Arrestes sind die Vorschriften über die Zwangsvollstreckung entsprechend anzuwenden, § 928 ZPO. Allerdings ist eine Vollstreckungsklausel zur Arrestanordnung nach § 929 ZPO nicht erforderlich, es sei denn die Vollziehung soll für einen anderen als den in der Arrestanordnung bezeichneten Gläubiger oder gegen einen anderen als den in der Arrestanordnung bezeichneten Schuldner erfolgen (dann ist eine titelumschreibende Klausel erforderlich).

Die Vollziehung des Arrestes ist nur innerhalb eines Monats nach seiner Verkündung bzw. Zustellung statthaft; zur Fristwahrung genügt der Eingang des Vollstreckungsantrages beim Vollstreckungsorgan.[458]

Die Vollziehung des dinglichen Arrestes in bewegliches Vermögen erfolgt durch die Pfändung (Sach- oder Forderungspfändung), § 930 Abs. 1 ZPO. Da der Arrest nur einen Sicherungszweck hat, darf der gepfändete Gegenstand grundsätzlich nicht verwertet werden. Also darf die gepfändete körperliche Sache nicht versteigert und die gepfändete Forderung nicht dem Gläubiger überwiesen werden. Eine Ausnahme ergibt sich nur im Fall des § 930 Abs. 3 ZPO.

Die Vollziehung des Arrestes in unbewegliches Vermögen erfolgt nach § 932 ZPO durch Eintragung der Arresthypothek (Sicherungshypothek).

Wegen des Verweises auf die Vorschriften der Zwangsvollstreckung in § 928 ZPO können Verfahrensfehler bei der Vollziehung mit der Vollstreckungserinnerung nach § 766 ZPO geltend gemacht werden.

Der persönliche Arrest wird nach § 933 ZPO durch Haft oder andere Beschränkungen der persönlichen Freiheit vollzogen. Die entsprechenden Anordnungen hat das Arrestgericht in der den arrestanordnenden Entscheidungen zu treffen.

---

[458] OLG Oldenburg FamRZ 86, 367

§ 3
Die einstweilige Verfügung

Während der Arrest die künftige Vollstreckung von Geldforderungen sichern soll, dient die einstweilige Verfügung der Sicherung von anderen Individualansprüchen, die nicht auf Geldzahlung gerichtet sind (z.b. Herausgabeanspruch, Anspruch auf Vornahme, Duldung oder Unterlassung einer Handlung, Anspruch auf Abgabe einer Willenserklärung), und der vorläufigen Regelung eines streitigen Rechtsverhältnisses. Mit Rücksicht auf den unterschiedlichen Anwendungsbereich schließen sich Arrest und einstweilige Verfügung gegenseitig aus. Daher ist auch die Umdeutung eines Arrestantrags in einen Antrag auf Erlass einer einstweiligen Verfügung (oder umgekehrt) nicht zulässig.

Auch für die einstweilige Verfügung gilt der allgemeine Grundsatz, dass die Hauptsacheentscheidung nicht vorweggenommen werden darf. Daher darf die einstweilige Verfügung grundsätzlich nicht zur Befriedigung des Gläubigers führen; zulässig sind nur Anordnungen, die wieder rückgängig gemacht werden können.

Unterschieden werden drei Arten der einstweiligen Verfügung:
– Die **Sicherungsverfügung** nach § 935 ZPO dient der Sicherung der künftigen Verwirklichung eines nicht auf Geldzahlung gerichteten Individualanspruchs.
– Die sog. **Regelungsverfügung** nach § 940 ZPO dient der einstweiligen Regelung eines streitigen Rechtsverhältnisses (beispielsweise Dauerschuldverhältnisse wie Miete und Pacht, Rechtsbeziehungen im Bezug auf das Eigentum oder den Besitz an einer Sache). Bis zur Entscheidung in der Hauptsache soll die einstweilige Verfügung den Rechtsfrieden sichern.
– Neben diesen beiden gesetzlich verankerten Verfügungsarten wird die sog. **Leistungsverfügung** für zulässig erachtet[459], die nicht zur Sicherung eines Anspruchs sondern zur Erfüllung des Hauptsacheanspruchs führt. Diese Ausnahme vom allgemeinen Grundsatz, dass der vorläufige Rechtsschutz nicht zur Vorwegnahme einer Hauptsacheentscheidung führen darf, beruht auf dem Gedanken, dass dem Gläubiger ein Abwarten der Entscheidung in der Hauptsache nicht zumutbar ist und vorläufiger Rechtsschutz nicht anders gewährleistet werden kann. Dies ist typischer Weise der Fall, wenn der Gläubiger in eine Notsituation gerät, in der seine Existenz ohne die vorläufige Befriedung seines Anspruchs gefährdet erscheint (z.B. Unterhaltsansprüche).
Die Leistungsverfügung wird allgemein auf eine analoge Anwendung des § 940 ZPO gestützt.

Auf die einstweilige Verfügung sind gemäß § 936 ZPO die Vorschriften zum Arrest entsprechend anwendbar, soweit nicht die §§ 937 ff. ZPO abweichende Vorschriften enthalten.

---

[459] Zöller-Vollkommer, § 940 Rdnr. 6; Thomas/Putzo, § 940 Rdnr. 6 ff.

I. Zulässigkeit der einstweiligen Verfügung

1. Antrag

Das Antragserfordernis und der notwendige Inhalt des Antrages ergeben sich aus §§ 936, 920 Abs. 1 und 3 ZPO. Der Antrag muss nur das begehrte Rechtsschutzziel erkennen lassen. Im Fall der Leistungsverfügung muss die begehrte Leistung hinreichend bezeichnet werden.

Ein Anwaltszwang besteht nicht (§ 78 Abs. 3 ZPO).

2. Zuständigkeit

Über den Erlass der einstweiligen Verfügung entscheidet nach §§ 937 Abs. 1, 943, 802 ZPO in erster Linie ausschließlich das Gericht der Hauptsache. Ist eine Klage in der Hauptsache noch nicht anhängig, so ist das Gericht des ersten Rechtszuges sachlich zuständig, das über eine evtl. Klage des Antragstellers zu entscheiden hätte. Maßgeblich für die sachliche Zuständigkeit ist also der Streitwert der Hauptsache, nicht der Streitwert des Verfügungsverfahrens (der üblicherweise mit einem Drittel des Streitwerts der Hauptsache bemessen wird).

In dringenden Fällen ist nach §§ 942 Abs. 1, 802 ZPO auch die Zuständigkeit des Amtsgerichts der belegenen Sache begründet. Ein dringender Fall liegt regelmäßig vor, wenn der Antragsteller eine Entscheidung des Gerichts der Hauptsache zeitlich nicht ohne die Gefahr eines Rechtsverlustes herbeiführen kann. Dies wird jedoch unter Berücksichtung der Regelung des § 944 ZPO, wonach der Vorsitzende des Gerichts der Hauptsache in dringenden Fällen auch alleine entscheiden kann, eher eine Ausnahme sein.

Will der Antragsteller im Wege der einstweiligen Verfügung eine Vormerkung oder einen Widerspruch gegen die Richtigkeit des Grundbuchs eintragen lassen, so ist neben der Zuständigkeit nach § 937 ZPO auch die Zuständigkeit des Amtsgerichts der belegenen Sache nach § 942 Abs. 2 ZPO begründet. Insoweit handelt es sich um eine echte Wahlzuständigkeit.

3. Statthaftes Antragsziel

a) Die einstweilige Verfügung ist dann unstatthaft, wenn das Gesetz zur Regelung des vorläufigen Rechtsschutzes die einstweilige Anordnung besonders vorsieht.[460]

b) Der Antragsteller muss eine Sicherungsverfügung, Regelungsverfügung oder Leistungsverfügung begehren. Im Rahmen der Zulässigkeit muss er den **Verfügungsanspruch**, also den zu sichernden Individualanspruch oder den Anspruch im Rahmen des streitigen Rechtsverhältnisses lediglich behaupten. Ob der Verfügungsanspruch schlüssig vorgetragen und glaubhaft gemacht worden ist, ist eine Frage der Begründetheit.

---

[460] Zöller-Volkommer, § 935 Rdnr. 3

Statthafte Antragsziele sind also:
- die Sicherung der künftigen Verwirklichung eines Individualanspruchs, der nicht auf Geldzahlung gerichtet ist (Sicherungsverfügung, § 935 ZPO);
- die einstweilige Regelung des Zustandes eines streitigen Rechtsverhältnisses (Regelungsverfügung, § 940 ZPO);
- die einstweilige Erfüllung eines Zahlungs- oder sonstigen Individualanspruchs oder Anspruchs im Rahmen eines streitigen Rechtsverhältnisses (Leistungsverfügung § 935, 940 ZPO).

4. Allgemeine Verfahrensvoraussetzungen

5. Rechtsschutzbedürfnis / Vorliegen des Verfügungsgrundes

Nach der hier vertretenen Auffassung besteht ein Rechtsschutzbedürfnis des Antragstellers nur, wenn er das Vorliegen eines Verfügungsgrundes schlüssig vorgetragen und glaubhaft gemacht hat. Das Erfordernis der Glaubhaftmachung ergibt sich auch für die einstweilige Verfügung aus § 936, 920 Abs. 2 ZPO.

a) Verfügungsgrund im Fall der Sicherungsverfügung

Nach § 935 ZPO liegt ein Verfügungsgrund für die Sicherungsverfügung vor, wenn die Besorgnis besteht, dass durch eine Veränderung des bestehenden Zustandes der Individualanspruch gefährdet wird. Dies ist der Fall, wenn nach den objektiven Umständen eine Änderung der Sachlage droht, aufgrund derer die Verwirklichung des Individualanspruchs des Antragstellers vereitelt oder wesentlich erschwert werden könnte.[461] Unerheblich ist insoweit, ob diese Gefahr aus dem Verhalten des Schuldners oder eines Dritten resultiert.

> Beispiele: drohende Veräußerung einer Sache, an welcher der Antragsteller einen Herausgabeanspruch behauptet

Wegen des Eilcharakters des vorläufigen Rechtsschutzes ist des weiteren erforderlich, dass die Entscheidung zur Sicherung des Individualanspruchs erforderlich ist, weil der Antragsteller eine Entscheidung im Hauptsacheverfahren nicht rechtzeitig erlangen kann.

Eine Glaubhaftmachung ist entbehrlich, wenn der Antragsteller im Wege der einstweiligen Verfügung die Eintragung einer Vormerkung oder eines Widerspruchs gegen die Richtigkeit des Grundbuchs eintragen lassen will (§§ 885 Abs. 1 S. 2 BGB, 899 Abs. 2 S. 2 BGB).

b) Verfügungsgrund im Fall der Regelungsverfügung

Ein Verfügungsgrund liegt nach § 940 ZPO vor, wenn eine einstweilige Regelung „zur Abwendung wesentlicher Nachteile oder zur Verhinderung drohender Gewalt oder aus anderen Gründen" notwendig erscheint. Die Regelung muss also zur Wahrung des Rechtsfriedens bis zur Entscheidung der Hauptsache erforderlich sein.

---

[461] vgl. Zöller-Vollkommer, § 935 Rdnr. 10

Dies erfordert eine Abwägung der Interessen des Antragstellers und des Antragsgegners.

Die Dringlichkeit kann abzulehnen sein, wenn der Antragsteller die Störung bereits längerer Zeit hingenommen hat. Ist die Störung nicht mehr aktuell, besteht die Notwendigkeit zur Regelung nur, wenn eine Wiederholungsgefahr zu befürchten ist.

c) Verfügungsgrund im Fall der Leistungsverfügung

Die sog. Leistungsverfügung analog § 940 ZPO führt dazu, dass der geltend gemachte Verfügungsanspruch des Antragstellers zumindest einstweilen befriedigt wird. Da dies die Gefahr birgt, dass nach einer anders lautenden Entscheidung im Hauptsacheprozess die Leistung nicht mehr vollständig rückabgewickelt werden kann, muss der Verfügungsgrund besonders engen Voraussetzungen unterworfen sein: Der Antragsteller muss schlüssig darlegen und glaubhaft machen, auf die Erfüllung des Verfügungsanspruchs derartig dringend angewiesen zu sein, dass ihm ein Abwarten der Entscheidung in der Hauptsache oder eine Verweisung auf die spätere Geltendmachung von Schadensersatz nach Fortfall des ursprünglichen Verfügungsanspruch nicht zugemutet werden kann.[462]

Fallgruppen eines Verfügungsgrundes sind insbesondere:

– Existenzgefährdung oder Notlage des Antragstellers
– Abwendung eines unverhältnismäßig hohen Vermögensschadens
– Abwendung eines endgültigen Rechtsverlustes
  Dies ist insbesondere im Zusammenhang mit der Durchsetzung von Unterlassungs- und Handlungsansprüchen möglich, wenn diese infolge Zeitablaufs nicht mehr erfüllbar sind oder infolge Zeitablaufs das Interesse des Antragssteller an der Erfüllung wegfällt.
– Der Antragsteller benötigt die Leistung, um seinen notwendigen Lebensunterhalt zu bestreiten oder seine Gesundheit zu erhalten. Dies ist insbesondere bei der Durchsetzung von Unterhaltsansprüchen der Fall; zu beachten ist aber, dass gerade für diesen Bereich das Gesetz vorrangige Spezialregelungen vorsieht wie beispielsweise § 1615 o BGB und § 620 Nr. 4 ZPO.

II. Begründetheit der einstweiligen Verfügung

Der Antrag auf Erlass einer einstweiligen Verfügung ist begründet, wenn der Antragsteller den **Verfügungsanspruch schlüssig darlegt und glaubhaft macht**.

1. Im Fall der **Sicherungsverfügung** ist Verfügungsanspruch der (nicht auf Geldzahlung gerichtete) Individualanspruch wie beispielsweise der Anspruch auf Herausgabe oder Leistung einer Sache, Vornahme, Duldung oder Unterlassung einer Handlung oder Abgabe einer Willenserklärung.

---

[462] vgl. OLG Düsseldorf NJW-RR 1996, 123, 124

2. Im Fall der **Regelungsverfügung** muss der Antragsteller darlegen und glaubhaft machen:
- ein streitiges Rechtsverhältnis zwischen den Parteien (beispielsweise Dauer-schuldverhältnisse, Eigentums- oder Besitzverhältnisse, aber auch das Persön-lichkeitsrecht)
- und sein aus diesem Rechtsverhältnis resultierendes Recht gegenüber dem An-tragsgegner
- sowie die Verletzung dieses Rechts.

Von praktischer Bedeutung ist die Regelungsverfügung insbesondere bei der Ver-letzung von Persönlichkeitsrechten und im Bereich des Wettbewerbsrechts.

3. Die **Leistungsverfügung** setzt einen Leistungsanspruch voraus. Dieser kann auch auf Geldzahlung gerichtet sein, weil der lediglich auf Sicherung des An-spruchs gerichtete Arrest nicht zur Befriedigung führt und daher nicht vorrangig ist.

III. Inhalt der Entscheidung

Anders als beim Arrest bestimmt das Gericht im Fall der einstweiligen Verfügung nach freiem Ermessen, welche Anordnungen zur Erreichung des Zweckes erforder-lich sind, § 938 Abs. 1 ZPO.

Seine Grenzen findet das freie Ermessen in folgenden Grundsätzen:
- Nach § 308 Abs. 1 ZPO darf das Gericht nicht mehr zusprechen, als der Antrag-steller ausdrücklich oder dem erkennbaren Antragsziel nach beantragt.
- Im Fall der Sicherungs- und Regelungsverfügung darf die anzuordnende Maß-nahme nicht die Entscheidung in der Hauptsache vorwegnehmen. Demnach darf die Sicherungsverfügung nicht zur Erfüllung des Individualanspruchs und die Regelungsverfügung nur zu solchen Maßnahmen, mit deren Aufhebung ohne weiteres der alte Rechtszustand wieder eintritt[463], führen.
- Eine Ausnahme gilt für die Leistungsverfügung: Ihr Ziel ist gerade die einstwei-lige Erfüllung des Verfügungsanspruchs. Mit Rücksicht auf die engen Grenzen dieser Ausnahme ist aber insbesondere bei Unterhaltsansprüchen regelmäßig die Zahlungsanordnung auf eine Zeitspanne zu beschränken, die es dem Antragstel-ler ermöglicht, im Hauptsacheprozess einen Titel zu erlangen (in der Regel 6 Mo-nate).

IV. Formalien der Entscheidung

Das Gericht entscheidet grundsätzlich aufgrund mündlicher Verhandlung durch **Ur-teil** und nur ausnahmsweise nach § 937 Abs. 2 ZPO in dringenden Fällen ohne mündliche Verhandlung durch **Beschluss**. Je nach Entscheidung sind die bereits zum Arrest dargelegten Formalien der Entscheidung zu beachten.

---

[463] Brox/Walker, Rdnr. 1596

1. Rubrum

Die Parteien heißen
- im Urteil Verfügungskläger und Verfügungsbeklagter,
- im Beschluss Antragsteller und Antragsgegner.

2. Tenor

a) In der **Hauptsache** ist

■ bei unzulässigem oder unbegründeten Antrag
- im Urteil die Klage abzuweisen
- im Beschluss der Antrag zu verwerfen/zurückzuweisen

■ und im Fall der Stattgabe nach freiem Ermessen eine inhaltlich hinreichend bestimmte (also vollstreckbare) Maßnahme anzuordnen.

■ Eine Lösungssumme (§ 923 ZPO) wird grundsätzlich nicht angeordnet. Allerdings kann das Gericht nach § 939 ZPO unter besonderen Umständen die Abwendung der Vollziehung der einstweiligen Verfügung oder die Aufhebung der einstweiligen Vollziehung gegen Sicherheitsleistung zulassen.

b) Für die **Kostenentscheidung** gelten die § 91 ff. ZPO.

c) Über die **vorläufige Vollstreckbarkeit** ist nur bei abweisenden oder einen Verfügungsbeschluss aufhebenden Urteilen zu entscheiden, § 708 Nr. 6 ZPO.

d) Weitere Anordnungen:
Nach §§ 936, 921 ZPO kann das Gericht die Vollziehung der einstweiligen Verfügung von einer Sicherheitsleistung des Antragstellers abhängig machen oder nach § 921 S. 2 ZPO verfahren.

Entscheidet das Amtsgericht der belegenen Sache nach § 942 ZPO, muss dem Antragsteller eine Frist gesetzt werden, innerhalb der die Ladung des Gegners zur mündlichen Verhandlung über die Rechtsmäßigkeit der einstweiligen Verfügung bei dem Gericht der Hauptsache zu beantragen ist.

e) **Streitwert** des Verfügungsverfahrens ist in der Regel die Hälfte des Hauptsachestreitwertes.

3. Rechtsbehelf

Gegen das Urteil ist die Berufung statthaft; gegen den zurückweisenden Beschluss kann der Gläubiger die sofortige Beschwerde nach § 567 ZPO einlegen, im Fall des stattgebenden Beschlusses ist auf den Widerspruch des Antragsgegners nach §§ 936, 924 ZPO mündliche Verhandlung anzuberaumen und durch Endurteil zu entscheiden. Wegen der Einzelheiten wird auf die entsprechenden Ausführungen zum Arrest verwiesen. Zu beachten ist allerdings, dass die Anordnung einer Sicherheitsleistung nach § 925 Abs. 2 ZPO wegen der Regelung des § 939 ZPO nicht möglich ist.

Hat das Amtsgericht nach § 942 ZPO entschieden, ist der Widerspruch nach § 936, 924 ZPO nicht statthaft; hier ist auf Antrag einer der Parteien vorrangig das Rechtfertigungsverfahren vor dem Gericht der Hauptsache durchzuführen.

V. Das Aufhebungsverfahren

Über § 936 ZPO ist auch die Vorschrift des § 927 ZPO auf die einstweilige Verfügung anwendbar. Eine Besonderheit ist insoweit allerdings wegen § 939 ZPO geboten:

Die Sicherheitsleistung macht anders als beim Arrest die einstweilige Verfügung nicht überflüssig. Die Sicherheitsleistung genügt, um die künftige Vollstreckung einer Geldforderung in gleicher Höhe zu sichern. Bei der Sicherungs- und Regelungsverfügung soll aber die geschuldete – eben nicht auf Geldzahlung gerichtete – Leistung gesichert werden; lautet Leistungsverfügung auf befristete Zahlung eines Geldbetrages ist die Hinterlegung nicht sinnvoll, da die Geldzahlung an den Antragsteller in der Regel diesem die zum Leben notwendigen Einkünfte sichern soll. Des wegen erlaubt § 939 ZPO die Aufhebung nur wegen besonderer Umstände. Das Erbieten zur Sicherheitsleistung (§ 927 Abs. 1 ZPO) rechtfertigt mithin die Aufhebung der einstweiligen Verfügung nicht[464].

Im übrigen wird auf die entsprechenden Ausführungen zum Arrest verwiesen.

VI. Die Vollziehung der einstweiligen Verfügung

Die einstweilige Verfügung wird nach § 936, 928 ff. ZPO nach den Vorschriften über die Zwangsvollstreckung vollzogen. Allerdings ist hierbei zu beachten, dass die Leistungsverfügung nicht nur zu Sicherung des Verfügungsanspruchs sondern zur einstweiligen Befriedigung führen soll, so dass nicht die §§ 930 bis 932 ZPO sondern die allgemeinen Vorschriften der Zwangsvollstreckung Anwendung finden.

---

[464] vgl. Zöller-Vollkommer, § 939 Rn. 1

§ 4
Der Schadensersatzanspruch nach § 945 ZPO

Die Regelung des § 945 ZPO gibt einen verschuldensunabhängigen materiell-rechtlichen Schadensersatzanspruch des Antragsgegners gegen den Antragsteller. Ob auch ein am einstweiligen Rechtsverfahren nicht beteiligter Dritter einen Schadensersatzanspruch auf § 945 ZPO stützen kann, ist umstritten. Mit Rücksicht auf den eindeutigen Wortlaut der Norm, dass der Antragsteller den Schaden des Gegners zu ersetzen hat, ist nur der Antragsgegner anspruchsberechtigt; evtl. Schäden Dritter kann daher nur der Antragsgegner im Wege der Drittschadensliquidation geltend machen.[465] Ist der Arrest oder die einstweilige Verfügung gegen einen Dritten ergangen, obwohl er nicht Schuldner war, so ist dieser Dritte im Eilverfahren formell Antragsgegner gewesen und daher anspruchsberechtigt.

I. Voraussetzungen des Schadensersatzanspruch nach § 945 ZPO

1. Anordnung eines Arrestes oder einer einstweiligen Verfügung

Eine Entscheidung des Gerichts (durch Urteil oder Beschluss) über den Antrag auf Gewährung vorläufigen Rechtsschutzes muss vorliegen.

2. Fehlerhaftigkeit oder Aufhebung der Anordnung

Die Anordnung des Arrestes bzw. der einstweiligen Verfügung muss von vornherein ungerechtfertigt sein. Hier ist das Schema zur Anordnung des Arrestes bzw. der einstweiligen Verfügung zu prüfen. Maßgeblich ist aber der Sachverhalt bei Schluss der mündlichen Verhandlung im Schadensersatzprozess.[466] Ist über den Arrest-/Verfügungsanspruch im Hauptsacheprozess bereits rechtskräftig entschieden, so ist das Gericht im Schadensersatzprozess hieran gebunden. Hat das Gericht im Verfahren zum einstweiligen Rechtsschutz durch Urteil entschieden, besteht darüber hinaus eine Bindungswirkung hinsichtlich des Arrest-/Verfügungsgrundes, aber nicht hinsichtlich des Arrest-/Verfügungsanspruchs (weil der Anspruch nicht Streitgegenstand des Eilverfahrens gewesen ist).

Die Beweislast für die Fehlerhaftigkeit der Anordnung trägt derjenige, der sich des Schadensersatzanspruchs aus § 945 rühmt.

Alternativ zur Fehlerhaftigkeit der Anordnung genügt ihre Aufhebung aufgrund des § 926 Abs. 2 ZPO oder § 942 Abs. 3 ZPO.

---

[465] Thomas/Putzo, § 945 Rdnr. 13
[466] Thomas/Putzo, § 945 Rdnr. 7

3. Schaden des Gegners aus der Vollziehung der angeordneten Maßregel

Weiter ist zu verlangen:
- die Vollziehung der angeordneten Maßregel (zumindest der Beginn der Vollziehung)
- Schaden des Anspruchsberechtigten
- Kausalität zwischen Vollziehung der angeordneten Maßregel und dem Schaden

Hat der Vollstreckungsschuldner aufgrund des Vollstreckungsdrucks freiwillig erfüllt, ist § 945 ZPO entsprechend anwendbar.[467]

Der Schaden kann auch dadurch verursacht worden sein, dass der Antragsgegners des Eilverfahrens zur Abwendung der Vollziehung oder zur Aufhebung der Maßregel Sicherheit geleistet hat.

II. Rechtsfolge

Der Umfang des Ersatzanspruchs richtet sich nach den §§ 249 ff. BGB. Zu ersetzen sind auch solche Aufwendungen, die zur Abwendung oder Minderung der Schadensfolgen notwendig waren. Nicht erstattungsfähig sind dahingegen die außergerichtlichen Kosten des Eilverfahrens.[468] § 254 BGB ist schadensmindernd zu berücksichtigen.

Der Schadensersatzanspruch unterliegt der Verjährung nach § 852 BGB.

Hat der Antragsgegner des Eilverfahrens zur Abwendung der Vollziehung oder zum Zweck der Aufhebung der angeordneten Maßregel Sicherheit geleistet, besteht sein Schaden in Höhe der Sicherheitsleistung.

---

[467] BGHZ 120, 261
[468] BGHZ 120, 172

Praktische Hinweise für die vollstreckungsrechtliche Examensklausur (Klausurtaktik)

Bei der jeweiligen Klageart sind bereits Formulierungsbeispiele in Bezug auf die Formalien der gerichtlichen Entscheidung angeboten worden. Die nachfolgenden Hinweise ergänzen diese und bieten einen Weg an, wie der Referendar eine vollstreckungsrechtliche Klausur angehen und bewältigen kann. Kenntnisse über die Relations- und Urteilstechnik werden vorausgesetzt.

In der Regel verlangen die einschlägigen Juristen-Ausbildungsordnungen der Länder von der Referendarin oder dem Referendar, in der Aufsichtsarbeit die Fähigkeit zur sachgerechten schriftlichen Bearbeitung einer einfachen praktischen Aufgabe in tatsächlicher, rechtlicher und verfahrensmäßiger Hinsicht darzutun (so z.b. § 35 Abs. 2 S. 3 JAONW). Der Referendar soll in der Aufsichtsarbeit beweisen, dass er juristisch arbeiten kann. Dies bedeutet insbesondere:
– Die gedankliche Arbeitsweise ist die Relationstechnik.
– Keine Angst vor der Entscheidung eines Meinungsstreits. Grundsätzlich gibt es nicht nur die eine richtige Lösung einer Streitfrage oder eines praktischen Falls. Es ist die Aufgabe des Referendars, einen Meinungsstreit in der gebotenen Kürze darzustellen und sich mit vertretbaren (nachvollziehbaren) Erwägungen und Argumenten so oder so zu entscheiden.
Regelmäßig wird der Referendar sich auch bei der Entscheidung für eine Mindermeinung kein Problem ersparen.
Schließt er sich beispielsweise im Rahmen einer Drittwiderspruchsklage der Auffassung an, dass Sicherungseigentum kein Interventionsrecht ist, sondern dem besitzlosen Pfandrecht vergleichbar ist, wird er die sonst im Rahmen der Drittwiderspruchsklage zu erörternden Probleme (Bestehen des Interventionsrechts und kein Ausschluss der Geltendmachung des Interventionsrechts durch Einwendungen) im Rahmen der Vorzugsklage bearbeiten müssen.
– Juristisches Arbeiten spiegelt sich aber auch in der Kenntnis der Formalien einer Entscheidung wieder. Diese zu beherrschen führt in der Regel auch bei einem eher schwachen Inhalt zum Bestehen der Klausur.

§ 1
Die Aufgabenstellung

Jedem Klausurtext ist als sog. Bearbeitervermerk die Aufgabenstellung nachgeheftet. Diese sollte sich der Referendar genauestens durchlesen. In Betracht kommen im Bereich der vollstreckungsrechtlichen Klausur regelmäßig folgende Aufgabenstellungen:
- die Anfertigung eines gerichtlichen Entscheidungsentwurfs (Urteil oder Beschluss),
- die Begutachtung des Falles (sog. Relationsklausur),
- die Begutachtung des Falles aus anwaltlicher Sicht (sog. Anwaltsklausur).

Wird die Anfertigung einer gerichtlichen Entscheidung oder einer Relation verlangt, ist immer zu bedenken, dass sowohl eine Sachverhaltsdarstellung als auch eine rechtliche Würdigung gefordert wird. Für die rechtliche Würdigung bieten die in diesem Buch vorgestellten Schemata zur Zulässigkeit und Begründetheit eines Rechtsbehelfs eine Orientierung.

§ 2
Klausurtaktik

I. Sachverhaltserfassung

Der Aufgabentext (regelmäßig eine – zusammengefasste – Akte oder ein Vermerk des Anwalts) ist sorgfältig zu lesen. Der Sachverhalt sollte durch einen Aktenauszug (die Gegenüberstellung des beiderseitigen Vortrages auf einem Konzeptpapier) oder zumindest in einer Zeittabelle erfasst werden. Tatsachenvortrag und Rechtsauffassungen sind zu unterscheiden. Streitiges sollte gekennzeichnet werden.

II. Die Konzeptlösung

Die Erarbeitung der rechtlichen Lösung ist – was auf der Hand liegt – für die Klausur von größter Wichtigkeit. Unter Berücksichtigung des in Klausuren normalerweise gegebenen Stressfaktors ist von einer lediglich gedanklichen Lösung des Falles vor der sauberen Niederschrift der Klausur abzuraten. Der Referendar sollte vielmehr auf einem Konzeptpapier seine rechtlichen Erwägungen skizzieren.

Hierbei bietet sich folgende Vorgehensweise an:

1. Frage: Was will der Kläger/Antragsteller/Mandant?

Zunächst sollte der Referendar das Rechtsschutzbegehren des Rechtsbehelfsführers oder Mandanten herausfiltern und so die Fallfrage formulieren.

2. Frage: Wie bekommt der Kläger/Antragsteller/Mandant dies?

Hier geht es darum, die Anspruchsgrundlage und die Art des Rechtsbehelfs in der Zwangsvollstreckung herauszufiltern.

Mit der Klärung dieser ersten beiden Fragen steht im Grunde genommen schon der Leitfaden für die weitere Lösung fest.

3. Skizzieren der Lösung

Anhand der Schemata sollten nun alle Voraussetzungen der Zulässigkeit und Begründetheit des Rechtsbehelfs durchgeprüft werden. Es kann dem Referendar nur angeraten werden, tatsächlich auf dem Konzeptpapier das gesamte Schema des Rechtsbehelfs bzw. des zu prüfenden Anspruchs in Stichworten zu notieren und ebenfalls mit Stichworten zu vermerken, ob und warum diese vorliegen. Dies gewährleistet, dass kein für die Lösung des Falles erheblicher Punkt übersehen wird.

Im Fall einer Meinungsstreitigkeit ist die Streitfrage am konkreten Fall zu lösen. Hier ist nochmals auf die Eingangs dieses Teils genannten Grundregeln zu verweisen. Wesentliche Aufgabe des Referendars ist es, Probleme zu erkennen und in einer vertretbaren Argumentation zu lösen. Dies bedeutet, dass unterschiedliche Rechtsauffassungen kurz darzustellen sind und der Referendar sich im Anschluss mit zumindest einem vertretbaren Argument irgendwie entscheidet. Da in der Klausur regelmäßig keine Zeit dafür vorhanden ist, bahnbrechende neue Argumente für die Entscheidung eines Meinungsstreits zu finden, bietet sich hierbei folgender Weg an: Bei der Darstellung eines Meinungsstreits sollte der Referendar sich das oder ein maßgebliches Argument der Auffassung, der er folgen möchte, aufsparen und dies im Rahmen seiner Entscheidung erst darstellen.

In diesem Zusammenhang ist das Problem des Hilfsgutachtens anzusprechen. Der Bearbeitervermerk enthält insoweit regelmäßig folgenden Satz: „Kommt der Verfasser ganz oder teilweise zur Unzulässigkeit des Antrages, so ist insoweit zu Begründetheit in einem Hilfsgutachten Stellung zu nehmen." Ist nach der gefundenen Lösung die Erstellung eines Hilfsgutachtens erforderlich, so tut der Referendar gut daran, seine bisherige Lösung nochmals zu hinterfragen. Denn in der Regel werden die Klausurfälle danach ausgewählt, dass sie auch ohne Hilfsgutachten zu lösen sind. Sollte der Referendar dann keinen Fehler in seiner Lösung finden, sollte er auch keine Angst haben, ein Hilfsgutachten anzufertigen. Wichtig ist es, eine stringente Lösung zu finden und darzustellen. Welche Formalien es bei der Erstellung eines Hilfsgutachtens zu beachten gilt, wird in § 3 dargestellt.

Bei der Skizzierung der Falllösung können Fragen auftauchen, für die der Bearbeitervermerk bereits eine gute Anleitung bietet:
– Wird ein rechtlicher Hinweis für erforderlich gehalten, so ist zu unterstellen, dass dieser ordnungsgemäß erfolgt ist. Allerdings sollte der Referendar eine solche Vorgehensweise in einer Fußnote kenntlich machen.
– Wird eine richterliche Aufklärung oder eine Beweiserhebung für erforderlich gehalten, so ist zu unterstellen, dass diese ordnungsgemäß erfolgt und ohne Ergebnis geblieben ist. Dies bedeutet für den Referendar, dass er eine Beweislastentscheidung treffen muss. Geht er entsprechend diesen Bearbeitervermerk vor, hat er dies in einer Fußnote kenntlich zu machen.
– Über die Ordnungsgemäßheit einer Ladung, Zustellung, Unterschrift oder Vollmacht u.ä. braucht der Referendar sich laut Bearbeitervermerk regelmäßig keine Gedanken zu machen.

4. Kontrollfrage: Sachverhalt umfassend rechtlich gewürdigt?

Diese gedankliche Kontrollfrage bietet sich am Ende der Konzeptlösung an.

5. Zeitmanagement

Erfahrungsgemäß ist der Zeitdruck in Klausuren ein großes Problem. Dies erfordert ein gewisses Zeitmanagement in Gestalt der zeitlichen Einteilung von Bearbeitung und Niederschrift des Falles. Zudem muss der Referendar herausfiltern, was für die Falllösung nicht entscheidungserheblich und daher für die Niederschrift verzichtbar ist.

Das Zeitmanagement beginnt bereits bei der Sachverhaltserfassung. Der Referendar sollte sich bei der Anfertigung einer Stoffsammlung auf das Notieren von Stichworten beschränken, da die ausführliche Notiz des Parteivortrages zu viel Zeit in Anspruch nimmt. In kurzen und übersichtlichen Klausurtexten kann der Referendar sich aus Zeitgründen auch auf das Kennzeichnen streitigen Vortrags und von Rechtsauffassungen im Klausurtext beschränken.

Sachverhaltserfassung und Konzeptlösungen sollten in der Regel nicht mehr als 90 Minuten in Anspruch nehmen.

Klausurtaktisch kann erwogen werden, nach der Sachverhaltserfassung und vor der Konzeptlösung den Tatbestand/Sachbericht sauber niederzuschreiben. Dies hat zwar den Vorteil, dass man einen vernünftigen und abgabereifen Tatbestand/Sachbericht hat, während die Niederschrift am Schluss zu Auslassungen und Nachlässigkeit führen kann. Andererseits weiß der Referendar erst nach Anfertigung seiner Konzeptlösung, welches Vorbringen der Parteien entscheidungserheblich und daher in einen den Anforderungen des § 313 Abs. 2 ZPO entsprechenden Tatbestand aufzunehmen ist. Ein überlanger Tatbestand/Sachbericht kann die Geduld des Prüfers übermäßig in Anspruch nehmen. Außerdem führt die Stückelung der Niederschrift unter Umständen wieder zu Nachlässigkeiten und Auslassungen.

Unabhängig davon, wann der Tatbestand/Sachbericht niedergeschrieben wird, sollte man im Hinterkopf immer bedenken, dass noch ausreichend Zeit für die Niederschrift der rechtlichen Lösung vorhanden sein muss. Immer wieder kommt es vor, dass eine Klausur nur mit Rubrum, Tenor und Tatbestand, im übrigen jedoch nur mit dem Konzeptpapier abgegeben wird. Dies wird in der Regel für das Bestehen der Klausur nicht ausreichend sein.

§ 3
Die Niederschrift

Man sollte keine Punkte verschenken, indem man die Formalien des Urteils oder der Relation nicht einhält. Zu berücksichtigen sind daher folgende Checklisten:

I. Gerichtlicher Entscheidungsentwurf

1. Vollständigkeit der Formalien

Ist eine gerichtliche Entscheidung zu entwerfen, so sollte diese vollständig niedergeschrieben werden. Das vollständige Urteil bzw. der vollständige Beschluss müssen in jedem Fall enthalten:

a) Rubrum

Die Überschrift und Einleitungsformel des Rubrums darf nicht vergessen werden.

In der vollstreckungsrechtlichen Klausur beginnen
- der als solcher überschriebene Beschluss regelmäßig mit der Formulierung „In der Vollstreckungssache"
- und das Urteil nach „Im Namen des Volkes / Urteil" regelmäßig mit der Formulierung „In dem Rechtsstreit".

Die Parteien sind mit der richtigen Parteirolle zu bezeichnen.

Im übrigen gelten keine Besonderheiten für die Abfassung des Rubrums.

b) Tenor

Auf keinen Fall sollte der Referendar in der Examensklausur wegen des Tenors nur auf den in dem Aktenstück befindlichen Antrag verweisen. **Der Tenor ist auszuformulieren.** Denn der Referendar soll beweisen, dass er die richtige Fassung des Tenors beherrscht.

Der Tenor lautet nie: Der Klage (oder dem Antrag) wird stattgegeben.

Der Tenor muss vollständig sein, d.h. auch eine Kostenentscheidung und eine Entscheidung über die vorläufige Vollstreckbarkeit (wenn erforderlich) enthalten.

Wegen der Besonderheiten des Tenors bei den verschiedenen Rechtsbehelfen des 8. Buchs der ZPO und beim einstweiligen Rechtsschutz wird auf die entsprechenden Ausführungen im jeweiligen Abschnitt verwiesen.

c) Richtige Gliederung der Begründung

Die Begründung des Urteils gliedert sich in „Tatbestand" und „Entscheidungsgründe". Diesen Überschriften muss keine Bezifferung vorangestellt werden.

Die Begründung eines Beschlusses erfolgt unter der einheitlichen Überschrift „Gründe". Hiernach kann man ohne weitere Überschriften durch römische Ziffern zwischen der Sachverhaltsdarstellung unter I. und der rechtlichen Würdigung unter II. gliedern.

Zu vermeiden ist der gravierende Fehler, ein Urteil lediglich mit „Gründe" anstatt mit Tatbestand und Entscheidungsgründe zu versehen.

Die Urteilsklausur sollte nicht lediglich mit einem Tatbestand abgegeben werden.

d) Unterschrift des Richters

Am Ende des Entscheidungsentwurfs ist die „Unterschrift des Richters/der Richter" zu vermerken.

e) Einhaltung des Urteilsstils

Dies versteht sich von selbst.

2. Was es im Tatbestand/Sachbericht zu beachten gilt

Nach § 313 Abs. 2 ZPO sollen im Tatbestand die erhobenen Ansprüche und die dazu vorgebrachten Angriffs- und Verteidigungsmittel unter Hervorhebung der gestellten Anträge nur ihrem wesentlichen Inhalt knapp dargestellt werden.

a) sog. Geschichtserzählung

Der Tatbestand beginnt mit der Darstellung des unstreitigen Sachverhalts. Dies kann – muss aber nicht – mit einem Einleitungssatz beginnen wie z.b.:

„Die Parteien streiten über einen Kaufpreisanspruch."

Die chronologische Aufbau der Geschichtserzählung (historischer Aufbau) ist zu beachten. Ausnahmsweise ist hiervon aus Verständnisgründen abzuweichen.

Von besonderer Bedeutung ist die Einhaltung der Zeitform: Imperfekt, direkte Rede.

Kommt es auf den Inhalt eines Vertrages oder einer Urkunde oder sonstigen Schriftstückes an, kann es geboten sein, die entsprechende Passage wörtlich zu zitieren.

b) Der streitige Vortrag des Klägers/Antragstellers

Es folgt die Darstellung des streitigen Vorbringens des Klägers bzw. Antragstellers. Hierbei ist deutlich zwischen Tatsachenvortrag („Der Kläger behauptet, ...") und Rechtsauffassungen („Der Kläger meint, ... " / „Der Kläger ist der Auffassung, dass ...") zu unterscheiden. Werden Tatsachen im Zusammenhang mit einer Rechtsauffassung vorgetragen, bietet sich die Formulierung an: „Der Kläger meint, ... Hierzu behauptet er, ...".

Aus Gründen des besseren Verständnisses kann es geboten sein, eine unstreitige Tatsache im streitigen Vorbringen des Klägers darzustellen. In diesen Fällen ist innerhalb des streitigen Vorbringens kenntlich zu machen, dass es sich insoweit um eine unstreitige Tatsache handelt. („Der Kläger behauptet, dass – was zwischen den Parteien insoweit auch unstreitig ist – ... .").

Zeitform: Präsens, indirekte Rede

c) Prozessgeschichte

Ggfls. ist nach dem streitigen Klägervorbringen die Prozessgeschichte in der Zeitform des Perfekts wiederzugeben, wenn diese zum Verständnis der Anträge erforderlich ist.

> Beispiel: Einseitige der übereinstimmende Erledigte Erklärungen

d) Anträge

Die Anträge sind so wiederzugeben, wie sie schriftsätzlich gestellt wurden.

e) Der streitige Vortrag des Beklagten

Die Darstellung des streitigen Vorbringens des Beklagten erfolgt üblicherweise in folgender **Reihenfolge**:
– Prozessrügen
  Dies sind Einwendungen des Beklagten gegen die Zulässigkeit der Klage oder des Rechtsbehelfs.

  > Beispiel: „Der Beklagte rügt die örtliche Zuständigkeit des angerufenen Gerichts."

– Klageleugnen
  Hierunter versteht man das einfache und qualifizierte Bestreiten des klägerischen Vorbringens.
– Einreden im Sinne der ZPO

  > Beispiel: „Der Beklagte erhebt die Einrede der Verjährung. In diesem Zusammenhang behauptet er ... ."

Im übrigen gilt für die Darstellung das zum streitigen Vorbringen des Klägers Gesagte entsprechend.

f) Prozessgeschichte

Sofern die Prozessgeschichte für das Verständnis der Anträge nicht erforderlich war, ist am Ende des Tatbestandes im Perfekt mitzuteilen, dass und wodurch eine Beweiserhebung des Gerichts stattgefunden hat.

g) Bezugnahme

Natürlich darf der Referendar in der Klausur auf den Inhalt des Aktenstücks Bezug nehmen. Der übliche Hinweis im Bearbeitervermerk

> „Das von ihnen benutzte Exemplar des Aufgabentextes wird nicht zu ihren Prüfungsunterlagen genommen."

bedeutet nur, dass man in der Klausur nicht auf selbst in das Aktenstück eingefügte Unterstreichungen oder andere Kenntlichmachungen Bezug nehmen kann. Natürlich liegt dem Prüfer das gleiche Aktenstück wie dem Referendar vor, so dass die Bezugnahme auf Passagen des Aktenstücks unter Angabe der Blattzahl zulässig ist.

> Beispiel: Wird in der Klausur der Inhalt eines Vertrages dargestellt bietet sich im Anschluss hieran folgender Satz an:
> „Wegen der weiteren Einzelheiten zum Inhalt des Vertrages vom...wird auf die zu den Akten genommene Vertragsurkunde (Bl....) Bezug genommen."

3. Was es in den Entscheidungsgründen/in der rechtlichen Würdigung zu beachten gilt

Die Entscheidungsgründe beginnen mit einem **Einleitungssatz**, der das Ergebnis der rechtlichen Lösung in Bezug auf das gesamte Klagebegehren/Rechtsschutzbegehren zum Ausdruck bringt. Eine Ausnahme gilt nur für den Hilfsantrag, wenn der Hauptantrag bereits in der Sache Erfolg hat.

> Beispiele: „Der Klage bleibt mit dem zulässigen Hauptantrag der Erfolg versagt, während der Hilfsantrag zulässig und begründet ist."
> „Die Klage ist in Höhe von....(Teilbetrag der Klageforderung) zulässig und begründet, im übrigen jedoch unbegründet."

Dann folgt die Begründung für diesen allgemeinen Obersatz:

– Ist die Klage unschlüssig und daher unbegründet, kann man schreiben:
  „Dem Kläger steht schon nach seinem eigenen tatsächlichen Vorbringen der geltend gemachte Anspruch aus...- der einzig in Betracht kommenden Anspruchsgrundlage – nicht zu. Denn Voraussetzung für diesen Anspruch ist .... Ein solcher ist hier nicht gegeben, weil ...."

– Ist die Klage begründet, weil der Beklagte keine erheblichen Einwendungen vorgebracht hat, kann man schreiben:
  „Nach dem übereinstimmenden tatsächlichen Vorbringen beider Parteien ist der Beklagte gemäß § ... (Anspruchsgrundlage) verpflichtet, ..."

– Ist die Klage nach Beweisaufnahme begründet, bietet sich folgende Formulierung an:
  „Aufgrund des Ergebnisses der Beweisaufnahme steht fest, dass der Beklagte gemäß §§ ... (Anspruchsgrundlage) verpflichtet ist, ... (Rechtsfolge). Denn aufgrund der durchgeführten Beweisaufnahme steht fest, dass ..... Der Zeuge hat in glaubhafter Weise bekundet ....."

– Ist die Klage nach Beweisaufnahme unbegründet, kann formuliert werden:
  „Nach dem Ergebnis der Beweisaufnahme ist davon auszugehen, dass dem Kläger der geltend gemachte Anspruch aus § ... (ev. Anspruchsgrundlage) nicht zusteht. Davon muss das Gericht ausgehen, weil dem insoweit beweispflichtigen Kläger nicht der Beweis gelungen ist, dass ... ."

Es darf nicht vergessen werden, geltend gemachte Nebenansprüche (insbesondere Zinsansprüche) zu bescheiden.

Schließlich sind zu den prozessualen Nebenentscheidungen die maßgeblichen Normen zu nennen.

Innerhalb der Entscheidungsgründe/der rechtlichen Würdigung sind Ausführungen zur Zulässigkeit vor Ausführungen zur Begründetheit zu machen. Zwar soll der Referendar grundsätzlich keine Ausführungen zur Zulässigkeit machen, wenn diese unproblematisch ist. In vollstreckungsrechtlichen Klausuren sollte jedoch immer gezeigt werden, dass man die richtige Klageart erkannt hat. Deshalb bietet es sich an, in der gebotenen Kürze auf die Statthaftigkeit der Klage, die Zuständigkeit des Gerichts und das Rechtsschutzbedürfnis, im Fall der Vollstreckungserinnerung auch auf die Erinnerungsbefugnis einzugehen.

Wegen weiterer Formulierungsbeispiele wird auf die einzelnen Rechtsbehelfe in Teil 2 dieses Buchs verwiesen.

4. Was es in einem Hilfsgutachten zu beachten gilt

Es wurde bereits darauf hingewiesen, dass das Hilfsgutachten die Ausnahme sein soll. Gelangt der Referendar allerdings – trotz Überprüfung – zu der Auffassung, dass der zu prüfende Rechtsbehelf unzulässig ist, so muss er zunächst die gerichtliche Entscheidung über die Zulässigkeit niederschreiben und sodann in einem Hilfsgutachten zur Begründetheit des Rechtsbehelfes Stellung nehmen. Für das Hilfsgutachten sind folgende Grundsätze zu berücksichtigen:

Das Hilfsgutachten ist als solches auch zu überschreiben.

Ausführungen zur Zulässigkeit erübrigen sich.

Die Begründetheit ist gutachtenmäßig (Klägerstation, Beklagtenstation, Beweisstation, Tenorierungsstation) zu prüfen und niederzuschreiben. Hierfür gelten die allgemeinen Grundsätze für die Anfertigung eines Gutachtens.

II. Relationsklausur

Wird von dem Referendar die Begutachtung des Falles verlangt, sind folgende Grundsätze zu beachten:

Die Rotation beginnt mit der Überschrift „Gutachten".

Es folgt der Entscheidungsvorschlag. Hierin ist anzugeben, welche Entscheidung das Gericht treffen sollte (Stattgabe oder Abweisung der Klage; Beweisbeschluss etc.). Der Entscheidungsvorschlag beginnt immer mit der Formel:

„Ich schlage vor,........".

Falls erforderlich sind sodann Ausführungen zur Auslegung des Klageantrages zu machen.

Kernstück des Gutachtens ist die zweischichtige Prüfung der Zulässigkeit und der Begründetheit des zu begutachtenden Rechtsbehelfs:

1. Klägerstation

Dies ist die sog. **Schlüssigkeitsprüfung** auf der Grundlage des unstreitigen Sachverhaltes und des streitigen tatsächlichen Vorbringens des Klägers. Es ist darauf zu achten, nicht schlicht den Sachverhalt zu wiederholen, sondern den Tatsachenvortrag unter die normativen Voraussetzungen zu subsumieren. Am Ende der Klägerstation ist mitzuteilen, ob und wenn ja aus welcher Norm das klägerische Vorbringen

– schlüssig,

– nicht schlüssig oder

– in welcher Höhe schlüssig und im übrigen nicht schlüssig ist.

Diese Schlüsselworte (schlüssig/nicht schlüssig) sind zu benutzen.

Die Nebenforderungen sollten nicht vergessen werden.

2. Beklagtenstation

Ist das Vorbringen des Klägers (zumindest teilweise) schlüssig, folgt die **Erheblichkeitsprüfung** auf der Grundlage des unstreitigen Sachverhaltes und des streitigen Vorbringens des Beklagten.

Es bietet sich auch hier an, die Reihenfolge Prozessrügen vor einfachem und qualifiziertem Bestreiten vor Einreden im Sinne der ZPO einzuhalten.

Für die Darstellung bietet es sich an, zunächst den streitigen Vortrag des Beklagten kurz zu wiederholen und im Konjunktiv die daraus resultierende Rechtsfolge zu formulieren.

> Beispiel: „Wenn der Beklagte die Kaufpreisforderung des Klägers durch Zahlung am ... erfüllt hat (= streitiger Vortrag des Beklagten), könnte der Kaufpreisanspruch des Klägers erloschen sein."

Am Schluss der Beklagtenstation ist das insoweit gefundene Ergebnis unter Verwendung des Schlüsselwortes „erheblich" anzugeben.

> Beispiel: „Gegenüber der Kaufpreisforderung des Klägers aus § 433 BGB ist das Vorbringen des Beklagten, am ... das Geld überwiesen zu haben, erheblich."

3. Replik

Eine zweite Klägerstation wegen des replizierenden Vorbringens des Klägers auf das streitige Vorbringen des Beklagten kann ausnahmsweise erforderlich werden.

4. Beweisstation

In der Beweisstation ist strikt zu unterscheiden zwischen dem, was gedanklich im Kopf des Referendars passieren sollte, und dem, was niederzuschreiben ist.

a) Gedanklich bzw. auf den **Konzeptpapier** ist zunächst folgendes zu prüfen:

aa) Welche Entscheidungserheblichen Tatsachen sind streitig und damit beweiserheblich? Dies ergibt sich aus der vorangegangenen Schlüssigkeits- und Erheblichkeitsprüfung.

bb) Welche beweiserhebliche Tatsache ist beweisbedürftig? Es bedarf keiner Beweisaufnahme hinsichtlich
- offenkundiger Tatsachen (§ 291 ZPO),
- zugestandener Tatsachen (§ 138 ZPO)
- und vermuteter Tatsachen (§ 292 ZPO für die gesetzliche Vermutung; im übrigen der Grundsatz des prima-facie-Beweises).

Vereitelt der Gegner eine Beweisführung, kann der Beweisbedürftigkeit nach dem Rechtsgedanken aus § 242 BGB entfallen.

cc) Hinsichtlich der beweisbedürftigen Tatsachen ist zu überlegen, wer hierfür die Beweislast trägt. Hieraus ergibt sich nämlich die Unterscheidung, welcher Beweisantritt welcher Partei als Hauptbeweis im Rahmen der nachfolgenden Beweiswürdigung abzuhandeln und welcher Beweisantritt als Gegenbeweis einzuordnen ist. Nach dem allgemeinen Grundsatz trägt jede Partei die Beweislast für solche Tatsachen, die eine ihr günstige Norm ausfüllen. Für anspruchsbegründende Tatsachen trägt daher grundsätzlich der Kläger und für die den Tatbestand einer Einrede begründenden Tatsachen grundsätzlich der Beklagte die Beweislast.

dd) Die Beweiswürdigung fragt
- zunächst danach, ob das Beweismittel einen Aussagewert hinsichtlich der zu beweisenden Tatsachen hat. Ein Beweismittel kann positiv ergiebig (= das Vorbringen der beweisbelasteten Partei bestätigen), negativ ergiebig (= das Vorbringen der beweisbelasteten Partei verneinen) oder unergiebig (= kein Aussagewert hinsichtlich der zu beweisenden Tatsache) sein.
- Es folgt die Prüfung, ob das Beweismittel das Gericht (bzw. den Referendar) überzeugt hat. Wenn ja, ist der Beweis geführt; wenn nein oder im Fall des sog. non liquet (es wurde kein eindeutiges Beweisergebnis erreicht) ist eine Beweislastentscheidung zu treffen.

b) Die **Niederschrift der Beweisstation** beginnt mit der Formulierung der Beweisfrage:

„Ist bewiesen, dass...?"

Die Formulierung der Beweisfrage setzt die gedankliche Auseinandersetzung mit der Frage der Beweislast voraus. Die Beweisfrage ist nämlich aus Sicht der beweisbelasteten Partei zu formulieren, indem im Anschluss an die vorgenante Formulierung das tatsächliche Vorbringen der beweisbelasteten Partei genannt wird. An dieser Stelle der Niederschrift haben jedoch Ausführungen zur Beweislastverteilung nichts zu suchen.

Falls erforderlich erfolgen sodann Ausführungen zur Beweisbedürftigkeit der Tatsache.

Sodann ist die Beweiswürdigung niederzuschreiben.

Diese beginnt mit der Darstellung des Aussageinhalts des Beweismittels. Auch hierbei sind wieder Schlüsselworte und die Zeitform des Perfekts zu beachten:

„Der Zeuge hat bekundet, dass ...."
„Der Sachverständige hat ausgeführt, dass ....".

Im Anschluss ist auszuführen, ob und warum das Beweismittel überzeugungsfähig ist.

Waren alle Beweismittel zu einer Tatsachen unergiebig oder besteht ein non liquet ist eine Beweislastentscheidung zu treffen. Folglich ist erst hier darzulegen, wer die Beweislast trägt.

5. Entscheidungsstation/Tenorierungsstation

Der Begriff Entscheidungsstation ist zu verwenden, wenn der Rechtsstreit noch nicht entscheidungsreif ist. In diesem Fall ist zu erörtern, welche weitere prozessfördernde Maßnahme das Gerichts zu ergreifen hat.

Der Begriff Tenorierungsstation ist im Fall der Entscheidungsreife zu verwenden. Der Tenor (Hauptsache, Kosten und vorläufige Vollstreckbarkeit) ist zu formulieren.

III. Anwaltsklausur

Die Aufgabenstellung der sog. Anwaltsklausur lautet in der Regel, dass der Fall aus anwaltlicher Sicht zu begutachten ist. Für das anzufertigende **Gutachten** gelten folgende Besonderheiten:

Die Klausur gliedert sich in zwei Hauptpunkte, nämlich „I. Gutachten" und „II. Zweckmäßigkeitserwägungen".

Mit Rücksicht auf die am Schluss anzustellenden Zweckmäßigkeitserwägungen ist ein das Gutachten einleitender Vorschlag wohl entbehrlich.

Regelmäßig ist Ausgangspunkt der Anwaltsklausur ein Aktenvermerk des Anwalts über den Inhalt eines Gesprächs mit dem Mandanten. Grundlage der Begutachtung ist daher nur das tatsächliche Vorbringen des Mandanten, so dass es nur eine Darlegungsstation (d.h. keine Unterscheidung in Kläger-/Beklagtenstation) gibt (sog. einschichtiger Aufbau). In der Regel erübrigen sich daher auch Ausführungen zur Beweiswürdigung. Das Gutachten endet nicht mit einer Tenorierungs- oder Entscheidungsstion, sondern mit einem Gesamtergebnis.

Unter Zweckmäßigkeitserwägungen werden vom Referendar Ausführungen zu folgenden Fragen erwartet:

■ Hat die Einlegung eines Rechtsbehelfs für den Mandanten praktisch Aussicht auf Erfolg?

Außer dem Ergebnis des Gutachtens gilt es hierbei folgende Fragen zu berücksichtigen:
  – Trägt der Mandant für Tatsachen die Beweislast?
  – Sind hierfür aussichtsreiche Beweismittel vorhanden? Ggfls. sollten die Zweckmäßigkeitserwägungen auf entsprechende Beweisantritte hinweisen.

– Stehen dem Begehren des Mandanten zu erwartende unverhältnismäßig hohe Kosten gegenüber?

Hier geht es also darum, ob von der Einlegung eines Rechtsbehelfs an- oder abgeraten werden sollte. Hierbei sollten die Ausführungen aus dem Gutachten nicht wiederholt, sondern tatsächlich Argumente der Zweckmäßigkeit überlegt werden.

■ **Sind neben dem Hauptantrag weitere Anträge zu erheben?**

Beispielsweise kann es zweckmäßig sein, eine Vollstreckungsgegenklage mit einem Antrag auf Herausgabe des Vollstreckungstitels nach § 371 BGB analog zu verbinden.[469]

■ Wenn der Rechtsbehelf keine Aussicht auf Erfolg hat: **Bestehen andere rechtliche Gestaltungsmöglichkeiten**, die dem Mandanten letztlich zum gewünschten Erfolg verhelfen?

> Beispiel: Führt der Gerichtsvollzieher den Pfändungsauftrag nicht aus, weil der Dritte, der die Sache besitzt, die Herausgabe verweigert (§ 809 ZPO), wird eine Vollstreckungserinnerung des Gläubigers gegen die Nichtdurchführung der Pfändung keine Aussicht auf Erfolg haben. Dem Mandanten (= Gläubiger) könnte aber angeraten werden, im Wege der Forderungspfändung den Herausgabeanspruch des Schuldners gegen den Dritten pfänden und sich zur Einziehung überweisen zu lassen und sodann im Wege der Einziehungsklage gegen den Dritten vorzugehen.

■ **Ist einstweiliger Rechtsschutz neben dem Rechtsbehelf erforderlich?**

Hier ist in der gebotenen Kürze zu überlegen, ob einstweilige Anordnungen nach § 769 ZPO bzw. §§ 771, 769 ZPO oder § 805 Abs. 4, 769 ZPO zweckmäßigerweise zu beantragen sind.

■ Am Schluss der Zweckmäßigkeitserwägungen ist – falls der Referendar die Einlegung des Rechtsbehelfs für ratsam hält – der entsprechende Antrag nebst den für zweckmäßig erachteten begleitenden Anträgen (z.b. § 371 BGB analog) mit der Einleitungsformel

„Ich schlage daher folgenden Antrag/folgende Anträge vor: ...."
zu formulieren.

---

[469] s. hierzu Palandt/Heinrichs, § 371 Rdnr. 4 am Ende

Anhang

Grundzüge des Regelinsolvenzverfahrens

Zwangsvollstreckung im weiteren Sinne ist das Verfahren zur
Durchsetzung
privatrechtlicher Ansprüche des Gläubigers
mit staatlichen Zwangsmitten
und zwar

Zwangsvollstreckung im engeren Sinne

ist die Vollstreckung durch den einzelnen Gläubiger aufgrund eines Titels in das gesamte Vermögen des Schuldners nach dem Prioritätsprinzip.

Gesamtvollstreckung

Reicht das Vermögen des Schuldners nicht mehr aus, alle Gläubiger zu befriedigen, findet auf Antrag des Schuldners oder eines Gläubigers die Gesamtvollstreckung in das Vermögen des Schuldners statt, dh. die Gläubiger bilden eine Risikogemeinschaft zur Verwertung des schuldnerischen Vermögens nach dem Prinzip der anteiligen und gleichmäßigen (quotenmäßigen) Befriedigung aller Gläubiger.

Insolvenzverfahren

Das Insolvenzverfahren sieht verschiedene Verfahrensmöglichkeiten vor, nämlich

das Regelinsolvenzverfahren   oder   auf Antrag und unter besonderen Bedingungen abweichende Verfahrensarten.

Im folgenden wird das Regelinsolvenzverfahren in Grundzügen schematisch dargestellt:

A. Das Insolvenzeröffnungsverfahren

I. Zulässigkeit der Eröffnung

1. Eröffnungsantrag , § 13 InsO

– elementare Zulässigkeitsvoraussetzung
– formlos
– Rücknahme möglich bis zum Eröffnungsbeschluss oder rechtskräftiger Abweisung des Antrags, § 13 Abs. 2 InsO

2. Zuständigkeit des Gerichts

→ § 2 InsO: sachlich → AG, in dessen Bezirk ein Landgericht seinen Sitz hat

→ § 3 InsO: örtlich → allgemeiner Gerichtsstand des Schuldners und zwar

ausschließlich

3. Antragsberechtigung

→ § 13 I 2 InsO:

a) Schuldner (sog. Eigenantrag)

muß Verzeichnis der Gläubiger und (Dritt-)Schuldner (wegen § 30 Abs. 2 InsO mit deren ladungsfähigen Anschriften) sowie Übersicht der Vermögensmasse (Gegenüberstellung der Aktiva und Passiva) vorlegen (Arg.: wenn auch – anders noch § 104 KO – gesetzlich nicht gefordert, so aber in Hinsicht auf die Amtsermittlungspflicht des Insolvenzgerichts nach § 5 zu verlangen)

b) Gläubiger

unter folgenden gesetzlichen Voraussetzungen nach § 14 InsO:

■ Rechtliches Interesse an der Eröffnung des Insolvenzverfahrens

→ ja, trotz nur geringer Forderung oder nur noch ausstehender Kosten und Zinsen

→ i. d. R. nein
– bei durch bestimmte Tatsachen indizierter Verfolgung insolvenzfremder Interessen und Ziele (z.B. Ausschaltung des Schuldners als Wettbewerber; Auflösung eines Vertragsverhältnisses; Antrag als Druckmittel gegenüber Schuldner)
– bei einfacherem und billigerem Weg
– bei ausreichender Sicherung des Gläubigers

■ Glaubhaftmachung

von Forderung und Eröffnungsgrund

wie? → § 4 InsO i. V. m. § 294 ZPO

Besonderheiten:

Forderung → ausnahmsweise sogar Vollbeweis erforderlich, wenn die Forderung des Antragstellers bestritten ist und zugleich den Insolvenzgrund ausmachen würde

Eröffnungsgrund → Für die Glaubhaftmachung der Zahlungsunfähigkeit ist die überwiegende Wahrscheinlichkeit erforderlich, dass der Schuldner dauernd außerstande ist, seine fälligen und ernstlich eingeforderten Verbindlichkeiten im wesentlichen zu erfüllen. Dies kann der Gläubiger z.B. durch Vorlage der Fruchtlosigkeitsbescheinigung des Gerichtsvollziehers (§ 63 GVGA) oder eidesstattliche Erklärung über die Zahlungseinstellung glaubhaft machen.

Das Gericht kann eine Frist zur Glaubhaftmachung festsetzen.

4. Insolvenzfähigkeit des Schuldners nach § 11 InsO

insbesondere:
- jede rechtsfähige natürliche Person
- jede juristische Person
- Stiftung
- rechtsfähiger und nicht-rechtsfähiger Verein (§11 I 2)
- Gesellschaft ohne Rechtspersönlichkeit (GbR, oHG, KG)

5. Anhörung des Schuldners, § 10 InsO

zwingend mit Ausnahme der in § 10 genannten Fälle

→ Schuldner wird mit allen verfahrensrechtlichen und materiell-rechtlichen Einwänden gehört. Die Einwände sind glaubhaft zu machen.

→ Der Schuldner kann die vom Gläubiger glaubhaftgemachte Forderung und/oder den glaubhaftgemachten Insolvenzgrund erschüttern, mit der Folge, dass das Insolvenzgericht den Antrag des Gläubiger als unzulässig zurückweist. Aber der Gläubiger kann die Gegenglaubhaftmachung des Sch. wiederum seinerseits erschüttern, so dass seine ursprüngliche Glaubhaftmachung von Forderung/Insolvenzgrund wieder Überzeugungskraft gewinnt.

II. Begründetheit des Eröffnungsantrages

wenn ein Eröffnungsgrund gegeben ist, § 16 InsO

Eröffnungsgründe (abschließend):

1. Zahlungsunfähigkeit, § 17 InsO (Legaldefinition in Abs. 2)

a) Die Zahlungsunfähigkeit muß **dauerhaft** sein. Von der Zahlungsunfähigkeit zu unterscheiden ist daher die bloße Zahlungsstockung; letzteres ist anzunehmen, wenn aus Sicht des Schuldners erwartet werden kann, dass er die Forderung des Gläubiger in einem Zeitraum wird erfüllen können, der nach Verkehrsauffassung den Mangel an bereiten Zahlungsmitteln als nur vorübergehend erscheinen läßt.

b) Da es nun in § 18 den Eröffnungsgrund der drohenden Zahlungsunfähigkeit gibt, bedeutet dies im Umkehrschluß für § 17: entscheidender Zeitpunkt der Zahlungsunfähigkeit ist der **Moment der Entscheidung über den Insolvenzantrag**

c) Das Unvermögen, fällige Geldschulden berichtigen zu können, muß **wesentlich** sein, d. h. – so eine denkbare Bestimmung des Wesentlichkeitbegriffs – die verfügbaren Mittel machen nur noch 10 bis 25 % des Wertes der fälligen Zahlungsverpflichtungen aus.

Grund für das gesetzlich nicht normierte Erfordernis der Wesentlichkeit:

Die Rspr. hatte dieses Kriterium bereits zum Konkursrecht entwickelt; nach wie vor soll hierdurch vermieden werden, dass bereits geringe Liquiditätslücken die Annahme der Zahlungsunfähigkeit begründen und damit zu den gewichtigen Folgen der Gesamtvollstreckung führen können.

d) stärkste Form der Zahlungsunfähigkeit (und damit ihr sicherstes Indiz): die **Zahlungseinstellung**

Kann die Zahlungseinstellung nicht ermittelt werden, so ist die Zahlungsunfähigkeit i. d. R. durch eine Liquiditätsbilanz (Gegenüberstellung fällige Verbindlichkeiten ./. kurzfristig verfügbare Zahlungsmittel) zu ermitteln.

2. Drohende Zahlungsunfähigkeit, § 18 InsO (Legaldefinition in Abs. 2)

a) Sinn dieses Eröffnungsgrundes: Vorverlagerung des Insolvenzverfahrens und damit Aussicht auf gesteigerte Sanierungschancen (dem Schuldner soll bei Erkennbarkeit der unvermeidlichen Krise die Möglichkeit geboten werden, sich zu sanieren) => **nur bei Eigenantrag**, § 18 I

Aber Flucht in die Insolvenz ist zu vermeiden => Prognose erforderlich

b) Prognose nach Finanz- und Liquiditätsplan : Gegenüberstellung von Bestand an liquiden Mitteln einschließlich geplanter Einzahlungen und künftig möglicher Kreditierungsmöglichkeiten für eine bestimmte künftige Zeitperiode (Was ist an finanziellen Mitteln in einem bestimmten künftigen Zeitraum da und was kommt rein?)

./.

geplante Ausgaben, also bereits begründete Verbindlichkeiten und noch nicht begründete, aber absehbar zukünftig begründete Verbindlichkeiten in dieser künftigen Zeitperiode (Was geht in dem bestimmten künftigen Zeitraum raus?)

Zeitperiode: mindestens ½ Jahr

3. Überschuldung, § 19 InsO (Legaldefinition in Abs. 2)

Feststellung anhand einer **Überschuldungsbilanz** : Gegenüberstellung von Aktiva (zu wahren, d. h. realisierbaren Verkehrswerten) unter Auflösung stiller Reserven

./.

Passiva (sämtliche fällige und auch noch nicht fällige sowie gestundete Verbindlichkeiten) einschließlich eigenkapitalersetzender Gesellschafterdarlehen

III. Entscheidung des Gerichts durch Beschluß (§ 5 II 1 InsO)

freigestellte mündliche Verhandlung

1. Tenor:

a) Eröffnungstatbestand liegt nicht vor:

> Der Antrag des ... vom ... auf Eröffnung des Insolvenzverfahrens wird abgewiesen.

b) Eröffnungstatbestand liegt zwar vor, aber die Vermögensmasse des Schuldners → reicht nicht aus, um die Kosten des Verfahrens (Gerichtskosten + Vergütung / Auslagen des vorläufigen Insolvenzverwalters sowie der Mitglieder des Gläubigerausschusses) zu decken (§ 26 InsO):

> Der Antrag des ... vom ... wird mangels einer die Kosten des Verfahrens deckenden Masse abgewiesen.

Ausnahme: § 26 I 2 → Vorschuß für Kosten oder Stundung der Kosten nach § 4a InsO

Wirkungen der Abweisung mangels Masse: Auflösung der jur. Person und Löschung im HR → z. B. § 131 I Nr. 4 HGB ; § 262 I Nr. 4 AktG ; § 60 I Nr. 5 GmbHG

c) Wenn der Eröffnungstatbestand vorliegt und die Masse die Verfahrenskosten deckt ergeht der **Eröffnungsbeschluß**, der insbesondere enthalten muß:
– Anordnung der Eröffnung des Insolvenzverfahrens (§§ 27, 28)
– Ernennung eines Insolvenzverwalters (§27 I, II Nr. 2)
– Aufforderung an die Gläubiger des Schuldners, ihre Forderungen binnen einer zugleich festzusetzenden Frist beim Insolvenzverwalter anzumelden und Sicherungsrechte mitzuteilen (§ 28 I,II)
– Aufforderung an die Schuldner des Schuldners, nur noch an den Insolvenzverwalter zu leisten (sog. offener Arrest, § 28 III)
– Bestimmung des Berichttermins (§ 29 I Nr. 1 → §§ 156 ff)
– Bestimmung des Prüfungstermins (§ 29 I Nr. 2 → § 176)

Der Eröffnungsbeschluß ist zuzustellen (§ 30 I, II):
– dem Schuldner
– den Schuldnern des Schuldners
– den Gläubigern des Schuldners.

B. Die Wirkungen der Insolvenzeröffnung

I. Beschlagnahme des schuldnerischen Vermögens (§ 80 I InsO)

1. Umfang → sog. **Insolvenzmasse** nach § 35 InsO: Bestand des Vermögens des Schuldners zum Zeitpunkt der Eröffnung und was der Schuldner während des Verfahrens erwirbt (Neuerwerb)

Ausnahme: Familien- und Persönlichkeitsrechte sowie i. ü. nach § 36 InsO

2. Rechtsstellung der Beteiligten:

a) Insolvenzverwalter

– wer ? → § 56 InsO: jede **im Einzelfall geeignete**, insbesondere **geschäftskundige** und vom Schuldner und den Gläubigern **unabhängige natürliche Person**
– wie lange ? → § 57 InsO
– **Befugnisse** → Nach § 80 InsO gehen die Verwaltungs- und Verfügungsrechte an den Gegenständen des schuldnerischen Vermögens auf den Insolvenzverwalter über.

Im Prozess aus Rechtspositionen des Schuldners (Aktivprozess) oder gegen das schuldnerische Vermögen (Passivprozess) ist er Partei kraft Amtes (herrschende Amtstheorie).

Für von ihm geschlossene Geschäfte haftet die Insolvenzmasse, er selbst nur in Ausnahmefällen (§ 60 InsO).

– **Pflichten**

→ Inbesitznahme des gesamten zur Masse zählenden Vermögens (§ 148 I InsO)
Sachen im Gewahrsam des Schuldners kann der Verwalter aufgrund einer vollstreckbaren Ausfertigung des Eröffnungsbeschlusses nach §§ 883, 885 ZPO erlangen.
Sachen im Gewahrsam nicht zur Herausgabe bereiter Dritter kann der Verwalter im Wege der Herausgabeklage und anschließender Herausgabevollstreckung des so erlangten Herausgabetitels erlangen.

→ Aufstellung eines Verzeichnisses der einzelnen zur Masse gehörenden Gegenstände (§ 151 InsO)
→ Erstellung eines Gläubigerverzeichnisses (§ 152 InsO), soweit ihm Gläubiger bekannt sind
→ Erstellung einer Vermögensübersicht (§ 153 InsO)
→ Verwertung der Insolvenzmasse (§ 159 ff. InsO)

b) Schuldner

→ bleibt rechts- und geschäftsfähig, d. h. er kann neue Geschäfte schließen (sog. Neuverbindlichkeiten, für die aber nur das freie, also nicht zur Insolvenzmasse gehörende Vermögen haftet)

→ bleibt Eigentümer und Rechtsträger der zur Insolvenzmasse gehörenden Gegenstände, jedoch geht die Verfügungsbefugnisse daran auf den Insolvenzverwalter über (§ 80 InsO)

3. Verfügungen des Schuldners nach Eröffnung des Insolvenzverfahrens

→ § 81 InsO → absolute (also gegen jedermann geltende) Unwirksamkeit
d. h.
– an beweglichen Gegenständen ist auch kein gutgläubiger Erwerb möglich
– bei Immobilien gilt § 81 I 2 InsO: Veräußert Sch. das Grundstück, das zur Masse gehört, vor Eröffnung und geht Eintragungsantrag bezüglich dieses Rechtserwerbes vor Eröffnung bei GBA ein, erfolgt die Eintragung des Rechtserwerbes aber erst nach Eröffnung => gutgläubiger Erwerb (+)

→ § 91 InsO (z. B. bei Abtretung künftiger Forderungen vor Eröffnung und Entstehen der Forderung nach Eröffnung)

4. Leistungen an den Schuldner

Wegen § 28 III InsO (offener Arrest) darf der Drittschuldner **nach Eröffnung des Insolvenzverfahrens** grds. nicht mehr an den Schuldner leisten. Tut er es dennoch, ist nach dem Zeitpunkt der Verfügung des Schuldners über den zur Masse gehörenden Gegenstand, welche zur Gegenleistung des Drittschuldners geführt hat, zu unterscheiden:

a) Schuldner hat **nach** Verfahrenseröffnung verfügt → wegen § 81 InsO ist seine Verfügung unwirksam => Gegenleistung des Drittschuldners ist rechtsgrundlos erfolgt => bereicherungsrechtlicher Herausgabeanspruch des Drittschuldners gegen
– den Schuldner, wenn er die Gegenleistung erlangt hat
– die Masse, wenn die Gegenleistung zur Masse gelangt ist, § 81 III InsO (Masseverbindlichkeit nach § 55)

b) Schuldner hat **vor** Verfahrenseröffnung verfügt → mangels Beschränkung seiner Verfügungsmacht ist die Verfügung wirksam => bei Leistung des Drittschuldners an Sch. **nach** Verfahrenseröffnung wird Drittschuldner von seiner Leistungspflicht nur frei,
– wenn die Gegenleistung der Masse zufließt

oder

– wenn der Drittschuldner von der Eröffnung zur Zeit seiner Leistung keine Kenntnis hatte, § 82 InsO.

5. Die Abwicklung laufender Geschäfte durch den Insolvenzverwalter

zum Zeitpunkt der Eröffnung des Insolvenzverfahrens noch nicht vollständig erfüllte (egal von welcher Seite) gegenseitige Verträge → § 103 InsO

d. h.: der Insolvenzverwalter hat ein **Wahlrecht**, ob er
– an Stelle des Schuldners den Vertrag erfüllt und vom anderen Vertragsteil dessen Erfüllung verlangt, mit der Folge, dass der Anspruch des anderen Vertragsteils auf die Leistung des Schuldners ein Masseanspruch nach § 55 I Nr. 2 InsO wird,

oder

– die Erfüllung ablehnt, mit der Folge, dass der andere Vertragsteil bereits seinerseits erbrachte (Teil-)Leistungen nicht zurückverlangen kann, sondern nur eine auf Geld gerichtete Schadensersatzforderung wegen Nichterfüllung aus §§ 325 f. BGB im Rang einer Insolvenzforderung zur Insolvenztabelle anmelden kann (§ 103 II 1).

beachte: § 103 II 2 +3 InsO

Voraussetzungen und Rechtsfolgen des § 103 nochmals im einzelnen:

– gegenseitiger Vertrag i. S. der § 320 ff. BGB (§ 103 InsO gilt nicht bei einseitigen Verträgen)

– von beiden Seiten noch nicht vollständig erfüllt (hat der andere Teil bereits vollständig erfüllt, ist sein Anspruch auf die Gegenleistung regelmäßig nur Insolvenzforderung nach § 38 InsO; hat nur der Schuldner –vollständig- erfüllt, muß der andere Teil seine Gegenleistung zur Masse erbringen)

→ **Rechtsfolgen:**

– Mit Insolvenzeröffnung erlöschen die gegenseitigen Erfüllungsansprüche; an ihre Stelle tritt ein Schadensersatzanspruch des anderen Teils wegen Nichterfüllung (§ 103 II 1).
– Wählt der Verwalter nun gem. § 103 I die Erfüllung, so wird hierdurch der zunächst untergegangene Erfüllungsanspruch des anderen Teils neu begründet.
– => da der Erfüllungsanspruch nach Eröffnung erst (neu) entsteht, kann der andere Teil gegenüber diesem Anspruch nicht mit einer vor Eröffnung begründeten Gegenforderung die Aufrechnung erklären (Sinn: die Leistung des anderen Teils soll im vollem Umfang der Masse zufließen).

Einzelfälle:

a) Vorbehaltskauf + Insolvenz des Vorbehaltskäufers

Verwalter
– lehnt Erfüllung ab => Vorbehaltsverkäufer bleibt mangels Bedingungseintritts Eigentümer und hat daher ein Aussonderungsrecht (§ 47 InsO) aus § 985 BGB und kann daneben Schadensersatz wegen Nichterfüllung (im Range einer Insolvenzforderung) verlangen
– wählt Erfüllung => nach Bedingungseintritt wird Schuldner (!) Eigentümer, allerdings erlangt der Verwalter die Verfügungsmacht.

Häufiges Problem: Vorbehaltsverkäufer behält sich in AGB für den Fall der Einleitung eines Insolvenzantragsverfahrens des Käufers ein Rücktrittsrecht vor.

Therapie:
→ § 112 (Kündigungssperre bei Miete und Pacht ab Antrag) gilt nicht für Kauf

→ analoge Anwendung des § 112 InsO ist streitig; dafür spricht jedoch: § 107 II 2 InsO (Rückstellung des Wahlrechts) verfolgt den Zweck, das Vermögen im Besitz des Schuldners zunächst zusammenzuhalten und so eine bessere Sanierungschance zu wahren; um dies umfassend zu sichern, muß der Rücktritt des Verkäufers ausgeschlossen werden.

b) Vorbehaltskauf + Insolvenz des Vorbehaltsverkäufers → § 107 I InsO

c) Dauerschuldverhältnisse

– über bewegliche Sachen: Wahlrecht des Verwalters nach § 103 besteht auch hier,
– über bewegliche drittfinanzierte oder sicherungsübereignete Sachen: § 108 I 2 InsO → das Dauerschuldverhältnis ist zwingend fortzusetzen; nach BGHZ 109, 368, 370 bleiben auch Vorausabtretungen von Leasingleistungen und Mietraten nach Eröffnung wirksam, mit der insolvenzwidrigen Folge, dass der Verwalter bei Insolvenz des Leasinggebers wegen § 108 I 2 dem Berechtigten den Ge-

brauch der Sache gewähren muß, die Einnahmen daraus aber nicht der Masse zufließen,

– über unbewegliche Sachen: § 108 I 1 InsO; Besonderheiten:
   § 109 InsO → Sonderkündigungsrecht des Verwalters → Schadensersatz des anderen im Range einer Insolvenzforderung
   § 112 InsO → Kündigungssperre für den anderen Teil (Problem: Lösungsklauseln in AGB → Gesetzgeber hat bewußt auf ein Verbot verzichtet; aber contra: § 119 InsO und zwingender Charakter der §§ 103 ff InsO)

d) Arbeitsverhältnisse

– Insolvenz des Arbeitgebers: das Arbeitsverhältnis wird fortgesetzt, mit der Maßgabe, dass der Verwalter an die Stelle des Schuldners tritt. Besonderheiten: Lohnrückstände aus der Zeit vor Eröffnung → Insolvenzforderung (§ 38)
– Lohnrückstände aus der Zeit nach Eröffnung → Masseverbindlichkeit nach § 55 I Nr. 1 + 2 InsO; ebenso laufende Löhne
– Lohnrückstände aus der Zeit bis 3 Monate vor Eröffnung→ Insolvenzausfallgeld
– § 113 I 1 InsO → beidseitiges Kündigungsrecht (befristet); kündigt Verwalter → Schadensersatzanspruch des Arbeitnehmers wegen Nichterfüllung; KSchG findet Anwendung

6. Prozessuale Folgen der Insolvenzeröffnung

a) Verfahrensunterbrechung nach § 240 ZPO (bei Aktiv- und Passivprozessen);

ausreichend: Bestellung eines vorläufigen Insolvenzverwalters und Anordnung, dass die Verfügungsbefugnisse auf ihn übergehen, § 240 Satz 2 ZPO

Ende: mit Verfahrensaufnahme nach §§ 85 (Aktivprozess), 86,87, 180 Abs. 2 (Passivprozess) InsO oder mit rechtskräftiger Aufhebung des Insolvenzverfahrens

b) Vollstreckungsverbot nach §§ 88, 89 InsO; vollstreckt der Gläubiger dennoch → § 766 ZPO des Verwalters

7. Insolvenzanfechtung

setzt voraus :

a) Rechtshandlung (jedes Verhalten mit rechtlicher Relevanz), die vor Eröffnung vorgenommen wurde, § 140 InsO

oder § 147 InsO

b) Gläubigerbenachteiligung durch Rechtshandlung (jeder –auch nur mittelbare- Nachteil)

c) Anfechtungsgrund

– § 130 InsO → wegen kongruenter Sicherung/Befriedigung in den letzten 3 Monaten vor Eröffnungsantrag oder danach , wenn Schuldner zu diesem Zeitpunkt bereits zahlungsunfähig war; subjektiv: Gläubiger kannte Zahlungsunfähigkeit und Eröffnungsantrag

- § 131 InsO → wegen inkongruenter Sicherung/Befriedigung im letzten Monat vor Eröffnungsantrag oder danach; Kenntnis wird vermutet;
  Zur Unterscheidung Kongruenz/Inkongruenz siehe Wortlaut § 131 Abs. 1: In Kongruenz = „die er nicht oder nicht zu der Zeit zu beanspruchen hatte" → Sicherung war im Grundgeschäft, aus dem die zu sichernde Forderung stammt, gar nicht oder nicht in gewährtem Umfang vorgesehen, sondern wurde später vereinbart; Forderung wurde früher als im Grundgeschäft vorgesehen erfüllt
- § 133 InsO (Absichtsanfechtung)
- § 134 InsO (unentgeltliche Leistung)
- §§ 135 ff InsO

8. Die Arten und Befriedigungsreihenfolge der Gläubiger

a) Aussonderungsberechtigter → Recht an massefremden Gegenständen (§ 47 InsO)

b) Absonderungsberechtigter → Recht auf vorzugsweise Befriedigung aus dem Wert eines zur Masse gehörenden Gegenstandes; dieser Gläubiger kann die vorzugsweise Tilgung aus dem Verwertungserlös des absonderungsbefangenen Gegenstandes im Besitz des Verwalters bis zur Höhen der gesicherten Forderung verlangen oder die in seinem Besitz befindliche Sache frei verwerten (dann aber Auskehr des Mehrerlöses an Verwalter) → §§ 50, 166 InsO;

Beachte: Sicherungseigentümer ist lediglich absonderungsberechtigt, § 512, Nr. 1 InsO

c) Massegläubiger → wer : §§ 54, 55 InsO; wie : § 53 bzw. bei Unzulänglichkeit der Masse §§ 208 – 211 InsO

d) Insolvenzgläubiger → § 38 InsO

Stichwortverzeichnis

Die Zahlen beziehen sich auf die Seitenzahlen.

Springer Jura-Lehrbücher

MIX
Papier aus verantwortungsvollen Quellen
Paper from responsible sources
FSC® C105338

FSC
www.fsc.org

If you have any concerns about our products,
you can contact us on
ProductSafety@springernature.com

In case Publisher is established outside the EU,
the EU authorized representative is:
**Springer Nature Customer Service Center GmbH
Europaplatz 3, 69115 Heidelberg, Germany**

Printed by Libri Plureos GmbH
in Hamburg, Germany